제10판

Public Personnel Administration

새인사행정론

강성철 · 이종수 · 진재구 · 최근열
이수영 · 강혜진 · 이하영

도서출판 대영문화사

제10판 머리말

2018년 여름 『새 인사행정론』 제9판이 출판된 후 우리 사회는 저출생 · 고령화, 기후변화, 인공지능 발전, 글로벌 긴장 고조 등 그동안 겪어보지 못한 새로운 도전에 직면하고 있다. 정부 인사행정도 이러한 환경 변화에 영향을 받아 공직 내 일-가정 양립 지원, 통합인사(구 균형인사) 원칙, 세대 등 공직 내 다양성, 인공지능(AI)의 영향, 적극 행정, 젊은 공직자의 이직 문제 등의 큰 변화를 마주하고 있다. 이러한 변화에 대응하기 위해 정부 인사행정도 다양한 제도 변화를 추진해 왔으며, 이번 개정 제10판 작업은 이러한 최근의 인사행정제도 개편, 인사 관련 법령 제 · 개정, 최신 인사 통계 등을 충실히 반영하면서 공직사회의 시대 변화까지 담아내기 위해 노력하였다.

1996년 4월 『새 인사행정론』이 처음 출판된 지 29년의 세월이 지났고, 열 차례의 개정 동안 당초의 공저자 가운데는 유명을 달리한 분이 있는가 하면 대학에서 퇴직한 분들도 없지 않아 저자 구성에 변화가 생기게 되었다. 그동안 『새 인사행정론』을 위해 애써 주신 역대 저자들께 존경과 감사를 표한다.

『새 인사행정론』에 대한 지속적인 관심과 격려를 기대한다. 개정 제10판이 출판되기까지 여러 지원을 아끼지 않은 대영문화사 임춘환 사장님과 임직원 여러분, 그리고 서울대학교 행정대학원 박소정 박사과정생께 진심으로 고마움을 표한다.

2025년 연초
저자 일동

초판 머리말

한국에 근대 행정학이 도입된 지 반세기 가까이 되었다. 그동안 행정학에 관한 수많은 저서가 출판되고 많은 행정학자들이 배출됨으로써 행정학 연구의 지평이 넓어지고 학문적 업적들이 축적되었다. 그러나 아직도 세부 전공 분야의 연구가 심화되지 않고 있는 실정이다. 인사행정에 대한 실증적 연구가 관심을 끌기 시작한 1980년대의 인사행정 관련 발표 논문 가운데 실증적 연구 논문 수는 연 평균 2편에 미달되고 있으며, 1990년 이후에도 4편 정도에 불과하다.

이 책은 이러한 문제 의식에 기반해 한국 행정학 연구의 각론화를 위한 계기를 마련하고자 하는 의도에서 씌어졌다. 그러나 집필을 끝내고 보니 당초 의욕과는 달리 미흡한 결과에 부끄러움과 아쉬움을 느끼지 않을 수 없다.

이 책은 현대 인사행정의 기능과 절차 및 기술에 관한 이론과 제도를 소개하는 데 주목적을 두고 있다. 아울러 한국의 인사행정이 지향해야 할 비전을 염두에 두면서 우리나라 인사행정의 현실을 분석하고 개선책을 제시하는 데 관심을 기울였다.

이 책은 제1편 인사행정의 의의, 제2편 인사행정의 변천, 제3편 인사행정의 제도적 기반, 제4편 인적 자원의 전략적 관리, 제5편 공무원의 행동규범, 제6편 인사행정의 전망과 과제 등 총 6편으로 구성되어 있다.

제1편에서는 인사행정의 개념과 성격, 인사행정의 주요 기능 및 인사행정과 환경과의 관계를 논했다.

제2편에서는 인사행정의 발달을 직업공무원제도, 엽관주의, 실적주의, 대표관료제로 구분하여 발달 배경, 개념과 특징, 주요 내용, 효용과 비판, 최근의 경향 등을 고찰했다. 그리고 한국의 행정문화가 인사행정에 미친 영향을 고찰한 다음 한국 인사행정의 변천 과정을 시대별로 구분해 살펴보았다.

제3편에서는 인사행정의 제도와 기능을 규율하는 인사 관련 법규의 규율 형태

를 다루고, 인사행정을 수행하는 데 필요한 기관적 기초인 중앙인사기관과 인력운영기관 및 지방자치단체의 인사기관을 고찰했다. 그리고 정부조직 내의 직업구조를 형성하는 공직의 분류와, 공직의 기본 구조를 형성하는 직위분류제와 계급제를 고찰했다.

제4편에서는 인적 자원의 전략적 관리 문제를 다뤘다. 즉, 정부조직의 인력 수요와 공급에 관한 예측을 토대로 하여 최적의 인력 공급 방안을 모색하는 인력계획, 외부임용과 내부임용, 교육훈련, 근무성적 평정, 사기관리와 보상 체계를 고찰했다.

제5편 공무원의 행동규범에서는 행정윤리와 공무원 부패, 공무원의 충성, 정치적 중립, 공무원단체를 고찰하고, 공무원의 신분 보장과 징계의 문제를 다뤘다.

제6편에서는 현행 한국 인사행정의 특징과 문제점을 정리한 다음, 이를 토대로 한국 인사행정의 과제와 이것을 극복할 수 있는 인사관리 전략을 제시했다. 그리고 향후 한국 인사행정에 대한 연구 과제와 방향을 제시했다.

다섯 명의 젊은 학자들이 공동 집필한 이 책은 다음과 같은 몇 가지 특징을 지니고 있다. 즉, 관련 이론을 충실하게 소개하려고 노력했으며, 특히 최근의 변화된 연구 경향을 반영하는 데 힘썼다. 또한 가능하면 각 주제별로 한국의 인사행정제도와 운영 실태를 살펴보고 그 특징과 문제점을 분석 · 정리한 다음, 그러한 문제점을 극복할 수 있는 개선책을 제시하고자 했다. 아울러 최근 행정환경의 변화로 급격하게 바뀌고 있는 인사관리제도의 변화 내용을 충실하게 소개하려고 노력했다.

이 책이 출간되기까지 서로의 부족한 부분을 허물 없이 지적해 주면서 협력을 아끼지 않은 집필진 여러분의 학문적 성숙을 다같이 기대하면서, 이 책이 출간되도록 후원해 준 대영문화사 임춘환 사장님과 임직원 여러분께 진심으로 고마움을 표한다.

1996년 4월

저자 일동

차례

P·A·R·T

01

PUBLIC PERSONNEL ADMINISTRATION

인사행정의 의의

제 1 장 인사행정의 의의와 특징

학습 목표

1. 인사행정은 어떤 활동들로 구성되어 있는가, 그리고 이들 각각의 활동 국면은 서로 어떻게 연결되어 있는가?
2. 정부의 인사행정과 사기업 인사관리의 차이점과 유사점은 무엇인가, 그리고 이러한 차이점과 유사점은 인사행정의 어떤 특성에 기인하는가?
3. 현대 인사행정은 어떤 특성을 지니고 있는가?
4. 인사행정에 직접적으로 영향을 미치는 환경적 요소는 어떤 것들인가, 그리고 환경적 요소는 인사행정과 어떤 영향을 어떻게 주고받는가?

요약

제1장에서는 인사행정을 “공공부문 혹은 정부의 목표 달성에 필요한 인적 자원을 충원하고 유지하며, 근무 의욕을 고취하고 통제하는 상호 연관된 일련의 동태적인 활동 또는 관리 체제”로 정의했다. 그리고 이러한 정의에서 도출되는 인사행정의 범위와 성격에 관해 규정하고, 인사행정과 인사관리와의 유사성과 차별성을 설명한다. 또한 현대 인사행정의 특징을 환경과 상호작용하는 개방체제적 성격, 경쟁적 · 대립적 이념과 가치의 조화, 전략적 인적자원관리, 역량기반 인적자원관리 등 새로운 관점의 인적자원관리 기법의 등장 등으로 설명한다. 마지막으로 인사행정의 주요 가치에 대해 소개한다.

Public Personnel Administration

01 인사행정의 의의와 특징

제1편 제2편 제3편 제4편 제5편 제6편

제1절 인사행정의 개념

1 인사행정의 개념과 성격

인사행정(public personnel administration) 혹은 공공 인적자원관리(public human resource management)란 공공부문이나 정부의 목표 달성에 필요한 인적 자원(human resources)을 충원하고 유지하며, 근무 의욕을 고취하고, 행동과 태도를 통제하는 일련의 상호 연관된 동태적인 관리활동이나 체제를 의미한다.[1] 이러한 일련의 활동은 상호 독립적이며 순차적으로 이뤄지는 것이 아니라, 상호 연관된 상태에서 복합적으로 이뤄진다.

1) 조직 내 '사람'을 칭하는 용어로서 인력(personnel), 인적 자원(human resource), 인적 자본(human capital), 그리고 이에 대한 관리 활동으로서 인사행정(public personnel administration), 공공 인적자원관리(public human resource management), 공공 인적자본관리(public human capital management)는 그 개념적 초점과 접근 방식에 다소 차이가 있다. 인사행정에서는 인력을 일종의 비용 요소로서 단순 관리의 대상으로 간주한다면, 공공 인적자원관리에서는 인적자원을 조직 성과를 극대화하기 위한 전략적 관리의 대상으로 보고, 공공 인적자본관리에서는 인적자본을 지식과 기술을 통해 가치를 창출하는 장기적 투자의 대상으로 본다. 이 책에서는 여전히 가장 일반적으로 사용되고 있는 인사행정이라는 표현을 계속 사용하고자 한다. 이와 관련된 상세한 설명은 제2절 '현대 인사행정의 특징'을 참조할 것.

인사행정의 필요성은 공공부문이나 정부의 목표를 달성하는 데 인적 자원이 매우 중요하다는 인식에서 출발한다.

정부가 국가 목표를 효율적으로 달성하기 위해서는 다양한 관리 체제를 필요로 한다. 그러나 아무리 잘 짜여진 체제나 제도라 하더라도 그것을 운영할 우수한 인적 자원을 확보하고 적절하게 활용하지 못하면, 그 체제나 제도는 성공할 수 없다. 다시 말하면, 정부가 추진하는 정책이나 사업의 성공 여부는 궁극적으로는 그것을 계획하고 집행하는 인적 자원의 질에 의존한다고 볼 수 있다. 더욱이 정부 인력의 총량 규모와 그들에 대한 인건비의 총액 규모를 고려하면,[2] 정부 인력에 대한 효율적 관리의 중요성은 새삼스럽게 강조할 필요조차 없다. 이와 같이 인사행정은 정부의 정책이나 사업의 성공 여부를 결정하는 가장 핵심적 요소인 인적 자원을 대상으로 한다는 점에서 어느 관리 체제보다도 중요하다.

또한 인사행정은 정부의 목표 달성을 위한 수단적 성격을 가진다. 인사행정은 정부의 실질적이고 구체적인 사업계획의 수립이나 집행에 직접 관여하지는 않는다. 인사행정은 정부활동에 필요한 적격자를 선발해 적재적소에 배치하고, 그들의 능력을 개발하며 근무 의욕을 고취함으로써 정부의 목표 달성에 기여한다. 즉, 인사행정은 정부의 목표 달성에 직접적으로 책임을 지는 것이 아니라, 정부의 목표 달성에 직접적인 책임을 지는 계선기관의 활동을 지원하는 보좌적 기능(staff function)을 수행함으로써 정부의 목표 달성에 간접적으로 기여한다. 이것은 인사행정이 정부의 목표 달성에 아무런 책임을 지지 않는다는 것을 의미하는 것이 아니라, 인사행정은 목표 달성을 위한 전략적 관리(strategic management)와 연계해 운영되어야 한다는 것을 의미한다.

2 인사행정과 인사관리

인사행정의 개념을 좀 더 명확히 이해하기 위해서는 민간부문의 인적자원관리를 의미하는 인사관리와의 유사점과 차이점을 살펴보는 것도 도움이 된다.

---

2) 우리나라의 공무원 총정원은 1962년에 253,186명이었으나, 1997년에는 935,759명으로 급속히 증가했다. 김대중 행정부 출범 이후 정부에 대한 구조조정의 일환으로 공무원 정원이 감축되기 시작하면서 2001년에는 868,120명으로 축소되었으나, 이후 다시 증가 추세를 유지하고 있다. 2023년 12월 31일 기준 총 공무원 정원은 1,171,070명이며 행정부 1,145,458명(국가 공무원 753,974명; 지방 공무원 391,484명), 입법부 4,212명, 사법부 18,075명, 헌법재판소 348명, 선거관리위원회 2,977명 등으로 구성된다.

인사행정은 인적 자원을 대상으로 하며, 조직의 목표 달성을 위한 수단적이며 보좌적인 성격을 지닌다는 점에서는 민간기업의 인사관리와 유사한 속성을 지니고 있다. 즉, 인사행정은 인사관리와 마찬가지로 조직의 목표 달성을 효과적이고 효율적으로 지원하기 위해 그에 적합한 인재를 충원하고, 적소에 배치하며, 능력 발전을 도모하고, 근무 의욕을 고취하는 활동을 수행한다. 따라서 임용, 교육훈련, 성과평가, 동기부여 등 인사행정의 주요 활동 국면은 인사관리의 그것과 유사하며, 인사행정의 각 활동 국면에서 사용되는 관리 절차나 기법 등도 인사관리의 그것과 근본적인 차이가 없다.

그러나 인사행정은 공공부문 혹은 정부의 목표 실현을 위한 관리활동이라는 점에서 기업 목표의 달성을 위한 인사관리와는 다른 특성을 지닌다. 특히 정부는 공익의 실현을 목적으로 하는 공공조직이기 때문에, 정부의 활동은 강한 공공성을 지닐 수밖에 없으며, 따라서 엄격한 공공통제를 받는다. 인사행정과 인사관리의 차이는 기본적으로 이와 같은 정부활동의 공공성에 기인한다고 볼 수 있다.

양자 간의 차이를 좀 더 구체적으로 살펴보면 다음과 같다.[3]

첫째, 인사행정은 효율성보다는 대표성, 형평성의 이념을 상대적으로 더 중요시한다. 정부 인사정책의 결정이나 집행에는 기회 균등과 공정한 경쟁에 의한 임용, 출신 지역이나 성(性) 또는 종교나 인종 등 귀속적 요인에 의한 차별적 임용의 금지, 공무원의 정치적 중립 및 정치적 노조활동 금지, 공무원에 대한 신분보장 등 행정의 효율성보다는 대표성과 형평성 등을 보장하기 위한 다양한 규범이나 요구가 개입된다. 이와 같은 다양한 사회적 규범이나 요구들은 상호간의 경쟁과 타협을 거쳐 정부의 인사정책이나 기준에 반영된다. 인사행정은 이러한 정치적 성격으로 인해 인사관리보다 비효율적이라는 비판을 받기도 하지만, 가장 모범적인 고용주로서 정부의 역할을 보여줌으로써 민간부문의 인사관리에 지침[4]으로 작용하기도 한다.

둘째, 인사행정은 엄격한 공공통제와 법령의 규제를 받는다. 인사행정의 주요한 원칙과 기준 및 절차는 법률이나 명령, 조례, 규칙 등에 의해 규정되며, 공무원에게는 매우 엄격한 행동규범이 요구된다. 따라서 인사행정은 인사관리에 비해 경직적이라는 비판을 받기도 하지만, 임용권자의 자의성을 배제함으로써 인사행정의 공정성과 일관성

3) 결국 인사행정과 인사관리의 유사점과 차이점은 행정과 경영의 유사점과 차이점에서 비롯된다.
4) 예를 들어, 정부부문 내 성차별 해소나 장애인 고용 촉진 등의 사례는 정부의 인사행정이 민간부문의 인사관리를 앞서고 있으며, 민간부문의 합리적인 인사관리를 위한 모범으로 작용하고 있다.

을 유지할 수 있다는 장점이 있다. 예를 들어, 정부는 공무원 임용과 관련해 임용 방식, 절차, 임용시험의 과목 등까지도 법령에 세밀하게 정해놓기 때문에 임용의 신축성을 갖지 못하고 필요한 인력을 적시에 충원하지 못할 수 있으나, 임용권자의 재량에 따라 임용의 방식, 절차, 규모 등이 자의적으로 결정됨으로써 인사행정의 일관성을 훼손하는 것을 방지할 수 있다.

셋째, 인사행정의 대상과 기능은 인사관리에 비해 매우 크고 다양하며 복잡하다. 정부의 업무는 광범위할 뿐만 아니라 매우 다양하기 때문이다. 정부는 국가를 통치하는 데 필요한 모든 기능을 수행할 뿐만 아니라, 국방・외교・치안・소방 등 민간부문에서는 수행되지 않는 많은 직무도 담당하고 있다. 따라서 인사행정의 대상이 되는 정부 인력의 규모가 매우 방대할 뿐만 아니라 직종 또한 매우 다양하므로 인사행정의 복잡성은 민간부문의 그것과 비교할 바가 아니다.

넷째, 공무원의 성과평가나 보수 결정 등과 같은 인사행정의 특정 활동 국면에서는 인사관리에서 사용되는 절차나 기법과는 다른 독자적인 기법과 판단이 사용되는 경우가 많다. 정부의 활동은 많은 경우에 강제성과 독점성, 비시장성을 지니고 있기 때문에, 그 성과를 계량적으로 측정하거나 시장가격으로 환산하기가 매우 어렵다. 따라서 공무원에 대한 성과평가나 보수의 결정 등에서 계량적 분석에 입각한 기계적 판단에 의존하기보다는, 질적 분석이나 정치적 고려를 포함하는 정책적 판단에 의존하는 경우가 많다.

인사행정은 위에서 논의한 바와 같이 인사관리와 차이가 있다. 그러나 이러한 차이는 절대적인 것은 아니며, 상대적인 차이에 불과하다.

정부는 인사행정의 문제점으로 지적되는 경직성을 극복하기 위해 인사행정의 활동국면 중 많은 부분에서 민간기업 인사관리의 신축성과 창의성, 효율성을 도입하려는 시도를 계속하고 있다. 즉, 임용에서 개방형 임용의 확대, 채용시험 절차의 간소화, 성과평가의 강조, 서열인사의 폐지와 발탁 인사의 확대, 동기부여를 위한 다양한 조치의 도입, 민간부문과의 인사교류 확대 등 인사행정의 경직성과 폐쇄성을 극복하기 위한 노력을 기울이고 있다.

반면, 민간기업의 인사관리는 지나친 신축성과 생산성을 강조하는 기업적 사고가 초래할 수 있는 부작용을 극복하고 기업의 사회적 책임을 요구하는 사회적 분위기를 반영하는 추세이다. 즉, 인사관리의 절차적 공정성을 확보하고 사회적 책임성을 반영하는 방향으로 큰 흐름이 변화하고 있다. 이제는 민간기업의 인사관리도 정부의 요구를 일부 수용해 여성이나 장애인 등 특정 집단에 대한 임용상의 차별을 완화하거나 근로자의 신분이나 단체활동을 보장하는 방향으로 변화하는 모습을 보이고 있다. 특히 최근 기업의 사회적 책임(Corporate Social Responsibility: CSR)과 환경 · 사회 · 지배구조(Environmental, Social, Governance: ESG) 경영이 주목받으며 인사관리 역시 기업의 장기적 지속가능성을 확보하기 위한 방향으로 개선하려는 노력이 꾸준히 이루어지고 있다. 이에 대해, 공공성이나 사회적 형평성 차원의 요구가 인사관리의 신축성과 창의성을 저해한다는 비판과 기업의 사회적 책임을 고려할 때 당연하다는 지지가 병존한다.

제2절 현대 인사행정의 특징

모든 사회 현상은 시간이 지남에 따라 그 모습과 성격이 조금씩 변화한다. 마찬가지로 인사행정도 시대별로 그 성격이 조금씩 변화해 왔다. 현대 인사행정은 전통적인 인사행정[5]과 비교해 볼 때, 인사행정을 보는 관점과 접근 방법, 사용되는 기법과 절차 등의 측면에서 매우 다르며, 다음과 같은 몇 가지 특징을 보인다.

1) 개방체제적 성격 - 환경과의 상호작용

인사행정은 개방체제적 성격을 지닌다. 이는 인사행정 체제가 자신을 둘러싸고 있는 환경의 규제를 받는 동시에 환경에 영향을 미치는 존재임을 의미한다.

우선 어느 특정한 정부의 인사행정을 지배하는 가치나 기본 원칙은 그 정부가 속해 있는 정치적 · 경제적 · 사회적 · 문화적 환경의 특수성에 따라 결정된다. 이것은 인사행정이 환경의 영향을 받음을 의미한다. 즉, 모든 국가의 모든 정부에 적용될 수 있는 보편적인 인사행정의 기본 원리나 제도는 존재하지 않으며, 동일한 원리나 제도라도 시대적 상황이 달라지면 그 효과도 달라진다. 따라서 인사행정 체제나 인사제도는

5) 미국적인 시각에서 보면, 전통적 인사행정의 기본 관점은 기계적이고 경직된 직무기반 인사관리 시스템이라고 할 수 있는데, 정부에서의 직무는 책임과 의무 등이 시간이 지나도 큰 변화 없이 안정적이고 일정하게 유지되는 특징을 갖는다고 전통적인 인사행정에서는 가정한다(Llorens, Klingner, & Nalbadian, 2018: 62).

정부가 속한 환경적 특수성을 고려해 설계되고 운영되어야 한다.

반면, 인사행정의 이념과 가치, 절차, 운영 방식 등은 인사행정의 환경에 해당하는 민간기업의 인사관리에도 영향을 미친다. 정부부문의 신규채용에서 학력, 성별, 연령에 따른 차별의 철폐라든가 사회적 약자에 대한 배려 등의 균형인사정책이 민간부문의 채용시장에도 영향을 미치는 것 등이 그 한 예이다.

2) 경쟁적 · 대립적 이념과 가치의 조화

위에서 살펴본 바와 같이 인사행정은 개방체제적 성격을 지니고 있기 때문에, 환경으로부터의 다양하고 경쟁적이며 대립적인 요구에 적절히 대응하고 상반된 이념과 가치를 적절한 수준에서 조화롭게 수용해야 한다. 환경으로부터의 다양한 요구들은 상반되는 내용을 포함하기도 하며, 시대 상황이 변화함에 따라 그 내용이나 우선순위가 바뀌기도 한다. 이와 같이 인사행정이 경쟁적이고 대립적인 이념과 가치를 관리해야 하는 경우는 인사행정의 여러 활동 국면 중 공무원의 임용 과정에서 가장 뚜렷하게 나타난다. 예를 들어, 최근까지도 이슈가 되었던 군필자 가산점제도의 부활문제는 과거 여성과 장애인에 대한 차별이라는 시각과 국가에 대한 충성심을 보인 사람에 대한 정부의 배려가 필요하다는 시각의 대립인데, 시대에 따라서 사회적 합의의 내용과 방식이 달라져야 한다는 점에서 매우 어려운 이슈이지만 반드시 조화롭게 해결해야 한다는 당위성을 가지고 있는 문제이기도 하다.

3) 전략적 인적자원관리

조직의 전략적 관리와는 분리된 채 단순히 조직에 필요한 인력의 관리라는 보좌적 기능에만 초점을 두었던 전통적 인력관리와는 달리, 근래에는 인력을 조직 목표 달성의 핵심적 자산으로 인식할 뿐만 아니라 인적자원관리를 조직의 전략적 관리와 연계시킬 것을 강조하는 경향을 보이고 있다. 이와 같은 전략적 인적자원관리 관점은 근래에 민간부문뿐만 아니라 공공부문에서도 널리 인식되고 있다.

전략적 인적자원관리(strategic human resource management)는 조직의 궁극적 목표를 좀 더 효과적으로 달성하기 위해서 조직의 전략과 조직구성원의 욕구를 통합시키는 적극적인 인적자원관리(proactive management of human resources)를 의미하는데, 다음과 같은 특징을 가지고 있다.

첫째, 조직 내 인적 자원은 조직의 성공적인 목표 달성에 매우 가치 있는 자산이며 적극적인 투자를 통해 그 가치가 증대한다는 점을 강조한다. 지식기반 사회로 불리는 현대 사회에서는 정부에도 복잡하고 전문적이며 지식 집약적인 직무가 지속적으로 증가하고 있기 때문에, 이러한 직무 수행에 필요한 전문지식과 기술을 갖춘 인적 자원은 효과적인 조직 목표 달성에 필수적이다.

둘째, 조직은 개인의 욕구와 조직의 전략적 요구를 동시에 충족시키는 방향으로 인적 자원을 관리해야 한다. 단순히 인력관리를 조직의 전략적 관리 과정에 통합시키는 것만으로는 충분하지 않으며, 개인과 조직 모두에 도움이 되는 방향으로 인적 자원에 대한 관리가 이뤄져야 한다.

셋째, 전략적 인적자원관리의 기본적인 목적은 조직의 궁극적인 목표를 달성하고 조직의 성과를 향상시키는 것이다. 즉, 전략적 인적자원관리는 좀 더 우수한 인재를 충원하고, 그들의 능력을 지속적으로 발전시키며, 다양한 동기부여 요인을 제공하고, 환경의 변화에 대해 신축적으로 대응할 것을 강조하지만, 그것은 궁극적으로 조직의 목표를 달성하고 성과를 향상시키는 데 기여하는 방향으로 운영되어야 한다는 점을 강조한다.

4) 역량기반 인적자원관리

최근에 들어서서 이러한 직무기반 인적자원관리가 갖고 있는 경직성을 극복하고자 역량기반 인적자원관리(competency-based HRM)라는 새로운 조류가 탄생해 인사행정 실무계에서 널리 활용되고 있다.

역량기반 인적자원관리는 역량(competency)[6]을 인적자원관리의 핵심어로 등장시킨 하나의 조류이다. 즉, 기존의 직무기반 인적자원관리 방식의 약점을 극복하고자 인적자원관리의 여러 활동 국면인 인적자원계획, 모집 및 선발, 승진, 교육훈련, 성과관리, 보상 체계 등 전반에 걸쳐서 역량과 역량 모델을 활용하는 것을 말한다. 역량기반 인적자원관리의 핵심은 평균적인 조직구성원과 구별되는 아주 뛰어난 성과를 보이는 조직구성원의 역량을 어떻게 찾아내고 그것을 인적자원관리의 모든 측면에서 활용할 수

---

6) 스펜서와 스펜서(Spencer & Spencer, 1993: 9)의 정의를 보면, "역량이란 특정한 상황이나 직무 수행 과정에서 미리 설정된 준거 기준에 비춰볼 때, 효과적이거나 또는 우수한 성과의 원인이 되는 개인의 내재적 특성"이며, 그 내재적 특성에는 다섯 가지, 즉 동기(motives), 특질(traits), 자아인식(self-concept), 지식(knowledge), 실무기술(skill)이 포함된다고 한다.

있도록 할 것인가에 있다.

역량기반 인적자원관리의 도입을 주장하는 많은 연구자는 직무기반 인적자원관리의 대표적인 문제점으로 ① 직무분석을 통해 작성하는 직무기술서와 직무명세서에는 해당 점직자가 직무 수행 과정에서 무엇을 해야 하는가와 직무 수행에 필요한 최소한의 학력과 경력 요건은 무엇인가를 기록하고 있을 뿐 해당 점직자가 조직의 성공을 위해 도출해야 할 측정 가능한 직무 수행의 결과물이 무엇인지 명시하지 않고 있다는 점과, ② 직무기술서와 직무명세서가 신축성 있게 수정되기 어렵기 때문에 변화에 재빨리 적응하기 힘들다는 점(Dubois & Rothwell, 2004: 6-7; 이창길, 2008: 88) 등을 들고 있다.

한국 정부에서도 민간기업의 영향을 받아 기관별·분야별로 다양한 형태의 역량기반 인적자원관리 활동을 두루 확대하고 있다. 과거에는 고위공무원이나 5급 공무원 채용시험에 한정되었으나, 최근에는 국가직, 지방직뿐만 아니라 공공기관 등 다양한 소속과 직급에서 역량평가와 면접이 보편화되었다.

5) 다양성과 다양성관리

전통적인 평등고용기회(equal employment opportunity) 정책과 적극적 차별철폐(affirmative action) 정책이 주로 여성, 장애인, 소수 인종 등에 대한 인사상 배려를 중심으로 한 표면적(surface level) 다양성에 관심을 둔 특징을 가지고 있었다면, 최근의 인사행정에서는 가치관이나 조직문화 등을 둘러싼 세대 간 다양성(generational diversity) 등과 같은 심층적(deep level) 다양성에 관한 관심이 커지고 있다(Harrison et al., 2002). 이러한 변화는 다양성에 대한 시각의 변화를 보여주고 있다고 할 것이다. 즉, 전자는 다양성을 형평성과 합법성을 중심으로 이해하는 시각이라고 할 수 있는 데 반해, 후자는 다양성을 학습과 성장을 통해 포용성을 확보해 가는 기제로 이해하려는 시도라고 할 것이다. 이러한 후자의 접근은 민간부문에서는 다양성, 형평성, 포용성, 접근가능성(diversity, equity, inclusion, and accessibility: DEIA)이라는 개념으로 이해되고 있다.

다양성관리(diversity management)는 현대 조직이 기본적으로 갖고 있는 성별, 인종적, 문화적, 세대 간 등의 다양성에 대해 구성원의 다양성이 가진 잠재력을 적극적으로 활용함으로써 조직의 성과 향상에 도움이 되도록 전략적으로 이해하려는 긍정적인 접근을 주장한다. 다양성에 대한 전통적인 시각이 다양성을 조직 내의 갈등이나 균열을 유발하는 원인으로 보고 부정적으로 인식하는 것에 반해, 다양성관리는 다양성 존중 정책, 다양성 교육, 가족친화 정책 등을 적극적으로 수립하여 운영함으로써 조직에 도움이 되는 긍정적인 방향으로 다양성 중시 인사행정을 실시해 나가야 한다는 패러다임이라고 할 것이다.

제3절 인사행정의 체계

1 내적 체계: 인사행정의 기능

인사행정은 다른 관리 기능과의 유기적 협조 아래 정부의 목표 달성에 공헌하는 방향으로 인적 자원을 관리하는 동태적 과정이다. 그리고 이러한 과정을 통해 인사행정은 개인의 발전을 유도하거나, 개인의 발전에 도움을 주기도 한다. 인사행정이 수행하는 주요 기능을 좀 더 구체적으로 살펴보면 [그림 1-1]과 같다.

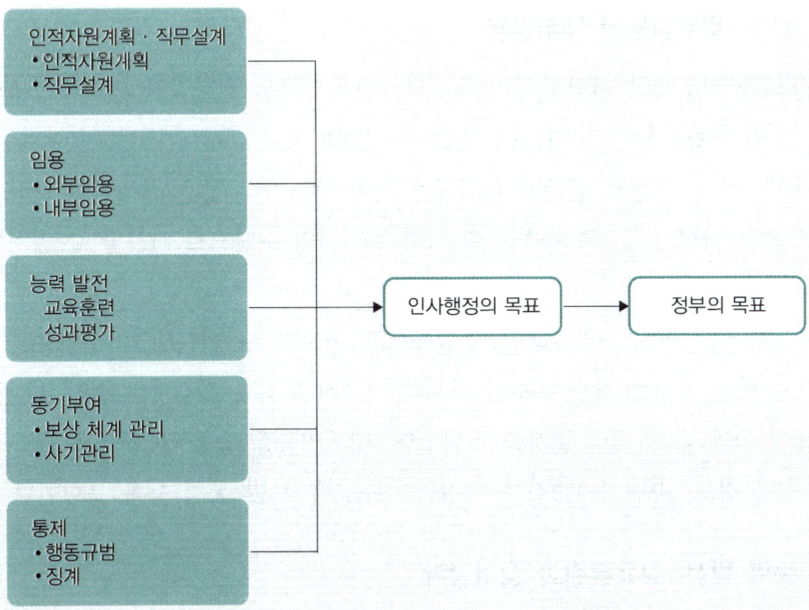

그림 1-1 인사행정의 내적 체계: 인사행정의 기능

1) 인적자원계획과 직무설계

인적자원계획(인력계획)은 정부의 목표 달성에 필요한 인적 자원의 수요와 공급을 예측하고, 그것을 토대로 최적의 인력 공급 방안을 모색하는 미래 지향적이며 의도적인 활동이다. 따라서 인적자원계획은 현재 정부에서 수행하는 업무의 증가나 감소에 대한 예측은 물론, 장래에 필요로 하는 직무의 종류와 내용 및 규모 등 인적 자원의 질적인 측면에 대한 예측도 포함해야 한다.

인적 자원의 공급 대안을 작성하기 위해, 인적자원계획은 정부의 인적 자원에 대한 분석뿐만 아니라 노동시장의 규모와 구조 및 성격에 대한 분석도 포함해야 한다. 그리고 이에 대한 분석은 현재의 상태는 물론 장래의 상태에 대한 예측을 토대로 해야 한다. 이와 같이 작성된 인적자원계획은 임용, 교육훈련, 보수 등 일련의 인사행정 활동의 기본 지침이 된다.

직무기반 인적자원관리를 근간으로 하는 인사행정 체계에서는 직무분석과 직무평가를 통해 정부의 모든 직위에 대한 직무설계가 수반되어야 한다. 이를 전제로 해서 정부 내 인적 자원을 합리적으로 재배치하고 활용할 수 있게 된다.

2) 임용: 외부임용과 내부임용

임용이란 정부에서 사람을 선발해 쓰는 활동으로서 전통적인 인사행정에서 가장 핵심적인 인사행정 활동 국면으로 간주되어 왔다.

임용제도는 공무원의 신분과 관계되는 것이므로 가장 많은 공무원이 관심을 가지고 있을 뿐만 아니라 동기부여를 위한 가장 효과적인 수단으로 사용할 수 있기 때문에 매우 중요하다.

임용은 외부임용(신규채용)과 내부임용으로 구분할 수 있는데, 외부임용은 정부에서 필요로 하는 자격을 갖춘 우수한 인재의 적극적 모집과 적격자의 선발 및 적재적소에의 배치 등과 같은 핵심 절차를 포함한다. 내부임용은 승진 및 강임과 같은 수직적 이동, 전직, 전보, 파견 등과 같은 수평적 이동, 휴직 및 복직 등을 포함한다.

3) 능력 발전: 교육훈련과 성과평가

공무원의 능력 발전은 합리적이고 객관적인 성과평가와 그를 토대로 한 교육훈련 수요의 도출, 맞춤형 교육훈련 등을 통해 달성될 수 있다.

공무원에 대한 성과평가는 승진, 배치전환, 보상 등을 위한 기초 자료로 쓰기 위한 것일 뿐만 아니라 공무원 개개인의 교육훈련 수요를 판별할 수 있고, 평가자와 피평가자의 의사소통 개선 등을 통해 능력 발전과 동기부여를 위한 중요한 수단으로 활용될 수 있다는 점에서 인사행정에서 최근에 그 중요성이 부각되는 활동 국면이다.

교육훈련은 조직구성원에게 직무 수행상 필요한 지식과 기술을 습득시키고 연마시키며, 가치관과 태도를 발전 지향적으로 전환시키고자 하는 의도적이고 체계적인 노력으로서, 급변하는 행정환경에서 공무원의 적응력을 높이기 위한 중요한 수단이다.

4) 동기부여: 보상 체계 및 사기관리

인간은 매우 복잡한 존재이다. 그들은 소극적 · 수동적인 면과 적극적 · 능동적인 면을 동시에 지니고 있으며, 동일한 수준의 능력을 지니고 있다 하더라도 근무 여건이나 개인의 심리 상태에 따라서 생산성에 많은 차이를 나타낸다. 따라서 정부는 공무원이 최대의 생산성을 유지할 수 있도록 그들의 근무 의욕을 고취할 수 있는 다양한 제도적 장치를 마련해 운영하고 있다.

5) 통제: 행동규범과 징계

인사행정이 정부의 목표 달성에 공헌토록 하기 위해서는 공무원들의 태도와 활동이 정부의 목표와 일치되도록 유도하고 통합하는 기능이 필요하다. 이를 위해 정부는 공무원들에게 엄격한 의무와 행동규범을 요구하고, 이것을 위반하는 공무원들에게는 그에 상응하는 징계 조치를 취한다.

위에서 논의한 인사행정의 주요 기능은 서로 유기적으로 연관되어 있다. 그러나 이 기능들은 언제나 순차적으로 수행되는 것은 아니다. 예를 들면, 공무원에 대한 보수나 신분보장 등의 근무 여건은 인적자원계획이나 임용에 영향을 미치며, 성과평가의 결과는 인적자원계획을 비롯해 임용, 교육훈련, 보수, 행동규범 등 인사행정의 모든 기능에 영향을 미치기도 한다. 이와 같이 인사행정의 주요 기능은 서로 유기적으로 연관된 동태적 과정 속에서 수행된다.

2 외적 체계: 인사행정과 환경과의 관계

지금까지의 논의 결과를 토대로 인사행정 체계를 도식화하면 [그림 1-2]와 같이 정리할 수 있다. 이미 지적한 바와 같이, 인사행정 체계는 정치 체제, 사회적 규범, 경제적 · 기술적 요인, 노동시장의 상황 등 환경으로부터 영향을 받는다.

환경으로부터의 다양한 요구는 행정의 전문성과 효율성 향상, 사회적 형평성의 추구, 국정 지도력 강화, 공무원의 권익 보장과 같은 정치적 · 사회적 요구의 형태로 인사행정 체계에 투입된다. 또한 정부 재정의 규모나 정부 인력의 규모와 질적 수준, 인사행정과 관련된 각종 법적 · 제도적 규제 등도 정부의 인사정책 수립과 집행에 영향을 미치는 투입 요소이다.

인사행정에 대한 투입은 인사행정 체계 내에서의 전환 과정을 거쳐 산출로 전환된다. 산출은 개인의 성과와 조직의 성과로 구분될 수 있다. 개인의 성과는 공무원 개개인에 대한 능력 발전과 동기부여의 복합적 산물이며, 조직의 성과는 조직의 생산성과

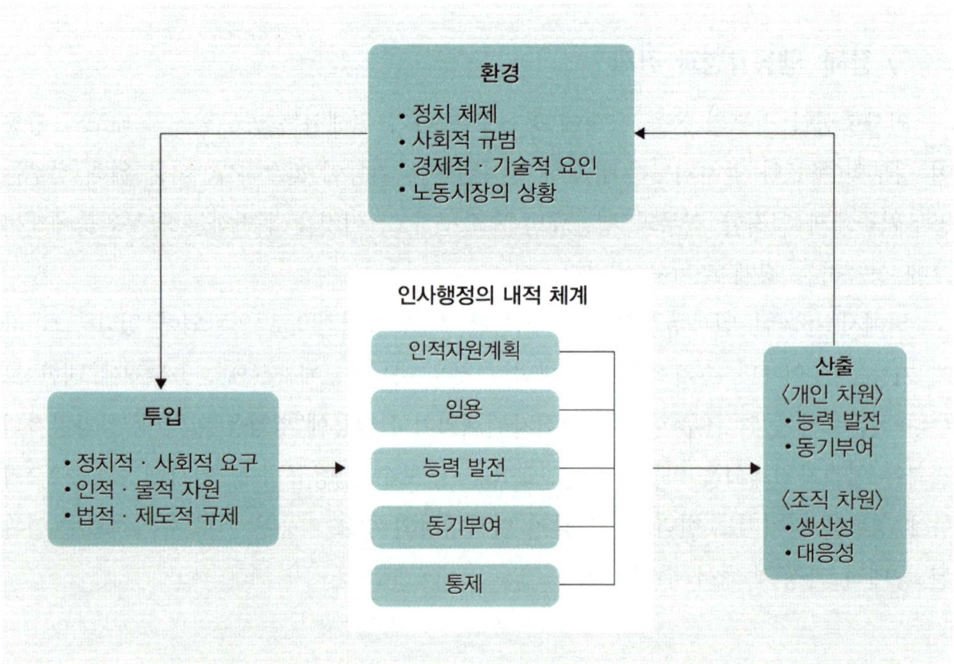

그림 1-2 인사행정의 외적 체계: 인사행정과 환경과의 관계

대응성의 복합적 산물이다. 인사행정 체계의 산출에 대한 평가 결과는 환경으로의 환류작용을 통해 새로운 요구나 지지의 형태로 다시 인사행정 체계에 투입된다.

제4절 인사행정의 주요 가치

인사행정의 발달과정은 주요 가치 간의 상호작용(interaction) 혹은 갈등이라는 관점에서 이해할 수 있으며, 이러한 관점은 인사행정의 주요 가치들이 희소한 자원과 기회를 배분하는 인사행정에 어떠한 영향을 주었는가, 그리고 공직에 누가 어떻게 임명되는가 등과 같은 질문들에 대해 관심을 기울여 왔다(Llorens et al., 2018).

인사행정의 주요 가치로는 민주성(또는 정치적 부응성 political responsiveness), 효율성(efficiency), 사회적 형평성(social equity), 공무원의 개인적 권리(employee right) 등으로 구분될 수 있다(Llorens et al., 2018). 이들 가치들은 인사행정 체계를 구성하고 운영하는 지배적인 원리로 자리매김하고자 늘 서로 경쟁하고 있다. 그러나 이 가치들은 상호 배타적인 것은 아니며, 시대적 요청과 사회적 특성 및 지도자의 개인적 성격 등에 따라 그때그때 우선순위가 바뀔 뿐이다.

여기에서는 이러한 가치들이 인사행정에 어떻게 작용해 왔으며, 어떠한 영향을 미쳤는가를 구체적으로 논의하고자 한다.

1 민주성

실적제(merit system)가 수립되기 전에는 관리자는 관료제에 대한 자신의 영향력을 극대화하기 위해 자신과 특수한 관계에 있는 사람들을 공무원으로 임용했다. 그러나 혈연이나 지연 혹은 학연을 기준으로 하는 정실주의(nepotism) 인사행정은 특정한 사회계층이나 집단에 의한 정부관료제의 지배 현상(예: Gentlemen's Government)과 행정의 비능률성을 야기했다(Aronson, 1964).

민주정치의 발달과 더불어 공직의 개방이 촉진됨에 따라, 공무원의 임용 기준도 개인적 친분 관계에서 정당 관계(political affiliation)로 대치되었다. 이러한 엽관제적 임용(spoils system)은 국민에 의해 선출된 지도자가 자신과 정치적 신조를 같이하는 사람들로 정부관료제를 구성함으로써 국민의 요구에 대한 정부의 대응성을 높일 수 있다는 시각에서 민주성을 확보하고 있다고 정당화되었다(Mosher, 1982; Rourke, 1984). 그러나 엽관제의 만연은 기대와는 달리 정치적 부패를 심화시키고, 행정의 일관성과 효율성을 저하시키는 결과를 초래했다(Shafritz, Hyde, & Rosenbloom, 1986).

민주성에 대한 이러한 전통적인 접근은 현대 행정에서는 조금 새롭게 이해되고 있는데, 현대 인사행정에서의 민주성은 국민이 인사행정의 과정에 참여하고 국민의 의견이 인사행정에 반영되는 것을 의미한다고 할 것이다. 우리나라 현실을 보면, 국가인재 DB에 국민추천제도가 마련되어 있어서 국민 누구나 해당 분야 전문가를 공직에 추천할 수 있도록 되어 있어서 인사행정에 국민 참여를 보장하기 위한 장치라고 할 것이다. 또한 국무총리나 장관급 후보자 또는 경찰청장 및 국세청장 등 중요한 직위의 후보자에 대해서는 국회에서 인사청문회를 거치도록 되어 있는 것도 국민의 의견을 인사행정에 반영하여 민주성을 확보하기 위한 장치라고 할 수 있다.

2 효율성

효율성(efficiency)은 정실제와 엽관제에 따른 정치적 부패와 행정적 비능률성 문제를 극복하기 위해 지배적인 가치로 대두되었으며, 실적제를 제도적 장치로 해서 추구되고 있다. 공무원은 정실이나 정치적 연고 관계가 아니라 개인의 능력이나 자격에 의해 임용되고, 그들에게는 정치적 중립이 요구되는 대신 강력한 신분보장이 주어진다. 개인의 능력은 주로 학력, 지식, 경험, 자격, 실적, 성과 등으로 측정되며, 이를 위해 공개경쟁시험, 근무성적평정, 역량평가, 교육훈련 등이 강조된다.

실적제는 행정의 능률성과 공정성을 향상시키고, 공무원의 신분보장을 강화하는 데 많은 기여를 했다. 그러나 실적제는 실적의 내용과 측정 기준에 대한 충분한 타당성 검증을 거치지 않은 채 기존의 기득권자들에 의해 자의적으로 정의되고 측정됨으로써, 소외계층이 정부관료제에 진입할 수 있는 문호를 막아 버리는 결과를 초래했다(Kranz, 1974; Krislov & Rosenbloom, 1981). 또한 공무원에 대한 지나친 신분보장은 그들에 대한 관리자의 지도력을 약화시킴으로써 공무원들을 관료주의화시켰다는 비판이 제기되고 있다. 우리의 경우에도 실적제적 임용은 상당히 오랜 전통을 지니고 있다.

그러나 오랜 직업공무원제의 전통으로 인해 공무원으로 임용되기 이전의 경력은 별로 중시되고 있지 않으며, 임용 이후에도 능력이나 업적보다는 근무연수를 중요시하는 연공서열 위주의 승진 관행이 아직도 강하게 남아 있다.

3 사회적 형평성

관료제의 국민대표성은 실적제와 정실제에 따른 관료제의 비대표성에 대한 반발로서 제기된 가치이다. 관료제의 국민대표성은 정부관료제, 특히 고위공무원집단을 그 사회의 인적 구성에 상응하도록 구성함으로써 국민 요구에 대한 대응성과 사회적 형평성을 향상시킨다는 관점에서 정당화되고 있다. 따라서 출신 성분, 출신 지역, 인종, 종교, 언어 및 성(性) 등이 주요한 임용 기준으로 제시되고 있다(Chauhan, 1976; Bendix, 1974; Corazzinni, 1972; Dresang, 1974; Jha, 1979; Peters, 1984).

대표관료제는 소외계층을 정부관료제에 참여시킴으로써 공직을 실질적으로 개방하고, 소외계층의 사회·경제적 상승 기회를 높여줄 뿐만 아니라 정부의 정통성에 대한 신뢰감을 증진시켜 주는 등의 효과가 있다(Mosher, 1982; Kranz, 1976; Van Riper, 1958; Peters, 1984). 그러나 관료제의 국민대표성이 관료제의 대응성을 반드시 보장한다고 보기는 어려우며(Mosher, 1982; Meier & Nigro, 1976; Downs, 1967; Thompson, 1976), 오히려 대표성을 향상시키기 위한 수단인 할당제나 차등점수제 등은 행정능률성만 저하시킨다는 비판도 있다(Stahl, 1983).

우리의 경우에는 지금까지 문화적·인종적 동질성으로 인해 관료제의 국민대표성에 대한 관심은 그다지 높지 못했다. 그러나 점점 심화되는 사회적 양극화 현상과 다문화 가정의 출현, 국민 정치 의식의 향상 등이 복합적으로 작용해 근래에는 관료제의 대표성에 대한 관심이 증가하고 있으며, 중요한 기준으로는 출신 지역, 성(性), 장애인 등이 거론되고 있다.

4 공무원의 개인적 권리

공무원의 개인적 권리는 주로 신분보장과 관련하여 논의되어 왔으며, 주된 관심은 공무원에 대한 징계나 기타의 불이익한 처분 및 그에 대한 구제절차, 그리고 공무원단체 등에 관한 것이었다(Elliott, 1985). 그러나 공무원도 한 사람의 국민이고 직업인이라는 점에서, 기본적인 물질적 욕구를 충족시키고 문화적 생활을 영위할 권리가 있으며 정치적 권리를 행사할 자유가 있다. 따라서 앞으로는 직무 수행에 따른 보수나 연금, 근로조건, 정치적 의사 표현 등도 공무원의 권리와 관련시켜 논의되어야 할 것이다.

이와 같이 공무원의 권리는 주로 정치적 고려나 인사권자의 자의적인 권한 행사로부터 공무원을 보호하고자 강조되어 왔다. 그러나 지나친 신분보장은 인사권자의 지도력을 약화시키며, 나아가 관료제의 대응성을 저하시키는 경향이 있다. 이에 따라 근래에는 직업공무원에 대한 신분보장을 약화시킴으로써, 인사권자의 국정 지도력을 강화하고 국민의 요구에 대한 관료적 대응성을 제고하는 방향으로 공무원제도의 개혁이 추진되는 경향이 있다.

우리나라의 경우에도 공무원의 권리에 대한 관심이 계속 증대되고 있다. 공무원의 보수와 연금에 대한 관심은 지속적으로 증가되어 왔으며, 최근에는 공무원 보수 체계에 연봉제와 성과상여금제도가 도입됨에 따라 공무원 보수의 적정 수준과 성과 측정 방법 등에 대한 논의가 활발해지고 있다.

공무원의 권리와 관련해 최근에 논란이 되고 있는 또 하나의 이슈는 공무원의 정치적 중립과 정치활동의 자유에 관한 것이다. 실적제의 중요한 원칙 중의 하나인 공무원의 정치적 중립 의무와 국민으로서 당연히 누려야 할 정치적 표현의 자유를 어떻게 조화시킬 것인가의 문제는 매우 첨예한 논란의 소지를 안고 있다.

사례 제1차 균형인사기본계획(2018~2022)

모든 중앙부처에 여성 고위공무원 1명 이상 임용

정부가 고위공무원단의 여성 임용 확대 등 '균형인사'를 목표로 한 기본계획을 발표했다. 중소벤처기업부 등 여성 고위공직자가 단 한 명도 없는 13개 중앙부처에 올해 안에 2급 이상 여성 고위공직자를 임용하고, 중증장애인과 저소득층의 공무원 채용 규모도 늘린다.

인사혁신처는 17일 이 같은 내용을 포함한 '제1차 균형인사기본계획(2018~2022)'을 국무회의에 보고했다. 기본계획을 보면 양성 평등을 위해 고위공무원단의 여성 비율을 확대한다. 지난해 6.5%(48개 부처, 97명)에서 2022년 10%로, 본부 과장급 여성은 같은 기간 14.7%에서 21%로 확대하는 목표를 세웠다. 올해 말까지 모든 중앙부처에 여성 고위공무원 1명 이상 임용을 추진한다. 현재 중소벤처기업부, 특허청, 금융위원회 등 13개 부처에 여성 고위공무원이 1명도 없다.

7·9급 공채 장애인 구분모집 비율을 6.4%(현재)에서 6.8%로 늘려 법정 의무고용률(3.4%)의 두 배로 목표로 세웠다. 또 중증장애인을 내년부터 정원 외로 선발토록 해 고용을 독려한다. 지역인재 채용을 위해서는 5·7급 공채에 적용하고 있는 지방인재채용목표제 적용기간을 연장하기로 했다. 당초 2021년까지인 5급과 2019년까지인 7급의 적용기간을 각각 합격 인원 대비 20%, 30%를 달성할 때까지로 연장한다.

(경향신문, 2018.7.18)

[문제 1] 한국 정부의 '균형인사지침'과 '제1차 균형인사기본계획'은 사회적 형평성 및 다양성을 어떻게 구현하고 있는지 설명하시오.

[문제 2] 균형인사는 2023년부터는 통합인사로 명칭을 변경하여 추진되고 있는데, 정부가 발간한 '2023 공공부문 통합인사 연차보고서'를 살펴본 후, 우리나라 통합인사 현황에 대해 설명하시오.

P·A·R·T

02

PUBLIC PERSONNEL ADMINISTRATION

인사행정의 제도적 기반

학습 목표

1. 최근 세계 각국이 추진하고 있는 행정개혁에서 직업공무원제를 주요 개혁 대상으로 삼는 이유는 무엇인가, 직업공무원제가 행정의 민주성과 능률성에 대해 제기하고 있는 딜레마는 무엇인가, 직업공무원제의 어떠한 특성이 이러한 딜레마를 제기하는가, 직업공무원제는 폐지되어야 하는가 아니면 존속되어야 하는가, 만일 직업공무원제가 존속되어야 한다면, 직업공무원제에 대한 비판을 극복하기 위한 방안은 무엇인가?
2. 엽관제와 실적제 및 대표관료제가 추구하는 가치와 공직임용 기준은 각각 어떻게 다른가, 그리고 이들 세 가지 임용 모형은 서로 어떤 관계를 유지하고 있는가?
3. 위에서 제시한 세 가지 임용 모형 중 한국 정부의 인사행정에 가장 큰 영향력을 행사해 온 것은 어느 것인가, 그리고 한국 정부가 처한 현재의 상황과 행정환경의 변화를 고려할 때, 어떤 모형이 가장 지배적인 위치를 차지하는 것이 바람직하다고 생각하는가?
4. 중앙인사기관의 조직상의 특성과 그에 따른 조직 유형에는 어떠한 것이 있는가?

요약

제2장에서는 인사행정의 발달을 직업공무원제도, 엽관제, 실적제, 대표관료제로 구분해 발달 배경, 의의(개념과 특징), 효과(효용과 비판), 최근의 경향 등에 대해 살펴본다.

제3장에서는 한국을 비롯한 미국 · 영국 · 일본 등 선진국 중앙인사기관의 조직 형태와 기능을 고찰하고, 한국 중앙인사기관의 문제점과 개선 방안을 살펴본 뒤, 부처 인사기관과 지방자치단체의 인사기관에 대해 고찰한다.

Public Personnel Administration

02 인사행정제도의 발달

제1편 제2편 제3편 제4편 제5편 제6편

제1절 직업공무원제도

1 유럽과 미국에서 인사행정의 발달

유럽에서 인사행정의 제도나 기능은 대규모적인 공무원제도가 확립되기 시작한 절대군주국가 시대부터 비로소 체계화되기 시작했다고 볼 수 있다. 중세 봉건국가는 권력구조가 토지의 지배에 기초했으며, 정치 권력이 영주(領主), 교회, 도시 등에 다원적으로 분산되어 있었다. 군주와 가신(家臣)은 신분적 지배·복종 관계에 놓여 있었고, 군주의 가내사무(家內事務)와 국가의 공공사무(公共事務)는 구분되지 않았다. 가신은 군주에게 봉사하는 대가로 봉급 대신 봉토(封土)를 하사받았으며, 가신의 신분과 봉토는 세습되었다(안희수, 1976: 362). 따라서 봉건 시대에는 대규모의 공무원제도가 발달하지 못했다.

그러나 분권적 봉건국가가 중앙집권적 절대군주국가로 이행된 이후에는 중앙집권적 통일국가 체제를 유지하기 위해 강력하고 대규모적인 상비군을 양성해야 했으며, 상비군을 유지하기 위한 재원 조달을 담당할 관료조직을 확립해야 했다. 따라서 대규모의 관료조직을 정비하고 관리하기 위해 인사행정의 제도와 기능도 체계화되기 시작했다(안희수, 1976: 362-365). 더욱이 이후 산업혁명과 중상주의 정책으로 대량생산 시대가 도래하자 대량생산 체제에 걸맞은 정부관료조직의 정비가 절실했고, 이 또한 인사행정의 발달을 촉진했다.

절대군주국가의 전형(典型)이라 할 수 있는 프로이센의 관료제도 및 인사제도의 기본적인 특징을 살펴보면 다음과 같다(안희수, 1976: 365-367; 박연호, 1983: 218-220).

첫째, 군주는 국가와 동일시되었다. 군주는 관료에 대하여 절대적인 지배권을 지니고 있었으며, 관료는 군주의 신하로서 군주에 대해 절대적인 충성과 복종을 하는 특별의무 관계에 놓여 있었다.

둘째, 관료제는 군주를 정점으로 하는 중앙집권적인 계층구조를 이루고 있었다. 관료에게는 상관에 대한 절대 복종, 엄격한 의무 이행, 뇌물 수수 금지 등 엄격한 복무규율이 요구되는 대신 관료로서의 특권과 신분은 보장되었다. 그리고 관료에게는 토지 대신 봉급이 지급되었다.

셋째, 관료는 근대적 성격의 임용제도에 의해 충원되었다. 즉, 관료의 지원 자격은 대학에서 Kameralwissenschaft[1])를 이수한 자로 한정되었으며, 이들에게는 통계나 예산에 관한 지식을 측정하기 위한 시험이 부과되었다. 그리고 관료로 채용된 자는 일정기간 시보(試補)를 거친 후에 정식 관료로 임명되었으며, 일단 임명된 후에는 비교적 강력한 신분보장을 받았다.

이와 같이 유럽 대륙에서는 절대군주국가 시대부터 직업공무원제도가 발달하기 시작했으며, 이에 상응하여 인사행정도 체계적으로 발달하기 시작했다고 볼 수 있다. 그러나 이 당시의 관료는 어디까지나 군주의 신하(royal servant)로서 지위를 지녔으며, 따라서 국민에 대한 봉사자(public servant)로서 지위를 지니는 현대적 의미의 직업공무원과는 근본적으로 다르다.

한편 영국은 유럽 대륙과는 약간 다른 방식으로 직업공무원제가 발달했다. 영국은 일찍부터 중상주의(重商主義) 정책을 적극적으로 추진하고 해외 식민지를 개척했기 때문에, 독일이나 프랑스 등 대륙 국가들과는 달리 상비군의 유지에 필요한 재원을 거의

---

1) Kameralwissenschaft(영어로는 Cameralism, 일본어로는 官房學이라고 번역함)은 17세기 프로이센(Preußen)에서 관리들에게 절대군주국가 통치에 필요한 행정관리 기술과 지식을 제공하기 위하여 발달한 학문으로, 일종의 국가학이라고 할 수 있다. Kameralwissenschaft는 절대군주제를 유지·강화하는 데 필요한 국가 활동에 관한 모든 문제를 다루고 있었으며, 농업, 재정, 경제, 정책 문제 등을 포괄하고 있었다.

전적으로 국내에서 조달할 필요가 없었다. 따라서 영국에서는 절대군주제가 확립된 16세기 이후에도 강력하게 조직화된 대규모의 관료조직은 양성되지 않았다(이성덕, 1976: 235-236). 하지만 영국에서도 19세기 중엽까지 국왕이나 귀족, 의회 의원들이 관직을 미끼로 자신의 정치 세력을 확대하는 이른바 정실제(patronage system)에 의해 직업적인 관료를 임명함으로써 사실상 정실제를 기반으로 한 직업공무원제가 도입되었다. 이후 영국의 직업공무원제도는 19세기 중엽 이후 실적제가 도입됨으로써 현대적 의미의 직업공무원제로 성격이 변화하기 시작했다.

요컨대, 유럽 국가에서는 중앙집권적인 절대군주국가를 유지하기 위해 정실 임용에 의한 직업공무원제가 생겨났고, 후에 실적제의 발전과 함께 실적제에 기반한 현대적 의미의 직업공무원제로 발전하기 시작했다.

미국은 유럽 대륙과 같은 관료제적 전통을 경험하지 않았을 뿐만 아니라, 전통적으로 직업공무원제도를 민주주의에 대한 위협으로 인식해 왔다. 즉, 관직의 장기 점유는 관료주의화를 촉진하며, 따라서 행정의 민주화를 저해할 가능성이 큰 것으로 지적되어 왔다. 실제로 미국 건국 초기부터 1829년 잭슨(Andrew Jackson) 대통령이 취임하기 전의 50여 년 동안 북동부의 상류 계층이 공직을 독점하는 이러한 현상이 나타남으로써 유럽식의 직업공무원제에 대한 정치권의 부정적 기류가 심화되었다.

이에 따라 미국에서는 1829년 이후 정치적 임용을 주요 내용으로 하는 엽관제(獵官制, spoils system)[2]를 민주주의의 실천적 원리로 인식하고, 정권의 교체에 따라 공직을 집권당의 지지자들에게 개방하고 공직의 대량 교체를 실천하는 전통이 확립되었다. 1883년 펜들턴법(Pendleton Act of 1883) 이후 실적제(merit system)와 정치적 중립의 원칙이 확립된 이후에도 미국의 공무원제도는 모든 직급에 외부임용을 허용하는 개방형 공무원제도(open system)를 채택하고 있다. 미국에서도 근래에는 고급공무원을 중심으로 직업공무원제적인 성격을 가미하려는 노력이 꾸준히 지속되고 있으나(안희수, 1976: 391-392; 박연호, 1983: 135), 미국의 공무원제도는 아직까지도 직업공무원제적인 성격이 약한 편이라 할 수 있다.

2) 미국에서 spoils system은 political patronage system으로도 불리며, 우리 학계에서도 이를 엽관제로 번역한 것은, '정치적 임용'을 '관직을 사냥한다는 부정적인 의미'로 인식한 측면이 강하다. 하지만 실제 엽관제는 미국에서 처음 도입될 당시뿐만 아니라 지금도 여전히 긍정적인 측면을 가지고 있으며, 단순히 개인적인 연고 관계에 따라 공무원을 임용하고 공직을 사유화하는 정실제와는 구분할 필요가 있다. 엽관제의 구체적 내용에 대해서는 제2절에서 자세히 설명한다.

2 직업공무원제의 의의

1) 개념

현대적 의미의 직업공무원제(職業公務員制, career civil service system)란 우수한 젊은 인재들을 공직에 유치하고, 그들이 공직에 근무하는 것을 명예로 인식하고 정년 퇴임 시까지 장기간에 걸쳐 성실하게 근무하도록 하는 임용제도이다.

직업공무원제는 원칙적으로 젊은 인재를 최하위 계급으로 임용해, 장기간에 걸쳐 근무하도록 하면서 단계적으로 승진시킨다. 응시자의 학력과 연령은 엄격히 제한되며, 선발 기준으로는 전문적인 직무 수행 능력보다는 장기적인 발전 가능성을 중시한다. 그리고 상위 계급은 원칙적으로 승진에 의해 충원되며, 외부로부터의 유입은 허용되지 않는다. 따라서 직업공무원제는 계급제와 폐쇄형 임용 체계(closed system) 및 일반적인 능력가를 중시하는 본질적인 특성으로 지니고 있다.

현대적 의미의 직업공무원제는 대체로 실적제(實績制)에 입각해 운영되고 있다. 따라서 직업공무원제는 당연히 실적제를 전제로 하는 것으로 인식되고 있으며, 실적제와 같은 의미로 사용되기도 한다. 그러나 직업공무원제는 실적제와는 개념적으로나 제도적으로 분명히 다르다.

직업공무원제와 실적제는 다음과 같은 점에서 구별된다.

① 직업공무원제와 실적제는 역사적 배경을 달리한다. 직업공무원제의 발달 과정에서 살펴본 바와 같이 유럽에서 직업공무원제는 절대군주국가 시대부터 발달하기 시작했으나, 실적제는 1870년대에 와서 비로소 확립되었다. 반대로 미국에서 실적제는 1880년대 중반에 확립되었으나, 직업공무원제는 1930년대 이후부터 논의되기 시작했다. 미국의 공무원제도는 아직도 직업공무원제적인 성격이 약한 편이다.

② 실적제는 정치적 중립을 주요 요소로서 포함하고 있으나, 직업공무원제는 독일이나 프랑스의 경우에서 보듯이, 반드시 정치적 중립을 요구하지는 않는다. 오히려 초기 직업공무원제는 정실제에 기반을 두었기 때문에 임용권자인 왕이나 귀족, 의회 의원에게 충성을 요구하는 등 정치적 편향성을 당연시했다.

③ 직업공무원제는 계급제와 폐쇄형 임용 체계 및 일반행정가주의에 입각하고 있다. 이와는 대조적으로, 실적제가 확립된 미국의 공무원제도는 직위분류제와

개방형 공무원제 및 전문가주의에 입각하고 있다.[3)]

2) 직업공무원제의 특성

직업공무원제가 갖는 일반적인 특징은 다음과 같다(Mosher, 1982: 151-156; Lee, 1993: 169-174).

① 직업공무원제는 공무원의 장기 근무를 장려하므로 학교를 갓 졸업한 젊고 유능한 인재를 공직에 유치하기 위해 많은 노력을 기울인다.

② 직업공무원제는 공무원을 채용할 때, 채용 당시의 직무 수행 능력보다는 장기적인 발전 가능성이나 잠재력을 더 중요시한다. 이를 위해 직업공무원제는 공무원의 교육훈련과 경력 발전에 많은 관심과 노력을 기울인다.

③ 직업공무원제는 공무원이 오랜 기간에 걸쳐 공직에 근무하면서 여러 분야에서 다양한 경험을 쌓게 하므로, 직위분류제에서 요구하는 전문가보다는 폭넓은 시각과 안목을 가진 일반행정가의 양성에 유리하다.

④ 직업공무원제는 기본적으로 폐쇄형 임용 체계를 채택하고 있다. 즉, 공무원을 조직의 최하위 계급으로 채용해 장기간에 걸쳐 근무하면서 단계적으로 상위 계급으로 승진하도록 운영되기 때문에, 조직의 중간계층에서의 신규채용은 원칙적으로 허용하지 않고, 상위직의 대부분을 내부승진에 의해 채운다.

⑤ 직업공무원은 오랫동안 공직에 근무하게 되므로, 공직에 대한 직업적 연대 의식을 가지게 되어 공무원집단의 구성원으로서의 일체감과 단결심을 갖게 된다.

⑥ 직업공무원제는 공무원의 신분을 보장함으로써 정권 교체에도 불구하고 공직의 안정성을 도모하고 행정의 일관성과 계속성을 확보할 수 있다.

⑦ 직업공무원제는 공무원의 자기 성장이나 승진을 중요한 요건으로 한다. 공무원의 자기 성장과 승진은 공무원이 공직을 보람 있고 명예로운 직업이라고 생각하고, 공직에 대한 자긍심을 갖도록 해준다.

3 직업공무원제의 수립 요건

현대적 의미의 직업공무원제가 성공적으로 확립되려면, 다음과 같은 조건이 충족

3) 이에 대해서는 제4편 제7장 제4절과 제5절 '공직의 개방과 인사교류'에서 상세히 설명하고 있다.

되어야 한다.

① 공직에 대한 사회적 평가가 높아야 한다. 여기서 사회적 평가가 높다는 의미는 공직에 근무하면서 얻는 부수적이고 음성적인 수입에 대한 매력이 높다는 것이 아니라, 공직에 근무하는 것이 국가 발전에 대한 공헌이나 공공 봉사에 대한 자부심으로 이어짐으로써 많은 사람이 가치 있는 일이라고 느낄 수 있어야 한다는 것이다. 그래야만 우수한 젊은 인재를 유치하고, 장기간에 걸쳐 근무하도록 유인할 수 있다.

② 유능한 인재를 선발할 수 있는 적절한 임용제도와 절차가 마련되어야 한다. 즉, 우수한 젊은 인재들이 공직에 많은 관심을 갖도록 이들을 적극적으로 유인(誘因)하고, 능력이나 실적을 기준으로 해서 좀 더 유능한 인재를 선발할 수 있는 제도가 뒷받침되어야 한다.

③ 일단 임용된 후에는 오랜 기간 근무할 수 있도록 장기적인 경력 발전 경로가 마련되어야 한다. 이를 위해서는 승진이나 배치전환 등의 내부임용이 체계적이면서도 공정하게 이뤄지고, 교육훈련 등의 능력 발전 기회도 지속적으로 제공되어야 한다.

④ 다양한 동기부여 방안이 마련되어야 한다. 즉, 우수한 인재를 적극적으로 유인하고 이들의 장기 근무를 유도하기 위해서는 신분보장제도와 함께 적절한 수준의 보수와 연금제도 등이 뒷받침되어야 한다.

⑤ 이상의 조치가 효율적으로 운영되려면, 장기적인 인적자원계획이 전제되어야 한다. 그리고 인적자원계획에는 우수 인력의 공급 방안은 물론, 퇴출되는 인력에 대한 퇴직관리 방안도 포함되어야 한다.

4 직업공무원제의 장 · 단점

직업공무원제는 제도적 특성상 다음과 같은 장점과 단점을 지닌다.

1) 장점

① 공직에서의 장기 근무를 격려하기 때문에 공직 근무를 평생의 직업으로 인식하는 경향이 강하며, 따라서 공직을 하나의 전문직업[4] 분야로 확립하는 데 유리

하다.

② 공직에 대한 자부심과 일체감이 강화되며, 따라서 높은 수준의 봉사정신과 행동규범을 유지하는 데 도움이 된다.

③ 공무원의 능력 발전이 폭넓게 이루어지므로, 정책결정 및 행정관리 기능을 담당하는 고급공무원의 양성에 유리하다.

④ 공무원의 장기 근무를 유도하므로 행정의 계속성과 일관성을 유지할 수 있다.

2) 단점

① 폐쇄적 임용으로 인해 공무원집단이 보수화되거나 관료주의화되는 경향이 강하다.

② 공직의 분위기가 침체되어 공무원의 전반적인 질적 수준이 저하될 우려가 있다.

③ 공무원에 대한 신분보장은 외부환경의 급격한 변화에 신속하게 대응하지 못하고 무사안일에 빠지거나 변화에 저항적인 관료적 병리 현상을 초래할 수 있다.

④ 일반행정가의 양성은 전문행정가의 양성을 저해함으로써 행정의 전문화 요구에 역행한다.

5 최근 경향

최근 세계 각국은 전통적인 직업공무원제를 행정의 민주성과 능률성을 저해하는 핵심적인 개혁 대상으로 규정하고, 위에서 논의한 직업공무원제의 문제점을 극복하기 위한 다양한 개혁 조치를 시행하고 있다. 그러나 전통적인 직업공무원제에 대해 민주성과 능률성의 관점에서 여러 가지 비판이 제기되고 있다고 해서, 직업공무원제가 그 효용을 다하고 있다고 말하기는 어렵다. 행정은 단순한 기술적 전문성(technical expertise)뿐만 아니라 민주성, 공익성, 봉사성 등 민간기업의 경영과는 다른 독자적인 가치 기준과 윤리규범을 요구하기 때문이다. 이 밖에 행정 업무의 연속성과 일관성 등도 직업공무원제의 존속 필요성을 시사해준다. 실제로, 직업공무원제에 대한 일련의 개혁 조치들은 전통적인 직업공무원제가 지니고 있는 한계를 보완하기 위한 것이지, 직업공무원제 자체를 부인하는 것은 아니다.

4) 여기서 '전문직업'이라 함은 의사, 변호사 등과 같은 professional을 의미한다. 분야별 전문가를 의미하는 specialist와는 구별되는 개념이다.

직업공무원제에 대한 구체적인 개혁 조치들은 각국이 지니고 있는 직업공무원제의 역사적 전통에 따라 다르다. 일반적으로 보면, 전통적으로 직업공무원제를 채택하고 있는 국가들은, 위에서 논의한 직업공무원제의 단점을 보완하기 위해 개방형 임용제도와 계약제 임용제도를 도입하고 직위 분류 구조와 보직 경로를 세분하는 등 미국식의 직위분류제와 개방형 공무원제 및 전문가주의의 특성을 도입하고자 노력하고 있다.

반면에, 미국은 미국식 공무원제도의 문제점을 극복하기 위해, 직위분류 구조를 단순화하고 고위공무원단(Senior Executive Service: SES)[5]을 운영하는 등 계급제나 폐쇄형 공무원제 및 일반행정가주의에 입각한 직업공무원제의 장점을 도입하려 하고 있다. 두 가지 제도의 장점을 절충하려는 쌍방의 노력은 실제로 양 제도를 상당히 접근시키고 있다.

제2절 정실제와 엽관제

1 발달 배경

정실제(情實制, patronage system)는 인사권자와의 개인적인 연고 관계, 즉 학연, 혈연, 지연 등을 기준으로 공무원을 임용하는 제도로서, 원래 절대군주국가 시대의 유럽에서 왕이나 귀족이 자신의 측근을 관직에 등용하던 관행을 통칭하는 용어에서 유래했다.

반면, 엽관제(獵官制, spoils system, political patronage system)는 범위를 좁혀서 인사권자와의 정치적인 연고 관계나 정치적 충성도를 기준으로 공무원을 임용해 집권자 혹은 집권당의 정책을 효과적으로 수행하고 인사권자에 대한 공무원의 대응성을 높이

---

5) 고위공무원제도는 대체로 고위공무원에 대한 개방형 임용의 확대, 직무 수행에 대한 전문성 제고, 성과에 대한 책임성 확보 등 다양한 목적을 가지고 도입되고 있으나, 구체적인 도입 배경은 나라마다 조금씩 다르다. 미국은 행정의 전문성보다는 오히려 다양한 행정 경험을 갖춘 고위공무원을 양성하고, 그들에 대한 인적자원관리의 융통성을 확보하기 위해 고위공무원제도를 도입했으나(Rosenbloom, 1993: 214), 영국은 고위공무원에 대한 개방형 임용을 확대함으로써 고위공무원 간에 응집력이 저하되는 문제를 해결하고 계약제 임용에 의해 성과에 대한 책임을 확보하고자 고위공무원단(Senior Civil Service: SCS)을 창설했다(총무처 직무분석기획단, 1997: 306). 우리나라의 경우에는 2006년 7월 1일부터 고위공무원단제도가 도입·실시되고 있다.

기 위한 제도로서 미국에서 처음 발달했다.

정실제와 엽관제는, 일반적으로는 같은 의미를 지닌 개념으로 혼용(混用)되기도 하지만, 그 발달 배경과 의의, 효과 등의 측면에서 볼 때 서로 구분되는 개념이므로 이 책에서는 서로 구분해 설명하고자 한다.

1) 영국에서의 정실제

유럽 대륙 국가에서는 절대군주제의 확립과 동시에 근대적인 관료제가 확립되었다. 그러나 영국에서는 절대군주제가 확립된 이후에도 체계화된 관료제나 상비군(常備軍)이 발달하지 못했다. 당시의 영국 국왕은 자신의 정치 세력을 확대하거나 반대 세력을 회유하기 위해 개인적으로 신임할 수 있는 의원들에게 국왕의 특권으로 고위 관직이나 고액의 연금을 선택적으로 부여했다. 마찬가지로 장관들도 하급 관리의 임명권을 이권화(利權化)함으로써 정실제를 확대했다. 이러한 형태의 정실제를 은혜적 정실제(恩惠的情實制)라 부르기도 한다(박연호, 1983: 143-144).

그러나 명예혁명 이후 국왕에 대한 의회의 우월성이 확립되고, 내각책임제의 실시를 계기로 관리의 임면(任免)에 대한 실권이 국왕에게서 점차 의회의 다수당으로 넘어가게 되었다. 이때부터 의회를 장악한 유력 정치인들은 자신의 지지 기반을 확대하기 위한 방편으로 개인적인 연고 관계에 따라 자신의 측근에게 관직과 연금을 부여하기 시작했다. 이것을 계기로 영국의 정실제는 국왕에 의한 은혜적 정실제로부터 의회를 장악한 귀족 정치인들에 의한 정치적 정실제(政治的情實制)로 전환되었다(이성덕, 1976: 237-239; 박연호, 1983: 144-146).

위에서 살펴본 바와 같이 영국의 정실제는 "집권당과 관료기구와의 동질성 확보를 위한 관직의 교체"라는 엽관제적 성격보다는 "개인적 은혜에 따른 관직과 연금의 종신적 부여"라는 정실제적 성격을 강하게 나타내고 있다.

2) 미국에서의 엽관제

18세기 말 건국 당시의 미국은 북부 상공업자를 중심으로 한 연방주의자(federalists)[6)]

6) 연방주의(Federalism)는 초기 동부 13개 주의 연합으로 미합중국을 출범시킨 연합규약[the Articles of Confederation and Perpetual Union, 미국 헌법의 전신으로 1781년 처음 발효되었으며, 1789년 미국 헌법(the United States Constitution)이 발효됨으로써 그 기능을 상실했다]이 미국 연방정부의 권한을 매우 약하게 규정하고 있다는 데 불만을 가진 일단의 정파이다. 여기서 federalist는 일반적인 연방주의자를

와 남부 농업 세력을 중심으로 한 반연방주의자(anti-federalists) 사이에 이해관계의 대립으로 심각한 갈등이 존재하고 있었다. 당시의 미국 헌법도 양 세력 간 타협의 소산이었다. 이러한 상황에서 초대 대통령으로 취임한 워싱턴(George Washington, 1789~1797)7)은 연방주의자임에도 불구하고 정치적 파벌보다는 공직자로서 적격성(fitness of character)과 적재적소의 배치(fitness for the post)를 공직 임명의 원칙으로 삼아 공정한 인사를 실시했다. 그러나 이와 같이 구성된 그의 행정부는 연방주의자와 반연방주의자 간의 갈등으로 제대로 기능을 수행할 수가 없었다. 결국 워싱턴은 집권 후반기에는 자신과 동일한 정치적 신념을 가진 연방주의자들로 그의 행정부를 구성하게 되었으며, 이때부터 미국의 인사정책은 당파적 색채를 띠게 되었다(안희수, 1976: 373; 박연호, 1983: 120).

이러한 경향은 제3대 대통령으로 취임한 제퍼슨(Thomas Jefferson, 1801~1809)에 의해 더욱 강화되었다. 반연방주의자인 제퍼슨은 연방주의자에 의해 독점되어 있던 연방정부에 자신의 세력을 끌어들이기 위해 국민과의 약속을 실현한다는 명분으로 대통령 임명직의 25%를 경질했다. 이때부터 정당에 대한 기여도를 공직 임명의 기준으로 하는 엽관제적 임용8)이 발달하기 시작했다. 그리고 대통령이 임명하는 공직자의 임기를 대통령의 임기와 일치시키는 4년 임기법(Tenure of Office Act of 1820, Four Years' Law)이 먼로(James Monroe, 1817~1825) 대통령 시기인 1820년에 제정되어 공무원의 운명을 정권의 진퇴와 연결시킴으로써 엽관제의 법적인 기초가 마련되었다(안희수, 1976: 373-374; 박연호, 1983: 121).

그러나 엽관제적 임용의 실시에도 불구하고, 당시의 미국 연방정부는 북동부 출신의 신흥 상류 계층이 지배했다. 워싱턴 대통령에 의해 임용 기준으로 제시된 공직에의 적격성은 새로운 정부에 대해 충성심을 가진 재능 있는 사람들을 임용하고자 채택되었음에도 불구하고, 실제로는 대학교육을 우선적인 기준으로 해서 정의되었다. 그러나

의미하고, Federalist는 1792년 이후의 연방당을 의미한다.

7) 미국의 독립은 1776년에 이뤄졌으나, 1776년부터 1781년까지는 대륙의회(Continental Congress)가, 1781년부터 1789년까지는 연합규약 아래 연합의회(Congress of the Confederation)가 미국 연방의 통치기구로 기능했다. 초대 대통령이 선출된 것은 새로운 미국 헌법이 발효된 1789년이다.

8) '엽관제적 임용'이란 표현은 정치적 연고 관계에 의해 많은 공무원이 충원되었음에도 불구하고 이것을 공식적인 공무원 임용정책으로 선언하지 않았고, 여전히 북동부 상류 계층의 공직 독점 현상은 지속되었기 때문이다. 엽관제를 '개혁(reform)', '공직교체(rotation in office)' 등의 표현을 사용해 공식적인 임용정책으로 천명한 잭슨 대통령 시기를 공식적으로 엽관제가 시작된 시기로 보는 것이다.

당시에는 대학교육은 상류층의 특권이었다. 자연히 정부의 직위를 얻기 위한 경쟁에서 상류층의 기득권이 상당히 유지되었으며, 권력을 지닌 사람들과 일반 대중들과의 사회적 거리는 하류층 출신의 재능 있는 사람들이 공직에 대해 매력을 느끼지 못하게 만들었다(Aronson, 1964). 당시의 미국 정부는 좋은 가문의 대학교육을 받은 상류층 출신 자제들이 지배했으며, 일반 대중의 요구에 대해 대응적(responsive)이지 못했다.

상류층의 공직 독점에 대한 불만이 고조되면서, 임용 기준으로서의 귀족적 적격성은 좀 더 민주적이고 평등한 '공직교체(rotation in office)'의 원칙으로 대치되었다(Stahl, 1983). 1829년에 취임한 잭슨(Andrew Jackson, 1829~1837) 대통령의 당선은 남부의 농업인을 지지 기반으로 한 민주공화당(Democratic-Republican Party) 정부가 공직의 임명에 있어서는 여전히 북동부 상류 계층에 유리한 정책을 고수한데 대해 서부 개척민 중심의 하류 계층이 반발한 결과였다.[9] 미영전쟁(1812~1815)의 영웅인 잭슨 대통령은 북동부 상류 계층에 독점되어 있던 공직을 서부 개척민을 포함한 일반 대중에게 공개하기 위해 엽관제를 "선거의 자유와 모순되는 연방정부 공직의 특권적 임용(the patronage of the Federal Government)을 바로잡는 개혁과제(the task of reform),"[10] "민주주의의 실천적인 정치 원리(a leading principle in the republican creed)"[11]라고 선언하고, 미국 인사행정의 공식적인 기본 원칙으로 채택했다. 그는 모든 공직은 건전한 상식을 갖춘 사람이면 누구나 수행할 수 있을 정도로 단순하기 때문에 특정인이 공직을 오랫동안 점유하는 것은 그에 따른 순기능보다는 역기능이 더욱 크다고 지적하면서, 엽관제를 통해 공직의 대중화를 추진했다(안희수, 1976: 374-376; 박연호, 1983: 123-124).

엽관제는 잭슨 대통령 이후 본격적으로 확대되어 1845년부터 남북전쟁(American Civil War, 1861~1865)이 끝나는 1865년 사이에 절정을 이뤘다. 이 시기는 엽관제를 상징하는 "전리품은 승자에게 속한다(to the victor belong the spoils of the enemy)"[12]는 슬로건

9) 1828년의 제7대 대통령 선거를 앞두고 민주공화당은 잭슨(Andrew Jackson)을 중심으로 한 민주당(Democratic Party)과 클레이(Henry Clay)를 중심으로 한 잭슨 반대파가 모여 결성한 국민공화당(National Republican Party) [1833년에 휘그당(Whig Party)으로 발전함]으로 분리되었음.

10) 잭슨 대통령 첫 임기 취임사(Inaugural Address by Andrew Jackson, March 4, 1829, Source: U.S. Congressional Joint Committee on Inaugural Ceremonies) 참조.

11) 잭슨 대통령 첫 연례교서(First Annual Message to Congress by Andrew Jackson, December 8, 1829, Source: The American Presidency Project) 참조.

12) 1832년 잭슨 대통령의 핵심 측근인 반 뷰렌(Martin Van Buren) 전 국무장관의 주영공사 임명동의안의 상원 표결을 위한 토론에서 야당 상원의원 클레이(Henry Clay)가 반 뷰렌이 엽관제 도입에 관여한 점을 문제삼아 비판하자, 여당 상원의원 마시(William L. Marcy)가 엽관제는 이미 미국 주정부에서 확립된 전

이 공공연하게 미국의 공직사회를 지배했다. 그러나 남북전쟁 이후 엽관제는 서서히 쇠퇴의 길을 걷게 된다.

이와 같이 미국의 엽관제는, 개인적 연고 관계에 기초하고 있는 영국의 정실제와는 달리, 집권 정당과 관료기구와의 동질성을 확보하고 공직을 일반 국민에게 개방함으로써 민주주의를 실현하기 위한 실천적인 인사 원리로 채택되었다. 미국에서 엽관제가 공식적인 인사 원리로 채택될 수 있었던 배경으로는 민주주의와의 관계 이외에도 당시의 사회 · 경제적 구조가 단순하면서도 안정적이었다는 점과 그에 따라 정당도 비교적 동질적이었고 행정 업무도 단순했다는 점 등을 들 수 있다.

2 정실제와 엽관제의 의의

정실제는 인사권자와의 개인적인 연고 관계, 즉 혈연(血緣), 학연(學緣), 지연(地緣) 등에 따라 특정인을 공직에 임용하는 관행을 말하지만, 엽관제는 정당에 대한 공헌이나 인사권자와의 정치적인 연고 관계를 기준으로 공무원을 임용하는 인사제도로서 그 발달 배경이나 효과가 다르다는 점을 이미 언급했다.

정실제에서 개인적인 연고 관계를 규정하는 귀속적 요인들로는 과거에는 주로 혈연, 학연, 지연 등이 활용되었으나, 최근에는 군(軍), 교회 등과 같은 특수집단에의 멤버십(membership)도 거론되고 있다. 정실제는 부정적인 인식과 평가에도 불구하고 가족 중심적이며 귀속적인 관료 임용의 전통을 오랫동안 지녀온 나라들에서는 아직도 어느 정도 영향력을 유지하고 있다(백완기, 1989: 630-632).

학연에 의한 정실제의 한 원인이 되고 있는 명문 학교의 졸업생에 대한 사회적 우대 현상은 아직도 많은 국가에서 나타나고 있으며, 이러한 나라들의 고급관료들은 대부분 명문대학의 졸업생들이다. 예컨대, 영국 고급관료의 3분의 2 이상은 옥스퍼드대학교나 케임브리지대학교의 졸업생들이다(Halsey & Crewe, 1969). 명문대학 졸업의 중요성은 일본의 경우에 특히 큰 것으로 보인다. 일본 고급관료 열 명 중 일곱 명은 도쿄(東京)대학 졸업생이다. 더욱이 도쿄대학 졸업생은 정부부처 국장급의 86%를 차지하며, 사무차관의 95%를 차지하고 있다(Kubota, 1969). 일본 고급공무원의 승진에 대한 연구 결과는 법학 전공과 고시 합격 등 다른 조건이 동일할 경우에 도쿄대학 졸업이

통이라고 하면서 "to the victor belong the spoils of the enemy"라고 말한 데서 유래했음.

계장에서 과장으로의 승진을 2.2년 단축시키는 것으로 나타나고 있다(Koh & Kim, 1982).

출신 학교는 한국의 경우에도 개인의 성공에 매우 중요한 요소로 작용한다. 한국에서 동문 관계는 졸업생들 사이에 평생의 친구 관계를 유지시켜 주는 면이 매우 강하다. 따라서 한국에서 과거 경기고를 비롯한 명문고 출신이나 서울대를 비롯한 이른바 명문대 졸업이 공무원으로서의 성공에 매우 중요했다는 사실은 여러 가지 통계에서 쉽게 발견할 수 있다. 실제로 서울대학교 졸업생들이 한국 정부를 지속적으로 지배하고 있다는 연구(양성철, 1994)나 행정부 정무직 공무원 중 40~60% 정도를 서울대학교 졸업생들이 차지하고 있다는 통계를 보더라도 고위공무원으로의 승진에서 서울대학교 졸업생들에 대한 특혜가 작용할 가능성을 강력히 시사해준다(하태권, 1990).

이러한 엽관제는 현대 민주국가에서 전면적으로 채택되기는 어려우나 이를 완전히 배제하기도 어렵다. 대의제 민주주의 하에서 관료제에 대한 정치적 통제를 위하여 일부 필요한 측면이 있으며, 그 효용성을 인정할 수 있다. 예를 들면, 1880년대 후반 이래 실적제가 엽관제에 대해 우월한 위치를 차지해 온 미국의 경우에도 많은 엽관 임용이 특히 지방정부 수준에서 지속되고 있다(Meier, 1975). 아직도 엽관에 의한 임용은 집권당에 대한 관료의 대응성(bureaucratic responsiveness)을 보장하기 위한 필수적인 요소로 인식되며, 따라서 민주주의의 필수적인 요소로도 인식되고 있다(Mosher, 1982; Rourke, 1984). 한국 역시 장차관급인 정무직의 경우 제도적으로 인정되는 측면이 있다. 별정직의 경우에도 일부의 경우 엽관제가 적용될 여지가 있다. 공공기관 등 준정부 조직의 고위관리자급 역시 마찬가지이다. 물론 이러한 여지가 있다고 하더라도 엽관제의 적용을 통한 임용에는 인사권자의 자유재량의 범위 내에서 자율규제의 준칙을 지켜야 할 필요가 있다(오석홍, 2022: 29).

3 엽관제의 장 · 단점

1) 장점

발달 배경에서 논의한 바와 같이 긍정적인 측면을 별로 발견할 수 없는 정실제와는 달리, 엽관제는 정부관료제의 민주화에 많은 공헌을 한 것으로 평가되고 있다. 엽관제의 장점을 좀 더 구체적으로 살펴보면 다음과 같다.

① 엽관제는 특권적인 정부관료제를 일반 대중에게 공개함으로써, 민주정치의 발

달과 행정의 민주화에 공헌한다.

② 정당에 대한 공헌도나 충성도를 임용 기준으로 삼음으로써, 정당의 대중화와 정당정치의 발달에 공헌한다.

③ 선거를 통해 집권한 정당에 정부관료제를 예속시킴으로써, 국민의 요구에 대한 관료의 대응성을 향상시킨다.

④ 국민에 의해 선출된 정치지도자의 국정 지도력을 강화해 줌으로써, 국민의 지지를 받는 선거 공약이나 공공정책의 실현을 용이하게 해준다.

2) 단점

그러나 엽관제는 내재적인 특성과 사회・경제적 환경의 변화로 인해 많은 폐단을 야기했으며, 그 결과 실적제의 수립을 위한 개혁운동이 전개되었다. 엽관제의 부작용으로 제기되고 있는 것들을 살펴보면 다음과 같다.

① 엽관제는 소수의 간부에 의한 정당의 과두적 지배를 촉진해 공직의 사유화・상품화 경향을 야기함으로써, 매관매직이나 뇌물 수수 등의 정치적・행정적 부패를 초래한다.

② 사회가 복잡해지고 다원화되어 감에 따라 행정 업무의 처리에도 전문성과 능률성이 요구되기 시작했으나, 엽관제는 능력 이외의 요인을 임용 기준으로 삼음으로써, 이러한 변화에 대응하지 못하고 행정의 비능률성을 야기한다.

③ 정권이 바뀔 때마다 대규모의 인력 교체가 일시에 이뤄지게 되어 행정의 계속성, 일관성, 안정성 등이 훼손된다.

④ 정권 창출에 공헌한 사람들을 임용하기 위해 불필요한 공직을 증설하게 되며, 따라서 재정상의 낭비를 초래한다.

⑤ 공직에의 취임이나 신분의 유지가 전적으로 소속 정당이나 집권자에 대한 충성에 의존하므로 행정의 공정성을 보장할 수 없다.

⑥ 자본주의가 발달하고 사회가 다원화되어 감에 따라 정당의 국민대표성이 약화되어, 더 이상 특정한 정당이 국민의 전체적인 이익을 대변하기를 기대할 수 없게 되었다. 따라서 국민대표성을 상실한 정당에게 정부관료제를 예속시키는 것은 정부관료제를 소수 정당 간부의 특수 이익을 위한 도구로 전락시킬 우려가 있다.

4 최근 경향

위와 같은 비판에 따라 미국에서 실적제가 수립된 1880년대 중반 이후 엽관에 의한 임용은 상당히 약해졌다. 그러나 비록 약해진 상태이긴 하나 엽관제는 아직도 모든 정부에서 지속되고 있다. 엽관제의 지속은 역설적이게도 그것을 극복하기 위해 발전된 실적제의 부작용에 기인한다. 즉, 실적제에 따른 강력한 신분보장으로 인해 직업공무원들은 점차 관료주의화되어 갔으나, 이와는 반대로 국민에 의해 선출된 정치지도자와 집권당의 관료에 대한 통제력은 점차 약화되어 갔다. 이에 대해 "국민에 의해 직접 선출되지 아니하고, 정치적인 해고로부터 강력한 신분보장을 받는 직업공무원들이 어떻게 국민에 대해 책임을 질 수 있겠는가?" 하는 비판이 제기되고 있다.

엽관제는 선거를 통해 국민에게 책임을 지는 선출직 정치지도자들의 직업공무원들에 대한 통제를 용이하게 해준다. 따라서 엽관제는 국민에 대한 관료적 대응성을 높이기 위한 수단으로서 그 의의를 가지고 있다. 그러나 오늘날 엽관제는 종래와 같이 광범위하게 이용되지는 않으며, 정책결정을 담당하는 고위직이나 특별한 신임을 요하는 직위 등에 한해 한정적으로 허용되고 있다.

제3절 실적제

1 발달 배경

실적제는 엽관제와 정실제에 대한 비판에서 출발하였다. 앞에서 지적한 바와 같이 정실제는 애초부터 공직 임용의 방법으로 적합하지 않다는 비판이 있었고, 엽관제도 정치적 · 사회적 환경이 변화함에 따라 많은 부작용을 낳게 되었으며, 이것들이 실적제의 등장 배경으로 작용했다.

실적제가 등장하게 된 정치적 · 사회적 환경 변화의 대표적인 예로는 관료기구를 통제하던 정당의 본질이 바뀌었다는 점을 들 수 있다. 엽관제가 탄생했던 근대 민주정치 시대의 정당은 소수의 유산 계층과 보수적 지주들에 의해 구성되었으며, 따라서 고도의 계급적 동질성을 바탕으로 한 소규모적인 조직이었다. 19세기 중엽 이래 선거권이 확대됨에 따라 정당의 규모는 팽창되어 갔으나, 정당은 소수의 정당 간부에 의한 과두적 지배 아래 놓이게 되었으며, 이에 따라 소수 간부에 의한 공직의 상품화 현상이 초래되었다. 결국 엽관제는 정당 간부들의 특수 이익을 도모하기 위한 금권정치(金權政治)의 도구로 전락하고 말았다. 한편 자본주의의 발달과 산업화의 진전에 따라 사회는 점차 다원화·이질화되어 갔으며, 정당의 국민대표성도 현저히 약화되었다. 이에 따라 관료기구를 정당의 예속(party servant)에서 해방시켜, 전체 국민을 의한 봉사자(civil servant)로 전환시키고자 하는 움직임이 일기 시작했다(안희수, 1976: 377-378).

실적제가 등장하게 된 또 다른 요인은 자본주의와 산업화의 진전에 따른 국가 기능의 양적 확대와 질적 분화, 전문화 현상이다. 산업화 이후 사회·경제적 환경의 규모가 확대되고 복잡성이 증가함에 따라 19세기 중엽까지 작용하던 자본주의의 자율적 조정 기능이 상실되기 시작했으며, 이에 따라 국가의 간섭에 대한 사회적 요구가 증대했다. 이러한 사회적·경제적 변화는 사회문제를 처리하는 데 필요한 전문성의 증대도 동시에 요구했다. 그러나 정실제나 엽관제에 의해 구성된 관료제는 이러한 요구에 효율적으로 대응할 수 없었으며, 따라서 더욱 안정적이고 능률적이며 전문성이 있는 관료제에 대한 필요성이 제기되기 시작했다(안희수, 1976: 378-379; 박연호, 1983: 150).

이 밖에도 각국의 정치적 상황이 정실제와 엽관제를 폐지하고, 이를 대체할 적절한 임용 방식을 고려하도록 만들었다. 즉, 영국에서는 산업혁명 이후 시민계급이 의회의 지배 세력으로 등장하면서 종래에 의회를 장악했던 지주 및 귀족계급과 관료제와의 연결고리를 차단할 필요성이 있었다(안희수, 1976: 379; 박연호, 1983: 148-149). 한편 미국에서는 1882년 중간선거에서 공화당이 민주당에 대패하고 1884년의 대통령선거에서 승리할 자신을 상실하자, 자신의 정당 출신 공무원들을 보호하기 위한 목적에서 1883년 펜들턴법(Pendleton Act)을 제정함으로써 실적제를 도입한 정략적 측면도 있다(안희수, 1976: 380; 박연호, 1983: 131).

이상에서 살펴본 바와 같이 실적제는 정치적·사회적 변화로부터 결코 자유로울 수가 없다. 오히려 실적제는 정치적·사회적 변화에 적극적으로 대응하기 위해 만들어진 정치적 산물이라 할 수 있다.

이하에서는 영국과 미국에서의 실적제 발달 과정을 간략히 고찰하기로 한다.

1) 영국

영국의 실적제는 1855년에 제정된 추밀원령(Order in Council)[13]을 거쳐 1870년의 추밀원령에 의해 제도적인 기초가 확립되었다. 1854년[14]에 발표된 「노스코트-트레벨리언 보고서(the Northcote-Trevelyan Report)」[15]는 공개경쟁채용시험(a competing literary examination… the right of competing should be open to all persons)에 의거해 공무원을 채용할 것과 추밀원위원급(the rank of Privy Councillor)의 공무원을 위원장으로 하는 독립적인 시험관장위원회(a central Board of Examiners)를 설치하고, 시험을 정기적으로 전국 각지에서 실시하며, 합격자에게는 단기 시보 기간을 설정할 것 등[16]을 건의했다(House of Commons, 1854: 3-23; 안희수, 1976: 381-382; 박연호, 1983: 151-153). 이 보고서를 토대로 1855년에 제정된 추밀원령에서는 독립적인 인사위원회를 설치할 것과 인사위원회에서 발급한 자격증을 임용의 전제 조건으로 할 것을 규정했다.

그러나 노스코트와 트레벨리언의 건의 내용을 부분적으로 수용하고 있는 1855년의 추밀원령은 아직도 정실제적 요소를 강하게 담고 있었다. 공개경쟁시험에 의한 임용은 아직도 채택되지 않았으며, 인사위원회의 자격 증명에도 강제력이 부여되지 않았다. 또한 지원자의 추천권을 각 부처의 장관이 행사했으며, 임용을 위한 자격 기준도 인사위원회와 각 부처의 협의로 결정하도록 되어 있었다(안희수, 1976: 382; 이성덕, 1976: 241-242; 박연호, 1983: 153-154).

영국에서 실적제는 영국 공무원제도의 발전에 획기적인 계기를 마련한 1870년의 추밀원령에 의해 확립되었다.

이 추밀원령의 주요 내용은 다음과 같다(O'Toole, 2006: 60-61; 안희수, 1976: 383-384; 이성덕, 1976: 244; 박연호, 1983: 155).

① 공무원의 임용은 원칙적으로 공개경쟁시험에 의하고, 시험은 일반 교양 과목에 한한다.

② 서기적(書記的)인 업무를 행정적 · 지도적 업무와 기계적 · 반복적 업무로 구분

13) 추밀원(the Privy Council)이란 영국 국왕의 자문기구로서 고위 정치인들로 구성되었다.

14) 보고서의 작성 시점은 1853년 11월 23일로 되어 있으나 보고서의 발간 연도는 1854년이다.

15) 이 보고서의 공식 명칭은 House of Common(1854), *Report on the Organisation of the Permanent Civil Service, together with a Letter from the Rev. B. Jowett*이다.

16) 이외에도 시험 과목의 다양화, 각 부처의 필요에 의한 시험 내용의 다양화, 공무원의 인사기록 비치와 활용, 연금제도의 일원화 등에 대해 언급하고 있다.

하고, 이에 의거해 계급을 구분하며, 채용시험을 계급별로 구분해 실시한다.

③ 재무부(the Treasury)는 지원자의 자격과 응시료의 징수, 채용 인원 수와 채용시험일시, 채용 직위, 시험을 행하거나 시험을 면제할 직위 등에 관한 인사위원회(the Civil Service Commission)의 결정에 동의권을 가진다.

2) 미국

미국의 실적제는 1850년대부터 시작된 엽관제에 대한 개혁운동의 결과이다. 그러나 1850년대 이후 수차례에 걸쳐 시도된 공무원의 임용과 계급 분류에 대한 개혁은 대부분 실패로 끝나고 말았다. 그럼에도 불구하고 엽관제를 포함한 공무원제도 전반에 대한 개혁운동은 꾸준히 지속되었으며, 1883년에 제정된 펜들턴법을 계기로 실적제가 확립되었다.

펜들턴법의 주요 내용은 다음과 같다(안희수, 1976: 388-389; 박연호, 1983: 132).

① 독립적인 연방 인사위원회를 설치한다.

② 공무원의 임용은 공개경쟁채용시험에 의한다.

③ 시험에 합격한 공무원에 대해서는 시보 임용 기간(probation term)을 둔다.

④ 공무원의 정치활동은 금지된다.

당시에는 실적제의 적용을 받는 분류직(classified service)의 범위를 확대하거나 축소하는 것은 전적으로 대통령의 재량에 속했다. 실적제의 적용을 받는 공무원은 1883년 전체 공무원의 10%에 불과했으나, 1923년의 분류법(C1assification Act)을 계기로 급격히 증가하기 시작해 1929년에는 80%에 달했다(Carpenter, 1952: 33-34; Shafritz, Hyde, & Rosenbloom, 1981: 35). 또한 공직에 대한 정당의 지배와 공무원의 정치활동을 금지하는 해치법(Hatch Act)의 제정(1939년)17)도 실적제의 확립에 크게 공헌했다.

실적제가 수립되던 초기에는 실적제는 공직 임용에서 엽관제적 요소를 제거하는 데 급급한 나머지 소극적으로 정의되고 경직적으로 운영될 수밖에 없었다. 그러나 오늘날의 실적제는 좀 더 적극적이고 능률 지향적으로 정의되고 있으며, 신규채용 이외에 승진과 보수 등과 같은 인사행정의 다른 측면도 포함하게 되었다(Stahl, 1983).

---

17) 해치법은 1939년 및 1940년 2차에 걸쳐 제 · 개정되었다(이종수, 2009b).

2 의의

1) 개념

실적제는 엽관제에 의한 부패와 비능률성을 교정하기 위한 수단으로 제안되었다. 실적제의 옹호자들은 정부의 인사행정에서 정치적 정실주의를 제거하는 것은 자동적으로 정치적 중립성과 행정적 능률성을 보장한다고 믿었다. 따라서 실적제는 당파성이나 혈연, 지연, 학연, 인종, 종교 등과 같은 정치적 요인이나 귀속적 요인을 임용 기준으로 삼지 않고 개인의 능력이나 실적을 중요한 임용 기준으로 삼는다.

실적제의 주요 구성 요소는 기회 균등, 실적에 의한 임용, 정치적 해고로부터의 신분보장 및 정치적 중립을 포함한다(Sayre, 1948). 실적제는 기회 균등의 원칙과 실적에 의한 임용을 보장하기 위한 제도적 장치로서 공개경쟁채용시험을 실시한다. 그리고 공무원으로 임용된 후에는 강력한 신분보장을 해주는 대신 정치적 중립을 요구한다.

2) 기준

실적(merit)은 정의하기가 매우 어려운 개념이다. 실적의 개념은 모호해서 대부분의 경우에 능력, 자격, 기술, 지식, 업적(achievement), 성과(performance) 등과 같이 일반적인 용어로 정의된다. 더욱이 실적은 대부분의 경우에 측정하기가 매우 힘들다. 대부분의 평가 기술이나 도구는 아직도 과학적으로 부정확하다. 실적 임용의 수단으로서 가장 널리 사용되는 필기시험도 기준 타당성(criterion-related validity)이나 내용 타당성(content validity)이 결여되어 있다는 비판을 받고 있다. 근무성적평정은 객관성과 신뢰성 측면에서 비판을 받고 있으며, 상급자는 그들의 부하 직원들이 무엇을 해야만 하는지, 그리고 실제로 무엇을 하는지 모르는 경우가 자주 있다. 이러한 문제를 해결하기 위한 지속적인 노력에도 불구하고, 근무성적평정은 아직도 개인의 능력보다는 상급자의 기준을 반영하는 경향이 강하다(Shafritz, Hyde, & Rosenbloom, 1986; Thayer, 1978).

개인의 실적을 나타내는 지표로서 일반적으로 제시되고 있는 것들은 다음과 같다.

① 직무 수행 능력: 가장 뛰어난 후보자를 선택하는 좋은 방법은 각 후보자의 직무 수행 능력을 직접 측정하는 것이다. 그러나 대부분의 사무직 근로자의 실적은 가시적이지 않기 때문에, 동일한 부서에서 동일한 일을 하는 근로자들의 생산성을 비교하는 것조차 쉽지 않다. 전정부적(全政府的)으로 적용될 수 있는 생산

성 비교를 위한 객관적인 기준을 발견하는 것은 더욱 힘들다.

② 생산성: 실적의 기준으로서 생산성(productivity)이나 성과(performance)를 사용하는 것은, 그에 대한 객관적인 정보를 얻기가 힘들기 때문에, 보수나 등급의 결정에서 어려움을 가중시킨다. 따라서 소득이나 등급 수준의 차이에 대한 연구에서 널리 사용되는 인적 자본 접근 방법(human capital approach)은 시장(市場)에서 제시되는 근로자들의 몇몇 특성이 생산성과 밀접하게 연결되어 있다는 사실을 중시하고, 그러한 특성을 측정한다(Lewis, 1984). 그들은 보수와 등급은 근로자의 생산성을 반영하는 것이며, 근로자의 생산성은 교육, 훈련, 경험 등의 요소에 의해 합리적으로 평가될 수 있다고 믿는다(Becker, 1962; Mincer, 1973).

③ 교육 수준: 교육 수준은 오랫동안 보수(Mincer, 1973; Blinder, 1973)나 등급(Lewis, 1984)과 높은 상관 관계에 있다고 인식되어 왔으며, 생산성과도 밀접히 관련된 것으로 믿어져 왔다. 교육은 직무 수행에 직접적으로 도움이 되는 기술을 개발하는 데 도움을 주며, 조직에 유용한 동기나 작업 습관, 대인 관계 등을 내재화시킨다(Becker, 1962). 교육은 어떤 특정한 직업이 요구하는 실무적인 기술을 개발하기보다는 일반적인 지식이나 능력을 발전시키며, 따라서 생산성의 대리 지표로서 활용될 수 있다는 견해도 있다(Arrow, 1973). 즉, 학업에서의 성공을 이끄는 요소는 비록 생산성과 직접 연관되지는 않는다 하더라도 근로자를 더욱 생산적으로 만드는 경향이 있다. 결과적으로 공공부문에서나 민간부문에서 교육의 정도는 보수의 수준을 의미한다. 정부 내에서 보수가 등급에 의해 실질적으로 결정된다는 사실을 고려하면, 이러한 연구들은 결국 교육이 정부 내에서의 직급의 차이에 상당한 영향을 미친다는 것을 의미한다(Grandjean, 1981).

④ 전공 분야 : 교육의 또 다른 측면은 전공 분야이다. 전공은 특정한 직무 분야에 직접 응용할 수 있는 특수한 기술을 개발시키는 경향이 있다. 따라서 많은 나라에서 어떤 전공 분야는 공무원의 신규채용과 승진에서 다른 전공 분야보다 우대를 받는다.[18] 이러한 사실은 그 전공 분야에 대한 필요성을 정부가 크게

18) 영국은 고위공무원의 54%가 인문과학 전공자이며 28%가 사회과학 전공자이나, 독일은 66%가 법학 전공자이다. 미국은 특수한 분야의 전공자를 채용하고 있으나, 프랑스는 국가가 70여 개의 공무원 교육훈련기관을 업무 분야별로 운영하며 분야별 전문가를 양성하고 있다(Peters, 1984: 78). 일본은 고위공무원의 70% 이상이 법학 전공자이다(Kubota, 1969). 우리나라는 5급 이상 고위공무원의 37.2%가 법정 계열, 20.5%가 상경 계열 전공자이나, 법경 계열 전공자의 비율은 직급이 높아질수록 증가하고 있다(하태권,

인식하고 있다는 것을 나타낸다. 따라서 교육 수준 외에 전공 분야도 보수에 상당한 영향을 미친다(Reed & Miller, 1970).

⑤ 근무 경력: 특정한 조직에서의 근무 경력은 그 조직에서 직무를 수행하는 데 필요한 능력을 개발하는 가장 좋은 방법이다. 이것은 직위분류제보다는 계급제에서 더욱 중요하다. 위에서 논의한 바와 같이, 계급제 하에서는 상대적으로 경험이 적은 젊은 사람들이 장기적인 잠재력을 기초로 해서 임용된다. 이들이 지닌 초기의 잠재력은 그가 직무의 상세한 내용을 습득하고 동료들과 생산적인 관계를 유지하며 관료제 내에서 일하는 방법을 배우게 됨에 따라 성과로 전환된다. 이러한 경험의 축적은 공무원들이 과거의 전례나 외부 조직과의 관계 등을 이해하는 데 도움을 준다.

조직의 역사적 경험에 대한 이해는 고위직으로 승진할수록 더욱 중요해진다. 고위관리자들에게는 조직과 관련된 기술(agency-related skills)이 직무와 관련된 기술(job-related skills)보다 더 중요하다(Hersey & Blanchard, 1982). 그런데 조직 문화나 관행, 운영 절차, 조직의 특성 및 구조 등에 대한 정확한 지식과 조직 내에서의 인간관계 등은 조직 내에서의 근무 경험에 의해 가장 잘 습득될 수 있다. 이러한 기술에 대한 정부의 인정은 내부승진의 기준으로서 근무연수를 중시하는 정부의 정책에도 반영되어 있다. 근무연수와 소득 또는 직급 간의 높은 상관 관계는 공공부문뿐만 아니라 민간부문에서도 일반적으로 찾아볼 수 있다. 그러나 이들의 상관관계는 일반적으로 곡선적(curvilinear)[19]이다. 왜냐하면 추가적 경험의 중요성은 근무연수가 늘어나면서 감소하기 때문이다(Lewis, 1984).

⑥ 경력 및 훈련: 여타의 인적 자본 변수 중 중요한 것으로는 입직 전 경력(pre-entry experienence)과 재직자훈련(in-service training)을 들 수 있다. 여기에서 두 가지 유형의 공직분류제도, 즉 계급제와 직위분류제는 현저한 차이를 보인다. 계급제에서는 상대적으로 경험은 적으나 잠재적 능력이 큰 젊은 사람들이 정부에 들어가서 단계적으로 승진을 하게 된다. 따라서 직무 수행에 필요한 새로운

1990: 106).

19) 서로 상관을 가진 변수들 사이의 관계가 비직선적이어서 한 변수(X) 값의 변화에 따른 다른 변수(Y) 값의 변화가 동일 비율이 아닌 관계.

기술을 제공하기 위한 직무교육은 배치나 승진의 전제 조건이 된다. 반대로 직위분류제는 이미 특정한 직위에 필요한 기술을 가진 사람들을 선발한다. 필요한 지식의 습득은 개인의 책임이다. 따라서 직위분류제에서는 직무교육보다는 입직 전 경력이 더 중요하다. 그러나 재직자훈련에 대한 강조의 차이에도 불구하고, 재직자훈련은 직위분류제를 대표하는 미국 연방정부에서도 중요한 것으로 인식되고 있다. 예를 들면, 미국의 연방정부에서도 해당 직무의 수행에 필요한 직무교육이 중요한 인적 자본 변수로 인식되고 있으며, 따라서 공무원의 이동 범위는 서로 연관된 직무 분야 내로 한정되고 있다(Corazzini, 1972).

3 효과

1) 장점

실적제는 엽관제의 폐단을 극복하기 위한 공무원제도 개혁운동의 일환으로 성립되었다. 따라서 실적제 수립의 근거 또는 실적제에 대한 기대 효과는 반(反)엽관제에 기초하고 있다. 이를 좀 더 구체적으로 정리하면 다음과 같다.

① 실적제의 기본 원칙인 공개경쟁채용시험은 공직 취임에의 기회 균등이라는 민주적 요청을 충족시킨다.

② 실적을 기준으로 공무원을 임용하므로 행정능률성의 향상에 기여한다.

③ 공무원의 정치적 중립을 요구하기 때문에 행정의 공정성을 보장한다.

④ 정치적인 해고로부터 공무원의 신분을 보호해 주기 때문에 행정의 안정성과 계속성을 유지하고, 나아가 전문적인 직업공무원제의 수립에도 기여한다.

⑤ 실적제는 공직의 상품화를 근원적으로 봉쇄하며, 그로 인한 정치・행정적 부패를 감소시킨다.

2) 단점

그러나 실적제도 엽관제와 마찬가지로 시대적 상황이 바뀜에 따라 여러 가지 문제를 야기하고 있다. 실적제에 대한 비판의 주요 내용을 정리하면 다음과 같다.

① 초기의 실적제는 반엽관제에 지나치게 집착함으로써 인사행정을 소극적, 경직

적, 비능률적으로 만들었다. 반엽관제적 실적제는 정치적 고려나 정실이 정부의 인사에 개입하는 것을 방지하기 위해 중앙인사기관을 실치하고 중앙인사기관에 권한과 기능을 집중시켰으며, 엄격하고도 복잡한 인사처리 절차와 규칙을 제정했다. 이와 같이 인사 기능이 집권화·법제화됨에 따라 인사행정은 자연히 신축성을 결여한 채 경직적으로 운영되었으며, 상대적으로 유능한 인재의 유치라는 적극적인 측면보다는 부적격자의 제거라는 소극적인 측면에 중점을 두게 되었다.

② 공직에의 임용을 위한 자격 요건과 시험 내용은 대부분 직무 수행 능력과의 직접적인 연계성이 약하다는 비판을 받고 있다. 일반적으로 학력이나 전공 또는 경력 등의 자격 요건과 시험 내용은 그 사회를 지배하는 계층의 가치관이나 이해관계를 반영한다(Ha, 1991). 따라서 그것들은 소수민족이나 여성 등 소외집단의 구성원들이 정부, 특히 고급 공무원집단에 진입하는 것을 어렵게 하는 경향이 있다.

③ 정치지도자들에 의한 관료통제를 어렵게 한다. 즉, 실적에 의한 임용과 강력한 신분보장은 직업공무원에 대한 통제력을 유지하는 데 커다란 장애 요소로 작용하고 있다. 실적에 의해 임용된 직업공무원들은 정치지도자들을 통한 국민의 요구에 적극적으로 대응하기보다는 자신들의 관료적 이익을 우선적으로 추구하거나 무사안일한 보신주의적 행태에 탐닉하는 경향이 있다. 실적제는 정치지도자들이 직업공무원들의 이와 같은 관료적 행태를 통제하는 것을 어렵게 한다(Mosher, 1982: 5).

④ 공무원의 정치적 중립에 대한 요구도 공무원이 국민이나 정치지도자의 요구에 무감각하도록 만드는 요인이 되고 있다. 정치적 중립의 이론적 근거를 제공했던 정치·행정이원론은 이미 이론적 타당성은 물론 현실적 타당성을 상실한 지 오래되었다. 더욱이 오늘날 정부의 정책결정 과정에서 주도적인 역할을 담당하는 공무원, 특히 고급공무원들에게 정치적 중립을 요구하는 것은 참여 민주주의의 원리에도 어긋날 뿐만 아니라, 그들을 정치적 얼간이(political zombies)로 만듦으로써 정부관료제를 국민의 요구에 둔감한 폐쇄집단으로 만들 우려가 크다(하태권, 1983: 388-390).

4 최근 경향

이러한 비판이 제기됨에 따라 근래에는 실적제의 개념을 좀 더 적극적으로 해석하고, 인사행정의 운영에 신축성과 경쟁성을 확대하려는 경향이 나타나고 있다. 이 중 특히 중요한 것으로는 엽관제적 임용의 확대, 정치적 중립의 완화, 대표관료제적 개념의 도입 등을 들 수 있다. 이것들은 주로 국민의 요구에 대한 관료의 대응성을 높이고, 직업공무원의 관료주의화 경향을 완화하며, 실적제 임용의 차별적 효과[20]와 서로 상관을 가진 변수들 사이를 시정하기 위한 조치들이다.

특히 최근에는 반엽관제로 인한 인사행정의 소극성과 경직성을 해결하기 위해 신규채용이나 분류 체계의 형성 또는 보수 책정 등 그동안 중앙인사기관에 집중되어 있던 인사 권한을 각 행정기관에 위임하고, 인사에 대한 규정과 규칙을 단순화하는 등 인사에 관한 재량권을 각 행정기관과 인사권자에게 부여하는 대신, 업무 성과에 대한 책임을 엄격히 묻는 방향으로 인사제도의 개혁이 이뤄지고 있다.

또한 개방형 임용과 계약제 임용을 적극적으로 확대하고 보수 체계에 성과급제도를 도입하는 등 공무원의 인사관리에 경쟁의 원리를 도입해 공무원에 대한 신분보장을 약화시키는 대신, 인사행정의 객관성과 행정책임성 및 생산성을 높이는 방향으로 개혁이 추진되고 있다.

제4절 대표관료제

1 발달 배경

킹슬리(J. Donald Kingsley)가 1944년에 발표한 『대표관료제: 영국 관료제의 해석』에서 대표관료제라는 용어를 처음으로 사용한 이래, 대표관료제(representative bureaucracy)는 행정학과 정치학 분야의 주요 관심 영역이 되어 왔다. 특히 대표관료제는 이질적인 인종, 민족, 종교, 언어, 문화 또는 지역성(localism)으로 인해 사회집단 간에 심

20) 여기서 실적제 임용의 차별적 효과란 실적제 임용이 사실상 고학력의 부유한 계층이 공직을 대부분 점유하게 만드는 결과를 초래한다는 것이다.

각한 갈등을 겪고 있는 미국과 같은 다민족, 다인종 국가에서는 매우 중대한 문제로 인식되어 많은 연구가 수행되어 왔다.

대표관료제는 그 사회의 주요 인적 구성을 반영하게끔 정부관료제를 구성함으로써, 정부관료제 내에 민주적 가치를 주입시키려는 의도에서 발달된 개념이다. 이것의 근거는 국민에 대한 공무원들의 대응성을 효과적으로 확보할 수 있는 제도적인 장치가 부족하다는 데에 있다. 선출직 공무원에 대한 민중통제를 통해 국민의 정책선호(policy preference)를 보장받기 위한 수단으로 마련된 선거조차도 근래에는 오히려 정치 권력을 정당화시켜 주는 수단으로 변질되고 있다(Krislov & Rosenbloom, 1981: 16). 반대로 정책집행을 위한 수단으로 발달된 정부관료제는 정책집행은 물론 정책결정 과정에서도 주도적인 역할을 수행하게 되었다. 정부관료제는 다양한 국민 의사를 수렴하고 등록하는 수단이 되었으며, 이러한 과정에서 국민을 대표하는 기능을 수행하고 있다(Reeves, 1972: 4).

이와 같이 정부관료제는 정책의 집행과 결정에 상당한 영향력을 행사하며, 그들의 영향력은 그들이 지닌 전문성으로 인해 계속 증대되고 있다. 이와 관련해 "국민에 대한 관료의 대응성을 어떻게 확보할 것인가"가 중요한 문제로 제기된다. 그러나 사회문제의 복잡성과 행정적 재량성이 증대됨에 따라 일반 국민은 물론 그들에 의해 선출된 대표들까지도 공무원들에 대한 통제를 강화하기보다는 오히려 점점 더 그들에게 의존하게 된다. 바로 여기에 모든 민주정부가 직면하고 있는 핵심적인 딜레마("국민에 의해 직접 선출되지 않았으나 신분보장을 받고 있는 임명직 관료집단을 어떻게 민주적 방법으로 행동하도록 만들 것인가")가 존재한다(Mosher, 1982: 5).

대표관료제론자들은 이 딜레마를 관료들의 주관적 책임을 통해 해결하고자 한다. 그들은 객관적 책임을 매우 비현실적이라고 비판하고, 행정책임은 기본적으로 '주관적'이거나 '심리적'이라고 주장한다(Kingsley, 1944: 282-283). 주관적 또는 심리적 책임은 "제도적으로 누구에게 무엇에 대해 책임을 지느냐"가 아니라, "누구에게 무엇에 대해 스스로 책임을 느끼며, 또 책임있게 행동하느냐"는 것이다. 그런데 대표관료제론자에 의하면 주관적 책임은 주로 개인의 성장 배경, 사회화 과정 및 조직 내부나 외부에 존재하는 사회집단 등에 의해 형성된다. 대표관료제의 개념은 바로 이러한 맥락에서 발전되고 형성되어 왔다(Mosher, 1982: 10).

대표관료제론자들은 전통적인 외부통제 장치들이 행정 기능의 복잡성 및 광범성,

그리고 정부 권력의 방대함으로 인해 현대적인 정부를 통제하기에는 적절하지 못하다고 주장한다. 그뿐만 아니라 외부통제를 지나치게 강화하면 정부가 경직되고 비능률적으로 될 우려가 크다. 더욱이 관료들은 주어진 정책을 기계적으로 집행만 하는 가치중립적인 존재가 아니다. 오히려 관료들은 나름대로의 가치관이나 신념을 지니고 정책결정 및 집행 과정에 깊숙이 개입하고 있으며, 이 과정에서 자신의 견해나 가치를 반영하고자 노력한다. 관료의 가치관이나 태도가 정책의 성공 여부에 지대한 영향을 미친다는 사실은 정책집행 사례에 대한 많은 연구에 의해 입증되고 있다(Sabatier & Mazmanian, 1980).

관료들은 그들 스스로 책임지기를 원할 경우에만 책임있게 행동한다. 결국 관료들이 어느 정도 책임있게 행동할 것인가의 문제는 궁극적으로 그들의 가치관, 태도, 신념, 이해관계 등에 따라 결정된다고 할 수 있다. 그런데 관료들이 지니고 있는 가치관이나 태도는 상당 부분 그들이 속해 있는 사회집단에 의해 형성된다. 만일 정부관료제가 어느 특정 집단 출신자들에 의해 지배된다면, 정부관료제는 그 사회 내의 다른 집단보다는 자신이 속한 특정 집단에 대해 더욱더 우호적으로 반응할 것이기 때문에, 대표관료제 옹호자들은 관료제가 사회 내의 모든 집단에게 공평하게 대응하도록 하기 위해서는 관료가 그 사회를 구성하는 모든 주요 집단으로부터 인구 비례에 상응하도록 골고루 충원되어야 한다고 주장한다.

2 의의

1) 개념

대표관료제의 개념에 대한 몇몇 학자의 견해를 살펴보면 다음과 같다.

첫째, 대표관료제라는 용어를 처음 사용한 킹슬리(Kingsley, 1944: 282-283)는 대표관료제를 사회 내의 지배적인 세력들을 그대로 반영하도록(mirror) 구성된 관료제라고 정의하고 있다. 킹슬리의 정의는 대표관료제의 구성적 측면을 강조한 것이다.

둘째, 반 라이퍼(Van Riper, 1958: 552)는 대표관료제의 개념을 확대해 사회적 특성 외에 사회적 가치까지도 대표관료제의 요소로 포함시키고 있다. 그에 의하면, 대표관료제는 ① 직업, 사회계층, 지역 등의 관점에서 그 사회의 모든 계층과 집단을 합리적으로 대표할 수 있도륵 구성되어야 할 뿐만 아니라, ② 그 사회의 사조(ethos)나 태도까지도 충분히 반영될 수 있도록 구성되어야 한다.

셋째, 대표적인 대표관료제론자의 한 사람인 크랜츠(Kranz, 1976)는 대표관료제의 개념을 비례대표(proportional representation)로까지 확대하고 있다. 그에 의하면, ① 특정 집단 출신이 정부관료제(혹은 특정한 기관) 내에서 차지하는 비율이 그 집단의 구성원들이 국가의 총인구(혹은 특정 기관의 관할구역 내의 총인구)에서 차지하는 비율과 동일해야 할 뿐만 아니라, ② 사회 내의 모든 집단이 관료제 내의 모든 직무 분야와 계급에 인구 비율과 상응하게 분포되어야 한다. 크랜츠 정의의 두 번째 측면에 의하면, 비록 특정 집단 출신이 정부관료제 내에서 일정한 비율을 차지하고 있더라도, 그들이 특정한 직무 분야나 하위 계급에만 집중되어 있다면 그 관료제는 진정한 의미에서의 대표관료제라 할 수 없다.

이상의 논의를 토대로 대표관료제의 개념을 정의하면, 대표관료제란 "그 사회를 구성하는 모든 주요 집단으로부터 인구 비례에 따라 관료를 충원하고 그들을 정부관료제 내의 모든 직무 분야와 계급에 비례적으로 배치함으로써, 정부관료제가 그 사회의 모든 계층과 집단에 공평하게 대응하도록 하는 인사제도"라고 할 수 있다.

2) 대표관료제의 기본 전제

대표관료제의 대두 배경에서 고찰한 바와 같이, 대표관료제 이론은 "관료들은 누구나 자신의 사회적 배경(출신집단)의 가치나 이익을 정책 과정에 반영시키려고 노력한다"는 명제를 전제로 하고 있다. 그러나 근래에는 이러한 가정에 대한 의문이 제기되고 있다.

대표관료제의 가정에 대해 의문을 제기하는 학자들은 대표관료제를 소극적(passive) 측면과 적극적(active) 측면(Mosher, 1982: 15-16), 혹은 상징적(stand for) 측면과 행동적(act for) 측면으로 구분한다(Pitkin, 1967: 61). 대표관료제의 적극적 측면에서는 관료들이 출신집단의 이익을 위해 적극적으로 행동할 것을 기대한다. 반면에, 대표관료제의 소극적 측면은 전체 사회의 인구 구성적 특성과 가치를 반영하는 관료제의 인적 구성을 강조한다. 즉, 소극적 개념에 의하면, 관료는 다른 사람들을 위해 실제로 행동하는 것이 아니라, 단지 그들을 상징적으로 대표할 뿐이다(Mosher, 1982: 14-15).

이미 논의한 바와 같이 대표관료제의 소극적 측면, 즉 대표관료제의 구성적 측면에 대해서는 별다른 이의가 없다. 그러나 대표관료제의 적극적 측면, 즉 대표관료제의 역할에 대해서는 많은 논쟁이 일고 있다. 이들 논쟁의 초점은 대부분 소극적 대표와 적극적 대표 간의 관계에 대한 가정에 집중되어 있다.

이미 지적한 바와 같이 대표관료제 이론은 "소극적 대표는 자동적으로 적극적 대표를 보장한다"는 가정 하에 전개되어 왔다. 그러나 몇몇 학자들은 공직에 임용되기 이전에 출신집단에 의해 이뤄진 사회화와 공직에 임용된 후의 행태 간의 관계에 대해 의문을 제기한다. 소극적 대표(또는 임용 전의 사회화)와 적극적 대표(또는 임용 후의 행태) 간의 관계는 구체적으로 입증하기가 매우 어려우며, 아직까지도 명확하게 밝혀지지 않고 있다. 이것은 이들 간의 관계에 대한 경험적 연구가 부족한 데에도 기인하지만, 그것보다는 이들의 관계에 영향을 미치는 요인이 매우 많고 복잡하기 때문이다.

지금까지의 연구 결과를 토대로 소극적 대표와 적극적 대표의 관계, 다시 말하면 공직에 임용되기 전에 사회집단에 의해 이뤄진 사회화가 공직에 임용된 후의 직무 행태에 미치는 영향을 약화시키는 요인으로 제시된 것들을 정리하면 다음과 같다(Dresang, 1974; Meier, 1975; Thompson, 1976; Mosher, 1982; Ha, 1988a & 1988b).

(1) 임용 전 사회화와 관련된 요인

① 출신 배경에 의한 사회화를 받은 후 경과한 시간

② 출신 배경에 의한 사회화의 내용과 강도

③ 조직 내 비공식집단 및 외부집단이 임용 전 사회화에 영향을 미치는 정도

(2) 현재 근무하는 조직과 관련된 요인

① 현재 근무하고 있는 조직에 의한 사회화의 내용, 기간 및 강도

② 현재 담당하고 있는 직책의 내용

③ 조직 목표의 달성을 위한 조직 내의 압력: 만일 조직의 이해 관계와 출신집단의 이해 관계가 갈등 관계에 놓이게 되면, 조직 목표의 달성을 위한 압력이 출신집단의 대표로서의 역할 수행을 위한 압력보다 훨씬 직접적이고 강력하게 된다. 이러한 경우에 조직의 목표보다 출신집단의 이익을 우선적으로 추구하게 되면, 그 사람은 조직으로부터 제재를 받게 됨은 물론 동료들에게서도 여러 가지 형태의 제재나 불이익을 받게 된다(Downs, 1967: 233).

④ 출신집단의 적극적 대표로서의 역할 수행에 필요한 공식적 권한과 제도적 장치의 결여: 대부분의 경우에 조직구성원은 자신의 출신집단을 대표할 수 있는 공

식적인 권한이 없으며, 그를 위한 제도적인 장치도 마련되어 있지 않다. 이러한 상황에서 출신집단의 이익을 위해 대표 기능을 적극적으로 수행할 경우, 조직으로부터 공식적으로 주어지는 보상은 전혀 없는 반면, 제재를 받을 가능성은 상존한다(Thompson, 1976).

(3) 개인적 요인

① 공식교육의 내용 및 기간: 학교 등을 통한 공식교육은 특수이익보다는 사회 전체의 공익을 강조하는 입장에서 이뤄진다.

② 개인의 경력 발전: 대부분의 사람들에게는 개인의 경력 발전에 대한 욕구가 출신집단의 이익보다 강하다. 따라서 개인의 욕구와 출신집단의 이익이 충돌할 경우에는 개인적 욕구를 중시하는 경향이 있다. 이러한 경향은 특히 조직의 이익과 출신집단의 이익이 경쟁 관계에 있을 경우 더욱 두드러진다.

③ 전문가적 관점의 중시: 어떠한 정책문제를 검토할 때, 해당 분야의 전문가들은 출신집단의 특수이익보다는 그 문제에 대한 경제적 · 기술적 분석 결과에 대한 전문가로서의 견해를 더욱 중시하는 경향을 보인다(Dresang, 1974: 1605; Meier & Nigro, 1976).

이상의 논의는 관료 행태의 결정에 출신집단보다는 현재 소속되어 있는 조직(정부)이 더욱 큰 영향력을 행사하고 있다는 것을 보여준다. 그러나 이러한 연구 결과들이 관료 행태에 대한 출신 배경의 영향을 전면적으로 부정하는 것은 아니다. 실제로, 비록 영향력의 정도는 서로 다르더라도, 사회적 배경이 관료로서의 행정 행태에 대해 어느 정도 영향을 미친다는 사실을 입증하는 연구 결과도 많이 발표되고 있다(Lipset, 1952; Meier & England, 1984; Thompson, 1978). 따라서 "소극적 대표는 자동적으로 적극적 대표를 보장한다"는 대표관료제의 기본 전제는 수정되어야 하나, 기본 전제를 전면적으로 부정하는 것도 옳지 않다. 결국 양자 간의 관계를 명확하게 규정하기 위해서는 더 많은 경험적 연구가 진행되어야 한다.

3 효과

1) 효용성

소극적 대표와 적극적 대표에 관한 논쟁이 있다고 해서 대표관료제가 아무런 효용성을 갖지 못한다는 것은 아니다. 이미 지적한 바와 같이, 소극적 대표가 어느 정도 적극적 대표에 영향을 미친다는 연구 결과도 발표되고 있을 뿐만 아니라, 소극적 대표 자체도 많은 효용성을 지니고 있기 때문이다(Kranz, 1976: 108-115; Ha, 1988a: 134-138).

첫째, 대표관료제는 국민의 다양한 요구에 대한 정부관료의 대응성을 향상시킨다.21) 국민의 요구에 대한 정부관료의 대응성 향상은 정부정책에 대한 국민의 신뢰감을 높이고, 정책의 집행 과정에서 정책 대상집단(policy target group)의 순응도를 높이는 긍정적인 효과를 가져온다.

둘째, 대표관료제는 기회 균등의 원칙을 보장함으로써 관료제의 국민대표성과 사회적 형평성의 제고라는 민주적 이념을 실현한다. 정부관료제의 국민대표성, 특히 고위공무원의 국민대표성은 정부가 일반 국민에게 개방되어 있음을 보여줄 뿐만 아니라, 소외집단 구성원의 사회·경제적 지위를 향상시키고 정치적 영향력을 증대시킴으로써 사회적 형평의 실현에도 기여한다.

셋째, 대표관료제는 전통적으로 차별을 받거나 소외되던 집단의 사회·경제적 지위를 향상시킴으로써 소외집단 구성원들에 의한 반사회적 행위를 감소시킨다. 대부분의 사회에서 공무원은 비교적 높은 사회·경제적 지위를 갖는다. 따라서 소외집단 구성원들을 공직에 임용하게 되면 이들의 사회·경제적 지위가 향상되고 정치적 영향력도 향상되며, 나아가 심리적 박탈감이나 무력감도 극복하게 된다.

그러나 만일 공직 임용에서의 소외가 계속되면, 소외집단의 사회·경제적 지위가 개선되지 않을 뿐만 아니라, 나아가 집단적 증오나 반사회적 행위를 유발하기도 한다. 대표관료제는 지속적인 소외와 박탈로 인한 이러한 문제점을 해결하는 데 도움을 준다.

---

21) 그러나 이미 지적한 바와 같이, 이러한 주장의 타당성에 대해서는 많은 논란이 제기되고 있다. 그뿐만 아니라 대표관료제의 적극적 기능에 대해서 오히려 경고를 하는 학자도 있다. 예컨대, 모셔(Mosher, 1982: 15)는 정부관료제 내에서 적극적 대표가 지나치게 활성화되면 오히려 민주주의에 커다란 위협이 될 수도 있다고 주장한다. 정부관료제 내에서 서로 다른 이해 관계와 영향력을 지닌 집단이 자신들의 이익을 극대화하기 위해 경쟁할 경우에는, 그 경쟁은 사회적 형평성(social equity)을 제고하기보다는 오히려 소수집단에 더욱 불리한 결과를 초래하거나 집단 간의 갈등을 증대시키게 된다. 따라서 모셔는 대표관료제의 적극적 측면보다는 소극적 측면이 지니는 상징적 가치에 더 많은 관심을 나타내고 있다.

넷째, 대표관료제는 정부정책에 대한 관료의 책임성을 제고한다. 일반적으로 정책 결정 과정에 참여해 자신의 요구를 투입한 집단이 그렇지 못한 집단보다 그 과정을 통해 결정된 정책에 대해 더욱 강한 책임감을 느끼며 더 많은 기여를 한다는 점을 감안하면, 대표관료제론자들의 이러한 주장은 설득력이 있다.

다섯째, 대표관료제는 정부가 민주적인 정책결정을 하도록 도와줄 뿐만 아니라, 정부가 좀 더 합리적인 정책을 선택할 수 있게 한다. 왜냐하면 대표관료제는 정책결정 과정에 다양한 견해를 유입시키며, 소수 엘리트의 권력을 약화시키는 대신 종래에 소외되었던 사람들의 재능과 창의성을 광범위하게 수용하기 때문이다.

2) 비판

한편 대표관료제에 대한 반대론자들도 여러 각도에서 다양한 비판을 제기하고 있다. 이들 비판은 주로 다음의 세 가지 문제에 초점이 모아지고 있다.

첫째, 이미 지적한 바와 같이 소극적 대표가 적극적 대표를 보장하지 못할 뿐만 아니라, 적극적 대표는 새로운 갈등을 유발함으로써 민주주의에 위협 요소로 작용할 수도 있다.

둘째, 대표관료제는 할당제(quota system)를 강요하는 결과를 초래한다. 대표관료제를 엄격하게 해석하고 적용할 경우에는 전통적으로 고용상의 차별을 받아오던 소수집단의 구성원에게 고용 기회의 실질적 평등을 보장하기 위한 미국의 소수집단 우대정책(affirmative action)에서 보는 바와 같이, 할당제를 강요하게 된다. 할당제는 공직에의 임용 기준을 개인의 능력이 아니라 그가 속한 집단에 둠으로써, 결과적으로 현대 인사행정의 기본 원칙인 실적제를 훼손하고, 나아가 행정 능률을 저하시킨다.

셋째, 할당제는 역차별(reverse discrimination)의 문제를 야기한다. 할당제가 실시되면 좀 더 우수한 능력을 지닌 개인이 단지 그가 종래에 혜택을 받아오던 집단의 출신이라는 이유만으로(다시 말하면, 그의 출신집단이 전체 인구에서 차지하는 구성비보다 정부관료제 내에 과다하게 임용되어 있다는 이유만으로) 신규채용이나 승진에서 불이익을 받는 경우가 자주 발생하게 된다. 이러한 현상은 명백히 기회 균등의 원칙에 어긋나는 것으로 역차별이라는 비판을 받는다. 이에 대해 대표관료제론자들은 역차별은 오랜 세월에 걸쳐 사회적으로 구조화된 차별을 시정하기 위해 어쩔 수 없이 감수해야 하는 불가피한 현상이며, 소외집단의 구성원들이 지배집단의 구성원들과 대등하게 경쟁할 수 있는 능력과 영향력을 갖출 때까지만 허용되면 그 후에는 저절로 해소될 수 있는 한시적인 현상이라고 반박하고 있다.

4 다양성관리

대표관료제와 함께 인적 다양성에 대한 논의의 또 다른 축은 다양성 연구라고 볼 수 있다. 대표관료제 연구가 사회적 집단 간 불평등의 문제와 이를 해결하기 위한 정부관료제의 역할을 중심으로 살펴보았다면, 다양성 연구는 조직 관리의 효과성을 제고하기 위한 실용적인 관리전략의 개발에 초점을 맞추고 있다(박천오 외, 2024: 347). 이러한 다양성 연구는 대표관료제나 적극적 조치 등의 논의와 유사한 측면을 보이지만, 특정한 기준을 가지고 다수집단과 소수집단을 구별하지 않는다는 특징을 가진다(안선민 · 이수영, 2018: 274).

1) 등장 배경

사회의 다양성이 증가하면서 이에 대한 학문적 관심도 높아지면서 다양성과 다양성 관리도 주목받고 있다. 다양성(diversity)은 사회과학에서 주로 "사람의 다름"에 초점을 맞추고 있다(이근주 · 이수영, 2012: 178). 이러한 다양성의 사회나 조직 내에서 보편적이고 일반적인 현상으로 인식되면서 이를 적극적 관리의 대상으로 바라보게 되었다(이근주 · 이수영, 2012: 179).

2) 의의

다양성이 무엇인가에 대해서는 여러 학자들이 여러 가지 기준으로 구분하여 접근하고 있다. 크게 보면 표면적으로 드러나는 부분과 그렇지 않은 부분을 중심으로 나눠지며, 구체적인 연구를 몇 가지 살펴보면 다음과 같다. 먼저 잭슨 외(Jackson et al., 1995)는 다양성을 가시적 다양성과 비가시적 다양성(예: 태도, 교육, 기술, 가치, 기술적 배경, 개인적 차이 등)으로 구분하고, 가시적 다양성 속에는 과업과 관련된 속성(예: 근무연수, 교육 수준 등)과 관계와 관련된 속성(예: 성별, 인종, 연령 등)으로 나눠 접근하였다. 해리슨 외(Harrison et al., 1998)는 표면적 다양성(예: 연령, 성별, 인종 등의 인구통계학적 특성)과 심층적 다양성(예: 성격, 가치, 태도 등의 심리적 속성)으로 나눠 접근하였으며, 가르텐슈바르츠와 로웨(Gardenswartz & Rowe, 2010)는 개인적 차원(예: 성격, 가치, 믿음 등), 내적 차원(예: 성별, 연령, 인종, 민족 등), 외적 차원(예: 소득 수준, 개인습관, 취미 등), 조직적 차원(예: 직종, 부서, 직급, 근무 기간, 근무지 등)으로 나눠 분류하였다. 이러한 논의를 종합하여 보면 다양성은 인구통계학적 요인뿐만 아니라, 기능적 요인, 가치적 요인 등까지 포괄하는 개념을 가진다고 볼 수 있다.

3) 효과

다양성관리가 조직이나 사회에 어떠한 효과를 가져올 것인가에 대해서는 두 가지 방향성의 이론적 논의가 이루어지고 있다. 첫 번째 관점은 다양성관리가 조직이나 사회에 긍정적인 영향을 미칠 것이라고 보는 입장이다. 이러한 입장은 정보-의사결정이론에서 주장하는 내용인데, 개인이 가진 다양하고 폭넓은 지식이나 경험이 집단에 새로운 정보를 가져오게 되고, 이에 따라서 다양한 관점과 아이디어가 집단에 들어오게 됨으로써 조직에 긍정적인 영향을 미칠 수 있다는 것이다(Tziner & Eden, 1985). 이와 반대로 사회정체성이론(social identity theory), 사회범주화이론(social categorization theory), 유사성-매력이론(similarity-attraction theory) 등에서는 다른 가능성을 제시한다. 먼저 사회정체성이론에서는 개인이 타인을 각 개인이 가진 특성에 따라서 다양한 범주로 나누어서 인지하고, 이러한 과정을 통해서 자신과 동일한 특성을 가진 사람들에게는 일체감, 이티심, 긍정적 평가를 하게 되고, 그렇지 않은 경우에는 배척하게 되는 경우가 발생할 수 있다(Ashforth & Mael, 1989; Tajfel & Turner, 1985; Turner, 1985). 사회범주화이론이나 유사성-매력이론에서도 이와 유사하게 내집단과 외집단에 대한 편견이나 고정관념으로 차별적 선호가 생기고, 이로 인해서 파벌이나 불신, 차별 등이 발생할 수 있다고 본다(Berscheid & Walster, 1978; Byrne, 1971; Byrne, Griffitt, & Stefaniak, 1967; Tsui, Egan, & O'Reilly, 1992).

최근 한국에서는 어떻게 하면 다양성을 효과적으로 관리할 것인지(최성주 · 이근주 · 최유진, 2018), 다양성이 조직에 어떤 영향을 미치는지를 성과나 이직 등을 통하여(김지혜 · 이수영, 2017; 김태희, 2021; 안선민 · 오민지 · 이수영, 2017; 안선민 · 이수영, 2018; 오화선 · 민경률 · 박성민, 2015) 살펴보는 연구가 이루어지고 있다.

5 한국의 통합인사제도

대표관료제의 이론적·현실적 타당성에 대한 찬반 논쟁은 아직도 계속되고 있다. 그러나 대표관료제가 비록 적극적인 대표 기능까지는 수행하지 않는다고 하더라도, 특정 집단에 의해 지배되는 정부관료제보다는 민주적인 정치 이념과 사회 사조에 더욱 충실할 것이라는 것은 많은 연구에 의해 입증되거나 시사되고 있다. 이 밖에도 대표관료제는 여러 가지 실질적 또는 상징적인 효용성을 지니고 있다. 특히 대표관료제는 심각한 인종적·민족적·문화적 갈등을 겪고 있는 국가에서 유용한 것으로 인식되고 있다. 그러나 대표관료제는 위와 같은 갈등이 존재하지 않는 경우에도 적용될 수 있으며, 특히 많은 개발도상국과 같이 사회적 양극화와 정권의 정통성 위기를 겪고 있는 경우에 유용하게 적용될 수 있다.

한국의 경우도 예외는 아니다.[22] 한국은 과거 권위주의적 통치 체제 하에서 심각한 민주성 및 정통성의 위기를 겪어 왔다. 권위주의적인 정치 행태로 인해 국민의 정치 참여 요구는 번번이 억압되었으며, 정당이나 이익단체들도 이익대표 기능을 제대로 수행하지 못했다. 이러한 상황에서는 자연히 이익 조정 기능은 물론 이익대표 기능까지도 정부에 의존하게 되며, 따라서 정부관료제의 국민대표성은 더욱 중요성을 띠게 된다.

그러나 한국의 정부관료제, 특히 고위공무원집단은 집권 세력의 지역 배경에 따라 이른바 TK(대구·경북), PK(부산·경남) 및 MK(목포·광주)로 표현되는 특정 지역·특정 학교 출신자들에 의해 주로 지배되어 왔다. 따라서 한국 정부는 정책의 정당성과 합리성을 제대로 인정받지 못해 왔으며, 오히려 지역 감정을 조장하고 국민적 일체감을 훼손시킨다는 비판을 받아 왔다(Ha, 1988a: 140-141).

지역 갈등 못지않게 중요한 문제는 한국 사회에서 사회적 양극화 현상이 갈수록 심화되고 있으며, 그에 따라 계층 간, 집단 간 대립과 갈등이 증폭되고 있다는 점이다. 과거 인적·물적 자원의 부족 현상 때문에 1960년대 이래 추진되어 왔던 정부의 불균형 성장전략은 국가 경제의 눈부신 발전에도 불구하고 계층 간, 지역 간 격차를 심화시켰고, 최근에는 사회·경제적 양극화 현상이 더욱 심해지고 사회적 갈등으로 이어

22) 한국은 아직까지는 매우 높은 민족적·인종적·문화적·언어적 동질성을 유지하고 있으나 앞으로 다문화가정의 증대와 외국인 근로자들의 유입으로 큰 변화가 예상된다.

지고 있다.

한국 정부는 2005년 '국가공무원법' 장애인·지방인재·이공계·저소득층 등 사회적 소수 또는 약자의 공직 진출 및 실질적 양성 평등을 제고하기 위한 적극적 우대정책을 실시할 수 있도록 법적 근거를 마련하였다. 2018년 6월에 공직 내 통합인사 정책의 중장기 비전과 목표를 제시하고 정책대상별 추진과제를 담은 「제1차 균형인사 기본계획(2018~2022)」을 수립하였으며, 2023년 3월에는 「제2차 통합(균형)인사 기본계획(2023~2027)」을 수립하였다.[23] 이러한 노력은 '균형인사'라는 정책목표를 두고 여러 정권에 걸쳐서 지속되고 있으며, 2024년 기준 통합인사제도 이름 하에 다음과 같이 진행되고 있다.[24]

첫째, 양성평등채용이다. 이는 공직 내 여성 인력 증가와 실질적 영향력을 확대하기 위해 2003년 도입된 양성평등채용목표제의 연속선 상에 있는 것으로 볼 수 있다. 2023년 기준으로 행정부 국가공무원 중에서 여성의 비율이 48.7%까지 증가하였다. 하지만 여전히 고위공무원의 여성 비율은 2023년 기준 11.7%에 불과하여 여성관리직 비율 개선을 위하여 그동안 '여성관리자 임용현황 관리(2002~2006년 5급 이상, 2007~2017년 4급 이상)'를 지속적으로 추진해왔다. 2018년부터는 관리의 대상을 실질적 의사결정 권한을 갖는 고위공무원단 및 본부과장급으로 상향하여 추진해 나가고 있다.

둘째, 장애인 채용이다. 장애인의 공직 진출을 확대하기 위해 정부는 '장애인고용촉진 및 직업재활법'에 근거해 장애인 의무고용제, 7·9급 신규채용 시 장애인 구분모집제 실시, 중증장애인 경력채용 확대 등 장애인 공무원 임용 확대 정책의 시행으로 2023년 말 기준 중앙행정기관의 장애인 고용률은 3.43%로 법정 의무고용률(3%)[25]을 초과 달성했다.

셋째, 지방인재·지역인재 채용이다. 국가균형발전과 우수한 지방인재의 공직 진출을 지원하기 위하여 2007년부터 5급 국가공무원 시험 공채에 지방인재 채용목표제를 도입하였으며, 2015년부터 7급 국가공무원 시험으로 확대 운영하고 있다. 전국 지역인재 추천채용의 경우, 공직의 지역대표성 제고와 국가 균형발전, 고졸 출신의 공직

23) 인사혁신처 홈페이지 참조. https://www.mpm.go.kr/mpm/info/infoJobs/jobsBalance/jobsBalance01/(검색일 2024. 7.1)
24) 이하 내용은 인사혁신처 홈페이지 통합인사제도 부분 참조.
25) '장애인고용촉진 및 직업재활법'이 개정됨에 따라 2009년부터 국가 및 지방자치단체의 장애인 의무고용률이 2%에서 3%로 상향되었다.

진출 확대 등을 위하여 2005년부터 인턴제 방식의 채용제도인 '전국 지역인재 추천채용제도'를 도입하여 운영하고 있다.

넷째, 이공계 채용이다. 지식기반 사회의 진행에 따른 과학기술적 정책 수요의 증가에 부응하기 위해 정부는 종래의 행정직 우대·기술직 경시 풍조를 개선하고 전문성을 갖춘 우수한 이공계 인력의 공직 유치를 확대하고자, 공직 인사에서 이공계 공무원의 임용을 확대하고 이들이 능력을 발휘할 수 있는 여건을 조성하기 위해 노력하고 있다. 인사혁신처는 5급 신규 국가공무원의 40%, 중앙부처 고위공무원의 30% 이상을 이공계 공무원으로 임용하도록 하고 있다.

마지막으로 사회통합인재 채용이다. 저소득층의 취업에서의 불평등을 해소하고, 경제적 자립을 지원하기 위한 제도로 2009년부터 저소득층 공직 진출제도를 도입하였다. 현재 9급 공개경쟁채용시험과 경력경쟁채용시험에서 선발 예정 인원의 1%를 '국민기초생활 보장법'에 따른 수급자 또는 '한부모가족지원법'에 따른 보호대상자로 충원해야 한다고 규정하고 있다.

이상에서 살펴본 바와 같이, 정부는 공직 내부에서 여성, 장애인, 지역인재, 이공계 인력, 저소득층 등 상대적 소외집단의 대표성을 향상시키기 위해 지속적으로 노력하고 있다.

Public Personnel Administration

03

인사기관

제1편

제2편

제3편

제4편

제5편

제6편

제1절 인사기관의 의의와 발달 과정

어떠한 정부활동도 그것을 수행하는 행정기관을 필요로 한다. 정부의 인사 활동도 마찬가지로 그것을 담당할 인사기관[1]이 필요하다. 이와 같이 정부의 인사 활동을 전문적으로 수행하는 기관을 인사기관이라 한다. 원래 정부의 인사 활동은 정부에 근무하는 모든 공무원 개인에게 관련된 것이기 때문에 정부의 모든 기관과 공무원 개인은 인사행정과 직접적인 관련을 갖는다. 따라서 모든 정부는 공무원의 인사행정 활동을 담당하는 인사기관을 설치해 운영하고 있다.

이러한 인사기관은 각 국가의 정치적 상황이나 역사적 경험에 따라, 그리고 인사행정이 추구하는 가치나 목적에 따라 인사기관의 설립 방법과 지위, 기능이 다르다. 인사행정에 대한 정치적 영향, 즉 정당정치의 폐해나 정치적 연고 관계의 폐해가 심했

1) 중앙정부의 인사행정을 담당하는 기관을 법령에 따라, 혹은 학자에 따라 약간의 표현을 달리하고 있다. 한국의 국가공무원법에는 중앙인사관장기관으로, 일본의 국가공무원법에는 중앙인사행정기관으로 표현하고 있다. 그러나 국내·외의 많은 학자들은 중앙인사기관이란 표현을 더 많이 사용하고 있다. 그리고 한국이나 일본의 지방공무원법에 지방자치단체의 인사 업무를 담당하는 기관을 인사기관으로 표현하고 있고, 많은 학자들도 그대로 사용하고 있다. 그러나 여기서는 중앙인사기관과 부처 인사기관, 지방정부 인사기관을 통틀어 인사기관이라는 용어를 사용하고자 한다.

던 국가는 인사행정에 대한 정치적 영향력을 차단하고 능률적 행정을 위해 의회 주도의 합의체 인사기관을 설립했으며, 조직의 지위는 초기에는 행정수반으로부터 독립적이었다. 그러면서 각 부처에서 분산적으로 수행되었던 인사 기능을 집권화했다. 이것이 초기 중앙인사기관의 모습이다.

이와 같이 인사행정에 대한 정치적 영향력을 차단하려던 인사행정의 규제적이고 통제적인 경직성에 대한 비판이 일어나면서 행정수반의 인력관리 도구로서의 기능을 수행하고 집권화된 인사 기능을 분권화함으로써 인사행정의 융통성을 확보하려는 노력이 활발하게 전개되었다(Nigro & Nigro, 1981: 21-24). 이로 인해 중앙인사기관과 부처 인사기관의 지위나 역할을 재정립하게 되었다.

한편 지방자치단체 인사기관은 지방자치의 역사나 자치권 행사의 정도에 따라 상이하지만, 대부분 중앙인사기관의 지위나 조직 형태를 따르면서 중앙인사기관에서 정한 인사규정이나 지침에 따라 지방자치단체의 인사 기능을 수행하고 있다.

이와 같이 정부의 인사행정을 담당하는 기관에는 범정부적 인사행정을 종합적이고 전문적으로 다루는 중앙인사기관과 각 부처의 인사 업무를 주관하는 부처 인사기관, 그리고 지방자치단체의 인사 업무를 관장하는 지방자치단체 인사기관으로 구분할 수 있다. 하지만 인사기관의 기능과 특성, 그리고 그에 따르는 조직 형태에 관한 논의는 주로 중앙인사기관을 중심으로 이루어진다. 중앙인사기관의 지위나 구조 변화는 행정수반에 대한 정치권력의 집중화 문제와 직결되어 있기 때문이다. 그러나 각 부처 인사기관이나 지방자치단체 인사기관은 중앙인사기관의 지위와 조직 형태 등에 따라 그 기능과 역할이 변화할 뿐만 아니라 중앙인사기관의 구조 변화에 영향을 받기 때문에 중앙인사기관만큼 관심을 받지 않는다.

제2절 중앙인사기관의 설립 목적과 조직 특성

1 중앙인사기관의 설립 목적

중앙인사기관은 정부 전체의 인사행정을 총괄하는 범정부적 인사행정기관을 말한다. 모든 국가가 처음부터 중앙인사기관을 설치해 운영한 것은 아니지만 현재 거의 모든 국가가 중앙인사기관을 설치·운영하고 있다.

중앙인사기관의 설립 목적은 국가에 따라 다르지만, 일반적으로 다음과 같은 목적을 위하여 설립하여 운영한다(Stahl, 1983: 200-201; 오석홍, 1993: 91).

① 엽관제나 정실제의 폐해를 방지하고 인사행정의 공정성과 중립성을 확보한다.

② 엽관적이고 정실적인 인력 운영을 배제함으로써 공무원의 신분과 권익을 보장한다.

③ 인사행정의 부처 할거주의를 방지하여 인사행정의 범정부적 통일성을 확보한다.

④ 인사행정의 전문화를 통해 인사행정의 능률성과 효과성을 제고할 수 있다.

⑤ 인사행정의 기술 발전과 인력 운영의 효율화를 통해 각 부처와 지방자치단체의 인사행정을 지원한다.

⑥ 인사정책의 변화 및 개선을 위한 조치를 취하거나 이를 행정수반에게 조언한다.

⑦ 인사행정이나 정책에 대한 각종 세력집단의 요구를 정당하게 반영할 수 있으며, 국가의 인사정책을 위해 이들 세력집단의 지원을 확보할 수 있다.

2 중앙인사기관의 조직 특성

중앙인사기관의 조직 특성[2]으로 독립성, 합의성, 집권성 등을 들 수 있다. 중앙인사기관의 독립성은 정당정치의 발달로 인한 엽관적·정실적 인사행정의 폐해가 컸던 국가에서 주로 볼 수 있다. 중앙인사기관의 독립성은 대체로 행정수반으로부터의 독립성을 말하는데, 중앙인사기관의 독립성을 더욱 강화하고 독립적 기능을 수행하기 위해

2) 중앙인사기관의 조직 특성을 중앙인사기관의 성격(박동서, 1994: 104-114, 박연호, 1990: 306-309), 중앙인사기관의 조직상의 성격(김홍기, 1991: 166-168), 인사기관의 특징(유민봉·박성민, 2013: 139-143) 등으로 표현하기도 한다.

중앙인사기관에 준입법권과 준사법권을 부여하게 되며, 이럴 경우 대체로 합의제적 의사결정 구조를 갖는 합의형의 조직을 형성하게 된다. 집권성의 경우 중앙인사기관을 형성할 초기에 인사행정 권한이 각 부처에 분산되고 할거주의 인사행정이 행해지므로 인사행정의 통일성을 확보하고 각 부처의 인사행정에 미치는 정치적 영향력을 차단하기 위해 강조되었다.

1) 독립성

중앙인사기관의 독립성은 인사행정에 관한 의사결정과 집행이 행정수반의 정치적 영향력에서 벗어나 독립적이고 중립적인 입장에서 행해지는 것을 말한다. 앞에서 살펴본 것처럼 엽관적 · 정실적 인사행정의 폐해가 컸던 국가의 중앙인사기관은 역사적으로 볼 때 초기에는 인사행정에 대한 정치의 영향력, 특히 행정수반의 정치적 영향력을 배제하기 위해 독립된 기구[3]로 설립되어 규제 중심의 방어적이고 소극적인 기능을 담당했다. 이러한 초기의 중앙인사기관은 오로지 공무원으로부터 엽관적이고 정실적 인사행정을 방지할 목적으로 정치인에 대한 충성심이나 의존도를 제거하기 위한 정치의 제거 장치(politics eliminators)로 기능하도록 설립되었다.

따라서 중앙인사기관은 인사행정에 관한 의사결정과 집행에서 얼마나 정치적 영향력을 차단할 수 있는가, 다시 말하면 엽관적 · 정실적 인사권자인 동시에 최고 권력자인 행정수반으로부터 독립해 인사행정이 얼마나 자유스러운 의사결정과 집행을 할 수 있는가 하는 것이 중앙인사기관을 설계할 때의 가장 중요한 기준이 되었다.

중앙인사기관의 독립성은 공무원을 엽관적이고 정실적 인사행정을 통한 정당에 대한 봉사자(party servants)나 정치인에 대한 봉사자(politician servants)가 아닌, 시민에 대한 봉사자(civil servants)로서의 공무원(civil service)을 만들려는 노력의 결과이다.

이러한 노력의 결과로서 독립적 중앙인사기관은 엽관적 · 정실적 인사행정의 폐해를 줄이고, 실적제 인사행정을 정착시키는 데 기여했다. 또한 엽관적 · 정실적 인사행

---

3) 중앙인사기관의 독립성은 입법부나 사법부로부터의 독립성을 의미하는 것이 아니라 행정수반으로부터의 독립성을 의미한다. 왜냐하면 정당정치가 발달한 민주국가에서의 행정수반은 정권을 장악한 정당의 최고권력자이며, 그가 공무원의 인사권을 행사하는 것은 당연하기 때문이다. 그러나 최고 정치권력자에 의한 엽관적 · 정실적 인사행정의 폐해가 심해 이를 차단하기 위해 독립적인 중앙인사기관을 설립해 운영했다. 이에 중앙인사기관의 독립성을 확보하기 위해 기관장(혹은 위원)의 신분보장, 기관장(혹은 위원)의 임명에 의회의 동의와 인준의 필요, 기관의 자주조직권이나 자주예산권 등을 부여했다. 전형적인 독립성을 갖는 현재의 중앙인사기관으로 미국의 실적제도보호위원회와 일본의 인사원을 들 수 있다.

정으로 인한 정치·행정적 부패를 줄여 투명한 민주정치의 발전에 기여했으며(박동서, 1994: 380), 엽관적·정실적 인사로 인한 행정의 무능을 극복하고 행정의 효율성을 제고할 수 있었다. 마지막으로 무엇보다도 특정 정당이나 특정 정치인을 위한 행정이 아니라 일반 국민(people in general)을 위한 보편적 행정이 실현될 수 있는 계기가 되었으며, 따라서 모두에게 공평하고 공정한 행정의 실현에 이바지하게 되었다.

세월이 흘러 반엽관적·반정실적 인사행정의 폐해가 줄어들고 실적제가 정착되면서 독립적인 중앙인사기관이 반드시 실적제 발달의 필수 요건(*sine qua non* of merit system)은 아니라는 것이 확인되었다. 오히려 독립적 중앙인사기관은 행정수반으로부터 정부 운영의 중요한 수단인 인력관리 권한을 배제하고, 독립성을 확보하기 위한 규제 중심의 인사행정에 치우치는 한계를 스스로 드러내게 되었다(Stahl, 1983: 202-203).

이에 실적제 실현을 위한 독립적인 중앙인사기관의 한계를 극복하고 행정수반에게 인력관리의 도구를 되돌려 줌으로써 규제적이고 통제적이며 집권화된 인사 기능을 신축적이고 융통성 있게 수행하기 위한 중앙인사기구를 모색하게 되었다. 그리하여 최근의 중앙인사기관은 인사 기능에 따라 독립성을 갖기도 하지만, 독립성이 제한되거나 배제된 막료기관으로서의 지위와 구조를 갖게 되었다.

그러나 중앙인사기관을 행정수반에게 인력관리의 도구로 되돌려 준다 하더라도 행정수반이 인사권을 장악하는 것은 정치권력을 장악하는(박천오 외, 2007: 75) 중요한 수단이 되기 때문에 정치권력 배분을 둘러싼 이해관계자들에게 초미의 관심이 되며, 이에 따라 중앙인사기관의 독립성에 따른 지위와 구조는 항상 정치권의 논란 대상이 된다.

2) 합의성

중앙인사기관의 합의성은 기관의 지배구조, 즉 최고의 의사결정 구조가 다수의 구성원으로 이뤄지는 것을 말한다. 합의적 의사결정 구조는 의사결정을 신중하게 해야 하는 준입법·준사법적 기능을 수행하거나 한 사람의 기관장에 의한 독선적 의사결정을 방지하는 이점을 가지고 있다.

미국에서의 중앙인사기관의 합의성은 인사행정에서 정당의 영향력을 배제하면서 인사행정에 대한 독선적 의사결정을 방지하기 위해 의사결정자를 다수로 하는 양당적(兩黨的)4) 위원회 형태의 지배구조를 형성하게 하였다(Stahl, 1983: 200-202).

그러나 이러한 합의성을 가진 중앙인사기관은 그 지배구조가 갖는 특성으로 당연히 나타날 수 있는 한계를 스스로 가지고 있었다. 먼저 양당적 지배구조는 초기에는 정당의 정치적 영향력을 제거하여 중립적(中立的) 의사결정과 집행이 이뤄질 것이라 기대했지만 임명된 위원들의 정치성이나 무능으로 인해 엽관적 인사를 제거하거나 방지하는 데 역부족이었다.5)

그리고 늘 나타나는 현상의 하나이지만 의회의 인색한 예산 삭감 행태로 합의형의 위원회는 제대로 된 인사 실천을 효과적으로 수행할 수 없었다. 또한 무엇보다도 위원들 스스로가 행정부로부터 독립적이라고 생각하여 정부 업무를 효과적으로 수행하거나 수행하는 데 도움을 주지 못해 정부관료의 이해와 협조를 받을 수 없는 고립된 형태로 운영되는 등의 한계를 나타내었다(Stahl, 1983: 203). 이 밖에도 위원들의 독자성과 합의성으로 의사결정과 집행에서의 시간 지연과 무책임성이 노정되었다.

이러한 합의제의 한계를 극복하기 위해 최근에는 합의제 중앙인사기관을 이원화해서 신중하고 공정한 의사결정이 필요한 준사법적 기능은 독립성을 가진 합의형의 기관으로, 신속한 의사결정이나 집행이 필요한 집행 기능이나 보좌 기능은 행정수반 소속의 집행부형의 기관으로 분리해 형성하고 있다.

3) 집권성

중앙인사기관의 집권성은 인사행정에 관한 권한 행사의 방법에 관한 것이다. 중앙인사기관이 실적제나 직업공무원제를 발전시키기 위한 초기 단계에는 인사 권한을 중앙인사기관에 집중시키는 집권화 경향을 보이게 된다. 이러한 인사권 행사의 방법, 즉 집권성도 중앙인사기관의 독립성과 그 맥락을 같이한다. 중앙인사기관의 독립성을 더 많이 확보하기 위해 중앙인사기관의 권한을 강화해야 하고 이러한 권한 강화에 인사 권한의 집중화가 직접적으로 기여하게 된다.

중앙인사기관의 집권성을 강화하는 또 다른 이유는 인사행정의 할거주의를 방지해 인사행정의 범정부적 통일성을 확보하기 위한 것이다. 각 부처나 지방자치단체의 단편적이고 무원칙적인 인사행정을 통일함으로써 인사행정의 능률성을 확보할 수 있을 뿐

4) 여기서 양당적(bipartisan)이라 함은 위원이 모두 동일 정당의 당원이어서는 안 된다는 것이며, 초당적(non-partisan)이라 함은 그 구성원이 정당의 당원이어서는 안 된다는 것을 뜻한다.

5) 초기의 위원인 정치인 외에 농부나 주부, 변호사, 저널리스트 등 아마추어적 위원들은 자신들의 역할과 책임을 수행할 방법을 몰랐으며, 정치인들의 정치적 영향력에서 벗어나지 못하는 경우가 많았다(Stahl, 1983: 203).

만 아니라 중앙인사기관으로서의 권위도 확보하게 된다. 이와 같이 중앙인사기관의 집권성은 인사행정의 통일성과 인사권 장악으로 인한 행정수반의 정치적 입지를 강화하는 데 도움이 된다. 그러나 중앙인사기관이라고 해서 반드시 집권적이어야 한다는 의미는 아니다.

최근에는 실적제나 직업공무원제와 같은 민주적 공무원제가 정착되고 부처별, 지방자치단체별 특수성을 고려할 필요성이 제기되면서 인사행정의 분권화에 대한 요구가 강해졌다. 1950년대를 전후해 나온 미국 중앙인사기관의 개혁 요구는 중앙인사기관을 행정수반의 막료기관으로 되돌려야 한다는 것과, 인사담당자가 기관장이나 관리자들이 원하는 것을 막는 규제 중심의 인사행정에서 탈피하는, 즉 인사 권한을 분권화시키자는 것이었다. 이를 통해 인사행정의 융통성을 확보해 기관의 특성에 알맞은 인사행정이 수행되도록 하자는 것이었다(Nigro & Nigro, 1983: 20).

최근의 중앙인사기관은 집권화에서 규제 완화와 분권화의 방향[6]으로 나아가면서 부처나 지방자치단체를 중앙인사기관의 고객으로 간주해 그들에게 인사행정에 대한 서비스를 제공할 뿐만 아니라 조직관리자들에게 해당 조직의 발전과 조직관리에 관한 자문 기능을 수행하며 조직의 전략적 의사결정 과정에 참여해 그들이 전략적 인적자원관리 기능을 수행하도록 지원하고 있다(Ban, 2005: 19-20).

제3절 중앙인사기관의 조직 형태

중앙인사기관의 조직 형태는 일반적으로 중앙인사기관의 조직 특성인 독립성과 합의성을 기준으로 분류한다[7](오석홍, 1993: 86-89). 그러나 중앙인사기관의 조직 특성인

6) 규제를 완화하고 인사 권한을 분권화한 좋은 예는 1994년 만여 페이지에 달하는 연방인사매뉴얼의 폐지와 인사 기능의 민영화, 그리고 1978년 공무원개혁법에 의해 도입된 시범 프로젝트(Demonstration Project) 등을 들 수 있다(Ban, 2005: 20-27). 시범 프로젝트란 인사제도의 유연성과 분권화를 도모하려는 제도 중의 하나로 1990년 이후 보수, 직위 분류, 채용, 배치, 승진, 징계, 근무 시간 등의 분야에서 활성화되었다(김일재, 2003: 679).

7) 대부분의 학자는 중앙인사기관의 조직 형태(유형)를 독립성과 합의성이라는 기준으로 분류하지만, 장지호(1992: 79-80)는 보호학파의 주장에 근거한 독립합의형과, 관리학파의 주장에 근거한 비독립단독형으로 구분한다. 그러나 보호학파가 주장하는 조직 형태는 인사행정의 엽관화를 방지하기 위한 것이고, 관리학파가 주장하는 조직 형태는 인사행정의 전문화와 능률화를 위한 조직 형태라는 면에서 이들 두 주장

집권성은 인사행정 권한의 행사에 관한 것으로 중앙인사기관의 조직 형태와는 직접적인 관련을 갖지 않는다. 따라서 중앙인사기관의 독립성과 합의성의 기준에 따라 중앙인사기관의 조직 형태를 유형화하면 이론적으로 다음 〈표 3-1〉과 같이 네 가지로 구분된다. 중앙인사기관의 조직 형태는 각 국가마다 다를 수 있고, 동일 국가라 하더라도 시기별로 달리하기도 한다.

표 3-1 중앙인사기관의 조직 형태

독립성 \ 합의성	합의성	단독성
독립성	위원회형 (독립합의형)	(독립단독형)
비독립성	(비독립합의형)	집행부형 (비독립단독형)

일반적으로 중앙인사기관의 조직 형태는 〈표 3-1〉의 네 가지 형태 중 독립합의형과 비독립단독형을 설치해 운영하거나[8] 이들을 절충해서 설치해 운영하는 이른바 절충형을 채택하는 것이 일반적이다(오석홍, 1993: 88-89).

1 독립합의형: 위원회형(commission-type)

독립합의형 중앙인사기관은 엽관제나 정실제의 폐해를 방지하고 인사행정의 정치적 중립성을 보장하기 위한 조직 형태이다. 따라서 이러한 중앙인사기관은 일반적으로 행정부에서 분리되어 있으며, 행정수반으로부터도 독립된 지위를 가지고, 의사결정은 세 명 정도의 위원들에 의해 이뤄진다. 특히 독립합의형의 중앙인사기관은 인사행정의 정치적 중립을 보장하기 위해 양당적(兩黨的) 또는 초당적(超黨的)인 인사로 위원회를 구성하고 위원들의 임기를 엄격히 보장한다. 그리고 이러한 중앙인사기관은 일반적으로 위원의 임명 시기를 다르게 해서 업무의 계속성을 확보하도록 한다.

독립합의형의 조직 형태를 취하는 중앙인사기관의 대표적인 사례는 1883년부터

은 동일하다고 할 것이다.

8) 스탈(Stahl, 1983: 202-204)은 중앙인사기관의 조직 형태를 위원회형과 집행부형으로 구분하고 있다. 위원회형은 독립합의형과, 집행부형은 비독립단독형과 유사한 조직 형태와 특성을 갖는다.

1978년까지 존속했던 미국 연방 인사위원회(Federal Civil Service Commission: CSC)이다. 그리고 1978년 미국 연방 공무원개혁법(Civil Service Reform Act)에 의해 설립된 실적제보호위원회(Merit System Protection Board: MSPB), 연방 노사관계원(Federal Labor Relation Authority: FLRA) 등을 들 수 있다. 그리고 일본의 인사원(人事院)도 독립합의형의 조직형태로 볼 수 있다.[9)]

이러한 독립합의형 중앙인사기관의 장점과 단점은 다음과 같다(오석홍, 1993: 87; 이상윤, 1994: 45-46).

1) 장점

① 엽관제나 정실제의 영향력을 배제함으로써 인사행정의 정치적 중립을 보장해 실적제를 발전시키는 데 유리하다.

② 한 사람의 책임자에 의한 인사행정의 전횡과 독단을 막고 다수의 위원에 의해 인사행정에 관한 신중한 의사결정을 할 수 있다.

③ 합의체 구성원의 임명 시기를 서로 다르게 함으로써 인사행정의 계속성을 확보할 수 있다.

④ 중요한 이익집단의 대표자를 합의체에 참여시킴으로써 인사행정에 대한 이익집단의 요구를 균형 있게 수용할 수 있다.

⑤ 단독책임자가 아닌 여러 명의 위원으로 중앙인사기관이 구성되기 때문에 다른 기관과의 밀착이나 소원한 관계를 방지하고 입법부나 일반 국민 및 행정부와의 관계를 원만하게 유지할 수 있다.

2) 단점

① 합의체의 위원들이 중앙인사기관의 지도층을 형성하므로 인사행정의 책임이 분산되고, 결정 주체가 확연히 드러나지 않아 책임 소재가 불분명해질 수 있다.

② 중요한 인사정책이 다수의 위원들로 구성된 합의체의 합의 과정을 통해 결정되므로 인사정책의 결정이 지나치게 지연된다.

③ 합의체의 구성원들은 대개 양당적 혹은 초당적인 인사들이기 때문에 정치적 영향력에서 자유롭지 못해 인사행정의 중립성 확보에 제약을 받기 쉽다. 전문적

9) 일본 인사원에 대해서는 제3장 제5절 3. 일본의 중앙인사기관을 참조할 것.

인사 문제를 다루게 될 때 비능률적이고 비합리적인 과오를 범하기 쉽다.

④ 독립합의형 조직 형태의 근본 목적은 엽관제를 방지하기 위한 것이었기 때문에 인사행정의 적극화나 전문화를 도모하기 어렵다.

⑤ 중앙인사기관이 행정수반에 대해서도 독립적인 지위를 유지하기 때문에 행정수반은 막료 기능으로서의 인사행정 수단을 확보하지 못하여 자신의 정책을 강력하게 추진하기 어렵다.

2 비독립단독형: 집행부형(부처형: executive-type)

비독립단독형의 중앙인사기관은 일반 행정부처와 같은 조직 형태를 띠고 행정부에 속해 있으며 행정수반으로부터 독립되지 않아 행정수반의 직접적 통제를 받으며, 의사결정도 행정수반에 의해 임명된 한 사람의 기관장이 하기 때문에 인사정책이나 행정에 대한 책임도 최종적으로 한 사람의 기관장이 진다.

비독립단독형의 조직 형태를 갖는 중앙인사기관의 예는 미국의 인사관리처(Office of Personnel Management: OPM), 영국의 내각처 인사실(the Civil Service, Cabinet Office), 일본의 내각관방의 내각 인사국, 한국의 인사혁신처 등이 여기에 속한다.

이러한 비독립단독형 중앙인사기관의 장점과 단점은 다음과 같다(Stahl, 1983: 2-60; 오석홍, 1993: 88).

1) 장점

① 중앙인사기관이 단일의 지도층을 형성하므로 인사행정의 책임 소재를 분명히 할 수 있다.

② 한 사람의 기관장이 중요한 인사정책을 신속하게 결정할 수 있으며, 변화에 신축적으로 대응할 수 있다.

③ 행정수반은 인사행정을 자신의 국정관리 수단으로 삼아 국가의 주요 정책을 신속하고 강력하게 추진함으로써 능률적 행정을 수행할 수 있다.

2) 단점

① 인사행정의 정치적 중립성(독립성)이 결여되므로 인사행정의 엽관화 내지 정실

화를 막기 어렵다. 그리고 행정수반이나 내각의 그릇된 인사정책을 견제하기 어렵다.

② 단독제 기관장의 독선적·자의적 결정을 견제하기 어렵다.

③ 중앙인사기관의 장이 바뀔 때마다 인사정책 방향이 달라질 수 있으므로 인사행정의 일관성과 계속성이 결여되기 쉽다.

④ 행정수반이 인사행정을 자신의 국정관리 도구로 활용해 행정 프로그램의 능률적이고 신속한 집행에 더 큰 비중을 두기 때문에 자칫 공무원의 권익이 침해될 가능성이 높다.

⑤ 비독립단독형의 중앙인사기관은 행정수반이나 내각에 소속되므로 양당적이거나 초당적인 문제를 적절히 반영하기 어렵다.

3 절충형

현재 대부분의 국가는 중앙인사기관을 독립합의형의 조직 형태나 비독립단독형 조직 형태 중 하나만을 설치해 운영하지 않는다. 각 국가는 그들이 처해 있는 상황에 따라 중앙인사기관을 분화해서 복수로 설치하거나, 하나의 조직 형태에 다른 조직 형태를 부속시켜 운영하는 경우가 대부분이다. 그 이유는 실적제가 정착되고 인력 규모가 급격히 증가해 인력관리가 복잡해지면서 여러 조직 형태의 장점을 취해 인사행정의 정치적 중립성을 확보하고 인사행정의 보좌적 성격을 강화하며, 공무원 개인의 권익을 보장하기 위해서이다(Stahl, 1983: 34-35).

미국의 인사관리처(OPM), 실적제보호위원회(MSPB)와 특별법무관실(OSC), 그리고 연방 노사관계원(FLRA) 등은 성격이 다른 인사 기능을 적절히 분담해 처리케 하는 대표적인 경우이다. 즉, 인사관리처가 집행부형의 비독립단독형 기관으로 전반적 인사행정을, 실적제보호위원회가 위원회형인 독립합의형 기관으로 공무원의 권익 보호를 위한 소청심사와 실적제도 보호를, 특별법무관실은 독립단독형 기관으로 내부고발자 보호를, 연방 노사관계원이 위원회형의 독립합의형 기관으로 연방기관의 노사 관계 업무와 공무원들의 단체교섭(collective bargaining) 업무 등의 기능을 수행한다.

일본의 인사원이나 내각관방의 내각 인사국도 이러한 절충형의 형태에 해당한다. 즉, 인사원은 법상으로 볼 때 내각에 속해 있으나, 실질상으로는 위원의 강력한 신분보장과 회계의 독립 및 국가 행정조직과 정원에 관한 법률의 적용을 받지 않는 독립합의형의 조직이다. 그러나 내각 인사국은 일본 정부 최고권력자인 총리대신(수상) 직속의 비독립단독형의 집행부형 조직 형태를 띠고 있다.

한국도 절충형의 조직 형태를 취하고 있는 데, 현재의 중앙인사기관은 인사일반에 관한 정책과 집행 업무를 담당하는 집행부형의 비독립단독형 기관인 인사혁신처와 그 소속기관으로 공무원의 신분 내지 권익을 보장하기 위한 준사법적 의결기관인 소청심사위원회를 설치해 운영하고 있다.

제4절 중앙인사기관의 기능

1 중앙인사기관의 기능

중앙인사기관은 원래 엽관적 · 정실적 인사행정의 폐해를 제거하고 실적제를 도입함으로써 행정의 정치적 중립성과 능률성을 제고하기 위해 설립되었다. 그러나 현재의 중앙인사기관은 인사행정에 대한 정치적 영향력을 차단하기 위해 행정수반으로부터 어느 정도의 독립적인 위상을 갖는 동시에 행정수반에게 인력관리의 도구를 제공하기 위한 수단적 기능을 갖는다(박동서, 1994: 112-114; 장지호, 1992: 92-93; Stahl, 1983: 200-201).

1) 준입법 기능

중앙인사기관의 준입법 기능이란, 의회에서 제정한 법률의 범위 내에서 인사행정 전반에 관한 규칙을 제정하는 것을 말한다. 준입법 기능의 크기는 중앙인사기관의 독립성과 연관이 있는 것으로 위원회형의 중앙인사기관이 준입법 기능을 가장 크게 확보할 수 있다. 현대 행정국가에서는 위임입법의 증가로 인해 부처형의 중앙인사기관도 법률의 범위 내에서 인사행정의 전반에 관한 준입법 기능을 갖는다. 중앙인사기관이 준입법권을 갖는 이유는 인사권자의 정실 인사를 방지하고 인사행정의 통일성과 일관성을 유지하기 위한 것이다.

2) 준사법 기능

중앙인사기관의 준사법 기능은 공무원의 권익을 보장하기 위한 기능으로 위법·부당한 처분을 받은 공무원의 소청이 있을 때 이를 재결할 수 있는 권한을 말한다. 물론 위법성에 관한 최종적인 판단은 사법기관인 법원이 하게 된다. 미국의 실적제보호위원회나 한국의 소청심사위원회가 준사법적 기능을 수행한다.[10]

3) 감사 기능

중앙인사기관의 감사 기능이란 각 행정기관이 국회와 정부가 제정한 법률과 인사규정에 따라 인사 업무를 적절하게 운영하는지 파악하고, 만약 인사 업무 수행에 위법 또는 부당한 사항이 있을 경우 이를 점검·지도하고 시정하는 것을 말한다.[11] 중앙인사기관의 감사 기능은 인사권이 분권화되어 있는 경우에는 행정기관의 할거주의 인사행정을 방지하고, 인사 관련 법령을 준수해 실적제를 확립하는 데 중요한 기능을 한다.

중앙인사기관의 감사 기능은 분권화된 행정기관의 인사 업무를 통제하거나 비위사실을 발견하는 등 소극적 목적도 중요하지만, 각 행정기관이 공무원의 능력 발전과 행정 성과를 향상시킬 수 있도록 능동적이고 적극적인 지도와 조언에 중점을 두어야 할 것이다.

4) 집행 기능

중앙인사기관의 집행 기능이란 인사행정에 관한 구체적 사무, 즉 인적자원계획, 임용(신규채용, 내부임용), 능력 발전(교육훈련, 성과관리), 동기부여(사기관리, 보수, 후생복지, 연금), 인사통제(근무규율, 공무원 윤리, 신분보장, 징계), 공직 분류, 공무원노동조합 관리 등을 인사 법령에 따라 수행하는 것을 말한다. 이러한 집행 기능은 인사기관의 고유 기능이다.

여기서 문제되는 것은 인사행정의 집권성에 관한 것이다. 인사행정이 집권화되어 있으면 중앙인사기관은 인사정책의 결정뿐 아니라 구체적 집행 기능까지 담당하며, 분권화된 경우에는 중앙인사기관은 인사정책이나 방침을 결정하고, 각 행정기관의 인사담당기관이 구체적 집행 기능을 담당한다. 이때 중앙인사기관은 분권화한 인사 업무에

10) 한국의 소청심사위원회에 관해서는 국가공무원법 제9조~제15조와 이 책 제13장 제5절을 참조할 것.
11) 한국 중앙인사기관의 감사 기능에 관해서는 국가공무원법 제17조와 인사감사규정을 참조할 것.

대한 지도나 감독, 조언 등의 업무를 담당하게 된다.

5) 보좌 기능

중앙인사기관의 보좌 기능은 인사행정의 막료적·지원적 성격에서 도출되는 것으로, 행정수반이 인사행정의 전반적 관리를 효율적으로 수행할 수 있도록 보고하고 권고하며 지원하는 기능을 말한다. 또한 중앙인사기관은 정부 인사정책의 변화와 개선에 관해 행정수반에게 보고하고 권고하는 기능도 수행한다.

중앙인사기관의 조직 형태가 비독립단독형인 집행부형의 경우에는 행정수반에 대한 보좌 기능은 중앙인사기관의 본질적 기능이라 할 수 있다. 이러한 중앙인사기관은 중앙인사기관장에게 인사에 관한 일차적인 책임이 있지만, 최종 책임은 행정수반에게 있기 때문에 행정수반에 대해 인사행정에 대한 조언과 권고, 보고 등의 업무는 당연하다고 할 것이다.

2 중앙인사기관의 조직 특성과 기능과의 관계

조직론적 관점에서 볼 때, 조직은 특정 기능을 수행하기에 적합한 형태로 설계되거나 구조화되며, 또한 조직의 특성에 따라 특정 기능을 좀 더 효과적으로 수행하게 된다. 중앙인사기관이라는 조직의 특성과 기능도 이와 마찬가지이다. 따라서 중앙인사기관의 특정 기능에 따라 중앙인사기관의 조직 형태 등 조직 특성이 달라지고, 중앙인사기관의 조직 특성에 따라 특정 기능이 강조되기도 한다(박동서, 1994: 104-112; 박연호, 1990: 306-308).

먼저 중앙인사기관의 독립성은 원래 행정수반의 정치적 영향을 차단해 인사행정의 중립성을 확보하고, 공무원 개인의 권익을 보장하기 위한 조직 특성이다. 그리하여 독립성이 강한 중앙인사기관은 보좌 기능보다는 집행 기능과 준입법·준사법 기능을 중시할 가능성이 높다. 원래 인사에 관한 법령은 인사권자의 자의적 인사행정을 방지해 합리적인 인사행정을 수행하기 위한 것으로 중앙인사기관의 준입법 기능을 통해 이를 유지할 수 있다. 한편 공무원의 개인적 권익 보호는 비독립적 기관장 개인의 판단보다는 독립성을 가진 독립합의형의 기관 구성원들의 판단이 더욱 신중하고 합리적이기 때문에 독립성을 가진 기구는 준사법 기능을 수행하는 데 적합하다.

미국의 경우 1978년까지 존속했던 연방 인사위원회는 대통령의 효과적인 행정관리를 위한 수단으로서의 역할이 아니라, 실적제를 확립하고 공무원의 권익 보호에 더 큰 역할을 했다. 그리고 현재 미국의 실적제보호위원회는 공무원 개인의 권익 보호라는 준사법 기능을 수행한다.

중앙인사기관의 합의성은 중앙인사기관의 독립성을 더욱 강화하고 의사결정의 신중성을 확보하기 위한 조직 특성이다. 따라서 합의성을 가진 중앙인사기관은 구체적 인사 업무의 집행 기능이나 보좌 기능보다 준입법·준사법 기능을 수행하는 경우가 대부분이다. 실적제 확립을 위한 법령의 제정과 실적제를 위반한 법령 등을 찾아 이를 개선하기 위해서는 합의성 있는 기관이 더 적절하다. 그리고 공무원 개인의 권익에 관한 준사법적 판단은 신중한 의사결정이 필요하기 때문에 집단적 의사결정 방식을 택하는 합의형 기관이 적합하다. 미국의 실적제보호위원회나 한국의 소청심사위원회 등은 합의성을 가진 기관으로 준사법 기능을 수행한다.

그러나 합의성을 갖는 중앙인사기관이라고 해서 반드시 집행 기능이나 보좌 기능을 갖지 않는 것은 아니다. 미국의 연방 인사위원회와 일본의 인사원은 합의성을 가진 중앙인사기관으로 집행 기능을 수행했거나 수행하고 있으며, 독립성을 갖지 못했던 한국의 중앙인사위원회(2004~2008)는 합의성을 가진 기관이지만 중앙인사기관으로서의 집행 기능과 보좌 기능을 가졌다.

마지막으로 중앙인사기관의 집권성은 여러 부서에 분산되어 수행되던 인사 기능을 한데 모아 전국적 인사행정의 통일적 기준 설정과 이해 관계의 균형적 반영을 위한 중앙인사기관의 조직 특성이다. 중앙인사기관의 집권성 정도가 높으면 인사행정 활동의 대상과 영역이 광범위해 여러 유형의 인사 기능을 수행한다. 따라서 집권성이 높으면 인사에 관한 결정과 집행 기능을 중시할 가능성이 높다. 그와 함께 집권성이 높은 중앙인사기관은 인사행정의 포괄 범위가 넓기 때문에 이에 따른 준입법권이 강조되고, 하위 기관에서의 공무원 개인의 권리 침해 등을 다루기 위한 준사법권이 강조되며 행정수반에 대한 보좌 기능도 강화된다.

그러나 인사행정의 집권화가 약화되어 인사 기능의 분권화가 촉진되면 중앙인사기관의 인사행정의 활동 영역이 좁아져, 대부분의 기능이 약화된다. 그러나 이러한 관계도 항상 성립하는 것은 아니다. 중앙인사기관이 담당하는 기능의 범위가 넓어도 그 내용이 대상 분야의 중요한 정책 수립과 방향 제시에 그치고, 구체적 사무의 집행을 각 행정기관의 장에게 위임하고 있다면 사실상 분권적 인사행정이 수행되고 있다고 볼 수 있다. 이때 중앙인사기관은 분권화한 각 행정기관의 인사행정이 적법하고 부당한 인사가 되지 않도록 감독하고 시정하는 감사 기능은 강화된다.

제5절 주요 국가의 중앙인사기관

각 국가의 중앙인사기관은 그 나라의 역사적·정치적 상황과 인사행정이 추구하는 구체적 목표에 따라 다양하다. 인사행정의 엽관화 내지 정실화가 심각하고 인사행정이 행정의 능률성 추구에만 역점을 두었던 과거에는 독립합의형이나 비독립단독형의 중앙인사기관을 설치해 운영했지만, 최근에는 인사행정의 성격이나 인사행정이 추구하는 구체적 목표에 따라 절충형의 중앙인사기관을 설치해 운영하는 것이 일반적이다.

이하에서는 미국, 영국, 일본의 중앙인사기관을 살펴보고자 한다.

1 미국의 중앙인사기관

미국의 인사행정은 크게 3기로 구분해 살펴볼 수 있다. 독립 이후부터 1883년 펜들턴법(Pendleton Act)이 통과되기 이전과 이후, 그리고 1978년 연방 공무원개혁법(the Civil Service Reform Act)이 통과된 이후의 시기로 인사행정을 구분할 수 있다(Pfiffner, 1987: 57-65; Cayer, 2004: 1736). 미국의 인사행정을 이와 같이 세 시기로 구분해 살펴볼 때, 거기에는 커다란 변화를 발견하게 된다. 먼저 펜들턴법 이전의 인사행정은 관료제의 민주화를 통한 집권 정당과 관료의 동질성 확보를 위한 엽관주의 인사행정이 지배하던 시기이고, 1883년 펜들턴법 제정 이후부터 1978년까지의 인사행정은 엽관주의로 인한 정치적 부패와 행정적 무능을 벗어나 실적제를 확립한 시기로 독립적인 합의형의 연방 인사위원회(CSC)에 인사의 규제 기능을 강화하면서 인사 기능을 집권화하였다. 그 후 1978년 연방 공무원개혁법 제정 이후에는 대통령의 인사 기능을 강화하고 인사행정을 분권화하여 인사행정의 능률성과 민주성을 동시에 달성하려는 시기였다.

이에 따라 종래의 연방 인사위원회는 인사관리처(OPM)와 실적제보호위원회(MSPB), 그리고 연방 노사관계원(FLRA)으로 분리되었다.

종래의 연방 인사위원회가 담당하는 기능 중 인사행정 일반은 인사관리처가 담당하고, 연방 공무원의 권익 보호와 실적제 보호는 실적제보호위원회(1989년 특별법무관실이 실적제보호위원회에서 독립되었다)가 담당하며, 연방기관의 노사 관계를 감독하고 연방 공무원의 노동권을 보호하고, 연방 공무원의 노사분쟁을 해결하는 기능은 연방 노사관계원이 담당하게 했다(Pfiffner, 1987: 60-65). 이러한 미국 중앙인사기관은 각 시기의 지배적 가치를 조직 형태의 변화를 통해 실현했고, 역사적 변천을 거듭하면서 오늘에 이르고 있다. 1978년 연방 공무원개혁법에 의해 설립되어 기능하고 있는 중앙인사기관을 살펴보면 다음과 같다.

1) 인사관리처

인사관리처(Office of Personnel Management: OPM)는 비독립적이고 단독 기관장을 둔 집행부형 중앙인사기관으로 대통령의 지휘・감독을 받으면서 범정부적 인사정책의 수립과 집행에 대한 책임을 진다. 이 인사관리처는 과거의 연방 인사위원회의 기능 중 준사법적인 기능을 제외한 대부분의 기능을 갖는다. 따라서 이러한 인사관리처가 설치됨으로써 대통령은 자신의 정책을 신속하고 강력하게 추진할 인사관리 수단을 갖게 되었다. 그러나 인사관리처의 처장은 상원의 동의를 받아 대통령이 임명하고, 특별한 사유가 없는 한 임기가 4년으로 보장되어 있다. 그러한 면에서 인사관리처는 대통령으로부터 어느 정도의 독립성은 보장된다고 볼 수 있다.

인사관리처의 주요 기능은 다음과 같다(Hays & Reeves, 1989: 56-57).

첫째, 인사행정 전반에 관해 대통령에게 직접 조언할 수 있는 막료적 기능을 수행한다. 즉, 인사관리규정의 제정, 인사 관계 법령의 시행, 인사행정의 개선을 위한 조사연구 등 제반 인사 사항에 관해 대통령에게 자문한다.

둘째, 인사에 관한 결정 권한을 각 부처에 이양해 인사행정의 분권화를 도모한다. 초기에 인사관리처는 대부분의 인사 업무를 집권화해 인사에 관한 정책결정과 집행 기능을 수행했다. 그러나 1990년대에 들어오면서 대대적인 분권화와 규제 완화의 방향으로 나아갔다(Ban, 2005: 20). 물론 인사에 관한 최종 권한은 인사관리처가 갖지만 인사행정의 분권화를 통해 불필요한 절차나 상호 견제를 줄이고, 각 부처의 공무원 관리가 신축적이고 신속하게 행해지도록 하여 행정의 효율화를 가져오게 한다. 이러한 권한 이양과 함께 인사관리처는 각 부처 인사기관에 대해 기술적 지원이나 자문 등을 함으로써 권한 이양이 효율적으로 이뤄지게 한다.

셋째, 각종의 인사행정에 관한 규제를 완화하는 기능을 한다. 이는 연방 인사위원회에 의한 견제와 감시의 틀을 벗어나, 공무원의 사기 제고와 능력 발전 등을 꾀하며, 인사행정의 효율화를 도모하는 것을 의미한다. 복잡한 연방 인사 매뉴얼의 폐지, 채용 권한의 부처 위임, 근무성적평정제도와 포상제도의 부처 위임, 직위분류제 개선을 위한 시범 프로젝트(Demonstration Project: 1978년 연방 공무원개혁법에 의해 도입된 제도임), 그룹별 채용서열제(categorical ranking) 등등이 인사행정의 규제 완화의 예들이다(Condrey, 2005: 20, 27; 김일재, 2003: 41-43), 이렇게 해서 인사관리처는 인사관리에 관한 대통령의 권한을 강화하고, 인사행정의 분권화와 규제 완화를 통해 각 부처 인사기관과 새로운 동반자 관계를 형성함으로써 인사행정의 대응성과 효과성을 향상시키려 한다.

2) 실적제보호위원회

실적제보호위원회(Merit System Protection Board: MSPB)는 연방정부의 실적제를 보호하기 위한 독립적인 준사법기관이다. 이 기관은 대통령이 상원의 인준을 받아 임명하는 세 사람으로 구성된 7년 임기의 엄격한 신분보장을 받는 양당적 합의체 조직이다.

실적제보호위원회의 주요 기능은 다음과 같다(www.mspb.gov).

첫째, 위원회는 가장 중요한 임무 중의 하나로 위법·부당한 각종의 인사 조치로부터 공무원의 권익을 보호하기 위해 공무원의 소청을 재결하는 기능을 갖는다. 공무원의 소청은 해고, 정직, 강등, 감봉, 강제휴가, 직권면직 등이 가장 많다. 이 기능은 종전의 연방 인사위원회가 가졌던 기능을 이관받은 것이다.

둘째, 위원회는 실적제 보호를 위한 연구를 수행하며, 정부 인력관리가 '금지된 인사 조치(prohibited personnel practices: PPPs)'에서 얼마나 벗어났는가에 대한 보고서를 매년 작성하여 대통령과 의회에 보고함으로써 실적제 원칙을 보호하는 기능을 수행한다.

셋째, 위원회는 인사관리처의 주요한 활동이 실적제에 미치는 영향을 평가해 심리(review)하는 기능을 수행한다. 이 위원회는 인사관리처가 제정한 각종의 인사규칙(rules)이나 규정(regulations), 고용 기준 등을 심리하여 이들이 1978년의 연방 공무원개혁법에서 규정하고 있는 실적제 원칙(merit system principles)[12]에 어긋날 때는 이를 무효로 선언할 수 있는 권한을 가지고 있다.

실적제 원칙이란 1883년의 펜들턴법이 실적제 확립에 기여를 했지만, 그 후 한 세기에 걸쳐 이러한 실적제가 많이 훼손되었다고 보고 실적제를 좀 더 강력하게 실현할 수 있도록 1978년의 연방 공무원개혁법에 규정하고 있는 아홉 가지의 원칙을 말한다. 이러한 실적제 원칙은 모든 인사기관과 직원이 지켜야 하지만 실적제보호위원회를 설치하여 실적제의 강력한 보호장치(vigorous protector of the merit system)로 기능하게 했다.

3) 특별법무관실

특별법무관실(Office of Special Counsel: OSC)은 대통령이 상원의 인준을 받아 임명하는 임기 5년인 특별법무관은 독립적인 조사와 소추권을 갖는다. 원래 이 기관은 실적제보호위원회에 소속되어 있었지만, 실적제보호위원회가 재결 기능을, 특별법무관실이 조사와 소추 기능을 갖도록 하여 1989년에 분리되었다.

이 기관의 권한 내지 기능은 연방 공무원개혁법, 내부고발자보호강화법(Whistleblower Protection Enhancement Act), 해치법(Hatch Act), 군인고용과 재고용법(Uniformed Services Employment & Reemployment Right Act) 등의 법률에 근거하고 있다. 특별법무관실은 기본적으로 연방정부에서 금지하고 있는 '금지된 인사 조치(PPPs)'로 부터 연방 직원과 지원자를 보호함으로써 실적제를 보호하는 기능을 갖는다. 금지된 인사 조치는 실적제 원칙을 위반하는 고용차별, 내부고발자(whistle-blower)[13]에 대한 보복, 불공정한 고용조치, 정치활동의 강요나 거절에 대한 보복, 경쟁의 방해, 부당한 혜택의 부여, 족벌주의, 당파나 정치적 영향력의 행사 등을 말한다. 특별법무관실은 금지된 인사 조치를 위반한 혐의(allegation)를 조사하여 그 사유가 정당하다면 그 기관이나 담당직원을 징

12) 실적제 원칙은 ① 자질 있는 자의 공개채용, ② 공정하고 균등한 대우, ③ 동일 가치의 직무에 대한 동일 보수의 지급, ④ 공직자로서 높은 공공성 유지, ⑤ 인력의 효율적 활용, ⑥ 직원으로서 적절한 성과 구현, ⑦ 직원에 대한 효과적인 교육훈련의 제공, ⑧ 자의적 조치나 개인적 편애, 정파적 강제로부터 공무원을 보호하고, 선거나 선거 후보를 방해하거나 영향을 미칠 목적으로 자신의 권한을 사용하거나 영향력을 행사하지 말 것, ⑨ 법규 위반, 관리 부실, 자금 낭비, 권한의 결여, 공중보건과 안전에 대해 실제적이고 구체적인 위해(危害)가 있다고 믿고 이를 적법하게 폭로하는 자에 대한 보복 금지 등을 말한다(www.mspb.gov).

13) 내부고발은 실적주의에 대한 위반 사항이나 조직 내의 비윤리적이고 불법적인 사항을 조직 내외에 알리는 것으로, 예컨대, 직장에서의 법과 규정·규칙의 위반, 관리상의 커다란 실책, 공금 낭비, 권한 남용, 공중보건이나 안전에 대한 실질적인 위험 등을 말한다.

계 조치하도록 실적제보호위원회에 소추한다.

또 특별법무관실은 공무원의 정치적 활동을 제한하는 해치법의 범위 내에서 가능한 정치활동에 관해 자문해 주고, 해치법을 위반한 정도에 따른 경고장을 발부하거나 실적제보호위원회에 소추해 징계 조치를 취하도록 한다.

마지막으로 특별법무관실은 참전용사, 방위군, 예비군(Veterans, Guardsmen, and Reservists)의 고용과 재취업을 보호하는 권한을 가진다. 1994년에 제정된 군인고용과 재고용법은 그들이 전역한 이후의 고용을 촉진하며, 자신들의 복무로 인해 직장에서 불리한 차별을 받지 않아야 한다는 것을 규정한 법이다. 특별법무관실은 이러한 법률을 위반한 행정부의 기관이나 개인을 조사하고 실적제보호위원회에 소추한다.

이와 같이 특별법무관실은 어떤 기관이나 사람의 실적제 위반에 대한 혐의를 조사하고, 이에 대한 징계 조치나 시정 조치를 취하도록 실적제보호위원회에 소추함으로써 실적제보호위원회가 재결 기능을 갖는 실질적인 준사법적 기관으로 기능하게 한다(www.osc.gov).

4) 연방 노사관계원

연방 노사관계원(Fedral Labor Relation Authority: FLRA)은 1978년 연방 공무원개혁법에 의해 설치된 독립합의형의 인사기관으로, 연방정부의 공무원과 노동조합, 그리고 기관들이 단체협상권 행사를 통하여 노사분쟁을 미연에 방지하고 해결하여 안정적이고 건설적인 노사관계를 증진시키기 위하여 설립되었다. 연방 노사관계원은 대통령이 상원의 동의를 받아 임명하는 임기 5년인 3명의 위원으로 주로 노사분쟁 사건을 재결하는 준사법적 기능을 수행하는 위원회(the Authority)와 대통령이 상원의 동의를 받아 노사분쟁을 조사하고 소추하는 임기 5년인 일반법무관실(Office of the General Counsel), 그리고 중재와 협상을 통해 노사 간의 쟁의(爭議)사항을 조정하는 7명의 위원으로 구성된 연방 공무원 쟁의조정위원회(Federal Service Impasses Panel)로 구성되어 있다.

연방 노사관계원의 3명의 위원으로 구성되는 위원회는 공무원의 노사문제에 대한 소청을 재결하고, 불공정한 노동 행위와 단체협상 과정에서 제기되는 협상 가능한 분쟁 등을 재결하는 준사법적 권한을 갖는다. 또한 이 위원회는 연방정부 노사관계 프로그램에 참여하는 사람들을 위한 행동 방침과 지침을 확립한다. 그리고 연방기관과 공무원노동조합이 연방 공무원개혁법에 규정된 자신들의 권리와 책임을 정확하게 이해하도록 조력하며 사법적 개입 없이도 연방정부와 공무원들이 자신들의 노사관계 문제를 공동으로 해결할 수 있도록 조력하는 기능을 수행한다.

대통령이 상원의 동의를 받아 임명하는 임기 5년의 일반 법무관은 부당 노동행위(unfair labor practices)를 조사하고, 연방 노사관계원의 위원회에 소추하는 기능을 갖는다. 노조선거를 감시하며, 노조의 대표성을 심리하기도 한다. 그리고 연방정부의 관리자와 노동조합에 필요한 지침을 제정하고 교육훈련을 제공한다. 또한 노사분쟁을 해결하기 위하여 대체적 분쟁해결방안(ADR)을 활용하기도 한다.

그리고 일반법무관실은 연방 노사관계원의 7개 지역사무소를 관리한다. 7개의 지역사무소를 통해 불공정한 노동 행위에 대한 진정이나 불만 사항을 기본적으로 처리하고 불공정한 노동 행위에 대한 불만이 제기되지 않도록 지역사무소장의 결정에 대한 소청의 재결 등을 담당한다.

그리고 연방 공무원 쟁의조정위원회는 연방 공무원 노사 관련 법규[14)]에 따라 연방 직원을 대표해서 연방기관과 노동조합 사이에서 제기되는 쟁의사항(impasses)을 중재하고 해결하는 기능을 수행한다. 위원은 7명으로 대통령이 임명하며 비상근이며, 그 중 한 사람이 위원장이 된다. 중재에 의한 협상이 성공적이지 못할 경우 양 당사자 중 누구든 이 위원회에 쟁의해결을 요청할 수 있고, 그때 이 위원회는 먼저 그 쟁의사항에 대해 예비조사를 거쳐 다양한 분쟁 해결 절차를 권고하거나 지시할 권한을 가진다. 이런 절차에도 불구하고 양 당사자가 자발적으로 해결하지 못하면 이 위원회는 분쟁해결에 필요한 조치를 취할 수 있다. 이런 조치에 대하여 양 당사자는 법원에 제소하지 못한다(www.flra.gov).

2 영국의 중앙인사기관

영국의 중앙인사기관은 재무부를 중심으로 많은 변화를 겪으면서 오늘에 이르고 있다. 1855년 추밀원령에 의해 설립된 인사위원회가 그 기능의 변화에도 불구하고 오늘에 이르고 있고, 수상이 공무원 장관(Minister for the Civil Service)을 겸직하면서 내각

14) 이에 관한 법률은 연방 공무원 노사관계법(the Federal Service Labor-Management Relation Statute)과 연방 직원 유연근무 및 집중근무일정법(the Federal Service Employees Flexible and Compressed Work Schedule Act)임(www.flra.gov).

수반으로서 공무원 전반을 관리한다. 수상의 인사관리는 내각처 내각차관이 겸직하고 있는 인사실장(Head of the Civil Service)이 수상의 인사행정 업무를 보좌하고 집행한다(www.gov.uk).

1) 인사위원회

인사위원회는 1855년 추밀원령이 제정되면서 공정(unfair)하고 공개적인 경쟁(open competition)을 통한 실적(merit)에 기반한 인사 기능을 수행하기 위하여 설치되어 오늘에 이르고 있다. 지금은 내각처에 설치되어 있는 독립적인 인사기관으로 2010년 '헌법개혁 및 국정관리법(the Constitution Reform and Governance Act 2010)'[15]에 의해 그 법적 기반을 갖게 되었다. 인사위원회의 위원은 공무원장관인 수상의 추천으로 국왕이 임명하는 12명의 위원으로 구성된다.

인사위원회의 기능은 먼저 영국 인사행정의 원칙인 공정성과 공개성에 기반한 실적 임용이 이루어지도록 하는 기능을 수행하고 있다. 초기에는 공무원을 직접 선발하는 기능을 수행했지만 1980년 이후 인사 권한의 분권화로 인해 각 부처나 기관으로 채용 권한을 이관하였다. 그러나 인사위원회가 채용을 직접 담당하지 않지만 부처와 기관이 준거해야 할 채용원칙(recruitment principles)의 수호자로서 기능한다. 그리하여 인사위원회는 이 원칙에 따라 각 부처나 기관의 채용정책과 채용사례를 감시하고 평가하여, 각 부처나 기관이 인사위원회의 채용원칙을 얼마나 이행했는지에 관한 결과 보고서를 매년 작성하여 발표한다.

그러나 인사위원회는 공정하고 공개적인 경쟁에 입각한 실적임용인 채용원칙을 벗어난 예외사항(exceptions)을 심사하고 승인한다. 이러한 예외사항의 적용은 채용원칙이 훼손되지 않는 범위 내에서 이루어져야 하며 이에 대한 검토 보고서를 발행한다.

그리고 인사위원회의 위원들은 내·외부로부터의 충원하려는 고위공무원단 선발과정에 심사위원장으로 참여한다. 외부로 부터의 고위공무원 충원은 사무차관, 실장(pay band 3), 국장(pay band 2)급 수준이며, 내부로부터의 고위공무원단 충원은 인사실장과 합의한 고위직 임용협약에 따라 사무차관, 실장(pay band 3)급 수준이다.

또한 인사위원회는 공무원 강령에서 규정한 채용원칙을 위반했다고 주장하는 공무

15) 이 법의 제1장 제1절에 인사위원회의 설치와 역할, 제5절에 공무원 강령(Civil Service Code)의 제정에 관하여 규정하고 있다.

원의 불만(complaints)을 청취하고 해결한다. 채용원칙을 위반했다고 주장하는 공무원은 먼저 관련 부서에 문제를 제기하고, 이에 대해 만족하지 못할 경우 인사위원회에 신청하며 인사위원회는 이에 대한 최종 결정을 한다(www.civilservicecommission.independent.gov.uk).

2) 내각처 인사실

영국 중앙정부의 인사기관은 내각처 내각차관(Cabinet Office, Cabinet Secretary)인 인사실장(Head of the Civil Service)을 겸하고 있는 인사실(the Civil Service)이다. 영국의 공무원 관리는 1967년부터 수상이 공무원 장관(Minister of the Civil Service)을 겸직하면서 내각처 인사실장의 지원을 받으며 내각수반으로서 공무원 전반을 감시하고 감독하며, 중앙정부의 인사권을 다른 부처에 이관하고 이관된 행정기관에 대한 지원 업무를 담당한다.

그리하여 내각처 인사실은 중앙정부 공무원 관장기관으로 정부 인사행정의 일반지침을 마련하여 제공하며, 각 부처와 기관의 인사 업무를 지도하고 감독하며, 필요한 경우 그 시정을 요구하기도 한다. 그러나 내각처 인사실은 내각처의 인사 업무뿐 아니라 다른 부처나 기관의 채용, 근무성적평정, 교육훈련, 보수와 연금, 복무와 징계, 인사교류 등 인사행정 전반에 관해 협의 · 조정하며 지도 · 감독하여 각 부처나 기관의 인사 업무가 올바르게 수행되도록 한다.

3) 소청심사위원회

소청심사위원회(Civil Service Appeal Board)는 공무원의 소청을 객관적인 공평무사한 입장에서 청취하고 심리하는 기능을 수행하는 독립기관이다. 소청을 제기하는 공무원은 현직뿐 아니라 공직을 떠난 사람들도 해당된다. 그리하여 현직 여부를 떠나 고용관련 결정이 부당하다고 판단되면 일정한 기간 내에 소청심사위원회에 소청을 제기하면 된다. 소청심사위원회는 해당 기관에서의 이의제기 결과가 공정했는지를 심리해서 결정한다.

소청심사위원회의 심의 대상은 공무원의 해고에 따른 미지급 보수나 부적절한 보수, 공직 퇴직에 따른 퇴직연금의 몰수, 정치활동 참여에 대한 허가 거부에 한정되어 있다. 소청심사위원회의 결정은 관계 기관이나 관리자를 기속하는 재결(adjudication)

기능이 아니지만, 대부분의 기관이 이에 따르는 권고(compliance)의 성격을 가진다.

소청심사위원회는 인사문제에 대한 오랫동안의 경험을 가진 사용자측 퇴직 고위공무원, 노동조합측 퇴직 인사로 구성된다. 소청이 제기되면 의장을 포함해 양측 인사 1명씩 3명으로 소청심사위원회가 구성된다(www.gov.uk/government).

3 일본의 중앙인사기관

일본의 중앙인사기관은 현재 인사원과 내각 인사국의 절충형 조직 형태를 띠고 있다. 원래 중앙인사기관은 제2차 세계대전 이후인 1947년에 인사위원회로 출발했으나, 이어 내각 관할의 인사원으로 변경되었다. 1965년 이후에는 기존의 독립적인 기능을 갖는 인사원과 함께 내각총리대신 산하의 총무성 인사 · 은급국(人事 · 恩給局)을 거쳐 2014년부터 내각 인사국에서 국가공무원 인사 업무를 수행한다.

1) 인사원

(1) 인사원의 기능과 성격

일본의 인사원은 내각에 설치되어 있으면서 준입법적 기능과 준사법적 기능 및 집행 기능을 갖는 독립합의형 인사기관이다. 일본 인사원의 기본 기능은 다음과 같다(www.jinji.go.jp).

첫째, 헌법과 국가공무원법이 규정하고 있는 공무원의 중립성과 공정성을 확보하도록 채용시험, 임면기준 등을 설정하고, 둘째, 노동 기본권 제약의 대상 조치로서, 급여 등 근무조건 개정 등을 국회 및 내각에 권고하며, 셋째, 국가공무원의 인사상 불이익처분에 대한 불복, 인사상의 불만 및 상담 등을 해결하는 기능을 수행하며, 마지막으로 인사행정의 전문기관으로서 국내 · 외 인사제도를 조사하고 연구하며, 시대의 요청에 부응하는 인사정책을 수행한다.

일본 인사원은 법률에 따라 인사원이 처리할 권한으로 부여받은 사항에 대해서는 인사원의 결정 및 처분에 대해 인사원 외의 외부기관에 의해 심사받지 않는 독립적인 권한을 부여받고 있으며(국가공무원법 제3조), 인사원은 소관 사무를 실시하거나 법률의 위임에 따른 규칙을 제정하고 그 규칙을 실시하기 위한 지령(指令)을 발할 수 있는 준입법적 권한을 보유하고 있다(동법 제16조).

또한 인사원은 징계처분이나 공무원 신분에 대한 불이익 처분에 관한 불복에 대해서는 3명으로 구성되는 공평위원회에서 재결하며, 근무조건 · 급여결정 등에 대한 불만은 인사원 회의에서 의결하며, 재해보상에 관한 불만은 재해보상심의위원회를 거쳐 인사원 회의에서 의결하는 등의 준사법적 재결 기능과 의결 기능을 갖는다(동법 제82조~제85조, 제89조~제92조의2).

그리고 인사원은 인사원 내부의 조직과 정원에 관해 '국가행정조직법'과 '행정기관 직원의 정원에 관한 법률'의 적용을 받지 아니하고(동법 제4조), 인사원은 내각과 함께 국회에 대해 직접 인사에 대한 각종의 보고 · 권고 · 의견의 제출 · 연구 성과 등을 제출할 수 있게 하고 있다(동법 제12조).

또한 인사원의 예산안은 내각에 제출해야 하나, 그 예산안을 내각에서 수정할 경우 인사원의 요구안과 내각의 수정안을 동시에 국회에 제출할 수 있도록 하고 있다(동법 제13조). 이와 같이 일본의 인사원은 인사에 관한 준입법권과 준사법권, 집행권 및 내부 조직과 정원의 자주성, 예산편성의 독자성을 갖고 있기 때문에 내각에 속해 있어도 독립적인 일본의 회계검사원과 유사한 성격을 띠고 있다.[16]

(2) 인사관의 임명

인사원은 세 명의 인사관으로 구성되며 그 중 한 명은 총재로 임명된다(동법 제4조). 인사관은 인사행정에 관해 식견이 있는 35세 이상의 사람 중에서 양의원(兩議院)의 동의를 얻어 내각이 임명하고 그 임면(任免)은 천왕에 의해 인증된다(동법 제5조). 세 명의 인사관은 4년 임기에 재임이 허용되나 12년 이상은 재임할 수 없다. 보결로 임명된 인사관은 전임자의 잔여 임기 동안만 재임한다(동법 제7조).

인사관의 정치적 중립성과 인사의 공정성을 보장하기 위해 임용일 이전 5년 동안 정당의 임원, 정치적 고문 기타 이와 동일한 정치적 영향력을 갖고 있는 정당원인 자, 또는 임명일 이전 5년 동안 선거에 의해 국가 또는 도도부현(都道府縣)의 공직 후보자였던 사람은 인사관이 될 수 없으며, 2인 이상이 동일한 정당에 속했거나 동일한 대학을 졸업한 사람이어서도 안 되며, 이런 경우 그 중 한 사람은 양원의 동의를 얻어 파

16) 일본의 회계검사원은 일본 헌법 제90조에 따라 설치되어 있는 기관으로 내각에 속하지 않는 독립기관(회계검사원법 제1조)으로 매년 국가의 수입과 지출의 결산을 모두 검사하고(회계검사원법 제20조), 그 검사 권한은 내각과 그 관할 기관뿐 아니라, 국회와 최고재판소를 포함한 모든 국가기관에 미친다(www.ko.wikipedia.org).

면하도록 되어 있다(동법 제5조).

일본의 인사원은 과거 미국의 연방 인사위원회처럼 일본의 인사행정이 특정 정당이나 당파 및 학연으로 인한 정실주의 인사행정을 미연에 방지해 인사행정의 공정성과 중립성을 확보하고, 또 공직자들의 사용자인 내각에서 '어느 정도의 독립된 지위'(이를 준독립적 지위라고 표현함)를 부여함으로써 공무원의 권익을 보호하기 위한 장치로서 기능하게 한 것이다.

(3) 인사원의 조직

인사원은 인사관인 총재 1인과 2인의 인사관 아래 국가공무원윤리심의회와 인사원의 사무를 총괄하기 위해 사무총국을 설치하고 있다.

국가공무원윤리심의회는 국가공무원법 및 국가공무원윤리법에 근거해서 설치된 기관으로 인사관 1명을 포함해 5명으로 구성되어 있다. 국가공무원윤리심의회는 국가공무원윤리규정의 제·개정에 대한 의견 제출, 공무원 윤리에 관한 조사 및 연구, 공무원 윤리법 위반에 대한 징계처분의 기준 작성·변경, 윤리법 위반에 대한 징계절차의 실시와 징계처분을 승인 등의 업무를 수행한다.

사무총국은 사무총장을 장으로 위에서 기술한 인사원의 주요 기능을 수행하기 위하여 직원복지국, 인재국, 급여국, 공평심사국의 4국과 공무원연수소, 그리고 홋카이도(北海道) 사무국을 비롯한 8개의 지방사무국과 오키나와(沖繩) 지방사무소로 구성되어 있다.

2) 내각 인사국

(1) 내각 인사국의 성격과 기능

내각 인사국은 국가공무원 인사행정에 관한 전략적 중추 기능을 담당하는 조직으로 인사 관련 제도의 기획 입안, 정책결정, 운용을 종합적으로 담당하는 집행부형의 비독립 단독형 기관이다. 내각 인사국은 2014년 총무성의 인사·은급국에서 은급 업무를 제외한 인사와 조직 업무를 수상인 내각총리대신이 직접 관장하는 기관으로 개편하였다.

내각 인사국은 첫째, 국가공무원에 대한 전반적인 인사 업무를 관장한다. 특히 내각총리대신을 보좌하여 인사관리의 통일적 규범인 인사관리 운영방침을 결정하고, 인사관리에 관한 종합 조정 기능을 수행한다. 둘째, 내각 인사국은 국가의 인적 자원을 최대한 활용하기 위한 행정조직과 정원관리 업무를 수행한다. 셋째, 내각 인사국은 국가의 인적 자원을 최대한 활용하기 위한 행정기구와 정원관리 업무를 수행한다. 그리고 내각 인사국은 심의관 이상의 간부 직원에 대한 임명을 위한 인사평가와 적격성 심사, 간부 후보자 명부작성, 임용후보자 선발 등 고위 간부직원에 대한 인사를 모두 담당한다(www.cas.go.jp).

(2) 인사원과 내각 인사국의 이원적 인사 체제

인사원과 내각 인사국의 이원적 체제에 대해 행정개혁의 과정 속에서 업무 중복성과 타당성에 대해 많은 비판과 논의가 있어 왔다. 업무 중복의 문제는 아무리 관계 법령에서 자세히 규정해도 명확히 구분하기 쉽지 않다. 그러므로 비효율적 측면이 있을 수도 있다. 또한 인사 업무가 내각총리대신에게 집중됨으로써 국가공무원의 중립성과 공정성 문제가 대두되기도 한다.[17] 하지만 인사원은 중립적인 입장에서의 인사의 공정성을 견지하도록 하는 기능을 하고, 내각 인사국은 내각총리대신의 보좌기관으로서 인사행정을 담당하는 등 두 기관이 상호 경합 관계에 있으면서 정책 개발의 경쟁과 독자적인 기능을 수행할 수 있다(서원석 · 황성원, 2009: 17).

제6절 한국의 중앙인사기관

1 중앙인사기관의 변천과 기능

한국의 중앙인사기관은 1948년 정부 수립 이후 몇 차례에 걸친 변천을 거듭하면서 오늘에 이른다. 정부 수립 당시 미군정 시기에 도입되었던 실적주의 인사행정의 원칙에 입각해 중앙인사기관이 설치 · 운영되다가, 1952년 이후부터 1960년까지 자유당 정

17) 아베 신조(安倍晋三) 수상 부부가 관련된 소위 일본 사학법인에 대한 국유지 헐값매각 사건인 '사학 스캔들'(2017년 2월에 제기됨)에서 일본 재무성 관리가 조직적으로 국가공문서를 조작한 것은 아베 수상이 2014년에 내각 인사국을 만들어 고위 간부의 인사권을 장악함으로써, 일본 관료사회에 손타쿠(忖度: 상대방이 구체적으로 어떤 지시나 명령을 내리지 않았지만 알아서 상대방이 원하는 대로 하는 행동) 풍조가 나타나 그 조작사건의 한 원인이 되었다고 한다(2018.3.28, www.chosun.com).

권과 민주당 정권에 의해 한국적 엽관주의 인사행정[18]이 성행하면서 인사기구가 개편되어 중앙인사기관의 지위와 권한이 약화되었다. 1961년 이후 군사정권이 들어서면서 대폭적인 인사행정의 개혁으로 약화되었던 중앙인사기관의 권한과 기능이 강화되었다.

그러나 1998년 김대중 행정부가 들어서면서 중앙인사기관은 내무부와 총무처가 통합된 행정자치부로 운영되다가 그 다음 해에 중앙인사위원회와 행정자치부의 이원체제로 개편되고, 다시 2004년에는 중앙인사위원회로 일원화된 뒤, 2008년 2월 중앙인사위원회와 행정자치부가 다시 행정안전부로 통·폐합되었다. 그리고 2013년 행정안전부는 안전행정부로 개편되었다. 그러나 2014년 4월 세월호사고의 영향으로 안전행정부의 인사 기능이 분리되어 국무총리 소속의 인사혁신처로 개편되어 오늘에 이르고 있다. 한국 중앙인사기관이 변천의 시간적 흐름은 아래와 같다.

고시위원회와 총무처(1948.7) → 국무원 사무국(1955.2) → 국무원 사무처(1960.7)와 내각 사무처(1961.7) → 총무처(1963.12) → 행정자치부(1998.3) → 중앙인사위원회와 행정자치부(1999.5) → 중앙인사위원회(2004.6) → 행정안전부(2008.2) → 안전행정부(2013.3) → 인사혁신처(2014.11~현재).

1) 한국의 중앙인사기관

현재 한국의 중앙인사기관은 국가공무원법 제6조에 인사행정에 관한 기본 정책의 수립과 이 법의 시행·운영에 관한 사무를 관장하기 위하여 헌법기관별(국회, 법원, 헌법재판소, 선거관리위원회, 행정부)로 중앙인사관장기관을 설치하여, 균형적인 인사운영을 도모하고 인력의 효율적인 활용과 능력 개발을 위하여 법령으로 정하는 바에 따라 인사관리에 관한 총괄적인 사항을 관장한다고 규정하고 있다. 따라서 우리나라 중앙인사기관은 헌법기관별로 설치·운영되고 있다.

그러나 일반적으로 중앙인사기관이라고 하면 행정부 소속의 중앙인사기관(Central Personnel Agency)을 말한다. 그 이유는 행정부의 중앙인사기관이 다른 헌법기관의 중앙인사기관보다 관리하는 인력 규모가 크고 인사관리의 범위가 넓기 때문이다.

---

18) 여기서 자유당 시절의 엽관주의 인사행정은 19세기 초 미국에서 볼 수 있었던 정부관료제의 민주화를 위한 공무원의 대량 교체가 아니라, 결원 보충이나 전직·승진 시 자유당 중심의 소규모적 인사 조치를 말하며, 민주당 시절의 엽관주의 인사행정은 정권의 변화에 의한 공무원의 대량 교체라는 점에서는 미국의 엽관주의와 비슷하나 정부관료제의 민주화 실현이라는 엽관주의의 원래 목적과는 다르므로 이를 한국적 엽관주의 인사행정이라 할 수 있다.

우리나라 현재의 중앙인사기관인 인사혁신처는 국무총리 소속의 중앙행정기관으로 비독립단독형의 준사법 기능을 수행하는 합의형의 소청심사위원회와 국가공무원의 교육훈련을 담당하는 국가공무원인재개발원[19]을 소속기관으로 두고 있다.

2) 인사혁신처

인사혁신처는 행정부에 소속되어 중앙정부에 근무하는 국가공무원의 인사행정을 총괄한다. 중앙인사기관인 인사혁신처는 대통령과 국무총리를 거쳐 인사혁신처장이 국가공무원의 인사관리에 대한 최종 책임을 지는 비독립단독형의 독임제(獨任制) 기관이다.

인사혁신처는 인사정책과 제도의 혁신, 인적자원계획, 공무원 채용과 승진 및 보직관리, 인력개발, 성과와 보수, 연금과 복지, 복무와 윤리, 균형인사, 공무원노동조합, 고위공무원단의 운영과 관리 등의 업무를 수행한다(www.mpn.go.kr).

3) 소청심사위원회

소청심사위원회는 인사혁신처 소속으로 공무원이 징계처분 그 밖에 그 의사에 반하는 불리한 처분이나 부작위에 대하여 이의를 제기하는 경우 이를 심사하고 결정하는 준사법적 합의제 의결기관이다. 소청심사위원회는 공무원에 대한 위법·부당한 인사상 불이익 처분에 대한 구제라는 사법 보완적 기능을 통하여 직접적으로 공무원의 신분보장과 직업공무원제도를 확립하고, 간접적으로는 행정의 자기 통제 효과를 도모하는 기능을 수행한다.

소청심사위원회는 위원장 1명을 포함한 5명 이상 7명 이하의 상임위원과 상임위원 수의 2분의 1 이상인 비상임위원으로 구성한다. 인사혁신처가 아닌 다른 헌법기관별 소청심사위원은 위원장 1인을 포함한 위원 5명 이상 7명 이하의 비상임위원으로 구성한다.[20]

19) 국가공무원인재개발원에 대한 자세한 설명은 제4편 제8장 제2절 교육훈련을 참조할 것.
20) 국가공무원법 제9조 제3항.

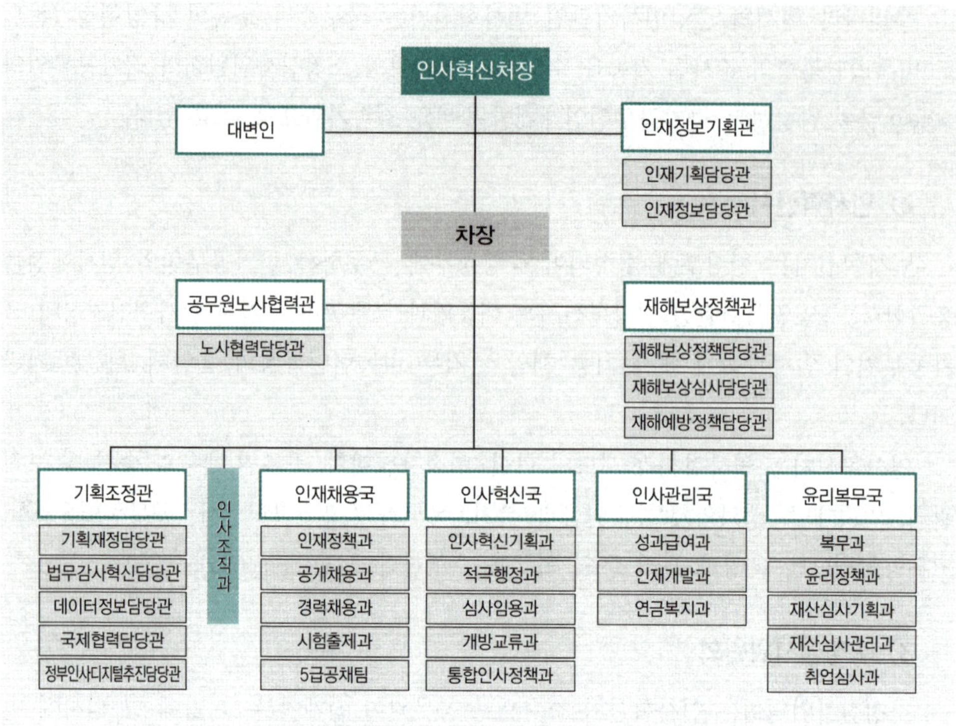

그림 3-1 인사혁신처 조직도

2 중앙인사기관의 문제점과 개선 방안

1) 중앙인사기관의 설립 이유

중앙인사기관이란 정부의 인사행정을 전문적으로 연구하고 인사정책을 수립하며 집행하는 기관을 말한다. 각 국가의 중앙인사기관에는 공통적인 요소가 있는가 하면, 서로 다른 요소가 있으며 중앙인사기관을 설치하는 이유 또한 다양하다. 중앙인사기관은 일반적으로 인사행정을 전체적으로 조정・통제하고, 공무원의 권익을 보호하며, 공무원의 정치적 중립을 보장하기 위해 설치되고 운영된다. 그리고 중앙인사기관은 행정수반에게 인력관리 수단을 제공하고 인사행정의 범정부적 통일성과 전문성을 촉진해 행정의 능률성을 향상시키기 위해 설치되고 운영된다.

중앙인사기관의 권한과 기능은 초기에는 실적제의 확립 등 주로 임용에 관한 것이었으나, 근래에는 공무원의 권익 보호 등을 포함한 인사행정 전반에 걸친 광범위한 기능을 수행하고 있다. 오늘날 심화되고 있는 국제적 경쟁에 적극적으로 대처하기 위해 민간의 인적 자원은 물론 정부 인적 자원의 경쟁력도 제고해야 하는 시대적 과제를 수용할 수 있도록 신인사행정 체제를 구축할 필요성이 더욱 높아지고 있다. 즉, 중앙인사기관은 엽관제와 정실제의 방지라는 방어적이고 소극적 자세에서 벗어나, 유능한 인적 자원의 확보는 물론 그들의 능력 발전 · 전문성 · 권익 보호를 위한 적극적인 인사기관으로의 체질 변화가 요구된다.

2) 한국 중앙인사기관의 문제점과 개선 방안

현재 우리나라의 중앙인사기관인 인사혁신처는 국무총리 소속의 중앙행정기관으로 인사 업무만을 일원적으로 수행하는 비독립단독형의 기관이다. 한국의 중앙인사기관이 1948년 정부 수립 이후 35년 간 존속했던 총무처를 제외하고는 길게는 7년, 짧게는 1년 만에 바뀌는 등 많은 변화를 거듭했다. 하지만 인사 업무만을 전담한 중앙인사기관은 2004년 6월부터 2008년 2월까지 존속했던 중앙인사위원회와 2014년 11월에 설립되어 오늘에 이르고 있는 인사혁신처의 두 사례에 불과하다. 나머지 대부분의 중앙인사기관은 인사 업무 외에 정부서무, 선거관리, 행정관리, 사회안전관리, 지방행정관리, 기타 국가관리 업무 등 여러 가지의 복합적 기능을 수행하는 중앙인사기관이었다.

인사행정만을 전담했던 2004년의 중앙인사위원회와 현재의 인사혁신처는 체계적인 인사정책의 수립과 집행, 인사행정의 전문성 향상과 범정부적 통일성 확보라는 측면에서 큰 진전을 보이고 있다.

그러나 이러한 인사행정의 발전에도 불구하고 우리나라 중앙인사기관이 갖는 몇 가지 문제점과 개선 방안을 간단히 제시하면 다음과 같다.

첫째, 현재의 인사혁신처는 인사행정의 공정성과 중립성을 확보하기 쉽지 않을 것이다. 왜냐하면 인사혁신처는 대통령이 통할하는 국무총리 소속의 중앙행정기관으로서 대통령이나 국무총리의 영향력이 작용하고, 그로 인한 인사행정의 정치적 편향성을 극복하기 어려운 조직 환경에 둘러싸여 있다.

이러한 인사행정의 정치화를 막을 방안은 독립성과 합의성을 갖는 중앙인사기관을 설치 · 운영하게 하거나(미국의 인사위원회나 일본의 인사원), 그것이 어렵다면 최소한의 독립성이 확보될 수 있는 합의형의 중앙인사기관(한국의 중앙인사위원회)을 설치하여 운영하는 방안을 검토할 수 있다. 또한 중앙인사기관인 인사혁신처는 그대로 두되, 소청심사위원회의 기능을 강화해서 인사혁신처의 소속이 아닌 미국의 실적제도보호위원회와 같은 독립합의형의 조직으로 탈바꿈시키는 방안도 검토할 수 있다.

둘째, 현재의 인사혁신처는 조직관리 기능(조직의 신설과 개편, 폐지 권한과 정원관리 기능)을 갖고 있지 못하여 많은 인사정책의 실제 집행에 있어서 효과성을 담보하기 어렵다. 인사와 조직은 동전의 양면과 같아서 조직관리 권한은 인사행정의 실효성을 확보하기 위한 매우 의미 있는 수단이다. 중앙정부의 인적자원계획을 수립하고 집행하며, 인적 자원을 충원하고 배정해야 하는 인사혁신처가 조직과 정원을 관리할 권한이 없다는 것은 정책집행의 수단이 없다는 의미가 된다.

따라서 인사정책의 효과성을 담보하기 위해 현재 행정안전부가 가지고 있는 조직관리 기능을 인사혁신처로 이관하는 방안도 검토할 수 있다.

셋째, 행정부를 제외한 나머지 헌법기관 소속 공무원, 행정부 내 특정직 공무원, 공공기관 직원에 대한 인사정책 및 제도의 수립에 있어서 중앙인사기관인 인사혁신처의 역할이 매우 소극적이며 제한적이다. 현재 우리나라의 인사혁신처는 중앙인사기관의 지위를 가지고 있으나 그 역할 수행의 범위가 주로 행정부 국가공무원에 국한되어 있다.

그러나 전체 공무원 중 많은 비중을 차지하지는 않으나, 인사행정에 대한 전문성을 갖추고 있지 못한 여타 헌법기관의 인사행정은 매우 낙후된 수준이다. 또한 전체 공무원 중 많은 비중을 차지하는 특정직 공무원을 대상으로 한 인사행정은 개별 법령에서 중요한 인사원칙과 인사정책을 규정하고 있으나, 대부분 국가공무원법을 그대로 추종하면서도 해당 특정직 공무원의 특수성을 고려한 전문적인 인사정책이나 인사제도의 수립에 있어서 전문적 연구나 실무적 경험의 축적이 미흡하다.

또한 공공기관의 경우는 공무원은 아니지만 정부의 예산을 사용하는 준정부기관이나 정부가 대주주인 공기업의 경우 많은 국민들이 공무원과 같은 수준의 인적자원관리가 필요하다는 인식이 널리 퍼져 있음에도 불구하고, 임용이나 교육훈련, 보상 체계, 근무규율과 공직윤리, 노동조합 등 인사행정 전반에 걸쳐서 공공성 확보라는 목표를 달성하고 있지 못하다. 이러한 점을 고려하여 중앙인사기관으로서의 인사혁신처의 역할 범위가 좀 더 확장될 필요가 있다.

제7절 부처 인사기관

1 중앙인사기관에 대한 도전

부처 인사기관(Departmental Personnel Office)은 인력 운영기관(Operating Personnel Agency)이라고도 한다. 부처 인사기관은 정부 각 부처의 인사 업무를 담당하는 기관으로 각 부처의 장(長)이 수행하는 인사 업무를 집행하고 보좌하는 기관을 말한다.

인사행정은 원래 막료적 기능으로서 각 부처에 분산되어 있었으나 미국의 경우 엽관주의의 폐해가, 영국의 경우 정실주의의 폐해가 극심하고 인사 운영권자의 자의에 의한 인사행정이 자행됨에 따라 인사 기능을 중앙인사기관으로 집권화시켰다. 미국의 경우는 펜들턴법이 통과되고 연방 인사위원회가 설치되면서 반(反)엽관제적 인사행정을 수행하기 위한 인사행정의 집권화가 시작되었다.

영국의 경우는 1870년 추밀원령에 의한 실적주의 인사행정을 확립하기 위해 재무부가 인사행정에 대한 통제권을 강화하기 시작하면서 인사행정의 집권화가 시작되었다. 이러한 실적제의 확립을 위한 반엽관주의적·반정실주의적 인사행정은 인사행정의 중립성과 공정성을 달성해 실적주의 인사행정을 정착시키는 데 크게 기여했다.

그러나 반엽관적이고 반정실적 인사행정은 정치적 영향력을 배제하고 인사행정의 중립성을 보장하는 데 목적을 두었기에 능률적 행정관리에 적지 않은 지장을 초래했다. 또한 엽관주의나 정실주의의 폐해가 극복됨으로써 실적제의 토대 위에 엽관주의의 현대적 활용이라는 소위 균형주의적 실적주의가 강조됨에 따라 반엽관적 인사행정에 대한 개혁과 비판의 목소리가 높아졌다. 즉, 인사 기능의 분권화에 대한 요구가 중앙인사기관에 대한 도전으로 등장하기 시작했다. 그 내용을 간단히 종합하면 다음과 같다(Stahl, 1983: 218-220).

첫째, 정부에서 실적주의 원칙을 확립하고 실천하기 위한 초기의 노력은 중앙인사기관을 설립해 강화하는 것이었지만, 중앙인사기관만이 실적주의 인사행정을 정착시키는 데 기여한 것은 아니었다. 정부가 확대되고 각 부처도 그들 나름의 관료제를 정착시킴으로써 각 부처 인사기관의 인사 기능에 관심이 집중되기 시작했다.

둘째, 인사 기능은 행정수반뿐만 아니라 모든 부처 단위 기관장의 일상적인 관리 수단이다. 인사관리는 행정 업무를 수행하는 데 필수적으로 따르는 보조적·막료적 기능이므로 각 부처에 인사 기능이 이양되어야 한다. 각 부처의 장들은 자신의 일상적인 업무 수행 과정에서 공무원의 불평과 불만, 그리고 그들의 적성과 능력 등을 멀리 떨어져 있는 중앙인사기관보다 더 잘 파악할 수 있다. 따라서 인사의 적재적소 배치와 그들에 대한 동기부여나 능력 개발 등 적극적 인사관리는 각 부처 인사기관이 훨씬 용이하게 할 수 있다.

셋째, 인사행정의 집권은 각 부처의 실정을 무시하고 인사행정의 획일성과 형식성을 초래해 행정의 능률을 저하시킨다. 따라서 각 부처를 포함한 일선기관의 능률적 관리를 위해서는 인사행정의 분권화가 필요하다. 이제 중앙인사기관은 부처의 일선부서(line departments)에 구체적인 인사 기능을 이양하고, 일선부서에 인사행정에 관한 정책적이고 기술적인 지원과 인사 프로그램들을 평가하고, 실적제의 준수 여부에 대해 감시하는 기능에 집중해야 한다. 이제 인사행정의 책임은 중앙인사기관을 포함한 부처의 인사기관에 있는 것이라 아니라 일선부서를 책임지는 관리자의 수중에 두어야 한다(Nigro, 1984: 22).

이런 요구 등으로 인해 미국의 경우 1938년 루스벨트(F. D. Roosevelt) 대통령은 브라운로위원회(Brownlow Commission)의 제안을 받아들여 중앙인사기관의 권한을 각 부처에 이양하고, 각 부처가 분권화된 인사 업무를 효과적으로 달성하기 위한 단위 기관으로서의 인사기관을 설치하게 했다. 중앙인사기관에서 각 부처 인사기관으로의 권한 이양은 1949년의 분류법(Classification Act of 1949)과 1978년 연방 공무원개혁법(Civil Service Reform Act of 1978)이 통과되면서 활발하게 이뤄졌다(Dresang, 1991: 319).

2 부처 인사기관의 조직상의 지위

부처 인사기관은 각 부처의 공무원 수가 증가하고 각 개별 부처의 업무 특성이 강조됨에 따라 중앙인사기관과의 연계를 도모하면서 각 부처의 인사 업무가 효율적으로 집행되도록 해야 한다.

각 부처의 인사행정은 각 부처장의 참모 내지 막료기관의 성격을 지니므로 각 부처장의 집행 기능을 보좌하는 역할을 담당한다. 부처 인사기관은 부처장을 보좌함은 물론 계선기관장에 대한 조언과 지원을 통해 인사관리에 필요한 서비스를 제공해야 한다.

또한 부처 인사기관은 부처장의 인사정책을 실천하고 부처장의 인사정책에 대한 감독을 대행하는 경우도 있으므로 계선기관의 인사관리에 대한 통제권도 행사해야 한다. 따라서 각 부처장은 인사관리를 일반행정의 통합 부분으로 인식해 부처 인사기관과 계선기관의 인사관리를 통합하고 조정할 수 있는 기능과 권한을 부여해야 한다. 각 부처 인사기관은 예산, 법무, 기획 등과 같은 관리 수단과 대등한 지위에 있어야 하며, 이러한 관리 수단은 각 부처장에게 통합되어야 한다.

3 부처 인사기관의 조직 형태

부처 인사기관의 조직 형태는 크게 인사전문가형(corps of specialist)과 일반행정가형(crew of personnel generalist)으로 구분된다(Stahl, 1983: 220). 이러한 유형은 인사행정의 분권화의 정도에 달려 있다. 인사행정의 분권화가 충분히 이뤄진 경우에는 부처 인사기관은 일반적으로 인사전문가형의 조직 형태를 띠지만, 중앙인사기관의 집권적 성격이 강하여 부처의 인사행정이 단순히 집행적 기능에 머물 때는 일반행정가형의 조직 형태를 띤다.

1) 인사전문가형: 기능분립형

인사전문가형은 '기능분립형'이라고도 한다(오석홍, 1993: 92). 이것은 인사행정을 각 전문 기능별로 분화시킨 형태의 조직을 말한다. 부처 인사기관을 중요한 인사행정의 활동 분야별로 나누고, 분화된 각 조직 단위에 그 분야의 전문가를 책임자로 임명하는 조직구조이다. 즉, 직위 분류, 시험, 교육훈련, 근무성적평정, 사기 등의 활동 주제별로 부처 인사기관을 구조화하고 거기에 전문가를 배치해 이들 전문가들이 부처 전체를 대상으로 해서 인사행정을 하게 한다. 인사전문가에 의해 분화되고 전문화된 인사 활동은 각 부처의 최고관리자에 의해 조정되고 통합된다. 인사전문가형의 조직 형태는 인사행정의 전문화를 촉진하는 장점을 지니고 있으나 단점 또한 적지 않다.

인사전문가형의 단점은 다음과 같다. 첫째, 업무 배분이 엄격하게 이뤄지기 어렵다. 둘째, 인사 문제를 전문화된 부분적 시각에서 보는 경향이 있기 때문에 인사행정을 종합적으로 보지 못한다. 따라서 각 부처장에게 전반적인 조언이나 자문이 어렵고,

분화된 인사 활동에 대한 각 부처 최고관리자의 통합 노력이 요구된다. 셋째, 인사행정에 관한 포괄적인 능력을 가진 인사행정가를 양성하기 어렵다.

2) 일반행정가형: 기능통합형

일반행정가형은 앞의 인사전문가형의 조직에 비해 인사 기능을 분야별로 분류하여 전문화시키지 않고, 통합된 기관으로 구조화하고, 인사책임자를 일반행정가로 임명해 각 부처의 인사 업무를 담당하게 하는 기능통합형 조직구조이다. 다시 말하면, 일반행정가형은 조직 내부의 다른 부서와 동일하게 구조화해 인사행정을 수행하게 하는 구조이다. 따라서 이러한 조직 형태는 일반행정가의 책임 하에 부분적으로 전문화된 조직을 갖추고 인사 업무를 수행하기도 한다.

일반행정가형의 부처 인사기관은 인사전문가형이 갖는 결함을 극복할 수 있는 장점이 있으나 다음과 같은 단점도 지닌다.

첫째, 일반행정가형은 인사행정의 피상적인 지식과 기술만을 알게 되어 각 부처나 계선기관장에게 인사행정에 대한 전문적인 조언을 하기 어렵다.

둘째, 일반행정가형은 인사조직의 책임자나 구성원이 순환 보직 등을 통해 이동되므로 인사행정에 대한 전문직업성이나 신념 체계가 결여되기 쉽고, 자신에게 유리한 보직이나 직무를 담당하기 위해 상관의 지시에 맹목적으로 추종하기 쉽다.

셋째, 일반행정가형은 인사 업무에 관한 전문적 지식을 갖는 인사전문가를 고용하지 않고 순환보직을 통해 일반행정 업무를 담당하던 사람이 인사 업무를 담당함으로써 인사 업무에 대한 전문가를 양성하기 어렵다.

이와 같이 양 제도는 각각의 장·단점을 지니고 있으므로 어느 것이 더 낫다고 할 수 없다. 중앙인사기관은 기능적 전문가로 구성된 조직 형태를 취하고, 부처 인사기관은 일반행정가형의 조직을 갖는 것이 일반적이다. 그렇지만 부처의 인력 규모가 크고 부처 업무의 특수성이 인정될 경우 부처 인사기관을 일반행정가형으로 구조화하는 데는 문제가 있다. 따라서 부처 인사기관은 일반행정가를 책임자로 하고 그 밑에 분야별 인사전문가를 배치해 구조화하는 것이 인사전문가형과 일반행정가형의 장점을 동시에 살릴 수 있다.

4 한국 부처 인사기관의 특성과 발전 방안

한국의 부처 인사기관은 대부분 인사행정뿐 아니라 관인 및 관인대장 관리, 문서의 수발과 분류·관리, 기관 운영에 관한 사무 등 기관 내의 서무 업무를 총괄하는 운영지원과를 설치해 운영하고 있다. 운영지원과 외에 인사기획관, 인사과 등 인사 전담조직을 설치해 운영하는 경우도 있으나 그 수는 적다. 따라서 한국의 부처 인사기관은 인사전문가형 조직보다 일반행정가형에 가깝다.

또한 조직 체계상 인사 업무를 담당하는 조직은 장·차관의 직속기관의 운영지원과 내지 인사과와 장·차관의 하부조직인 기획조정실에 설치되어 운영된다. 따라서 한국 부처 인사행정은 기관장의 직접적 영향력이 작용하는 조직구조로 되어 있다. 다만 장·차관 직속의 인사과나 운영지원과는 계층상으로 볼 때 다른 과장과 동일한 위치에 있으나, 장·차관과 직결되어 있어 승진서열이 빠른 과장이 임명되는 것이 일반적이다.

따라서 대부분의 한국 부처의 인사기관은 기관장으로 하여금 부처의 행정을 효율적으로 집행하게 하는 인사행정의 집행과 자문 역할을 수행함은 물론 부처 내의 서무적 업무 수행을 통해 소속기관장이 원하는 바를 달성하게 하는 비서적 역할도 함께하는 위치에 있다. 이러한 한국의 부처 인사기관의 특성을 살펴보면 다음과 같다(오석홍, 1993: 96-97).

첫째, 운영지원과는 부내의 인사 업무 외에도 서무, 관인관수, 문서관리, 청사관리 등 비인사 업무도 맡는 복합적 기능을 수행한다. 따라서 전문적인 인사행정만을 담당하는 조직이라 보기 어렵다.

둘째, 운영지원과나 인사과는 일반행정가형으로 조직되어 있기 때문에 전문적 인사기관의 지위를 확보하지 못하고, 부처장의 비서관(박동서 외, 1969: 437)과 같은 지위[21]에 있기 때문에 기관장의 인사행정 활동에 전문직업성을 가진 객관적 자문을 할 수 없고, 따라서 중앙인사기관의 인사정책을 수동적으로 집행하는 기관에 머물고 있다.

이러한 문제점을 지닌 한국 부처 인사기관의 발전 방안을 제시하면 다음과 같다.

첫째, 인사전담조직을 설치하지 않고 운영지원과에서 인사 업무를 담당하는 경우 먼저 인사 업무만을 담당하는 새로운 조직을 구축해 이 기관으로 하여금 인사에 전념

21) 한국의 각 부처 인사과는 건국 초에 비서실 내에 설치해 운영되었다.

하게 해서 인사행정의 전문화를 통한 인사행정의 효율화가 도모되도록 해야 할 것이다.

둘째, 인사과가 있거나 인사전담조직을 새롭게 만드는 경우에도 곧바로 인사전문가형의 인사기관을 구축하기보다 먼저 인사기관의 책임자를 일반행정가로 하고 분야별 인사전문가를 배치하는 절충형의 인사기관을 설치하도록 해야 할 것이다.

셋째, 부처의 기능이 강화되고, 인사행정이 분권화되면, 부처의 인사기관은 개별 부처의 특성을 고려하고 자율적 인사행정을 수행해야 한다. 또한 기관장의 인사철학과 비전, 그리고 인사행정이 직원에게 미치는 영향 등을 고려해야 한다. 이를 위해서는 부처 인사기관은 인사와 부처 서무 업무 등을 복합적으로 수행하는 일반행정가형의 조직보다 인사만을 전문적으로 수행하는 인사전문가형의 조직 형태를 구축하지 않으면 안 된다. 이런 인사전문가형의 인사기관은 중앙인사기관과의 연계를 갖는 데에도 유리할 것이다.

이러한 부처 인사기관 발전 방안은 무엇보다도 먼저 중앙인사기관의 개혁과 관련해 그 조직과 기능이 설정되어야 하며, 또한 각 기관의 특수성에 따라 획일적이 아닌 개별적인 구조화가 모색되어야 할 것이다.

제8절 지방자치단체 인사기관

지방자치단체 인사기관은 지방공무원법상 자치단체장의 인사권[22] 행사를 지원하고 집행하는 하부조직으로 인사담당 부서와 지방자치단체장 및 지방의회 의장의 공정한 인사권 행사를 위해 설치된 인사위원회, 그리고 지방공무원의 권익을 보호하기 위한 소청심사위원회가 있다.

1 인사담당 부서

지방자치단체[23]는 자치단체장의 인사권 행사를 지원하고 보좌하기 위해 자치단체

22) 이를 지방자치법 제105조에서는 지방자치단체장의 임면권이라 하고, 지방공무원법 제6조에서는 지방자치단체장의 임용권이라 규정하고 있다.
23) 우리나라의 지방자치단체는 광역자치단체인 특별시, 광역시, 특별자치시, 도, 특별자치도와 기초자치단

장의 하부조직[24]으로서의 보조기관 내지 보좌기관인 인사담당 부서를 설치해 운영한다. 광역자치단체와 기초자치단체는 그 기능과 사무, 관할구역 등이 다르기 때문에 자치단체의 종류별 인사담당 조직의 수준과 규모가 다르다.

광역자치단체의 인사담당 부서는 모두 통일되어 있지 않고 그 조직수준과 조직 규모가 다르다. 먼저 서울시를 비롯한 광역자치단체는 자치단체장의 인사권 행사를 위한 보조기관으로 단일의 인사과(人事課)나 혹은 인사 관련 "과"(인력개발과, 인재육성과)를 설치해 운영하는가 하면, 총무과(행정지원과)에 인사 "팀" 내지 "담당"을 두어 운영하고 있다.[25] 또한 인사담당조직을 인사담당관, 인재개발정책관 등의 명칭으로 자치단체장의 보좌기관으로 설치해 운영하기도 한다.

또한 기초자치단체의 인사기관은 인사과를 설치해서 운영하는 자치단체도 있지만, 대부분의 기초자치단체는 총무과(행정지원과)에 인사"팀" 내지 인사"담당"을 두고 운영한다.

그러나 우리나라의 지방자치단체장의 보조기관 내지 보좌기관으로서 인사 업무를 수행하는 조직은 광역자치단체이건 기초자치단체이건 조직의 규모나 수준은 다르지만 모두 인사 업무를 임용, 보수, 승진, 공무원단체, 후생복지 등의 기능별로 구분하여 수행하게 하고 있다. 단지 인사행정을 기능별로 구분하고 거기에 인사전문가를 배치해서 책임지고 수행하는 것이 아니라 순환보직을 통한 다양한 행정경험을 갖는 일반행정가를 배치해서 인사행정을 수행하게 한다는 점에서 인사전문가형의 조직 형태라기보다는 일반행정가형의 조직 형태에 가깝게 운영된다.

2 인사위원회의 구성과 기능

지방자치단체의 인사기관으로서의 인사위원회는 자치단체장의 인사 전횡을 막고 인사행정의 공정성을 확보하기 위해 설치된 제한적 독립성을 갖는 합의형 기관이다. 이는 인사위원의 구성과 기능을 통해 알 수 있다.

체인 시, 군, 자치구로 구분한다.

24) 하부조직은 행정기관의 보조기관과 보좌기관을 말함(행정기관의 조직과 정원에 관한 통칙 제2조 8).

25) 이는 '지방자치단체 행정기구와 정원 기준 등에 관한 규정'에 규정된 지방자치단체의 직제상 최하 조직 단위가 아니지만 내부적으로 인사담당, 고시담당, 능력개발담당 등으로 구분해 이들이 인사 업무를 수행하고 있다.

1) 인사위원회의 구성

기본적으로 인사위원회의 위원 규모는 자치단체의 인구 규모에 따라 다르고, 인사위원회 회의 방식도 다르다. 인구 10만 명 이상의 자치단체에는 임용권자별로 16명 이상 20명 이하의 인사위원회를 구성하며, 지방의회 소속 인사위원회, 인구 10만 명 미만의 자치단체에는 7명 이상 9명 이하의 인사위원회를 구성한다. 인구 10만 명 이상의 자치단체의 인사위원회의 회의는 위원장을 포함해 8명의 위원을 지정하고, 인구 10만 명 이하의 자치단체의 인사위원회 회의는 위원 전원으로 구성한다. 두 경우 모두 외부위촉위원이 1/2 이상이 되도록 해야 한다.[26]

또한 시・도에 특별시장・광역시장・특별자치시장・도지사・특별자치도지사(이하 "시・도지사"라 한다) 또는 교육감 소속으로 인사위원회를 두는 경우에는 필요하면 제1인사위원회와 제2인사위원회를 둘 수 있다.[27] 제1인사위원장은 국가공무원인 시도의회의 사무처장, 시군구의 부시장・부군수・부구청장, 시군구의회의 사무국장 또는 사무과장이 되고, 제2인사위원회 위원장은 인구 800만 명 이상의 광역자치단체에서 특정 지역의 사무를 담당하는 부시장・부지사(지방자치법 제123조 제6항 후단) 혹은 인사담당 국장이 된다.[28]

이러한 인사위원회의 독립성은 인사위원의 구성 방법, 그리고 인사위원의 임기와 신분보장을 통해 알 수 있다.

(1) 인사위원회의 구성 방법

인사위원회의 위원은 지방자치단체의 장과 지방의회의 의장이 각각 소속 공무원(국가공무원을 포함함) 및 인사행정에 관한 학식과 경험이 풍부한 외부 인사 중에서 임명하거나 위촉한다. 임명위원과 위촉위원의 수는 지방자치단체의 인구 규모에 따라 다르지만 전체 인사위원회 위원 중에서 외부 위촉위원이 1/2 이상이 되어야 한다. 이렇게 외부 위촉위원의 수를 내부 임명위원보다 더 많게 한 것은 인사위원회가 인사행정의 공정성 확보를 위한 독립성을 어느 정도 가지도록 한 것이라 할 수 있다.

그리고 외부 인사를 위촉하는 경우 그 자격과 기준을 법령으로 규정하고 있다. 지방자치법 제7조 제5항은 인사위원회의 외부 위원의 자격은 ① 법관・검사 또는 변호

---

26) 지방공무원법 제7조 제2항 및 지방공무원법 제7조 제5항, 지방공무원 임용령 제9조의2.
27) 지방공무원법 제7조 제1항(2021.10.8 개정).
28) 지방공무원법 제7조 제1항, 제9조 제2항(2021.10.8 개정).

사 자격이 있는 사람, ② 대학에서 조교수 이상으로 재직하거나 초등학교·중학교·고등학교 교장 또는 교감으로 재직하는 사람, ③ 공무원(국가공무원 포함)으로서 20년 이상 근속하고 퇴직한 사람, ④ '비영리민간단체 지원법'에 따른 비영리민간단체에서 10년 이상 활동하고 있는 지역 단위 조직의 장, ⑤ 상장법인의 임원 또는 '공공기관의 운영에 관한 법률' 제5조에 따라 지정된 공기업의 지역 단위 조직의 장으로 근무하고 있는 사람[29] 중에서 위촉하도록 규정하고 있다.

그러면서 지방자치단체의 인구 규모에 따라 반드시 위촉해야 하는 외부 위촉위원의 기준에 관해 규정하고 있다. 지방자치단체의 인구 규모가 10만 명 이상일 경우 특정 성(性)이 위촉위원 수의 10분의 6을 초과하면 안 되며, 퇴직 공무원을 위원으로 위촉할 경우 그 수는 4명 이하로 해야 한다. 그리고 인구 규모 10만 명 미만일 경우 특정 성이 위촉위원 수의 10분의 6을 초과하면 안 되며, 퇴직 공무원을 위촉할 경우 그 수는 2명 이하로 해야 한다.[30]

이와 같이 인사행정에 관한 학식과 경험이 풍부한 외부 인사와 특정 성(性)이 비율 등을 위촉하도록 규정한 것은 인사행정에 관한 전문성 확보, 사회적 참여에서 양성 평등 확보 등 지방의 다양한 이해를 반영하고 이들을 통해 지방자치단체의 인사를 공정하게 하기 위한 것이라 할 수 있다. 그런 점에서 외부 위촉위원의 자격과 기준에 관한 법령의 규정은 인사위원회의 독립성을 보장해 주는 규정이라고 할 것이다. 특히 최근 지방자치법과 지방공무원법 개정을 통하여 지방의회 소속 공무원에 대한 인사권이 30년 만에 지방자치단체장에서 지방의회 의장에게 넘어갔다는 점은 지방의회의 인사권 독립의 측면에서 의미있는 변화로 볼 수 있다.

(2) 인사위원회 위원의 임기보장과 신분보장

인사위원회 위원 중 외부 위촉위원의 임기는 3년으로 하고, 1회에 한해 연임할 수 있다.[31] 1991년 지방의회 의원선거를 시작으로 지방자치제가 부활되고 1995년 자치단체장 선거가 있게 됨에 따라 지방자치단체의 장이 인사 전횡을 막기 위한 장치로 1994년 지방공무원법을 개정해 외부 위촉위원의 자격[32]과 임기에 관한 규정을 두었다. 처

29) 지방공무원법 제7조 제5항.
30) 지방공무원 임용령 제9조의2 제2항 및 제3항(2021.11.30 일부개정으로 해당 지방의회에서 추천한 위촉위원 2명이 포함되었던 내용이 삭제됨).
31) 지방공무원법 제7조 제7항.

음 외부 위촉위원 임기는 2년으로 1차에 한해 연임할 수 있도록 규정했다. 이에 대해 많은 학자들이 외부 위촉위원의 임기가 지방자치단체의 장보다 짧아 인사위원회의 독립성 확보가 어렵다는 지적에 따라 2007년 지방공무원법을 개정해 외부 위촉위원의 임기를 3년으로 연장했다.

이와 같이 인사위원회 외부 위촉위원의 임기를 지방공무원법에 규정하고 있는 것은 인사위원회의 독립성을 보장하기 위한 것이다. 그러나 이러한 3년의 임기 보장이 현재의 인사위원회 독립성을 보장하는 데 충분하다는 의미는 아니다.

인사위원회 위원의 신분보장을 통해서도 인사위원회의 독립성을 보장하려 한다. 즉, 인사위원회 위원장을 비롯한, 부위원장 및 위원은 장기의 심신 쇠약으로 직무를 수행할 수 없게 된 경우 외에는 본인의 의사에 반해 그 직에서 면직되지 아니한다고 규정하고 있다.[33]

(3) 인사위원회의 공정성 확보

인사위원회의 외부 인사로 정당법에 따른 정당의 당원과 지방의원은 위촉할 수 없도록 규정하고 있다. 이는 지방자치단체의 인사행정에 작용할 수 있는 정치적 영향력을 미연에 차단하기 위한 것으로 인사행정의 공정성을 확보하기 위한 것이다. 그리고 외부 위촉위원이 인사위원회 위원으로서의 직무상의 행위와 관련해 '형법'이나 그 밖의 법률에 따른 벌칙을 적용할 때 공무원으로 간주하도록 규정함으로써 인사위원회 위원으로서의 공정한 태도나 행위를 견지하도록 규정하고 있다.[34]

또한 인사행정의 공정성 확보를 위한 방안으로 인사위원회 위원의 제척과 기피, 그리고 회피의 장치를 마련하고 있다. 인사위원회 위원이 본인(또는 배우자 혹은 배우자였던 사람, 또는 본인과 친족관계에 있거나 있었던 사람)의 승진임용의 사전 심의[35]나 공무원의 징계 의결 또는 징계부과금의 부과 의결[36] 시에는 그 위원을 심의·의결에서 제척하도록 하고 있다. 또 심의·의결 대상자가 위원과 관련 있는 자(배우자이거나 배우자

32) 1994년 지방공무원법 개정으로 외부 위촉위원의 자격은 ① 법관, 검사 또는 변호사의 자격이 있는 자, ② 대학에서 법률학·행정학·교육학을 담당하는 부교수 이상의 직에 있거나 초등학교·중학교·고등학교 교장의 직에 있는 자, ③ 공무원(국가공무원을 포함한다)으로서 20년 이상 근속하고 퇴직한 자 등이다.

33) 지방공무원법 제9조의2 제2항.

34) 지방공무원법 제7조 제6항, 제10항 및 제9조의2.

35) 지방공무원법 제8조 제1항 제3호.

36) 지방공무원법 제8조 제1항 제4호.

였던 사람, 혹은 친척이나 친척이었던 사람)일 경우 심의·의결 대상자가 해당 위원을 기피 신청할 수 있고, 인사위원 본인이 제척 사유나 기피 사유를 알게 된 때에는 스스로 회피할 수 있도록 하고 있다.[37]

2) 인사위원회의 기능

지방자치단체의 인사위원회는 자치단체장의 인사 전횡을 막고 공정하고 중립적인 인사행정을 확립하기 위해 설치된 위원회 형태의 인사기관으로, 이러한 인사위원회의 기능은 다음과 같다.[38]

① 공무원 충원계획의 사전 심의 및 각종 임용시험의 실시

② 임용권자의 요구에 따른 보직 관리 기준 및 승진·전보 임용 기준의 사전 의결

③ 승진 임용의 사전 심의(6급 공무원의 5급으로의 승진 의결)[39]

④ 임용권자의 요구에 따른 공무원의 징계 의결 또는 징계부가금[40] 부과 의결

⑤ 지방자치단체장이 지방의회에 제출하는 공무원의 임용·교육훈련·보수 등 인사와 관련된 조례안 및 규칙안의 사전 심의

⑥ 임용권자의 인사 운영에 대한 개선 권고

⑦ 그 밖에 법령[41] 또는 조례에 따라 인사위원회의 관장에 속하는 사항

위의 인사위원회 기능을 살펴보면, 현재 법상에 규정된 기능만을 두고 본다면 인사위원회는 자치단체장의 인사에 상당한 견제와 통제장치로서의 기능을 갖는다고 볼 수 있다. 즉, 보직관리 기준과 승진·전보 임용 기준의 사전 의결과 자치단체 6급 공무원의 5급으로의 승진 의결, 징계 의결과 징계부과금의 의결 기능과 공무원 충원계

37) 지방공무원법 제9조의2.

38) 지방공무원법 제8조.

39) 6급 공무원이 5급으로 승진하는 방법은 반드시 일반승진시험과 공개경쟁승진시험 또는 인사위원회의 의결을 거쳐 임용한다(지방공무원 임용령 제38조).

40) 징계부과금이란 징계 사유가 금품 및 향응 수수(授受), 공금의 횡령(橫領)·유용(流用)인 경우에는 해당 징계 외에 금품 및 향응 수수액, 공금의 횡령액·유용액의 5배 내에서 부과하는 금액을 말한다(지방공무원법 제69조의2).

41) 지방공무원 임용령 제38조에 따른 6급 공무원의 5급으로의 승진 의결 외에 개방형 직위의 지정·변경 및 직위별 직무 수행 요건의 설정·변경 사항(지방공무원법 제29조의4)과 지방자치단체장의 임기제 공무원 임용에 관한 사항(지방공무원 임용령 제21조의3)은 사전 의결 사항으로, 공모직위의 지정 범위 및 비율은 심의 사항(지방자치단체의 개방형직위 및 공모직위의 운영 등에 관한 규정 제13조) 등이 개별 법령에 규정하고 있는 인사위원회의 기능이다.

획, 6급에서 5급으로의 승진 의결을 제외한 승진임용, 인사에 관한 조례안과 규칙안 등의 사전 심의 기능, 그리고 임용권자의 인사 운용에 관한 개선의 권고 기능을 갖고, 각종 임용시험을 실시하는 기능도 갖는다.

여기서 의결 기능은 의결된 사항에 대해서는 임용권자인 자치단체장을 기속하고, 심의 기능은 심의된 사항이 자치단체장을 법적으로 기속하지는 않지만, 심의된 사항은 자치단체장이 이를 무시하거나 거부할 경우에 상당한 부담으로 작용할 가능성이 있다. 권고 기능은 법적 구속력이 없는 조언의 성격을 가진 제안이라고 할 수 있지만, 자치단체장으로서는 이러한 권고안을 무시하기도 쉽지 않다.

한편 인사위원회가 갖는 각종 임용시험 실시에 대해서는 이 기능이 집행 기능인지, 심의 기능인지, 의결 기능인지 법상으로 명확하지 않다. 그러나 자치단체 시험 실시기관의 장이 인사위원장이고, 지방공무원법 제32조에 각종 시험을 인사위원회가 실시하는 것으로 규정하고 있는 것을 보면, 인사위원회가 집행 기능을 갖는다고 할 수 있다. 그러나 시험위원의 위촉은 인사위원회의 심의나 의결 사항이 아닌 시험 실시기관장인 인사위원장이 따로 위촉하고 시험에 관한 구체적인 사무는 자치단체장의 보조기관인 인사기구에서 담당하는 것을 보면 인사위원회가 각종 시험 실시에 대한 실질적인 권한을 행사할 수 있다고 보기는 어렵다. 특히 각종 시험 실시를 위한 공무원 충원 계획이 인사위원회의 사전 심의 기능인 것을 보면 이 기능이 인사위원회의 독립성을 높여준다고 보기 어렵다.

이러한 인사위원회의 기능 수행을 위한 회의는 위원장이 소집하고, 인사위원회의 의결은 재적 위원 3분의 2 이상의 출석과 출석 위원 과반수의 찬성으로 의결하도록 되어 있다.[42]

3 인사위원회의 문제점과 개선 방안

인사위원회는 그동안 많은 변화를 통해 지방자치단체 인사행정의 공정성 확보에 기여하기 위하여 노력해 왔다. 최근 들어 지방자치단체의 장에게 부여되었던 인사권한을 지방의회 소속 공무원의 경우에는 지방의회의 장에게도 부여됨으로써 제도적 변화를 맞이하였다. 아직 제도가 바뀐 이후에 시간이 얼마 지나지 않은 상태이기 때문에

42) 지방공무원법 제10조.

더 나아졌는지 더 나빠졌는지에 대하여 판단하기에는 이른 상황이기 때문에 이에 대한 평가는 일정 시점이 지난 이후에 이루어지는 것이 바람직할 것이다. 그동안 제기되었던 문제들 중에서 여전히 유효하게 살펴볼 수 있는 부분은 다음과 같다.

1) 인사위원회 구성상의 문제점

(1) 인사위원회 위원의 구성 방법

2021년 지방자치법과 지방공무원법 개정으로 기존에 지방자치단체장에게만 있었던 권한이 지방의회 의장에게도 부여되었다. 따라서 지방의회 소속 공무원의 경우에는 지방의회의 장이 인사권을 가지게 되었다. 현재 인사위원회의 구성은 독립성을 확보하기 위하여 전체 위원 중 외부 위촉위원을 1/2 이상이 되도록 규정하고 있다. 하지만 위원의 위촉에서 지방자치단체의 장이나 지방의회 의장이 위촉하도록 되어 있어서 이들의 영향이 미치는 외부위원이 위촉될 가능성이있다. 또한 인사위원회의 임명 위원은 자치단체장의 보조기관인 부단체장이 인사위원장을 맡고 나머지 임명 위원도 자치단체장이 임명하며, 내부 임명위원은 동급이거나 동급이 아닌 상하 관계를 맺고 있어 상호 자율적이고 독립적인 의사결정을 하기 어렵다. 따라서 지방자치단체의 인사위원회는 합의체로 운영되지만 인사위원회 구성에서 지방자치단체장의 영향력이 작용할 가능성이 여전히 높아 인사위원회의 독립성을 제약한다. 지방의회 의장 소속 인사위원회 역시 같은 방식으로 운영 되도록 되어 있어서 이러한 비판에서 자유로울 수 없을 것이다.

(2) 인사위원의 자격과 기준

지방자치단체의 인사위원회는 인사행정에 관한 학식과 경험이 풍부한 사람을 임명 혹은 위촉해 구성하도록 하고 있으나, 내부 임명위원은 인사이동으로 인해 교체가 잦고, 인사행정에 관한 학식과 경험이 풍부한 외부 위원은 위촉하기가 쉽지 않아 인사위원회의 전문성 확보가 어렵다. 특히 외부 위촉위원의 자격과 기준에 관한 법령상의 규정을 보면, 인사행정에 관한 학식과 경험이 풍부한 인사가 아니어도 큰 상관없다. 지방자치단체의 인사위원회는 인사행정 전문성 확보를 위하는 데 목적을 두고 있지 않기 때문에 외부 위원의 자격과 기준이 인사행정의 학식과 경험을 꼭 요구해야 하는 것은 아니다. 하지만 한국 지방자치단체의 인사위원회는 비독립합의형 기관으로 외부 위촉위원을 보좌하는 사무국이 없다. 물론 지방자치단체 인사위원회의 사무직원으로 간사와 서기를 둘 수 있도록 규정하고 있지만,[43] 이들은 해당 자치단체장의 인사 관련 보조기관이 인사위원회의 사무를 처리하기 때문에 외부 위원을 충분히 보좌하거나 자문할 여력을 갖지 못한다. 따라서 인사위원회의 외부 위원은 내부 임명위원보다 인사행정에 대한 전문성이 낮을 수 있고, 이 경우 인사위원회는 자치단체장의 인사권 행사에 관해 충분히 대응할 수 없게 되어 인사위원회의 자율성 내지 독립성 확보가 어려워진다.

(3) 인사위원회 회의 운영

인구 10만 명 이상의 자치단체 인사위원회 위원의 규모는 16명 이상 20명 이하로 하되, 인사위원회 회의는 위원장이 회의마다 지정하는 8명으로 구성하도록 하고 있다. 회의마다 위원장이 여성 위원 2명을 포함하여[44] 외부 위촉위원이 1/2 이상 되도록 지정하도록 하고 있지만, 회의마다 지정 위원을 달리할 수 있다. 이 경우에 인사위원의 수가 제한적이어서 인사위원과 인사대상자 간의 결탁 가능성을 배제할 수 있다. 하지만 동일 사안이라 해도 회의 시 지정하는 위원이 다름에 따라 의사결정에 차이가 있을 수 있고, 지방자치단체의 장은 이를 악용할 소지가 있다. 즉, 능률적인 회의 운영 방식이 인사위원회 자체의 독립성을 저해할 수 있다는 것이다.

(4) 인사위원의 임기

외부 위촉위원의 임기가 3년으로 1차에 한해 연임할 수 있도록 규정하고 있다. 외부 위촉위원이 인사위원회 위원으로 활동할 수 있는 기간이 최장 6년으로 연장되어 외부 위촉위원의 임기를 통한 인사위원회의 독립성 보장은 어느 정도 달성된다고 할 수 있다. 하지만 1회에 한해 활동하는 위촉 위원의 임기는 자치단체장이나 지방의회 의장 임기보다 짧아 이들의 임명권으로부터 자유로울 수 없다.

2) 인사위원회 기능상의 문제점

인사위원회는 의결 기능과 심의 기능, 권고 기능과 집행 기능 등을 갖고 있다. 특히 임용권자의 요구에 의한 보직관리 기준 및 승진·전보임용 기준의 사전 의결, 6급 공무원의 5급 공무원으로의 승진임용 의결, 임용권자의 요구에 따른 공무원의 징계 의

---

43) 지방공무원법 제11조.
44) 지방공무원 임용령 제9조의4.

결 또는 징계부과금 부과 의결 기능, 개방형 직위의 개정과 변경 등은 자치단체장을 기속하는 의결 사항이다. 그러나 임용권자의 요구에 의한 보직관리 기준 및 승진 · 전보임용 기준의 사전 의결은 인사위원회의 독립성을 제고하는 큰 의미를 가지지 못한다. 왜냐하면 임용권자가 따라야 할 보직 기준과 승진 · 전보 기준이 이미 법령에 규정되어[45] 있어 인사위원회가 다시 이러한 인사 기준을 결정할 필요는 없다. 다만, 규정된 기준의 범위 내에서 해당 자치단체의 사정을 고려해 좀 더 구체적인 기준을 마련할 경우인데, 이러한 기준은 해당 자치단체의 인사 수요가 있을 때마다 의결하므로 기준 설정의 일관성이 결여되고 인사위원들의 이에 대한 관심도 부족해 자치단체장의 영향력이 작용할 가능성이 높다. 또한 인사위원회가 각종 시험을 실시한다고 규정하고 있지만, 출제, 채점, 면접시험, 실기시험, 서류전형과 그 밖의 시험 시행에 따른 필요한 사항을 담당할 시험위원을 임명하거나 위촉하는 사람은 시험실시기관장인 인사위원장의 권한[46]이다.

따라서 인사위원회 기능 중 6급 공무원의 5급 공무원으로의 승진임용, 징계 의결 및 징계부과금 부과 의결 기능만이 실질적으로 인사위원회의 독립성을 강화하는 기능이라 할 수 있다.

3) 인사위원회 운영상의 문제점

첫째, 인사위원회 회의 개최의 고지 기간이 정해져 있지 않아, 인사위원회 회의 사안에 대한 충분한 사전 준비를 통한 심의와 의결이 이뤄지지 못하고 있다. 특히 외부 위촉위원들의 경우는 더욱 그렇다. 이럴 경우 인사위원회는 형식적으로 운영될 가능성이 있다.

그리고 경미한 사항에 대해서는 서면 심의 · 의결 사항으로 규정하고 있다.[47] 이러한 규정은 서면 심의 · 의결 사항을 명확히 규정함으로써 인사위원회의 형식적 운영을 막도록 하고 있지만, 이들 사항을 심의 사항과 의결 사항으로 구별하지 않고 있으며, 이들 사항이 회의를 거치지 않고 개별적으로 행해짐으로써 인사위원회의 운영을 형식

45) 지방공무원법 제25조(임용의 기준), 제30조의5(보직관리의 원칙), 제38조(승진)와 지방공무원 임용령 제7조(보직관리의 기준), 제26조(전보임용의 원칙), 제5장(승진임용) 등에 이러한 원칙과 기준이 규정되어 있다.

46) 지방공무원 임용령 제48조.

47) 지방공무원 임용령 제9조의4.

화할 수 있다.

둘째, 인사위원회의 공정성과 객관성을 미리 확보하기 위한 사전 공개가 부족하다. 인사행정에서 보직관리와 승진·전보임용의 기준 등은 개개인의 신상에 대한 영향은 물론 자치단체 인사행정의 공정성을 확보하기 위해 중요하다. 그런데 이들을 충분히 사전에 공개하지 않아 인사에 대한 불신과 오해를 불러일으켜 인사행정의 난맥상을 초래하기도 한다.

4) 인사위원회의 개선 방안

(1) 인사위원회의 독립성 확보 방안

인사위원회의 독립성 확보 방안으로 가장 크게 지적될 수 있는 것은 인사위원회 구성 방법을 개선하는 일이다. 최근 법 개정 이전에는 외부 위촉위원 중 해당 지방의회에서 추천한 인사를 당연직 외부 위촉위원으로 규정하고 있었으며, 지방자치단체의 인구 규모에 따라 1명 혹은 2명이 포함되는 방식이었다. 이에 대해서는 해당 지방의회에서 추천하는 위촉위원의 수를 늘리거나, 아니면 모든 외부 위촉위원에 대해서는 지방의회의 동의를 받도록 해야 한다는 제도 개편에 대한 지적이 있었다(강성철 외, 2018: 148). 지방공무원법 및 임용령 개정으로 인하여 지방의회 의장이 임용권자로 추가됨과 동시에 인사위원회 구성에서 지방의회 추천 조항이 삭제되었다.

인사위원회 구성을 이렇게 규정한 것은 내부 임명위원을 통해 자치단체장의 인사권을 지원 내지 보좌하고, 외부 위촉위원의 독자성을 통해 인사행정의 공정성을 확보하는 두 가지 장치를 인사위원회에 두게 되는 것이다.

그리고 인사위원회 위원 중 상하 관계에 있는 내부 임명위원은 부단체장이 당연직 위원장으로 되고 내부 임명위원 간에 서열이 존재하고 있는 현실에서, 쉽지 않지만 인사위원회의 기능 수행에 관해 실질적으로 동등한 권한을 행사할 수 있는 조직 분위기와 문화가 정착되어야 할 것이다.

일본의 지방자치단체 인사위원회의 독립성 확보 장치는 한국 지방자치단체 인사위원회의 독립성 확보에 좋은 시사점을 준다. 일본의 지방자치단체 인사위원회는 임기 4년의 인사위원 3인으로 구성하고, 인사위원은 당해 지방의회의 동의를 받아 자치단체장이 임명하되, 2인 이상이 동일 정당이나 단체에 속하지 않도록 하고 있다.[48]

(2) 인사위원회의 전문성 확보 방안

인사위원회의 전문성 확보는 자치단체 인사행정의 효율성은 물론 자치단체장의 인사권 남용이나 일탈을 방지하기 위한 인사위원회의 독립성 확보에 중요한 역할을 한다. 현재 인사이동이 있을 때마다 교체되는 내부 임명위원은 가능하면 현행 지방공무원 임용령상의 전보제한 기간[49]을 준수하도록 하고, 외부 위촉위원의 임기를 3년에서 4년으로 연장해야 할 것이다.[50] 외부 위촉위원의 임기 연장은 인사위원으로서의 전문성 제고는 물론 인사행정의 독립성 확보에도 기여하게 될 것이다.

또한 외부 위촉위원 중 인사행정의 가치 지향성과 기술적 복잡성을 이해하는 인사 전문가를 위촉하는 것이 인사위원회의 전문성을 제고하고, 나아가 인사행정의 공정성과 인사위원회 독립성 확보에 기여하게 해야 할 것이다. 외부 위촉위원을 확보하기가 쉽지 않은 점을 들어 외부 위촉위원의 자격 기준을 확대해야 한다는 주장(조선일, 2004: 154)이 있지만, 이것은 인사위원회의 전문성을 떨어뜨려 인사행정의 효율성은 물론 인사행정의 공정성 확보를 어렵게 할 수 있다.

(3) 인사위원회의 기능 강화 방안

인사위원회의 기능 중 인사위원회 독립성 확보에 중요한 역할을 하는 기능은 의결 기능이다. 그런데 6급 공무원의 5급 공무원으로의 승진임용과 징계 의결 및 징계부과금 부과 의결을 제외한 보직관리 및 승진·전보임용의 기준에 대한 의결은 대개의 지방자치단체가 승진이나 전보 등의 인사 수요가 있을 때마다 의결하므로 기준 설정의 일관성이 없다. 따라서 이 기준을 사전에 의결하고 이를 공개한 후 이에 따라 기관장이 승진이나 전보임용을 하게 되면 인사행정의 공정성 확보에 기여하게 될 것이다. 이럴 경우 관련된 당사자의 인사에 대한 오해와 불신을 제거할 수도 있다.

(4) 인사위원회 운영의 형식화 방지 방안

인구 규모 10만 명 이상의 자치단체 인사위원회는 회의마다 인적 구성원이 다를 수 있으므로 동일한 사안이라 해도 다른 의사결정이 이뤄질 수 있다. 이러한 문제를 해결하는 방안은 한 번의 회의에서 결정되지 못한 사항이 있을 경우 다음 회의로 이관

---

48) 일본 지방공무원법 제2장.

49) 지방공무원 임용령 제27조.

50) 인사위원의 임기는 인사행정의 전문성과도 관련되지만 자치단체장의 영향력과 관련되는 것이어서 인사위원회의 독립성 확보에 중요하다.

하는 것이 아니라, 회의를 연장한 것으로 해서 의사결정의 일관성을 유지하도록 해야 할 것이다.

그리고 인사위원회는 위원들이 충분히 사안을 심의·의결할 수 있도록 일정한 기간을 정해서 인사위원회 회의 개최 일자와 시간을 고지한 후 소집해야 할 것이다. 이렇게 해야 외부 위촉위원이 충분한 시간을 확보해 사안을 깊이 있게 검토할 수 있다. 즉, 인사위원회 회의의 사안을 회의 며칠 전까지 송부해야 한다는 규정[51]을 만들어 갑작스러운 회의 개최와 사안 제출로 인한 졸속 회의가 되지 않도록 해야 한다.

그리고 가능하면 서면 심의와 의결 사항을 분명히 규정해 논란의 여지가 없도록 하고, 서면 심의·의결의 범위와 사후 심의를 줄여 인사위원회의 형식화를 방지해야 할 것이다.

4 소청심사위원회의 구성과 기능

1) 소청심사위원회의 구성

지방자치단체의 장 소속 공무원의 징계 기타 그 의사에 반하는 불이익 처분에 대한 소청을 심사·결정하기 위해 시·도에 임용권자별로 지방소청심사위원회 및 교육소청심사위원회를 둔다. 또한 지방의회의 의장 소속 공무원의 경우에는 지방소청심사위원회에서 심사 및 결정한다.[52]

소청심사위원회는 재결 기능을 갖는 합의체 의결기관으로 설치와 위원 자격, 그리고 위원장 선임 방법과 외부 위촉위원의 임기, 위원회의 결정 효력 등에 대해 좀 더 엄격하게 규정해 지방자치단체 인사기관으로서 독립성이 더욱 강하게 보장되고 있다. 먼저 소청심사위원의 구성을 살펴보면 다음과 같다.

첫째, 소청심사위원회는 기초자치단체가 아닌 광역자치단체(특별시·광역시·도 또는 교육감)별로 설치되어 있다. 소청심사위원회는 처분 행정청을 기속하는 행정청의 자기 통제적 기능을 한다는 측면에서 보면 처분 행정청별로 설치되어야 하지만, 소청의 전문적 심사와 의결을 위해 기초자치단체보다 상위의 자치단체에 설치해 운영하도록

51) 공공기관을 포함해 민간부문의 주요 기관에서도 심의·의결 사안은 사안의 성격에 따라 사안 송부의 시일을 규정하고 있다.
52) 지방공무원법 제13조.

하고 있다.

둘째, 소청심사위원회 위원의 자격을 보면 자치단체장이 임명 또는 위촉하는 16명 이상 20명 이하의 위원으로 구성하되, 소청심사위원회 전체 위원 1/2 이상의 외부 위촉위원을 법률적 지식과 경험을 가진 법관·검사 및 변호사와 법률학을 전공하는 대학 부교수 이상의 사람으로 한정하고, 내부 임명위원도 소속 국장급 이상의 공무원으로 상위 직급 공무원을 임명하도록 규정하고 있다. 그리고 소청심사위원회 위원장은 내부 임명위원이 아닌 외부 위촉위원 중에서 호선하도록 하고, 소청심사위원회 회의도 회의마다 6명의 위원으로 구성하고 5명을 외부 위촉위원이어야 하는 등 소청심사위원회의 독립성을 보장하기 위한 규정을 엄격하게 규정하고 있다.

셋째, 소청심사위원회 위원 중 외부 위촉위원의 임기는 2년으로 하되, 1차에 한하지 않고 계속 연임할 수 있도록[53] 규정하고 있다. 단지 인사위원회 외부 위촉 위원의 임기 3년과 비교할 때 소청심사위원회 외부 위촉위원의 임기가 짧지만, 계속해서 연임할 경우 인사위원회 위원보다 신분이 더 보장된다고 할 수 있다.

2) 소청심사위원회의 기능

소청심사위원회는 공무원이 징계, 그 밖에 그의 의사에 반하는 불리한 처분이나 부작위를 통해 위법·부당한 인사상의 불이익 처분에 대해 공무원으로서의 자기 권리를 구제할 수 있는 행정심판제도이다. 이러한 소청심사제도는 침해된 공무원의 권리를 구제할 수 있다는 점에서 공무원의 신분보장과 직업공무원제도를 확립할 수 있는 장치이다.

소청심사위원회의 기능 중 "징계" 처분에 대한 소청심사는 공무원의 징계에 해당하는 파면, 해임, 강등, 정직, 감봉, 견책과 인사위원회 의결 사항인 징계부과금 부과 의결이다. 소청심사위원회는 소청을 접수하면 지체 없이 심사해야 한다.

또 소청심사위원회는 "그 밖의 그의 의사에 반하는 불리한 처분"에 대한 소청도 심사·결정 사항인데, 이에는 강임, 휴직, 면직, 직위해제, 전보 등이 여기에 해당한다. 특히 전보와 직위해제(직무 능력의 부족이나 근무성적의 불량 등)나 면직 등은 인사권자의 자의가 개입될 여지가 많다.

53) 지방공무원법 제15조.

마지막으로 "부작위로 인한 인사상의 불이익"이란 공무원인 당사자의 신청에 따라 행정청이 일정한 처분을 해야 함에도 불구하고, 일정한 처분을 하지 않아 공무원 당사자가 불이익을 받는 경우를 말한다.

소청심사위원회는 위원회에 대한 심사청구(소청이라 함)가 공무원법이나 다른 법률에 적합하지 아니하거나, 이유 없다고 인정되면 그 청구를 기각한다. 그러나 행정청의 처분에 대해 이의 취소 또는 변경을 구하는 소청에 이유가 있다고 인정되면 그 처분을 취소하거나 변경할 것을 명한다. 그리고 행정청의 인사에 관한 처분의 효력 유무나 존재 여부에 대한 소청에 대해서도 이유가 있다고 인정되면 처분의 효력 여부 또는 존재 여부를 확인한다. 마지막으로 행정청의 부작위로 인한 인사상의 불이익을 받았을 경우 이의 이행을 요구하는 소청이 이유가 있다고 인정되면 행정청으로 하여금 소청에 의한 처분을 이행할 것을 명령할 수 있다.

이와 같이 소청심사위원회는 심의나 권고가 아닌 재결 기능을 갖기에 그 결정의 효력은 처분 행정청을 기속한다.[54] 소청심사위원회의 이러한 기속적 결정은 처분 행정청에 대한 자기 통제의 효과를 도모하면서 관련 당사자의 신분을 강력하게 보장하기 위한 것이다. 이러한 소청심사위원회가 갖는 결정의 기속적 성격 때문에 인사위원회보다 강력한 독립성을 가진다고 할 수 있다.

사례 1 중앙인사기관의 일원화와 부처 인사기관

국가공무원법 제6조(중앙인사관장기관) 제2항은 "중앙인사관장기관의 장은 각 기관의 균형적인 인사 운영을 도모하고 인력의 효율적인 활용과 능력 개발을 위하여 법령이 정하는 바에 따라 인사관리에 관한 총괄적인 사항을 관장한다"라고 규정하고 있다.

[문제 1] 우리나라의 중앙인사기관의 변천과 그 배경에 관해 논의하시오.
[문제 2] 현재의 중앙인사기관의 기능과 역할을 살펴보고, 인사행정의 발전을 위해 중앙인사기관이 어떻게 조직화되어야 할 것인지 논의하시오.
[문제 3] 우리나라 중앙인사기관과 다른 선진 국가의 중앙인사기관을 비교해 살펴보시오.
[문제 4] 중앙인사기관과 부처 인사기관과의 관계에 대하여 논의하시오.

54) 지방공무원법 제20조.

사례 2 중앙인사기관과 지방자치단체 인사기관과의 관계

현재 우리나라의 인사행정은 국가공무원과 지방공무원을 분리하여 관리하고 있다. 국가공무원은 중앙인사기관이, 지방공무원은 중앙행정기관인 행정안전부와 지방자치단체가 인사행정 업무를 담당하고 있다.

[문제 1] 국가공무원과 지방공무원의 인사행정이 어떻게 수행되고 있는지 살펴보시오.
[문제 2] 지방자치단체의 인사행정의 전문성과 공정성을 확보하기 위한 지방자치단체 인사기관의 발전 방안을 논의하시오.
[문제 3] 지방자치단체의 인사행정의 자율성 확보 방안은 무엇인지 논의하시오.

P·A·R·T

03

PUBLIC PERSONNEL ADMINISTRATION

공직의 분류 체계

학습 목표

1. 공직 분류 체계의 기본이 되는 계급제와 직위분류제는 어떻게 구성되어 있으며, 각 국가는 이들을 어떻게 운영하고 있는가?
2. 한국의 공무원은 어떻게 구분되며, 구분 목적에 부합되게 운영되고 있는가?

요약

제3편은 공직의 분류 체계를 다룬다. 공직 분류 체계 형성의 기본 구조인 계급제와 직위분류제에 대해 알아보고, 한국의 공무원 구분에 대해 살펴본다.

제4장은 공직 분류 체계 형성의 기본이 되는 계급제와 직위분류제의 내용을 설명한다. 특히 계급제의 내용과 각국의 계급제를 살펴보고, 직위분류제의 직무분석과 직무평가의 구체적인 방법과 한국 정부의 직무분석에 대해 살펴본다.

제5장은 공무원 구분의 기준과 한국 공무원의 구분에 대해 살펴보고, 고위공무원단에 대해 살펴본다.

04 계급제와 직위분류제

제1절 계급제

1 계급제의 의의

계급제(rank-in-person system)는 사람이 가지는 개인적 특성, 즉 학력, 경력, 자격, 기술 등을 기준으로 유사한 특성을 가진 사람들을 하나의 계급으로 구분하여 보수나 직급을 결정하는 제도를 말한다. 따라서 계급제는 직무를 수행하는 개인의 능력이나 역량과 관계없이 특정한 개인에게 부여된 계급에 따라 직무가 부여되는 제도로서 사람 중심의 분류 제도라고 한다. 오랜 군주국가의 전통과 관료제 전통을 가진 영국, 프랑스, 독일, 이탈리아 등 유럽 각국과 한국, 중국, 일본 등 아시아 각국이 계급제의 강한 전통을 가지고 있다. 그러나 직위분류제를 채택하고 있는 대표적 국가로 알려져 있는 미국도 인사의 유연성을 확보하기 위해 연방이나 주 정부 공무원의 상위직에 계급제적 요소를 도입하고 있으며, 국무부의 외교직 공무원, 군인, FBI, CIA 등에서는 예전부터 계급제를 채택하고 있다(Nigro et al., 1979).

2 계급제의 특징

계급은 사람에 부착된 신분과 같은 특성을 지니므로 공직 분류 체계로서의 계급제는 다음과 같은 특성을 가진다(박동서, 1994: 155-159).

1) 계급 간의 차이 존재

계급제를 채택하고 있는 국가는 신규채용 때 계급별로 학력, 경력, 자격, 기술 등을 제한하고 있다. 이에 따라 각 계급별로 학력이나 경력 등에 큰 차이가 있고, 또 계급별로 사회적 평가나 보수, 직책 등에 차이가 상당히 크다. 그리고 상위 계급에 있는 공무원의 권위와 권한은 하위 계급에 있는 공무원의 그것보다 상대적으로 크다.

2) 고급공무원의 엘리트화 가능성

계급 간의 차이가 극심한 국가에서는 고급공무원의 수는 적게 하면서 이들에 대해서는 높은 학력을 요구하고, 보수 등의 인사면에서 높은 대우를 해주며, 사회적으로도 높은 평가를 받게 하기도 한다. 예컨대, 과거 영국의 행정 계급(administrative class)에 속하는 공무원은 대부분 옥스퍼드나 케임브리지 등의 명문대학을 졸업한 사람으로 보수나 교육면에서 우대를 해주면서 그들로 하여금 국가의 주요 정책을 결정하게 했는데, 이는 최고 계급인 행정 계급에 속하는 공무원을 다른 하위 공무원보다 우대해 고급공무원을 엘리트화하는 것을 의미하기도 한다(Lee, 1993: 176).

3) 일반행정가 지향성

계급제는 특정 직위가 요구하는 지식과 기술 및 경험을 가진 사람을 그 직위에 임용하는 것이 아니라 공직에 채용된 뒤 다양한 경험과 지식을 축적시켜 조직 전체 혹은 국가 전반의 시각에서 업무를 파악하고 처리할 수 있는 일반행정가(generalist)를 지향한다. 그리고 계급제는 인사이동의 유연성이 높아 이동 가능한 보직의 범위가 넓으며 상위직에 올라갈수록 그 범위는 더욱 넓어진다. 따라서 계급제는 맡은 업무에 대한 기술적 전문성을 중시하는 직위분류제보다 폭넓은 이해력과 조정 능력을 갖추고 업무의 통합 능력이 뛰어난 일반행정가를 선호한다. 특히 상위직으로 올라갈수록 이해력과 조정력·통합력은 더욱 요구된다.

4) 폐쇄형 충원 체제

계급제를 채택하고 있는 나라는 대개 폐쇄형 충원 체제를 유지한다. 여기서 폐쇄형이란 신규채용되는 공무원은 누구나 원칙적으로 당해 계급의 최하위직에 임용되며 상위 계급은 내부승진에 의해 충원되고, 외부 인사가 동일 계급의 중간 계층에 신규임용되는 것을 허용하지 않는 제도이다. 그러므로 계급제는 적임자가 있으면 어떤 직급에도 신규채용을 할 수 있는 개방형인 직위분류제와는 대조적이다. 그러나 계급제를 채택하고 있다고 해서 무조건 교과서적인 폐쇄형을 채택한다는 것은 아니다. 우리나라의 경우, 최하위 계급인 9급뿐만 아니라 7급과 5급에서도 공개경쟁시험을 통해 공무원을 신규채용하는 제도를 채택하고 있다.

3 주요 국가의 계급제

현재 이념형으로서의 계급제를 그대로 유지하고 있는 국가는 거의 없다. 대개 계급제의 골격을 유지하면서 직위분류제적 요소를 도입하는 형태를 취하고 있다. 그러나 여기서는 주요 국가의 전통적인 계급제의 골격만을 소개하고, 한국의 계급제에 대해서는 이 절의 마지막 부분에서 언급하고자 한다.

1) 영국

영국은 전통적으로 계급제를 채택해 온 대표적인 국가였다. 영국의 계급제는 일반사무계라고 할 수 있는 재무부 계급에 계급제적 특성이 가장 잘 나타나 있었다. 재무부 계급은 처음에는 행정 계급과 서기 계급의 두 계급으로 구분되어 있다가 1921년 4대 계급인 행정 계급, 집행 계급, 서기 계급, 서기보 계급으로 구분되었다.

행정 계급(administrative class)은 옥스퍼드나 케임브리지대학교 등 명문대학을 졸업한 사람을 대상으로 공개경쟁시험을 통해 채용되었으며, 정책의 수립, 부처 간의 활동 조정, 법령의 입안, 장기계획의 수립, 소속 직원의 지휘 통솔 등의 업무를 수행했다. 집행 계급(executive class)은 서무와 회계, 계약과 용도 및 감사 등의 업무를 수행했다. 집행 계급은 고등학교 졸업자를 공개 채용했지만 서기 계급으로부터의 내부승진도 허용되었다. 서기 계급(clerical class)은 서류 정리, 문서 작성, 자료조사, 통계 등의 비교적 단순한 일상적 업무를 수행했다. 서기 계급은 고급서기와 서기의 2단계로 구분되었으며, 중학교 졸업자를 대상으로 공개채용했으나 서기보 계급에서의 승진도 허용되었다. 서기보 계급(clerical assistant class)은 서기 계급 내의 한 등급과 같이 취급되나 문서 수발, 타자 등 단순한 기계적 업무를 수행했다.

계급제의 전통이 뿌리 깊은 영국의 공무원제도는 1996년 이후 계급제의 골간을 허무는 큰 변화를 겪게 되었다. 즉, 1996년 4월 이후 전 부처에 걸쳐 통일적으로 적용되는 계급은 존재하지 않게 되었으며, 모든 공무원은 고위공무원단(Senior Civil Service: SCS)과 비SCS로 단순하게 구분되기에 이르렀다. 비SCS 공무원에 대해서는 각 개별 부처 장관 및 집행기관의 장이 별도의 분류 체계를 수립할 수 있도록 권한이 부여됨에 따라, 기존의 계급구조를 유지하는 부처가 있는가 하면 계급구조를 아예 폐지하고 직무 내용에 상응한 직명만 사용하는 부처도 있다.

2) 일본

일본은 제2차 세계대전 이전까지 계급 간의 엄격한 지위상의 차이와 사회적 거리를 유지한 계급제를 유지해 왔으나, 제2차 세계대전 이후, 1947년 '국가공무원법'의 제정과 1950년 '국가공무원의 직계제에 관한 법률'(직계법)이 제정되면서 변화를 겪게 된다. 즉, 계급제를 폐지하고 직위분류제를 도입하기 위해 종래의 관리 · 비관리의 구분 및 칙임관 · 주임관 · 판임관으로 구분하던 신분제를 폐지하고, 국가공무원법은 이를 일반직과 특별직으로 구분했다(서미승, 1997: 102, 하태권 외, 1999: 113). 일본의 일반직은 국가공무원법에 있는 직계제에 관한 규정이 삭제되고, 이어 도입하려던 능력등급제도(성과급제도)가 공무원노동조합의 반대로 좌절되면서 결국 직계법도 폐지되었다. 그러나 직위분류제는 도입되지 못하고 있지만, 급여도 직무의 종류(직종)에 따라 봉급표를 따로 적용하고, 직종별 직급을 두는 등 직위분류제와 유사한 공직 분류가 행해지고 있다.

4 계급제의 장 · 단점

대부분의 국가에서 유지되고 있는 계급제는 정치적 민주화가 꽃을 피우기 훨씬 전부터 국가 체제를 유지하기 위한 공직 분류 체계의 기본 틀로 형성되었다. 절대군주국가의 군주는 자신의 권력과 영토를 보전하고 유지하기 위해 가장 효율적인 행정 장치를 필요로 했으며, 그것은 군대나 교회처럼 엄격한 상하 관계로 계층화된 분류 체계를 형성하는 것이었다. 그러나 이러한 계급제도 그것이 가진 여러 가지 장점 때문에 아직 많은 국가의 관료제가 계급제를 유지하고 있다.

이러한 계급제의 장 · 단점을 제시하면 다음과 같다(오석홍, 1993: 112-113; 이상윤, 1994: 95-96; 장지호, 1992: 139-40; Lee, 1993: 176-177).

1) 계급제의 장점

첫째, 공무원을 채용할 때 직위분류제가 당장 어떤 직위가 요구하는 전문지식과 기술을 가진 사람을 선발하는 데 반해, 계급제는 특정 직무에 대한 전문적 지식이나 기술보다 장래의 발전 가능성과 잠재력을 지닌 사람을 채용하게 된다. 이것은 장기적으로 보면 폭넓은 안목과 이해력을 가진 일반행정가 양성에 유리하다.

둘째, 계급제에서는 계급만 동일하면 보수의 변동 없이 전직이나 전보가 가능하며, 승진의 경우도 동일 분야로만 이뤄지는 것이 아니므로 인사관리의 유연성이 크다. 따라서 공무원이 폭넓은 시각과 이해력을 갖게 되어 공무원 경력 발전의 기회를 증진시켜 준다.

셋째, 계급제는 일반적으로 폐쇄 체계로 운영되어 장기간 근무하게 되고 내부승진을 통해 장기근속이 보장되므로 공무원의 신분보장과 직업공무원제를 확립하는 데 용이하다.

넷째, 계급제는 공무원들의 장기 근무를 유도하고 조직 전체에 대한 폭넓은 시각과 이해력을 갖게 함으로써 공무원들로 하여금 직업적 연대 의식과 일체감을 갖게 한다.

다섯째, 계급제는 인사행정의 기준이 되는 계급의 수가 직위분류제의 직급의 수에 비하여 적기 때문에 인사관리가 수월하고 비용도 절감된다. 또한 직위분류제와 같이 유지 · 관리 활동이나 재분류와 같은 복잡하고 노력이 많이 드는 작업이 적으므로 인사관리가 직위분류제보다 용이하다.

여섯째, 계급제는 직위분류제에 비해 분류 구조와 보수 체계가 단순하고 융통성이 있으므로 인력 활용의 융통성과 효율성을 높여준다.

2) 계급제의 단점

첫째, 계급제는 동일 계급에 대해 직무의 종류나 성격과 관계없이 동일한 보수가 지급되므로 동일 직무에 대한 동일 보수(equal pay for equal work)라는 직무급 체계를 확립하기 어렵다.

둘째, 계급제는 동일 분야의 직책을 장기간 담당하지 않고 순환보직을 통해 여러 직무를 수행하기 때문에 특정 분야의 전문적 지식과 기술을 갖지 못할 가능성이 크므로 행정의 전문화에 부응하지 못한다.

셋째, 채용시험, 신규임용, 승진, 전 · 보직 등이 직무의 내용에 따라 이뤄지지 않기 때문에 직위에 적합한 적임자를 채용 · 배치하지 못해 행정의 능률이 저하된다.

넷째, 직무가 계급별로 명확히 구별되지 않기 때문에 직무 경계가 불명확해 갈등이 생길 소지가 많으며, 업무를 다른 사람에게 미루거나 전가할 가능성이 높아 행정 업무가 지연되어 민원인에게 불편을 초래할 가능성이 많다.

다섯째, 폐쇄적인 계급제는 공무원에게 신분보장을 해주므로 관료들이 무사안일에 빠지거나, 자신들의 집단이익을 옹호하는 특권집단화할 가능성이 있다.

제2절 직위분류제

1 직위분류제의 의의와 발전

1) 직위분류제의 의의

직위분류제(rank-in-position system)란 조직에 있는 수많은 직위를 직무의 종류와 수준에 따라 분류해 관리하는 제도이다. 직위분류제는 사람이 가지는 특성에 따라 공직을 분류하는 계급제와는 달리 직무가 가지는 속성을 중심으로 직위를 분류하는 직무 중심의 분류 체계이다(Stahl, 1983: 183-184).

직위분류제는 일과 책임의 단위인 직위(position)를 기초로 그 직위에 내포된 직무(job)의 내용이 동일하거나 유사한 직무를 종류별로 분류(즉, 직무분석)하고, 종류별로 분류된 직무를 토대로 각 직무의 책임성이나 난이도가 동일하거나 유사한 직무로 분류(즉, 직무평가)하여 체계화하는 것이다. 즉, 직위분류제는 각각의 직위가 내포하고 있는 직무의 내용이나 직무의 상대적 난이도를 기준으로 직무를 수직적으로, 그리고 수평적으로 분류하여 체계화하는 것이다.

직위분류제는 사람에 중심을 둔 계급제와 달리 직위가 지니고 있는 직무를 분석하고 평가해서 거기에 적합한 지식과 기술, 능력과 경험을 가진 인물을 임용하는 제도이기 때문에 노동의 분화에 따른 전문성과 동일 직무에 대한 동일 보수를 지급하는 보수체계의 형평성을 확보할 수 있다. 그리고 이 직위분류제는 분류된 직위에 적합한 인물을 임용하는 것이기 때문에 외부 인사의 임용이 자유로운 개방형 인사 체계에 속한다. 직위분류제를 채택하고 있는 나라는 미국을 비롯해 캐나다, 파나마, 필리핀, 호주, 뉴질랜드 등이다. 우리나라 고위공무원단제도도 최초 도입 시의 원형은 직위분류제의 특성을 반영한 제도로 알려져 있고, 노무현 정부 시절 외교부와 기상청에 대한 직무분석과 직무평가가 진행되었던 것으로 알려져 있다.

2) 직위분류제의 발전과 특징

공공부문에서 직위분류제는 1912년 시카고 시정부가 최초로 도입해 실시하고 이어 지방정부 단위로 확대되었다. 연방정부에서 직위분류제가 도입된 것은 1923년 분류법이 제정되어 워싱턴 D.C.에서만 적용하다가 1949년 개정된 새로운 분류법(Classification Act of 1949)에 따라 오늘날의 직위분류제로 발전했다(Lee, 1993).

(1) 직위분류제의 발전 이유

미국에서 직위분류제가 발전하게 된 이유를 살펴보면 다음과 같다(Stahl, 1983).

① 사기업에서는 과학적 관리운동(scientific management)의 영향으로 작업 능률의 향상과 보수의 공평화를 위한 직무분석과 직무평가 방법이 발달했으며, 이것이 1910년대에서 1920년대까지 전개된 절약과 능률을 위한 대대적인 정부 개혁운동에 영향을 미쳐 정부 인사관리에서 직위분류제의 발달을 촉진했다.

② 엽관제에 의한 보수의 불평등이 직위분류제를 발전시켰다. 시카고 시정부에서 직위분류제를 채택한 가장 주된 이유는 보수의 불평등을 제거하기 위한 것이었다. 연방정부에서도 제1차 세계대전 동안 악화된 보수의 불평등 때문에 정부부문 공무원의 사기가 저하되고 이직이 심화되어 보수의 불평등을 제거할 인사관리 수단을 모색했다.

③ 미국은 역사적으로 계급사회의 전통이 없었으며, 실적주의의 발전으로 각 직책

에서 요구되는 지식과 기술을 가진 사람의 채용을 강조했다.

④ 정치적 이유는 개방형 인사제도인 직위분류제가 엽관제의 개방형적 요소와 직무 수행에 필요한 지식과 기술에 의한 임용이라는 실적제의 요소를 모두 충족시켜 준다는 점이다. 즉, 직위분류제는 기존 엽관제의 개방형적 요소를 지니면서 실적제를 정착·발전시킬 수 있다는 장점 때문에 공무원제도 개혁을 위한 미국 정치 체제의 협상 대상이 되었다.

(2) 직위분류제의 특징

이러한 정치적 이해 관계를 충족시켜 준 직위분류제는 다음과 같은 특징을 지닌다(이상윤, 1994: 75-76).

① 직위분류제는 사회적 출신 배경이나 학력 등에 관계없이 개인이 지니고 있는 담당 직무의 수행 능력과 지식·기술을 중시한다.

② 직위분류제는 직무 수행의 적격자를 공직의 내부에서만 찾지 않고 모든 계층에서 외부 인사의 임용이 자유로운 개방성과 유연성을 가진 인사제도이다.

③ 직위분류제는 노동의 분화를 기본으로 하는 전문화의 분류 체계이기 때문에 일반행정가보다 전문행정가를 선호한다.

④ 직위분류제는 직무분석과 직무평가를 통한 직무의 정확한 평가와 거기에 적합한 인물을 임용하므로 인사행정의 능률성과 합리화를 도모할 수 있다.

⑤ 직위분류제의 직급이나 등급은 직무의 책임도나 난이도에 의해 구분된 것이기 때문에 직위를 점하고 있는 사람의 사회적 신분이나 지위를 나타내지 않는다. 따라서 상·하위직 간의 계급 의식이나 위화감이 크지 않다.

3) 직위분류제의 기본 개념

직위분류제는 아래와 같은 여러 가지 개념들로 구성되어 있다.

(1) 직위(position)

한 사람의 직원에게 부여할 수 있는 직무와 책임을 말한다. 여기서 직무는 각 직위에 배당된 업무이며, 책임은 공무원이 직무를 수행하거나 타인의 직무 수행을 감독할 의무를 뜻한다. 직위란 일을 기준으로 한 것이지, 그 일을 담당할 사람과는 관계가 없다. 직위란 분류의 기초가 되는 일의 단위로서 이것은 한 사람의 직원이 맡아 수행할 것을 전제로 한다. 따라서 원칙적으로는 직원의 수가 바로 직위의 수가 된다.

(2) 직급(class)

직무의 종류가 유사하고 곤란성과 책임도가 상당히 유사한 직위의 모임으로 동일한 직급에 속하는 직위에 대해서는 임용 자격 · 시험 · 보수 · 기타 인사행정에서 동일한 취급을 할 수 있는 것을 말한다. 각 직급에 포함되는 직위의 수는 직급에 따라 같을 수도 있고 다를 수도 있다. 직급의 수는 직위의 수보다 적다.

(3) 직렬(series of classes)

직무의 종류는 유사하나, 난이도와 책임성의 정도가 상이한 직급의 모임을 말한다. 즉, 직무는 같은 종류에 해당되지만 의무와 책임의 수준이나 곤란성이 서로 다른 직급들을 모아 직렬이라 한다. 예컨대, 전산 업무를 수행하는 몇 개의 직위가 있을 때, 이들 책임의 수준이 서로 달라 고급 전산직과 하급 전산직의 두 개 직급으로 나뉜다면, 이들은 다 같이 하나의 전산 직렬에 포함시킬 수 있다.

(4) 직류(sub-series)

동일한 직렬 내에서 담당 분야가 동일한 직무의 모임을 말한다. 직렬을 다시 세분한 것이 직류이다. 한국에서는 행정의 전문화 추세에 부응해 공무원의 채용과 임용 후의 보직관리를 합리화하고 점진적으로 도입이 확대될 직위분류제의 기반을 조성하기 위해 직렬을 다시 직류로 구분했다.

(5) 직군(occupational group)

직무의 종류가 비교적 유사한 직렬의 모임을 말한다. 직군은 비슷한 성격을 가진 직렬들을 모아놓은 직위 분류의 대단위이다. 한국 정부의 분류 체계에서 행정 직렬, 세무 직렬, 관세 직렬, 교육행정 직렬, 사회복지 직렬, 통계 직렬, 감사 직렬, 사서 직렬 등의 직무는 서로 광범위하게 유사하다고 보고 하나의 행정 직군으로 분류하고 있다.

(6) 등급(grade)

직무의 종류는 다르지만, 직무 수행의 책임도와 자격 요건이 광범위하게 유사해 동일한 보수를 지급할 수 있는 모든 직위를 포함하는 것을 말한다. 예컨대, 행정 직군의 행정 직렬에서 인사행정 업무를 담당하는 직원과 농림수산 직군의 식물검역 직렬에서 검역 업무를 담당하는 직원이 직무의 내용이나 성격은 서로 다르지만, 만일 그 책임 수준과 곤란성의 정도가 비슷하다면 같은 등급에 배정되어 동일한 보수를 받는다.

2 직위분류제의 수립 절차

직위분류제를 수립하여 시행하기 위해서는 서로 긴밀히 관련된 여러 작업 단계를 거쳐서 이뤄진다. 그러한 단계는 [그림 4-1]과 같이 ① 준비 단계, ② 분류 단계, ③ 유지・관리 단계로 구분되며, 분류 단계는 다시 ① 직무조사 단계, ② 직무분석 단계, ③ 직무평가 단계 ④ 직급명세서 작성 단계, ⑤ 정급 단계로 구분된다(오석홍, 1993: 135-136; 김렬, 2014: 92-95).

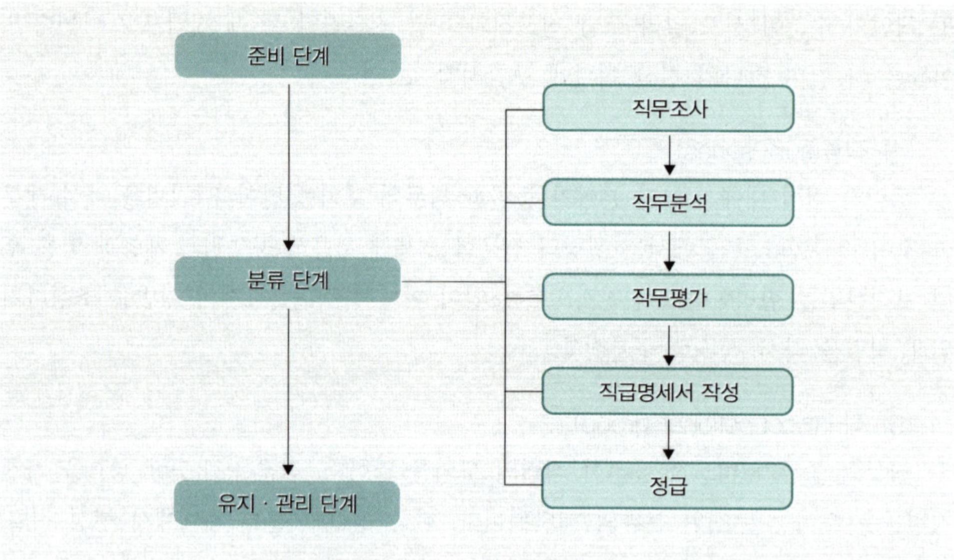

그림 4-1 직위분류제의 수립 단계

1) 준비 단계

직위분류제를 수립하기 위한 준비 단계는 직위분류제 수립의 기초가 되는 것으로 다음과 같은 활동을 포함한다. 즉, 분류 작업을 위한 법적 근거를 마련하고, 직위 분류 작업을 담당할 주관 기관을 결정하며, 분류 대상 직위를 결정하고, 분류 기술자를 확보하며, 직위 분류에 대한 홍보 활동을 하는 단계이다(오석홍, 1993: 135-144).

첫째, 직위분류제를 수립하기 위해 정부는 그 법적 근거를 마련해야 한다. 직위분류제를 본격적으로 실시하기 위해서는 개별법으로 분류법을 제정하는 것이 일반적이다. 국가공무원법(지방공무원법) 제3장에 직위분류제에 관해 규정하고, 이들 법에 규정된 것을 제외하고는 대통령령으로 정하도록 하고 있다(국가공무원법 제21조, 지방공무원법 제22조).

둘째, 직위분류제를 수립하기 위해서는 그 전에 분류할 대상 직위를 명확하게 규정해야 한다. 직위분류제를 처음 실시할 때나 확대시켜 나갈 때 분류 대상 직위의 범위를 어디까지 할 것인가를 정하는 것은 매우 중요하다. 분류 대상 직위로는 기술적으로 분류가 가능하고, 분류의 효과가 크며, 정치적 쟁점이 잘 되지 않는 실적제의 적용을 받는 직위가 일반적으로 해당된다.

셋째, 직위분류제는 복잡한 여러 단계를 거쳐 수립된다. 직위분류제를 수립하기 위해서는 각 직위에 대한 자료를 정확하게 수집하고 분석·평가하는 많은 전문요원이 필요하다. 직위 분류 작업의 경험이 적은 국가에서는 직위 분류 작업을 시작하기 전에 이 방면에 관한 전문요원을 미리 양성해야 한다.

넷째, 직위 분류는 분류 담당기관의 일방적인 지시로 행해지는 것이 아니라, 각 기관의 관리층과 분류 대상 직위의 공무원 등 관련자의 이해와 지지를 얻어야 한다. 직위분류제에 대한 취지와 목적을 충분히 이해시킬 수 있는 각종 홍보 활동을 전개해 구성원의 협조와 참여를 유도해야 한다.

2) 분류 단계

(1) 직무조사

직무조사(collecting of job information)는 분류될 직위의 직무에 대한 객관적 정보를 수집하고 기록하는 작업이다. 직무조사에서는 직무의 내용, 책임도, 곤란도, 자격 요건 등에 관한 모든 자료를 수집해야 한다(Dresang, 1991: 110). 직무조사는 직무에 대한 정보를 충분히 수집할 수 있는 직무조사 대상자가 누구이며, 그들에 대해 어떠한 방법으로 직무조사를 하느냐로 구분해서 살펴볼 수 있다.

① 직무정보 수집 대상자

직무조사는 먼저 직무에 관한 정확하고 풍부한 정보를 수집하는 일이다. 그러기 위해서는 그러한 정보를 누구로부터 얻을 수 있는가 하는 것인데, 이를 직무정보 수집 대상자라 할 수 있다. 일차적인 직무조사는 먼저 해당 직무의 현직자를 대상으로 한다. 그리고 분석 대상인 직무 수행자의 직속 상관 및 관리자, 그리고 직무 수행자와 상호작용하는 고객 또는 조직 내 인사 전문가 등을 대상으로 직무정보를 수집한다(Stephen, 2005: 533).

② 직무정보 수집 방법

직무정보 수집 대상자의 범위가 결정되면 그 다음 단계는 직무에 관한 정보를 어떤 방법으로 수집하느냐를 결정해야 한다. 직무조사는 일반적으로 질문지에 의한 방법을 원칙으로 하고, 면접법과 관찰법은 질문지법으로 정확성을 구하기 힘든 직위 및 질문지법으로 얻은 정보와 자료가 부정확하고 불충분할 때 보조적으로 활용된다. 직무조사는 직무에 관한 완전하고 정확한 정보를 수집하는 것이 목적이므로 아래 여러 가지 방법 중 한 가지 방법만으로는 충분하다고 할 수 없고, 직무분석의 목적이나 조직이 처한 상황에 따라 한 가지 이상의 방법을 혼합해 사용하는 것이 직무에 관한 정확하고 풍부한 정보를 얻을 수 있는 길이다.

㉠ 기록정보의 검토

직무에 관한 정보를 수집하는 첫 번째 방법 중의 하나는 이미 기록되어 있는 정보를 면밀하게 검토(review of archival information)하는 것이다. 이러한 기록정보는 과거의 직무기술서나 직무명세서, 근무평정 결과, 훈련자료나 직무 매뉴얼, 직무 수행 관련 메모, 업무 결과에 대한 기록, 기타 인사에 관한 기록 등이 여기에 해당된다.

㉡ 질문지법

질문지법(questionnaire method)은 직무를 조사할 때 가장 많이 사용되고 있는 방법이다. 이 방법은 직무기술서(job description)에 특정 직위의 직무를 수행하고 있는 현직자가 자기 직무에 관한 내용을 직접 기입하게 하는 방법이다. 직무기술서에 포함되어야 할 내용은 각 직위가 요구하는 ① 의무, ② 교육 요건, ③ 기술 요건, ④ 경험 요건, ⑤ 직무 지식 요건, ⑥ 이용 장비나 도구, ⑦ 이용 자료와 서식, ⑧ 감독자와의 관계, ⑨ 타인과의 접촉, ⑩ 작업 조건, ⑪ 신체적 요건, ⑫ 책임성, ⑬ 신체적 움직임의 정도 등이다(박연호, 1990: 362-364).

질문지법은 현직자가 답하기 수월하도록 질문이 간결하고 명확해야 하며, 질문지는 직무 수행자의 편견, 즉 자기 직무를 사실 이상으로 과장하거나 부정확하게 기입하는 것을 배제할 수 있어야 한다. 직무조사를 위한 질문지를 제시하면 〈표 4-1〉과 같다.

표 4-1 직무조사표

성명	직위 · 직급	소속 부서	근무 장소	입사일	근속 연수	연령	전공 분야

1. 현 직무의 과업 목표

2. 업무의 종류와 수행 시간
   - 주요 업무와 수행 시간/ - 보조 업무와 수행 시간
   - 비정규 및 임시 업무와 수행 시간

3. 감독
   본인이 감독하는 부하의 수, 직무명, 감독 횟수와 시간
   - 본인을 감독하는 상관의 수, 직무명, 감독받는 횟수와 시간

4. 직무 수행의 요구 조건(업무 종류별로 상 · 중 · 하로 표시)
   - 이해력과 판단력 발휘 정도/ - 주의력과 행동의 집중도
   - 협동과 단결의 정도/ - 창의력과 문제 해결 정도/ - 시간의 제약과 긴박감

5. 필요한 장비나 시설

6. 자격
   - 요구되는 최소한의 학력/ - 요구되는 최소한의 직무 경험
   - 요구되는 최소한의 기술과 장비, 기계 등/ - 육체적 · 인지적 직무 능력

ⓒ 면접법

면접법(interview method)은 분류 전문가가 직접 직무 수행자에게 직무 내용이나 수준 등에 관한 질문을 해서 직무기술서를 작성하는 방법이다. 면접법은 분류 전문가가 직접 개입하기 때문에 직무조사의 정확성을 기할 수 있으므로 기술적 관점에서는 질

문지법에 의한 것보다 효과가 크지만, 대규모 조직의 직무조사나 많은 직위를 조사하는 경우 막대한 시간과 비용이 들고 질문지법에 의한 경우보다 직무조사의 대상 폭이 훨씬 좁아진다.

㉣ **관찰법**

관찰법(observation method)은 직무 수행자가 직무를 수행하는 현장에서 직무에 관한 각종 정보를 분류 전문가가 직접 관찰해서 얻는 방법이다. 관찰법도 분류 전문가가 직접 개입하여 직무 수행자가 수행하는 직무를 조사하기 때문에 수집된 정보는 정확하고, 직무 수행자의 업무 흐름을 중단시키지 않고 필요한 시간만큼 직무 수행자를 관찰할 수 있으나, 면접법처럼 직무에 관한 정보 수집 과정에 많은 시간과 비용이 들고, 직무조사의 대상 폭도 좁다.

(2) 직무분석

직무조사에서 얻은 직무에 관한 정보를 토대로 직무를 종류별로 구분하는 작업을 직무분석(job analysis)이라 한다. 직무분석은 직무의 종류가 같거나 유사한 직위들을 묶어 직렬을 형성하고, 다시 동일하거나 유사한 직렬들을 묶어 직군을 형성하는 작업이므로 수직적인 분류의 개념을 갖는다. 일반적으로 직무분석의 절차는 다음과 같다(오석홍, 1993: 149-150).

직무를 구성하는 요소를 구분하여 분류 요소의 목록(check list)을 만드는데, 직무와 직무를 포괄적으로 비교하는 것보다 그 구성 요소별로 비교하는 것이 훨씬 더 정확성을 기할 수 있기 때문이다. 즉, 직무의 구성 요소는 직무의 성질이나 종류, 근무 환경이나 근무 조건, 다른 직무와의 관계, 기계·장비 등 작업 조건, 일상적인 직무, 주기적인 직무, 비정규적 직무, 직위가 요구하는 지식, 감독 통제, 재량성 내지 자율성, 복잡성, 활동의 범위와 결과, 개인적 접촉, 접촉의 목적, 신체적 요건, 작업 환경 등(Lee, 1993: 53; Dresang, 1991: 109)으로 나누고, 이러한 요소들을 다시 구분해 표를 만든 다음 직무 간의 유사성을 판단한다. 분류 대상 직위의 수가 많으면 대표 직위(key position)를 선정해 대표 직위의 분류 요소표를 만들고, 이에 비춰 다른 직위를 분석해 유사한 직위를 가려낸다.

이와 같은 논리적 사고 과정을 통해 이뤄지는 직무분석에는 해결해야 할 과제가 있는데, 직렬의 폭, 또는 크기를 어느 정도로 한정할 것인가 하는 것이다.

직렬의 폭을 결정하는 문제는 직렬을 어느 정도 세분할 것인가의 문제이다. 직렬의 폭이 너무 넓으면 직위 분류의 취지를 살릴 수 없고, 직렬의 폭이 너무 좁으면 인사관리의 불편과 낭비를 초래한다. 직렬의 폭을 결정할 때는 직무의 유사성을 정확히 판단해야 하며, 그 밖에도 다음과 같은 기준을 고려해야 한다(오석홍, 1993: 149).

① 각 직렬에 포함될 직류나 직위 수의 분포를 감안할 것

② 기관별로 각 직렬에 포함될 직위의 분포와 승진이나 전직 계통을 고려할 것

③ 직업 분화에 따른 직무의 전문성을 고려할 것

④ 혼합직은 가능한 최소화할 것

(3) 직무평가

직무평가(job evaluation)는 직위들을 각 직위가 내포하고 있는 상대적 수준 또는 등급별로 구분하는 방법이다. 같거나 유사한 직위의 직무라도 직무 수행의 곤란성, 책임성, 복잡성, 그리고 직무를 수행하는 데 필요한 자격 요건 등에 차이가 있을 수 있다. 이러한 차이를 기초로 해서 각 직위의 상대적 수준과 등급을 수평적으로 구분하는 작업이 직무평가이다.

이러한 직무평가에 따라 직무의 종류와 직무 수행의 곤란성 · 책임성 · 복잡성 · 자격 요건 등이 상당히 유사한 직위의 모임인 직급이 결정되고, 직무의 종류는 다르나 직무의 곤란성 · 책임성 · 복잡성 · 자격 요건 등이 유사한 직위의 집합체인 등급이 결정된다. 직무분석이 직무를 종류별로 구분해 직렬과 직군을 형성하는 작업이라면, 직무평가는 직무를 수준별로 구분해 직급과 등급을 형성하는 작업이라 할 수 있다(오석홍, 1993: 150-151).

이와 같이 직무평가는 직무의 상대적 수준이나 등급을 구분해 주기 때문에 조직 내의 각 직무 수준과 등급에 상응하는 보수, 즉 직무급 체계를 확립하는 데 도움을 준다. 직무평가는 조직 내의 보수 체계를 합리화하고, 나아가 인사관리의 전반적 합리화를 기하는 데 그 목적이 있다고 할 수 있다. 즉, 최근에는 직무평가가 보수 체계의 합리화뿐 아니라 임용, 교육훈련, 근무성적평정, 인사상담, 직무재설계 등 인사관리의 전반에 확대 · 적용되고 있다(Flippo, 1984: 124-125).

직무평가의 방법은 비계량적 방법과 계량적 방법으로 크게 구분된다(Hays & Reeves, 1989: 110-111). 비계량적 방법은 직무를 직무 수행의 곤란성이나 책임성 등을 기준으

로 포괄적으로 판단해 직무의 수준을 상대적으로 평가하는 방법으로, 서열법과 분류법이 있다. 계량적 방법은 직무의 구성 요소를 선정하고 여기에다 어떤 값을 부여해 직무의 상대적 수준을 평가하는 방법으로, 점수법과 요소비교법이 있다. 그런데 비계량적 방법의 서열법과 계량적 방법의 요소비교법은 직무와 직무를 비교해 직무의 상대적 수준이나 가치를 평가하는 데 비해, 비계량적 방법의 분류법과 계량적 방법의 점수법은 직무와 등급기준표를 비교해 직무의 상대적 수준이나 가치를 평가한다.

① 서열법

서열법(ranking method)은 직무 평가 방법 중 가장 간단하고 오래된 방법으로 분류 담당자들이 각 직위가 지니고 있는 직무의 곤란성이나 책임성을 전체적으로 평가해 직위 간의 서열을 정하는 방법이다. 서열법은 분류할 직위의 수가 적고 조직이 소규모이거나 시간과 비용을 절약하고자 할 때 효용성을 지니지만, 대규모 조직에서는 거의 사용되지 않는다.

이 평가 방법은 먼저 분류 담당자에게 유사한 직무로 분류된 직위의 직무기술서가 주어진다. 분류 담당자는 분류될 직위들에 관해 잘 아는 사람으로 구성되어야 하며, 그들의 평가 의견을 조정하거나 평균해 직위의 서열을 결정하도록 한다. 서열법에 의한 직무평가의 효율화를 위해서는 몇 가지 방법이 있으나 단순서열법과 쌍쌍비교법(paired comparison method)이 가장 널리 이용된다(황대석, 1986: 88-90).

첫째, 단순서열법은 〈표 4-2〉와 같이 평가직무의 기술서 또는 기술카드를 미리 분류 담당자에게 배부하여, 그들이 이것을 읽고 각 직무에 대해 충분히 이해한 후 직무의 곤란성, 책임성 및 복잡성과 자격 요건의 순서로 각 직위를 배열하는 방법이다.

표 4-2 단순서열법

직위 \ 분류 담당자	가	나	다	평균	서열
A	1	2	1	1.3	1
B	2	1	2	1.7	2
C	3	4	3	3.3	3
D	4	3	5	4.0	4
E	5	5	4	4.7	5

둘째, 평가할 직위가 많을 경우에는 분류 담당자의 판단이 혼란되기 쉬우므로 단순서열법으로는 어려움이 따른다. 이때는 각 직위를 다른 모든 직위와 하나씩 짝을 지어 비교하는 쌍쌍비교법이 효과적이다. 쌍쌍비교법은 두 개 직위의 직무기술서나 직무기술 카드를 읽고 그것을 비교해 각 직무의 상대적 가치(곤란성, 책임성, 복잡성, 자격 요건의 수준)가 높다고 판단되는 직위 아래 밑줄을 긋는다(〈표 4-3〉 참조). 이러한 절차는 모든 직위의 비교가 끝날 때 완료되는데, 그 비교 횟수는 N(N-1)/2회(N은 직위의 수)이다. 그리고 모든 직위의 비교가 끝나면 밑줄이 가장 많이 표시된 직위를 최고 순위로 해서 각 직위의 서열을 정한다(〈표 4-4〉 참조). 이러한 쌍쌍비교도 일정한 간격을 두고 여러 번 실시할 필요가 있다.

표 4-3 쌍쌍비교법

A	B	B	D
A	C	B	E
A	D	C	D
A	E	C	E
B	C	D	E

표 4-4 비교 집계표

직위	밑줄의 횟수	서열
A	4	1
B	2	3
C	0	5
D	3	2
E	1	4

② 분류법

분류법(classification method)은 등급법이라고도 하는데, 이 방법은 우선 직위의 등급 수를 정하고, 분류 기준을 미리 작성한 등급기준표(혹은 표준직무기술서)를 작성한다. 등급 수를 몇 단계로 구분할 것인가는 직무의 복잡성과 책임, 직무 수행에 필요한 지식과 기술, 감독의 책임, 의사결정의 자율성, 직무의 중요성 등에 따라 결정된다(장지호, 1992: 116; 오병수, 1983: 257). 이와 같이 등급 수가 결정되면 각 등급의 특징을 나타낸 용어를 정리해 각 등급을 정의한다. 이렇게 등급 수와 각 등급의 정의를 미리 작성한 것을 등급기준표라 한다. 등급기준표에 따라 평가하고자 하는 직위의 직무를 어떤 등급에 배치할 것인가를 하나하나 결정해 나가는 방법이 분류법이다. 등급기준표가 체계적으로 작성되어 있으면 이것을 직급명세서로 활용할 수 있다. 따라서 직위분류제가 수립된 상황에서는 직급명세서를 등급기준표로 활용하면 된다(유민봉 · 임도빈, 2007: 165-166). 분류법에서 사용할 수 있는 등급기준표의 실례를 들면 〈표 4-5〉와 같다(황대석, 1986: 95).

표 4-5 등급 기준표의 예

등급	내용
1급	사환 또는 이에 유사한 업무
2급	간단한 정규적 업무 1. 경험이 불필요한 간단한 사무, 혹은 경험은 필요 없지만 약간의 훈련을 필요로 하는 기계를 사용하는 작업 2. 단순하나 완벽한 업무 수행에는 약간의 경험을 필요로 하는 사무 3. 타이프라이터 등의 단순한 기계에 대해 훈련을 필요로 하는 작업
3급	상당한 사무적 재능을 요하는 업무 1. 상당한 사무적 재능은 필요로 하지만 업무의 성질상 완전한 책임을 부담하지 않는 업무 2. 약간 복잡한 기계에 관해 훈련을 필요로 하는 작업 3. 2급에 속하는 것으로서 약간의 책임을 부담하는 업무
4급	깊은 지식을 요하는 업무 1. 어떤 한정된 분야에 대해 완전하고도 깊은 지식을 요하는 업무 2. 업무에 대한 약간의 감독, 책임을 부담하는 업무
5급	관리지식을 요하는 업무 1. 해당 조직에서의 경험이 상당히 필요한 업무 2. 좀 더 전문적으로서 어려운 업무(단, 해당 조직에서의 경험이 없어도 좋음) 3. 5급 1의 업무 중 감독과 책임을 부담하는 업무 4. 5급 2 정도의 업무로서 당해 조직에서 오랜 경험이 필요한 업무, 또는 4급 정도의 업무로서 결과를 감독관의 검열을 받는 업무
6급	고도의 전문적 판단을 요하는 업무 1. 고도의 전문적이며 비밀을 요하는 업무 2. 조직 전반에 대한 책임이 따르는 관리자적인 업무

자료: 서울대학교 경영연구소 편(1966: 627).

③ 점수법

점수법(point rating method)은 분류 대상 직위의 상대적 가치를 정하기 위해 직무 수행에 필요한 평가 요소를 선정하고, 선정된 평가 요소의 비중을 결정한 다음, 이러한 평가 요소를 몇 단계로 구분해 각 단계마다 일정한 점수를 부여한 직무평가 기준표를 작성한다. 이어 분류 대상 직위의 직무를 구성 요소별로 구분해 직무평가 기준표에 따라 각 구성 요소별로 점수를 매기고, 이것을 합계해 각 직위의 총점을 계산한다. 이렇게 해서 나온 각 직위의 총점 차이를 가지고 분류하고자 하는 직위의 등급을 결정하는 것이 점수법이다. 그런데 직위의 수가 많은 경우, 점수의 차이 하나하나를 등급으로 설정하면 등급 간 차이가 크게 나지 않을 수 있다. 그러므로 평가 요소의 총점을 몇 가지 범주로 나눈 등급기준표를 작성하고, 각 직위의 평가 요소 합계의 점수가 이 등급기준표의 어디에 해당하는가를 파악해 각 직위의 등급을 결정한다.

점수법의 절차를 구분해 살펴보면 다음과 같다.

㉠ 직무평가 기준표의 작성

ⓐ 평가 요소의 선정

직무평가 기준표를 작성하려면 우선 직무 수행의 곤란성과 책임성을 판단할 수 있는 평가 요소를 선정해야 한다. 이때 선정된 평가 요소는 평가하고자 하는 직위에 공통적으로 존재하는 것이어야 하며, 직무 수행상 중요한 것이어야 한다. 평가 요소의 종류와 수는 구체적인 필요에 따라 달라질 수 있으나, 가장 널리 이용되고 있는 평가 요소의 수는 3개에서 많게는 25개 이상이지만 대개는 10~11개 정도가 가장 많이 활용된다.

평가 요소는 직무 수행의 곤란성과 책임성에 따라 구분하고 직무의 곤란도는 기

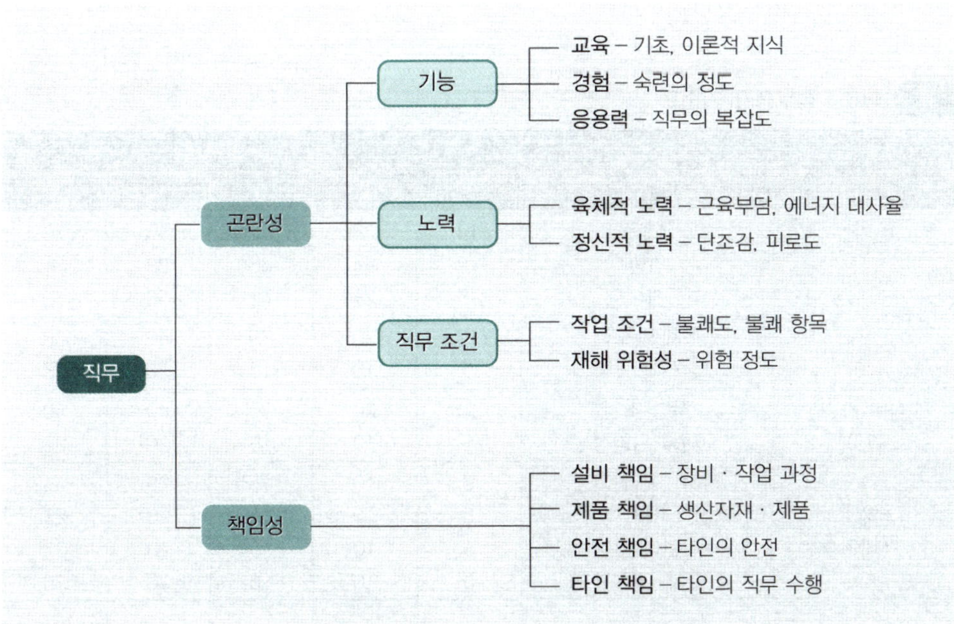

그림 4-2 평가 요소의 선정

능, 노력, 직무 조건을, 책임성은 설비와 제품에 대한 책임성과 타인의 안전과 타인의 직무 수행에 대한 책임 등으로 구분한다.

ⓑ 평가 요소의 비중

평가 요소가 선정되면 각 요소의 비중을 결정해야 한다. 평가 요소의 비중은 각 평가 요소가 조직에 대해 가지는 중요도나 기여 정도에 따라 정해진다. 평가 요소의 비중은 최근에는 자동화에 의한 기술혁신으로 기술의 비중이 줄어들고 책임의 비중이 높아지는 경향이다. 평가 요소의 비중은 일반적으로 백분율로 정하는 것이 보통이다.

ⓒ 평가 요소의 등급 구분과 점수 부여

평가 요소의 비중이 결정되면 그 다음에는 각 평가 요소를 몇 등급으로 구분할 것인가를 결정해야 한다. 평가 요소의 등급 구분은 일률적으로 말할 수 없다. 직무의 내용이 간단하면 평가 요소의 등급이 적지만, 고도의 전문성과 복잡성을 요하는 직무가 다수 포함되어 있으면 등급의 수가 많아야 한다. 그러나 평가 요소의 등급을 너무 구분하면 등급 간의 차이를 정확히 구분하기 어렵고, 반면에 등급 구분을 너무 적게 하면 구분되어야 할 차이를 구분하지 못하게 된다. 평가 요소의 등급은 5단계에서 8단계까지 구분하는 것이 일반적이다(장지호, 1992: 118-120). 〈표 4-6〉은 평가 요소를 5등급

표 4-6 직무평가 기준표

평가 요소		단계 구분 및 점수				
		1	2	3	4	5
기술 (250)	교육	14	28	42	56	70
	경험	22	44	66	88	110
	지식	14	28	42	56	70
노력 (75)	육체적 노력	10	20	30	40	50
	정신적 노력	5	10	15	20	25
직무 조건 (75)	작업 조건	10	20	30	40	50
	재해 위험성	5	10	15	20	25
책임성 (100)	장비 · 작업 과정	5	10	15	20	25
	생산 자재 · 제품	5	10	15	20	25
	타인의 안전	5	10	15	20	25
	타인의 직무 수행	5	10	15	20	25
점수 합계 (500)		100	200	300	400	500

자료: Henderson(1989: 204).

으로 구분하고 평가 요소별로 점수를 부여해 만든 직무평가 기준표의 예이다.

ⓛ 분류 대상 직위의 평가와 등급기준표에 의한 등급 결정

직무평가 기준표가 작성되면 분류하고자 하는 직위의 직무에 대해 직무평가 기준표에 따라 평가 요소별로 점수를 배정하고, 이것을 합해 각 직위의 직위값을 도출한다. 그런 후 각 직위의 직위값 차이를 가지고 각 직위의 등급을 결정한다. 이때 평가 대상 직위가 많아 직위값의 차이가 크게 나면 〈표 4-6〉에 있는 평가 요소의 최고 단계의 점수(최고 등급의 직위값)를 〈표 4-7〉과 같이 몇 개의 등급으로 나눈다. 〈표 4-7〉은 등급을 10개의 등급으로 나눈 경우를 예로 든 것이다.

이러한 표를 등급기준표라 한다. 이때 몇 등급으로 나눌 것인가는 조직 규모, 분류 목적, 승진 계통, 보수 체계 등 인사관리의 목적에 따라 다르다. 이러한 등급기준표에 따라 분류 대상 직위의 직위값이 몇 등급에 해당하는지 결정하면 된다. 예를 들면, 어떤 분류 대상 직위의 직위값이 250이라면 4등급으로, 다른 분류 대상 직위의 직위값이 389라면 8등급으로 분류된다.

표 4-7 등급기준표

등급	1	2	3	4	5	6	7	8	9	10
총점	100~140	141~180	181~220	221~260	261~300	301~340	341~380	381~420	421~460	461~500

이와 같이 각 직위의 상대적 가치(수준)를 결정하는 점수법은 직무평가기준표나 등급기준표 등 일정한 척도를 사용해 분류 대상 직위의 직무를 평가한다는 점에서 비계량적 방법의 분류법과 비슷하다. 그리고 평가 요소를 세분하여 직위의 상대적 가치를 수량적으로 평가한다는 점에서 후술할 요소비교법과 유사하다. 그러나 점수법은 직위와 직위를 서로 비교하지 않는다는 점에서 서열법이나 요소비교법과 다르다.

④ 요소비교법

요소비교법(factor comparison method)은 서열법·분류법·점수법 등에 비해 가장 늦게 고안된 직무평가 방법이다. 이 방법은 점수법의 단점인 평가 요소의 비중 결정과 단계 구분에 따른 점수 부여의 임의성을 극복하고자 개발된 기법이다.

요소비교법도 점수법처럼 먼저 평가할 직위에 공통되는 평가 요소를 선정한다. 그리고 조직에서 가장 중심이 되는 직위, 즉 대표 직위를 선정해 대표 직위의 평가 요소별 서열을 정한다. 그런 후 대표 직위의 보수액을 평가 요소별로 배분해 제시한다. 이러한 기준을 토대로 분류 대상 직위의 평가 요소별 서열에 따른 보수액을 배분해 분류 대상 직위의 보수를 결정한다. 이렇게 해서 분류 대상 직위의 보수액이 결정되고, 분류 대상 직위의 보수액에 차이가 나면 그것이 바로 직무의 상대적 가치를 나타내는 등급 결정의 기준이 된다. 요소비교법은 직위의 상대적 수준을 현행 보수액과 관련시켜 평가하기 때문에 금액 가중치 방식(money weight method)이라고도 한다.

요소비교법에 의한 직무평가의 단계는 평가 요소의 선정, 대표 직위의 선정, 대표 직위의 평가 요소별 서열 결정, 대표 직위의 평가 요소별 보수액 배정, 분류 대상 직위와 대표 직위와의 비교·평가를 통한 분류 대상 직위의 보수액 결정 등으로 구분해 볼 수 있다.

이상에서 설명한 직무평가 방법의 내용을 비교하면 〈표 4-8〉과 같다.

표 4-8 직무평가 방법의 비교

비교 기준	직무평가의 방법			
	서열법	분류법	점수법	요소비교법
사용 빈도	가장 적음	둘째나 셋째	가장 많음	둘째나 셋째
비교 방법	직무와 직무	직무와 기준표	직무와 기준표	직무와 직무
특징	서열을 전체적으로 평가	등급기준표에 직무를 배치	직무평가기준표에 따른 평가 요소별 배점	대표 직위의 선정과 요소별 보수액 배분
요소의 수(數)	없음	없음	평균 11개	보통 5~7개
척도의 형태	서열	등급	요소별 점수	대표 직위별 점수
다른 방법과의 관계	요소비교법의 조잡한 형태	점수법의 조잡한 형태	분류법의 발전된 형태	서열법의 발전된 형태
평가 방법	비계량적 방법	비계량적 방법	계량적 방법	계량적 방법
평가 대상	직무 전체	직무 전체	직무의 평가 요소	직무의 평가 요소

자료: 최종태(1986: 77) 참조.

(4) 직급명세서의 작성

직무분석과 직무평가를 통해 직위를 수직적 · 수평적으로 분류하게 되면 각 직급의 특징에 관한 정의 내지 설명이 있어야 인사관리의 기초 자료로 이용할 수 있다. 직급명세서(class specification)란 각 직위의 직급별 특성을 설명한 것으로 원래 정급의 지표를 제시하기 위한 것이지만, 모집, 선발, 훈련, 근무성적평정 등 인사관리의 기준을 제시해 주는 문서로도 활용된다. 직급명세서에는 각 직급별로 직급 명칭, 직무 개요, 직무 수행의 예시, 자격 요건 등을 명시해야 하는데, 직급명세서 작성의 구체적 방법은 다음과 같다(박연호, 1990: 381).

첫째, 직급 명칭은 간결하면서도 직무의 특성을 함축하는 것이어야 한다.

둘째, 직무 개요는 직위에 포함되는 직무의 종류, 곤란성, 책임성 등을 요약해 기술한 것이다. 직무 개요는 표현과 용어 사용이 정확해야 하며, 이를 통해 직급 간 구별이 가능해야 한다.

셋째, 직무 수행의 예시는 각 직무의 특징을 좀 더 잘 이해할 수 있도록 해당 직급에 속하는 직무 중에서 대표적인 몇 가지 직무를 예시한다.

넷째, 자격 요건은 각 직위의 직무를 수행하는 데 필요한 최저한의 지식, 기술, 능력 등을 기술한다.

(5) 정급

직급명세서의 작성이 끝나면 분류 대상 직위들을 해당 직급에 배치해야 한다. 이와 같이 분류 대상 직위를 해당 직급에 배치하는 작업을 정급(allocation)이라 한다. 직무분석과 직무평가를 통해 각 직위들의 직무 내용과 수준 등을 파악하고 많은 관계자들과 협의하여 직위를 하나하나 검토하여 그것이 어느 직급에 해당될 것인지를 결정해야 한다. 정급이 끝나면 정급표를 기관별로 작성해 각 기관에 배포한다. 정급표에는 해당 기관의 공무원의 성명, 그 직위가 속하는 직급이나 등급이 기록된다. 이러한 기관별 정급표는 각 기관의 공무원들이 알 수 있도록 해야 한다.

3) 유지 · 관리 단계

정급이 끝나면 직위분류제를 수립하는 작업은 일단 마무리되고 직위분류제를 유지 · 관리하는 활동이 남게 된다. 직위분류제는 항구적인 것이 아니므로 일단 직위분류제가 수립되었다고 하더라도 그 실시에 따른 문제점을 발견해 해결하고, 변동하는 상황에 따라 분류를 계속 적응시키며 개선해 나가야 한다. 직위분류제의 유지·관리를 위한 계속적인 노력은 직위분류제를 유용성 있게 하는 데에 필수적이다. 직위분류제의 목적을 원활하게 달성하기 위해서는 다음과 같은 유지·관리 활동이 필요하다(Stahl, 1983: 195-197).

첫째, 어떤 직위의 직무에 변화가 있으면 즉각 분류 담당부서(기관)에 보고해야 한다. 특히 관리자나 감독자는 직무상의 변화를 가장 잘 알 수 있는 직위에 있으며, 이들은 분류 대상 직원과 함께 기존 직무의 재분류를 위해 분류 담당부서(기관)에 보고해야 한다.

둘째, 어떤 새로운 직위가 생겨나거나 조직 내의 업무 배분에 따른 직위의 성격이 변화하는 경우에도 재분류를 위해 노력해야 한다.

셋째, 분류 대상 직원의 변화가 있을 때마다 당해 직위는 검토되어야 한다. 왜냐하면 이 경우 해당 직위에 기득권을 갖고 있는 직원이 없기 때문에 공무원에게 피해를 주지 않고 직위를 재분류할 수 있는 가장 좋은 시기이기 때문이다.

넷째, 직무의 변화가 보고되지 않을 수도 있고 또 직무의 변화를 파악하지 못하거나 소홀히 할 경우도 있을 수 있기 때문에, 분류 담당기관은 조직의 모든 직위에 대해 주기적인 조사를 해야 한다.

다섯째, 직위분류제는 상황의 변화에 따라 재분류되고 수정되어야 하므로 직위 분류 작업이 소수 몇 사람의 전유물이거나 그들만이 직위 분류 작업을 해야 한다는 생각을 갖도록 해서는 안 된다. 조직 운영의 관리자나 책임자도 직위를 적절하게 분류하는 책임을 공동으로 진다는 사고를 지니도록 해야 한다.

여섯째, 가장 어려운 문제 중의 하나는 재분류될 때 직위의 직급이나 등급이 낮아지는 경우이다. 분류 대상 직원과 감독자, 소속 기관의 장 등은 각기 직급이나 등급을 상향 조정하거나 높은 직급이나 등급에 배치하려는 경향을 가지고 있다. 직위의 격하를 초래하게 되면 심한 반발에 부딪치게 된다. 이때 간헐적인 재분류로 인한 직위의 직급이나 등급 변동은 분류 대상 직원의 실수가 아니라 조직의 개편, 업무량의 변화, 계획 변화의 결과 때문이라고 설명하고, 감독자는 가능한 한 재분류의 결과를 이해시켜야 한다.

마지막으로 직위분류제에서 가장 중요한 것 가운데 하나는 직위분류제의 성공 여부가 모든 조직구성원의 참여와 자발적 협조에 있다는 것을 주지시켜 그들을 하나의 조직체로 통합하는 일이다. 직위분류제가 개인의 이해 관계나 조직의 목적만을 위해 이뤄지는 것이 아니라 인사관리의 합리화와 효율적인 행정 수행을 위한 제도라는 점을 모든 조직구성원에게 인식시켜 올바르고 정확하며 과학적인 직위분류제가 이뤄지고 유지되도록 구성원들의 일체성을 확보하는 것이 중요하다.

3 직위분류제의 장 · 단점

위에서 살펴본 바와 같이 직위분류제란 공무원의 직위에 내포되어 있는 직무의 종류를 기준으로 공직을 직렬과 직군으로 구분하고, 직무의 상대적 수준을 기준으로 공직을 직급과 등급으로 구분해 직무급 체계를 수립하고, 기타 인사관리의 합리적 수단으로 활용하려는 제도이다.

이러한 직위분류제는 계급제에 비해 비교적 체계적이고 과학적 방법에 의해 형성된 공직 분류 체계이지만 그럼에도 불구하고 많은 문제점을 가진다. 이러한 직위분류제가 가지고 있는 장 · 단점은 다음과 같다(Lee, 1993: 50-51; Nigro & Nigro, 1986: 202-208).

1) 직위분류제의 장점

첫째, 직위분류제는 동일 직무에 대한 동일 보수(equal pay for equal work)의 원칙에 입각한 직무급 체계를 확립하게 해준다.

둘째, 직위가 요구하는 직무의 내용, 성격, 그리고 자격 요건에 따라 채용시험, 교육훈련, 전보 승진 등을 시행함으로써 인사행정의 합리적 기준을 제공한다.

셋째, 개인이 가지고 있는 능력과 경험, 자격 요건을 직무의 특성과 관련시켜 주므로 직무 중심의 인사행정을 수행할 수 있게 된다.

넷째, 직무의 특성이나 성격 및 내용을 구체적으로 제시해 줌으로써 객관적인 근무성적평정 기준을 확립할 수 있고, 담당 직원의 교육훈련 수요를 파악하는 데 기여한다.

다섯째, 직무의 내용이나 수준을 명확하게 나타내 주므로 직위 간의 권한과 책임의 한계를 명확히 해준다.

여섯째, 조직 단위별로 구성원의 업무 분담을 합리화하고, 이를 기초로 직무분석과 직무평가를 통해 조직구성원이 수행하고 있는 일의 종류와 수준, 업무량 등을 명확히 해주므로 효율적인 정원관리를 할 수 있다.

일곱째, 조직 간의 수평적 이동보다 동일 직렬에 따라 장기간 근무하는 것을 원칙으로 하기 때문에 전문직업인을 양성하는 데 도움이 되고 행정의 전문화에 기여한다.

2) 직위분류제의 단점

첫째, 직위분류제는 특정 직위의 전문가를 요구하므로 일반적 관리 능력을 가진 일반행정가의 확보나 양성이 어렵다.

둘째, 직위분류제는 조직이나 직무의 변화, 그리고 새로운 직무의 부과 등 변화하는 상황에 신속하게 대응하지 못하는 경직성을 갖는다.

셋째, 직위분류제는 업무의 전문화를 통한 전문적 행정관리에 역점을 둠으로써 상위 직급에서의 업무 통합이 어렵다.

넷째, 직위분류제는 동일 직렬에서의 승진이나 전보는 가능하나, 다른 직렬로의 전직이 어렵기 때문에 인사관리의 유연성과 신축성이 결여된다.

다섯째, 직위분류제는 특정 직위의 직무 수행 능력에 관한 인물의 적합성을 최우선으로 하기 때문에 직업공무원제의 확립을 어렵게 한다.

여섯째, 직위분류제는 조직개편이나 직무의 불필요성 등으로 직무 자체가 없어진 경우, 그 공무원은 다른 직무를 맡을 수 없거나 다른 직렬로의 이동이 제한되므로 공무원의 신분보장이 위협을 받는다.

일곱째, 직위분류제는 직위에 있는 공무원의 인간적 요소가 고려되지 않는 분류체계이므로 조직에 대한 자발적 헌신이나 구성원들의 일체감 등을 유발하기 어렵다.

여덟째, 정부의 직무는 직무의 양이나 종류, 그 수준 등이 엄격히 구분되는 것이 아니어서 정부의 직위를 대상으로 분류하는 작업은 주관적이 될 가능성도 있다.

4 한국 정부의 직무분석

1) 한국 정부 직무분석 추진 연혁

한국 정부의 직무분석은 1963년 직위분류법이 제정되면서 시작되었다. 1967년 1월 1일부터 직위분류제를 시행할 예정으로, 1963년 7월부터 1966년 3월까지 정부 각 부처 일반직 공무원 14만여 개 직위 중 7만여 개 직위를 선정해 직무조사를 했다. 이에 따라 1966년 4월에는 직군·직렬 및 직급의 형성과 직급명세서를 작성하고 정급 작업을 실시함으로써 직위분류제 실시 기반을 마련하려고 했지만(정부혁신지방분권위원회, 2005: 307), 여러 가지 어려움에 봉착해 그 실시를 보지 못한 채 법 제정 10년 만인 1973년 직위분류법은 폐지되었다.

직위분류법 폐지 후 직무분석 작업은 행해지지 않다가 1996년부터 1997년까지 총무처의 '직무분석기획단'에서 외부 전문가의 공직 진입 기회를 넓히기 위해 중앙행정기관의 5급 이상의 13,460개 직위를 대상으로 직무분석을 실시했다. 이러한 직무분석 결과를 바탕으로 국제, 법률, 정보통신, 환경, 교통, 도시계획, 과학기술 등 7개 중점 검토 분야에 대해 개방형 전문직위제도를 도입하게 되었다. 이렇게 김영삼 행정부에서 실시된 직무분석은 담당 업무 활동을 중심으로 했으나, 업무 활동을 통해 최종적으로 달성하려는 결과까지는 연결하지 못했다(정부혁신지방분권위원회, 2005: 307). 즉, 공직경쟁력 확보 차원에서 특수 직무를 중심으로 공직 내·외의 전문가를 임용하기 위한 직무분석이 이뤄졌기 때문에 한정된 직위에만 적용되고, 그것도 직위 지정 권한이나 임용 조건, 직무 수행 요건의 엄격함 등은 형식적으로 운영되어 그 성과가 미미했다.1)

그 뒤 김대중 행정부가 출범하면서 공직사회에 경쟁을 불어넣고 외부 전문가의 채용을 확대하기 위해 기획예산위원회는 김영삼 행정부의 '직무분석기획단'에서 개발한 직무분석 기법을 이용해 1998년 11월부터 1999년 3월까지 경영진단을 실시했다. 1999년에 설립된 중앙인사위원회는 기획예산위원회의 경영진단 결과를 토대로 전문성이 특히 요구되거나 효율적 정책 수립을 위해 필요하다고 판단되는 실·국장급 직위에 공직 내·외를 불문하고 최적격자를 임용하도록 하는 개방형 임용제도를 도입했다.

중앙인사위원회는 또한 계급과 서열 중심의 인사관리에서 직무와 성과 중심의 인사관리 체제로 전환하기 위한 기초 작업으로 중앙정부의 직무분석을 실시했다. 2000년에 정부 직무분석 사업의 시범 부처로 외교부와 기상청의 직무분석을 실시했고, 2001년 중앙인사위원회와 건설교통부 및 국세청을 대상으로 직무분석이 실시되었다. 2002년에는 성과와 역량을 기초로 하는 신인사행정 구축에 목적을 두고 농촌진흥청, 조달청, 해양경찰대를 대상으로 직무분석을 했다.

2002년 '직무분석에 관한 지침'이 중앙인사위원회의 예규로 제정되면서 중앙인사

1) 국장급 이상의 총 213개의 직위 중 18개 직위만 개방형 전문직위로 지정되었다.

위원회는 탄력적 인력관리 체제 구축의 일환으로 2003년부터 2004년까지 2년에 걸쳐 전 부처 실·국장급 직위인 1~3급 고위직을 대상으로 직무분석을 실시했다. 이러한 직무분석 결과는 고위직의 성과관리 체계, 보수 체계, 그리고 역량평가 및 개방 체계를 설계하기 위한 기초 자료로 활용되고 있다. 그리고 2005년에는 2003~2004년에 실시된 고위직 직무분석 실시 후 직제의 개정으로 신설되거나 직무 내용이 변경된 직위를 대상으로 추가 직무분석을 실시했다. 이를 통해 1~3급의 계급을 폐지하고 직무 등급으로 구분하며 고위직 공무원의 부처 간 협조와 이들의 직무 역량과 직무 성과를 제고함으로써 국정 운영의 핵심 주체로서 역할을 다하도록 하기 위한 고위공무원단제도를 2006년 7월부터 시행하게 되었다. 그리고 이어 과장급 이하의 직위에 대해서도 경력개발제도의 의무 적용, 전문직위의 지정 확대, 직위 공모, 특별채용의 확대 등 인사관리의 방향을 직무 중심으로 전환하기 위해 부처 자율로 직무분석을 실시하도록 하고 있다(정부혁신지방분권위원회, 2005: 307-310).

2) 한국 정부 직무분석의 특징[2)]

한국 정부의 공직 분류는 신분과 서열 중심의 계급제로 운영되어 오다가 최근에 와서는 개방과 경쟁을 통한 성과와 책임이라는 직무 중심의 직위분류제로 이행하고 있다. 이러한 한국 정부의 직무분석의 특징을 제시하면 다음과 같다.

첫째, 2004년의 중앙인사위원회와 현재 인사혁신처가 실시하고 있는 직무분석은 1970년대에 도입하려다가 실패한 직위분류제를 전면적으로 도입하기보다는 직무 중심의 성과관리를 위한 직무정보의 획득과 활용에 초점을 두고 있다. 중앙정부 실·국장급 1~3급 고위직의 직무분석을 통해 실·국장급 1~3급의 계급을 없애고 직무등급제를 도입함으로써 고위직에 대한 직위분류제가 실시되었다고 할 수 있지만, 국장이 아닌 과장급 3급과 4급 이하의 직무분석은 채용, 승진, 전보, 보수 지급 및 성과관리 등 직무 중심의 합리적 인사행정을 위한 정보를 획득하고 활용하는 데 있다.

둘째, 현재 한국 정부에서 활용하는 직무기술서는 정무직 직무기술서와 고위직 직무기술서, 그리고 과장급 이하의 직무기술서의 세 가지로 구분되어 있다.[3)] 각 직무기

2) 현재 한국 정부의 직무분석에 관한 법령은 대통령령인 '직무분석규정'과 인사혁신처 예규인 '직무분석실시지침'인데, 이 법령 등에서 말하는 직무분석의 개념은 앞의 직위분류제 수립 절차에서 설명한 직무조사, 직무분석, 직무평가 등을 모두 포괄하는 넓은 개념이다.

3) 정부의 직무분석규정은 직무기술서를 "직위별 주요 업무 활동, 성과책임, 직무 수행의 난이도 및 직무

술서의 주요 내용은 〈표 4-9〉와 같다.

표 4-9 직무기술서의 주요 내용

<table>
<tr><th>정무직 직무기술서</th><th>고위직 직무기술서</th><th>과장급 이하의 직무기술서</th></tr>
<tr><td rowspan="2">Ⅰ. 직무의 의의
성과 관점에서 국민과 사회에 대한 역할</td><td>Ⅰ. 직위의 정보
소속 부처, 직위명, 공무원의 구분</td><td>Ⅰ. 직위의 정보
소속 기관명, 국명, 과명, 직위명, 보임 가능 직급</td></tr>
<tr><td>Ⅱ. 직무의 의의
직무의 존재 이유 및 가치</td><td>Ⅱ. 직무의 의의
직무의 존재 이유 및 가치</td></tr>
<tr><td rowspan="3">Ⅱ. 직무의 목적과 구조
주요 업무 활동, 성과책임, 성과책임의 비중, 성과지표</td><td>Ⅲ. 직무의 목적과 구조
주요 업무 활동, 성과책임, 성과책임의 비중, 성과지표, 성과평가 적정기간</td><td>Ⅲ. 직무의 목적과 구조
주요 업무 활동, 성과책임, 성과책임의 비중, 성과지표</td></tr>
<tr><td>Ⅳ. 업무의 세부 내용 및 수행 절차
업무의 상황, 업무 수행 방식, 업무의 결과가 미치는 영향력</td><td rowspan="2">Ⅳ. 직무 수행 내용 및 방법
주고객(행정 수요자), 직무 수행 절차, 직무 분야, 대인·대기관 접촉, 직무 수행의 제약 요건(또는 장애), 직무 수행 효과</td></tr>
<tr><td>Ⅴ. 업무의 성격
해당 직무와 관련된 업무의 성격</td></tr>
<tr><td rowspan="4">Ⅲ. 직무 수행 요건
요구 역량: 우선순위에 따라 역량 풀에서 7개 역량 선택</td><td>Ⅵ. 직무 수행 요건Ⅰ
요구 역량: 우선순위에 따라 역량 풀에서 5개 역량 선택</td><td rowspan="2">Ⅴ. 직무 수행 요건
경력, 요구 역량(우선 순위에 따라 역량 풀에서 3개 역량 선택), 자격증, 요구 지식, 외국어, 정보화 능력, 필요 교육, 기타</td></tr>
<tr><td>Ⅶ. 직무 수행 요건Ⅱ
전공 분야, 자격증, 경력 및 업적 요건, 특별 요건</td></tr>
<tr><td>Ⅷ. 바람직한 보직경로
사전 필수 이수 직무, 향후 보직 가능한 직무</td><td>Ⅵ. 바람직한 보직경로
사전 경험 필요 직무, 향후 보직 가능한 직무</td></tr>
<tr><td>Ⅸ. 직위 개요
해당 직위의 기본 정보</td><td>Ⅶ. 직무 체계도
조직 내 본인의 위치</td></tr>
</table>

자료: 직무분석 실시지침(인사혁신처 예규 제109호, 2020.12.30. 일부개정)을 참고하여 작성함.

수행 요건 등 직위에 관한 정보를 기술한 문서를 말한다"라고 규정하고 있다(직무분석규정 제4조).

제3절 계급제와 직위분류제의 특성 비교 및 조화 시도

1 계급제와 직위분류제의 특성 비교

계급제는 직무 그 자체보다는 직무를 수행하는 사람의 개인적 특성(학력, 경력, 자격 등 사회적 신분)에 기초를 둔 분류 체계로 인사관리의 융통성과 탄력성을 지니는 데 반해, 직위분류제는 직무의 속성을 기준으로 한 분류 체계이므로 객관성 있는 직무 중심의 인사행정을 가능하게 한다. 이와 같이 양 제도는 서로 대조적으로 각각의 특성을 지닌다. 인사행정의 여러 활동 국면에서 나타나는 양 제도의 특성을 비교하면 다음과 같다(오석홍, 1993: 108-111; 박연호, 1990: 343-346; 이상윤, 1994: 96-98).

첫째, 조직계획 측면에서 계급제는 현재의 직무를 중심으로 조직의 분류 체계를 형성하는 것이 아니므로 당장의 조직구조에 잘 부합하지 못하는 점이 있더라도 장기적 조직계획의 수립과 발전에 기여할 수 있다. 이에 반해 직위분류제는 현재의 조직에 존재하는 직무의 성격을 기준으로 분류 체계를 형성하므로 조직계획에서 현재의 조직 배열에 가장 잘 부합하는 제도라고 할 수 있다. 그러나 직위분류제의 단기적 합리성은 장기적 조직계획의 수립과 발전에 지장을 초래한다.

둘째, 채용과 시험 측면에서 계급제는 당장의 직무 수행 능력보다 장래의 장기적 발전 가능성과 잠재력을 가진 사람을 채용하므로 채용시험도 특정 직무에서 요구하는 전문 능력보다 일반 소양과 지식에 관한 과목들이 부과된다. 그러나 직위분류제는 특정 직무가 필요로 하는 지식과 능력 · 기술을 가진 적임자를 채용하므로 거기에 알맞은 사람을 우선으로 하고, 채용시험도 특정 직무와 관련된 전문적 능력을 테스트할 수 있는 과목들이 부과된다.

셋째, 보직관리 측면에서 계급제는 직무의 상세한 규정이 없고 동일 계급이면 직무의 종류나 성격에 관계없이 폭넓게 이동할 수 있으므로, 보직관리의 정확성과 합리성을 확보하기 어렵다. 그러나 이러한 폭넓은 순환보직은 인사관리의 융통성을 가져다주고 공무원의 능력을 장기적으로 발전시킬 수 있다.

직위분류제는 특정 직위의 직무 종류와 의무 및 책임성 등에 따라 분류 체계가 형성되고, 거기에 적합한 인물을 배치하므로 보직관리의 합리화를 도모할 수 있다. 그러나 지나친 직무구조의 편협성과 경직성은 순환보직의 범위를 제한해 공무원의 시야를 좁게 한다.

넷째, 인사이동 측면에서 계급제는 지위나 직급이 사람에게 부착되어 있으므로 동일 계급 내에서의 인사이동이 비교적 자유롭고 승진 계통의 폭도 넓다. 그러나 직위분류제는 직무의 종류나 성격·의무와 책임 등에 따라 직위가 분류되어 있고, 각 직위에 대한 공무원의 자격 요건이 정해져 있기 때문에 공무원이 어느 한 직위에서 다른 직위로 이동하기 어렵고 승진 계통도 매우 경직적이다.

다섯째, 보수 측면에서 계급제 하의 보수는 동일한 계급이면 일의 양이나 성격에 관계없이 동일한 보수를 받으므로 연공급적 성격이 강하다. 또한 계급제 하의 보수는 공무원이 공익 실현의 담당자로서 공직에 전념하면서 생계를 유지하고 품위를 유지하도록 하는 생활급적 성격을 갖는다고 할 수 있다. 이에 반해 직위분류제 하의 보수는 동일 노무에 대한 동일 보수의 직무급 체계를 확립할 수 있다. 직무급 체계는 노동에 대한 반대급부의 성격을 띠므로 보수의 형평성과 합리성을 기할 수 있다.

여섯째, 교육훈련 측면에서 계급제는 직무가 상세하게 규정되어 있지 않기 때문에 교육훈련 수요를 정확하게 파악하기 어렵다. 따라서 계급제 하의 교육훈련은 순환보직과 재직훈련이 강조되며 교육 내용도 일반적이고 공통적인 것을 중심으로 한다. 이에 반해 직위분류제는 특정 직위의 직무가 요구하는 능력을 가진 사람을 배치해 관리하므로 특정 직위가 요구하는 기대 수준과 분류 대상 직원이 지니고 있는 현재의 수준을 파악할 수 있으므로 교육훈련 수요를 정확하게 파악할 수 있으며, 그에 따른 교육훈련 프로그램을 실시할 수 있다.

일곱째, 신분보장 측면에서 계급제는 공직이 폐쇄형으로 운영되기 때문에 직무의 변화나 직위의 폐지에도 불구하고 동일 계급 내에서의 폭넓은 순환보직을 통해 공무원의 신분을 보장할 수 있다. 하지만 직위분류제는 현재의 직위가 조직 개편이나 예산 축소, 그리고 직무의 변동에 따라 없어지면 그 직위 자체가 폐지되므로 공무원의 신분 보장이 어렵다. 이것은 외부 신규채용을 원활하게 하려는 직위분류제의 본질적 특성이다.

여덟째, 행정상의 조정 측면에서 계급제에서는 직무 구분이 엄격하지 못하므로 갈등의 조정과 예방은 비교적 어렵지만, 갈등이 발생했을 때는 일반행정가로서 융통성과 신축성을 발휘해 갈등을 비교적 쉽게 해결할 수 있다. 그러나 직위분류제는 공무원들의 직무 한계와 책임 소재를 분명히 규정하므로 역할의 갈등을 사전에 방지할 수 있다. 그러나 전문화에서 기인하는 비융통성 때문에 일단 갈등이 생기면 사후적으로 조정하기 어렵다.

이상으로 직위분류제와 계급제의 상대적 특성을 비교했으나 이것은 어디까지나 상대적인 정도의 차이라고 할 수 있다. 그리고 이러한 각 제도의 특성은 각 제도 자체가 지닌 특성이지 어느 제도가 낫거나 못하다는 것을 뜻하는 것은 아니다.

2 계급제와 직위분류제의 조화: 미국과 영국의 경험

계급제와 직위분류제는 상호 배타적이거나 대립적이 아니라 상호 보완적으로 활용될 수 있음은 앞에서 이미 지적했다. 계급제를 채택한 국가는 사회의 분화에 따른 행정의 기술화와 전문화를 충족시켜야 하므로 직위분류제적 요소를 도입하고, 직위분류제를 채택한 국가에서는 지나친 직무의 분화로 인한 행정의 통합과 신축성의 결여로 인해 계급제적 요소를 도입하고 있다.

계급제에 비교적 충실했던 영국은 계급제의 문제점을 극복하기 위해 직위분류제를 과감하게 도입하고, 직위분류제에 비교적 충실했던 미국은 직위분류제의 한계를 극복하기 위해 계급제적 요소를 과감하게 도입·적용하고 있다. 이와 같이 많은 국가에서는 계급제와 직위분류제를 절충해 혼용함으로써 계급제와 직위분류제의 장점을 취하려 하고 있다. 이하에서는 직위분류제 중심의 미국과 계급제 중심의 영국의 공무원제도 개혁에 대해 살펴보고자 한다.

1) 미국의 경험

미국은 공직에 직위분류를 적용하는 대표적인 국가이다. 이는 미국이 계급제의 전통을 갖지 않았을 뿐 아니라 공직의 개방화와 사기업에서 발달한 직위분류제의 영향 때문이다. 그러나 최근 정부 인사관리의 탄력성을 확보하고 행정 업무의 통합을 위해 계급제적 요소를 가미하고 있다. 미국의 공무원은 근무 시간, 직위 성격, 임용 형태, 보수표 등에 따라 여러 가지 직종의 공무원으로 분류할 수 있으나 직위분류제가 엄격하게 적용되는 공무원은 일반보수표(General Schedule)의 적용을 받고 있는 경력직 공무원이다.[4)]

직위분류제를 바탕으로 한 미국의 공무원제는 일찍부터 실적제를 확립했다. 각 계층에 학력과 연령에 관계없이 특정 직무 수행 능력만 있으면 언제든지 외부채용이 가능한 형태의 공무원제도가 생겼다. 그 후 1923년의 분류법과 1940년의 램스펙법(Ramspeck Act), 1949년의 분류법(Classification Act)에 의해 오늘날 직위분류제가 정착·발전하게 되었다.

이러한 직위분류제는 앞서 지적한 것처럼 실적주의의 원칙과 엽관주의에 의한 공직 취임의 기회 균등 사상이 부합하면서 사회의 구조 분화에 의한 행정의 전문화·기술화의 요청을 충족시킬 수 있었다. 즉, 미국의 직위분류제는 외부로부터의 채용이 언제든지 이뤄지며 특정 직무의 수행 능력을 중시하는 행정의 기술적 전문성을 강조해 전문가들이 행정을 이끌어 나가게 되었으며, 미국 공무원집단에서 기술자, 과학자, 기타의 전문가들이 행정관리직을 맡고 있었다(Nigro & Nigro, 1986: 99-100).

이러한 미국의 공무원제도는 미국적 민주주의의 이상인 기회 균등의 평등사상에 부합하지만, 지나친 전문성 요구와 공무원들의 빈번한 교체는 행정의 지속성을 유지하고 분화된 행정 업무를 통합하는 데 많은 어려움이 따랐다. 그리고 종래의 직위분류제의 임명제도에서는 기관장들이 신축적이고 탄력적인 인사관리를 할 수 없어 자신이 원하는 공무원들을 주요 직위에 배치하기도 어려웠다. 이와 같은 직위분류제의 여러 가지 현실적 한계 때문에 미국에서는 계급제적 요소의 도입 필요성이 여러 차례 제기되었다(Nigro & Nigro, 1986: 97-106). 그러다가 1978년 연방 공무원개혁법이 통과되고, 1979년 7월부터 시행된 것이 바로 고위공무원단(SES)이다.

4) 미국의 공무원은 일반적으로 정무직 공무원(Executive Service)과 고위공무원단(Senior Executive Service), 그리고 상위직·상위과학기술직 공무원(Senior Level Position, Senior Level Scientific and Technical Position)과 일반보수표(General Schedule)를 적용받는 경력직 공무원으로 구분된다. 정무직 공무원은 대통령이 임명하는 공무원으로 Level Ⅰ에서 Level Ⅴ까지로 구분된다. Ⅰ등급은 장관(Secretary), Ⅱ등급은 부장관(Deputy Secretary), 육·해·공군 장관, 주요 독립기관의 장, Ⅲ등급은 차관(Under Secretary)과 위원회 위원장, Ⅳ등급은 차관보(Assistant Secretary), Ⅴ등급은 부차관보(Deputy Assistant Secretary)로서 이들은 정무직 보수표(Executive Schedule)의 적용을 받는다.

고위공무원단(SES)은 ES1등급에서 ES6등급까지 6단계로 구분하다가, 2004년부터 두 개의 보수범위(Ranges of rates of basic pay)로 구분하고 있다. 또한 상위직·상위과학기술직 공무원(SL & ST)도 두 개의 보수범위를 적용받는데, 이들은 과거 GS16등급에서 GS18등급에 해당하는 공무원으로 고위공무원단으로 분류하기 어려운 직위나 특별보좌관, 그리고 의학, 엔지니어 등의 분야와 관련해 고도의 연구개발에 종사하는 공무원이다. 그리고 일반보수표에 의한 경력직 공무원은 GS1등급에서 GS15등급으로 구분한다(하태권 외, 1999: 76-92). 일반보수표에 의해 구분되는 1급에서 15급까지의 등급 구분은 이미 지적한 것처럼 계급 구분이 아니라 등급에 의한 구분이며, 정부 직업구조의 분화를 반영한 것이다.

고위공무원단을 설치한 목적은 첫째, 현재 근무하고 있는 고위공직자의 관리 능력을 향상시키고, 둘째, 리더십과 전문적 관리 능력을 갖춘 고도의 유능한 고위공직자를 충원하고 개발하며, 셋째, 고위공직자의 개인과 조직의 성과에 대한 책임을 확보하기 위하여 도입되었다. 이러한 고위공무원단은 정부에 대한 광범위한 시각과 공직자로서의 헌신성을 갖춘 고위공직자로서의 정치적 대응성과 성과에 기반한 관리 능력을 제고하기 위하여 도입되었다. 이들 고위공무원단의 구성원은 개인의 능력에 따라 직위를 자유로이 이동할 수 있다. 이들은 기관 내에서의 이동뿐만 아니라 기관 간의 이동도 가능하기 때문에 기관장은 신축성 있는 인사관리를 할 수 있다. 또한 그들의 다양한 경험과 지식의 축적은 일반행정가로서의 역할과 기능을 수행하게 한다. 그러나 고위공무원단에 속한 이들 고위 관리자들은 영구직이 아니다. 그들 중 경력직 공무원은 1년의 수습 기간 중 언제라도 고위공무원단에서 해임될 수 있으며, 근무성적평정의 결과가 좋지 못하거나 능력이 현저히 부족할 경우에는 고위공무원단에서 탈락된다.5)

2) 영국의 경험

제2차 세계대전 이후 사회적으로 전문적인 직업 분야가 급속도로 분화되고 다양한 행정 서비스에 대한 수요가 증가하면서 영국 정부의 철저한 계급제와 신분주의 계급제에 대해 수많은 비판과 개혁 요구가 있었다. 이에 따라 영국 정부는 1968년 풀턴위원회(Fulton Committee)를 설치하고, 여기에서 영국 정부의 전통적인 계급제를 대신할 공무원제도 개편 권고안이 제출되었다. 풀턴위원회의 권고안은 대부분 채택되지 못했지만(Drewry & Butcher, 1988: 52-53), 직업공무원제가 어떻게 구조화되어야 하는지를 명확히 해주었다. 풀턴보고서는 영국의 정부 업무가 아마추어나 일반행정가 내지 팔방미인격인 비전문가들에 의해 수행되고 있어 시대에 뒤떨어져 있다고 비판했다. 풀턴보고서는 일반행정가가 아닌 전문 과학기술 계급은 정부의 정책결정에 참여하지 못하고, 행정 계급보다 낮은 단계의 계급으로 취급되고 있다고 비판했다. 또한 영국의 계급제는 공무원제의 폐쇄성을 가져와 공무원들이 외부 사회의 변화에 대응하지 못하고 자신이 최고의 능력 소유자라는 편견에 사로잡히게 한다고 비판했다. 그리고 풀턴보고서

5) 윤리개혁법(The Ethics Reform Act of 1989)에 의해 1991년부터 3년마다 고위공무원에 대한 적격심사를 받는데, 이에서 탈락할 경우 해직되며, GS15등급으로 배치될 자격을 갖는다. 적격 심사 대상자는 경력직 고위공무원으로, 3년 동안 실적 평가, 능력 개발 활동, 표창, 감사장, 기타 관련 요소를 중심으로 심사를 받는다(김일재, 2003: 132-133).

는 계급 내에서의 이동은 빈번히 이뤄지나 계급 간의 내부승진이 너무 제한되어 있어 비민주적이라고 주장했다. 풀턴위원회는 이와 같이 영국 공무원제도의 여러 가지 문제점을 지적하면서 다양한 대안을 제시했다.

그 가운데서 직위분류제에 관한 것만 제시하면 다음과 같다(Nigro & Nigro, 1986: 93-94).

① 다양한 계급과 분리된 작업구조를 폐지하고 직무분석에 입각해 모든 직무를 몇 개의 등급으로 구분하고, 각 등급은 각기 보수 폭을 가질 것
② 연령이 높은 사람들에게도 공직 취임 기회를 확대할 것
③ 공무원제도의 개방성과 교류성을 확대할 것

풀턴위원회의 이러한 권고에 따라 영국은 공무원을 직종에 따라 일반직(general category), 과학직(science category), 전문 · 기술직(professional & technology category), 교육훈련직(training category) 공무원 등으로 분류하고, 일반직 공무원을 다시 행정직군(administrative group), 경제직군(economic group), 정보직군(informational group), 통계직군(statistician group) 등으로 구분했다.

일반행정 분야를 예로 들면 종래의 행정 · 집행 · 서기 · 서기보의 4대 계급을 단일의 행정직군(administrative group)으로 통합하는 개혁을 단행했다. 이로 말미암아 과거 행정 계급에 의해 지배되어 오던 공직이 다양한 전문직군들에 분산됨으로써 공무원의 전문성이 획기적으로 향상되기 시작했다.

더 나아가 1996년 4월 1일부터 공무원 상호간은 물론이고, 정부 전체의 연계성, 통합성 및 전문성을 향상시키기 위해 종전의 개방구조 속에 있던 1등급(grade 1)에서 7등급까지의 고위공무원들 중에서 1등급에서 5등급을 폐지해 이들을 하나의 관리계층으로 하는 고위공무원단(Senior Civil Service: SCS)을 만들었으며, 이들은 고위공무원 간의 응집력을 강화하고, 실적에 바탕을 둔 공정한 경쟁과 선발의 원칙에 따라 충원된 공무원 집단으로 내각처 인사실이 이들을 통합 관리한다.

이러한 영국의 공무원제도 변화는 고위직 공무원에 대한 종전의 획일적이고 경직적인 계급 체계를 폐지하고 공직을 좀 더 단순화하고 적응력 있게 구조화함으로써 기관장이 계급이나 전문 분야, 공직 내 · 외와 관계없이 능력과 역량 있는 사람을 폭넓게 활용할 수 있게 해주고, 하위 직원에 대한 정원, 계급, 직위 분류, 보수 체계 결정 등

각종 인사권을 각 부처의 기관장에게 부여함으로써 기관장의 부처 관리에 폭넓은 재량을 확보하게 함으로써, 기관에 대한 자율적 책임행정을 가능하게 하기 위한 것이라 할 것이다(서필언, 2005: 153).

Public Personnel Administration

05 공무원의 구분 체계

제1절 공무원의 구분 기준

행정 기능이 단순했던 과거에는 공무원의 구분은 간단했다. 그러나 현대에 들어 그 기능이 다양해짐에 따라 공무원 구분도 다양해졌다. 공무원을 구분하는 이유는 정부의 업무가 매우 다양하고 이들 업무를 수행하는 공무원을 효율적으로 관리하기 위해서이다.

공무원을 구분하는 기준은 다양하다. 그 기준은 일반적으로 임용 주체, 직무나 직위의 성격, 근무 시간, 임용 형태 등을 들 수 있다.

1 임용 주체에 의한 구분

지방자치를 실시하는 국가는 공무원을 국가공무원과 지방공무원으로 구분한다. 그러나 국가공무원과 지방공무원을 명확하게 구분하는 기준은 없다. 대개의 경우 임용 주체에 의해 중앙정부(국가)가 임용하는 공무원을 국가공무원이라 하고, 지방자치단체에 의해 임용되는 공무원을 지방공무원이라고 한다.

또한 행정 주체를 기준으로 해서 중앙정부의 국가사무를 담당하는 공무원을 국가

공무원, 지방자치단체의 자치사무를 담당하는 공무원을 지방공무원으로 구분하기도 한다. 또한 보수 기타 경비의 부담 주체를 구분 기준으로 해서 국가에서 경비를 부담하는 공무원을 국가공무원, 지방자치단체가 경비를 부담하는 공무원을 지방공무원으로 구분하기도 한다(김중양, 2004: 57). 그러나 지방자치단체에 근무하는 국가공무원이 항상 국가사무만을 담당하는 것도 아니며, 지방공무원이라고 해서 항상 자치사무만을 담당하는 것도 아니다. 또한 국가공무원이 지방자치단체로부터 보수나 수당을 지급받는 경우도 있고, 그 반대의 경우도 있다.

그러나 일반적으로 임용 주체를 구분 기준으로 국가공무원과 지방공무원으로 구분하며, 한국과 일본, 중국, 프랑스와 영국 등 지방자치를 실시하는 모든 국가는 공직을 1차적으로 임용 주체에 따라 국가공무원과 지방공무원으로 구분하고 있다. 미국은 연방국가로 연방정부 공무원, 주정부 공무원, 지방정부 공무원으로 구분한다.

2 직무나 직위의 성격에 의한 구분

공무원은 수행하는 직위의 업무와 직위의 성격에 따라 실적이나 자격, 그리고 신분보장을 통해 장기간의 근무를 필요로 하거나 정치적 영향력을 갖거나 집행적 업무만을 수행하는 경우도 있다. 대부분의 경우 직무 수행 시에 실적과 자격을 필요로 하는 직무는 집행적 성격을 갖고, 신분보장의 필요성이 있으며, 경쟁직의 성격을 띤다. 하지만 정치적 영향력이 있거나 중대한 정책결정을 담당하는 경우에는 정치적 대응성의 충족이나 정치적 가치를 실현하는 직무를 수행하기 때문에 실적이나 자격, 신분보장을 강하게 요구하지 않는다.

한국의 경력직 공무원,[1)] 일본의 일반직 공무원, 미국의 경력직 공무원(career civil service), 영국의 경력직 공무원(career civil service) 등이 실적과 자격에 의해 임용되고, 신분이 보장되나, 한국의 특수경력직 공무원, 일본의 특별직 공무원, 미국의 별정직(excepted civil service), 영국의 비경력직 공무원(noncareer civil service)은 그러하지 아니하다.

1) 한국의 일반직 공무원 중 임기제 공무원은 신분을 정년까지 보장받지 아니하고 계약기간만 보장받는다.

3 근무 시간에 의한 구분

공무원은 기본적으로 전일제(全日制) 근무를 원칙으로 하는 전일제 공무원과 통상의 근무 시간보다 짧게 근무할 수 있는 시간선택제 공무원으로 구분하기도 한다. 행정업무의 특성과 계절적 요인, 가정친화적 인사정책, 정부의 일자리 나누기 정책과 공무원 개인의 필요 등에 따라 통상 근무 시간보다 짧게 근무할 필요성이 증가함에 따라 시간선택제 공무원이 증가하는 추세에 있다.

한국의 전일제 공무원과 시간선택제 공무원, 일본의 상근 공무원과 시간제 공무원, 미국과 영국의 상근(full-time) 공무원과 비상근(part-time) 공무원 등이 근무 시간에 의해 공무원을 구분하는 것이다.

4 임용 형태에 의한 구분

공무원의 임용이 정년까지 신분을 보장하는 공무원인가 아니면 일정한 근무 기간을 정해 근무하도록 하는 공무원인가에 따라 정규직 공무원과 임기제 공무원으로 구분할 수 있다. 일반적으로 경력직 공무원은 원칙적으로 정년까지 보장하는 것을 원칙으로 하지만, 직무 특성이나 업무량, 해당 사업의 수행에 필요한 전문가나 기술자가 일정 기간 필요할 경우 이를 위해 정년까지 보장하는 공무원을 임용할 필요가 없다. 그리하여 정년까지 보장하는 공무원을 정규직 공무원이라 하고, 일정 기간 동안 기간을 정해 근무하는 공무원을 임기제 공무원이라 한다. 한국의 정규직 공무원과 임기제 공무원, 일본의 정규직원과 임기부직원, 미국의 정규직(permanent) 공무원과 임기제(term) 공무원, 영국의 정규직(permanent) 공무원과 한시직(fixed-term) 공무원 등이 임용 형태에 의해 공무원을 구분하는 것이다.

제2절 한국 공무원의 구분

한국의 공무원은 임용 주체에 따라 국가공무원과 지방공무원으로 분류하고, 다시 직무나 직위의 성격에 의해 실적제와 신분보장의 여부에 따라 경력직 공무원과 특수

경력직 공무원으로 구분한다. 그리고 근무 시간에 따른 전일제 공무원과 시간선택제 공무원으로 구분한다. 또한 임용 형태에 따라 실적과 자격에 의해 임용되고 정년까지 신분이 보장되는 공무원(정규직 공무원)과 실적과 자격에 의해 임용되지만 근무 기간 동안만 신분이 보장되는 임기제 공무원으로 구분한다.

1 임용 주체에 의한 구분: 국가공무원과 지방공무원

한국의 공무원은 일차적으로 임용 주체에 따라 국가공무원과 지방공무원으로 구분된다.[2] 그리하여 각각의 공무원에게 적용하는 법체계를 달리하고 있다. 한국의 국가공무원법과 지방공무원법은 각각의 공무원에게 적용할 인사 기준의 근본을 정하는 것이라고 하지만, 인사행정의 원리는 국가공무원이나 지방공무원이나 근본적으로 대동소이하다. 즉, 공무원의 구분이나 계급과 직급 체계, 직위 분류 체계, 공무원 임용 방법, 교육훈련, 공무원 성과평가, 공무원 보수 체계와 연금 등에서 큰 차이를 발견할 수 없다. 또한 현재 지방자치단체의 행정기관에는 지방공무원뿐 아니라 국가공무원이 함께 있으며, 사무도 국가사무와 자치사무를 엄격하게 구분해 담당하지 않고 있다. 그리고 동일한 직급의 지방공무원을 국가공무원으로 또는 국가공무원을 지방공무원으로 임용하고자 하는 경우에는 특별 임용할 수 있게 함으로써 지방공무원과 국가공무원은 상

표 5-1 국가공무원과 지방공무원의 비교

<table>
<tr><th>구분</th><th colspan="2">국가공무원</th><th colspan="2">지방공무원</th></tr>
<tr><td>법적 근거</td><td colspan="2">국가공무원법, 헌법기관 규칙 등</td><td colspan="2">지방공무원법, 지방자치법, 조례 등</td></tr>
<tr><td>임용권자</td><td colspan="2">대통령, 국회의장, 대법원장,
중앙선거관리위원장, 헌법재판소장 등</td><td colspan="2">지방자치단체의 장</td></tr>
<tr><td>보수 재원</td><td colspan="2">국비</td><td colspan="2">지방비</td></tr>
<tr><td rowspan="4">공무원 구분</td><td rowspan="2">경력직
공무원</td><td>일반직 국가공무원</td><td rowspan="2">경력직
공무원</td><td>일반직 지방공무원</td></tr>
<tr><td>특정직 국가공무원</td><td>특정직 지방공무원</td></tr>
<tr><td rowspan="2">특수경력직
공무원</td><td>정무직 국가공무원</td><td rowspan="2">특수경력직
공무원</td><td>정무직 지방공무원</td></tr>
<tr><td>별정직 국가공무원</td><td>별정직 지방공무원</td></tr>
</table>

2) 한국 지방공무원법 제2조에서는 지방공무원을 "지방자치단체의 경비로써 부담하는 공무원을 말한다"고 규정하고 있다. 여기서 지방자치단체의 경비에는 국가에서 지원하는 경비도 포함하기 때문에, 실제로 경비 부담의 주체에 의해 공무원을 구분하기보다는 임용 주체에 의해 구분한다고 보는 것이 타당하다.

호 교류할 수 있다. 이상을 간단히 정리해 나타내면 앞의 〈표 5-1〉과 같다.

2 직무 · 직위의 성격에 의한 구분: 경력직 공무원과 특수경력직 공무원

경력직 공무원은 실적에 의해 임용되고 신분이 보장되며 특별한 사유나 조건이[3] 없는 한 정년에 이르기까지 근무할 수 있는 공무원을 말한다. 특수경력직 공무원은 실적이 적용되는 경우와 되지 않는 경우로 나뉘나, 신분이 보장되지 않아 정년까지 계속 근무하는 것을 전제로 하지 않는 공무원을 말한다.

한국은 1981년에 국가공무원법을 개정하기 전에는 실적제의 적용과 신분보장의 여부에 따라 일반직 공무원과 별정직 공무원으로 구분했다. 그러나 1981년 국가공무원법과 지방공무원법을 대폭 개정한 이후 경력직 공무원과 특수경력직 공무원으로 구분하고 있다. 그리고 경력직 공무원은 다시 일반직 공무원과 특정직 공무원으로 구분하고, 특수경력직 공무원은 정무직 공무원과 별정직 공무원으로 구분한다.[4]

1) 경력직 공무원

경력직 공무원은 실적과 자격에 따라 임용되고 신분이 보장되는 공무원을 말한다. 따라서 경력직 공무원은 실적제와 신분보장이 동시에 적용되는 공무원으로, 이를 일반직 공무원, 특정직 공무원으로 구분한다.

(1) 일반직 공무원

일반직 공무원은 기술 · 연구 또는 행정 일반에 대한 업무를 담당하는 공무원으로 일반적으로[5] 계급은 1급에서 9급까지 구분하지만 직군 · 직렬에 따라 매우 다양한 형태의 계급 구분을 하고 있으며, 직군과 직렬별로 분류하는 공무원을 말한다.

---

3) 경력직 공무원의 신분보장에서 '특별한 사유나 조건'에 해당하는 것은 근무 중의 징계 내지 당연퇴직 사유와 계약 기간 등을 말한다.

4) 1981년 국가공무원법과 지방공무원법을 개정하면서 일반직 공무원을 경력직 공무원으로, 별정직 공무원을 특수경력직 공무원으로 구분하고, 경력직 공무원을 다시 일반직 공무원과 특정직 공무원, 기능직 공무원으로, 특수경력직 공무원을 정무직 공무원, 별정직 공무원, 전문직 공무원, 고용직 공무원으로 구분했다. 그러나 특수경력직 공무원인 전문직 공무원은 1998년 계약직 공무원으로 바뀌었다가 다시 2013년 일반직과 별정직에 흡수되며 폐지되었다. 한편 특수경력직 공무원인 고용직 공무원은 2011년에 폐지되고, 경력직 공무원인 기능직 공무원은 2013년에 일반직에 흡수되면서 폐지되었다.

5) 그러나 모든 일반직 공무원이 1~9급의 계급 체계를 갖는 것은 아니다.

일반직 공무원의 첫 번째 특징은 먼저 다양한 형태로 계급을 구분한다는 것이다(〈표 5-2〉 참조). 이것을 통해 한국 일반직 공무원은 계급제를 근간으로 한다는 것을 알 수 있다. 두 번째 특징은 공무원을 직군, 직렬, 직류별로 구분하는 등 직위분류제적 요소를 일부 사용한다는 것이다. 따라서 한국의 일반직 공무원은 계급제를 근간으로 하고 직위분류제적 요소를 가미한 분류 체계를 사용한다고 할 수 있다.

최근에는 일반직 공무원에 내포되는 업무의 내용과 성질이 다양해지면서 일반직 공무원의 종류도 점점 다양해지는 추세에 있다. 이러한 추세를 반영해 일반직 공무원의 계급 구분이나 직군 및 직렬의 분류를 적용하지 않는 일반직 공무원이 늘어나고 있다.

먼저 고위공무원단이 있는 행정기관은 2개의 등급이 있는 고위공무원을 관리하고 있으므로 국가공무원은 실제로 9개의 계급으로 구분되지 않고 고위공무원과 3~9급 등 총 8개의 계급으로 구분된다고 할 수도 있다. 그러나 고위공무원은 직무 등급 가등급과 나등급의 2계층으로 구분되며, 실제로 공무원들 사이에서나 인사담당자들은 고위공무원 가급을 과거 1급(실장급) 공무원처럼, 나급을 과거 2급(국장급) 공무원처럼 인식하는 경향이 강하다. 원래 직위에 붙어야 할 역량에 따른 직무 등급이 현재 그 자리에 있는 공무원의 계급처럼 인식되는 것이다. 실제로 현장에서는 고위공무원 가급 직위에 근무한 공무원이 고위공무원 나급 직위로 전보되는 경우가 거의 없다. 공무원 스스로 그것을 사실상 강임이라고 인식하기 때문이다. 또한 나급 직위에서 가급 직위으로 전보되는 것을 대부분 승진으로 인식하고 있다. 따라서 고위공무원단이 있는 행정부 일반직 국가공무원도 다른 국가기관(국회, 법원, 선거관리위원회, 헌법재판소)이나 지방자치단체의 일반직 지방공무원의 계급처럼 9개 계급으로 운영되고 있다고 보는 것도 틀린 말이 아니다.

한편 일반직 공무원 중 특수 업무에 종사하는 공무원인 전문경력관은 가군에서 다군의 3개의 계층을 두고 있으며 승진도 이뤄지지 않는다. 연구 · 지도 · 특수기술직렬 공무원인 연구직 공무원과 지도직 공무원은 일반직 공무원이라 해도 1급에서 9급의 계급 구분을 받지 아니하고 자체의 직군 및 직렬별 분류를 하고 있다. 또한 의무, 약무, 간호, 수의 등의 일반직 공무원은 일반직 공무원의 1~9급의 계급 구분을 적용받으나, 실제로 9개의 계급으로 구분하지 않고 있다. 일정한 자격과 직무의 곤란도를 고려하며 이들 직렬 공무원의 계급 중 하위계급을 두지 않고 있다.[6] 그리고 인사관리의 효율성과 기관 성과를 높이기 위해 우정본부 소속의 우정직 공무원은 별도의 일반직 우정직군 직급표의 적용을 받는다. 우정직 공무원은 우정1급에서 우정9급으로 구분한다고 되어 있어 우정직 공무원 자체로는 9개의 계급으로 구분되지만, 일반직 공무원 직급으로 환산하면, 우정서기보에서 우정사무관까지 5개의 직급으로 구분하고 그에 상응하는 대우를 받는다.

또한 2013년 직종 개편과 함께 계약직 공무원이 경력직 공무원의 일반직 공무원으로 전환하면서 임기제 공무원이 되었다. 임기제 공무원의 종류로는 일반임기제 공무원과 전문임기제 공무원, 시간선택제임기제 공무원과 한시임기제 공무원으로 구분한다. 일반임기제 공무원은 직제 등 법령에 규정된 경력직 공무원의 정원에 해당하는 직위에 임용되는 임기제 공무원으로 일반직 공무원의 계급 수가 적용된다. 그리고 전문임기제 공무원은 가급에서 마급까지 5등급으로 구분한다. 또한 시간선택제임기제 공무원의 경우 시간선택제 일반임기제 공무원은 일반임기제 공무원의 계급 수가 적용되며, 시간선택제 전문임기제 공무원은 전문임기제 공무원의 등급이 적용된다. 마지막으로 한시임기제 공무원은 5호에서 9호로 5개 등급으로 구분한다. 임기제 공무원은 다른 일반직 공무원처럼 정년까지 신분이 보장되는 것이 아니라 정해진 근무 기간 동안만 신분이 보장된다.

그리고 2017년 7월 전문직 공무원 인사규정을 제정하여 전보의 범위가 특정 분야로 제한되는 전문직 공무원을 두게 되었다. 전문직 공무원은 고도의 전문성과 장기재직이 필요한 업무 분야에 종사하는 공무원으로 계급은 일반직 공무원 3급 내지 4급에 해당하는 수석전문관과 일반직공무원 5급에 해당하는 전문관의 2개 계급으로 구분한다.

지금까지의 내용을 간단히 나타내면 〈표 5-2〉와 같다.[7]

6) 예를 들어, 의무직렬의 경우 최하직급이 의무사무관(5급)이며, 수의, 약무직렬은 최하직급이 각각 수의주사보(7급), 약무주사보(7급), 간호직렬은 최하직급이 간호서기(8급) 등이다.

7) 교육공무원법에 규정하고 있는 장학관·교육연구관, 장학사·교육연구사는 일반직 공무원이 아닌 교육공무원법 제2조에 의한 교육공무원임.

표 5-2 일반직 공무원의 계급 구분

구분	계급	근거
행정 · 기술직군으로 분류되는 공무원	일반직 지방공무원: 9계급 일반직 국가공무원: 9계층 [고위공무원(2등급)과 3~9급]	국가(지방)공무원법 제4조 제1항 및 공무원임용령 제3조, 헌법기관 규칙
특수 업무 분야에 종사하는 공무원	전문경력관: 3계급 (가군~다군)	국가공무원법 제4조 제2항 제1호 전문경력관 규정
연구 · 지도 · 특수기술 직렬의 공무원	연구 · 지도: 2계급 (연구관, 연구사) 의무: 5계급(1~5급) 약무: 7계급(1~7급) 수의: 7계급(1~7급) 간호, 보건진료: 8계급(1~8급)	국가(지방)공무원법 제4조 제2항 제2호 (지방)연구 및 지도직 공무원임용 등에 관한 규정 제3조
인사관리의 효율성 · 기관 성과를 높이기 위한 기관에 속한 공무원	우정공무원: 9계급(우정1급~우정9급) [행정직렬 공무원으로 환산 시 5직급 상당(우정사무관 - 우정서기보)]	국가공무원법 제4조 제2항 제3호 공무원임용령 제4항, 제5항
임기제 공무원	일반임기제: 9계급(1~9급) 전문임기제: 5등급(가~마급) 한시임기제: 5등급(5~9호)	국가(지방)공무원법 제2조 제2항, 제3조 제4항 (지방)공무원임용령 제1조, 제3조의2, 제22조의6, 공무원 임용규칙 별표1
전문직 공무원	수석전문관(일반직 3~4급) 전문관(일반직 5급)	국가공무원 제4조 제2항, 공무원임용령 제3조 제2항

(2) 특정직 공무원

특정직 공무원은 특정직 국가공무원과 특정직 지방공무원으로 구분된다.

먼저 특정직 국가공무원은 법관, 검사, 외무공무원, 경찰공무원, 소방공무원, 교육공무원, 군인, 군무원, 헌법재판소 헌법연구관, 국가정보원의 직원(특정직과 일반직으로 구성) 및 경호공무원과 특수 분야의 업무를 담당하는 공무원으로 다른 법률에서 특정직 공무원으로 지정하는 공무원을 말한다.[8)]

8) 이들에 관한 개별법은 법원조직법, 검찰청법, 외무공무원법, 경찰공무원법, 소방공무원법, 교육공무원법, 군인사법, 군무원인사법, 헌법재판소법, 국가정보원직원법 등이고, 이들 법률 외에 개별 법령에서 특정직 공무원으로 지정하고 있는 법은 대통령 등의 경호에 관한 법률, 국방대학교설치법, 사관학교설치법 등이 있다. 그러나 경찰대학설치법상 경찰대학의 교원은 경찰청과 그 소속기관직제 시행규칙에 따라 경찰공무원과 교육공무원으로 보하도록 되어 있다.

표 5-3 특정직 공무원의 종류와 계급

구분	국가공무원	지방공무원
법관	• 대법원장 – 대법관 – 판사	
검사	• 검찰총장 – 검사	
외무공무원	• 고위외무공무원(공사급 이상 직위), • 외무공무원	
경찰공무원	• 치안총감 – 치안정감 – 치안감 – 경무관 – 총경 – 경정 – 경감 – 경위 – 경사 – 경장 – 순경(11계급)	제주특별자치도 자치경찰 공무원(7계급)
소방공무원	• 소방총감 – 소방정감 – 소방감 – 소방준감 – 소방정 – 소방령 – 소방경 – 소방위 – 소방장 – 소방교 – 소방사(11계급)	
교육공무원	• 교원 및 조교 – 유치원, 초・중・고등학교: 교장(원장), 교감(원감), 교사 ※ 장학관, 장학사, 교육연구관, 교육연구사 – 고등교육법상의 대학: 총장, 교수, 부교수, 조교수 – 경찰대학: 교수 – 부교수 – 조교수	공립의 대학 및 전문대학에 근무하는 교육공무원, 교육감 소속의 교육전문직
군인	• 장교: 장성(원수, 대장, 중장, 소장, 준장), 영관(대령, 중령, 소령), 위관(대위, 중위, 소위) • 준사관: 준위, • 부사관: 원사, 상사, 중사, 하사	
	• 사관학교 교장 및 교수, 국방대학교 총장 및 교수	
군무원	• 일반군무원: 1~9급(9계급)	
헌법재판소 헌법연구관	• 헌법연구관	
국가정보원직원	• 특정직 직원: 1~9급(9계급) • 전문관: 특정직 4급 또는 5급에서 임용	
경호공무원	• 특정직 국가공무원: 1~9급(9계급)	

그리고 특정직 지방공무원은 공립대학 및 전문대학에 근무하는 교육공무원, 교육청 소속의 교육전문직, 자치경찰공무원 및 지방소방공무원과 그 밖에 특수 분야의 업무를 담당하는 공무원으로서 다른 법률에서 특정직 공무원으로 지정하는 공무원을 말한다. 이러한 특정직 공무원을 정리하면 〈표 5-3〉과 같다.

특정직 공무원은 실적과 자격에 의해 임용되고 신분이 보장된다는 점에서 일반직 공무원과 동일하다. 하지만 특정직 공무원은 담당 직무가 특수해서 거기에 필요한 자격・복무규율・정년・보수 체계・신분보장 등에서 특수성을 인정할 필요가 있어 일반직 공무원과 별도로 분류한 것이다. 따라서 이들 특정직 공무원에게는 개별법이 우선적으로 적용된다. 그러나 개별법이 없거나 개별법에 적용 기준이 없을 때에는 국가

(지방)공무원법을 적용한다.

2) 특수경력직 공무원

특수경력직 공무원이란 경력직 이외의 공무원으로 실적제와 직업공무원제의 적용을 받지 않는 공무원을 말한다. 따라서 특수경력직 공무원은 엄격한 실적과 자격을 요구하고 신분이 보장되는 경력직 공무원과 달리, 정치적이거나 특수한 직무를 수행하기 위해 임용되는 공무원이다. 특수경력직 공무원은 정무직 공무원과 별정직 공무원으로 나뉜다.

(1) 정무직 공무원

정무직 공무원이란 공직의 성격이 매우 정치적거나, 고도의 정책결정 업무를 담당하거나 이를 보조하는 공무원으로서 법령 또는 조례에서 정무직 공무원으로 지정하는 고위직 공무원을 말한다. 국가(지방)공무원법은 이들 정무직 공무원을 다음과 같이 구분해 제시하고 있다(국가공무원법 제2조, 지방공무원법 제2조).

가) 선거로 취임하거나 임명할 때 국회나 지방의회의 동의가 필요한 공무원

이들 중 대표적인 정무직 공무원을 표로 제시하면 〈표 5-4〉와 같다.

표 5-4 가항에 해당하는 정무직 공무원(예)

	국가공무원	지방공무원
선거에 의해 취임하는 정무직 공무원	대통령, 국회의원	• 지방자치단체의 장 • 지방의회 의원 • 시·도교육감 • 제주특별자치도의 교육의원
임명에 국회(지방의회의 동의를 필요로 하는 정무직 공무원	① 헌법재판소 소장, ② 감사원장, ③ 국무총리 ※ 대법원장, 대법관은 임명 동의를 요하지만 특정직 공무원임.	제주특별자치도 감사위원회 위원장
	국회에서 선출하는 헌법재판관 3인	
※국회의 인사청문 대상 정무직 공무원	① 대통령이 임명하는 헌법재판관 3인 ② 대법원장이 지명하는 헌법재판관 3인 ③ 중앙선거관리위원회 상임위원 ④ 국무위원, 방송통신위원장, 국가정보원장, 공정거래위원장, 금융위원장, 국가인권위원장, 국세	

	청장(검찰총장과 경찰청장, 합동참모 의장도 인사청문 대상이지만 특정직 공무원 임) ※ 중앙선거관리위원회 위원은 3인은 국회의 선출, 3인은 대통령이 임명, 3인은 대법원장이 지명하나, 이들 모두 인사청문의 대상으로, 이들 중 호선하는 상임위원 1명을 제외하고는 모두 명예직임.

나) 고도의 정책결정 업무를 담당하거나 이러한 업무를 보조하는 공무원으로서 법령 또는 조례가 정무직으로 지정하는 공무원

이들 중 대표적인 정무직 공무원은 〈표 5-5〉와 같다.

표 5-5 나항에 해당하는 정무직 공무원(예)

국가공무원	지방공무원
① 국회의 사무총장 · 입법차장 · 사무차장 · 도서관장 · 예산정책처장 · 입법조사처장 ② 헌법재판소의 사무처장 · 사무차장 ③ 중앙선거관리위원회의 사무총장 및 사무차장 ④ 감사원 감사위원 및 사무총장 ⑤ 중앙행정기관 중 처의 처장 · 각부의 차관 · 청의 청장(경찰청장과 해양경찰청장은 특정직 공무원임) ⑥ 국무총리 국무조정실장 · 차장, 국가정보원 차장 ⑦ 공정거래위원회 · 금융위원회 부위원장 ⑧ 국가인권위원회 상임위원, ⑨ 방송통신위원회 위원 ⑩ 국민권익위원회 위원장 및 부위원장, ⑪ 중앙노동위원회 위원장 ⑫ 대통령비서실장, 국가안보실장, 대통령경호처장 ⑬ 차관급 상당 이상의 보수를 받는 비서관(대통령비서실의 정책실장, 수석비서관, 국회의장 · 대법원장 · 국무총리 비서실장, 단 대법원장 비서실장은 판사도 가능) ⑭ 소청심사위원회 위원장 ⑮ 서울특별시 행정부시장 등	① 서울특별시 정무부시장 ② 제주특별자치도 행정시장(도지사 후보등록 시 행정시장으로 예고된 자) 등

(2) 별정직 공무원

별정직 공무원도 다른 공무원처럼 국가직과 지방직으로 구분된다. 국가공무원법과 지방공무원법은 동일하게 별정직 공무원을 "비서관 · 비서 등의 보좌 업무 등을 수행하거나, 특정 업무 수행을 위해 법령에서 별정직으로 지정하는 공무원"이라고 규정하고 있다. 그리하여 별정직 공무원은 크게 비서관 · 비서 등의 보좌 업무를 수행하는 직

위의 공무원과 특정 업무 수행을 위해 법령에서 별정직으로 지정하는 직위의 공무원으로 구분할 수 있다. 법령에서 별정직 공무원은 비서 업무나 특정 업무를 수행하기 때문에 일반직 공무원과는 다른 절차와 방법에 의해 임용되지만, 일반직 공무원의 계급에 상당하는 보수를 받는다. 이들 별정직 공무원 중 대표적인 것을 나타내면 〈표 5-6〉과 같다.

표 5-6 별정직 공무원(예)

	국가공무원	지방공무원
보좌 업무 수행 직위	비서 · 비서관, 장관정책보좌관	비서, 비서관
특정 업무 수행 직위 (법령에서 규정)	① 국회 위원회 수석전문위원,[9] 국회교섭단체 정책연구위원, ② 감사원 사무차장 ③ 시 · 도 선거관리위원회의 상임위원 ④ 중앙 · 지방해양안전심판원의 원장 및 심판관 ⑤ 중앙행정기관의 차관보와 실 · 국장과 이에 상당하는 보좌기관[10] ⑦ 국가정보원의 기획조정실장 ⑧ 헌법재판소장 비서실장, 헌법연구관보 ⑧ 사법연수생 등	• 지방의회 전문위원 • 광역시 · 특별자치시의 정무부시장 및 도 · 제주특별자치도의 정무부지사[11]

별정직 공무원의 계급 체계는 일반직 공무원에 준해 정하고 있다. 즉, 일반직 1급에 상당하는 보수를 받는 별정직 공무원에서부터 일반직 9급에 상당하는 보수를 받는 별정직 공무원으로 계층화되어 있다. 이를 1급 상당 별정직, 2급 상당 별정직으로 규정해 사용하기도 한다. 그러나 국가기관 중 행정부만이 고위공무원단을 도입해 운영하

9) 국회 각 위원회에 두는 전문위원과 입법심사관, 입법조사관 등은 일반직 국가공무원으로 보한다.

10) 정부조직법 제2조 제7항은 중앙행정기관의 보조기관 또는 보좌기관을 보하는 경우 차관보 · 실장 · 국장 및 이에 상당하는 보좌기관은 고위공무원단에 속하는 공무원 또는 이에 상당하는 특정직공무원으로 보하고, 과장 및 이에 상당하는 보좌기관의 계급은 대통령령으로 정하는 바에 따른다고 규정하고 있다.

11) 지방자치법 제110조와 동시행령 제73조에 의하면 서울특별시 행정부시장은 정무직 국가공무원이며, 정무부시장은 정무직 지방공무원을 보하도록 규정하고 있다. 그러나 광역시 · 특별자치시 및 도 · 특별자치도의 행정부시장이나 행정부지사는 일반직 고위공무원 가등급이며, 이들 정무부시장이나 정무부지사는 별정직 1급 상당의 지방공무원 또는 지방관리관으로 보하도록 규정하고 있다.

그리고 지방교육자치에 관한 법률 제30조에 교육자치단체인 교육청의 부교육감은 일반직 고위공무원 혹은 교육공무원인 장학관으로 보하도록 되어 있다. 그러나 제주특별자치도 설치 및 국제자유도시 조성을 위한 특별법 제97조는 제주특별자치도 교육청의 부교육감 1인은 고위공무원단에 속하는 일반직 국가공무원을, 다른 1명은 조례가 정하는 바에 따라 별정직 지방공무원으로 보할 수 있도록 규정하고 있다.

고 있기 때문에 별정직 고위공무원 가등급, 나등급으로 구분하고, 일반직 3급 상당 보수를 받는 별정직 공무원에서 일반직 9급 상당의 보수를 받는 별정직 공무원으로 계층화하고 있다.

3 근무 시간에 의한 공무원 구분: 전일제 공무원과 시간선택제 공무원

공무원은 일반적으로 전일제(全日制) 근무를 전제로 한다. 전일제 근무란 통상적인 근무 시간 근무하는 것을 말하는데, 이는 국가와 시대에 따라 다르지만 대체로 주당 40시간 내외를 통상적인 근무 시간으로 한다. 이에 반해 시간선택제 공무원은 원래 가족친화적 인사정책을 적극적으로 활용하기 위한 유연근무(flexible work) 제도의 일환으로 통상적인 근무 시간보다 짧은 시간 근무하는 공무원을 말한다. 그러나 시간선택제 공무원은 업무의 특성과 기관의 사정, 그리고 개인적 사정, 정부의 일자리 나누기 정책의 구현 등을 위해서도 활용된다.

시간선택제 공무원[12]은 다시 시간선택제 채용 공무원[13]과 시간선택제 전환 공무원[14]으로 구분한다. 시간선택제 채용 공무원은 주당 20시간 근무할 것을 예정해 일반직 공무원(임기제 공무원은 제외)으로 채용하는 공무원을 말하며, 기관 운영상 필요한 경우 5시간의 범위에서 조정할 수 있다. 한편 시간선택제 전환 공무원은 공무원 본인이 원할 경우 일주일에 15시간에서 35시간 이하의 범위에서 소속 장관이 정한다.[15]

4 임용 형태에 의한 구분: 정규직 공무원과 임기제 공무원

일반적으로 공무원을 임용할 때 임기를 규정하지 않고 임용하는 것을 원칙으로 하지만 법령상으로 임기를 부여해 임용하는 경우가 있다. 공무원의 근무 기간을 규정하지 않고 정년까지 근무할 것이 예정되는 공무원을 정규직 공무원[16]이라 하고, 일정 기

12) 국가공무원법 제26조의2, 지방공무원법 제25조의3.
13) 공무원임용령 제3조의3, 지방공무원 임용령 제3조의5.
14) 공무원임용령 제57조의3.
15) 정무직 공무원과 시간선택제 채용 공무원, 시간선택제임기제 공무원, 한시임기제 공무원 등은 제외된다(국가공무원 복무 · 징계 관련 예규 제4장과 공무원임용령 제57조의3 제1항).
16) 정규직 공무원은 인사 관련 법령의 조항에 사용하는 용어는 아니지만, '전문경력관 규정' 별표1과 별표2의 비고란에서 정규직이라는 용어를 사용하고 있다.

간 근무 기간을 정해 임용하는 공무원을 임기제 공무원이라 한다.

임기제 공무원이란 국가나 지방자치단체의 임용권자가 담당 직원이 업무를 수행하는 데 전문지식이나 기술을 요구하거나, 임용관리에 특수성이 요구되는 업무를 담당하게 하기 위해 근무 기간을 정해 경력직 공무원으로 임용하는 공무원을 말한다.[17] 임기제 공무원은 경력직 공무원으로서 실적과 자격에 의하여 임용된다. 그러나 임기제 공무원은 평생 동안 근무할 것이 예정되어 신분이 보장된 공무원이 아니라 임용 기간 동안만 신분이 보장된다는 특성을 가진다. 따라서 임기제 공무원은 기본적으로 경력직 공무원으로서의 인사규정의 적용을 받지만, 임용 요건, 임용절차, 근무 기간, 근무상한 연령 등 신분이 평생 보장되는 경력직 공무원과 동일한 인사규정의 적용을 받지는 않는다.

임기제 공무원은 일반임기제 공무원과 전문임기제 공무원, 그리고 시간선택제임기제 공무원과 한시임기제 공무원으로 나뉜다. 일반임기제 공무원은 직제 등 법령에 규정된 경력직 공무원의 정원에 해당하는 직위에 임용되는 임기제 공무원을 말하고, 전문임기제 공무원은 특정 분야에 대한 전문적 지식이나 기술 등이 요구되는 업무를 수행하기 위해 임용되는 공무원을 말한다.

시간선택제임기제 공무원은 통상적인 근무 시간보다 짧은 시간(주당 15시간에서 35시간 이하의 범위에서 정한 시간) 근무하는 공무원으로 시간선택제 일반임기제 공무원과 시간선택제 전문임기제 공무원으로 구분한다.

한시임기제 공무원은 공무원이 장기간 휴직을 하거나 30일 이상 병가나 특별 휴가를 하는 공무원의 업무를 대행하기 위해 임용되는 공무원으로 1년 6개월 이내의 기간 동안 통상적인 근무 시간보다 짧은 근무 시간 근무하는 공무원을 말한다.

한편 임기제 지방공무원은 예산 및 일반직 공무원의 정원 범위에서 임용되어 상근하는 일반임기제 공무원과 예산의 범위 내에서 정책결정의 보좌 업무나 특정 분야에 대한 전문적인 지식이나 기술이 요구되는 업무에 상근하는 전문임기제 공무원, 예산의 범위 내에서 통상적인 근무 시간보다 짧은 시간 근무하는 시간선택제임기제 공무원, 그리고 공무원이 장기간 휴직을 하거나 30일 이상 병가나 휴가를 하는 공무원의 업무를 대행하기 위해 1년 6개월 이내의 기간 동안 통상적인 근무 시간보다 짧은 시간 근

17) 국가공무원법 제26조의5, 지방공무원법 제25조의5.

무하는 한시임기제 공무원이 있다. 이들 임기제 지방공무원의 근무 기간과 근무 기간 연장은 임기제 국가공무원과 동일하다. 임기제 공무원의 종류는 〈표 5-7〉과 같다.

표 5-7 임기제 공무원의 종류

구분	국가공무원	지방공무원
일반임기제 공무원	직제 및 경력직 공무원 정원 범위	예산 및 일반직 공무원 정원 범위
전문임기제 공무원	특정 분야의 전문적 지식이나 기술 요구 (가~마급)	예산의 범위 내
시간선택제 임기제 공무원	시간선택제 일반임기제 공무원	예산의 범위 (가~마급)
	시간선택제 전문임기제 공무원	
한시임기제 공무원	휴직 혹은 휴가, 병가 등 공무원 업무 대행 (5~9호)	

제3절 고위공무원단

1 고위공무원단제도의 의의와 특징

1) 고위공무원단제도의 의의

고위공무원단제도는 1978년 미국의 연방 공무원개혁법에 의하여 도입된 이래 영국, 호주, 캐나다, 뉴질랜드 등 서구 선진국에서 도입하여 운영하고 있는 인사개혁 방안이다. 미국의 연방정부 공무원개혁법은 실적제의 정착을 위한 규제 중심의 정부 인사관리에서 인사의 자율성과 성과향상을 위해 인사행정의 서비스 기능을 강화하기 위한 법이다(Nigro & Kellough, 2014: 24). 이러한 공무원개혁법에 의하여 제기된 인사개혁 조치 중의 하나가 고위공무원단제도(Senior Executive Service: SES)이다.

고위공무원단은 정부정책의 핵심적 역할을 수행하는 고위공무원을 전 정부적 차원에서 통합적으로 관리·운영하여 행정의 생산성과 효율성은 물론 정치적 대응성을 높이기 위한 정부 고위직의 인력풀(pool)을 말한다. 따라서 고위공무원단은 고위공무원단에 소속되지 않은 공무원[18]과 중·하위직 공무원과는 다른 인사원리가 적용된다. 즉, 고위공무원단은 기존의 계급제나 직위분류제의 적용을 그대로 받지 않는 등 인사행정의 특별관리 대상이 된다. 따라서 계급제의 제약이나 직위분류제의 제약이 완화되는 대신 성과관리적 요소가 강하게 반영되고, 개방임용과 기관 간 이동이 확대되는 등 인사관리의 개방성과 융통성 및 신축성이 높아진다(김렬, 2014: 125; 오석홍, 2013: 99-100).

이처럼 고위공무원단은 정부에서 중추적인 역할을 수행하는 고위공무원을 통합적으로 관리·운영함으로써 기존의 공직의 분류 체계인 계급제나 직위분류제의 폐쇄적이고 편협한 틀에서 벗어나 공직의 개방성과 이동성, 그리고 공무원의 성과향상과 역량개발을 통해 정부의 경쟁력을 향상시키려는 것이 고위공무원단을 도입한 취지이다.

2) 고위공무원단제도의 특징

고위공무원단제도는 국가에 따라 다양한 특징을 가지나 일반적으로 다음과 같은 특징을 지닌다(박천오 외, 2013: 149-151; 김연수 외, 2007: 43).

첫째, 고위공무원단은 전정부적 차원에서 통합적으로 관리·운영된다. 영국, 캐나다, 네덜란드처럼 중앙인사기관이 고위공무원의 관리·운영을 집권적으로 하는가 하면, 미국처럼 채용, 교육훈련 등은 해당 기관에서 실시하고, 인사관리처(OPM)는 채용자격심사위원회(Qualification Review Board)를 통해 후보자를 검증하고 기관별 고위공무원단 정원을 배정하는 등 분권적으로 운영하기도 한다. 그렇지만 고위공무원에 대한 통일된 인사관리 기준을 마련하고, 통일된 제도운영을 도모하는 것은 중앙인사기관이 담당한다(김판석 외, 1998: 146).

둘째, 고위공무원단제도는 개방성을 그 특징으로 한다. 개방성이란 공직 내·외의 경쟁을 통해 우수한 인력을 고위공무원으로 충원되도록 하는 것이다. 고위공무원단제도는 계급제이든 직위분류제이든 공직이 가지는 폐쇄성을 극복하여 전문성을 가진 우수한 인력이 공직에 유입되어 공직을 경쟁적이게 만들려는 취지로 도입된 제도이다.

셋째, 고위공무원단제도는 이동성(mobility)을 특징으로 한다. 여기서 이동성이란 고위직 공무원이 한 부처나 기관에만 근무하지 않고 다른 부처나 기관을 이동하는 것을 말한다. 이러한 이동성은 고위직 공무원이 공익의 수호자로서 폭넓은 시각과 안목

18) 여기에는 독립기관과 정보기관 및 그 부속기관, 외무공무원 등을 말한다(www.opm.gov/ses).

으로 정부기관 간 협력을 증진시키고, 고위직 공무원으로서의 직업적 역량을 개발하게 하며, 다른 부처나 기관에 새로운 사고나 문화를 진작시키게 할 수 있다. 이러한 이동성은 고위공무원의 일반행정가로서의 관리 역량을 제고할 수 있으며, 또한 고위공무원이 범정부적 일반행정가로서의 관리 능력과 역량을 갖추도록 역량모델을 설정하여 운용하기도 한다.

넷째, 고위공무원단제도는 성과주의를 특징으로 한다. 계급제의 경우 개인의 성과에 관계없이 주로 연공서열에 의한 근속급에 의하여 관리되고, 직위분류제의 경우 실적급에 의하여 관리된다. 여기서 실적이란 능력, 자격, 기술, 지식, 업적, 성과 등을 지칭하는 복합적 개념이나, 성과는 개인이나 집단이 실제로 이루어낸 결과를 말한다. 성과주의는 이와 같이 개인이나 집단이 이루어 낸 결과에 대해서 평가를 통해서 보수 등 인사관리를 차등적으로 하는 것을 말한다. 따라서 고위공무원단 공무원에게는 개인의 성과에 따라 성과급이 지급된다.

다섯째, 고위공무원단제도는 공무원의 정치적 대응성(political responsiveness)을 높이려는 특징을 지닌다. 고위공무원단제도는 통치권자의 국정철학을 반영하기 위해 고위직에 정무 직위를 확대해 고위공무원의 정치적 대응성을 제고한다. 또한 고위공무원단제도는 정무직에 경력직을 임용함으로써 경력직의 기회를 확대하고 이들의 시야를 넓힐 수 있도록 하는 제도적 장치이기도 하다.

2 외국의 고위공무원단제도의 도입과 발달

고위공무원단제도는 일찍이 1978년 미국 연방 공무원개혁법에 의하여 도입된 이후 호주, 캐나다, 네덜란드, 영국, 한국 등 소위 OECD 국가들에 의해 도입되어 시행되고 있는 정부혁신 방안의 하나이다. 고위공무원단제도는 계급과 연공서열 중심의 전통적 인사관리에서 직무와 성과 중심의 성과주의 인사관리 체제로 정부의 경쟁력을 높이고, 이를 통한 공공서비스의 질을 향상시키기 위한 전략적 인사제도이다(강성철, 2005: 31).

1) 미국의 고위공무원단제도

미국이 고위공무원단을 도입한 주요한 이유를 행정관리적 차원과 정치적 차원으로 구분하여 살펴보면 다음과 같다(Huddleston, 1991: 178-184, Durant, 2003: 1089, 박천오 외, 2007: 129-130).

먼저 고위공무원단을 설립한 행정관리적 이유는 다음과 같다.

첫째, 미국의 직위분류제는 직무전문성을 강조하는 경직적인 직급구조로 되어 있어 경력직 공무원의 순환보직과 인사교류가 제한되어 고위공무원들이 폭넓은 시각과 장기적인 안목을 갖고 전정부적 맥락에서 정책을 결정하고 행정을 통합할 수 있는 장치가 필요하였다. 둘째, 정부 내에 근무하는 경력직 공무원의 강한 신분보장으로 환경변화에 능동적이지 못하고, 성과와 보수가 잘 연계되지 못하여 정부 프로그램의 효과성에 대한 미국 국민들의 불만이 고조되어 공직 내에 민간부문의 전문가를 유입하고 민간부문의 발전된 관리제도를 도입하여 공직을 경쟁적으로 만들 장치가 필요하였다.

다음으로, 고위공무원단을 설립한 정치적 이유는 다음과 같다.

정부의 고위직 공무원은 대통령이 임명한 정무직 공무원과 중·하위공무원을 연결하는 중요한 고리로서의 역할을 해야 한다. 그러나 고위직 공무원들은 정부정책의 핵심적인 역할을 함에도 불구하고 실적제로 인한 신분보장 등으로 통치권자의 국정철학이 잘 반영되지 않아 고위직 공무원을 통제할 장치를 만들어 이들의 정치적 대응성을 높일 필요가 있었다. 이는 고위공무원단 공무원의 신분보장을 약하게 하고, 정부정책에 비협조적이거나 성과가 낮은 고위직을 해직시키거나 인사 조치할 권한을 정무직 공무원에게 부여하고 있는 것을 보면 이를 알 수 있다.

현재 미국의 공무원단은 제일 상위에 5개 등급[Executive Schedule(ES): Level Ⅰ~Level Ⅴ]으로 구분되는 정무직 공무원, 고위공무원단, 고위공무원은 아니지만 고위공무원과 유사한 직위로 상위직 공무원(Senior Level Position)과 상위과학기술직 공무원(Scientific and Technical Position)이 있고, 그 아래에 15개의 등급(GS15~GS1)으로 구분되는 경력직 공무원이 있다.

고위공무원단은 직급없이 2003년까지 6개의 보수 등급(ES1~ES6)으로 구분하여 운용하다가 2004년부터 보수 체계(pay system)를 '공인된 SES 근무평정 체제(Certified SES Performance System)를 가진 기관'과 '그렇지 않은 기관'으로 구분하고 각 기관별 보수의 최저 금액과 최고 금액을 제시하여 기관별 자율적으로 운용할 수 있도록 하였다. 단지 기본보수에서 근무평정 체제를 갖춘 기관이라 하더라도 최고 금액이 정무직 공무원의 Level Ⅱ를 넘어서는 안 되며, 근무평정 체제를 갖지 않은 기관의 최고 금액이 정무직 공무원의 Level Ⅲ을 초과할 수 없도록 하고 있다(www.opm.gov/oca). 이들 기본급 외에도 지역수당(locally pay), 성과수당(performance award), 대통령 표창(president rank award) 등이 있으며, 기타 제안, 발명, 생산성 향상, 특수공적 등에 대한 수당이 있다. 또한 고위공무원단의 공무원은 경력직 공무원, 임시직 공무원, 긴급임시직 공무원, 별정직 공무원 등이 임명될 수 있으며, 개인의 능력에 따라 기관 간의 이동은 물론 기관 내의 다른 부서로의 이동도 용이하다.

2) 영국의 고위공무원단제도

영국의 고위공무원단제도는 1855년 추밀원령 이후 영국 공무원 사회를 지배하던 계급제에 기반한 일반행정가 중심의 관료사회를 전문가 중심의 관료사회로 바꾸고, 또 이들 집단에 대한 정치적 통제를 강화하기 위한 목적으로 도입되었다. 영국은 계급제의 신분보장을 강하게 받는 일반 공무원 중심의 폐쇄적 충원이 이루어지는 공직을 특징으로 하고 있어 관료제는 안정적일 수 있으나, 공무원 집단에 대한 정치적 통제는 약하였다. 따라서 영국의 고위공무원단의 설립은 께급제의 폐쇄성을 극복하기 위한 것이기도 하지만, 동시에 관료제에 대한 정치적 통제를 강화하기 위한 것이기도 하다.

이러한 목적으로 1986년 영국 대처(Margaret Thatcher) 수상은 계급제의 일반행정가 중심의 폐쇄형 공직사회를 개혁하기 위하여 모든 직위에 교육적 배경(예: Oxbridge)과 관계없이 전문가도 고위직 공무원으로 승진할 수 있고, 전문가들을 외부에서 임용이 가능한 7개 등급으로 구성된 개방구조를 설립하였다. 그러나 이러한 개방구조는 공무원들의 구성을 다양하게 하고 이들에 대한 정치적 통제는 가능하였지만, 이들 공무원들 간의 협력은 물론 정부기관 간의 연계성이나 통합성을 확보하기 어려웠다. 이에 따라 1996년 개방구조의 등급1에서 등급5까지의 등급을 폐지하고 이들을 하나의 관리계층으로 하여 고위공무원 간의 응집성을 강화하고, 공정한 경쟁과 선발의 원칙에 따라 충원하며, 성과와 보수수준을 연계시키도록 하는 고위공무원단을 설립하게 되었다. 현재 고위공무원단의 보수는 계급별로 일률적으로 정하던 종전의 방식에서 벗어나 부처별로 직무의 내용과 책임도 등을 고려하여 직위의 직무평가 결과에 따라 정해진다(서필언, 2005: 153).

3 한국의 고위공무원단제도

1) 도입 배경

1949년 국가공무원법이 제정된 후 반세기가 지난 지금까지 지속되어 온 계급제의 틀과 연공서열의 오래된 인사 관행에서 벗어나 범정부적으로 개방과 경쟁을 확대하고 성과와 책임을 강화하기 위해 노무현 정부는 2006년 7월 1일부터 국가의 정책과 행정에 커다란 영향을 미치는 행정부의 고위직 계급을 폐지하고 직무분석과 평가를 통한 직무 등급에 따라 인재를 적재적소에 배치하고 관리하기 위해 고위공무원단제도를 도입하였다.

한국에서 고위공무원제도가 도입된 배경도 서구 국가에서 고위공무원단을 도입한 배경과 유사하다. 즉, 계급과 연공서열에 의한 경직된 공직구조를 혁신하여 직무와 성과 중심으로 경쟁체제로 공직사회를 전환하고, 정부정책에 핵심적인 역할을 하는 고위공무원의 전문성 향상은 물론 이들의 정치적 대응성을 강화하려는 취지에서 고위공무원단제도를 도입하였다. 국가공무원법 제2조의2는 "국가의 고위공무원을 범정부적 차원에서 효율적으로 인사관리하여 정부의 경쟁력을 높이기 위하여 고위공무원을 둔다"고 규정하고 있다. 인사혁신처의 홈페이지에는 고위공무원단제도의 도입 취지를 "고위공무원단은 정부의 주요 정책결정 및 관리에 있어서 핵심적인 역할을 담당하는 실·국장급 공무원을 범정부적 차원에서 적재적소에 활용하고 개방과 경쟁을 확대하며 성과책임을 강화함으로써 역량있는 정부를 구현하고자 도입하였다"고 설명하고 있다.

한국의 고위공무원단의 주요 내용을 살펴보면 다음과 같다(행정자치부, 2008: 153-210; 강성철 외, 2008: 161-166).

2) 고위공무원단의 구성

고위공무원단은 행정부 공무원 중 직무의 곤란성과 책임도가 높은 직위에 임용되어 재직 중이거나 파견·휴직 등으로 인사관리되고 있는 일반직, 별정직, 특정직 공무원을 말하며, 범정부적 차원에서 이들을 효율적으로 관리함으로써 정부의 경쟁력을 높이기 위한 것이다. 고위공무원단의 구성에 관해서는 정부조직법과 국가공무원법에 규정하고 있다.[19] 국가공무원법에 규정하고 있는 고위공무원단의 직위는 다음과 같다.

---

19) 정부조직법 제2조, 국가공무원법 제2조의2.

1. 중앙행정기관의 실장 · 국장 및 이에 상당하는 보좌기관[20]
2. 행정부 각급 기관(감사원 제외)의 직위 중 중앙행정기관의 실장 · 국장의 직위에 상당하는 직위[21]
3. 광역시 · 특별자치시와 도 · 제주특별자치도 및 지방교육행정기관에 근무하는 국가공무원의 직위 중 중앙행정기관의 실 · 국장의 직위에 상당하는 직위[22]
4. 그 밖에 다른 법령에서 고위공무원단에 속하는 공무원으로 임용할 수 있도록 정한 직위

고위공무원단은 일반직 공무원 · 별정직 공무원, 그리고 특정직 공무원으로 구성된다. 하지만 특정직 공무원은 당해 공무원을 규정하는 법률에서 고위공무원단에 속하는 공무원으로 임용할 수 있도록 규정하는 경우에만 해당된다. 현재 외무공무원도 고위공무원단에 포함되어 고위공무원단은 약 1,500여 명 이상으로 구성되어 있다. 고위공무원단에 속하는 공무원은 현재 고위공무원단 직위에 재직하고 있는 공무원뿐 아니라 고위공무원단 직위에 재직 중 파견이나 휴직 등의 사유로 별도로 관리되고 있는 공무원의 군(이를 고위공무원단에 속하는 공무원이라 함)을 말한다.

3) 고위공무원단의 충원

고위공무원단으로의 신규 진입은 고위공무원이 아닌 일반 공무원의 신규채용과는 다른 고위공무원단 후보자 교육 이수와 역량평가 및 임용심사위원회의 심사를 통해 이뤄진다.

(1) 후보자 교육과정

고위공무원단 후보자 교육은 고위공무원에 필요한 역량을 함양하기 위한 교육과정

20) 정부조직법 제2조 제6항은 "중앙행정기관의 차관보 · 실장 · 국장 및 이에 상당하는 보좌기관은 고위공무원단에 속한다"라고 규정하고 있다. 그러나 차관보는 중앙행정기관의 실 · 국장에 상당하는 보좌기관에 속하기 때문에 국가공무원법 제2조의2와 별다른 차이가 없다.

21) 행정부 각급 기관이라 함은 정부조직법 제2조 제9항에서 제시한 중앙행정기관(부 · 처 · 청)이 아닌 행정기관을 말한다.

22) 광역시 · 특별자치시 및 도와 제주특별자치도의 행정부시장(부지사)과 실 · 국장 중 기획업무를 담당하는 기획관리실장, 그리고 지방교육자치단체의 부교육감 등이 여기에 해당된다. 도의 농업기술원장도 고위공무원 나등급을 보하도록 되어 있다. 하지만 제주자치특별도의 기획업무담당실장과 농업기술원장은 일반직 지방공무원으로 보하도록 규정하고 있다.

으로 4급 이상 공무원과 고위공무원이 아닌 연구관 · 지도관 및 수석전문관을 대상으로 한다.[23] 교육 대상자는 고위공무원단을 관리하는 중앙인사기관장이 소속 장관별로 고위공무원단 직위의 정원, 고위공무원단 직위로의 승진 예정 인원을 고려하여 결정하고, 소속 장관은 고위공무원단을 관리하는 중앙인사기관장이 배정한 교육의 인원 범위 내에서 선발해 추천한다.

이러한 교육 대상자는 고위공무원이 갖춰야 할 핵심 역량에 대해 직무 병행교육의 형태로 사전에 온라인 역량 기초교육을 이수한 후, 국가공무원인재개발원에서 집합교육의 형태로 고위공무원 핵심 역량 이해와 모의상황 실습, 자아 성찰 및 자기개발계획 수립 등 역량 심화 교육을 이수하게 된다.

(2) 역량평가

후보자 역량교육을 마친 후 고위공무원단으로의 진입을 위해서는 역량평가(competency assessment)의 과정을 거쳐야 한다. 역량평가는 4급 이상 공무원이 후보자 교육을 이수하고 고위공무원단 직위로 승진 임용되려는 사람과 고위공무원단 직위로 전보하려는 연구관 · 지도관, 그리고 일반직 고위공무원이나 별정직 고위공무원으로 신규 채용되려는 자를 대상으로 실시한다. 그리고 특정직인 외무공무원은 고위공무원단 직위로의 신규채용과 고위공무원단 직위로의 최초 보직을 위해서는 고위 외교 역량평가를 거쳐야 한다.

역량평가는 고위공무원으로서의 직무를 성공적으로 수행하기 위해 요구되는 자질과 능력 등 핵심 역량에 대해 실제 상황과 유사한 실행 과제를 평가 대상자에게 제시하고, 이때 나타나는 평가 대상자의 행동 특성을 평가하는 방법이다.

역량평가는 고위 외교 역량평가를 제외하고는 모든 대상자에게 〈표 5-8〉에서 제시하는 바와 같이 고위공무원이 갖춰야 할 핵심 역량 6개를 다양한 방식으로 평가하고, 역량별 평가점수의 평균이 평가점수의 '보통' 범위인 평균 2.5점 이상인 경우 역량평가를 통과하게 된다(고위공무원단 인사규정 제9조).

---

23) 고위공무원단 직위 또는 그에 상응하는 직위에서 국가공무원으로 재직했던 사람을 다시 고위공무원단 직위로 승진임용하거나 전보하는 경우에 고위공무원단 후보자 교육을 면제할 수 있다(고위공무원단 인사규정 제8조).

표 5-8 고위공무원단 역량평가 모델

역량 구분	사고 역량		업무 역량		관계 역량	
핵심 역량	문제 인식	전략적 사고	성과 지향	변화관리	고객 만족	조정·통합
평가 기법	1 : 1역할 수행, 1 : 2역할 수행, 서류함 기법, 집단토론					

(3) 임용 방법

고위공무원단으로의 임용은 고위공무원단에 속하는 공무원으로의 신규채용과 고위공무원단 직위로 승진임용, 고위공무원단 직위로의 전보(연구관·지도관) 등이 있다.

고위공무원단으로의 신규채용은 각 부처 선발시험위원회에서 추천된 민간인 등 채용후보자를 대상으로 역량평가를 실시한 후 인사심사를 통과한 자를 소속 장관이 대통령에게 임용 제청하고 대통령이 임용한다. 고위공무원으로의 승진임용은 고위공무원단 후보자를 대상으로 각 부처의 보통승진심사위원회의 승진심사와 인사심사를 통과한 자를 소속 장관이 대통령에게 임용 제청하고 대통령이 임용한다(고위공무원단 인사규정 제16조). 연구직·지도직 공무원의 고위공무원단으로의 전보는 소속 기관에 설치된 보통승진심사위원회를 거쳐 결원의 범위 범위에 해당하는 인원을 선정한 후 중앙인사기관장과 협의를 거쳐 대통령에게 임용 제청해야 한다(고위공무원단 인사규정 제17조).

고위공무원 임용을 위한 인사심사는 중앙인사기관에 설치된 고위공무원 임용심사위원회가 담당한다. 여기에서는 개별 법령 등에서 규정한 자격 요건에의 부합 여부, 임용 결격 사유의 해당 여부, 정원과 현원 등 적법성 요건과 근무 실적, 직무 수행 능력, 전문성, 경력, 기타 등 적격성 요건, 그리고 부처별·직위별 특성, 직렬 또는 임용구분별 형평성 등 균형 인사 등 기타 요건을 심사한다.

고위공무원으로의 충원 방법은 민간과 경쟁하는 개방형 직위와 타부처 공무원과 경쟁하는 공모직위, 그리고 내부승진과 외부 경력자를 채용하는 자율직위로 구분되며, 부처에서는 고위공무원단 직위의 20%의 범위 내에서 개방형 직위와 30%의 범위 내에서 공모직위를 운영할 수 있다(개방형 직위 및 공모직위의 운영 등에 관한 규정 제3조, 제13조).

4) 고위공무원단의 관리

(1) 소속

고위공무원은 '고위공무원단 소속 공무원'으로 하나의 풀(pool)로 관리된다. 따라서 각 기관의 장은 고위공무원의 현 소속에 관계없이 풀에서 적임자를 임용 제청할 수 있다. 일단 부처에 배치된 공무원은 소속 장관이 인사 · 복무관리를 담당한다.

(2) 구성

고위공무원단의 직위는 공직 내 · 외부의 인재를 모두 대상으로 하는 개방형 직위, 공직 내부 경쟁(부처 내 · 외 공무원 간 경쟁)을 통해 적격자를 임용하는 공모 직위, 그리고 공무원 승진 및 외부 경력 채용을 포함하는 자율직위로 구분된다([그림 5-1] 참조).

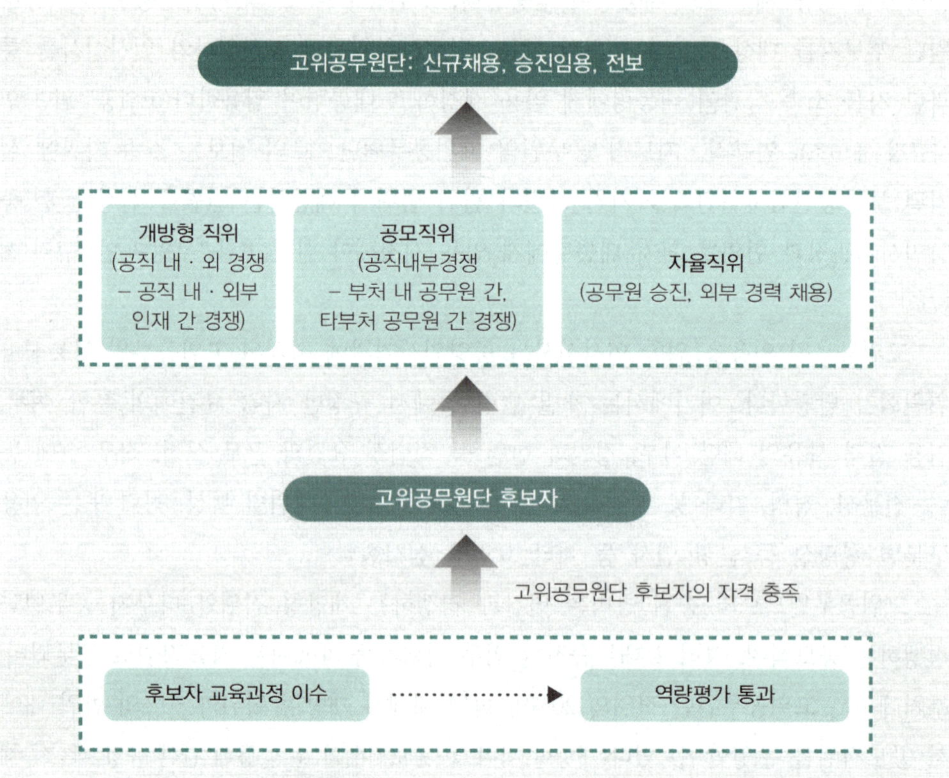

그림 5-1 고위공무원단 충원 과정

개방형 직위는 소속 장관별로 고위공무원단 직위 총수의 20% 범위에서, 그리고 공모직위는 소속 장관별로 경력직 공무원으로 보할 수 있는 고위공무원단 직위 총수의 30% 범위에서 지정하도록 하고 있다.[24)]

하지만 소속 장관이 고위공무원단의 개방형 직위와 공모직위를 지정할 때, 중앙행정기관과 소속 기관과의 균형을 유지하도록 해야 하며, 개방형 직위와 공모직위로 지정되는 직위와 지정 범위는 법령에 지정 범위가 일차적으로 규정되어 있다. 그리고 그 지정 범위를 다시 고위공무원단을 관리하는 중앙인사기관장과 협의하도록 하고 있어,[25)] 소속 장관이 재량대로 자율직위의 지정 범위를 확대하기 곤란하다. 그리고 자율직위에 부처 내뿐만 아니라 외부 경력자를 채용할 수 있기 때문에 고위공무원단의 구성은 개방적이고 경쟁적인 성격을 지닌다.

(3) 직무 등급

고위공무원단은 종전의 실·국장급 공무원의 계급(1~3급)을 폐지해 구성했으나, 3급의 과장급 계급은 존치했다. 현재의 실·국장은 계급이 아닌, 담당 직위의 투입 요소, 과정 요소, 산출 요소 등에 의해 직무값을 계산하고 이에 따라 부여한 '가~나급'의 직무 등급[26)]을 부여해 인사관리를 한다. 직무 등급은 계급과는 달리 개인에게 부여되는 신분 개념이 아니므로 고위공무원단 직위 간의 이동이 자유롭다.

(4) 근무성적평정

고위공무원의 근무성적평정은 4급 이상 공무원에게 적용되는 '성과계약 등 평가'에 의한다. 고위공무원의 성과계약 등 평가는 평가자와 평가 대상자 간에 성과목표·지표 및 평가 결과의 활용 등에 관해 1년 단위로 성과계약을 체결한다. 그리고 이 성과계약을 토대로 평가 대상 공무원이 평가 대상 기간 동안 달성한 성과달성도를 매년 5개 등급(매우 우수, 우수, 보통, 미흡, 매우 미흡)으로 구분해 평가받는다.

(5) 고위공무원의 보수

고위공무원의 보수 체계는 직무성과급적 연봉제와 연봉 외 급여로 구성된다. 직무

24) 개방형 직위 및 공모직위의 운영 등에 관한 규정 제3조 제1항, 제13조 제2항.
25) 개방형 직위 및 공모직위의 운영 등에 관한 규정 제3조, 제13조 제3항.
26) 종전에는 직무 등급을 5단계(가, 나, 다, 라, 마 등급)로 구분했으나, 탄력적 인사 운영을 위해 2009년 '직무분석 규정'을 개정해 종전의 '가, 나' 등급을 '가' 등급으로, '다, 라, 마' 등급을 '나' 등급으로 통합해 2단계로 축소했다.

성과급적 연봉제는 기본연봉과 성과연봉으로 구성된다. 기본연봉은 개인의 경력 및 누적 성과를 반영해 책정되는 기준급과 직무의 곤란성 및 책임성의 정도를 반영해 직무등급(가, 나 등급)에 따라 책정되는 직무급을 합한 연간 급여액을 말한다. 성과연봉은 전년도 업무 실적의 평가 결과를 반영해 지급되는 연간 급여액을 말한다.

고위공무원에 대한 성과연봉은 성과계약 등 평가의 결과, 매우 우수, 우수, 보통 등급에 해당하는 인원에 대해서는 성과연봉 기준액을 초과하는 차등액을 지급하고, 미흡 및 매우 미흡 등급에 해당하는 인원에 대해서는 성과연봉 또는 성과상여금을 지급하지 아니한다. 고위공무원의 성과와 보수의 연계성을 강화하기 위해 직무급의 최대 차이보다 성과연봉의 최대 차이가 크고, 성과연봉의 비중이 확대되도록 보수설계가 이뤄져 있다. 연봉외 급여로는 가족수당, 자녀학비보조수당, 연가보상비, 직급보조비, 정액급식비 등이 포함된다.

(6) 보직관리 기준과 전보 제한

인사심사를 마친 고위공무원단 후보자는 임용권자나 임용제청권자가 하나의 고위공무원단 직위에 임용해야 한다. 단지 조직 개편 등으로 보직 없이 근무하게 하는 경우와 고위공무원단 직위 중 개방형 직위나 공모직위에 임용되었던 경력직 공무원을 보직 없이 근무하게 하는 경우 등 예외적인 경우를 제외하고는 고위공무원을 소속 기관별로 적합한 고위공무원단 직위에 임용해야 한다.

그리고 고위공무원을 전보하려는 경우 최근 1년 간의 근무성적평정에서 최상위 등급의 평정을 받은 사람에 대해서는 본인의 동의 없이 재직 중인 직위보다 직무의 곤란성과 책임도가 낮은 직위로 전보할 수 없다. 단지 해당 공무원에게 귀책사유가 있거나 직제의 변경 또는 정원의 감축 등으로 직무의 곤란성과 책임도가 같은 직위의 수가 감축된 경우에는 그러하지 아니하다.[27)]

(7) 적격심사

적격심사는 고위공무원으로서의 적격성 여부에 대한 심사를 말하며, 고위공무원으로서의 성과와 책임을 강화하려는 것이다. 적격심사는 2년 이상 근무성적평정에서 연속 최하위 등급을 받거나, 정당한 사유 없이 직위를 부여받지 못한 기간이 총 1년에

---

27) 고위공무원단 인사규정 제18조, 제19조.

이른 자를 대상으로 한다. 그리고 근무성적평정에의 최하위 등급을 1년 이상 받은 사실이 있으면서 정당한 사유 없이 6개월 이상 직위를 부여받지 못했거나, 조건부 적격자가 교육훈련을 이수하지 아니하거나 연구과제를 수행하지 아니한 때는 적격심사를 받아야 한다.28)

고위공무원의 적격심사는 고위공무원의 근무성적, 능력 및 자질의 평정에 따라 고위공무원 임용심사위원회에서 실시하며, 의결은 적격, 조건부 적격, 부적격 중의 하나로 결정한다. 교육훈련 또는 연구과제 등을 통하여 근무성적 및 능력의 향상이 기대되는 사람은 조건부 적격자로 결정한다. 고위공무원의 직무를 계속 수행하게 하는 것이 곤란한 사람은 부적격으로 결정하고 소속 장관은 부적격자의 직권면직이 가능하며, 이에 대해 불복하는 경우 소청심사를 청구할 수 있다.29)

(8) 신분보장

고위공무원의 정년은 60세이며, 직업공무원제의 근간을 유지하기 위해 형의 선고, 징계처분 또는 이 법에서 정하는 사유에 따르지 아니하고는 본인의 의사에 반해 휴직·강임 또는 면직을 당하지 아니하는 신분보장을 받는다. 다만, 고위공무원단 직위 중 직무 등급이 가장 높은 등급의 직위에 임용된 고위공무원은 국가공무원법상의 신분보장 규정의 적용을 받지 못한다.30)

따라서 고위공무원의 신분보장은 고위공무원단제도가 도입되기 전과 비교하면 도입되기 전에는 성과와 역량이 부족해도 특별한 문제가 없으면 1급을 제외하고는 신분보장을 받았다. 하지만 고위공무원단제도가 도입된 지금은 고위공무원에 대한 적격심사와 직무 등급이 높은 고위공무원에 대한 신분보장의 규정이 적용되지 않기 때문에 고위공무원에 대한 신분보장은 도입되기 전에 비해 약화되었다고 할 수 있다.

이상의 논의를 종합해 고위공무원단제도 도입 전·후의 인사 체계를 비교하면 〈표 5-9〉와 같다.

---

28) 국가공무원법 제70조의2.
29) 국가공무원법 제70조 제1항 제9호, 국가공무원법 제70조의2, 국가공무원법 제9조.
30) 국가공무원법 제68조.

표 5-9 고위공무원단 도입 전 · 후 인사관리 시스템 비교

	도입 전		도입 후
소속	각 부처		고위공무원단
인사 운영 기준	**계급제** – 보수, 정원관리, 승진, 전보 등을 계급 기준에 따라 운영	➡	**직무등급제** – 보수, 정원관리, 승진, 전보 등을 직위 또는 직무 등급 기준에 따라 운영
임용 방식	**부처 내 폐쇄적 임용** – 부처 내부 공무원을 연공서열에 따라 승진 · 전보 – 과장급은 별도 교육 · 검증 없이 국장으로 임용	➡	**부처 내 · 외 경쟁을 통한 개방적 임용** – 부처 내 · 외 공무원 간 또는 공직 내 · 외 경쟁을 통해 임용 – 과장급은 후보자교육 · 역량평가 등을 거쳐 임용
성과관리	**연공서열 위주의 형식적 관리** – 목표관리제가 있으나 연공서열 위주로 형식적 운영	➡	**엄격한 성과관리** – 직무성과계약제에 따라 성과계약을 체결하고 평가 결과에 따라 보수, 신분보장 등 인사관리에 반영
보수	**계급제적 연봉제** – 계급과 호봉에 따른 차등 보수 – 성과의 차이에 따른 연봉 차이가 미미	➡	**직무성과급제** – 직무 등급에 따른 차등 보수 – 성과의 차이에 따라 연봉 차등 확대
역량평가	**주관적 · 추상적 평가** – 역량평가제도 없음	➡	**역량평가제** – 역량 모델을 설정해 객관적이고 구체적으로 평가
교육훈련	**획일적 교육** – 교육 프로그램의 단순함과 능력 발전 기회로 인식하지 못함	➡	**개별적 · 맞춤식 교육** – 필요한 역량과 자질의 파악과 향상, 개인의 상황에 따른 맞춤형 교육 실시
검증	**인사심사** – 채용 · 승진 시 주관적 인사심사	➡	**인사심사 + 적격심사** – 역량평가 후 채용 · 승진 시 인사심사, – 정기 · 수시 적격심사
신분관리	**안정적 · 온정적 신분보장** – 성과와 역량이 부족해도 특별한 문제가 없으면 직위 유지	➡	**엄격한 인사관리** – 직업공무원제를 기반으로 하되 성과와 능력에 따른 신분관리

자료: 2004년 중앙인사위원회 공청회 자료, 2009년 행정안전부 고위공무원단 안내 자료에서 재구성.

5) 고위공무원단의 성과와 과제

고위공무원단제도의 도입은 계급주의 전통의 한국 공직사회의 틀을 바꾸는 주요한 계기가 되었다. 계급과 연공서열 중심의 공직사회가 성과와 책임, 개방과 경쟁 중심의 성과주의 공직사회가 확산되면서 가시적인 성과도 나타나고 있다. 그럼에도 불구하고 아직도 개선되어야 할 부분도 눈에 띄고 있다.

먼저 고위공무원단제도의 도입 성과로 볼 수 있는 것은 다음과 같다.

첫째, 공직사회에 경쟁과 개방이 확대되고 있다. 고위공무원단 직위의 일정 부분이 민간 전문가 및 다른 부처 출신 공무원을 임용함으로써 범정부적 차원의 인력 활용 및 정책 추진 여건이 마련되고 있다. 즉, 고위직의 외부 개방성과 부처 간의 이동성이 예전보다 증가하고 있다

둘째, 고위공무원단 도입으로 성과주의가 강화되고 있다. 직무성과연봉제가 실시되면서 소속 장관의 기준급 결정과 성과계약 등 평가 결과에 따른 등급별 성과급 지급이 가능하여 소속 장관의 자율적인 인사관리가 가능하고, 능력과 역량을 발휘한 고위공무원 개인의 직무성과연봉이 차이를 나타냄으로써 성과 중심의 인사관리가 가능해졌다.

셋째, 역량 기반 인사관리 체계가 어느 정도 확립되고 있다. 즉, 고위공무원단 후보자 교육을 통해 관리직 핵심 역량과 문제 해결력을 집중적으로 개발함으로써 능력 발전에 공헌하며, 역량평가를 통해 필수 역량이 검증된 사람만이 고위공무원으로 진출하게 함으로써 고위공무원의 전반적인 역량 향상이 이루어지고 있다.

그러나 앞으로 개선해야 할 과제도 적지 않다.

첫째, 한국 고위공무원단의 도입의 목적에 알맞은 제도의 설계와 실행이 뒤따라야 한다(한인근, 2010: 81). 한국의 고위공무원단제도의 목적이 직무 중심의 인사관리를 통한 공무원의 경쟁력 향상이라면 고위직의 역량 향상을 위한 역량 교육과 더불어 전문가 선발이 용이한 역량평가가 강화되어야 할 것이다.

둘째, 탄력적인 인사 운영을 위한 목적으로 고위공무원단의 직무 등급을 처음의 5등급에서 2등급으로 바꿈으로써 종래 직무 중심의 인사관리에서 계급 중심의 인사관리로 회귀하는 현상들이 관찰된다. 직무 등급을 줄이면 인사관리는 용이해지지만, 직무 등급이 너무 단순해 직무 중심의 인사관리라는 목적 달성으로부터는 벗어날 가능

성이 높아진다.

셋째, 고위공무원단 공무원의 보수 수준이 민간에 비해 낮고 계약 기간이 짧아 우수한 민간 전문가가 개방형 직위에 활발하게 지원하지 않을뿐더러 이들의 공공 분야 근무 경험이 부족한 경우가 많기 때문에 조직 및 업무 적응에 많은 시간이 소요되어 민간 전문가의 활용이 큰 효과를 거두지 못하고 있다.

넷째, 고위공무원단을 도입한 이유 중의 하나가 성과와 책임을 강화한 성과주의 확산이다. 그런데 고위공무원 성과평가 등급이 실제 성과 수준보다 높은 수준의 평가점을 부여하는 온정주의 풍토와 고위공무원 성과평가 등급이 고위공무원단 임용 순서, 국장급 재직 기간 등 연공서열에 따라 역으로 결정되는 오랜 관행이 아직 사라지지 않고 있다(박천오 외: 2013: 166).

사례 1 한국 정부의 직무분석

중앙행정기관 공무원의 생산성과 업무의 전문성을 높이기 위해 종전의 실·국장급(1~2급) 고위공무원에게는 직무분석을 통해 직무의 성격과 성과에 따라 보수 등을 결정하는 직무등급제를 도입했다. 또 3급 이하 공무원들에게는 현행 계급제를 유지하지만 채용, 승진, 전직, 보수 지급, 성과관리 등 직무분석을 활용하도록 하고 있다.

[문제 1] 실·국장급에 적용하는 직무등급제란 어떤 것인지 '직무분석규정'과 '직무분석지침'을 살펴보고 토론해 보시오.

[문제 2] 3급 이하 과장급에 적용되는 직무분석은 어떻게 활용되는지 토론해 보시오.

사례 2 한국 공무원의 구분 기준과 특성

한국의 공무원은 기본적으로 경력직과 특수경력직 공무원으로 구분한다. 이를 다시 경력직 공무원은 일반직 공무원과 특정직 공무원으로 구분하고, 특수경력직 공무원은 정무직 공무원과 별정직 공무원으로 구분하고 있다.

[문제 1] 한국은 공무원을 구분하는 기준에 대해 논의하시오.

[문제 2] 한국 경력직 공무원의 공무원 종류별 실적제 적용 정도와 직업공무원제 적용 정도에 대해 법령에 어떻게 규정하고 있는지 살펴보시오.

사례 3 고위공무원단

2006년 7월 1일부터 중앙행정기관 공무원 중 종전의 실·국장급(1~2급) 고위공무원들은 고위공무원단에 편입되어 계급이 없어지는 대신 직무 등급에 의해 보수나 처우가 달라지는 직무등급제가 도입되었다. 정부는 고위공무원단제도를 "정부의 핵심적 역할을 하는 고위공무원을 적재적소에 활용하고 개방과 경쟁을 확대하며, 성과와 책임을 강조해 정부생산성을 높이려는 전략적 인사 시스템"이라고 하고 있다.

그리하여 고위공무원단제도의 도입으로 신분보장에 따른 무사안일한 공직 분위기가 크게 바뀌고 개방으로 인한 경쟁 분위기와 역량 개발을 통한 능력 중심의 인사관리가 행해진다고 말하고 있다.

그러나 아직도 적시 임용의 불편함과 민간과 다른 부처 출신 직원에 대한 배타주의와 평가의 관대함, 직무 등급과 계급을 구별하지 않는 계급주의적 관행 등 해결해야 할 여러 가지 문제점이 있다고 한다.

[문제 1] 우리나라 고위공무원단에 대해 알아보고, 다른 나라의 고위공무원단과 어떻게 다른지 논의해 보시오.

[문제 2] 고위공무원단제도가 도입되면 고위공무원의 정치적 대응성이 높아진다. 이럴 경우의 장·단점을 논의하고, 단점을 방지 내지 보완할 방안에 대하여 논의하시오.

[문제 3] 고위공무원단의 충원 방식인 개방형 직위와 공모직위의 도입 이유와 그 비율의 적절성에 대해 논의하시오.

[문제 4] 지방자치단체에 고위공무원단제도를 도입할 수 있는지, 그리고 도입한다면 어떻게 도입할 것인지를 논의해 보시오.

P·A·R·T

04

PUBLIC PERSONNEL ADMINISTRATION

인사행정의 활동 국면

학습 목표

1. 임용의 각 단계에 적용되는 기준은 인사행정 활동 국면의 관리라는 측면에서 어떤 의미를 지니며, 공무원의 능력 발전과 동기 유발을 위한 방안에는 어떤 것이 있는가?
2. 한국 정부의 인사행정 활동 국면은 어떠한 특징을 지니며, 또한 한국 정부가 처한 현재의 상황과 행정환경을 고려할 때, 주로 어느 기준에 중점을 두고 인적 자원을 관리하는 것이 바람직한가?
3. 인사행정 활동 국면 기능 간에 서로 어떤 연계성을 갖는 것이 바람직한가?

요약

제6장에서는 인적자원계획의 의의와 중요성, 과정을 다룬다.

제7장에서는 임용의 의의와 유형, 과정, 그리고 공직의 경쟁력을 향상시키고 환경 변화에 신축적으로 대응하기 위한 공직의 개방과 인사교류제도에 대해 살펴본다.

제8장에서는 경력개발과 교육훈련의 의의와 종류, 한국 교육훈련의 현황과 발전 방향, 경력개발 등을 고찰한다.

제9장에서는 공무원 개인 성과관리를 중심으로 근무성적평정 등을 살펴보고, 성과관리카드에 대해 다룬다.

제10장에서는 사기와 동기부여의 문제를 다룬다. 이 장에서는 동기부여이론을 내용이론과 과정이론으로 나눠 고찰하고, 사기관리의 문제점과 개선 방향을 모색해 본다.

제11장에서는 공무원 보수의 특성과 한국 공무원 보수제도의 문제점과 개선 방안에 대해 고찰하고, 공무원 연금제도에 대해 살펴본다.

Public Personnel Administration

06 인적자원계획

제1절 인적자원계획의 의의

인적자원계획(인력계획)이란 사회나 조직이 추구하는 목표를 좀 더 효율적으로 달성하는 데 도움을 줄 수 있는 방향으로 인적 자원의 수급을 질적·양적으로 조정하는 것을 의미한다(Bowey, 1974: 1). 인적자원계획의 정의에 대해서는 학자들마다 강조점이나 표현 방식이 조금씩 차이가 있다. 베터(Vetter, 1976)는 "인적자원계획은 조직이 어떻게 하면 현재의 인적 자원 상태를 좀 더 바람직한 인력 상태로 만들 수 있는가를 관리자들이 결정하는 과정인데, 관리자들은 이러한 인적자원계획을 통해 적정한 자리에 적정한 종류의 사람들을 적정 수로 적시에 확보하고, 그들이 조직이나 개인을 위해 최대의 장기적인 이익이 돌아오게끔 하는 것이다"라고 정의했다.

클링너(Klingner, 1980)는 "인적자원계획은 인적 자원에 대한 수요를 예측해 이에 대응할 방안을 결정하며, 조직의 목적에 비춰보아 그 효율성을 평가하는 지속적 과정이다"라고 했다. 리프와 크리노(Leap & Crino, 1990)는 "인적자원계획은 주어진 임무의 수행에 얼마나 많은 유자격 인력이 필요한가에 대한 추계의 과정, 조직 내에서 활용이 가능하게 될 인력 수를 추계하는 과정, 그리고 인력 수요에 인력 공급이 부합되게 하는 조정의 과정을 포함하는 것이다"라고 했다.

따라서 인적자원계획은 조직의 목적을 효율적으로 달성하기 위해 인적 자원의 수요를 결정하는 과정과 그러한 수요를 충족시키기 위한 수단을 포괄하는 개념이다. 정부에 의한 인적자원계획은 '국가 체제 전반의 인적 자원 수급에 관한 계획'과 '정부조직에서 필요로 하는 인적 자원의 수급에 관한 계획'으로 구분할 수 있는데, 인사행정에서 의미하는 인적자원계획은 후자에 해당한다. 즉, 인적자원계획은 정부조직의 인적자원에 대한 수요를 예측하고, 그러한 수요를 충족시킬 수 있는 인적 자원의 공급 방안을 결정하는 과정이다. 이러한 인적자원계획은 오늘날 인적 자원의 획득(신규채용)뿐만 아니라 유지·발전 및 활용(배치전환, 승진, 교육훈련)과 관련되고, 아울러 퇴직관리와도 직접 관련된다.

제2절 인적자원계획의 중요성

현대 인사행정은 노동시장의 인력 공급이 무한하게 탄력적일 것이라는 가정 하에 인적자원계획에 큰 관심을 갖지 않았으나, 제2차 세계대전 이후 경기가 호전되면서 노동시장이 경색되자 안정적인 인적 자원 확보를 위한 계획의 필요성이 대두되었다. 미국의 경우 인적자원계획에 관한 관심은 1960년대에 이르러서야 본격적으로 대두하기 시작하여 1970년대에 들어 인적 자원의 중요성이 높게 인식되면서 급진적인 발전을 하게 되었는데, 1972년 조사에 의하면 연방정부의 경우 90%, 주정부의 경우 43%, 지방정부의 경우 22%가 각각 인적자원계획을 수립하고 있다(Stahl, 1976: 112).

현대 사회에 들어서는 급속한 기술 발달로 기술의 생애 주기가 짧아지면서 조직에 필요한 전문인력을 적시에 공급하기가 어려운 현실이다. 이러한 상황에서 장래에 발생하는 인적 자원 수요를 미리 예측해 인적 자원 공급계획을 수립하는 인적자원계획의 중요성은 더욱 부각된다. 이러한 인적자원계획은 정부조직에서 다른 조직보다 더 절실하고 중요하다. 왜냐하면 정부는 한 사회에서 가장 큰 조직체로서 중요한 업무를 수행하고 있으며, 거의 모든 직업 분야를 망라하는 거대하고 복잡한 인적 자원 집단을 형성하고 있기 때문이다. 정부가 인적 자원을 효율적으로 활용하지 못한다면 국가에 큰 손실을 안겨주게 되므로 정부는 유능한 인력을 동원하고 활용할 수 있는 인적자원계획을 반드시 세울 필요가 있다.

따라서 우리나라 정부는 2005년 12월 30일에 공무원임용령(제8조)에 인력관리계획의 도입 근거를 마련하고, 2006년 6월 인력관리계획 메뉴얼을 각 부처에 배포하고 2007년부터 각 부처별로 해당 부처 인력관리계획을 수립하여 인사 담당 부처에 제출하였다. 현재 인사혁신처는 부처별로 제출한 인력관리계획을 토대로 정부 기능과 조직에 필요한 인력 규모를 산정·배분해 오고 있다. 즉, 부처별로 조직 목표의 달성에 필요한 효율적인 인적 자원 관리를 위해 소속 공무원의 채용·승진·배치 및 경력 개발 등이 포함된 인력관리계획을 수립하여야 하고, 인사혁신처는 각 기관의 균형적인 인사 운영과 효율적인 인력 활용을 위하여 각 인력관리계획의 일부 또는 전부를 제출받아 이를 지원·조정 및 평가할 수 있다(공무원임용령 제8조).

정부 인력관리계획은 각 부처별 비전 및 전략목표에 따라 현재 보유인력 수준과 미래 요구 수준 간 차이분석을 토대로 조직 내 인적 자본을 적재·적소·적시에 확보·활용하기 위해 수립하는 전략적 중장기계획이다. 현재 정부 인력관리계획은 기관별 고정계획 형식의 5년 단위 중장기계획으로 작성하되, 매년 연동계획 형식의 2년 단위 실천계획도 수립해 집행하고 있다.[1]

제3절 인적자원계획 과정

인적자원계획은 미래 인적 자원의 수요를 예측하고 그 수요에 대응할 인적 자원 공급 방안을 결정해 시행하고, 나아가 그 성과를 조직 목표 달성의 관점에서 평가하는 일련의 단계들을 내포하는 연속적·순환적 과정이다. 인적자원계획의 과정에 어떤 활동 단계들이 포함되어 있는가를 통합적으로 규정하는 것은 어려운 일이며, 인적자원계획이 이뤄지는 상황과 접근 방법에 따라 계획 과정에 포함되는 구체적인 활동 단계와 행동 수단은 다를 수 있다.

1) 정부 인적자원계획의 일종이라고 할 수 있는 우리나라 정부 인력관리계획의 구체적 내용은 인사혁신처 『공무원 인사실무』(2017: 77-78)를 참조할 것.

그러나 여러 학자가 제시하는 공동적 활동 단계는 ① 인적 자원 수요 예측 단계, ② 인적 자원 공급 대안 결정 단계, ③ 시행 단계, ④ 평가 단계로 나뉜다(Klingner, 1980: 61-68; Odiorne, 1971: 140-143; 오석홍, 2013: 126-134).[2)]

이러한 인적자원계획 과정의 구체적인 내용을 살펴보면 다음과 같다.

1 인적 자원 수요 예측 단계

조직의 장래 인적 자원 수요를 예측하려면, 먼저 조직의 목표를 확인하고 인적 자원 수요에 영향을 미칠 요인들을 탐색해 일정한 기간 후에 필요하게 될 조직의 인적 자원 총수요를 예측해야 한다. 그 다음 기존의 인력정책에 따라 공급될 수 있는 인적 자원을 예측해야 하는데, 이것을 기존 인적 자원의 공급 예측이라 한다. 끝으로 인적 자원 총수요와 기존 인적 자원 공급 예측을 대비시켜 새로운 인적 자원의 수요, 즉 인적 자원 순수요를 예측한다.

1) 인적 자원 총수요 예측

장래의 인적 자원 총수요를 예측하려면 현재의 직위 수를 조사하고, 그것을 기초로 해서 장래의 인적 자원 수요 변동분을 예측해야 한다.

인적 자원 총수요를 예측하는 데 사용할 수 있는 방법은 다음과 같다(Srivastava, 1964: 62-64; 오석홍, 2013: 130-132; 송하중, 1993: 8-12).

(1) 외적 한도 기준에의 의존

이 방법은 외부에서 설정한 인적 자원의 한도 기준을 수동적으로 받아들이는 것이다. 예컨대, 법정 정원의 한도를 인적 자원 총수요로 받아들이는 방법이다. 이 경우 법정 정원의 한도를 조직 단위별, 직급별 정원까지 세밀하게 규정하게 되면 능동적인 인적자원계획의 여지가 없어진다. 이러한 방법은 사실상 능동적인 인적자원계획 기능을 인정하지 않는 것이기 때문에 엄격히 말하면 인적 자원 총수요 예측 방법이라고 할 수

2) 클링너(Klingner, 1980: 61-68)는 인적자원계획의 과정을 ① 조직 목표의 설정, ② 인적 자원의 총수요 예측, ③ 인적 자원의 총공급 예측, ④ 총수요와 총공급을 대비해 실제 인적 자원 수요의 결정, ⑤ 실제 인적 자원 수요를 기초로 인력 확보 방안의 결정, ⑥ 인적 자원 확보 방안의 시행, ⑦ 통제 자료의 준비, ⑧ 통제 자료를 기초로 인적 자원 관리 기능의 정확성과 효과성 평가 등 여덟 단계로 나누고 있다.

없다.

(2) 점증적 방법

이 방법은 총예산 가운데 인건비의 비율이 일정하다는 전제 하에 예산 총액의 증감에 따라 인적 자원 총수요를 예측하는 것이다. 즉, 예산 총액의 증감 비율에 정비례해서 직위 수와 인건비가 변화한다고 이 방법은 가정하고 있다. 예산 총액의 증감 비율에만 의존해 인적 자원 수요를 예측하려는 이 방법에도 인적자원계획의 직접적인 기준을 제공하지 못한다는 등의 한계가 따른다.

(3) 계량적 예측 방법

이 방법은 각종 추세분석, 회귀분석 및 시계열분석 등 통계학적 기술을 이용해서 인적 자원 총수요를 예측하는 방법이다.3) 계량적 기법들은 최근 컴퓨터 기술의 활용으로 급속한 발전을 거듭해 왔다. 그러나 인력계획의 변수 중에는 계량화할 수 없는 요인들이 많으므로 질적 접근 방법을 보완해 사용하는 것이 바람직하다.

(4) 질적 예측 방법

이 방법은 전문가들의 전문지식이나 판단에 의해 인적 자원 총수요를 예측하는 기법이다. 대표적인 질적 예측 방법으로는 델파이(Delphi) 기법과 브레인스토밍(brainstorming)이 있다. 델파이 기법은 여러 전문가의 의견을 되풀이해 모으고, 교환하며, 발전시켜 미래를 예측하는 방법이다. 1948년 랜드(RAND)연구소에서 개발되어 군사・교육・연구개발・정보 처리 등 여러 분야에서 사용된 이 기법은 인적 자원 총수요 예측에도 상당히 유용하다.

2) 기존 인적 자원 공급 예측

기존 인적 자원 정책에 의한 인력 공급을 예측하려면 먼저 기준 시점의 현존 인적

3) 추세분석(trend analysis)은 과거의 인적 자원 수준으로부터 미래의 인적 자원 수준을 투사하는 분석 방법이다. 즉, 추세분석은 인적 자원의 수요와 밀접한 관계를 가진 변수 중 하나를 선정해 이 변수와 인적 자원 수요 간의 관계가 과거에 어떠한 추세로 전개되었는가를 살펴봄으로써 미래의 인적 자원 수요를 예측하는 통계적 방법이다. 이러한 추세분석은 시계열 분석의 일종이라 할 수 있다.
회귀분석(regression analysis)은 인적 자원 수요에 영향을 미치는 특정의 변수에 관한 정보에 기초해 인력 수요를 예측하는 수학적 모형으로서, 추세분석 기법과는 달리 인적 자원의 수요에 영향을 미치는 다양한 변수를 고려할 수 있다(박천오 외, 2000: 171).

자원(manpower stock) 상태를 파악해야 한다. 그리고 그것을 기초로 인적 자원 변동(manpower flow)을 예측해야 한다.

(1) 현존 인적 자원 분석

현존 인적 자원 분석에서는 '인사기록 및 성과관리카드'에 기재된 인사정보를 바탕으로 기준 시점의 현존 인력의 종류와 수 등을 분석한다. 즉, 구성원의 학력, 경력, 직급, 근무성적, 보수 등급, 직업상의 관심과 선호 등에 관한 자료를 조직 단위별로 조사해 현존 인적 자원의 상태를 파악하는 작업이다.

(2) 인적 자원 변동 예측

인적 자원 변동 예측은 단순히 인적 자원 공급과 수요의 상태를 나타내는 데 그치지 않고, 인적 자원 공급과 수요의 관계를 변화시키는 요인, 즉 퇴직 예측 · 조정 예측 · 채용 예측까지 행하는 것을 말한다(오석홍, 2013: 133-134). 퇴직 예측은 퇴직으로 인한 인적 자원 감소의 영향을 예측하는 것으로서 인적 자원 변동 예측 중에서 가장 중요한 것이다. 퇴직 예측에 가장 많이 사용하는 방법은 각종 추세분석 기법이다. 한편 추세분석을 보완하기 위해 퇴직 원인 분석 방법 등이 동원될 수 있다. 조정 예측은 직원의 배치전환 · 기술 변화 · 계급 변화 · 선호 변화 등으로 말미암아 야기되는 인적 자원 변화의 영향을 예측하는 것이다. 채용 예측은 기존의 일상적인 채용 활동과 특별한 임용정책의 영향을 예측하는 것이다. 이러한 채용 예측은 퇴직 예측을 기초로 해서 행해진다.

2 인적 자원 공급 대안 결정 단계

장래에 발생할 인적 자원 수요에 대응해 인적 자원을 공급할 방안을 마련하는 단계이다. 인적 자원 공급의 방안은 다양하나 대략 다음과 같은 세 가지 전략의 범주로 나눌 수 있다(Leap & Crino, 1990: 174-180; Siegel & Myrtle, 1985: 137-138; 오석홍, 2013: 127-128).

1) 임용 및 교육훈련 전략

인적 자원 수요의 변동에 대응해 인적 자원을 공급하는 방법으로는 먼저 외부에서 인적 자원을 신규채용하는 외부임용 방법과 승진・배치전환 등의 내부임용 방법을 이용할 수 있다. 그리고 교육훈련을 통해 기술적 수요를 충족시키는 것도 한 방안이 될 수 있다. 한편 인적 자원 공급을 감축시킬 때는 주로 퇴직을 촉진하는 내부임용 방법이 동원될 수 있을 것이다.

2) 구조적 전략

구조적 전략은 직무설계의 변경, 기술의 변경, 업무의 외부위탁 등 구조적 요인들의 변화를 야기하는 구조설계 변경 작업에 의해 인적 자원 수요에 대응하는 전략이다.

3) 정책관리 전략

정책관리 전략은 정책과정의 전략적 관리를 통해서 인적 자원을 해소하려는 전략이다. 즉, 조직 활동에 관한 중요 정책(특히, 생산정책과 사업의 결정)의 변경을 통해 인적 자원 수요를 수정하거나 해소시키는 전략이다. 실제 인적자원계획에서는 인적 자원 공급 방안의 전략으로서 위의 세 가지를 조합해서 쓰는 혼합전략을 채택하는 것이 보통이다.

3 시행 단계

선택된 인적 자원 공급 방안들을 실제로 집행하는 단계이며, 여기서는 어떻게 하면 인적 자원 공급 방안들이 효율적으로 집행될 수 있는가에 대한 연구가 중요하다. 따라서 이 단계에서는 채용・승진・보수 등의 여러 인사행정 활동이 인력의 원활한 공급을 뒷받침할 수 있도록 상호 연계되고 조정되어야 한다.

4 평가 단계

인적 자원 수요 예측 및 공급 대안 결정 단계에서 작용하는 수많은 요인뿐만 아니라 인적자원계획 집행의 성과를 분석・평가하는 단계이다. 이러한 평가의 결과는 새로운 계획의 수립 및 집행과 같은 인적자원계획 과정의 적절한 단계에 환류된다.

이상에서 살펴본 인적자원계획 과정을 요약하면 [그림 6-1]과 같이 나타낼 수 있다.

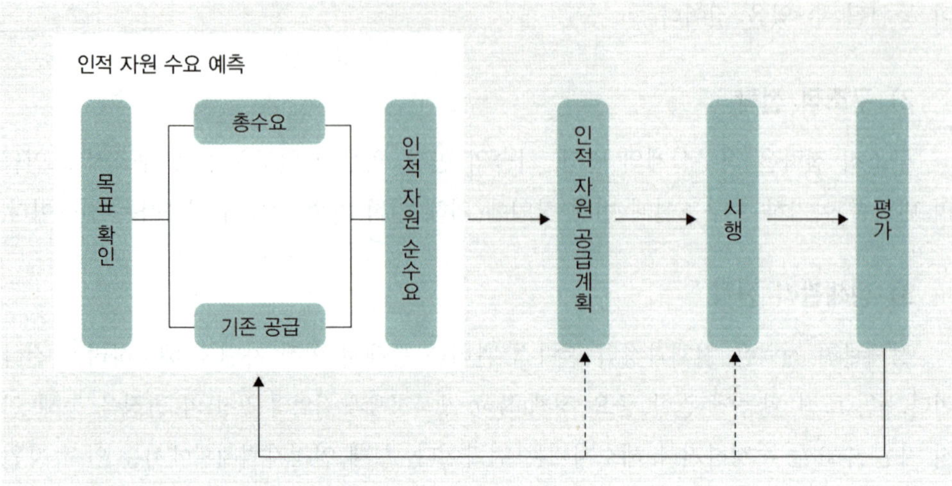

자료: 오석홍(2013: 129)의 재구성.

그림 6-1 인적자원계획의 과정

Public Personnel Administration

07 임용

제1절 임용의 의의 및 유형

1 임용의 의의

조직 관리에서 가장 중요한 요소는 인적 자원이다. 조직 업무 수행의 질은 구성원의 능력에 좌우된다. 따라서 조직 운영의 승패는 얼마나 유능한 인재를 확보하여 어떻게 쓰느냐에 달려 있다고 할 수 있다. 이와 같이 정부조직에서 사람을 선발하고, 움직여 쓰는 활동을 임용이라 한다. 실적주의 인사행정에서 임용의 과정은 크게 두 단계로 나뉜다. 첫 번째 단계는 조직 바깥의 유능한 인재를 관료 조직 속으로 흡수하는 외부 채용의 과정이며, 두 번째 단계는 재직 공무원의 배치전환과 승진, 면직 등의 문제를 다루는 재직 공무원 인사 과정이다.

기존 문헌들에서는 승진, 전보 및 전직의 과정을 '공무원의 능력 발전'의 장에서 설명하는가 하면(박동서, 1994), 휴직 · 직위해제 · 정직 · 면직 · 해임 및 파면과 같은 내부 임용의 여러 유형들을 '퇴직 관리'라는 별도의 장 속에 포함시켜 설명하기도 한다(오석홍, 1993). 이 책에서는 이 과정들을 하나로 묶어 '임용'의 장에서 통합하여 설명하고자 한다. 즉, 공무원 조직 바깥의 인력을 관료 조직 속으로 받아들이는 신규채용의 과정을 외부임용, 그리고 재직 공무원의 인사 문제를 다루는 과정을 내부임용으로 규정하여 설명하고자 한다.

우리나라의 일부 학자들은 임용을 "정부조직의 결원 보충 활동"으로 단순하게 정의하고 있다. 이 경우 임용은 행정조직에 결원이 발생할 경우 행정조직 바깥에서 사람을 선발하여 받아들이는 외부채용과 정부 조직 안에서 사람을 선발하여 결원을 보충하는 내부채용만을 의미하는 것으로 좁게 해석될 우려가 있다. 넓은 의미의 임용 속에는 승진, 강등, 강임, 전직과 같이 정부 조직 안에서 사람을 움직여 쓰는 내부 인사 운용은 물론 파면・해임 등 공무원 신분을 소멸시키는 해직 조치까지 포함되어야 할 것이다.

이 책에서는 따라서 임용을 넓은 의미로 사용하여, "정부조직에서 사람을 선발하고, 움직여 쓰는 활동"으로 정의하고자 한다(이종수, 2009b). 공무원임용령에서도 "'임용'이라 함은 신규채용・승진임용・전직・전보・겸임・파견・강임・휴직・직위해제・정직・강등・복직・면직・해임 및 파면을 말한다"고 규정(공무원임용령 제2조 제1항)함으로써, 임용의 의미를 외부임용, 즉 신규채용뿐만 아니라 내부 인사 운용과 해직까지를 포괄하는 넓은 의미로 사용하고 있다.

2 임용의 유형

정부조직에서 사람을 선발하고, 움직여 쓰는 활동으로서의 임용에는 정부조직 바깥에서 사람을 선발하여 쓰는 외부임용과 정부조직 안에서 사람을 움직여 쓰는 내부임용이 있다.

정부조직 바깥에서 사람을 선발하여 쓰는 외부임용은 신규채용을 의미한다. 신규채용의 방법으로는 공개경쟁채용과 경력경쟁채용의 두 가지가 있다. 공직에의 임용 기준을 개인의 실적, 즉 업적, 능력, 자격에 두는 실적제 아래에서는 공개경쟁채용이 원칙이다. 경력경쟁채용은 특수한 직무 분야에서와 같이 공개경쟁채용이 부적절할 경우에 경력조건을 설정하는 등 별도의 선발 절차를 거쳐 공무원을 채용하는 것을 말한다.

정부조직 안에서 사람을 움직여 쓰는 내부임용에는 여러 가지가 있다. 내부임용의 유형으로는 전직・전보・파견・겸임 등 수평적 이동과 승진・강등・강임 등 수직적 이동, 그리고 휴직・직위해제・정직・면직・해임 및 파면과 복직이 있다.

한편, 직무의 전문성과 경쟁을 강화하기 위해 특정 직위를 공직 내부와 외부 모두에 개방하여 적격자를 선발하는 방식인 개방형 직위는 외부임용과 내부임용의 중간적 유형에 해당한다. 개방형 직위 가운데 경력개방형 직위는 공직 외부 전문가만을 대상으로 하고, 나머지 직위는 공직 내·외부 인재를 모두 대상으로 한다.

[그림 7-1]은 국가공무원 임용의 유형을 나타낸 것이다.

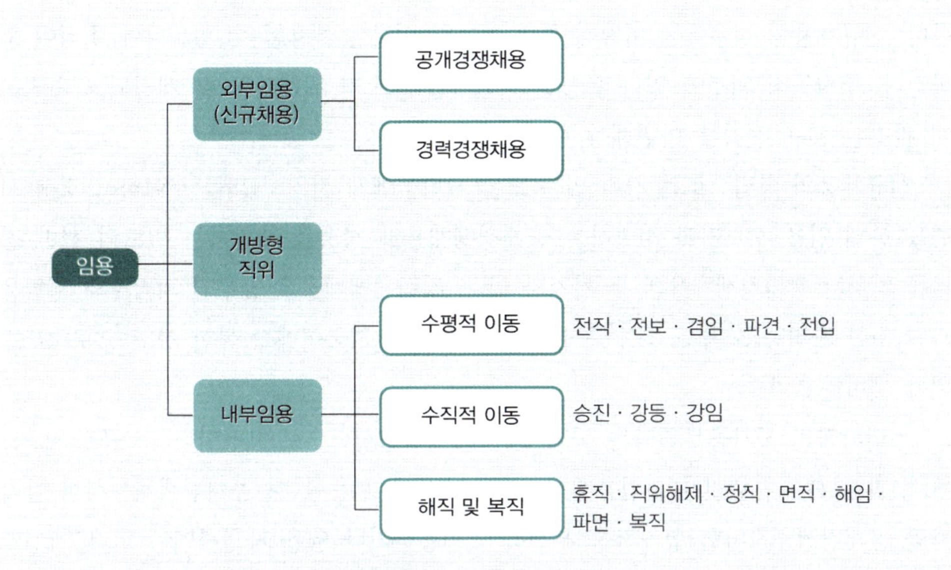

그림 7-1 임용의 유형

〈표 7-1〉은 2023년 국가공무원의 임용 현황을 나타낸 것이다. 2023년 한 해 동안 전체 국가공무원 현원의 3.91%가 신규 임용되었고, 3.75%가 퇴직하였으며, 7.91%가 승진하였다.

표 7-1 2023년 국가공무원 임용 현황(2023.1.1～2023.12.31)

	신규 임용	퇴직	승진 임용	강임	전직	전보	겸임	파견	휴직	직위 해제	복직
인원 수	30,026	28,836	60,763	219	1,250	247,621	11,335	10,108	56,385	685	50,549
비율*	3.91%	3.75%	7.91%	0.03%	0.16%	32.24%	1.48%	1.32%	7.34%	0.09%	6.58%

자료: 인사혁신처(2024: 53).
* 비율 계산의 분모는 2023년 말일 기준 국가공무원 현원(=768,067명)으로 함.

제2절 외부임용(신규채용)

1 외부임용의 의의 및 유형

외부임용이란 정부조직 바깥에 있는 사람을 선발해 쓰는 활동, 즉 신규채용을 말한다. 신규채용의 경우에는 어떻게 하면 유능한 인사를 채용할 수 있느냐에 초점이 모아진다. 행정조직 외부에 있는 유능한 지원자를 모으기 위해서는 잘 계획되고 치밀하게 관리된 채용 절차를 마련해야 한다.

신규채용의 방법으로는 자격 있는 모든 사람들에게 지원 기회를 부여하고 경쟁 시험을 통해 임용 후보자를 선발하는 공개경쟁채용과 경쟁을 제한하는 별도의 선발 절차를 거치는 경력경쟁채용의 두 가지가 있다. 경력경쟁채용은 공무원 퇴직자의 재임용과 특정한 자격증 소지자, 특수목적 학교의 졸업자, 외국어에 능통한 자 등으로 그 범위를 제한하고 있다.

우리나라의 국가공무원법은 "공무원은 공개경쟁시험으로 채용한다"는 규정(제28조 제1항)과 함께, "임용권자나 임용제청권자는 결원을 보충할 때 공개경쟁채용시험 합격자와 공개경쟁승진시험 합격자를 우선하여 임용하거나 임용 제청하여야 한다"(제31조 제1항)고 공개경쟁채용 우선의 원칙을 천명하고 있다.

표 7-2 2023년 국가공무원의 채용 방법별 신규임용 현황(2023.1.1~2023.12.31)

구분	신규임용		
	합계	공개경쟁채용	경력경쟁채용
인원 수	30,026	22,513	7,513
비율(%)	100.0	75.0	25.0

자료: 인사혁신처(2024: 37).

〈표 7-2〉는 2023년 국가공무원의 채용 방법별 신규임용 현황을 나타낸 것이다. 전체 신규임용자 30,026명 가운데 75.0%인 22,513명이 공개경쟁채용 방식으로 임용되었고, 25.0%인 7,513명이 경력경쟁채용 방식으로 임용되었다.

1) 공개경쟁채용

공개경쟁채용은 자격 있는 모든 사람들에게 평등하게 지원 기회를 부여하고 공개경쟁시험을 통하여 임용 후보자를 선발하는 방법이다. 공개경쟁채용은 더 많은 수의 사람들에게 지원 기회를 부여함으로써 우수한 인력을 흡수하는 데 그 목적이 있다.

공개경쟁채용을 위해서는 공개경쟁(open competition)을 보장하는 요건이 갖추어져야 한다. 미국 연방 인사위원회는 공개경쟁의 주요 요건을 다음과 같이 제시하고 있다 (Stahl, 1976: 42).

① 적절한 공고: 채용계획과 자격 요건은 관심 있는 시민들이 알 수 있도록 널리 공개되어야 한다.

② 지원 기회의 개방: 관심 있는 모든 시민들에게 지원할 수 있는 기회가 주어져야 한다.

③ 현실적 자격 기준: 지원자의 자격 기준은 채용 직위와 합리적으로 관련된 것이어야 한다.

④ 차별 금지: 자격 기준은 채용 직위에의 적합성 및 능력과 관련된 요소를 포함하여야 하며, 모든 지원자에게 공평하게 적용되어야 한다.

⑤ 능력 기준의 선발: 경쟁의 요체는 지원자의 능력 및 적격성의 상대적 평가에 기반한 서열 결정과 그것을 유효하게 하는 선발 절차에 있다.

⑥ 결과의 공개: 선발이 어떻게 이루어졌는지 그 과정을 일반 시민이 알 수 있어야 하며, 절차가 부당하다고 생각하는 사람들에게는 행정심판을 청구할 기회가 주어져야 한다.

이러한 요건들은 공개경쟁채용과 관련된 형식적 요소들이다. 예를 들면, 채용계획과 자격 요건은 관심 있는 시민들이 알 수 있도록 널리 공개되어야 한다는 '적절한 공고'의 요건에 따라 최근에는 인사혁신처의 '나라일터' 등 공무원 채용 포털과 각 기관의 홈페이지를 통해 채용공고를 게시하는 방식이 일반화되었다. 또한 지원자의 자격 기준에서 언급하고 있는 '채용 직위와 합리적으로 관련된 자격 기준'을 어떻게 설정하느냐 하는 점도 중요하다. 자격 기준은 능력을 확인할 수 있을 정도의 높은 수준이어야 하는 동시에, 적격자들이 실제적으로 지원할 수 있을 만큼 낮은 수준이어야 한다.

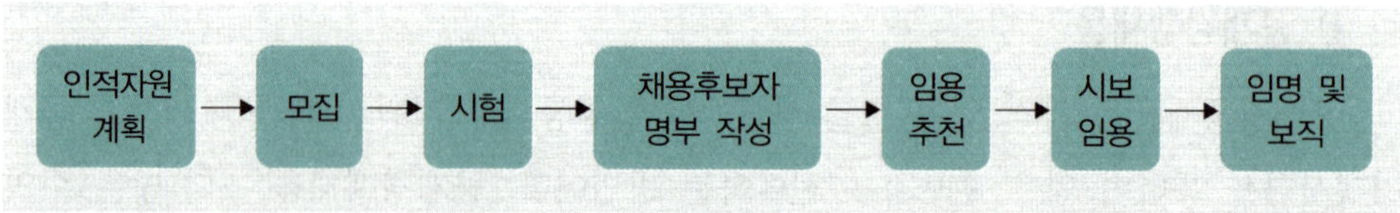

그림 7-2 공개경쟁채용의 일반적 절차

실적제 인사행정에서는 공개경쟁채용의 절차를 표준화하고 있다. 공개경쟁채용의 절차는 일반적으로 인적자원계획, 모집, 시험, 채용후보자명부 작성, 임용 추천, 시보 임용, 임명 및 보직으로 이루어진다. [그림 7-2]는 공개경쟁채용의 일반적인 절차를 나타낸 것이다.

인적자원계획은 정부조직에 필요한 인적 자원의 수요를 예측하고 인적 자원의 공급 방안을 결정하는 과정을 말한다. 당초 노동시장의 인력 공급이 무한하게 탄력적일 것이라는 가정 하에 공식적인 시험 절차에만 주된 관심을 가졌던 현대 인사행정은 제2차 세계대전 이후 노동시장이 경색되면서 체계적인 인력 확보를 위하여 인적자원계획의 필요성을 절실하게 느끼게 되었다.

모집은 능력 있는 후보자들이 공직에 지원하도록 유도하는 활동을 말한다. 실적제를 주창한 미국의 공무원 인사제도 개혁자들의 주된 관심은 당초 시험 절차에 집중되어 있었다. 그러나 제2차 세계대전 이후 경제 사정의 호전으로 유능한 인력의 채용을 둘러싸고 사기업체와 경쟁하게 되면서 공직사회에 유능한 인력을 흡수하기 위한 적극적 모집 방법이 모색되기 시작하였다.

시험은 특정 직책의 수행에 적합한 후보자를 선발하는 활동을 말한다. 실적제는 시작부터 공식적인 선발 절차를 특별히 강조하였으며, 오늘날 공무원 인사제도의 초점은 경쟁시험에 있다. 물론 시험을 통한 공무원 충원제도는 현대 인사행정에서만 찾아볼 수 있는 독특한 현상은 아니다. 한국의 과거 시험과 같이 고대 중국, 이집트, 페르시아, 그리스, 로마 등에서도 시험을 통한 공무원 충원제도가 있었다. 그러나 심리적 측정 기법 등을 활용하여 시험을 과학화한 것은 20세기 들어서의 일이다.

시험의 결과 합격자가 결정되면 시험 성적, 훈련 성적 등을 기준으로 하여 채용후보자명부를 작성한다. 채용후보자명부가 작성되면, 시험 실시기관의 장은 채용후보자명부에 등재된 채용 후보자를 임용권을 갖는 기관에 추천을 한다. 채용 후보자는 일정

기간의 시보임용을 거쳐 정식 공무원으로 임명되고 구체적인 직위에 배치된다. 임명은 특정인에게 공무원의 신분을 부여하는 신분 설정 행위로 공무원의 신분을 취득한 자에게 일정한 직위를 부여하는 보직과 구별된다.

2) 경력경쟁채용

경력경쟁채용은 경쟁을 제한하는 별도의 선발 절차를 거쳐 공무원을 신규로 채용하는 것을 말한다. 실적제를 근간으로 하는 현대 인사행정에서 공무원의 신규채용은 공개경쟁시험에 의하는 것을 원칙으로 하고 있다. 그러나 상황에 따라 공개경쟁채용이 부적절하거나 불필요한 경우도 있을 것이며, 또한 불가능한 경우도 있을 수 있다. 이러한 상황에서 경쟁이 제한된 별도의 선발 절차를 거쳐 임용 후보자를 결정하는 것을 경력경쟁채용이라 한다.

경력경쟁채용은 공개경쟁채용 제도를 보완하고 필요한 인력의 확보를 용이하게 한다는 장점을 지닌다. 그러나 경력경쟁채용 과정에서 정치적 압력이나 정실이 개입할 가능성이 크기 때문에 자칫 남용되는 경우 실적제를 침해하는 결과를 초래하기 쉽다. 따라서 경력경쟁채용 제도의 오용을 막기 위해서는 경력경쟁채용의 요건과 절차를 엄격히 규정하여야 한다.

우리나라에서도 특수한 직무 분야에서와 같이 공개경쟁채용이 부적절할 경우에 제한 경쟁의 방법에 의한 경력경쟁채용을 허용하고 있다. 우리나라 국가공무원법(제28조 제2항)은 경력경쟁채용이 가능한 경우를 공무원 퇴직자의 재임용, 관련 자격증의 소지자, 외국어 능통자, 특수목적 학교의 졸업자, 임용 예정 직급에 상응한 근무 실적 또는 연구 실적이 3년 이상인 자, 특수 직무 분야 또는 도서・벽지 등 특수지역에 근무할 자, 1급 공무원 또는 이에 상당하는 고위공무원단에 속하는 일반직 공무원을 임용하는 경우 등으로 제한하고 있다.

경력경쟁채용도 자격 요건을 엄격하게 규정하고 있다(공무원임용령 제16조)는 점에서 실적주의를 따르고 있다고 할 것이다. 다만, 급격하게 변하는 현대 사회에서 날로 복잡해지는 전문성 있는 인력 수요에 기민하게 효율적으로 대응하기 위해서는 획일적인 공개경쟁채용의 방법보다 유자격자들의 제한된 경쟁을 통하여 경력경쟁채용하는 것이 필요한 경우도 있을 것이다. 이렇듯 우리나라는 국제화・세계화의 조류 속에서 국제 관계 전문 국가공무원을 경력경쟁채용하는 등 경력경쟁채용 직종의 범위를 넓히고 있다.

〈표 7-3〉은 2023년 행정부 국가공무원 중 일반직의 신규임용 현황이며 경력경쟁채용 세부 유형별 인원을 확인할 수 있다. 〈표 7-3〉에 의하면, 경력경쟁채용된 5,025명 가운데 '자격증 소지자'가 49.51%인 2,488명으로 가장 많았고 뒤이어 '연구·근무 경력자'가 18.43%로 926명, '과학기술 등 학위 소지자'가 9.99%인 502명 순으로 뒤를 이었다.

표 7-3 2023년 일반직 국가공무원 신규임용 현황(2023.1.1~2023.12.31)

구분	합계	공개경쟁채용	경력경쟁채용					
			소계	자격증 소지자	연구 · 근무 경력자	지방직 → 국가직	과학기술 등 학위 소지자	기타
인원 수(명)	10,459	5,434	5,025	2,488	926	461	502	648
비율(%)	100.00	51.96	48.04 (100.00)	23.79 (49.51)	8.85 (18.43)	4.41 (9.17)	4.80 (9.99)	6.20 (12.90)

자료: 인사혁신처(2024: 37).

2 모집

1) 모집의 의의

모집은 능력 있는 후보자들이 공직에 지원하도록 유도하는 활동을 말한다. 모집과정은 지원으로 끝나며 이후에는 시험의 과정이 시작된다. 모집은 공직 희망자에게 채용 및 공직에 대한 정보를 제공함으로써 지원케 하는 과정이다. 즉, 모집은 인력의 수급계획을 수립하고 이에 따라 채용 인원을 정한 뒤, 공고를 통해 알리고 응시 원서를 제출케 하는 절차를 거쳐 이뤄진다. 모집의 의미는 공직 희망자에게 단순히 시험기회를 부여하는 데 있는 것이 아니라, 좀 더 적극적으로 많은 유능한 인재들이 공직에의 응시에 흥미를 느끼게 하는 데 있다.

모집을 통해 얼마나 유능한 인재를 모을 수 있느냐 하는 모집의 효과성은 기본적으로 노동시장의 인력 수급 상황과 모집의 방법에 달려 있다. 모집정책은 상황에 따라 소극적일 수도 있고 적극적일 수도 있다. 소극적 모집(negative recruitment)은 미국의 역사적인 연방인사제도 개혁기 이후 지속되어 온 관행으로, 이 시기의 모집정책은 사람들이 공직에 대해 관심을 갖지 않도록 내버려 두는 데 주안점이 두어졌다(Siegel & Myrtle, 1985: 170). 이 당시에는 지나치게 제한적인 비현실적 자격 요건을 제시함으로써 많은 지원 가능 인력을 배제시켰으며, 모집 공고도 법원이나 공공건물에 소극적으로 부착하는 데 그쳤다. 그러나 제2차 세계대전 이후 완전 고용에 가까운 경기 호황을 맞아 인력 확보에 어려움을 겪게 되면서 인사행정 담당자들은 적극적 모집(positive recruitment) 방법을 강구하기 시작했다.

2) 적극적 모집

적극적 모집은 유능한 젊은 인재들이 공직에 지원하도록 유도하기 위한 여러 가지 요인을 제공하는 것을 말한다. 행정조직은 인재 유치를 둘러싸고 사기업체와 경쟁을 하여야 한다. 효과적인 모집을 위해서는 인력계획에 따라 장단기 모집 계획을 사전에 공고하여, 응시자로 하여금 체계적인 준비를 하게 하여야 한다. 그리고 평소에 인력 양성 기능을 담당하는 교육기관과의 체계적인 연계를 강화하여 장래의 지원자들과의 연결 통로를 마련해야 한다. 모집에 대해 적극적 의미를 부여하기 시작한 것은 선진국에서도 제2차 세계대전을 전후한 일이다. 즉, 실적제 도입 초기 공정한 시험 절차의 확보에만 주된 관심을 가졌던 인사행정 담당자들은 제2차 세계대전 이후 완전 고용에 가까운 경기 호황을 맞아 인력 확보에 곤란을 느끼면서 적극적 모집 방법을 강구하기 시작하였다.

우리나라의 경우, 공무원 임용을 위한 적극적 모집이 문자 그대로 적극적으로 고민되어 온 것은 아니라고 할 것이다. 유교적 전통을 지닌 우리 사회에서는 공직에 대한 사회적 평가가 높았고, 모범고용주(model employer)로서 민간에 비해 우수한 워라밸(work-life balance) 조건을 제공하는 공직은 인기가 있어 왔다. 따라서 적극적 모집을 하지 않더라도 공직에의 지원자를 충분히 확보할 수 있다는 점에서 지금까지는 적극적 모집의 필요성을 절실히 느끼지 못하여 왔다. 그러나 소위 MZ세대의 직업에 대한 인식 전환, 공직 채용시험 경쟁률 저하, 신규 공무원 이직률 상승 등과 같은 최근의 현상을 고려한다면 우리나라 공직에서도 적극적 모집에 대한 고민이 필요한 상황을 맞고 있다고 할 것이다.

적극적 모집을 위해서는 다음과 같은 방안을 강구할 수 있을 것이다(오석홍, 1993:

177-181).

① 공직에 대한 사회적 평가의 향상 및 고용 조건의 개선: 적극적 모집을 위해 정부가 기본적으로 해야 할 일은 우선 유능한 인재가 응시할 수 있도록 공직에 대한 사회적 평가를 높이고 공무원의 보수를 현실화하는 등 고용 조건을 개선해야 할 것이다.

② 장단기 인적자원계획의 수립 및 시험의 정기적 실시: 유능한 인재를 확보하기 위해서는 장기적 시각에서 공무원 수급에 관한 인력계획을 수립하고 시험을 정기적으로 실시하여, 응시자들이 체계적인 준비를 할 수 있게 해야 한다.

③ 응시 절차 및 수험 준비 절차의 간소화: 모집 활동의 효과를 높이기 위해서는 구비 서류를 축소하고, 응시 절차 및 수험 준비 절차를 간소화해야 할 것이다.

④ 인력 양성기관과의 연계 강화: 모집의 적극화를 위해서는 교육기관과 정부의 연계를 강화하고 장학금제도를 활용하는 등 노동 시장의 육성에도 관심을 가져야 할 것이다.

3) 모집 대상의 자격 요건

공직을 지원하는 후보자의 일반적인 자격 요건으로는 국적, 학력, 경력, 연령, 거주지, 성별 등을 들 수 있다. 모집 과정에서 이러한 최소 자격 요건을 제시하는 목적은 부적격자를 사전에 배제하는 데 있다. 이러한 자격 요건들은 사회적 상황에 따라 변화하게 마련이다. 이러한 자격 요건들은 공직 취임의 기회가 모든 국민들에게 개방되어야 한다는 기회 균등의 원칙에 배치되지 않아야 하며, 또한 유능한 인재들을 실제적으로 모을 수 있는 현실적인 기준이 되어야 한다. 학력 기준을 강화해야 하느냐 또는 응시 연령을 낮추어야 하는가 등 자격 요건의 기준을 둘러싸고 이루어지는 여러 논쟁들은 결국 기회 균등이라는 민주성과 유능한 인재의 채용이라는 능률성의 두 원칙에 기초하여 전개되고 있다.

(1) 국적

국적은 모집 대상의 자격 요건 가운데 기본적인 요소이다. 거의 모든 국가는 공직 채용에 있어 내국인과 외국인을 구별하여 외국인은 원칙적으로 공직에 채용하지 않는다. 우리나라에서도 원칙적으로 외국인은 공직에 취임할 수 없도록 해왔으나, 2002년부터 연구·기술·교육 등 특정한 분야에 외국인을 공무원으로 임용할 수 있도록 하고 있다.[1] 싱가포르 등 적지 않은 국가에서는 국가안보 부문을 제외한 국제통상과 연구 분야 등 전문 분야에 내·외국인을 구분하지 않고 공무원으로 채용하고 있다.

최근 행정의 다양성과 복잡성이 증가하고 한국 사회가 글로벌화됨에 따라 한국 정부도 외국인을 공무원으로 임용해야 할 필요성이 증대되었다. 외국인을 한국의 공무원으로 임용할 수 있는 규정은 2002년 국가공무원법에 외국인의 임용에 관한 규정을 신설한 이후부터이다. 처음에는 "국가나 지방자치단체의 공권력을 행사하거나 정책결정 그 밖에 국가보안 및 기밀에 관계되는 분야가 아닌 연구·기술·교육 등 특정한 분야의 직위에 대하여 그 자격 요건에 적합한 대한민국 국민을 채용하기 어려운 경우에는 기간을 정하여 필요한 최소한의 범위 안에서 외국인을 공무원을 임용할 수 있다"고 엄격하게 규정했다.

그러나 지금은 국가기관이나 지방자치단체(교육자치단체를 포함)의 장은 국가안보 및 보안·기밀에 관계되는 분야를 제외하고 외국인을 공무원으로 임용할 수 있도록[2] 규정함으로써 외국인의 채용 범위를 확대했다. 그리하여 공무원임용령에는 외국인을 공무원으로 채용할 때 일반직인 전문경력관, 임기제 공무원 또는 특수경력직 공무원으로 임용하도록 하고 있다.[3] 외국인을 특수경력직 공무원으로 임용할 수 있다고 규정하지만 특수경력직 공무원 중 정무직 공무원은 국가의 안보·보안 및 기밀에 관한 정책적인 문제들을 다루므로 이에서 제외된다. 그래서 별정직공무원 인사규정에 외국인 임용에 관한 규정을 두고 있다.[4]

그리고 교육 또는 연구를 위해 대학은 외국인을 교원으로 임용할 수 있도록 하고 있다.[5] 대학교육의 경쟁력을 높이기 위한 조치의 일환이다.

따라서 한국에서 외국인을 공무원으로 채용할 수 있는 공무원은 일반직 공무원으로서의 전문경력관과 임기제 공무원 및 별정직 공무원, 그리고 개별법에서 규정한 특정직 공무원인 교육공무원 등이다.

1) 우리나라의 국가공무원법 제26조의3은 "국가기관의 장은 국가안보 및 보안·기밀에 관계되는 분야를 제외하고 국회규칙, 대법원규칙, 헌법재판소규칙, 중앙선거관리위원회규칙 또는 대통령령으로 정하는 바에 따라 외국인을 공무원으로 임용할 수 있다"고 규정하고 있다.
2) 국가공무원법 제26조의3, 지방공무원법 제25조의2.
3) 공무원임용령 제4조, 지방공무원 임용령 제3조의2.
4) 별정직공무원 인사규정 제3조의2.
5) 교육공무원법 제10조의2.

한편 복수 국적자의 공무원 임용도 부분적으로 허용하고 있는데, 국가안보 분야, 국가의 보안·기밀 분야, 외교, 군사, 국가 중요 인사(대통령, 국무총리 등)의 보좌 및 경호 분야, 검찰·교정·출입국 관리 분야, 남북 간 교류와 통일에 관한 분야, 주민의 생명·신체·재산 및 기업의 영업기밀 및 신기술보호 분야, 주요 경제·재정·예산운영 분야, 업무성질상 국가나 지방자치단체의 안보 및 이익에 중대한 영향을 미칠 수 있는 분야 등의 업무에는 이들의 임용이 제한된다.[6]

앞으로 행정이 좀 더 개방화, 다양화, 복잡화됨에 따라 국가의 안보나 보안, 기밀에 관계되는 것을 제외한 채용의 범위와 규모가 증대될 것이라 예상된다. 그러나 외국인이 공무원이 되는 것은 우리 국민이 공무원이 되는 것과 또 다른 문제점이 제기될 것이다. 즉, 국민의 공무담임권을 제한해 한국 국민의 공무원 채용에 영향을 미칠 뿐 아니라 외국인 공무원이 민·형사상의 문제를 야기했을 때 외국 정부와의 외교 마찰도 야기할 수 있어 이에 대한 대비책이 요구된다.

(2) 학력 및 경력

공·사조직을 막론하고 학력과 경력은 모집 대상의 주요한 자격 요건 가운데 하나이다. 학력을 공직 취임에의 자격 요건으로 엄격하게 규정하느냐 않느냐 하는 것은 나라마다 다르다. 일찍이 직업공무원제도가 정착된 영국, 프랑스, 독일 등의 국가에서는 학력 요건을 엄격하게 규정하고 있다. 그러나 이들 국가에서도 평등 사상이 확산되고 학력 차별에 대한 사회적 비판이 제기되면서 점차 학력에 대한 요구가 완화되는 추세에 있다.[7]

하지만 학력 요건의 존폐 문제를 둘러싸고는 기회 균등의 원칙과 행정의 능률화 및 전문화에 대한 요구가 서로 부딪치고 있다. 오늘날 각 부문의 행정이 전문화됨에 따라 학력 요건의 규정은 어느 정도 불가피할 것으로 본다. 우리나라의 각종 공무원 임용시험에서는 다른 법령에 특별한 규정이 있는 경우를 제외하고는 학력에 따른 제한을 두지 아니한다고 규정하고 있다(공무원임용시험령 제17조). 그러나 다른 법령에 의하여 특별한 규정이 있는 경우에는 학력에 제한을 둘 수 있다. 예를 들면, 연구직 및 지도직 공무원의 공개채용시험 응시자 가운데 연구관·지도관 지원자는 수업 연한 4

6) 국가공무원법 제26조의3 제2항, 공무원임용령 제4조 제2항.

7) 우리 공공기관은 블라인드 채용을 실시하고 있는데, 학력이나 출신학교 등에 대한 정보를 지원서에 기재하지 않도록 하고 있다.

년 이상의 대학 졸업 이상의 학력을 가져야 하며, 경력경쟁채용되는 연구관은 박사학위 소지자여야 한다. 공·사조직에서는 또한 경력이 학력과 더불어 중요한 자격 요건으로 제시되기도 한다. 특히 일정한 실무 경험을 필요로 하는 자리일 경우에는 이러한 경력이 필수적인 자격 요건이 된다.

(3) 연령

오늘날 각국은 대개 연령을 공무원 지원 자격의 요건 가운데 하나로 삼고 있다. 공무원 채용 연령의 제한은, 젊은 나이에 공직에 근무케 함으로써 직업공무원제도의 확립에 기여할 수 있으며, 사회적 인력의 낭비를 막을 수 있다는 이점이 있다. 그러나 무리한 연령 제한은 기회 균등의 원칙과 상충될 수 있으며, 외부의 유능한 인재를 공직에 받아들일 기회를 제한함으로써 관료주의화를 조장할 우려가 있다.

우리나라에서는 1960년대 중반 이후부터 공무원 채용시험의 응시 상한 연령을 제한하기 시작하였다. 그러나 2008년 5월 29일 헌법재판소가 5급 국가공무원 공채시험의 응시 상한 연령을 32세까지로 제한한 공무원임용시험령이 공무담임권과 평등권을 침해한다는 이유로 헌법에 합치되지 않는다는 결정을 내렸다. 공무원임용시험령 제16조는 일반직 채용시험 7급 이상-20세 이상, 8급 이하-18세 이상으로 응시 하한 연령만을 규정하고 있다.

(4) 거주지

공무원의 자격 요건 가운데 거주지 제한은 지방자치제도의 실시와 관련된다. 거주지 제한의 논거는 특정한 지방자치단체에 근무할 지방공무원은 해당 지방자치단체의 납세자로 애향심이 있는 지역주민이어야 한다는 것이다. 그러나 거주지 제한 제도를 지나치게 엄격하게 적용할 경우, 능력 있는 후보자의 지원 기회를 제약함으로써 행정 능률성을 저해할 우려가 있다.

우리나라에서도 1995년 7월 이후 지방자치제도가 본격적으로 실시됨에 따라 지방공무원 채용시험 응시자의 거주지 요건을 일정하게 한정하고 있다. 즉, 9급 공무원 시험 중 지역별로 구분 모집하는 시험은 시험 시행계획 공고일 현재 당해 지역에 주민등록이 되어 있어야 응시가 가능하도록 하고 있다.

(5) 성별

남녀의 성별에 의한 공무원 자격 기준은 오래된 관행으로 내려왔다. 그러나 성별에 따른 자격 기준은 오늘날 공식적 기준으로서의 의미를 상실하고 있다.

우리나라의 경우 일반직 공무원 채용에 있어 성별을 기준으로 한 공식적 차별은 법적으로 금지되어 있다. 다만, 과거에는 특정 직렬이나 국립특수대학에서 여성의 비율을 암묵적으로 제한하는 등 관습적 성차별이 일부 존재했으나, 최근에는 이를 해소하기 위한 노력이 강화되고 있다. 특히 여성 또는 남성이 모집 단위별 선발 예정 인원의 일정 비율(5~9급 공무원 채용시험 합격 예정 인원의 30%) 이상이 될 수 있도록 선발 예정 인원을 초과하여 여성 또는 남성을 합격시킬 수 있는 '양성평등채용목표제'[8]를 시행함에 따라 과거 성별 편향이 존재하였던 직렬에서도 여성 인재 채용이 크게 확대되고 있다.

3 채용시험

1) 채용시험의 의의와 목적

(1) 채용시험의 의의

채용시험은 많은 지원자들 가운데 적격자를 선발하는 수단이다. 실적제 원칙을 추구하는 현대 인사행정제도는 공개경쟁시험을 기초로 하고 있다. 공개경쟁시험은 기회균등의 보장, 즉 민주성의 확보와 가장 유능한 인재의 채용, 즉 능률성의 확보라는 인사행정의 두 목표를 동시에 충족시켜 주는 해답이다.

따라서 채용시험의 방법은 매우 중요하다. 다른 요소가 같다면 채용시험의 방법들은 지원자들의 상대적인 우열을 가려 줄 수 있어야 한다. 채용시험은 어느 지원자가 당장 요구되는 직무 수행 능력을 가지고 있는지 적격성을 판별해 줄 수 있어야 하고, 또한 장래의 발전 가능성도 예측해 줄 수 있어야 한다. 시험의 내용은 채용 직위의 특성에 따라 해당 직무에 적합한 실질적 시험의 중요성이 강조될 수도 있으며, 장래의 발전 가능성에 초점을 둘 수도 있을 것이다.

---

8) 공무원시험에서 남성의 제대군인 가산점제도가 폐지된 후 9급 교육행정직과 일반행정직 등 일부 모집 단위에서 여성 합격률이 70%를 넘는 등 남성들이 역차별을 받고 있다는 지적에 따라 1996년부터 실시되어 오던 여성채용목표제가 2003년부터 양성평등채용목표제로 전환되었다.

(2) 채용시험의 목적

채용시험의 목적은 지원자의 능력과 업적을 측정하는 데 있다. 즉, 채용시험의 목적은 지원자의 ① 일반적 능력, ② 특수한 능력 또는 적성, ③ 업적, ④ 건강과 체력, ⑤ 성격 및 정서 등의 능력과 특성을 파악하는 데 있다(Stahl, 1976: 140-145). 이러한 시험의 목적은 후술할 '내용을 기준으로 한 시험의 분류'와 같다.

일반적 능력은 '지능'을 의미하며, 일반 지능 테스트를 통하여 지원자의 일반적 능력을 측정할 수 있다. 특수한 능력은 '적성'을 의미하며 수리 능력, 어휘 구사력, 기억력, 기계적 적성, 손재주 등을 의미한다. 그리고 업적은 실제로 취득한 직무 수행 능력을 의미한다. 업적 시험 속에는 특정한 주제 분야의 일반적 지식을 묻는 학력시험과 목수, 회계, 건축 등 특수한 직업 분야의 전문지식을 검사하는 전문직업 시험, 그리고 실기시험 등이 있다. 그 밖에 지원자들이 해당 분야의 업무를 수행할 수 있는 체력과 건강을 지녔는지, 그리고 직업적 성공과 관련된 인격적 자질과 성격을 지녔는지 등을 알아보아야 한다.

일반적인 채용시험에서는 일반적 능력과 적성 및 업적을 묻는 시험은 필기시험 하나로 대체하고 있으며, 성격과 자질에 관한 시험은 면접시험 등에 의존하고 있다.

2) 채용시험의 효용성

시험이 올바른 역할을 수행하기 위해서는 먼저 어떠한 능력을 갖춘 사람을 뽑을 것인가 하는 시험의 목표가 명확하게 설정되어야 할 것이며, 그러한 목표에 적합한 시험의 방법이 동원되어야 한다. 오늘날의 각 부분 사회에서는 무수하게 많은 종류의 시험이 일상적으로 치러지고 그 결과가 의심 없이 받아들여지고 있으나, 그러한 시험의 목표가 무엇이며, 시험의 방법이 측정하고자 하는 능력을 정확하게 측정해 주는 도구인지에 대해서는 깊은 검토 없이 관습적으로 남용되고 있는 것이 현실이다.

인간의 현재적·잠재적 능력을 측정하는 방법으로서 시험에는 한계가 있다. 특히 현재까지 개발된 시험의 방법으로는 창의력이나 장래의 발전 가능성과 같은 요소를 제대로 측정하기 어렵다. 그리고 대개의 시험은 성공 가능성이 있는 사람을 식별해 주기보다는 실격자를 가려내는 소극적 기능을 수행할 뿐이다. 이러한 의미에서 시험은 그것이 어떠한 시험이든 그 자체로서 완벽하다기보다는 이미 이용되고 있는 다른 판단 자료를 보충하는 또 하나의 수단으로 간주되어야 할 것이다.

효용성이 있는 시험이 되기 위해서는 타당도, 신뢰도, 난이도, 객관성, 실용성 등을 갖추어야 한다.

(1) 타당도

시험의 타당도(validity)는 측정하고자 하는 요소를 정확하게 측정하는 정도를 말한다. 공무원 채용시험에서는 당장 요구되는 직무 수행 능력과 아울러 장래의 발전 가능성도 예측해 줄 수 있는 시험이 효용성이 높은 시험이며 타당도가 높은 시험이라고 할 수 있다.

시험의 효용성을 높이기 위해서는 타당도의 속성 개념을 살펴보아야 한다. 타당도의 유형은 논자에 따라 다양하게 제시되고 있다. 나이그로와 나이그로(Nigro & Nigro, 1986: 246)는 타당도의 종류(또는 평가 방법)를 ① 기준 타당도(criterion-related validity), ② 내용 타당도(content validity), ③ 구성 타당도(construct validity)의 세 가지로 나눠 설명하고 있다.

기준 타당도는 시험 성적이 다른 실적 기준과 얼마나 부합하느냐 하는 경험적 차원에서 판단되는 타당도를 가리킨다. 예를 들어, 채용시험 성적과 채용 후 일정한 기간(수개월 또는 1~2년)이 지난 뒤의 근무성적을 비교해 양자의 상관 관계가 높으면, 시험의 타당도가 높은 것으로 판단할 수 있다.

내용 타당도는 시험을 통해 측정하는 행동이나 질문 주제의 내용이 직무 수행의 중요한 국면을 대표할 수 있느냐 하는 판단과 관련된다. 예를 들어, 취재기자 선발시험에서 일반적인 논술 주제가 아닌 구체적인 기사 작성을 시험 문제로 출제할 경우, 내용 타당도는 확보될 수 있다.

구성 타당도는 시험이 이론적 구성 또는 가설과 얼마나 부합하는가 하는 문제를 따진다(Beach, 1980: 234). 구성 타당도는 특정한 시험이 바로 무엇을 측정하는지를 설명하기 위하여 심리학자들이 도입한 개념이다. 구성 타당도는 성공적 직무 수행을 위해 필요한 중요한 자질적 특성의 측정 문제와 관련된다(Nigro & Nigro, 1986: 246).

(2) 신뢰도

신뢰도(reliability)란 측정 도구가 측정 대상을 일관성 있게 측정하는 정도를 말한다. 따라서 동일한 사람이 동일한 시험을 시간을 달리하여 치렀을 때, 그 성적의 차이가 적을수록 그 시험의 신뢰도는 높다. 시험의 신뢰도를 제고하기 위해서는 질문의 내용이 모호하지 않아야 하며, 채점 기준을 표준화하여 채점의 객관도를 높이고 출제 문항 수를 늘려야 할 것이다. 그리고 답안 작성 시간을 알맞게 주고 적절한 수험 환경을 조성해 주어야 한다. 신뢰도가 낮은 시험은 타당도를 지닐 수 없다. 그러나 신뢰도가 높다고 해서 반드시 타당도가 높은 시험이라고는 할 수 없다.

신뢰도의 검증 방법으로는 재시험법, 복수 양식법, 반분법의 세 가지가 흔히 사용된다(Freeman, 1962: 68-77). 재시험법(test-retest method)은 동일한 시험을 동일한 대상 집단에게 시간 간격을 두고 2회 이상 실시하여 그 성적을 비교하는 방법이다. 복수 양식법(multiple form method)은 동일한 내용의 시험을 양식을 달리하여 시험을 치른 뒤 그 성적을 비교하는 방법이다. 반분법(split-half method)은 시험은 한 번 치르되 각 문항을 반으로 나눠 성적 간의 상관 관계를 살펴보는 방법이다. 대개는 문항을 짝수와 홀수로 나누는 분류 방법을 많이 사용한다.

(3) 난이도

난이도(difficulty)는 시험이 어려운 정도를 말한다. 모든 시험은 각 응시자의 능력의 차이를 식별해 줄 수 있을 만큼 적당히 어려워야 한다. 시험이 너무 어렵거나 쉬우면 수험생의 능력의 차이를 제대로 식별해 주지 못한다. 수험생들의 성적 분포가 종(bell) 모양의 정규 분포를 나타내는 것이 좋은 시험이다

(4) 객관성

객관성(objectivity)은 시험 결과가 채점자의 주관적 편견이나 시험 외적 요인에 의하여 차이를 나타내지 않는 정도를 말한다. 일반적으로 주관식 시험보다는 객관식 시험의 객관성이 높다. 채점 결과의 객관성을 높이기 위해서는 채점 기준을 표준화하고, 복수의 채점자가 채점토록 하여야 할 것이다. 올림픽 체조경기에서 여러 명의 심판위원이 평가한 점수 가운데 최고점과 최저점을 배제한 나머지 점수들을 평균하여 득점으로 정하는 방식도 객관성을 확보하기 위한 것이다. 객관성이 없는 시험은 신뢰도가 있을 수 없다.

(5) 실용성

실용성(practicability)이란 경제적 측면에서 시험의 관리비용이 적게 들어야 하며, 시험관리의 측면에서 시험의 실시 및 채점이 용이하여야 함을 의미한다.

3) 채용시험의 종류

채용시험의 종류는 여러 기준에 의하여 다양하게 분류할 수 있다. 채용시험은 형식을 기준으로 하여 서류 전형, 필기시험, 면접시험, 실기시험 등으로 나눠 볼 수 있다. 그리고 또한 내용을 기준으로 하여 지능검사, 적성검사, 업적검사, 성격검사, 신체검사 등으로 나눠 볼 수 있다.

(1) 형식을 기준으로 한 분류

① 서류 전형

서류 전형은 응시자가 제출한 서류를 바탕으로 하여 적격성을 가리는 방법이다. 심사 대상이 되는 서류에는 지원서, 졸업증명서, 성적증명서, 이력서, 자격증, 추천서, 업적증명서 등이 포함된다. 이러한 서류 전형을 통하여 응시자의 학력과 업무 경력, 개인적 자질과 일반 능력 등을 파악할 수 있다.

② 필기시험

필기시험은 모든 종류의 선발 고사에서 보편적으로 널리 사용되는 시험 방법이다. 필기시험은 표준화가 용이하여 객관성이 높으며, 한꺼번에 많은 응시자를 처리할 수 있어 시험관리가 용이하고 비용이 적게 든다. 필기시험은 답안 작성의 형식에 따라 주관식 시험과 객관식 시험으로 나뉜다.

주관식 시험은 수험자가 자유롭게 답안을 작성하는 논술식 시험이다. 주관식 시험은 광범한 지식을 평가하고 창의력, 판단력, 논리적 사고력 등 복합적 능력을 식별하는 데 효과적이며, 출제가 간편하다는 장점을 지닌다. 주관식 시험은 그러나 채점이 어렵고, 채점 기준이 표준화되지 않을 경우 평가자의 주관적 편견에 의해 객관성과 공정성을 상실할 우려가 있다.

객관식 시험은 문제에 대한 해답의 형식이 정해져 있는 시험이다. 객관식 시험은 채점이 쉽고 채점의 객관성이 높으며, 시간과 비용이 적게 든다는 장점을 지닌다. 반면에 출제에 창의력과 추리력 등 고도의 지적 능력을 측정하는 데 어려움이 있다는 단점을 지닌다.

③ 면접시험

면접시험은 수험자의 구술 능력을 평가하는 시험이다. 면접시험은 필기시험으로 측정하기 곤란한 가치관과 성격, 행태상의 특성, 협조성 등을 평가하는 데 유용하다. 이러한 면접시험에는 평가자의 주관이 개입할 소지가 많다. 면접시험에서는 그만큼 객관성의 확보가 어렵다.

우리나라의 공무원 임용을 위한 면접시험에서는 ① 공무원으로서의 정신 자세, ② 전문지식과 그 응용 능력, ③ 의사 발표의 정확성과 논리성, ④ 예의 · 품행 및 성실성, ⑤ 창의력 · 의지력 및 발전 가능성 등의 다섯 가지 요소를 검정한다(공무원임용시험령 제5조). 그리고 모든 평정 요소를 각각 상, 중, 하로 평정한다.

면접시험에는 개인 면접시험과 집단 면접시험이 있다. 개인 면접시험은 한 사람의 수험자를 한 사람 또는 여러 명의 면접관들이 평가하는 시험을 말한다. 개인 면접에는 여러 명의 면접 시험관들이 한 자리에 모여 면접하는 동시면접과 여러 명의 면접 시험관들이 각각 개별적으로 면접하는 순차적 면접이 있다. 면접은 또한 질문 내용과 방법을 미리 정하여 놓고 진행시키는 구조화 면접(structured interview)과 일정한 지침이 없이 진행하는 비구조화 면접(unstructured interview)으로 나눠 볼 수 있다. 물론 표준화된 형식을 사용하는 구조화 면접의 신뢰도과 타당도, 그리고 객관성이 높다.

④ 실기시험

실기시험은 직무 수행에 필요한 실제적인 기술과 능력을 평가하는 시험이다. 예를 들어, 컴퓨터와 같은 도구와 기기를 직접 조작하게 하거나, 설계도면 또는 신문 기사를 실제로 작성해 보게 하는 시험을 말한다. 이러한 실기시험은 타당도가 높으며, 기계적 기술을 요하는 직위의 채용시험에는 유용하나, 비용과 시간이 많이 들고, 복합적 능력을 요구하는 직위의 채용시험으로는 부적절하며, 장래의 발전 가능성을 평가하기 어렵다는 한계를 지닌다.

(2) 내용을 기준으로 한 분류

앞서 밝혔듯이 시험의 목적은 수험자의 지능, 적성, 업적, 성격, 그리고 신체적 능력 등을 종합적으로 평가하여 직무 수행에 적합한 인물을 선발하는 데 있다.

① 지능검사

지능검사(intelligence tests)는 정신적 능력을 측정하는 심리검사의 하나로 일반 능력검사라고도 부른다. 지능의 구성 요소에 대해서는 학자들 간에 견해의 차이가 있으나,

일반적으로 지능은 언어 능력, 수리적 능력, 공간 파악 능력, 추리력, 기억력 등의 요소로 구성된 것으로 본다.

② 적성검사

적성검사(aptitude tests)는 특수한 분야의 직무를 수행할 수 있는 잠재적 능력을 평가하는 시험이다. 요인분석(factor analysis)의 과정을 통하여 분리되는 적성의 영역은 기계적 능력, 수리 능력, 기억력, 어휘력, 손재주 등으로 나눠 볼 수 있다. 우리나라에서는 국가고시 1차 시험에서 2004년부터 공직 적격성 평가(public service aptitude test: PSAT) 방식을 도입하여 시행하고 있다. 즉, 암기와 단편적 지식 측정 위주의 기존의 국가고시 1차 시험을 언어·논리 능력, 통계 및 자료 해석 능력, 상황 판단 능력, 상식 등 기본적 소양과 자질을 종합적으로 평가하는 공직 적격성 테스트 방식으로 전환하여 시행하고 있다.

③ 업적검사

업적검사는 선천적 적성이나 지능보다는 후천적인 학습 및 경험에 의하여 습득된 능력을 평가하는 시험이다. 업적검사 속에는 특정한 주제 분야의 일반적 지식을 묻는 학력시험과 회계, 건축, 도시계획, 서기직 등 특수한 직업 분야의 전문지식을 묻는 전문직업 시험, 그리고 실기시험 등이 포함된다. 전문직업 시험은 일종의 학력 시험이며, 논의의 편의상 학력 시험과 구분될 따름이다(Stahl, 1976: 143).

④ 성격검사

성격검사(personality tests)는 응시자의 기질적·정서적 특성을 측정하는 시험이다. 사람의 성격, 즉 정서적·기질적 특성은 직업적 성공과 밀접하게 연관된 것으로 오랫동안 인식되어 왔다. 예를 들어, 정서적 안정성은 관리직으로 성공하기 위한 필요불가결한 요소라고 할 수 있다.

⑤ 신체검사

신체검사는 응시자들이 해당 분야의 업무를 수행할 수 있는 체력과 건강을 지녔는지를 측정하는 시험이다. 신체검사는 군인, 경찰, 소방 공무원의 선발 시험과 일반 공무원의 채용시험에서 보듯이 직종에 따라 달리 적용된다.

4 채용 후보자의 등록 및 채용후보자명부 작성

시험이 끝나고 합격자가 결정되면 시험 실시기관은 이들의 등록을 받아 채용후보자명부(eligible lists)를 작성한다. 공개채용시험 합격자는 시험 실시기관의 장이 정하는 바에 따라 채용 후보자 등록을 하여야 하며, 등록을 하지 아니하는 경우에는 임용될 의사가 없는 것으로 본다. 채용후보자명부는 직급별로 시험 성적순에 의하여 작성하되, 훈련 성적, 전공 분야 및 기타 사항을 기재하도록 되어 있다.

채용후보자명부의 유효 기간은 일정하게 한정되어 있다. 우리나라 채용후보자명부의 유효 기간은 공개채용시험의 경우 그 유효 기간은 2년의 범위 내에서 정하도록 되어 있다(국가공무원법 제38조 제2항). 단, 병역복무, 학업계속자, 6개월 이상의 장기요양이 필요한 경우, 임신, 출산을 한 경우, 기타 필요한 경우의 기간은 유효 기간에 산입하지 아니한다. 참고로 경력경쟁채용시험 등 합격의 효력은 1년으로 규정되어 있다(공무원임용령 제21조).

5 임용 추천

채용후보자명부가 작성되면, 시험 실시기관의 장은 각 기관의 결원 및 예상 결원 인원을 감안하여 채용후보자명부에 등재된 채용 후보자를 시험성적, 훈련성적, 전공 분야, 경력, 적성 등을 참작하여 임용권자나 임용 제청권자에 추천하여야 한다. 이때 추천은 성적 순위에 따라 하며, 복수로 추천하는 것이 일반적이다. 추천을 받은 기관은 면접 및 서류심사를 거쳐 임용 여부를 결정하게 된다.

추천의 방법은 다음과 같다(Stahl, 1983: 130-132; Siegel & Myrtle, 1985: 174-177; Nigro & Nigro, 1986: 259-260).

① 단수추천제(rule of one name): 채용후보자명부에 등재된 성적순에 따라 결원된 인원의 숫자만큼 추천하는 방법이다. 채용시험이 절대적으로 타당도와 신뢰도을 지닌다는 전제에 입각하고 있는 이 방법은 임용권자의 재량권을 배제하기 위한 반엽관주의적 인사 원칙에 근거를 두고 있다.

② 배수추천제(rule of three names~rule of seven names): 이 추천 방법들은 결원된 직위의 정해진 배수(3~7배수)만큼 인원을 추천하는 방법들이다. 역사적으로 가

장 많이 이용된 추천의 방법은 3배수 추천제이다. 이 방법은 채용시험의 타당도가 완벽하지 않다는 전제 위에 임용권자에게 어느 정도 재량권을 부여하기 위한 것이다.

③ 덩어리추천제(block certification): 이 방법은 채용 후보자를 성적순으로 몇 개의 집단으로 나눈 뒤, 우수집단부터 차례로 추천하는 방법이다. 즉, 이 방법은 채용후보자들을 '수', '우', '미', '양' 등의 몇 개 집단으로 나눈 뒤, 이들 집단 속에 소속된 후보자를 덩어리로 추천하는 방법이다.

④ 선택추천제(selective certification): 임용권자가 특정한 자격 등을 가진 후보자를 추천해 줄 것을 요구하는 경우, 채용후보자명부에 등재된 성적순에 관계없이 추천하는 방법이다. 우리나라의 '특별추천'에 해당된다. 선택추천제는 단수추천제 등의 단점을 보완하기 위하여 도입된 제도이다.

⑤ 전체추천제(pool certification): 채용 후보자 전체를 추천하여 임용권자가 자유롭게 선발하도록 하는 방법이다. 임용 후보자의 숫자가 적고 단시일 내에 모두 임용될 가능성이 있는 직종의 경우 단일 추천 또는 배수 추천의 의미는 없어진다.

우리나라의 경우 종전에 3배수 추천 제도를 채택하여 왔으나, 1973년 이를 폐지하고 단수추천제와 특별추천제(선택추천제)를 채택하고 있다.

6 시보임용

임용권자는 추천된 임용 후보자 가운데 적격자를 선발하여 일정한 기간 동안 시보공무원(probationer)으로 임명한다. 시보 공무원은 시보 기간이 끝난 뒤 정식 공무원으로 임명된다. 시보 기간은 후보자의 적격성 여부를 판정하는 선발 과정의 일부를 이루며, 시보 기간 중 부적격자로 판정받은 후보자는 정규 공무원으로 임용되지 못한다. 시보 제도는 또한 선발 수단의 보완[9]이라는 목적 이외에 후보자에게 기초 적응 훈련을 시킨다는 부수적인 목적도 지니고 있다.

9) 시보제도가 선발시험을 보완하는 수단이어서 부적격자를 탈락시키는 장치라면, 최근에 흔히 많이 활용되는 인턴십제도(internship)는 직무 수행의 결과를 통해서 채용 여부를 결정한다는 점에서 일종의 시험이라는 점에서 차이가 있다.

시보는 주로 신규채용 공무원을 대상으로 하나 경우에 따라서는 승진, 전보, 전직 등 내부임용의 경우에도 적용할 수 있다. 우리나라의 경우 5급 공무원 신규채용자는 1년, 6급 이하 및 기능직 공무원은 6월로 시보 기간을 규정하고 있다(국가공무원법 제29조). 시보 공무원은 정규 공무원과 같은 신분보장이 되지 않아 임명권자가 일방적으로 해임하더라도 소청 등의 구제 수단이 없다. 즉, 임용권자는 시보의 근무성적이 불량하거나 징계 사유에 해당될 경우에는 면직, 면직 제청 또는 징계위원회의 의결을 거쳐 징계를 할 수 있다.

7 임명 및 보직

시보 공무원은 시보 기간이 끝난 뒤 정규 공무원으로 임명되고, 초임 보직을 부여받는다. 임명은 특정인에게 공무원의 신분을 부여하는 신분 설정 행위이며, 보직(placement)은 공무원을 일정한 직위에 배치하는 행정 행위이다. 공무원을 보직할 때는 당해 공무원의 전공 분야, 훈련, 근무 경력, 전문성 및 적성 등을 고려하여 그 적격한 직위에 임용하여야 한다.

제3절 내부임용

1 내부임용의 의의 및 유형

내부임용은 정부조직 안에서 사람을 움직여 쓰는 활동을 일컫는다. 내부임용의 유형으로는 ① 승진 · 승급 · 강등 · 강임 등 수직적 이동과, ② 전직 · 전보 · 겸임 · 파견 · 전입 등 수평적 이동, 그리고 ③ 휴직 · 직위해제 · 정직 · 면직 · 해임 및 파면과 같은 해직과 복직이 있다.

2 수직적 이동

공무원을 수직적으로 이동시키는 내부임용의 방법으로는 승진과 강등 및 강임이 있다. 계급이나 직책의 변동을 수반하지 않는 승급은 승진과 구분된다. 따라서 다른 문헌들에서는 승급을 '보수 체계', '사기', '능력 발전' 등의 장에서 다루는 경우가 많다. 이 책에서는 승급을 유사 승진으로 취급하여 내부임용의 절에서 다루기로 한다.

1) 승진

(1) 승진의 의의

승진(promotion)이란 하위 직급(계급)에서 상위 직급(계급)으로 이동하는 것을 말한다. 승진은 일반적으로 직무의 곤란도와 책임의 증대를 의미하며 보수의 증액을 수반한다. 승진은 동일한 계급 내에서 호봉만 올라가는 승급과 구분되며, 수평적 이동인 전직 및 전보와도 구별된다. 정부조직 내에서 승진은 단순한 결원 보충의 의미를 갖는 것이 아니고, 구성원의 동기를 유발하고 사기를 진작시키는 수단이 된다는 의미에서 중요성을 갖는다. 따라서 합리적인 승진제도의 확립은 직업공무원제의 발전에 매우 긴요하다.

승진제도에서는 승진과 신규채용의 비율을 어떻게 조정할 것인가, 승진의 한계를 높일 것인가 낮출 것인가, 그리고 승진의 기준을 어떻게 할 것인가 등의 문제가 중요하다. 일반적으로 신규채용보다 승진의 비율이 높고 승진 한계가 높을 경우 공무원의 사기가 높고 직업공무원제의 확립에 기여할 수 있으나, 반대로 이러한 제도는 관료주의화를 촉진함으로써 민주적 통제를 어렵게 하는 문제점이 있다.

(2) 승진의 종류

승진의 종류는 일반 승진과 특별 승진으로 나눠 볼 수 있다. 또한 시험의 부과 여부에 따라, 시험에 의한 승진과 시험에 의하지 않는 승진으로 나눠 볼 수 있다.

일반 승진은 임용권자가 승진후보자명부의 순위에 의하여 적격자를 승진 임용하는 방법이다. 특별 승진은 청백리 포상을 받은 공무원이나 소속 장관에 의하여 특별한 공적이 있다고 인정받거나, 행정 발전에 지대한 공헌이 있다고 인정받은 공무원 및 창안 등급 동상 이상을 받은 공무원 등에 대하여 승진소요 최저연수의 단축 또는 승진시험 우선 응시 권한을 부여하거나 승진후보자명부의 순위에 관계없이 승진 임용하는 방법을 말한다.

승진을 위해서는 각 계급별로 승진소요 최저연수가 필요하며, 징계 처분을 받거나 처분 종료 후 일정 기간이 경과하여야 승진할 수 있다. 승진에 필요한 최저 소요 연수는 계급마다 다르다. 일반직의 경우 4급은 3년 이상, 5급은 4년 이상, 6급은 3년 6개월 이상, 7급 및 8급은 2년 이상, 9급은 1년 6개월 이상으로 되어 있다(공무원임용령 제31조).

승진은 또한 시험에 의한 승진과 시험에 의하지 않는 승진(보통승진심사위원회의 심사를 거쳐 임용)으로 나눠 볼 수 있다. 종전에는 5급 공무원에의 승진임용은 반드시 승진시험을 거치도록 규정하고 있었으나, 1996년부터는 5급 공무원에의 승진임용은 승진시험을 거치도록 하되 필요에 따라 승진심사위원회의 심사를 거쳐 임용(심사승진)할 수 있도록 규정을 완화하였다[10](국가공무원법 제40조). 승진시험은 또한 일반 승진시험과 공개경쟁 승진시험으로 구분된다. 일반 승진시험은 승진후보자명부의 고순위자 순으로 결원의 2~5배수 인원의 범위 내의 자에 대해 실시하며, 합격 여부는 시험 성적 및 승진후보자명부의 평점 점수를 합산하여 결정한다. 공개경쟁 승진시험은 5급 공무원의 승진에 한하되 기관 간 승진 기회의 균형 유지 등을 위하여 필요한 경우에 실시하며 합격자는 시험 성적에 의하여 결정한다.

(3) 승진의 기준

승진 후보자를 선발하는 기준으로는 대부분의 국가에서 실적과 경력을 이용한다. 실적은 승진시험 성적, 근무 성적, 교육훈련 성적 등을 의미하며, 경력은 근무 연한, 학력, 근무 경력 등을 나타낸다.

우리나라의 경우, 공개경쟁 승진시험에 의한 승진임용은 승진시험 성적에 의하며, 일반 승진시험의 경우에는 시험성적 및 승진후보자명부의 평점 점수를 합산하여 결정한다. 4급 이하 공무원을 승진임용하고자 할 때에는 보통승진심사위원회의 승진심사를 거쳐야 하며, 임용권자 또는 임용제청권자는 특별한 사유가 없는 한 심사 결과에 따라야 한다(공무원임용령 제34조의3).

10) 지방공무원 5급 승진임용의 경우, '인사위원회 승진 의결에 의한 승진'(심사승진)제도가 부정부패의 수단으로 활용되는 등 많은 문제가 발생하자 정부에서는 2002년 12월 31일 '지방공무원 임용령'을 개정하여 "일반 승진시험과 인사위원회 승진 의결의 방법을 병행하는 경우 그 임용 방법별 승진임용 인원의 비율은 승진임용 예정 인원 수의 각 5할로 한다"는 규정을 삽입하였다(지방공무원 임용령 제38조 제4항). 그러나 지방공무원의 반발이 심해지면서 승진 대상 공무원의 시험 준비로 인하여 업무 공백이 발생하게 된다는 여론이 일자, 2006년 1월 12일 관련 조항을 다시 개정하였다. 즉, 일반 승진시험에 의한 방법과 인사위원회 승진 의결에 의한 방법을 병행하는 경우 그 비율을 각 5할로 하던 것을 지방자치단체가 자율적으로 결정할 수 있도록 한 것이다.

실적제에서는 시험을 통한 승진 후보자의 선발 방법이 보편화되어 있다. 우리나라의 경우, 반드시 시험을 거치도록 규정한 5급 공무원에의 임용승진 규정을, 1996년부터 승진시험을 거치도록 하되, 필요에 따라 승진심사위원회의 심사를 거쳐 임용할 수 있도록 바꾸었다. 시험 승진의 방법은 지적 수준이 높은 유능한 공무원을 발굴하고 관료주의화를 방지하는 데 효과적일 수 있으나, 시험성적만을 승진 기준으로 하는 경우, 시험이 상위직에 대한 적격성과 발전 가능성을 완전하게 나타낼 수 없다는 타당도의 한계와 승진시험 준비로 인한 인력의 낭비와 근무 소홀 등의 부작용이 문제점으로 지적된다. 한편 선임순위(seniority) 등 경력을 기준으로 하는 승진제도는 후보자 선정의 객관성과 행정의 안정성을 확보하는 데 유리하나, 행정의 능률성을 저해하고 관료주의화를 촉진할 우려가 있다.

(4) 승진과 신규채용의 관계

정부조직에 결원이 발생할 때, 행정공무원은 외부임용, 즉 신규채용과 내부임용에 의하여 충원된다. 충원제도는 국가마다 여건에 따라 다르나 외부임용과 내부임용을 병행하고 있다. 신규채용과 승진의 비율은 공무원의 사기와 자질, 직업공무원제의 발전 정도, 민주적 행정통제의 정도 등을 고려하여 적당한 균형을 이루어야 한다.

승진은 신규채용보다 임용 비용이 적게 소요되며, 선발의 과오를 줄일 수 있고 행정조직의 안정을 꾀할 수 있다는 장점을 지닌다. 그러나 다른 한편 승진의 비율이 높을 경우 조직의 침체를 가져오고 공무원의 질적 저하를 초래할 우려가 있다. 일반적으로 승진의 비율이 높으면 현직 공무원의 사기는 높으나 하위직으로 임용된 공무원을 상대적으로 우대함으로써 공무원의 질적 저하를 초래하고, 관료주의화를 촉진할 우려가 있다.

반면에, 신규채용의 비율이 높을 경우 조직의 신진대사를 촉진하고 유능한 인재의 등용으로 인한 행정의 능률성 확보가 가능하나, 현직 공무원의 사기를 저하시킬 우려가 있다. 일반적으로 개방형 공무원제에서는 신규채용의 비율이 높으며, 폐쇄형에서는 승진임용의 비율이 높은 특징을 나타낸다.

2) 승급

승급(step increase)은 같은 계급 또는 등급 내에서 호봉이 높아지는 것을 말한다.[11]

승급은 계급이나 직책의 변동을 수반하지 않기에 승진과 구분되며, 따라서 엄밀한 의미에서는 임용의 방법으로 볼 수 없다. 그러나 이 책에서는 승급이 근무 의욕 고취의 수단이 될 수 있다는 점에서 내부임용의 절에서 다루기로 한다.

어느 조직의 경우에서나 승급은 근무 연한에 의해 자동적으로 이루어지는 것으로 인식되어 왔다. 그러나 승진 폭이 제한된 계급제에서는 승급을 근무성적평정과 연결, 근무 의욕 고취의 한 수단으로 활용할 여지가 있다. 승급은 인사제도로서 두 가지 의미를 지닌다. 즉, 승급은 근무 연한이 길어짐에 따라 직무 수행 능력이 향상되는 데 따르는 보상의 의미를 지니는 동시에, 관리적 측면에서 근무 의욕을 고취하는 수단이 된다.

3) 강등

강등(demotion)은 파면과 해임 다음으로 징계 수준이 높은 중징계 종류 가운데 하나다. 강등은 1계급 아래로 직급을 내리고(고위공무원단에 속하는 공무원은 3급으로 임용하고, 연구관 및 지도관은 연구사 및 지도사로 함), 강등된 자는 공무원 신분은 보유하나 3개월 간 직무에 종사하지 못하며 그 기간 중 보수의 전액을 감한다. 다만, 계급을 구분하지 아니하는 공무원과 임기제 공무원에 대해서는 강등을 적용하지 아니한다.

4) 강임

강임(relegation)은 현재의 직급(계급)에서 일시적으로 하위 직급(계급)으로 이동하는 것을 말하는데, 강등과는 달리 징계가 아니다. 일반적인 강임은 동일한 직렬 내에서 하위 직급으로 이동하는 것을 말하나, 동일한 직렬 내에 하위 직급이 없으면 다른 직렬의 하위 직급으로 이동하게 된다. 강임은 직제 변경 등으로 자리가 없어질 경우 퇴직을 회피시키는 수단으로 활용된다.

강임은 직제와 정원이 변경되거나, 예산의 감소 등으로 폐직이 될 경우, 그리고 상급기관이나 다른 기관으로의 전입 시 해당 직급의 정원이 없어서 일시적으로 낮은 직급이라도 감수하고 전입을 원할 경우 등 본인이 원하면 가능하다. 우리나라에서는 과거 한때 징계 수단으로 강임을 활용하였으나, 현재 이것은 인정되지 않고 있다. 강임된 자는 상위 직급에 결원이 발생하면 우선 승진시키고 승진시험을 면제한다.

---

11) 승급을 구체적으로 표현하기 위해서 호봉승급이라고 하기도 하며, 민간기업에서는 호봉승급을 줄여서 승호라고 하기도 한다.

3 수평적 이동

1) 전직과 전보

(1) 의의

전직은 상이한 직렬의 동일한 계급 또는 등급으로 수평 이동하는 것을 말하며, 전보는 동일한 직렬·직급 내에서 직위만 바꾸는 것을 의미한다. 이와 같이 동일한 계급 내의 수평적 인사이동을 배치전환이라고도 한다. 전직과 전보는 승진·강임 등 수직적 이동과는 달리 동일 계급 또는 동일한 직급 간의 수평적 이동이다. 전직과 전보는 직렬이 상이하냐 동일하냐에 따라 구분되며, 직렬을 바꾸는 전직에는 시험이 요청된다는 점에서 차이가 있다.

전직과 전보는 공무원 인력의 효율적 활용을 위해서는 불가결한 내부임용 수단이다. 그러나 과거 우리나라의 경우처럼 지나치게 빈번하게 자리가 바뀔 경우 행정의 전문화를 저해하고 직무의 능률을 떨어뜨릴 우려가 있다. 이러한 문제점을 방지하기 위해 공무원임용령에서는 해당 직위에 임용된 뒤 일정한 기간이 경과해야 다른 직위에 전보할 수 있는 '필수보직기간'을 설정하고 있다(공무원임용령 제45조).

(2) 용도

전직과 전보의 합리적 용도는 다음과 같다(박동서, 1994: 308-311).

① 적재적소 배치: 특정 공무원이 능력과 적성에 맞지 않아 해당 직위에 적응하지 못할 경우, 전직과 전보는 재적응의 기회를 줄 수 있는 유용한 수단이 된다.

② 능력 발전과 교육훈련: 전직과 전보는 공무원의 능력 발전의 수단이 되며, 재직자 훈련의 유용한 수단이 된다. 공무원의 능력 발전을 위해서는 한 기관에서만 장기 근무하는 것보다 다른 기관에서 폭넓은 경험을 쌓는 것이 좋다.

③ 조직 침체의 방지와 근무 의욕의 자극: 공무원들이 한 자리에 오래 근무할 경우 근무 연한이 길어짐에 따라 직무 수행 능력이 향상되기도 하나, 업무의 성격에 따라 일정 기간이 경과하면, 능력의 정체와 퇴행 현상이 나타나기도 한다. 직무확충(job enlargement)과 직무다양화(job enrichment)에서 보듯이 직무를 주기적으로 바꿔 주는 것이 권태를 방지하고 근무 의욕을 고취하는 수단이 된다. 또한 장기간 재직으로 인한 포획(capture)의 가능성도 감소시켜 준다.

④ 할거주의 타파와 부처 간 협력의 조성: 전직과 전보는 인적 교류의 폐쇄에서 오는 부처 간 할거주의의 폐단을 타파하고, 부처 간 협력 조성을 위한 기반을 마련해 준다.

(3) 전직과 전보의 제한

전직과 전보의 오용과 남용을 방지하기 위하여 전직과 전보에는 일정한 제한 규정을 두고 있다. 전직을 위해서는 일부 예외 규정을 제외하고는 전직시험을 거쳐야 하며, 전보 및 전직을 위해서는 최저 재임 기간을 채워야 한다.

우리나라의 경우 경력경쟁시험 등을 통해 채용된 공무원은 기준에 따라 4년 또는 5년 간 다른 직렬로 전직할 수 없다. 전보와 관련해서 임용권자 또는 임용제청권자는 소속 공무원을 해당 직위에 임용된 날로부터 '필수보직기간'이 지나야 다른 직위에 전보할 수 있도록 하고 있다. 이 경우 필수보직기간은 3년으로 하되, '정부조직법' 제2조 제3항 본문에 따라 실장 · 국장 밑에 두는 보조기관 또는 이에 상당하는 보좌기관인 직위에 보직된 3급 또는 4급 공무원과 고위공무원단 직위에 재직 중인 공무원의 필수보직기간은 2년으로 한다(공무원임용령 제45조 제1항). 이로써 과장급 미만 공무원의 필수보직기간은 2년에서 3년으로 늘어났다. 과장급의 필수보직기간은 1년 6개월에서 2년으로, 고위공무원의 필수보직기간은 1년에서 2년으로 길어졌다.

그 밖에 경력경쟁채용된 공무원 가운데 특수지역에 근무할 자, 외국어 능통자로 임용된 경우 등에는 5년 간 전보할 수 없다(공무원임용령 제45조).

(4) 전직 · 전보제도의 문제점과 개선 방향

전직 · 전보제도의 문제점으로는 먼저 기관장이 유능한 직원의 타기관 전출을 꺼려 부처 간 인사교류에 대하여 소극적 자세를 가짐으로써 적재적소의 인사와 공무원의 능력 발전에 장애를 초래하고 있다는 점을 들 수 있다. 그리고 실적제가 확립되지 않은 나라에서 전직 · 전보가 정실 인사나 인사상 불이익 부여의 수단으로 활용되는 폐단을 찾아볼 수 있다. 즉, 전직 · 전보제도가 정실제에 희생된 구성원을 좌천 및 해임시키는 수단으로 악용되는 사례가 적지 않다. 또한 인사이동의 기준이 객관화 · 표준화되어 있지 않아 인사권자가 개인적 신임을 기준으로 하여 독자적으로 전보권을 행사한다는 점과 보직 변동이 지나치게 빈번하게 이루어짐으로써 행정의 전문화 · 능률화를 저해한다는 점이 문제점으로 지적될 수 있다. 그리고 중앙기관과 일선 하부기관 간의 인사교류가 원활하지 않아 하부기관에의 전출을 기피하는 경향이 많은 점도 문제점으로 지적될 수 있다.

전직·전보제도의 이러한 문제점을 개선하기 위해서는 전직·전보제도를 공무원의 능력 발전을 위하여 적극적으로 활용하고, 개인적 특혜 제공이나 개인 세력화의 수단으로 활용되지 않도록 인사이동의 기준이 객관화·표준화되어야 할 것이다. 우리나라의 관련 법규에서는 전공 분야, 훈련, 근무 경력, 전문성, 적성 등을 고려하여 직위를 부여하여야 한다는 보직관리의 원칙을 밝히고 있다. 그러나 현실은 신규채용자의 부처별 배치 과정이나 이후의 배치전환에서 전공이나 적성, 그리고 학력 수준 등이 제대로 고려되지 않고 있어 전문성 제고를 저해하고 있다.

행정의 전문성과 능률성을 제고하기 위해서는 그 밖에도 전보 가능 범위를 제한하고, 빈번한 전보로 인한 능률 저하를 방지할 수 있도록 특별한 사정이 없는 한 정기적으로 전보를 실시하여야 할 것이다. 또한 하부기관에의 전출을 기피하는 문제점을 해결하기 위하여 상하기관 간의 순환보직 제도가 확립되어야 할 것이다.

2) 겸임, 파견 및 전입

(1) 겸임

겸임(concument position)은 직위 및 직무 내용이 유사하고 담당 직무 수행에 지장이 없다고 인정되는 경우에 한 사람의 공무원에게 둘 이상의 직위를 부여하는 것을 의미한다. 겸임은 필요한 인력을 확보할 준비가 안 된 경우나 교육훈련기관의 교관 요원을 임용하는 경우 등에 이용되는 잠정적 임용 방법이다.

우리나라에서 일반직 공무원은 대학교수 등 특정직 공무원이나 관련 연구교육기관 및 단체의 임직원과 서로 겸임할 수 있도록 하고 있다. 또한 관련 연구교육기관 및 단체의 임직원은 특수 전문 분야의 별정직 공무원을 겸임할 수 있다.

(2) 파견

파견(secondment)은 국가적 사업의 수행을 위하여 공무원의 소속을 바꾸지 않고 일시적으로 다른 기관이나 국가기관 이외의 기관 및 단체에서 근무하게 하는 것을 말한다. 파견은 소속 기관을 바꾸지 않고 보수도 원래의 소속 기관에서 받는 임시적인 배치전환으로 긴급한 인력 수요에 신속히 대응할 수 있는 간편한 내부임용의 방법이다.

(3) 전입

전입(transfer in)은 인사 관할을 달리하는 입법부 · 행정부 · 사법부 사이에 다른 기관 소속 공무원을 이동시켜 받아들이는 것을 말한다. 전입을 위해서는 시험을 거쳐야 하나, 임용 자격 요건 및 시험 과목이 동일할 경우, 시험의 일부 또는 전부를 면제할 수 있다.

4 해직 및 복직

1) 휴직, 직위해제, 정직 및 복직

여기서는 공무원의 신분은 보유하지만 직무 수행을 정지시키거나 직위를 부여하지 않는 휴직, 직위해제 및 정직과, 특정한 사유가 소멸되어 공무원을 직무에 다시 복귀시키는 복직을 다루고자 한다.

(1) 휴직

휴직(leave of absence)은 일시적인 사정으로 공무원이 직무를 일정 기간 떠나 있는 것을 말한다. 휴직 중 공무원은 공무원으로서의 신분을 보유하나 직무에 종사하지 못한다. 임용권자는 특정한 사유가 있어 공무원 본인이 원할 때나, 사정에 따라서는 본인의 의사에도 불구하고 휴직을 명할 수 있다. 본인이 원할 때 휴직이 가능한 경우는 국제기구 또는 외국기관에 임시로 고용되거나, 국내 · 외 교육기관 및 연구기관에서 연수하거나 유학하게 된 때로 한정되어 있다. 그리고 신체 정신상의 장애로 장기 요양이 필요하거나, 병역 복무를 마치기 위하여 징집 또는 소집될 경우 등에는 임용권자가 본인의 의사에 불구하고 휴직을 명할 수 있다.

(2) 직위해제

직위해제(suspension from position)는 형사사건으로 기소된 자 등 공무원에 대하여 직위를 계속 유지시킬 수 없다고 인정되는 사유가 있는 경우에, 임용권자가 공무원으로서의 신분은 보존시키되 직위를 부여하지 않는 임용 행위를 말한다.

임용권자는 공무원 가운데 직무 수행 능력이 부족한 자, 근무성적이 극히 불량한 자, 파면 · 해임 · 강등 · 정직 등 중징계 의결이 요구 중인 자, 형사사건으로 기소된 자(약식명령이 청구된 자는 제외), 고위공무원단에 속하는 일반직 공무원으로 정당한 사유

없이 직위를 부여받지 못한 기간이 총 1년 이상이거나, 또는 근무성적평정에서 최하위 등급의 평정을 총 2년 이상 받은 자, 그리고 조건부 부적격자로서 교육훈련을 이수하지 않거나 연구 과제를 수행하지 않은 자, 금품 비위, 성범죄 등 비위 행위로 인하여 감사원 및 검찰·경찰 등 수사기관에서 조사나 수사 중인 자로서 비위의 정도가 중대하고 이로 인하여 정상적인 업무 수행을 기대하기 현저히 어려운 자 등에 대해서는 직위를 부여해서는 아니 된다(국가공무원법 제73조의3).

그리고 직위해제의 사유가 소멸하면 임용권자는 지체 없이 직위를 부여하여야 한다. 그러나 이 기간 중 능력의 향상 또는 근무성적의 향상을 기대하기 어렵다고 인정된 때에 임용권자는 직권면직을 통하여 공무원의 신분을 박탈할 수 있다(국가공무원법 제70조 제1항 제5호).

직위해제제도의 본래 취지는 공무원이 형사사건으로 기소된 때 또는 중징계 의결이 요구된 때 등의 경우에, 그 직위를 해제하여 직무 집행으로부터 일시 격리함으로써 공무 집행의 공정성과 개인 사무의 해결 시간을 부여하는 데 있다. 그런데 우리나라의 법 제도상 직위해제는 공무원으로서 직무 수행 능력이 부족하거나 불량한 자, 또는 공무원으로서 근무 태도가 심히 불성실한 자에게도 적용할 수 있도록 규정되어 있어, 그 사유가 추상적이므로 인사권자가 자의적으로 운영할 여지를 남겨 두고 있다. 이러한 사유는 또한 징계 사유에도 해당되므로 징계처분의 절차를 밟아야 하나, 징계처분보다 절차가 간편하고 인사권자의 독단적 운영이 가능한 직위해제가 남용되는 사례가 많다. 또한 3월의 대기 기간 동안 능력 향상의 여부를 입증할 수 있는 객관적 방법도 없어 인사권자의 자의가 개입될 여지가 그만큼 크다. 직위해제는 공무원의 신분상 불이익을 초래한다는 점에서 징계처분의 효과와 크게 다르지 아니함에도 불구하고 통제 방안이 전혀 없다는 문제점을 지닌다.

(3) 정직

정직(disciplinary suspension)은 직무 수행을 일시적으로 정지시키는 중징계처분의 한 종류이다. 정직처분을 받은 공무원은 공무원의 신분을 보유하지만 직무에 종사하지 못한다. 정직의 기간은 1개월 이상 3개월 이하이며, 정직 기간 중에는 보수의 전액을 감한다(국가공무원법 제80조 제3항).

(4) 복직

복직(reinstatement)은 휴직 또는 직위해제 중인 공무원을 직위에 복귀시키는 것을 말한다. 휴직 기간이 끝난 공무원은 30일 이내에 복직 신고를 함으로써 당연히 복직되며, 휴직 기간 중 그 사유가 소멸되면 해당 공무원은 30일 이내에 그 사유를 임용권자에게 신고하여야 하고 임용권자는 지체 없이 복직을 명하여야 한다. 그리고 직위해제 중인 공무원은 직위해제 사유가 소멸되면 곧 복직시켜야 한다.

2) 직권면직, 파면 및 해임

여기서는 공무원의 신분을 완전히 박탈하는 직권면직, 권고사직, 파면 및 해임에 대하여 다루고자 한다.

(1) 직권면직 및 권고사직

직권면직(administrative dismissal)은 ① 직제와 정원의 개폐 또는 예산의 감소 등에 따라 폐직 또는 과원이 되었을 때, ② 휴직 기간이 끝나거나 휴직 사유가 소멸된 후에도 직무에 복귀하지 아니하거나 직무를 감당할 수 없을 때, ③ 직위해제로 대기 명령을 받은 자가 그 기간에 능력 또는 근무성적의 향상을 기대하기 어렵다고 인정된 때, ④ 전직시험에서 세 번 이상 불합격한 자로서 직무 수행 능력이 부족하다고 인정된 때, ⑤ 병역판정검사 · 입영 또는 소집의 명령을 받고 정당한 사유 없이 이를 기피하거나 군복무를 위하여 휴직 중에 있는 자가 군복무 중 군무를 이탈하였을 때, ⑥ 해당 직급 · 직위에서 직무를 수행하는 데 필요한 자격증의 효력이 없어지거나 면허가 취소되어 담당 직무를 수행할 수 없게 된 때, ⑦ 고위공무원단에 속하는 공무원이 적격심사 결과 부적격 결정을 받은 때는 당해 공무원을 직권으로 면직시킬 수 있다. 다만, 임용권자는 ①부터 ⑥까지에 해당되는 자를 면직시킬 경우에는 미리 관할 징계위원회의 의견을 들어야 한다. 다만, 직위해제 시 "대기 명령을 받은 자가 그 기간에 능력 또는 근무성적의 향상을 기대하기 어렵다"는 사유로 면직시키고자 할 경우에는 관할 징계위원회의 동의를 받아야 한다(국가공무원법 제70조 제2항).

직권면직도 징계위원회의 의견을 듣거나 동의를 받아 강제 퇴직시킨다는 점에서 징계처분의 하나로 볼 수 있으나, 국가공무원법상의 징계의 종류로 규정되어 있지 않다는 점이 해임 및 파면과 다르다.

이와 같은 직권면직은 그러나 직제 개편으로 인한 폐직 등의 경우에 활용되기보다는 편법적인 징계의 수단으로 많이 활용되고 있는 실정이다. 직권면직은 직위해제와 같이 그 사유의 추상성으로 인하여 자의적 운영의 소지가 많음에도 불구하고 징계 절차에서와 같이 인사권자의 재량권을 통제할 수 있는 장치가 없어 공무원의 신분보장을 위협하는 요인이 되고 있다. 직권면직된 자는 징계 파면 및 해임된 자와는 달리 퇴직급여에 대한 제한이 없으며, 공무원 임용의 결격 사유가 되지 아니한다.

한편 권고사직은 직권면직과 달리 국가공무원법상의 제도는 아니다. 권고사직은 의원면직의 형식을 취하나, 인사권자의 자의에 의해 이루어지는 사실상의 강제퇴직이다. 권고사직은 흔히 징계 대상 공무원에 대해 가혹한 징계를 모면하게 하는 수단으로 이용되거나 대량 숙정 작업 시 비공식적 징계의 수단으로 이용된다. 그러나 이러한 권고사직은 공무원 인사제도의 정상적 작동을 방해한다는 의미에서 억제되어야 할 것이다. 즉, 징계 대상 공무원에게 온정을 베푸는 수단으로 이용되는 권고사직은 엄격한 법질서의 확립을 방해한다는 차원에서 삼가야 할 것이며, 비공식적 징계 수단으로 이용되는 권고사직은 공무원의 신분보장을 위협한다는 점에서 억제되어야 한다. 권고사직은 공무원 본인의 의사 표시의 하자에 대한 입증이 어렵다는 점에서 법적인 구제가 어렵다.

(2) 파면 및 해임

파면과 해임은 공무원을 강제로 퇴직시키는 중징계 처분의 하나이다. 파면과 해임의 효과는 강제퇴직에 그치지 않는다. 파면된 사람은 5년 동안 공무원으로 임용될 수 없고 해임의 경우에는 3년 동안 공무원으로 임용될 수 없다. 해임의 경우에는 연금법상의 불이익은 없으나(금품 · 향응 · 공금횡령 등으로 인한 해임 시에는 퇴직급여액의 1/4 삭감), 파면의 경우에는 퇴직급여액의 1/2이 삭감(5년 미만 근무자에게는 퇴직급여액의 1/4이 삭감)되는 불이익을 받는다.

5 퇴직관리

1) 퇴직관리의 의의

퇴직관리는 조직 인력의 퇴직 상황을 분석 · 예측하여 적정 인력 보전을 위한 대책을 강구하는 활동을 말한다. 이러한 퇴직관리 속에는 물론 퇴직을 둘러싸고 발생하는 문제점들을 해결하는 활동도 포함된다.

최근에 들어서서 인사행정에서 퇴직관리가 중요한 이슈로 부각되는 것은 고령사회의 진전에 따라 정년연장의 요구 등 기존 인력의 퇴직에 대한 저항이 생겨나고 있다는 점과 오랫동안의 저출산의 영향으로 젊은 세대의 비중이 급격히 줄었음에도 불구하고, 사회 전반적으로 청년실업의 문제가 심각하여 이들의 공직선호 현상과 고령 인력의 퇴직 압박이 늘어나는 등 세대 간 갈등의 모습이 등장하고 있다는 점이다. 따라서 이제 정부의 퇴직관리는 단순히 인사행정의 한 활동국면을 넘어서서 사회정책적 차원에서 함께 고려되어야 할 현안이 되어가고 있다.

인사행정의 다른 활동국면에서도 마찬가지이나, 특히 퇴직관리는 조직의 효율성 확보와 구성원의 욕구 충족이라는 두 가지 요구에 부응해 이뤄져야 한다. 조직의 효율성을 확보하기 위해서는 우선 조직의 적정 인력 보전을 통한 안정성의 유지와 조직 침체를 방지하기 위한 신축성의 조화가 긴요하다. 그리고 사회적 능률성의 이념에서 찾아볼 수 있듯이 구성원들에 대한 적절한 욕구 충족이 조직 인력의 안정적 확보와 보전에 기여할 수 있다는 점도 고려되어야 할 것이다.

2) 퇴직의 유형

퇴직의 유형은 기준에 따라 여러 가지로 분류할 수 있다. 넓은 의미의 퇴직 개념을 채택할 경우 퇴직은 임의퇴직과 강제퇴직으로 나눠 볼 수 있다. 임의퇴직 속에는 의원면직과 명예퇴직을 넣을 수 있을 것이며, 강제퇴직 속에는 징계에 의한 파면, 해임과 직권면직, 그리고 정년퇴직과 당연퇴직, 감원에 의한 퇴직 등을 넣을 수 있을 것이다.

의원면직은 자발적 퇴직(voluntary turnover)을 의미하며 공무원의 퇴직 의사를 임용권자가 받아들여 면직 행위를 해야 공무원의 신분이 소멸된다. 그러나 우리나라 공무원 퇴직 인원 가운데 가장 많은 비율을 차지하는 의원면직은 현실적으로 임용권자 및 감찰조직 등의 요구에 의한 강제퇴직인 경우가 많다. 명예퇴직은 20년 이상 근속한 공무원이 정년 전에 자진해서 퇴직하는 경우를 말하며, 이때 정부는 예산의 범위 안에서 명예퇴직 수당을 지급할 수 있다.

강제퇴직 가운데 파면, 해임, 직권면직은 앞 항에서 설명했다. 정년퇴직은 공무원이 법률에 규정된 계급별, 직무 종류별 정년에 도달해 자동적으로 퇴직하는 것을 말한다. 당연퇴직은 금치산자 또는 한정치산자가 되거나, 파산선고를 받고 복권되지 아니한 경우, 금고 이상의 실형을 선고받은 경우, 금고 이상의 형의 선고유예를 받은 경우 등에 당연히 퇴직하는 것을 말한다(국가공무원법 제69조). 직위해제된 자 가운데 6월이 경과해도 직위를 부여받지 못할 경우에는 6월이 경과한 날에 당연퇴직된다(국가공무원법 부칙 〈제2460호, 1973.2.5〉 제12조).

〈표 7-4〉는 2023년 국가공무원의 퇴직 현황을 나타낸 것이다. 퇴직 사유별 비중을 살펴보면 의원면직이 전체 퇴직자의 57.54%인 16,593명으로 가장 많았고 정년퇴직은 36.32%인 10,472명이었다.

표 7-4 2023년 국가공무원 퇴직 현황(2023.1.1~2023.12.31)

	총 퇴직자	의원 면직	직권 면직	당연퇴직					징계 퇴직	명예 퇴직	기타
				결격 사유	정년 퇴직	사망	임기 만료	기타			
인원(명)	28,836	16,593	45	42	10,472	385	982	51	257	11,320*	9
비율(%)	100.00	57.54	0.16	0.15	36.32	1.34	3.41	0.18	0.89	39.26	0.03

자료: 인사혁신처(2024: 42).
* 명예퇴직이 의원면직 및 사망과 중복되는 경우가 있어 합계와 총 퇴직자 수가 일치하지 않음.

3) 퇴직관리 전략

퇴직관리를 효율적으로 하기 위해서는 적정 퇴직률을 산정하고, 그에 맞추어 퇴직을 억제하거나 촉진하는 전략을 구사해야 한다. 적정 퇴직률을 산정하기에 앞서 우선 퇴직에 따르는 비용과 편익을 분석해야 할 것이다. 그리고 총퇴직률, 자발적 이직률, 연금계획 등을 고려해 적정 퇴직률을 산정해야 한다.

퇴직의 비용·편익분석에서는 퇴직에 따르는 경제적 비용과 공무원의 퇴직 촉진이 주는 사회·경제적 편익이 분석되어야 한다. 퇴직의 비용 속에는 신규 직원의 채용 및 훈련 비용, 숙련 기술의 손실로 인한 저생산성, 퇴직 준비 기간의 사기 저하와 생산성 저하 등이 포함될 것이며, 퇴직의 편익으로는 고령 인력의 젊은 인력으로의 교체에 따른 조직의 활력 증진과 인건비 절감, 새로운 지식과 기술을 익힌 신규 인력의 도입에 따른 생산성 향상, 승진 적체의 해소를 통한 사기앙양과 조직의 활성화 등을 들 수 있다(오석홍, 1993: 755-756).

퇴직관리의 업무는 두 부분으로 나뉜다. 첫째, 다양한 유형의 퇴직 원인을 분석하고, 둘째, 그러한 원인들에 비춰 인사정책을 조정하고 발전시킨다. 퇴직의 원인을 조사할 때는 흔히 퇴직자 면접(exit interview)이 사용된다. 퇴직자 면접의 목적은 퇴직의 실질적 원인을 밝혀내고, 현재의 조직 속에서의 발전 기회 등에 관한 정보를 제공하고, 구성원 자신의 이익과 조직의 이익에 관한 이해를 증진시키는 데 있다(Stahl, 1976: 393-394).

퇴직관리의 전략은 퇴직을 촉진하는 퇴직 촉진(staff reduction) 전략과 퇴직을 억제하는 퇴직 억제(control of turnover) 전략으로 나눠 볼 수 있다. 퇴직촉진 전략은 정부활동의 축소나 예산 삭감 시, 그리고 인력의 신진대사가 필요하거나 인사 적체가 심할 때 동원될 수 있으며, 이때 명예퇴직제를 활성화하거나 정부산하단체 등에 취업을 알선하는 등의 수단이 동원된다. 퇴직 억제 전략은 자발적 이직을 억제하는 전략으로 인력의 안정성을 확보하는 데 주목적이 있다. 자발적 이직을 억제하기 위해서는 직무만족도를 향상시키고, 경력 발전의 기회를 확대시켜야 하며, 근무 조건을 개선해야 할 것이다. 최근 우리 사회에서 나타나고 있는 젊은 공무원들의 이직 현상은 퇴직 억제 전략을 통해 유능한 인재를 보유(retention)하려는 정부의 노력을 요구하고 있다.

제4절 공직의 개방

1 개방형

개방형은 공직의 모든 계층의 직위를 불문하고 신규채용이 허용되는 인사 체계이다. 물론 신규채용자는 각 계층의 직위가 요구하는 자격을 지니고 있어야 하며, 다른 사람과의 경쟁을 통해 신규채용된다. 공직의 내부에 있는 사람이건 외부에 있는 사람이건 모두에게 신규채용이 허용된다. 일반적으로 공직의 개방에 따라 외부 전문가나 경력자에게 공직의 문호를 개방하여 새로운 지식과 기술, 그리고 새롭고 참신한 아이디어를 받아들임으로써 공직의 침체를 막고 공직을 새로운 기풍으로 진작시켜 행정의 효율성을 높이려는 의도에서 이러한 개방형 인사 체계가 요구된다. 따라서 개방형 인사 체계는 직위분류제를 채택하는 국가에서 그 필요성이 크다.

개방형 인사 체계를 지니고 있는 대표적인 국가는 미국이다. 미국의 인사 체계는 실적제에 토대를 둔 직위분류제를 채택하고 있고 계급제와 직업공무원제를 인사행정의 근간으로 삼지 않기 때문에 조직의 모든 직위에 외부 전문가를 받아들일 수 있는 개방형 인사 체계를 갖고 있다. 이러한 개방형 인사 체계는 승진이나 경력 발전의 기회는 상대적으로 크지 않고, 공무원이 한평생 근무할 수 있는 유인도 적으며, 직위나 직무가 없어지면 그 직위나 직무를 맡아 수행하던 공무원도 대개 퇴직한다. 그러나 미국의 경우도 하위직보다는 중간층이나 상위층에 새로운 외부 전문가를 받아들이려고 하지만 기존 공무원들의 폐쇄적이고 할거주의적 저항과 반발, 그리고 관료제의 현상유지적 속성 때문에 상위직에 대한 원활한 신규채용에 많은 제약이 따르고 있다.

2 폐쇄형

폐쇄형은 공직에의 신규채용이 최하위 계층에서만 허용되며 내부승진을 통해 그들이 상위 계층까지 올라갈 수 있는 인사 체계이다. 따라서 최하위 계층에서의 신규채용은 대개 젊은 사람에게만 허용되고, 그들의 경력 발전과 근속 근무가 장려되는 체계가 폐쇄형이다. 폐쇄형은 개방형에 비해 내부승진의 기회가 많고 공무원의 지위 향상이나 경력 발전에 각별한 정책적 관심을 쏟는다.

대개 폐쇄형은 계급제에 바탕을 두고 있고, 계급제는 조직이 피라미드 형태로 구조화되어 있기 때문에 승진의 요건을 정하거나 퇴직의 기준을 설정해 이들을 관리한다. 폐쇄형은 또 계급제를 토대로 하기 때문에 전문가보다는 일반행정가 중심의 인사 체계를 이루며 이들이 관료집단의 중핵을 이룬다. 일반행정가 중심의 인사 체계는 직무의 분화보다는 직무의 통합에 더 많은 비중을 두기 때문에 업무 수행의 경로가 개방형에 비해 넓고 공무원의 장기 근무가 장려된다. 따라서 폐쇄형 인사 체계는 직무가 없어지더라도 그 공무원이 퇴직하는 것이 아니라, 배치 전환을 통해 공무원의 근무가 계속된다.

이러한 폐쇄형은 젊은 사람에게 공직을 보람 있는 생업으로 삼게 하는 제도이므로 공무원의 사기를 높이고 공무원의 장기 근무를 장려하므로 행정의 일관성과 안정성을 가져오는 데 유리하다. 그러나 폐쇄형은 공무원을 장기 근무시키고 이것이 관료로 하여금 타성과 무사안일에 빠지게 할 수 있어 공직의 침체를 가져오고, 관료가 행정 권력을 토대로 자신들의 이익을 먼저 도모하고 국민의 요구를 저버리거나 민감하게 대응하지 않는 특수집단화될 수도 있다.

3 인사행정의 현실: 두 제도의 보완

개방형과 폐쇄형은 각 국가의 정치적 여건이나 시대적 상황에 따라 형성된 체계이기 때문에 어느 것이 좋고 어느 것이 나쁘다고 판단하기 어렵다. 그리고 현재 어느 국가도 순수한 형태의 개방형이나 폐쇄형을 고수하는 경우가 없다. 어느 정도의 차이는 있지만 두 가지 유형의 인사 체계를 절충해 운영하고 있다.

폐쇄형을 기본으로 하는 국가도 위기 상황이나 정부기구가 팽창할 때는 상위 계층에 신규채용이 허용되며, 개방형을 기본으로 하는 국가도 가능한 한 기득권을 유지하려는 관료집단의 타성과 성향 때문에 상위 계층에 대한 신규채용이 제약된다. 단지 오늘날의 격변하는 국내·외적 정세와 행정에 대한 전문직업화의 요청에 부응하기 위해서는 폐쇄형을 고수하기보다는 융통성 있는 개방형의 방향으로 나아가는 것이 더 많은 이점이 있다.

4 한국의 개방형 임용

한국의 개방형 임용은 공직 내·외를 불문하고 민간에게 완전 개방하는 개방형 직위와 민간에게 개방하지는 않지만 다른 부처 공무원에게 개방하는 공모직위가 있다. 개방형 직위는 국가공무원법상의 개방형 직위와 지방공무원법상의 개방형 직위가 있다. 그리고 공모직위도 국가공무원법상의 공모직위와 지방공무원법상의 공모직위가 있다.

1) 개방형 직위

(1) 개방형 임용제도의 도입 배경과 내용

한국의 공무원제도는 계급제적 토대 위에 직위분류제적 요소가 가미된 폐쇄적 충원 체제를 근간으로 하고 있다. 왜냐하면 상위직의 대부분이 신규채용에 의해 이뤄지기보다는 내부승진자에 의해 이뤄지며, 5급과 7급의 공개경쟁시험 합격자보다 최하위 계급인 9급의 공개경쟁시험 합격자가 월등히 많기 때문이다.

그러나 이러한 폐쇄적 임용 체계는 공직의 경쟁적 운영이 어려워 민간부문에 비해 생산성이 떨어지고 공무원의 경쟁력, 나아가 국가경쟁력을 저하시키는 결과를 초래할 수 있다. 따라서 정부에서는 무한경쟁의 세계화 시대에 특정 분야의 전문기술인을 양성하고 유치해 공직의 경쟁력을 강화하기 위해 개방형 전문직위제도(1996년)를 도입해 운영했다. 그러나 소속 장관이 지정하는 개방형 전문직위는 지정 실적이 저조하고, 직무 수행 요건이 엄격해 적격자 충원에 많은 애로를 겪는 등 여러 가지 제약으로 그 실효성을 거두지 못했다.

그리하여 외부 전문가의 채용을 확대하고 공직사회에 좀 더 효율적인 경쟁 시스템을 도입하기 위해 개방형 직위제도(2000년)를 도입해 시행하게 되었다. 개방형 직위제도는 중앙정부 및 지방자치단체의 직위 중에서 업무의 성질이 고도의 전문성을 요구하거나 효율적인 정책 수립이 필요하다고 판단되어 공직 내·외의 공개경쟁을 통해 적임자를 임용할 수 있도록 하는 제도를 말한다.[12] 2014년부터는 개방형 직위 선발시험 등의 사무를 수행하기 위하여 인사혁신처장 소속으로 '개방형 직위 중앙선발심사위원회'를 설치하여 개방형 직위 선발시험의 실효성을 높이고자 하였다.

개방형 직위는 일반직과 특정직 및 별정직을 대상으로 한다. 이들 개방형 직위는 소속 장관별로 고위공무원단 직위 총수의 100분의 20의 범위 안에서 개방형 직위를 지정하되, 소속 장관이 필요하다고 인정하는 경우에는 중앙행정기관의 실장·국장 밑에 두는 보조기관 또는 이에 상응하는 직위(과장급 직위) 총수의 100분의 20의 범위 안에서 개방형 직위를 지정할 수 있다.[13] 또한 개방형 직위 중 50%는 공직 외부의 경험과 전문성을 적극 활용할 필요가 있는 직위에 공직 외부에서만 적격자를 선발하는 '경력개방형 직위'로 지정할 수도 있다.

소속 장관이 개방형 직위를 지정하는 경우에 그 지정 범위에 관해 필요한 사항은 고위공무원단을 관리하는 중앙인사기관의 장과 협의해야 한다. 이 경우 소속 장관은 인사혁신처장과 협의한 직위를 훈령·예규 및 그 밖의 방법으로 해야 한다(2023년 8월 30일 개정으로 추가됨). 그리하여 소속 장관이 고위공무원단 직위를 개방형 직위로 지정

12) 국가공무원법 제28조의4, 지방공무원법 제29조의4.
13) 개방형 직위 및 공모 직위의 운영 등에 관한 규정 제3조.

하고자 할 때는 해당 직위가 전문성을 특히 요구하거나 효율적인 정책 수립을 위해 필요한 직위를 개방형 직위로 지정하되 직무 수행의 전문성, 직무 내용의 중요성, 정책 결정과 집행의 민주성, 행정환경의 변화에 따른 변화의 필요성, 이해 관계의 조정 필요성 등을 고려해 지정해야 한다.[14] 지방자치단체도 해당 기관의 직위 중 전문성이 특히 요구되거나 효율적인 정책 수립을 위해 필요하다고 판단되어 공직 내부나 외부에서 적격자를 임용할 필요가 있는 직위를 개방형 직위로 지정하여 운영할 수 있다.[15]

개방형 직위에 임용되는 공무원의 임용 기간은 최소한 2년 이상으로 5년의 범위 안에서 소속 장관(시 · 도지사)이 정하되 개방형으로 임용된 자의 근무 실적이 우수하거나 계속해 근무하게 해야 할 특별한 사유가 있는 경우에는 총 임용 기간이 5년을 넘지 아니하는 범위 안에서 임용 기간을 연장할 수 있다.

(2) 운영과 평가

개방형 직위제도가 도입됨으로써 가져온 가장 큰 이점은 그동안 폐쇄적으로 운영되어 왔던 한국의 공직사회에 경쟁과 변화를 확산시키고 계급과 연공서열 중심의 인사 운영을 직무와 성과 중심의 경쟁적 인사관리로 변화시키는 촉매제 역할을 한다는 점이다.

그러나 개방형 직위제도가 도입되었음에도 불구하고 그동안 한국 관료사회의 병폐인 폐쇄적 공직사회 내부에 만연해 있는 직업공무원 중심의 연대 의식과 승진 기회의 제약 등을 극복하지 못하고 있다. 또한 개방형 임용자의 처우 개선과 임용 기간 연장을 위해서도 노력하고 있지만 세계적으로 우수한 사람을 유치하기에는 여전히 보수 수준이 낮고, 임용 기간이 상대적으로 짧아 임기 만료 후의 신분 불안과 우리나라 노동시장의 낮은 직업 이동성 때문에 외부의 우수한 인재의 유치가 활성화되지 않고 있다.

이와 같이 한국은 아직 폐쇄형에 가까운 인사 체계를 유지하고 있지만, 5급과 7 · 9급에서의 신규채용과 함께 공직 수행에 커다란 영향을 미치는 중 · 상위직의 일부를 외부로부터 임용할 수 있기 때문에 제한적이지만 개방형 임용제도로 접근하고 있다고 할 것이다.

14) 개방형 직위 및 공모 직위 운영지침.
15) 지방공무원법 제29조의4.

2) 공모직위

공모직위란 개방형 직위와 함께 공직 개방 확대 방안의 하나로 도입된 제도이다. 이 제도는 효율적인 정책 수립 또는 관리를 위해 필요하다고 판단되는 직위에 기관 내부 또는 외부의 공무원 중에서 공개 모집에 의해 직무 수행 요건을 갖춘 적격자를 임용하는 제도이다. 공모직위는 기관 간 인력의 이동과 배치가 적절한 균형을 유지하도록 조정할 수 있게 하여 부처주의의 폐쇄적 인력 운영에서 벗어나기 위한 제도이다.

소속 장관이 공모직위를 지정하는 경우에 그 지정 범위에 관해 필요한 사항은 중앙인사기관의 장과 협의하도록 하고 있다.[16] 즉, 공모직위는 소속 장관별로 경력직 공무원으로 임명할 수 있는 고위공무원단 직위 총수의 100분의 30의 범위에서 공모직위를 지정하되, 소속 장관은 경력직 공무원으로 임명할 수 있는 과장급 직위 총수의 100분의 20의 범위에서 공모직위를 지정할 수 있다. 또한 소속 장관은 과장급직위나 소속기관의 실장 · 국장 밑에 두는 보조기관 또는 이에 상응하는 직위의 효율적인 업무 수행을 지원하기 위하여 4급 및 5급 경력직공무원 또는 이에 상당하는 공무원으로 임명할 수 있는 직위(담당급직위)를 공모 직위로 지정하되, 그 실시 성과가 크다고 판단되는 기관, 공무원의 종류 또는 직무 분야 등을 고려해야 한다.[17] 소속 장관이 고위공무원단 직위 중 공모직위를 지정할 때, 직무의 성격과 내용이 동일하거나 유사한 정도인 직무 공통성과 국가 주요 정책의 결정과 집행 시 부처 간의 이해관계 조정의 필요성이 있는 정책통합성, 그리고 다른 부처 공무원의 유치를 통해 소속 부처의 업무와 인력의 변화를 도모할 필요성이 있는 변화의 필요성 등을 고려해 지정해야 한다.[18]

지방자치단체도 해당 기관의 직위 중 업무의 효율적인 처리를 위해 기관 내부 또는 외부의 공무원(국가공무원을 포함) 중에서 적격자를 임용할 필요가 있는 직위를 공모직위로 지정해 운영하도록 하고 있다.[19] 자치단체의 임용권자는 공모직위를 지정할 때 지정 범위와 비율을 해당 자치단체의 인사위원회의 심의를 거쳐야 한다.[20]

그러나 공모직위가 도입되었음에도 불구하고 한국 관료사회의 고질적인 폐습인 부처주의에서 벗어나지 못하고 자기 부처 공무원들의 폐쇄적인 연대 의식과 승진 기회

16) 개방형 직위 및 공모 직위의 운영 등에 관한 규정 제13조.
17) 개방형 직위 및 공모 직위의 운영 등에 관한 규정 제13조 제3항(2023년 1월 3일 신설).
18) 개방형 직위 및 공모 직위 운영지침.
19) 지방공무원법 제29조의5.
20) 지방자치단체의 개방형직위 및 공모직위의 운영 등에 관한 규정 제13조.

의 제약 등으로 그 제도의 실효성을 충분히 확보하지 못하고 있다. 고위공무원단 직위도 마찬가지이지만, 특히 고위공무원단 직위가 아닌 공모직위나 지방자치단체의 공모직위는 겨우 결원을 보충하는 수준에 머물거나 자기 부처의 공무원을 공모직위에 임용하는 실정이다.

제5절 한국의 인사교류

1 인사교류의 종류

한국은 국가공무원법이나 지방공무원법에 인사교류에 관한 조항을 두고, 정부기관의 인사교류뿐만 아니라 민간기관과의 인사교류도 행하고 있다. 현재 행해지고 있는 인사교류는 중앙부처 간, 정부와 공공기관 간, 정부와 교육·연구기관 간, 중앙부처와 지방자치단체 간, 지방자치단체 간 인사교류 등으로 구분되고, 행정기관과 민간기관과의 인사교류로 민간근무 휴직제가 활용된다.

이를 표로 제시하면 〈표 7-5〉와 같다.

표 7-5 인사교류의 유형

정부기관의 교류		민간기관과의 교류
정부기관 상호간 교류	지방자치단체 상호간 교류	
• 중앙부처 상호간 • 정부 – 공공기관 간 • 정부 – 대학·연구기관 간 • 중앙 – 지방자치단체 간	• 교육담당·자치담당 중앙부처 – 지방자치단체 간 • 광역자치단체 – 기초자치단체 간 • 광역자치단체 내의 기초자치단체 간 • 자치단체 – 교육·연구기관 및 공공기관 간 • 이웃 자치단체 간	• 민간근무 휴직제 • (민간 전문가 파견근무제도)

(1) 정부기관의 인사교류

중앙부처 간 인사교류는 부처 간 정책 협조의 활성화와 범정부적 인재 육성을 강화하기 위한 것으로 실·국장급(고위공무원), 과장급(3~4급), 실무자급(4~9급) 인사교류가 행해지고 있다. 인사교류 대상 기관은 부·처·청·위원회 등 중앙행정기관 전체이다. 인사교류 대상 직위는 업무 관련성이 높고 부처 간 협조의 필요성이 큰 직위, 특정 이익집단 등의 시각에서 벗어날 필요가 있는 직위, 기능이나 고객이 중첩되어 교류가 필요한 직위, 교류를 통해 업무 혁신이나 정책 개발이 필요한 직위 등이다.

정부와 공공기관 간 교류는 공공 분야의 우수한 인재를 상호 활용하고 육성하며, 정책 수립과 집행의 협력 체계를 강화해 공직 경쟁력을 강화하는 기반을 마련하는 데 목적을 두고 있다. 교류 대상 기관은 부·처·청·위원회 전체 등 중앙행정기관 전체와 '공공기관의 운영에 관한 법률' 적용 기관과 기타 중·소규모 정부산하기관, 공공성을 가진 특수법인, 연구기관, 공공단체 등이다. 교류 대상 직급은 정부는 고위공무원(상당), 3~9급 공무원을 대상으로 하되 공공기관은 주무부처와 협의해 기관별 직급 체계에 따라 이에 상응하는 직급으로 한다.

정부와 대학·연구기관 간 교류는 2010년부터 시행한 것으로 학문적 지식과 정책현장을 접목한 관학 협력을 통해 국가정책 수립의 전문성을 강화하고 앞선 이론을 행정에 적용해 행정 발전에 기여하는 데 목적을 두고 있다. 교류 대상 직급은 중앙행정기관 5급 이상과 국공립대학교 조교수 이상 또는 박사학위 소지자, 연구기관은 선임연구원 이상으로 하고 있다.

중앙부처와 지방자치단체 간 교류는 국가와 지역의 발전을 효율적으로 추진하고 중앙과 지방 간 협력 체계를 강화하며, 중앙정부의 전문지식을 갖춘 인재를 지방에, 지방정부의 유능한 인재를 중앙에 근무하게 함으로써 상호 이해와 협력을 통해 행정운영의 시너지 효과를 제고하는 데 목적을 두고 있다. 교류 대상 기관은 부·처·청·위원회 등 모든 중앙행정기관과 모든 지방자치단체(교육자치단체 포함)를 포함한다. 그리고 중앙부처와 지방자치단체 간 교류 대상 직급은 고위공무원(상당), 3~9급까지이다. 중앙과 지방자치단체 간의 인사교류는 중앙정부와 지방정부 간의 정책과 집행의 연관성이 높은 직무 분야를 중점 교류하되, 정부정책의 확산에 기여하거나 교류자의 업무 역량을 강하할 수 있는 분야와 개인의 희망(지역) 등을 적극적으로 고려해 실시한다. 중앙부처와 지방자치단체 간의 인사교류는 파견(파견 기간은 2년 이내이나, 총 5년의 범위 내에서 연장 가능)을 원칙으로 하되, 직무 수행상 교류 근무지에서 직위 부여가 필요한 경우(4급 이상)는 전·출입 형식으로 교류하고, 직급과 직렬 간 융통성을 높여서 다른 직급, 다른 직렬 간의 교류도 인정하고 있다.

(2) 지방자치단체 간의 인사교류

지방자치단체와의 인사교류는 인력의 균형 있는 배치와 지방자치단체의 행정 발전을 위해 교육담당 중앙부처 및 지방자치 담당 중앙부처와 지방자치치단체 간의 인사교류, 그리고 지방자치단체 간의 인사교류, 지방자치단체와 교육·연구기관 및 공공기관 인사교류로 구분된다.[21]

교육담당 중앙부처 또는 지방자치 담당 중앙부처와 지방자치단체 간의 인사교류는 교육담당 중앙부처 또는 지방자치 담당 중앙부처에 두는 인사교류협의회가 정한 인사교류 기준에 따라 인사교류안을 작성해 중앙부처의 장이 해당 지방자치단체의 장에게 인사교류를 권고할 수 있으며, 이 경우 해당 지방자치단체의 장은 정당한 사유가 없으면 인사교류를 해야 한다.

지방자치단체 간의 인사교류는 광역자치단체와 기초자치단체 간, 광역자치단체 관할구역 안의 기초자치단체 간, 이웃 지방자치단체 간 인사교류로 구분된다. 지방자치단체 간의 인사교류는 ① 인력의 균형 있는 배치와 지방행정의 균형 있는 발전을 위해 5급 이상 공무원이나 6급 이하 기술직군 공무원을 교류하는 경우, ② 행정기관 상호간의 협조 체제 증진과 공무원의 종합적 능력 발전을 위해 이웃한 지방자치단체 간에 교류하는 경우, ③ 5급 이하 공무원의 연고지 배치를 위해 필요한 경우 등이다.

지방자치단체와 교육·연구기간 및 공공기관과의 인사교류도 지방자치단체 간의 인사교류와 마찬가지로 시·도지사에 두는 인사교류협의회가 정한 인사교류 기준에 따라 인사교류안을 작성하고, 그것을 관할 구역의 자치단체장 등에게 권고하고, 해당 자치단체장은 정당한 사유가 없으면 이를 수용하여야 한다.

(3) 민간과의 인사교류

행정기관과 민간기관과의 인사교류 중 민간근무 휴직제는 공직에 민간의 경영 기법과 업무 수행 방법 등을 도입하고, 민·관 간 인사교류를 통한 상호 이해를 증진하며 국가적 인재를 양성하는 데 목적을 두고 있다.[22] 민간근무 휴직제는 재직 기간이 3년 이상인 일반직 공무원(3~8급) 및 외무공무원(8~3등급)을 대상으로 휴직 기간은 1년 이내로 하되, 총 3년까지 휴직하고 민간기업에서 근무하도록 하는 제도이다. 민간

---

21) 지방공무원법 제30조의2, 지방공무원 임용령 제27조의5.

22) 국가공무원법 제71조 제2항 제1호 및 공무원임용령 제50조, 지방공무원법 제63조 제2항 제1호 및 지방공무원 임용령 제38조의6.

근무 휴직제의 활성화에 가장 큰 장애 요인이라 할 수 있는 민・관 간 유착을 방지하기 위해서는 휴직 전・후에 휴직 대상 기업 관련 인・허가 업무 종사자는 제외하고, 휴직 공무원, 민간기업, 소속 장관 등이 준수해야 할 의무 사항을 부여하고 있다.

행정기관과 민간기관과의 인사교류는 아니지만 유사한 제도로 민간 전문가를 행정기관에 파견 근무하게 하는 민간 전문가의 파견근무제도를 들 수 있다. 행정기관과 민간기관이 사업을 공동으로 수행하는 경우나 전문성이 특히 요구되는 특수 업무를 효율적으로 수행하기 위해 필요한 경우 민간기관 임직원을 파견 받아 근무하게 하는 인사유형으로, 파견 기간은 2년이며 1년의 범위에서 연장할 수 있다.[23)]

한편 인사교류는 국가공무원의 경우, 계획 여부에 따라 계획교류와 수시교류로 구분한다. 계획교류는 정부의 인사교류 계획에 따라 1년에 한 번씩 교류 직위를 사전에 선정해 실시되는 것으로 전 정부 차원의 협력 체계를 강화하고 인사교류를 통한 우수 공무원을 상호 교류하는 데 목적을 두고 있다. 수시교류는 개인의 적성과 소질 및 부모 봉양, 부부 공무원의 고충 등 개인의 사정이나 고충 해결을 위해 4급에서 9급 일반직 공무원 중에서 중앙부처 상호간, 중앙부처와 지방자치단체 간 1 : 1의 형식으로 연중 수시로 행해진다.

2 운영과 평가

최근 들어 인사교류를 활성화하기 위해 교류 대상자에게 인사・급여상의 인센티브가 부여된다. 교류 임용자에 대한 인사상의 인센티브로는 파견 중에도 승진이 가능하며, 복귀할 때 원래의 소속 기관으로 복귀하도록 하고 복귀 후 희망 보직과 승진 기회를 제공한다. 교류 대상자에 대한 급여상의 인센티브로는 직급에 따른 교류수당을 제공하고 성과연봉을 책정할 때 우대를 하는 등의 여러 가지 행・재정상의 인센티브를 도입하고 실시하고 있다. 이러한 여러 가지 인센티브 제공에 따라 최근에는 중앙부처 간의 인사교류뿐 아니라 민간근무 휴직자의 수도 증가하고 있으며, 중앙정부와 지방정부 간의 교류와 지방자치단체 간의 인사교류도 증가하고 있다.

하지만 다른 인사교류와 비교해서, 특히 자치단체 간 인사교류가 매우 활성화되지

23) 국가공무원법 제32조의4 및 공무원임용령 제41조의2, 지방공무원법 제30조의4 및 지방공무원 임용령 제27조의4.

못하고 있다. 그 이유는 지방자치제의 실시에 따라 임명권자가 각각 다를 뿐 아니라 임명권자가 유능한 인재를 다른 자치단체로 전출하거나 파견하는 것을 원하지 않고, 무능한 인재가 자기 단체로 전입되거나 파견되는 것을 원하지 않기 때문이다. 그리하여 지방자치단체 간의 인사교류를 활성화하기 위해 행·재정상의 인센티브를 더욱 강화하고 있지만 그 효과는 미미한 수준이다.

결론적으로 말해서 기관 상호간의 협력 체계를 구축하고 공무원들의 역량을 향상시키며, 이를 통해 공직의 경쟁력을 강화하기 위해 인사교류 활성화 방안이 강구되고 있음에도 불구하고 여전히 우리나라 공무원들의 폐쇄적 조직문화와 인사권자의 적극적 인식 부족, 파견을 원칙으로 하는 교류 형식과 교류 대상 직위와 직급의 한정 및 짧은 교류 기간 등의 이유 때문에 인사교류는 기대만큼 크게 활성화되지 못하고 있다.

사례 1 승진 심사

(가상사례) 경기도 Y시에서는 5급으로의 승진 대상자를 심사할 때 특별한 발탁 사유를 제시함이 없이 승진후보자명부상의 후보 순위 4, 5번을 승진 대상자로 결정했다. 또한 승진임용을 사전 심의하는 인사위원회의 위원 가운데 2인을 승진 대상자가 소속된 부서의 국장 및 과장으로 구성함으로써 균형 잃은 위원 구성이라는 비판을 받았다. 이와 같이 불합리한 승진 인사에 대해 해당 시의 공무원들은 지난 해 자치단체장 선거에서의 공로를 반영한 것이라고 수군거리고 있다.

[문제 1] 사례에 나타난 승진 심사의 문제점을 지적하고 이를 개선하기 위한 대책을 제시하시오.
[문제 2] 심사에 의한 승진과 시험에 의한 승진의 장·단점을 논하시오.
[문제 3] 지방자치단체에서 나타나는 엽관주의적 인사 행태의 개선 방안에 대해 논하시오.

사례 2 공무원 퇴출제

[사설] 무능·태만 공무원 퇴출, 모든 부처로 확산되어야 한다

고용노동부가 업무 능력이 뒤떨어지거나 근무 태도가 불량한 4·5급 간부 8명을 퇴출시키기로 결정했다. 중앙부처로는 전례없는 일이다. 4월 1차 대상자로 분류된 4급 서기관 4명과 5급 사무관 18명 등 22명에 대해 5개월 간 실시한 재교육 및 업무평가에서 낙제점을 받은 이들이다. 고용노동부는 6·7급 23명을 대상으로 같은 프로그램을 진행하고 있어 퇴출자는 더 늘어날 것으로 보인다. 무능·태만 공무원 재교육 및 퇴출제도는 2007년 서울시와 울산시가 처음 도입한 이후 경기도 · 성남시 등 여타 지방자치단체로 확산되는 추세다. 서울시에서는 지난 해까지 232명이 재교육을 받고 이 중 59명이 공직을 떠났다.

국가공무원법에 따르면 직무를 태만히 한 공무원을 징계할 수 있고, 대기 명령을 받은 상태에서 능력 또는 근무성적의 향상을 기대하기 어렵다고 인정되면 직권으로 면직할 수 있다. 이런 법규정이 특히 중앙부처에서 사실상 사문화(死文化)되어 온 것은 공직사회의 온정주의 탓이 크다. 그러잖아도 공무원 수는 늘어가는데 '한 번 공무원은 영원한 공무원'이라는 철밥통 문화 속에 숨는다면 결국 국민의 혈세를 축내는 것이다.

공무원 퇴출제의 본 취지는 퇴출 자체가 아닌 경쟁 시스템 정착에 있다. 민간기업처럼 노력 · 성과에 따라 보상과 징계를 병행하는 분위기를 정착시켜야 공직사회에도 활력을 불어넣을 수 있다. 그러자면 엄정한 평가가 필수 전제다. 부처마다 퇴출 기준이 다르고, 강제할당식으로 퇴출 대상을 선정한다면 일선 공무원들이 승복하려 들지 않을 것이다. 안전행정부가 공통 기준을 정하고 각 부처가 이를 바탕으로 정례 평가하는 것이 바람직하다. 각종 국가경쟁력 평가에서 한국의 공공부문은 여전히 중하위권이다. 싱가포르의 예에서 보듯 공무원의 경쟁력이 국가의 평판과 미래를 좌우한다. 무능 · 태만 공무원을 퇴출시키는 시스템은 모든 부처, 모든 지방자치단체로 확산되어야 마땅하다.

(문화일보, 2010.11.4)

[문제 1] 사례에 나타난 공무원 퇴출제의 문제점을 지적하고, 이를 개선하기 위한 대책을 제시하시오.

[문제 2] 2023년 연말 서울특별시에서도 근무성적평가 최하위 등급을 받은 공무원이 나왔는데, 관련 언론보도를 살펴보고 저성과자 문제 및 개선방안에 대해 의논해 보시오.

Public Personnel Administration

08 경력개발과 교육훈련

제1편
제2편
제3편
제4편
제5편
제6편

제1절 경력개발

1 경력개발의 개념과 목적

경력개발제도(Career Development Program: CDP)는 조직구성원이 장기적인 경력 목표를 설정하고 이를 달성하기 위한 경력 계획을 수립해 자신의 능력을 개발해 나가는 활동으로서, 개인과 조직의 발전에 대한 욕구를 동시에 충족시켜 주는 제도를 말한다. 즉, 경력개발제도는 조직구성원의 자기 발전 욕구를 충족시켜 주면서 조직에 필요한 인재를 육성하고, 이것이 조직의 목표 달성으로 이어지도록 하는 인사관리제도를 말한다. 이러한 경력개발제도를 통해 개인은 자아실현 욕구를 충족시키게 되며, 조직의 입장에서는 전문성이 높은 인력을 안정적으로 확보할 수 있어 체계적인 인사관리가 가능하게 된다. 경력개발제도를 성공적으로 도입하기 위해서는 조직구성원 개개인의 희망·전공·적성 등을 분석해 개인별 장래 보직경로를 설정하고, 보직관리와 교육훈련 등 관련 인사관리제도를 이와 연계해서 운영해야 한다.

경력개발 프로그램은 제2차 후버위원회(Hoover Commission)의 구상에 따라 1955년 미국 연방정부에 최초로 도입되었다. 연방정부 조직의 효율적인 인력 운영을 목표로 시작된 경력개발제도는 1960년대 초 IBM 등 대기업을 중심으로 사기업에도 도입되었다.

우리나라는 2005년 12월 공무원임용령을 개정해 "소속 장관은 조직 목표의 달성에 필요한 효율적인 인적자원관리를 위하여 소속 공무원의 채용·승진·배치 및 경력개발 등이 포함된 인력관리계획을 수립하여야 한다"(제8조)고 규정했다. 이에 따라 정부는 2006년 3월 공무원의 잦은 보직 변경으로 인한 전문성 부족 및 행정 서비스의 질 저하를 방지하기 위한 종합적 인적 자원 개발 시스템으로서의 경력개발제도 관련 매뉴얼을 개발해 각 행정기관에 보급했다.

경력개발제도는 넓은 의미와 좁은 의미로 나눠 살펴볼 수 있다. 넓은 의미의 경력개발제도는 조직구성원의 자기 발전 욕구를 충족시켜 주면서 조직에 필요한 인재를 육성, 조직 목표 달성을 이룩하고자 하는 총체적인 인사관리 활동을 말한다. 이에 비해 좁은 의미의 경력개발제도는 조직구성원 개인이 하나의 조직 내에서 거치게 되는 보직경로를 합리적으로 설정·관리해 주는 인사관리 활동을 말한다. 경력개발제도는 최근 들어 조직 주도형에서 개인 주도형으로 바뀌고 있다. 즉, 조직이 경력개발 지원 역할을 수행하고 구성원 스스로가 주도적으로 경력을 개발해 나가는 형태로 전환되고 있다. 이는 조직구성원 스스로가 주인 의식을 가지고 자신의 경력을 직접 관리할 때 더 효과적이라는 판단 때문이다.

조직구성원의 경력경로를 개인과 조직이 함께 설계하고 장기적 관점에서 관리해 나가는 종합적 인적 자원 개발 시스템으로서의 경력개발제도의 목표는 조직의 인적 자원 개발을 극대화시켜 개인 욕구와 조직 욕구를 조화시키는 데 있다. 경력개발제도는 결국 조직구성원의 적성과 필요에 맞도록 경력을 계획하고 실행해 나가면서 역량 개발이 가능하도록 해줌으로써 조직구성원의 자아 실현과 성장 욕구를 충족시켜 주며, 나아가 개인의 발전 욕구와 조직 목표의 통합을 통해 조직의 경쟁력을 강화하고 궁극적으로 조직의 성과를 극대화하는 데 근본 목적이 있다고 하겠다.

2 경력개발의 단계

조직 차원에서 접근하는 경력개발제도의 과정은 '직무설계-경력설계-경력관리-평가 및 보완'의 네 단계로 나눠 볼 수 있다.

직무설계 단계에서는 기존의 직무분석 자료와 신규 직무기술서를 활용해 직무를 분석하고, 전문 분야를 분류하는 작업을 수행한다. 전문 분야의 분류 작업은 직무가 유사한 조직 단위를 수평적으로 엮는 작업을 말한다. 즉, 전문 분야의 분류는 조직구성원으로 하여금 어느 전문 분야에서 경력을 쌓도록 할 것인가를 선택하도록 하기 위해 조직의 부서들을 수개의 직무 분야로 구분하는 것을 말한다.

경력설계 단계는 자신의 희망 · 적성 · 역량 등 자기 진단을 행한 후, 자기 진단에 부합되는 경력 목표를 설정하고, 이에 이를 수 있는 경력경로를 설계하는 단계를 말한다. 즉, 개인의 궁극적 경력 목표를 설정하고, 이에 도달하기 위한 중간 과정으로서의 희망 보직경로를 직위 단위로 연결시키는 것을 말한다. 여기서 경력 목표는 각 개별 공무원이 자신의 절정기에 도달하고자 하는 최고의 직급 및 직위를 말한다. 경력설계 단계에서는 자신이 지닌 능력과 역량, 욕구와 목표, 그리고 가치관을 포괄하는 자아 개념을 의미하는 경력닻(career anchor)을 탐색하는 과정을 거쳐야 한다. 표준적인 보직경로 모형은 일반적으로 工자형을 이룬다. 즉, 실무관리 계층에서는 2개 이상의 전문 분야를 순환하는 수평적 이동 후에 중간관리 계층으로 상향 이동하고, 중간관리 계층에서는 1개의 전문 분야 내에서 수평적 이동을 한 후에 고위관리층으로 상향 이동하며, 고위관리 계층에서는 2개 이상의 전문 분야에서 순환적 수평 이동을 하는 工자형 보직경로를 거치는 것이 일반적이다.[1)]

경력관리는 개인의 경력설계가 승인되면 그 경력경로에 따라 직위를 부여하는 것을 말한다. 공무원 개개인은 조직에서 제시한 표준 보직경로를 확인한 후 자신의 경력 목표와 경력개발계획에 합치되도록 경력경로를 작성한 뒤, 경력개발위원회의 승인을 얻어야 한다. 조직은 특정 직위에 결원이 발생하면 원칙적으로 경력경로상에 있는 개인들을 대상으로 한 제한경쟁에 의해 보직 부여 대상자를 심사 · 선발하게 된다. 그러나 예외적으로 부처의 인사정책상 필요한 경우에는 직위공모제 등 다른 방법에 의해 보직 대상자를 선발할 수도 있다.

경력개발의 평가 및 보완 단계는 경력개발을 통해 개인과 조직의 역량을 제고하기

1) 경력경로 설정 유형은 다양하다. 가장 일반적인 工형은 상 · 하위 직급에서 어느 정도 순환보직을 거치며, 중간 직급에서 전문화하는 모형이며, T형(▽형)은 하위 직급에서는 전문화하고 상위 직급에서 폭넓은 순환보직을 거치면서 넓은 시야를 갖게 하는 모형이다. 그리고 T형과 대비되는 ⊥형(△형)은 하위 직급에서 폭넓은 순환보직을 거친 뒤 상위 직급에서 전문화하는 모형이며, I형(↑형)은 입직 이래로 좁은 전문 분야에서만 경력을 발전시키는 모형을 말한다.

위해 경력개발제도에 대한 지속적인 평가와 보완을 도모하는 단계를 말한다. 바람직한 평가 및 보완을 위해서는 경력개발 자체뿐만 아니라 이와 연계된 인적자원관리제도들의 효과성 제고에도 관심을 기울여야 할 것이다.

한편 개인 차원에서 접근하는 경력개발의 단계는 '자기평가→관심 있는 경력의 탐색→경력 목표의 설정→실행계획의 수립→경력의 관리'의 5단계로 나눠 볼 수 있다.

3 경력개발제도의 한계와 극복 방안

일반적으로 경력개발제도의 한계로는 비현실적 경력 목표의 설정, 빠른 승진경로(fast track)의 선호, 프로그램에의 지나친 의존, 경력 정체(career plateau) 및 침체(stagnation), 순환보직의 문제, 유능한 인재에 대한 상사의 욕심, 지원 인프라 부족, 다른 인사관리제도와의 연계 미비 등을 지적할 수 있다(이학종 · 양혁승, 2007: 611-613; 중앙인사위원회, 2006b: 86-89).

경력개발제도 운영 시, 특정 조직구성원들은 본인의 적성이나 능력과는 상관없이 비현실적인 경력 목표를 세우는 경우가 많이 발생한다. 이러한 문제점을 극복하기 위해서는 조직구성원으로 하여금 자신의 역량과 적성, 그리고 장 · 단점을 파악하게 하고, 경력 목표 설정 과정에서 자신의 경력 욕구와 조직 요구를 비교 · 평가하게 하는 등 적극적인 상담 활동을 전개할 필요가 있다.

빠른 승진경로를 선호하는 구성원의 행태 또한 경력개발제도의 한계로 지적된다. 조직구성원들이 승진만을 경력개발의 목표로 삼아 빠른 승진경로에 지나치게 많은 관심을 보임으로써 대다수의 구성원이 '인기 직위'로 경력 목표를 집중시키거나 업무량이 적은 경력경로를 선호하는 상황이 발생할 수 있다. 이러한 문제점을 극복하기 위해서는 경력개발의 우선적인 목적이 조직구성원의 경력 및 능력 개발이며, 승진은 그 과정에서의 부산물로 인식되도록 구성원의 인식을 전환할 필요가 있다. 조직은 아울러 승진 시 비인기 부서 근무 경력에의 가산점 부여, 업무량의 편차 조정, 비인기 직위에 대한 조기승진제 적용 등의 방법을 강구해 인기 직위와 비인기 직위 간의 형평성을 확보할 필요가 있다.

경력관리 프로그램에의 지나친 의존 또한 성공적 제도 운영의 장애가 될 수 있다.

적지 않은 경우에 경력개발은 인적자원관리 부서나 경력전문가의 책임이라는 그릇된 인식 하에 경력개발을 전적으로 이들에게 맡겨 의존하려는 경향이 생길 수 있다. 이러한 문제점을 극복하기 위해서는 경력개발의 최종적 책임은 자신에게 있으며, 인사 담당자나 상사는 각 구성원으로 하여금 가장 적합한 경력 목표와 경력경로를 설정하도록 지원하는 역할을 수행함을 구성원들에게 명확하게 인식시킬 필요가 있다.

경력계획은 조직구성원의 경력 발전만을 항상 지향할 수는 없다. 조직구성원이 여러 경력 단계를 거쳐 나가는 과정에서 신체적 노화와 능력 감퇴, 조직의 구조 개편과 감축관리 등으로 인해 겪는 경력상 침체 또한 경력개발제도에 부정적 영향을 미칠 수 있다. 이러한 문제점을 사전 예방하기 위해 조직은 경력 정체를 미리 예측하고 이에 대한 사전 방지 또는 사전 조치를 취하는 것이 바람직하다(Ference et al., 1977; 이학종・양혁승, 2007: 612).

순환보직 또한 경력개발제도에 부정적 영향을 끼친다. 지나치게 잦은 순환보직은 전문성 저하를 초래할 수 있다. 이러한 문제점을 방지하기 위해서는 직급별 적정 전보 제한 기간을 설정할 필요가 있을 것이다.

그 밖에도 우수한 부하가 다른 부서로 이동하는 것을 꺼리는 상사의 태도, 지원 인프라 부족, 다른 인사관리제도와의 연계 미비도 성공적 경력개발제도 운영에 장애가 된다. 이러한 상황을 극복하기 위해서는 경력개발제도 운영과 관련된 상급자의 인식을 근본적으로 전환하여야 하며, 상사평가 시 직원 육성 성과를 평가지표에 포함시키는 것도 한 방안이 될 수 있을 것이다. 그리고 성공적 경력개발제도의 운영을 위해서는 경력개발제도를 체계적으로 지원할 수 있는 통합적 인사정보 시스템이 뒷받침되어야 할 것이며, 경력개발제도와 다른 인사제도와의 정합성을 강화하여 상호 연계성과 일관성을 갖도록 할 필요가 있다.

제2절 교육훈련

1 교육훈련의 의의

1) 교육훈련의 개념

교육훈련이란 공무원에게 직무 수행상 필요한 지식과 기술을 습득 · 연마하고 가치관과 태도를 발전 지향적으로 개선시키고자 하는 계획적이고 의도적인 활동을 말한다. 과거에는 교육훈련의 의미를 협의로 해석해 공무원이 담당하고 있는 특정 직무의 수행에 직접 필요한 지식과 기술의 향상을 위한 활동으로만 여겨 왔으나, 교육훈련의 필요성이 확대되고 그 성격이 변화됨에 따라 그와 같은 한정적인 정의는 통용될 수 없게 되었다(Nigro & Demarco, 1979: 479). 따라서 오늘날 공무원 교육훈련의 의미는 직무 수행에 직접 필요한 지식과 기술의 습득과 연마뿐만 아니라 잠재적인 능력을 종합적으로 개발하는 활동을 포함하는 광의의 뜻으로 사용된다.

2) 교육훈련과 다른 인사 활동과의 관계 및 중요성

교육훈련은 다른 인사 활동과 밀접한 관련을 가지고 있다. 우선 직무분석에서 얻는 정보는 교육훈련에서 가르쳐야 할 지식과 기술이 무엇인지 제공해 준다. 채용 규모와 시기, 그리고 대상에 대한 정보 역시 교육훈련의 규모와 시기, 그리고 교육훈련 프로그램을 설계하는 데 중요한 투입정보가 된다. 근무성적평정은 현재의 직무 수행 정도가 기준에 얼마나 미달하는지를 파악해 교육훈련의 대상을 선정하는 데 귀중한 자료가 된다. 근무성적평정은 또한 교육훈련의 효과성을 평가하는 데 사용할 수 있다. 그리고 교육훈련 중에서도 외부 교육기관에 위탁해 실시하는 경우에는 학위를 취득할 수 있어 학위를 중시하는 우리나라 공무원에게는 직무 만족과 동기부여의 효과도 얻을 수 있다. 이 밖에도 교육훈련을 받는 과정이나 내용은 보직 이동의 중요한 자료가 된다(유민봉 · 임도빈, 2016: 246).

교육훈련은 이상과 같은 다른 인사 활동과의 관계 외에도 일반 관리 과정에서 매우 중요한 기여를 하고 있다. 조직 차원에서는 교육훈련을 통해 구성원의 직무 수행능력이 향상되어 생산성과 경쟁력이 개선될 수 있으며, 개인 차원에서는 교육훈련을 통한 역량 개발은 구성원의 성취감 및 직무만족도를 높이고, 장기적인 경력 발전에도 도움을 준다(유민봉·임도빈, 2016: 247). 특히 우리나라와 같이 주로 공무원이 폐쇄형 충원에 의존하고 법적으로 신분보장을 받고 있는 경우 교육훈련을 통해 기술과 환경의 변화에 대응해 내부 인력의 능력 발전을 위한 노력은 더욱 중요한 의미를 지닌다.

3) 역량기반 교육훈련의 개념 및 의의

최근 민간뿐만 아니라 공공부문의 인사관리 분야에 '역량(competency)'의 개념이 핵심 주제로 등장하고 있다. '역량'이라는 개념은 1973년 사회심리학자인 맥클랜드(David C. McClelland)에 의해 본격적으로 논의된 이후 다양하게 정의되어 왔으나, 여기서 역량의 개념은 직무에서 탁월한 성과를 나타내는 고성과자(high performer)에게서 일관되게 관찰되는 행동적 특성을 의미한다. 즉, 지식, 기술, 태도 등 내적 특성들이 상호작용하여 높은 성과로 이어지는 행동적 특성을 말한다. 따라서 역량은 관찰과 측정할 수 있는 구체적인 행위의 관점에서 설명된다. 조직이 필요로 하는 역량 모델이 개발된다면 이를 채용이나 선발, 경력관리, 평가와 보상, 교육훈련 등 다양한 인사관리 분야에 적용될 수 있다.

우리나라에서 역량의 개념을 교육훈련 측면에서 국가공무원인재개발원 고위정책과정에 처음으로 도입되어 기상청, 교육부, 공정거래위원회 등으로 역량기반 교육 체계를 개발·구축하고 있다. 역량기반 교육훈련(competency-based curriculum: CBC)은 조직의 실질적인 성과 창출에 필요한 역량을 파악하고 현재 수준과 요구 수준 간의 격차를 확인한 후 이를 해소하기 위한 교육훈련 체계라 할 수 있으며, 이는 다음과 같은 의의를 지닌다(권용수, 2006: 133-135).

첫째, 전통적 교육훈련이 갖는 교육훈련과 조직 성과의 연계성 결여, 조직과 개인 모두 만족 실현의 한계, 교육훈련과 실제 업무와의 연계성 등의 한계점을 극복하고, 조직과 개인 차원의 체계적인 교육훈련 수요진단(역량진단)을 전제로 문제 해결과 현실 적용성 있는 교육훈련을 제공한다.

둘째, 조직이 필요로 하는 역량 요소를 설계하고 이를 근거로 조직구성원의 개인별 역량을 체계적으로 진단해 피드백한 후 부족 역량을 보완하는 다양한 교육과정 및 교육 지원 체계를 확립함으로써 교육훈련의 효과성을 제고할 수 있다.

셋째, 조직이 필요로 하는 핵심 인재의 육성을 도모하는 동시에 개인의 성장 수요를 적극적으로 충족시키는 교육 체계의 구축이 가능하다.

넷째, 전략적 인적자원관리(인력계획-채용-경력개발-교육훈련 등)의 연계성 확보를 실현하고, 미래 지향적인 인적자원관리를 위한 지속적인 노력을 위한 틀(framework)을 제공한다.

2 교육훈련 업무의 편성과 운영

교육훈련 업무의 운영에 관한 기본적 활동 단계는 교육훈련계획 수립, 교육훈련계획 집행, 교육훈련 평가 등으로 구성된다. 이러한 활동 단계에서 다뤄야 할 내용 가운데 중요한 몇 가지에 대해 살펴보고자 한다.

1) 교육훈련계획 수립

(1) 교육훈련수요 조사

일반적으로 넓은 의미의 교육훈련수요란 공무원들이 어떤 내용의 교육훈련을 어느 정도 필요로 하는가를 의미한다. 따라서 아래에서 설명하듯이 정부 차원, 조직 차원, 개인 차원에서 교육훈련수요를 파악하는 것이 가능하다. 이러한 교육훈련수요에 대한 조사는 구체적인 교육훈련계획의 설계를 위한 자료 수집 및 분석 단계로서, 교육훈련계획 수립의 출발점이며 교육훈련 목표의 설정과 교육훈련계획의 작성을 위한 기초자료를 제공해 준다. 일반적으로 교육훈련수요는 공무원의 신규채용 및 배치전환, 새로운 업무의 발생과 업무 절차의 변경, 행정 능률의 향상과 능력 발전이 필요할 때에 발생한다.

공무원의 교육훈련수요는 정부와 조직 및 개인 등 세 가지 차원으로 구분될 수 있다(Schuler, 1984: 394). 정부 차원의 수요분석은 정부의 기본 목표와 그에 영향을 주는 환경적 여건, 즉 사회규범, 기술 변화, 경제적 · 정치적 요인, 노동시장의 상태 등 외부 환경적 요인들과 직무설계 · 분석, 인적자원계획, 임용제도, 보상 체계, 근무성적평정제도 등 내부 환경적 요인들에 대한 분석을 토대로 이뤄지며, 교육훈련이 필요한 분야와 내용 및 훈련성과의 평가 기준에 대한 기초적 정보를 제공한다. 그러나 정부 차원의 수요분석은 너무 광범위하기 때문에, 이를 토대로 특정 직무에 대한 구체적인 훈련수요를 추출하기란 어렵다. 따라서 정부 차원의 교육훈련수요를 직무 차원의 교육훈련

수요로 전환하는 작업이 필요하다.

조직 차원의 교육훈련수요에 대한 분석은 직무설계와 직무분석, 다시 말하면 직무를 구성하는 업무 내용과 그것을 수행하는 데 필요한 지식과 기술 및 태도 등을 파악하는 것으로, 주로 직무기술서와 직급명세서를 토대로 진행되나(Mandt, 1973: 396), 필요에 따라서는 점직자(교육훈련 대상자)나 감독자로부터 필요한 정보를 취득할 수 있다(Hays & Reeves, 1991: 224-225). 직무분석에서는 흔히 조직이나 직무의 관점에서 수용 가능한 최저 수준(acceptable minimum level)의 직무 수행 실적이나 능력에 대한 분석이 소홀히 되는 경향이 있다. 그러나 수용 가능한 최저 수준의 설정은 개개인의 훈련 수요에 대한 분석은 물론 근무성적평정의 기준 설정에도 매우 중요한 기준을 제공해 준다. 조직 차원의 수요는 다시 특정 지식이나 기술 또는 태도 등에 대한 개인의 훈련수요로 구체화되어야 한다.

개인 차원의 교육훈련수요는 조직이나 직무의 관점에서 수용 가능한 최저 수준의 업무 실적이나 직무 수행 능력·태도와 조직구성원 개개인의 현재 업무 실적이나 직무 수행 능력·태도와의 차이에 의해 측정될 수 있다. 따라서 개인의 교육훈련수요 분석은 기본적으로 직무분석과 근무성적평정에 의존하게 되며, 이 밖에 자기평가도 개인의 교육훈련수요 분석에 유용하게 이용될 수 있다(Box & Whellen, 1982: 54).

그러나 업무 실적이나 직무 수행 능력에 대한 수용 가능한 최저 수준의 설정은 물론 조직구성원의 현재의 업무 실적이나 직무 수행 능력을 정확히 평가한다는 것은 어렵기 때문에, 교육훈련수요를 객관적으로 정확하게 측정한다는 것은 매우 힘든 작업이다. 더욱이 미래의 교육훈련수요에 대한 예측은 기술 및 노동시장의 변화를 포함하는 환경의 변화에 대한 정확한 예측을 전제로 하기 때문에 더욱 어렵다. 따라서 객관적이며 정확한 교육훈련수요를 측정하기 위해서는 과학적인 직무분석 기법 및 근무성적평정 기법의 개발, 각종 기록 및 정보에 대한 체계적인 분석, 점직자(교육훈련 대상자)·일선감독자·중간관리자·최고관리자를 포함한 모든 계층에 대한 면접 및 설문조사 등 다양한 방법을 활용해 체계적이며 반복적으로 분석작업을 수행해야 한다(Hays & Reeves, 1991: 224-225).

개인 차원의 교육훈련수요 조사에서 유의할 점은 능력 또는 실적에 관한 기대 수준에 미달하는 공무원의 모든 실적 차질(기대 수준에서 현재 수준을 뺀 것)을 교육훈련으로 충족시킬 수 없다는 점이다. 즉, 교육훈련을 통해 충족시킬 수 있는 실적 차질에는 일정한 한계가 있다. 공무원의 실적 차질은 공무원의 지식과 기술 부족이 주된 원인이 될 수 있으나, 그 밖에 조직설계 또는 직무설계의 잘못이나 잘못된 관리 방식도 실적 차질의 원인이 된다.

따라서 교육훈련의 수요를 교육훈련 이외의 관리 개선, 즉 채용 방법의 개선, 동기부여 방식의 변경 등을 통해 생산성을 제고할 수 있는 분야와 교육훈련이 필요한 영역을 신중하게 따져보아야 할 것이다.

(2) 교과 편성 및 훈련 기간의 설계

교과 내용이 교육훈련수요를 충족시킬 수 있을 때 그 교육훈련은 타당도를 확보할 수 있다. 교과 내용 수준은 피훈련자의 능력 수준과 부합되어야 한다. 즉, 교과 내용이 피훈련자 중심이 아닌 훈련 담당자들의 주관 또는 의욕 중심으로 편성되는 경우 교육훈련의 효과는 저하되기 쉽다.

그리고 교육훈련 기간과 교과 시간 및 교과목의 수를 적절히 조화시키는 것도 중요하다. 훈련 기간에 비해 수업 시간 수가 많고 또한 수업 시간 수에 비해 교과목 수가 많은 경우 교육훈련의 효과를 기대하기 어렵다. 교육훈련의 효과는 피훈련자들에게 짧은 시간에 많은 양의 지식을 무조건 주입시켰다고 해서 나타나는 것이 아니고, 교육훈련의 내용을 소화해 스스로 자기의 것으로 받아들이고 그들의 사고 방식과 가치관의 변혁을 가져올 수 있을 만큼 충분히 사고할 시간의 여유를 줄 때 훨씬 잘 나타날 것이다.

(3) 교육훈련 방법 선택

훈련 방법을 선택할 때는 특히 훈련의 목적과 여건을 고려해야 하는데, 지식의 전달, 기술 습득, 행태 교정 등 훈련의 목적에 따라 적합한 훈련 방법을 선택해야 할 것이다. 그리고 때에 따라서는 복수의 훈련 방법을 채택할 수도 있다. 예를 들면, 강의의 방법과 실습 · 사례연구 · 역할연기 · 시청각훈련 · 시찰 등의 방법을 혼용할 수도 있을 것이다. 또한 훈련 방법의 선택 시에는 피훈련자의 특성, 교수 요원, 필요한 훈련설비와 교재의 활용 가능성, 비용과 효과 등 현실적 여건도 충분히 고려해야 한다.

교육훈련의 방법은 훈련의 목적, 대상자의 특징에 따라 그 효과가 다르다.

훈련의 목적에 따라 훈련 방법을 분류해 보면, ① 지식의 습득을 위한 방법으로 강의, 토론회, 사례연구, 시찰, 시청각교육, 사이버 강좌 등이 있으며, ② 기술 연마를 위한 방법으로 사례연구, 모의연습, 현장훈련, 전보 · 순환보직, 실무수습, 시청각교육 등이 있고, ③ 태도 · 행동의 교정을 위한 방법으로는 사례연구, 역할연기, 감수성훈련 등이 있다. 이하에서는 여러 교육훈련 방법의 내용과 장 · 단점에 대해 고찰하고자 한다.2)

① 사례연구

사례연구(case study)는 사전에 선정된 특수한 사례를 여러 사람이 사회자의 지도하에 토의하는 것을 의미한다. 여기서 사례는 피훈련자들에게 말 · 인쇄물 또는 그림 · 영화 등으로 제시된다. 사례연구 방법은 피훈련자 전원이 능동적으로 참가할 수 있으며, 주입식 학습을 탈피하고, 독립적 · 분석적 사고 능력과 문제 해결 능력을 발전시켜 준다는 장점을 지닌다. 이 방법은 중 · 고급 공무원의 훈련에 유용하며, 특히 인간 관계 훈련에 많이 활용된다. 반면에, 사례연구 방법은 작은 집단 내에서만 가능하며, 상당한 시간이 소요되고, 적합한 사례를 구하기가 쉽지 않다는 단점을 지닌다.

② 역할연기

역할연기(role playing)는 어떤 사례(주로 인간 관계, 상하 관계 등)를 그대로 몇 명의 피훈련자가 나머지 피훈련자들 앞에서 실제의 행동으로 연기하고, 사회자가 청중(연기에 참가하지 않은 피훈련자)들에게 그 연기 내용을 비평 · 토론하도록 한 후 결론적인 설명을 하는 교육훈련 방법이다. 이러한 역할연기 방법은 주로 대인 관계, 즉 인간 관계 훈련에 이용된다. 예컨대, 대민 창구에서 근무하는 공무원들에게 주민을 대하는 태도를 훈련시키거나 관리직 또는 감독직에 있는 공무원에게 부하를 다루는 방법을 훈련시킬 때 많이 사용한다.

③ 모의연습

모의연습(simulation)은 실제와 유사한 가상적 상황을 꾸며놓고 피훈련자가 거기에 대처하도록 하는 훈련 방법이다. 모의연습의 의미를 넓게 보면 사례연구 · 역할연기 · 감수성훈련 등을 포함시킬 수 있다. 일반 공무원의 훈련에서는 복잡하게 얽힌 업무 상황을 실생활에서와 같이 꾸며놓고 피훈련자가 관리상의 여러 가지 결정을 내려보게 하는 방법을 이용한다.

---

2) 강의, 회의, 토론회와 같은 잘 알려진 방법들은 제외하고자 한다.

④ **감수성훈련**

감수성훈련(sensitivity training)은 사전에 과제나 사회자를 정해 주지 않고 10명 내외의 이질적이거나 동질적인 피훈련자끼리 자유로운 토론을 통해 거기서 어떤 문제의 해결 방안이나 상대방에 대한 이해를 얻도록 하는 방법이다. 이러한 훈련의 목적은 대인 간의 정서적인 접촉과 토의 과정에서 얻어지는 집단 내에서 자기의 위치, 대인 관계의 이해 및 이를 통한 인간 관계의 개선 등에 목적을 두고 있다(Paine & Bassin, 1965: 78-79). 실험실훈련, T집단훈련 등 다양한 이름으로 불리는 감수성훈련은 조직개혁의 행태적 접근 방법인 조직 발전(organization development: OD)의 대표적인 기법이다.

이러한 훈련 방법의 장점은 집단 내에서의 감수성이 높아지며, 집단 내에서의 자기와 타인의 성격·행동을 이해하는 것을 도우며, 인간 관계에 긴요한 태도·행동의 변경에 도움을 준다. 반면에, 단점은 한번에 다수 인원이 참여할 수 없다는 점이다.

⑤ **현장훈련**

현장훈련(on-the-job-training)은 직장훈련 또는 견습이라고도 불리는 것으로, 피훈련자가 실제 직무를 수행하면서 감독자 또는 선임자로부터 직무 수행에 관한 지식과 기술을 배우는 것을 의미한다. 현장훈련의 방법 중 코칭이 훈련의 핵심이며,[3] 따라서 훈련의 성과는 감독자의 지도 기술 여하에 많이 의존한다. 이 훈련은 직책의 성격이 고도의 기술·전문성·정밀성을 요구하는 경우의 훈련에 적합해 실무적 훈련에 유리하나, 많은 시간에 적은 수의 인원을 훈련할 수밖에 없다는 단점이 있다(Nigro & Nigro, 1986: 324-325).

⑥ **전보·순환보직**

전보·순환보직(rotation)은 피훈련자를 일정한 시일의 간격을 두고 여러 다른 직위·직급에 전보 또는 순환보직시키면서 훈련을 시키는 방법이다. 이러한 훈련 방법은 여러 가지 보직을 담당하는 과정에서 시야와 경험을 넓히고 관리 능력을 향상시키는 장점이 있는 반면에, 전보가 빈번히 이뤄지는 경우 업무 수행의 전문성과 능률성을 저하시키고 행정의 일관성을 해칠 우려도 있다.

---

3) 현장훈련의 세부적인 방법으로는 코칭 외에도 임시대리(understudy)·비서 배치(secretarial assignment) 등이 있다. 임시대리란 후계자로 지정해 상급자의 일을 배우게 하는 방법이며, 비서 배치는 비서로 근무하면서 그 사람의 일을 배우게 하는 것이다(오석홍, 1993: 358-359).

⑦ 실무수습

실무수습(internships)은 실제적인 조직 상황에서 업무 수행에 관한 지식과 기술을 배우게 하는 훈련 방법으로 현장훈련과 유사하다. 실무수습은 그러나 아직 정식으로 공무원의 신분을 획득하지 않은 사람들에 대한 훈련이므로, 공무원의 신분을 획득한 뒤 해당 직책을 맡아 실제 직무를 수행하면서 선임자나 감독자로부터 지식과 기술을 배우는 현장훈련과는 다르다. 실무수습은 행정기관의 장에게 당해 행정기관에 채용할 것인가를 판단하기 위해 수습생들을 평가할 수 있는 기회를 부여하는 데 도움이 될 뿐만 아니라, 피교육생들에게도 미래의 직업 선택 가능성 판단을 위한 그들 자신의 능력을 평가하는 데도 도움이 된다(Wolf, 1979: 128-129).

⑧ 시찰

시찰(observation)이란 피훈련자가 실제로 현장에 가서 어떠한 일이, 어디서, 어떠한 상황에서 일어나고 있는가를 직접 관찰하게 하는 방법이다. 시찰 훈련 방법은 실제 그대로의 모습을 관찰할 수 있어 피훈련자의 흥미를 돋운다는 장점이 있다. 그러나 시간과 비용이 많이 들 뿐만 아니라 치밀한 사전 준비를 하지 않을 경우 효과가 반감된다는 단점을 지닌다.

⑨ 시청각훈련

시청각훈련(audio-visual aids)은 피훈련자들에게 영화 · 텔레비전 · 사진 · 비디오 · 만화 · 도표 등 시청각 자료를 보여주는 훈련 방법이다. 뉴미디어가 많이 도입된 최근에는 시청각 방법의 효과가 크다고 알려져 이 방법을 많이 이용하고 있다. 이 방법은 피훈련자들의 흥미를 북돋워 주고, 독서를 싫어하는 사람이나 독서 능력이 약한 사람의 훈련에 유효하다는 등의 장점이 있다. 반면에, 교육훈련 과정이 잘못되면 오락화하기 쉽고, 시설비가 많이 들며, 적절한 시청각 자료를 구하기 어렵다는 등의 단점도 있다.

⑩ 액션 러닝

액션 러닝(action learning)이란 교육 참가자들이 소그룹 규모의 팀을 구성해 개인, 그룹, 또는 조직에 중요한 의미를 갖는 실제 현안 문제를 해결하면서 동시에 문제 해결 과정에 대한 성찰을 통해 학습하도록 지원하는 행동학습(learning by doing) 교육 방식으로 주로 관리자 훈련에 사용되고 있다. 이러한 액션 러닝 기법은 외국의 민간기업은 물론 GE, 삼성 등 국내 대기업에도 수년 전에 도입해 경영혁신의 효과적인 교육 기법으로 활용되어 왔으나, 정부에서는 2005년 처음으로 도입해 중앙공무원교육원(현 국가공무원인재개발원) 고위정책 과정과 신임관리자 과정에 적용을 거쳐 2006년부터 특허청을 비롯한 상당수 부처에서 본격적으로 도입하고 있다.

⑪ 사이버학습

사이버학습(e-learning)이란 인터넷을 매개로 학습활동이 진행되는 것을 말한다. 사이법학습은 오프라인 교육과 달리 시공간적 제약을 받지 않고, 무엇보다도 교육비용의 획기적 절감이 가능하며, 자기주도학습이 가능하고, 나아가 반복학습이 가능하다는 점이 장점이다. 반면에, 사이법학습은 심층적 학습 평가가 어렵고, 교육생들이 소극적으로 임하기 쉬우며, 현장실습 또는 대면코칭이 필요한 경우 즉각적으로 행해지기 어렵다는 단점이 있다(박천오 외, 2017: 249).

⑫ 혼합학습

혼합학습(Blended Learning)이란 교육훈련 효과의 극대화를 위해 온라인 교육과 오프라인 교육을 병행하는 것과 같이 다양한 학습 방식을 혼합하는 것을 말한다. 혼합학습이 성공을 거두기 위해서는 무엇보다도 구체적인 교수 및 내용 설계가 중요하다. 이를 위해서는 교육생의 니즈분석이 필수적이고, 그 다음으로는 교육생이 자기주도적으로 학습할 수 있도록 오프라인 교육과 온라인 교육의 병행 등 다양한 교육 방식의 최적혼합을 이끌어 내는 것이 중요하다(박천오 외, 2017: 248-249).

2) 교육훈련계획 평가

(1) 평가의 의의

교육훈련의 평가란 교육훈련의 목적이 어느 정도 달성되었는지 그 효과를 분석 · 평가하는 활동을 말한다. 교육훈련의 평가를 위해서는 교육훈련의 목표를 명확히 설정하고 객관적인 평가 기준을 마련해야 한다. 그러나 교육훈련의 종류에 따라서는 계량적으로 포착할 수 있는 비교적 객관적인 측정 단위가 있는 경우도 있지만, 개인의 태도 변화나 복잡한 능력의 향상을 목적으로 하는 교육훈련에서와 같이 객관적인 측정 단위로 나타낼 수 없는 경우도 많다. 객관적 측정 단위를 찾기 어려운 경우에는 질적인 자료를 다루는 주관적 방법을 이용해 훈련의 성과를 추정할 수밖에 없다.

이러한 교육훈련에 대한 평가의 결과는 향후의 교육훈련수요 분석이나 인재개발계획 수립 등에 매우 유용한 자료를 제공해 주기 때문에, 평가의 목적과 교육훈련 내용에 따른 다양한 평가 기준 및 방법을 개발하는 데 많은 노력을 기울여야 한다.

(2) 평가의 기준과 평가를 위한 자료

교육훈련의 효과를 평가하는 데 먼저 고려해야 할 사항은 평가 기준이다. 일반적인 평가 기준은 다음과 같다(박연호, 1983: 470-471; 김명기, 1994: 165). ① 교육훈련 목적에 대한 피훈련자의 인지 정도, ② 교육훈련에 대한 참여 동기의 적절성 정도, ③ 교육훈련의 목적과 수요와의 상관 관계, ④ 교육훈련의 목적에 대한 교과 내용의 적절성, ⑤ 교육훈련 방법의 타당성, ⑥ 교육훈련 내용의 실용성, ⑦ 교육훈련 내용의 실제적 · 구체적인 적용 정도, ⑧ 교육훈련 내용에 대한 피훈련자의 심리적 수용도 및 변화도, ⑨ 피훈련자의 행동 변화에 대한 조직 내에서의 지지도, ⑩ 피훈련자의 행동 변화가 행정기관의 목적 달성에 기여하는 정도 등이다.

이와 같이 평가 기준은 다양하나 무엇보다도 가장 중요한 기준은 교육훈련 이후의 근무 실적이다. 상술한 여러 가지 평가 기준은 교육훈련이 근무 실적을 향상시키는 데 얼마나 기여했는가를 알아보기 위한 비교 지표이다. 교육훈련이 어떠한 성과를 가져왔는지 그 실적을 평가하는 자료로는 다음과 같은 것이 있다(김명기, 1994: 166). ① 훈련성적평정, ② 근무성적평정, ③ 직무 수행의 관찰, ④ 인사 기록, ⑤ 감사보고서, ⑥ 생산 비용 등에 관한 운영 자료, ⑦ 피훈련자에 대한 의견조사, ⑧ 감독자 · 관리자 · 인사담당자 등에 대한 의견조사 등이다.

(3) 평가의 방법

실적에 관한 자료가 수집되면 실적과 미리 설정해 둔 평가 기준을 비교해 교육훈련의 목표 달성도를 분석 · 검토한다. 교육훈련 평가의 구체적인 측정 방법으로는 다음과 같은 것들을 들 수 있다.

첫째, 교육훈련이 끝난 뒤에 시험을 보는 방법이 있다. 즉, 피훈련자가 취득한 점수를 가지고 교육훈련의 유용성을 평가하는 방법이다. 그러나 시험점수가 좋다고 반드시 후일에 근무성적도 좋을 것이라는 보장이 없다. 왜냐하면 시험 점수가 좋다고 하더라도 그 후 직무 수행에서는 교육훈련에서 습득한 지식 · 기술 · 태도를 실제로 적용하는 데 실패할 수도 있기 때문이다(Nigro & Nigro, 1986: 336).

둘째, 교육훈련을 받은 사람과 받지 않은 사람의 업무 실적을 비교해 보는 방법이 있다. 그러나 이 방법은 교육훈련에 참가한 사람과 수준이 비슷한 통제집단의 사람을 찾는 데 어려움이 있다(Nigro & Nigro, 1986: 335).

셋째, 피훈련자, 그들의 감독자, 훈련담당관으로 훈련평가위원회를 훈련 후 구성해 공동으로 훈련을 평가하는 방법이 있다. 이 방법에서는 교육훈련의 목적이 훈련의 필요성을 올바르게 분석한 후에 결정된 것이었는가, 교육훈련의 내용이 훈련의 목적에 적합한 것이었으며, 그 훈련받은 내용의 적용이 근무기관의 상관으로부터 허용될 성질의 것인가, 교육훈련의 방법은 교육 목적을 달성하는 데 가장 효율적인 방법인가 등을 중심으로 평가해야 한다(박동서, 1994: 257-258).

넷째, 피훈련자의 감독자, 동료에게 교육훈련 후의 근무성적을 문의해 보는 방법이 있다. 즉, 피훈련자의 근무성적에 어떤 발전이 있었으며, 있었다면 그것이 교육훈련의 덕분인지 등에 대해 문의한다.

다섯째, 교육훈련이 끝날 때 피훈련자에게 질문서를 돌려 그 질문서에 대한 응답을 가지고 교육훈련의 성패를 평가하는 방법이다(Nigro & Nigro, 1986: 336). 이 방법은 여러 가지 평가 요소에 대해 평가할 수 있으나 직장으로 돌아간 후의 근무성적에 대해 평가할 수 없다는 단점을 지닌다. 즉, 피훈련자들의 반응이 아무리 호의적이라고 하더라도 훈련받은 바를 현실적으로 실천에 옮길 것이라는 확실성이 없기 때문이다.

여섯째, 피훈련자의 사기·결근율·불평 등을 조사해 평가하는 방법이 있다. 교육훈련을 받아 능력이 향상되고 자기의 직무에 충분히 적응할 때에는 사기가 오르고 결근율과 불평이 감소되는 면이 있다고 생각한다.

이상에서 살펴본 바와 같이 교육훈련의 평가 방법은 여러 가지가 있다. 따라서 평가 방법은 반드시 하나의 방법으로만 할 필요가 없으며, 경우에 따라서 적합하다고 생각되는 몇 가지 방법을 병용하는 것이 요청된다.

3 한국의 교육훈련

1) 교육훈련의 연혁

우리나라에서 공무원 교육훈련이 전정부적으로 추진된 것은 1961년 10월 중앙공무원교육원설치법이 공포되고, 동년 11월 공무원훈련법이 공포됨에 따라 중앙공무원

교육원(현 국가공무원인재개발원)과 각급 공무원교육원이 설치되어 본격적인 교육훈련이 시작되었다. 1960년대 교육훈련의 목적을 일반적인 행정 능력의 증진에 두었으며, 개발 연대의 교육훈련의 목표를 변동 관리자로서의 공무원에 대해 발전행정 체계에 상응하는 관리 능력을 배양하는 데 두었다. 1980년대 후반 민주화가 추진되면서 대민봉사정신 함양을 위한 정신교육이 강화되었다. 1990년대에는 세계 경제질서의 재편에 능동적으로 대처하기 위한 국제 교육과정이 확대되었으며, 또한 교육기관 간 직급별·직무 분야별 교육훈련의 분업화가 확대되어 전문교육 과정의 활성화가 추진되었다.

2000년대에는 동북아 중심 시대를 맞이해 세계 일류국가를 이끌 창조적 혁신공무원 양성을 목표로 국가경쟁력 확보, 직무전문성 강화, 진취적 사고력과 공직 윤리의식 함양을 위한 교육훈련이 강화되고 있으며, 특히 최근 액션 러닝과 역량기반 교육훈련 등이 강조되면서 실천학습과 개인 역량 개발을 강화하고 있다. 또한 코로나19 팬데믹 하에서 집합교육의 어려움으로 인해 등장한 화상(온라인)을 통한 교육도 활발히 이루어지고 있다. 한편 국제 교류 협력사업의 일환으로 외국 공무원을 대상으로 한 교육훈련도 강화하고 있다.

2) 교육훈련 체계

한국의 공무원 교육훈련 체계는 중앙인재개발 관장기관을 인사혁신처장으로 지정하고 있으며, 교육훈련기관 교육훈련, 직장훈련, 위탁교육훈련 등 세 가지로 대별할 수 있다. 이 가운데서 교육훈련기관을 통한 교육훈련이 한국의 공무원 교육훈련의 근간을 이루며, 그 실시 체계는 [그림 8-1]과 같다. 즉, 한국 공무원 교육훈련기관은 교육훈련의 중추적 역할을 담당하고 있는 인사혁신처 소속 국가공무원인재개발원과 각 중앙행정기관 소속 32개 교육훈련기관(감사교육원, 지방자치인재개발원, 중앙교육연수원 등), 각 시·도(울산, 세종 제외) 소속 15개 지방공무원교육원 및 각 시·도교육청 소속 16개 지방교육연수원으로 구성되어 있다.

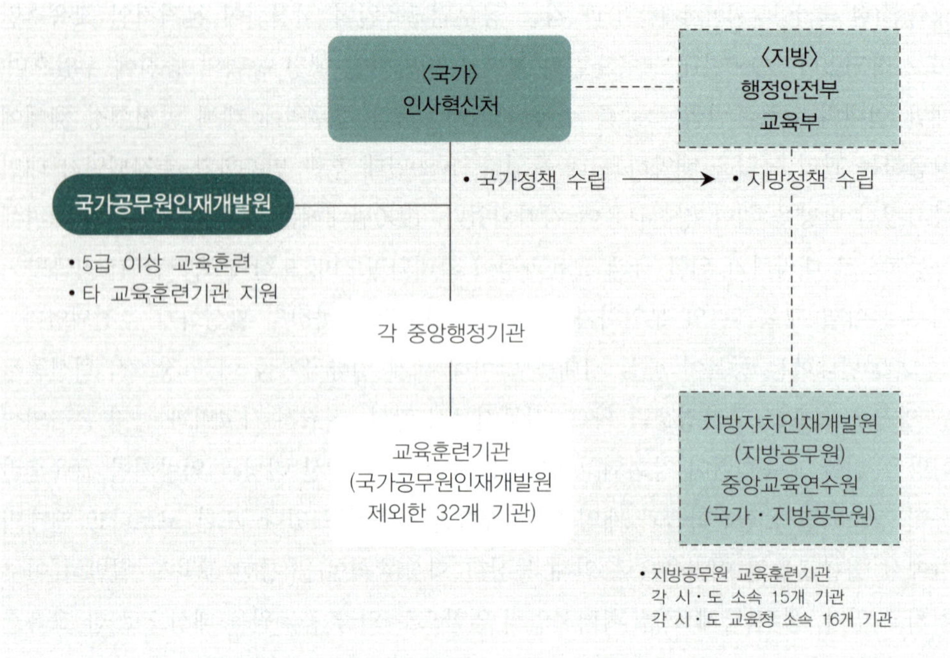

자료: 인사혁신처, 인재개발정보센터 홈페이지(training.co.kr).

그림 8-1 한국의 공무원 교육훈련 실시 체계도

3) 교육훈련의 종류와 내용

국가공무원의 인재개발에 관한 기본 정책 및 일반 지침의 수립과 그 운영에 관해 필요한 사무는 인사혁신처장이 관장한다. 인사혁신처장은 인재개발에 관한 기본 정책에 따라 다음 연도 인재개발에 관한 일반 지침을 11월 15일까지 수립해 중앙행정기관의 장과 공무원 교육훈련기관의 장에게 통보한다. 이와 같은 지침에 따라 현재 시행되고 있는 교육훈련의 종류와 그 내용은 다음과 같다.

(1) 교육훈련기관 교육훈련

각급 공무원 교육훈련기관에서 실시하는 교육훈련은 기본교육과 전문교육, 기타 · 자기개발 교육으로 나눈다.

① **기본교육**

기본교육훈련은 신규채용 후보자 또는 신규채용자, 승진임용 예정자(승진시험 합격자 및 승진심사 통과자) 또는 승진된 사람이 공무원으로서 직급 단계별 필요한 능력과 자질을 배양할 수 있도록 실시하는 교육훈련이다. 이 기본교육 과정은 교육 대상별로 6~9급 신규채용자와 6~8급 승진(후보)자를 대상으로 하는 신규 실무자 과정, 5급 공채자 및 승진후보자(특채자 포함)를 대상으로 하는 신규 관리자 과정, 4급을 대상으로 하는 핵심 인재 과정, 3~4급(과장급 이하)을 대상으로 하는 고위공무원단 후보 과정, 고위공무원을 대상으로 하는 고위정책 과정 등으로 나눈다. 이러한 기본교육은 '선교육 후보직', '선교육 후임용'을 원칙으로 실시하고 신규채용자 교육은 부득이한 경우 시보 기간이 만료되기 전까지 이수해야 한다. 또한 기본교육은 국가공무원인재개발원 및 인사혁신처장이 정하는 전문교육훈련기관에서 실시한다.[4]

② **전문교육**

전문교육훈련은 담당하고 있거나 담당할 직무 분야에 필요한 전문적인 지식과 기술을 습득할 수 있도록 하기 위한 교육훈련이다. 이러한 전문교육은 주로 행정기관이 실시하는 직장훈련에서 하도록 되어 있으나, 교육훈련기관 교육훈련 및 위탁교육훈련으로도 가능하다.[5] 따라서 교육훈련기관에서는 사전 또는 수시로 수요 조사를 통해 각급 행정기관과 협의해 필요한 전문교육 과정을 개설 · 운영하고 있다.

③ **기타 · 자기개발 교육**

기타 · 자기개발 교육훈련은 기본교육훈련과 전문교육훈련에 속하지 아니하는 교육훈련으로서 소속 기관장의 명에 의해 또는 공무원이 직무를 창의적으로 수행하고 공직의 전문성과 미래 지향적 역량을 갖추기 위하여 스스로 하는 학습 · 연구활동을 포함한 교육훈련을 말한다. 이러한 기타 · 자기개발 교육훈련은 공무원 교육훈련기관 외에 직장훈련, 개인학습 및 위탁교육훈련 형태로 실시할 수 있다.

---

4) 특수한 직무를 담당하는 공무원의 교육훈련과 직무 분야별 전문교육훈련의 실시를 위해 대통령령이 정하는 바에 따라 관계 중앙행정기관의 장 소속 하에 전문교육훈련기관을 설치할 수 있고, 또한 대통령령이 정하는 중앙행정기관 장 소속 하에 2 이상의 중앙행정기관 소속 공무원을 교육훈련하는 전문교육훈련기관(이하 '통합교육훈련기관'이라 한다)을 설치할 수 있다(공무원 인재개발법 제4조).

5) 전문교육훈련은 직장훈련에서 실시한다. 다만, 직장훈련에서 실시하기 곤란한 경우에는 교육훈련기관에 의해 실시하되, 교육훈련기관에도 실시하기 곤란한 경우에는 위탁교육훈련에 의해 실시한다(공무원 인재개발법 제8조 제3항).

(2) 직장훈련

직장훈련은 행정기관의 장이 공무원 인재개발에 관한 기본 정책 및 일반 지침에 따라 소속 공무원의 공직가치를 확립하고 미래 지향적 역량과 전문성을 향상시키기 위해 실시하는 훈련이다(공무원 인재개발법 제14조 제1항). 이러한 직장훈련은 기관별 직장교육(정신교육, 직장 전문교육, 직장 실무교육)과 주무 부처 주관 전문교육으로 구분한다.

직장 전문교육은 부서별·직무 분야별 전문성 강화를 위해 기관·부서 및 그룹 단위 전문교육을 의미한다. 직장 실무교육은 신규채용자 및 보직 변경자 등에 대한 실무 적응교육이다. 그리고 주무 부처 주관 전문교육은 다수 부처에 관련된 전문 분야에 대해 관련 직무를 주관하는 주무 부처가 실시하는 교육을 말한다.[6)]

(3) 위탁교육훈련

위탁교육훈련은 인사혁신처장 또는 중앙행정기관의 장이 소정의 절차를 거쳐서 선발한 공무원을 국내·외의 기관에 위탁해 일정한 기간 교육훈련을 받게 하는 훈련이다. 이러한 위탁교육훈련은 인사혁신처장이 주관해 실시하는 경우와 중앙행정기관의 장이 주관해 실시하는 경우가 있는데, 후자의 경우에는 그 훈련계획에 대해 인사혁신처장과 사전 협의하도록 되어 있다. 위탁교육훈련은 국내 위탁교육훈련과 국외 위탁교육훈련으로 구분된다.

① 국내 위탁교육훈련

국내 위탁교육훈련은 자체 교육훈련기관이 없거나 교육훈련기관의 교육이 곤란한 특수 전문 분야 종사 공무원에 대해 국내의 대학·대학원이나 민간 연수기관 등에 위탁해 교육훈련을 하는 것을 말한다. 인사혁신처장이 주관해 시행하는 국내 위탁교육훈련기관으로는 국내 대학원(석사 과정), 국방대학교(안보 과정), 국가공무원인재개발원(고위정책 과정), 국립외교원(글로벌리더십 과정) 등이 있다(인사혁신처, 2018).

② 국외 위탁교육훈련

국외 위탁교육훈련은 국제 전문인력 양성과 정보화·전문화 사회에 대처할 수 있는 능동적 대응 능력 제고 및 행정발전을 위한 선진지식·정보 및 제도의 체계적 연

6) 예컨대, 인사혁신처 주관의 인사관리교육, 법제처 주관의 법제실무교육 등이다.

구 · 도입 등을 위해 국외 교육기관 및 연수기관 등에 공무원의 교육훈련을 위탁해 실시하는 교육훈련이다. 이러한 국외 위탁교육훈련은 현재 미국, 영국, 아일랜드, 캐나다, 호주, 뉴질랜드 등 영어권을 비롯한 독일, 프랑스, 일본, 스페인, 기타 EU국가 등 비영어권과 중국, 러시아, 중남미, 동서남아, 동구권 등 특수 지역 수십 개 국가에서 이뤄지고 있다. 국외 위탁교육훈련은 훈련 기간에 따라 장기 훈련(6개월 이상)과 단기 훈련(6개월 미만)으로 구분하고, 주관기관에 따라 인사혁신처 주관 국외 위탁교육훈련과 각 부처 자체 국외 위탁교육훈련으로 구분한다.

4) 상시 학습 체제 구축

21세기 지식정보화 시대에는 '창의적 지식을 가진 사람이 곧 경쟁력'인 시대이며, 평생학습과 학습조직(learning organization)화가 요구되고 있다. 이에 따라 정부에서 2006년 7월 21일 공무원교육훈련법(현 공무원 인재개발법) 시행령 개정과 함께 2006년 9월 13일 교육훈련 시간 승진 반영제도 운영지침을 제정해 일반직 4급 이하 공무원(우정2급 이하 및 연구사 · 지도사 포함)에게 직무 관련 전문지식과 기술을 습득하기 위해 스스로 행하는 학습 · 연구활동도 교육훈련으로 인정하고 승진 요건으로 교육훈련 시간도 연간 100시간 이상 이수하도록 하는 등 자기 주도적 상시 학습 체제(교육훈련 시간 승진 반영제도)를 구축해 2007년 1월 1일부터 시행하고 있다. 현행 상시 학습 체제의 주요 내용을 살펴보면 다음과 같다.[7)]

첫째, 교육훈련 이수 시간을 확대 및 의무화했다. 전체적인 교육훈련 시간을 확대하기 위해 종전 승진후보자명부 작성 시 적용되는 교육훈련 평정제도(교육훈련 평정점 20점 반영)를 대체해 2007년 1월 1일부터 일반직 4급 이하 공무원(연구사 · 지도사 포함)에게 연간 100시간의 교육훈련을 이수받도록 의무화하고 있으며(점수제에서 시간제로 변경), 2008년부터 교육훈련 이수 시간이 승진 요건화(승진에 필요한 교육훈련 시간은 해당 계급 근무연수×중앙행정기관별 연간 교육훈련 기준 시간)되었다.[8)]

둘째, 교육훈련 내용의 인정 범위를 확대했다. 즉, 일반적으로 교육훈련 시간으로

---

7) 이하에서 상시 학습 체제는 공무원 인재개발법 시행령(대통령령 제28211호, 2017.7.26), 공무원 인재개발 업무처리지침(인사혁신처 예규 제21호, 2016.3.24)에 의거한 내용이다.

8) 승진에 필요한 연간 이수해야 할 교육훈련 이수 시간은 100시간 이상으로 하되, 중앙행정기관의 장이 업무 특성과 학습 여건 등을 고려해 80시간 이상으로 조정해 운영할 수 있다. 다만, 특히 필요하다고 인정하는 경우에는 인사혁신처장과 협의해 80시간 미만으로 조정해 운영할 수 있다.

인정할 수 있는 범위는 기본교육훈련, 전문교육훈련, 기타 · 자기개발 교육훈련 모두 해당되며, 특히 기타 · 자기개발 교육훈련에 해당되는 소속 기관장의 명령에 의해 또는 공무원이 직무를 창의적으로 수행하고 공직의 전문성과 미래 지향적 역량을 갖추기 위하여 스스로 하는 학습 · 연구활동에 대해서도 교육훈련으로 인정하고 있다. 또한 교육훈련 내용의 범위 확대에 따른 교육훈련의 질적 저하도 막고, 조직의 성과 향상 및 역량 개발을 위해 개인의 연간 교육훈련 기준 시간의 40% 이상을 '부처 지정학습'으로 운영하도록 하고 있다.

셋째, '부하 육성 성과책임제'와 '개인별 자기개발계획제도'를 도입하고 있다. 즉, 각 부처의 적극적인 교육훈련을 담보하기 위해 과장급 및 이에 준하는 보조기관 또는 보좌기관의 성과계약 체결 시 그 소속 공무원의 교육훈련 실적에 대한 성과책임을 부여했으며, 또한 과장급 및 이에 준하는 보조기관 또는 보좌기관의 소속 직원 인재개발 관리를 책임지도록 하고 있다. 한편 공무원 개인에 대해서는 매년 1월 말까지 부서장과 협의해 연간 자기개발계획서(공무원 인재개발 업무처리지침 별지 1호 서식)를 수립해야 한다.

넷째, 부처의 자율성을 강화했다. 상시 학습 체제 운영 시에 연간 교육훈련 이수 시간, 교육훈련 인정 범위 · 인정 시간 및 세부 운영 사항 등을 부처가 자율적으로 결정하게 함으로써, 각 부처가 특성에 맞는 자율적 교육훈련 시스템을 구축할 수 있게 기반이 마련되었다.

이상과 같은 상시 학습 체제 도입으로 공직사회의 학습조직화를 촉진하기 위해서는 학습 연구모임에 대한 인센티브 부여와 민간 전문기관 위탁교육, 사이버 교육과정 개설 등 수요자 중심의 맞춤형 전문교육 기회 확대 등이 필요하며, 아울러 교육훈련 시간 확대에 따른 예산 증액도 뒷받침되어야 한다.

4 교육훈련의 문제점과 발전 방향

21세기 지식정보화 사회의 도래로 정부 인력 개발의 방향은 지식기반 정부 구현을 위한 전문성과 창조적 능력을 갖춘 지식 공무원 육성에 있다. 지식 공무원은 지식관리 시스템 또는 네트워크의 구성과 학습 지향적 조직문화의 주체로서 능동적으로 조직 내 · 외의 정보를 수집 · 공유하며, 이를 행정 과정에 적용함으로써 새로운 지식을 창출하고, 조직의 성장과 발전 능력을 증가시키는 지속적인 학습 활동을 전개한다. 따라서 지식 공무원 육성을 위해서는 지속적으로 새로운 지식과 기술을 학습할 수 있는 기회를 제공하는 지식 창조형 교육훈련 패러다임이 필요하다.

지식 창조형 교육훈련 제도의 주요 특징은 〈표 8-1〉에 제시된 바와 같이 교육훈련이 비정형적이고 개방적으로 이뤄지며, 교육훈련 과정에서도 수요자(고객) 중심으로 이뤄진다는 점 등이다(박천오 외, 2007: 272). 우리나라에서는 지식 창조형 교육훈련 패러다임을 갖추기 위한 노력의 일환으로 공무원 인재개발법 및 동법 시행령과 공무원 성과평가 등에 관한 규정 등을 개정해 상시 학습 체제를 도입하고 역량기반 교육훈련, 액션 러닝 등 새로운 교육 기법 도입 등으로 기존의 교육훈련의 문제점이 부분적으로 보완되었으나 아직 미비한 점이 있다. 이러한 관점에서 교육훈련의 문제점과 발전 방향을 살펴보고자 한다.

표 8-1 전통적 교육훈련 제도와 지식 창조형 교육훈련 제도의 비교

전통적 교육훈련	지식 창조형 교육훈련
• 정형적 교육훈련	• 비정형적 교육훈련
• 폐쇄적 체제(closed system)	• 개방 체제(open system)
• 교수(teaching) 중심 체제	• 학습(learning) 중심 체제
• 공급자 중심 사고	• 피교육자인 수요자 중심 사고
• 강의식 교육훈련	• 참여와 현장 체험식 교육훈련
• 커리큘럼(curriculum)의 사고	• 학습 체제(learning format)

자료: 박천오 외(2007: 271).

1) 교육훈련의 문제점

첫째, 교육훈련 체계가 수요자(고객) 중심이 아닌 공급자 중심으로 이뤄지고 있다는 점이다. 물론 부분적으로 공무원에게 교육훈련기관 및 과정의 선택권을 부여하도록 되어 있으나 체계적이고 과학적인 교육훈련수요 조사가 이뤄지지 못하고, 교육훈련계획의 수립이 교육훈련의 고객인 공무원으로부터 괴리된 채 일방적으로 이뤄지고 있다. 또한 교육훈련수요에 입각해 교과과정이 편성되기보다는 다양한 교과목을 백화점 식으로 나열하고 있으며, 교육훈련의 방법도 일방적인 강의식 교육 방식에 의존하고 있어 수요자 중심 교육훈련이라 볼 수 없다.

둘째, 전문교육에 대한 인식 부족 및 프로그램 개발이 미흡한 실정이다. 즉, 전문교육은 주로 행정기관이 실시하는 직장훈련에서 하도록 되어 있으나, 직장 직무교육에서 부서별 특성에 맞는 다양한 전문교육 과정을 운영하고 있지 못하고 있으며, 또한 교육훈련기관 및 위탁교육훈련기관에서도 전문교육 과정 개설이 미흡하고, 특히 민간교육기관 등의 전문교육 프로그램이 제대로 활용되고 있지 못하다.

셋째, 교육훈련의 관리·운영상의 문제점을 지적할 수 있다. 즉, ① 교수 요원의 자질과 사기가 낮고 전문성도 미흡한 편이다. 또한 공무원 교육훈련 정책 담당 공무원의 교육훈련에 대한 전문성 강화도 필요하다. ② 교육훈련에 대한 사후평가가 제대로 이뤄지고 있지 않아 훈련 성과에 대한 실질적인 측정과 그 결과의 발전적 반영이 미흡하다. 특히 교과과정이나 교육 내용의 직무 타당성(실제 직무 수행 과정에서의 적용 가능성)과 교육 방법의 효과성 등 교육훈련 프로그램 자체에 대한 평가는 거의 이뤄지지 않고 있거나, 이뤄진다고 해도 평가 결과가 교육훈련 프로그램의 개선에 활용되는 경우는 거의 없다. ③ 교육훈련 여건이 미비하다. 이는 주로 예산 부족에 기인한다.[9] 한국 정부가 공무원 교육훈련을 위한 예산을 '투자'가 아닌 '비용'으로 인식하는 경향이 강하기 때문이다.

넷째, 교육훈련기관의 관리 및 운영의 자율성과 책임성이 미약하다. 교육훈련기관의 장이 일반직 공무원의 보직 이동에 의해 임용됨으로써 전문성이 약하고 조직·인사·예산상의 재량권이 미약해 자율성과 책임성이 약한 실정이다. 이러한 상황에서 교육훈련기관 간의 경쟁을 유발해 교육훈련 수요자들에 대한 서비스의 질을 개선하기 어렵다고 본다.

다섯째, 상시 학습 체제 도입으로 인해 교육훈련의 인정 범위 및 양적 확대에 따른 업무 지장, 교육훈련의 질적 저하 및 관리상 혼란 문제 등이 따른다. 즉, 교육훈련의 양을 승진과 연계해 급격히 늘어나게 함에 따라 업무 지장 및 교육훈련의 질적 저하를 초래할 수 있다.

2) 교육훈련의 발전 방향

첫째, 수요자(고객) 중심의 교육훈련 체계로 전환해 피교육자의 자발적이고 능동적

9) 2005년 한국의 국가공무원 교육훈련 예산(1,629억 원)이 일개 민간기업(국내 S기업 2,116억 원, General Electric 10억 달러)의 그것에 비해 훨씬 못 미치는 실정이다(김판석, 2007: 29).

인 참여를 촉진시켜야 한다. 이를 위해서는 ① 교육훈련을 '의무'가 아니고 '권리'로서 인식하고 그에 소요되는 예산도 '비용'이 아니라 인적 자본의 질과 생산성 향상을 위한 '투자'로 인식해야 한다. ② 정부 · 직무 · 개인 차원의 교육훈련 수요에 대한 과학적이고 반복적인 수요 조사의 제도화가 이뤄져야 하며, ③ 고객의 수요에 맞춰 다양한 교육훈련 프로그램을 개발하고 필요한 교과목을 집중적으로 이수할 수 있도록 교육에 대한 선택권을 보장해야 한다. ④ 강의 일변도의 주입식 교육훈련 방법을 지양하고 세미나 · 사례연구 · 집단토의 등 참여식 교육훈련 방법을 비롯한 다양한 교육훈련 방법을 개발해 교육과정의 목표 · 교육 대상자 및 교과목의 성격 등에 따라 합리적으로 선택해 활용해야 하며, 비집합(비대면) 훈련 기법 내지 첨단 교육훈련 기법도 적극 활용해야 한다. ⑤ 조직문화를 자발적인 자기 개발을 촉진하는 학습조직으로 전환시켜야 한다.

둘째, 전문교육의 강화가 필요하다. 즉, 직무 수행의 전문성을 제고하기 위해서는 담당 직무와 관련된 직무 분야별 전문지식 습득을 위해 실시하는 전문교육을 강화시켜야 한다. 따라서 부서별로 공무원이 담당하고 있는 업무의 분석과 요구 사항을 토대로 실무 적합적인 다양한 교육 프로그램과 교과목을 개발해 교육훈련을 실시해야 한다.

셋째, 교육훈련의 관리 · 운영 방법의 개선이 필요하다. 즉, ① 유능한 교수 요원의 확보가 필요하다. 이를 위해서는 무엇보다도 교육훈련에 대한 전문가를 교수 요원으로 확충하되 실적평가에 의한 임기제 공무원으로 임용하고, 이들에게는 교육과 연구에 대한 지원을 확대해야 한다. 한편 특수한 교과를 담당하기 위해서는 책임감이 낮은 외부 초빙강사보다는 관련 분야의 공무원이나 민간 전문가를 겸직 임용하는 방식이 바람직하며, ② 교육훈련에 대한 평가 및 환류 체제가 확립되어야 한다. 이를 위해서는 교육내용에 대한 암기력 측정 위주의 객관식 평가 방법에서 벗어나 주관식 평가와 참여식 평가를 포함하는 다면적인 평가를 하되, 교육훈련의 장기적 효과까지도 평가해야 하며, 교육 효과의 정확한 측정을 위해 교육훈련 대상자의 지식이나 기술 수준에 대한 사전평가도 실시해야 한다. 또한 교과과정이나 교육 내용의 직무 타당성과 교육 방법의 효과성 등 교육훈련 프로그램 자체에 대한 평가를 실시하고, 평가 결과를 교육훈련 프로그램의 개선에 활용하도록 제도화해야 하며, ③ 교육 여건이 개선되어야 한다. 이를 위해서는 세미나실이나 시청각 교육기자재 및 ICT 관련 시설을 확충하는 동시에 한정된 시설의 공동 활용을 위한 교육훈련기관 간의 기능별 특화나 협조 체제를 구축해야 한다.

넷째, 교육훈련기관의 책임경영 체제를 확립해야 한다. 이를 위해 교육훈련기관장은 정부 내・외에서 교육훈련에 관한 전문가를 공개채용해 임기제 공무원으로 임용하고, 기관장에게 조직・인사・예산상의 재량권을 확대해 주되 교육 성과에 대한 평가체제를 확립해 그에 대한 기관장의 책임을 물을 수 있도록 해야 한다.

다섯째, 상시 학습 체제 도입에 따른 문제를 최소화하기 위해서는 각 부처는 업무특성과 소속 훈련기관의 유무, 교육훈련 예산 등 여건을 감안해 초기에는 연간 이수기준 시간을 낮춰 설정하고, 교육훈련 인정 범위도 적절히 조정할 필요가 있다. 특히 개인 학습 활동의 경우 관리 가능한 것부터 교육훈련 인정 대상으로 넣고 점차 확대해 나갈 필요가 있다.

사례 인재개발플랫폼

인사혁신처는 디지털 기술을 활용하여 더욱 풍부한 콘텐츠를 유연한 방식으로 제공하여 공무원이 언제든지 원하는 학습을 할 수 있도록 함으로써 공무원의 역량과 전문성을 높이고 상시 학습하는 공직문화를 구현하고자 인재개발플랫폼을 구축하였다. 인재개발플랫폼은 정부・민간의 다양한 학습 콘텐츠가 한곳에 모여 자유롭게 유통되는 학습 허브(hub)로서 AI・빅데이터 기술을 적용해 개인별 인사・직무정보, 학습이력 등에 따른 맞춤형 학습 분석・추천 시스템이다. 공무원 교육에 특화된 실시간 화상교육 시스템을 탑재하여 언제 어디서나 물리적 제약 없이 학습할 수 있는 비대면 온라인 교육환경을 구축하고, 다양한 소셜러닝(social learning) 서비스를 제공해 상호작용에 기반한 협업학습(learning by collaboration)을 지원한다.

[문제] 사례에 제시된 인재개발플랫폼의 운영상의 문제점을 살펴보고 발전 방향을 논하시오.

성과관리

제1절 성과관리의 개요

1 성과관리의 의의

성과관리란 조직의 미션과 비전, 전략에 기초해 구체적인 성과목표와 실행계획을 수립・시행하는 전략적 조직관리의 한 부분으로 조직과 개인의 성과를 평가해 정책 및 조직관리에 환류시킴으로써 조직과 개인의 성과를 극대화하려는 일련의 과정과 노력을 의미한다. 이러한 성과관리의 흐름은 [그림 9-1]에서 보듯이 전략계획, 성과계획, 성과관리, 성과평가, 기록・활용으로 구성된다.

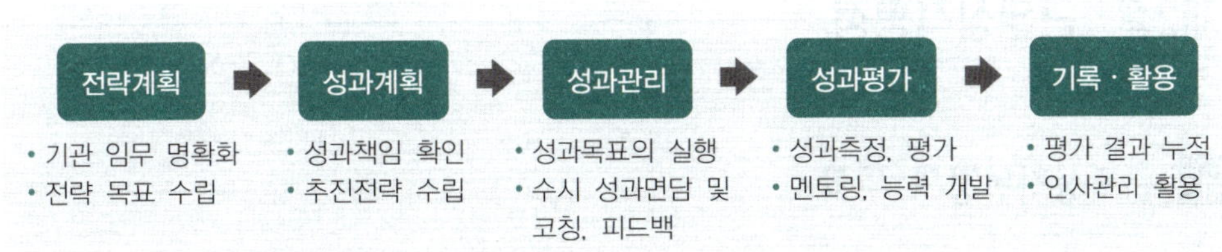

그림 9-1 전략적 조직관리의 한 부분으로서 성과관리

성과관리의 필요성은 다음과 같다. 첫째, 성과관리는 성과계획을 수립하고 성과목표를 설정함으로써 업무 수행 시에 개인의 목표 지향적 행동을 유도하고, 둘째, 지속적으로 관찰·평가·피드백을 실시함으로써 목표 달성 및 자기 개발에 대한 동기를 부여하며, 셋째, 조직 내의 커뮤니케이션을 활성화해 협력 분위기 조성 및 조직의 성과 개선에 기여한다.

2 성과관리의 체계

현행 성과관리 체계는 공무원 개인에 대한 성과관리 체계와 조직에 대한 성과관리 체계로 나뉜다.

개인에 대한 성과관리 체계로는 근무성적평정(4급 이상 공무원을 대상으로 하는 성과계약 등 평가, 5급 이하 공무원을 대상으로 하는 근무성적평가), 경력평정, 가점평정 등으로 구분되고, 조직에 대한 성과관리 체계로는 기관별 주요 정책과제·재정사업·행정관리 역량 등을 평가하는 정부업무평가와 균형성과(BSC) 모델을 적용해 재무·내부 프로세스·고객·학습과 성장 등 관점별로 조직의 비전 달성을 위한 균형적 성과관리를 추진하는 각 부처 성과관리 시스템으로 구분된다.

이 장에서는 공무원 개인에 대한 성과관리 체계를 중심으로 살펴보고자 한다. 즉, 먼저 근무성적평정(성과계약 등 평가, 근무성적평가), 경력평정 및 가점평정으로 나눠 고찰하고, 각각의 평정 결과를 승진 최저연수에 도달한 공무원의 승진후보자명부 작성에 반영하는 방법에 대해 살펴보며, 아울러 각각의 성과평가 결과, 즉 성과정보를 기록·관리하는 성과관리카드를 다룬다.

제2절 근무성적평정

1 근무성적평정의 의의

일반적으로 성과평가(performance appraisal) 혹은 근무성적평정이란 조직구성원의 근무성적이나 직무 수행 능력, 가치관, 태도 등을 평가하는 것을 말한다. 평가 결과는 승진 · 보수 · 배치전환 · 교육훈련 등의 인적자원관리에 두루 활용된다. 구성원의 근무 실적과 직무 수행 능력을 측정해 인사에 반영하는 근무성적평정제도는 피평정자의 동기 유발을 통해 조직 전체의 생산성을 높이고자 하는 데 주된 목적이 있다.

범위를 좁혀 정부에서의 근무성적평정이란 공무원이 근무하고 있는 행정기관에서의 근무 실적, 직무 수행 능력 및 태도 등을 체계적 · 정기적으로 평가하는 것을 말한다. 따라서 공무원에 대한 근무성적평정은 공무원의 근무 실적, 직무 수행 능력, 성격 · 적성 · 태도 · 잠재 능력 등을 직속 상관이나 가까운 감독자 등이 정기적 · 체계적으로 관찰 · 기록 · 평가함으로써 공정한 인사행정의 기초 자료로 활용하는 한편, 공무원의 행정 능률과 직무에 대한 열의, 협동 정신을 향상시키는 수단이 되는 제도이다.

2 근무성적평정의 목적

근무성적평정의 전통적 목적은 직무 수행 실적을 측정해 그것을 보수 · 승진 · 배치전환 · 감원 등의 결정에 활용하는 정도의 소극적 · 통제적인 것이었다. 근래에 와서 근무성적평정의 현대적 목적은 피평정자의 동기 유발과 직무에 대한 헌신적 노력 촉진, 그리고 직무 수행 개선과 행정 발전에 기여해야 한다는 적극적 · 발전적인 것으로 이행되어 왔다. 근무성적평정의 구체적인 목적 내지 용도는 아주 다양하지만, 이를 다음과 같이 세 가지로 묶어 범주화해 볼 수 있다.

1) 인사행정의 기준 제공

근무성적평정은 공정한 인사 처리의 기준을 제시해 준다. 즉, 근무성적평정의 결과는 승진 · 승급 · 면직 · 감원 · 보수 · 보직관리 및 교육훈련수요 파악의 결정 기준이 된다. 공무원이 수행하고 있는 직무의 양과 질을 객관적으로 측정하고자 하는 근무성적평정은 직무분석 및 직무평가와 더불어 인사 조치의 객관화와 공정성 확보에 도움이 된다. 근무성적평정은 또한 교육훈련수요의 파악에 도움을 준다. 근무성적평정을 통해 공무원의 현재 능력이 파악되면 직책이 요구하는 능력과 비교해 훈련수요를 파악할 수 있다.

2) 공무원의 능력 발전

근무성적평정제도는 개인적인 차원에서 공무원의 능력 발전을 촉진하는 수단이 된다. 즉, 근무성적평정제도는 공무원 스스로 파악하기 힘든 자신의 장·단점을 감독자·동료·하급자·고객 등이 지적해 줌으로써 능력 발전을 촉진하고 약점을 극복하도록 도와주는 길잡이가 될 수 있다. 근무성적평정을 통해 공무원의 업무 수행 능력이 현재의 직책에 부합되지 않는다고 판단될 경우, 해당 공무원을 새로운 직책으로 전보시키거나 훈련을 통해 능력을 신장시켜 주어야 할 것이다.

3) 공무원의 근무능률 향상 및 의사전달 개선

근무성적평정은 조직의 차원에서 근무능률을 향상시키는 수단이 된다. 공무원 개개인이 그의 감독자·동료·고객 등으로부터 자신의 근무상의 장·단점을 기술적으로 지적받아 개선할 경우 근무능률의 향상을 가져올 수 있다. 그리고 근무성적평정은 감독자와 부하 간의 의사전달 및 인간 관계 개선에 도움을 준다. 평정자인 감독자와 피평정자인 부하 간에 근무 상황에 대해 솔직하게 의견 교환을 하고 개선책을 강구하게 되면, 상호간의 이해 증진을 도모할 수 있다.

3 근무성적평정의 유형

근무성적평정의 유형은 다양하다. 근무성적평정의 유형은 우선 그 방법을 기준으로 해서 분류해 볼 수 있다. 또한 평정의 주체, 즉 평정자를 기준으로 해서 분류해 볼 수도 있을 것이다.

1) 방법을 기준으로 한 평정의 유형

(1) 도표식 평정척도법

도표식 평정척도법(graphic rating scale)은 도표로 된 평정표를 사용하는 방법이다. 이 방법은 가장 많이 이용되고 있으며, 그 구체적인 내용에는 여러 가지가 있겠으나, 대체로 한편에 평정 요소를 나열하고, 다른 한편에는 각 평정 요소마다 그 우열을 나타내는 척도인 등급이 표시된다. 평정자는 피평정자를 평정 요소별로 관찰해 해당되는 등급에 표시한다. 도표식 평정척도법의 장점은 평정표의 작성이 용이하고 평정이 쉽다는 점이다.

또한 이 평정 방법이 내포하고 있는 단점은 다음과 같다. 첫째, 평정 요소의 합리적 선정이 어렵다. 둘째, 평정 요소에 대한 등급을 정한 기준이 모호하다. 예컨대, 등급이 탁월 · 우수 · 보통 · 미흡 · 불량 등으로 나뉘어 있으나 이들 등급 간 비교 기준이 명백하지 않고 평정하는 사람마다 다를 수 있다. 셋째, 어느 하나의 평정 요소에 대한 평정자의 판단이 다른 평정 요소의 평정에 영향을 주거나 평정자가 피평정자에 대하여 가지고 있는 막연한 일반적인 인상이 모든 평정 요소에 영향을 미치는 연쇄 효과(halo effect)가 나타나기 쉽다.

한국 정부에서도 5급 이하 공무원 등의 근무성적평가서상의 근무성적평가에 도표식 평정척도법을 기본형으로 채택하고 여기에 다른 방법을 보완해 사용하고 있다.

표 9-1 도표식 평정법

평가 요소	착안사항	평정척도				
		매우 우수	우수	보통	미흡	아주 미흡
업무 성과	- 달성한 업무량 - 기한 준수 - 정확성 - 완진싱					
대인 관계	- 동료와의 협력 - 고객 대응 - 친화력					

자료: Llorens et al.(2018).

(2) 강제배분법

강제배분법(forced distribution)은 근무성적을 평정한 결과 피평정자들의 성적 분포가 과도히 집중되거나 관대화되는 것을 막기 위해 성적 분포의 비율을 미리 정해놓는 평정 방법이다. 분포 비율을 정하는 방법은 여러 가지가 있으나, 등급의 수가 다섯인 경우 10, 20, 40, 20, 10의 비율로 종모양인 정상(normal) 분포곡선이 되도록 배분하는 것이 일반적인 예이다(Bellows, 1955: 399).

강제배분법은 피평정자가 많을 때는 관대화 경향에 따르는 평정 오차를 방지할 수 있는 이점이 있다. 그러나 평정 대상 전원이 무능하더라도 일정 비율의 인원이 우수하다는 평정을 받게 되거나, 반대로 전원이 우수한 경우에도 일정한 비율의 인원은 열등하다는 평정을 받게 되는 결함이 있다. 또한 평정자가 미리 강제 배분 비율에 따라 평정 대상자를 각 등급에 분포시키고, 그 다음에 역으로 등급에 해당하는 점수를 부여하는 이른바 역산 평정을 할 가능성이 높다.

(3) 사실기록법

사실기록법은 공무원의 근무성적을 객관적인 사실에 기초를 두고 평가하는 방법이다. 이는 공무원이 달성한 작업량이 평가 대상이 되는 것으로, 객관적이기는 하나 작업량을 측정하기 어려운 업무에 대해서는 적용할 수 없다는 결점이 있다. 이 방법은 무엇을 평가 기준으로 하는가에 따라 다음과 같은 형태로 나눠 볼 수 있다.

① 산출기록법(production records): 공무원이 달성한 작업량을 평가 대상으로 하는 방법이다. 즉, 공무원이 일정한 시간당 수행한 작업량을 측정하거나 또는 일정한 작업량을 달성하는 데 소요된 시간을 계산해 그 성적을 평정하는 것이다. 이 방법은 워드프로세서, 속기사 등과 같이 표준 작업 시간과 표준 작업량의 산정이 가능한 직종의 평정에 적합하다.

② 주기적 검사법(periodic tests): 작업량을 측정해 평정한다는 점에서 산출기록법과 동일하지만, 산출기록법이 평정 기간 전 기간에 걸쳐 계속적으로 작업량을 조사해 평균치를 가지고 평정하는 데 반해, 주기적 검사법은 평정 기간 중 일정 시간에 한정해 작업량을 조사하고 그것으로 전 기간의 성적을 추정해 평정한다는 점에서 차이가 있다.

③ 근태기록법(absenteeism and tardiness records): 공무원의 지각 빈도 수, 결근 일수 등의 기록을 근무성적평정의 주요 요소로 해서 평정하는 방법이다.

④ 가감점수법(merit and demerit system): 피평정자의 직무 사항에 나타난 긍정적인 요소와 부정적인 요소를 점수로 환산해 가점 또는 감점을 주는 방법이다. 즉, 우수한 직무 수행에 대해서는 가점을 주고, 실패나 과오에 대해서는 감점을 주어 이를 합산하는 방법이다.

(4) 서열법

서열법은 피평정자 간의 근무성적을 서로 비교해서 서열을 정하는 방법이다. 이 방법에는 평정 요소를 세분한 객관적 지표에 의하지 않고 피평정자의 전체적인 근무

상황을 포괄적으로 비교하는 종합적인 순위법과 평정 요소(예: 직무의 양, 직무의 질, 책임성, 전문지식 등)를 선정하고 각 요소별로 피평정자를 비교해 통합하는 분석적 순위법이 있다. 이 방법은 비교적 작은 집단에 대해서만 사용할 수 있으며, 특정 집단 내의 전체적인 서열을 알려줄 수 있으나, 다른 집단과 비교할 수 있는 객관적 자료는 제시하지 못한다. 그리고 서열을 정하기 위한 비교 방법에는 쌍쌍비교법, 대인비교법 등이 있다.

쌍쌍(paired) 비교법은 피평정자를 두 사람씩 짝을 지어 비교를 되풀이해 평정하는 방법이다. 한편 대인(man-to-man) 비교법은 평정 요소(예: 지도력 · 전문지식 · 협조성 · 책임성 등)를 산정해 각 요소별로 평정 등급(예: 지도력이 가장 뛰어난 사람, 보통인 사람, 뒤떨어진 사람 등 3등급 내지 7등급)을 정한 후 각 평정 등급별로 피평정자들 중에 표준 인물을 선택해 그를 기준으로 나머지 피평정자를 비교 평가하는 방법이다.

(5) 목표관리제 평정법

목표관리(management by objectives: MBO)란 조직 계층의 상 · 하급자 간에 협의를 통해 부서 및 개인의 목표를 명확히 설정하고 평가자와 수행자가 목표 달성에 관해 의견 교환을 거쳐 평가해 다음 목표 설정에 환류하고, 그 결과를 보상 체제에 반영하는 관리제도이다. 이러한 목표관리의 방법을 근무성적평정에 활용할 수 있으며, 평가 방법상으로도 상사와 부하 직원이 함께 참여함으로써 객관적인 평가가 가능하다는 평가를 받고 있다.

구체적으로 살펴보면 상급자와 부하 직원이 그들의 공동 목표를 확인하고 기대되는 결과의 측면에서 각자의 주요 책임 분야를 규정한 다음, 공동의 목표 하에 일정 기간(근무성적평정 기간) 동안 수행해야 할 구체적인 업무 목표를 정한다. 그리고 그 목표와 실제 달성 가능성을 비교해 스스로 통제하며, 업무성적 평가 과정을 통해 목표 달성을 위한 업무 수행 정도를 확인해 필요에 따라 당초의 목표를 수정하도록 허용한다. 마지막으로 전체 업무 수행 과정과 결과에 따라 개개인의 기여도를 평가한다(이선우, 1997: 102-103).

이러한 목표관리제는 명확한 목표를 설정함으로써 목표 달성을 위한 동기를 유발할 수 있고, 목표 설정에의 참여를 통해 직무 수행의 불확실성을 제거하고 목표의 이해와 수용을 향상시키며, 또한 개인의 목표와 조직의 목표를 통합시킬 수 있다. 나아가 결과로 나타난 구체적 실적을 피드백시켜 줌으로써 실적 향상에 도움을 줄 수 있다는 특징을 지닌다(유민봉, 1997: 523).

(6) 체크 리스트 평정법

체크 리스트(check list) 평정법은 공무원을 평가하는 데 적절하다고 판단되는 표준 행동목록을 미리 작성해 두고, 이 목록에 단순히 가부를 표시하게 하는 방법을 통해 공무원을 평가하는 방법이다. 평정자는 평정 질문 항목마다 가부 또는 유무의 표시를 할 뿐 항목마다 피평정자의 특성을 평가해 가중치를 부여하거나 등급을 정하지 않는다. 평정 결과를 평가하거나 평정 요소마다 가중치를 부여하는 방법은 가중(weighted) 체크 리스트 방법이라 부른다.

체크 리스트에는 평정 요소가 명확하게 제시되어 있고, 평정자가 피평정자에 대해 질문 항목마다 유무 또는 가부만을 판단하기 때문에 평정하기가 비교적 쉽다. 그러나 평정 요소에 관한 평정 항목을 만들기가 힘들 뿐만 아니라 질문 항목이 많을 경우 평정자가 곤란을 겪게 된다.

(7) 강제선택법

강제선택법(forced choice method)은 2개 또는 4~5개의 항목으로 구성된 각 기술 항목의 세트 가운데서 피평정자의 특성에 가까운 것을 강제적으로 골라 표시하도록 하는 평정 방법이다. 이 방법은 강제 선택식 체크 리스트 방법이라고도 부른다.

이 방법에는 〈표 9-2〉와 같이 둘 다 좋게 보이거나 나쁘게 보이는 비슷한 가치를 지닌 항목을 두 개씩 짝지어 수십 개 세트(보통 30~50개 세트)를 제시하고 각각 한 쌍의 항목 가운데서 하나만 선택하도록 하는 경우도 있고, 〈표 9-3〉과 같이 유리하거나 불리하게 보이는 4~5개 정도의 항목을 불규칙하게 섞어 한 세트로 제시해 그 중 피평정자에게 가장 적합한 것과 가장 거리가 먼 것을 하나씩 선택하게 하는 방법도 있다.

표 9-2 평정 기술 항목 세트1

1. 부하들에게 명확하고 올바른 지시를 내린다.
2. 어떤 일이라도 믿고 맡길 수 있다.

표 9-3 평정 기술 항목 세트2

	가장 적합	가장 부적합
1. 권위자인 체하고 독선에 빠진다.	□	□
2. 직무에 대해 주의가 산만하다.	□	□
3. 어느 누구도 그의 능력을 의심한 적은 없다.	□	□
4. 공직생활의 모든 면에 소양이 있다.	□	□

(8) 중요 사건 기록법

중요 사건 기록법(critical incident method)은 피평정자의 근무 실적에 큰 영향을 주는 중요 사건들을 평정자로 하여금 기술하게 하거나 중요 사건들에 대한 설명문구를 미리 만들어 평정자로 하여금 해당되는 사건에 표시하게 하는 평정 방법이다(Siegel & Myrtle, 1985: 328). 미리 만들어 놓은 중요 사건의 예는 〈표 9-4〉와 같다(Flippo, 1971: 253).

이 방법은 피평정자와의 상담을 촉진하는 데 유용하고, 또한 사실에 초점을 두고 있다는 장점이 있다. 피평정자의 행동이 기대되었던 행동과 다른 경우에는 평정자인 감독자와 피평정자인 부하가 그 사건을 서로 토의하는 과정에서 피평정자의 직무 수행 능력과 태도를 개선시킬 수 있다고 한다. 그러나 이 방법은 이례적인 행동을 지나치게 강조하게 될 위험이 있다. 왜냐하면 감독자로 하여금 특히 훌륭하다든가, 또는 나쁜 행동을 대표하는 사건만 찾게 하고 평균적인 행동이나 전형적인 행동을 무시하게 한다(Stahl, 1976: 218).

표 9-4 중요 사건 기술의 예

1. 일하면서 불쾌감을 표시하거나 화를 낸다.
2. 동료 직원 돕기를 거부한다.
3. 작업 방법의 개선을 제안한다.
4. 훈련받는 것을 거부한다.
5. 동료 직원이 상부 지시를 받아들이도록 설득한다.

(9) 행태기준 평정척도법

행태기준 평정척도법(behaviorally anchored rating scales: BARS)은 도표식 평정척도법

이 갖는 평정 요소 및 등급의 모호성과 해석상의 주관적 판단 개입, 그리고 중요 사건 기록법이 갖는 상호 비교의 곤란성을 보완하기 위해 두 방법의 장점을 통합시킨 것이다. 즉, 주관적 판단을 배제하기 위해 직무분석에 기초해 직무(job)와 관련된 중요한 과업(task) 분야를 선정하고, 각 과업 분야에 대해서는 가장 이상적인 과업 행태에서부터 가장 바람직하지 못한 행태까지를 몇 개의 등급으로 구분하고, 각 등급마다 중요 행태를 명확하게 기술하고 점수를 할당한다(〈표 9-5〉 참조). 이때 중요 행태는 중요 사건 기록법에서 아이디어를 얻을 수 있다. 또한 평정척도는 직무 수행 담당자와 계선상의 관리자가 공동으로 참여해 설계한다(이학종, 1990: 331-332).

BARS는 평정 대상자의 행태를 관찰해 척도상의 유사한 과업 행태를 찾아 표시하면 되기 때문에 평정자의 오류를 줄일 수 있고, 척도 설계 과정에서 평정 대상자가 참여하므로 그의 신뢰와 적극적인 관심 및 참여를 기대할 수 있다(이학종, 1990: 331-332). 반면에, 직무가 다르면 별개의 평정 양식이 있어야 하며, 동일 직무에서도 과업마다 별도의 행태 기준을 작성해야 하는 등 개발에 많은 시간과 비용, 그리고 노력을 요구한다. 특히 평정 대상자의 가장 대표적인 행태 하나만을 선택한다는 것이 논리적으로 모순된다는 점을 지적하기도 한다(유민봉, 1997: 527).

표 9-5 행태기준 평정척도법(BARS)의 예

■ 평정 대상자의 행태를 가장 대표할 수 있는 난에 체크 표시해 주십시오.
평정 요소: 문제 해결을 위한 협조성

등급	행태 유형
( ) 7⇒	부하 직원과 상세하게 대화를 나누고 그에 대한 해결 방안을 내놓는다.
( ) 6⇒	스스로 해결할 수 없는 문제는 상관에게 자문을 받아 해결책을 모색한다.
( ) 5⇒	스스로 해결하려는 노력은 하나 가끔 잘못된 결과를 초래한다.
( ) 4⇒	일시적인 해결책으로 대응해 문제가 계속 발생한다.
( ) 3⇒	부하 직원의 의사를 고려하지 않고 독단적으로 결정을 내린다.
( ) 2⇒	문제 해결을 할 때 개인적인 감정을 앞세운다.
( ) 1⇒	어떤 결정을 내려야 할 상황인데 결정을 회피하거나 계속 미룬다.

(10) 행태관찰 척도법

행태관찰 척도법(behavioral observation scales: BOS)은 BARS의 단점인 바람직한 행태와 바람직하지 않은 행태와의 상호 배타성을 극복하고자 개발된 것이다. BOS도 BARS

와 마찬가지로 행태에 관한 구체적인 사건·사례를 기준으로 평정한다. 다른 한편 등급에서는 도표식 평정척도법과 유사하게 사건의 빈도 수를 표시하는 척도를 구성한다(〈표 9-6〉 참조). 즉, BARS와 도표식 평정척도법을 혼합한 것으로 이해할 수 있다.

BOS의 장점은 평정 요소가 직무와의 관련성이 높다는 것이다. 따라서 평정 결과를 통해 평정 대상자에게 행태 변화에 유용한 정보를 피드백시켜 줄 수 있다. 특히 도표식 평정척도법이 갖는 평정 요소의 추상성을 해소하고 등급에서도 막연히 탁월·우수·보통 등으로 평가하는 것이 아니라 평정 항목의 행동이 얼마나 자주 관찰되느냐를 기준으로 이뤄지기 때문에 평정자의 주관을 줄이는 데 도움이 된다. 다만, 도표식 평정척도법이 갖는 등급과 등급 간의 구분이 모호하고 연쇄효과(halo effect)의 오류는 BOS에도 나타날 수 있을 것이다(유민봉, 1997: 528-529).

표 9-6 행태관찰 척도법의 예

평정 요소: 부하 직원과의 의사소통

평정 항목	등급
	거의 관찰하지 못한다. … 매우 자주 관찰한다.
새 정책이나 내규가 시행될 때 게시판에 내용을 게시한다.	1 2 3 4 5
주의력을 집중해 대화에 임한다.	1 2 3 4 5
지시 사항을 전할 때에는 구두로 한 것을 다시 메모로 전달함으로써 확인한다.	1 2 3 4 5
메모는 간략하고 이해하기 쉽게 적는다.	1 2 3 4 5
상부의 지시 사항이 있을 때 이를 즉시 전하지 않고 며칠 지난 뒤에 전함으로써 일을 서두르게 만든다.	1 2 3 4 5

자료: 유민봉(1997: 528).

(11) 평정 방법의 선택

이상에서 살펴본 모든 근무성적평정 방법은 그 나름대로 장·단점을 지니고 있다. 실제 평정 방법의 활용을 위해서는 평정의 목적을 포함한 평가 기준별 각 평정 방법의 강점과 약점을 고려해 평정 방법을 선택해야 한다(〈표 9-7〉 참조).

표 9-7 근무성적평정 방법의 선택 기준

평가 기준	도표식 평정 척도법	강제 배분법	서열법	MBO	가중 체크 리스트법	강제 선택법	중요 사건 기록법	행태 기준 평정 척도법	행태 관찰 척도법
승진 결정의 기준	○	○	○	○	△	○	△	○	○
보상의 결정 기준	○	○	×	○	△	△	△	○	○
상대평가	○	○	○	×	○	○	×	○	○
능력 개발	△	×	×	○	△	△	○	○	○
개발비용	M	L	L	M	M	H	M	H	H
운영비용	L	L	L	H	L	L	H	L	L
평정자의 사용 용이성	쉽다	쉽다	쉽다	중간	쉽다	중간	어렵다	쉽다	쉽다

범례: ○ = 양호, × = 불량, △ = 중간, H = 높음, M = 중간, L = 낮음.
자료: 유민봉(1997: 532).

2) 평정자를 기준으로 한 평정의 유형

(1) 자기평정법

자기평정법(self-rating)은 피평정자가 자신의 근무성적을 스스로 평가하는 방법이다. 자기평정의 가장 큰 장점은 자신의 직무 수행에 대한 체계적 반성의 기회를 제공함으로써 직원의 능력 발전을 도모할 수 있다는 점이다. 그러나 자기평정만으로는 평정의 객관성을 확보하기 어려운 바, 동료평정, 감독자평정과 병행하면 결함을 어느 정도 보완할 수 있다.

(2) 동료평정법

동료평정법(peer rating)은 집단 내에서 동등한 위치에 있는 피평정자들이 서로를 평정하는 일종의 집단평정 방법이다. 이 방법은 감독자가 볼 수 없는 점도 동료들이 잘 파악할 수 있다는 점에서 객관성과 공정성을 기대할 수 있다. 그러나 이 방법도 자기평정과 마찬가지로 감독자평정 등 다른 평정 방법을 보완하는 수단으로 활용하는 것이 바람직하다.

(3) 감독자평정법

감독자평정법은 피평정자의 상관인 감독자가 평정하는 방법이다. 감독자인 평정자가 피평정자인 부하의 직무 수행에 대해 잘 알고 있으므로 일반적으로 각국에서는 감독자평정법을 원칙적으로 사용하고 있다.

(4) 부하평정법

부하평정법은 부하들이 상관을 평정하는 방법으로 정부기관에서는 아직 널리 사용하고 있지는 않은 방법이다.

(5) 다면평정법(다면평가제)

다면평정법은 피평정자의 직무 수행과 관련된 여러 분야의 사람들이 평정하는 방법이다. 360도 평가로도 불리는 다면평가에는 상급자 · 동료 · 부하 · 고객 등이 참여한다. 피평정자를 다양한 관점에서 평가하기 위해 여러 계층과 분야의 사람들이 평정에 참여하는 다면평정법은 편파적인 평가 의견을 견제함으로써 균형 있는 평가를 할 수 있다는 장점을 지닌다. 또한 감독자 이외의 다른 구성원에게도 평정에 참여할 기회를 제공함으로써 참여감과 조직에 대한 일체감을 증진시킬 수 있다.

한국 정부에서도 소속 장관은 소속 공무원에 대한 능력 개발 및 인사관리 등을 위해 해당 공무원의 상급 또는 상위 공무원, 동료, 하급 또는 하위 공무원, 민원인 등에 의한 다면평가를 실시할 수 있도록 규정하고 있으며, 기관의 장은 다면평가의 방법 및 절차 등에 관한 구체적인 직무의 특성을 고려해 설계 · 운영하도록 하고 있다. 그러나 정부는 다면평가제의 실효성과 부작용을 고려해 2010년부터 다면평가 결과는 역량 개발, 교육훈련 등에 활용하도록 하고 승진, 전보, 성과급 지급 등에는 참고 자료로 활용하게 됨에 따라 다면평가제가 사실상 유명무실화되고 있다.[1)]

4 근무성적평정의 운영 과정

근무성적평정의 운영 과정은 [그림 9-2]에서 보듯이, 일반적으로 근무성적평정 계

1) 한국 정부에서는 1998년 공무원임용령에 다면평가 결과를 승진에 활용할 수 있는 법적 근거를 마련했다. 그러다 2001년에는 승진뿐만 아니라 특별승급, 성과상여금 지급, 교육훈련, 보직관리 등 각종 인사운영에 다면평가 결과를 반영할 수 있는 근거가 마련되면서부터 다면평가제도가 점차 확산 시행되기에 이르렀으며, 참여정부 출범 이후 다면평가가 거의 전 중앙행정기관으로 확산되었다. 그러나 정부는 2010년부터 공직사회에서 '다면평가' 결과를 공무원 인사 때 반영하지 않기로 했다. 행정안전부는 2010년 1월 3일 공무원 임용규칙의 '보통승진심사위원회 심사 기준'에서 다면평가 결과를 제외하기로 했다고 밝혔다. 1998년 12월 도입되어 47개 중앙행정기관과 241개 지방자치단체에서 승진 · 보직관리 · 성과급 지급 등에 활용되어 온 다면평가제가 사실상 유명무실화된 것이다(조선일보, 2010.1.4).

획의 수립, 평정의 실시, 평정 결과의 분석 및 조정, 그리고 평정 결과의 공개 및 이의 신청이라는 4단계로 이뤄진다. 다음에서는 이러한 운영 과정에 따라 그 구체적 내용을 살펴본다.

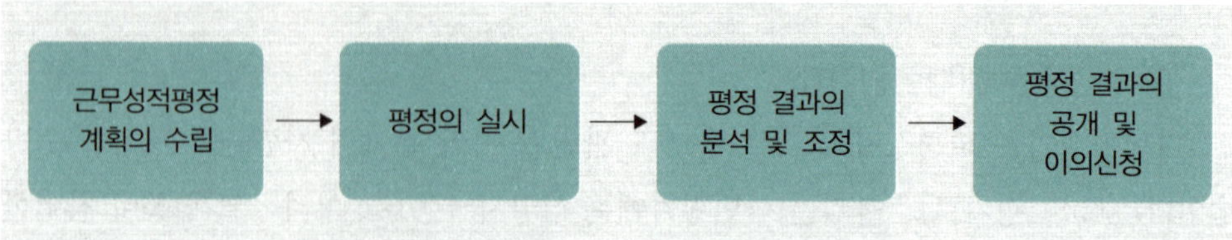

그림 9-2 근무성적평정의 일반적 운영 과정

1) 근무성적평정 계획의 수립

(1) 평정 대상자(피평정자)의 범위 확정

근무성적평정을 입안할 때에는 먼저 평정의 대상이 되는 공무원의 범위를 결정해야 한다. 일반적으로 근무성적평정의 대상이 되는 공무원은 실적제의 적용을 받는 경력직 공무원 집단이다. 실적제의 적용을 받는 평정 대상 공무원 집단은 또한 직종별·계급별·직무 분야별로 나뉘어 각기 내용이 다른 근무성적평정표를 적용받게 된다.

(2) 평정자의 선정과 훈련

① **평정자의 선정:** 근무성적평정에서 누구를 평정자로 할 것인가 하는 문제는 매우 중요하다. 평정의 유형에서 전술한 바와 같이 감독자뿐만 아니라 피평정자 자신·동료·부하·고객 등 다양한 관련자들이 평정의 주체가 될 수 있다. 평정자는 평정의 목적과 방법에 따라 달리 선정되어야 할 것이다. 평정자를 선정할 때는 피평정자의 직무 내용, 인원 수, 평정자의 능력, 평정 방법 등을 고려해야 한다.

평정제도의 실제를 보면 1차 평정자와 2차 평정자를 별도로 두는 이중평정제(복수평정제)가 일반적이다. 이때 1차 평정자는 피평정자와 가장 접촉이 많은 직근 상관이 되며, 2차 평정자 또는 확인자는 차상위의 감독자로 하는 것이 원칙이다. 이중평정제를 사용하는 목적은 단독평정자의 평정상 착오나 편파적인 처사를 시정·견제하고 공정한 평정을 하려는 것이다.

② **평정자의 훈련:** 근무성적평정에서 주관적 요소의 개입을 막고 평정의 타당성과

객관성을 높이기 위해서는 평정 방법과 절차를 개선하는 한편, 평정자를 대상으로 한 교육훈련을 실시해야 한다. 평정자 훈련에서는 평정의 목적과 내용, 그리고 기술적 방법에 대한 교육이 이뤄져야 한다.

(3) 평정 요소의 선정

① **평정 요소의 선정 기준**: 평정 요소의 선정 기준은 평정의 목적과 피평정자의 직급 및 직무 내용에 따라 다르다.

평정 요소의 선정 시에 지켜야 할 세 가지 조건을 요약하면 다음과 같다(藤田忠, 1977: 208-227).

첫째, 단일하고 객관적인 요소를 선정하고 각 요소에 대해 명확한 정의를 부여해야 한다. 즉, 평정 요소는 모든 평정자가 똑같이 이해할 수 있는 단순 명확한 용어로 정의되어야 한다.

둘째, 평정 요소는 직군에 따라 상이해야 하며, 각 요소에 대한 가중치도 달라야 한다. 또한 동일 직군에 속해 있다고 하더라도 담당 직무의 내용에 따라 달라져야 한다.

셋째, 평정 요소 간에 중첩을 피하고 피평정자 간의 차이를 구별할 수 없는 평정요소는 제외해야 한다.

그러나 이러한 세 가지 조건 이외에도 평정 요소는 모든 피평정자에게 공통적인 것이어야 하며, 평정자가 매일매일 피평정자의 직무 수행에서 관찰할 수 있는 것이어야 한다(Jucius, 1971: 230).

② **평정 요소의 내용과 수**: 근무성적평정의 구성 요소는 자질·행동·성과의 세 가지로 크게 나뉜다. 근래 들어 주관성의 개입 소지가 많은 자질 위주의 평정제도보다 객관적 성과를 중시하는 결과 위주의 평정제도가 환영받고 있는데, 그 대표적인 예가 목표관리(MBO)이다.

평정 요소의 수는 피평정자의 직급·이용 목적에 따라 다르겠으나, 평정 요소의 수가 너무 적으면 피평정자의 가치를 골고루 평정하기 어렵고, 반면에 평정 요소의 수가 너무 많을 경우에는 평정 요소 내용의 일부가 중복되기 쉽고, 평정자들의 판단에 혼란을 유발할 가능성이 있다.

③ **평정 요소의 비중**: 평정의 목적과 피평정자의 직무 분야 및 계층에 따라 선정된 각 평정 요소는 요소 간의 중요성을 고려해 비중을 달리하는 것이 효과적이다. 평정

요소의 비중은 직무의 상대적 중요성에 따라 신중히 결정해야 한다. 각 평정 요소의 비중을 정하는 데는 직무조사를 해서 입안자가 각 평정 요소의 비중을 정하는 방법, 피평정자의 직무 내용을 잘 알고 있는 감독자로 하여금 각 평정 요소의 상대적 비중을 평가하게 하는 방법 등을 생각할 수 있다.

④ **평정 요소 등급의 수**: 등급의 적정 수는 평정의 목적, 평정자의 능력, 평정 요소의 성격 등 여러 가지 요인에 의해 결정되지만, 보통 3 내지 5로 하고 있다. 일반적으로 등급의 수가 너무 많으면 평정이 힘들고 등급 간 차이가 불분명하다. 반면에, 등급의 수가 너무 적으면 평정 결과의 변별력이 약해진다.

⑤ **평정 요소의 배열 순서**: 평정서를 작성할 때 평정 요소들을 어떤 순서로 배열할 것인지에 대한 일반 원칙은 없다. 구체적인 요소로부터 점차 일반적인 요소로 할 수도 있으며, 그 반대 순서로 하는 경우도 있다. 평정하기 쉬운 요소부터 점차 어려운 요소로 배열하는 방법도 있으며, 불규칙한 배열을 하는 경우도 있다. 평정 요소를 배열할 때는 요소 간의 연쇄 효과를 가능한 한 배제할 수 있도록 유의해야 한다.

2) 근무성적평정의 실시

근무성적평정 계획이 수립되고 나면 평정이 실시된다. 평정의 실시 단계에서는 실시의 시기와 빈도가 중요하다. 즉, 근무성적평정에서는 평정 실시의 시기와 빈도가 평정제도의 효율적 운용과 관련된다. 평정의 횟수가 너무 잦으면 평정이 소홀히 되고 평정의 신뢰도가 저하될 우려가 있을 뿐만 아니라 피평정자의 사기를 떨어뜨릴 수 있다. 반면에, 평정의 횟수가 적고 기간이 길면 평정의 일관성이 유지되기 힘들며 평정의 효용성이 떨어진다. 따라서 근무성적평정은 연 1~2회 실시하는 것이 바람직하다.

평정 시기와 관련해 근무성적평정은 정기평정과 임시평정, 수시평정, 그리고 시보 기간 평정으로 나눠 볼 수 있다. 정기평정은 일정한 시기를 정해 정기적으로 실시하는 평정을 말하며, 임시평정은 직무 변경, 배치전환 등 특수한 상황 변화가 있을 경우 임시적으로 수행되는 평정을 말한다. 그리고 수시평정은 시기를 일정하게 정해두지 않고 수시로 하는 평정이며, 시보 기간 평정은 시보 근무자에 대한 평정을 뜻한다.

3) 근무성적평정 결과의 분석 및 조정

(1) 평정 결과의 분석

근무성적평정은 사람이 사람을 평가하는 과정이므로 거기에는 판단의 착오가 있을 수 있다. 따라서 근무성적평정이 끝나고 나면 그 결과를 분석해 착오를 일으키는 원인이 평정자의 평정 능력·평정 태도·개인 버릇에서 온 것인지, 평정 방법 및 절차에서 온 것인지를 검토해 그 개선점을 찾아 다음 근무성적평정에 반영해야 한다. 근무성적평정 결과의 분석에서는 타당도와 신뢰도를 검증해야 한다. 타당도란 평정하려는 것을 정확히 평정하고 있는가에 관한 기준이다(Flippo, 1980: 217). 평정의 타당도를 측정하는 객관적인 기준을 정한다는 것은 어렵다.

그러나 다음과 같은 방법을 통해 타당도를 어느 정도 검증할 수 있다. 첫째, 평정 결과를 검토해 집중화 경향·관대화 경향·연쇄 효과 등이 없으면 그 평정은 타당도를 갖추고 있다고 추정한다. 둘째, 평정 결과를 피평정자의 실제적인 산출 기록과 출퇴근 성적·승진·승급·징계 등에 관한 다른 근무 기록과 비교해 상관성이 높으면 타당도가 높은 것으로 추정할 수 있다.

평정의 타당도를 확보하기 위해서는 다음과 같은 점이 고려되어야 한다. 첫째, 성공적 직무 수행과 관련되는 평정 요소가 세심한 직무조사를 토대로 해서 구체적인 직무와 연관되어 결정되어야 한다. 둘째, 평정자가 피평정자의 직무와 연관된 특성 및 행동을 관찰할 수 있는 충분한 시간과 기회를 가져야 한다. 통솔 범위가 넓다든가, 행정 운영이 분권적인 경우, 또는 감독자가 예외적인 사항에만 관여하는 관리 체제 등에서는 이러한 관찰이 제약되기 쉬워 평정의 타당도가 낮아진다(Siegel & Myrtle, 1985: 306).

신뢰도는 평정 결과의 일관성과 객관성의 두 가지 관점에서 측정된다. 즉, 평정에 일관성과 객관성이 있을 때, 그 평정의 신뢰도는 높다고 할 수 있다(安樂定信, 1961: 198-199).

일관성을 측정하기 위해서는 한 사람의 평정자가 동일한 피평정자에 대해 시간을 달리해 두 차례 또는 그 이상의 평정을 해서 그 결과를 비교해 본다. 이때 평정 결과의 일치도가 높을 때, 그 평정은 일관성이 있다고 보는 것이다. 객관성은 동일한 피평정자에 대해 누가 평정을 해도 동일한 평정 결과를 얻는 경우를 말한다. 즉, 동일한 피평정자를 여러 평정자로 하여금 평정하게 해서 그 결과의 일치도를 알아본다. 이때 평정 결과의 일치도가 높으면 그 평정은 객관성이 있다고 보는 것이다.

평정의 신뢰도를 높이기 위해서는 첫째, 평정자의 주관적 편견을 최소화할 수 있는 평정 방법을 개발해야 한다. 둘째, 평정 요소에 관한 의미를 명료하게 하고, 평정척도의 등급에 관한 기술이 적절해야 한다. 셋째, 평정자의 평정상의 기술 및 경험도 중요하다. 따라서 평정자의 자질을 개선하는 것이 신뢰도를 높일 수 있다. 넷째, 단독평정보다 복수평정으로 하는 것이 좋다(장지호, 1992: 349).

(2) 평정 결과의 조정

근무성적평정의 결과는 평정자의 성향과 평정 태도 및 능력에 따라 체계적 오차를 나타낼 수 있다. 이러한 문제점을 시정하고 평정의 공정성과 형평성을 확보하기 위해 평정 결과를 확정하기 전에 평정 결과를 조정하는 절차가 필요하다. 평정 결과의 조정은 평정상의 과오와 불균형을 시정하기 위한 수단이다. 근무성적평정의 결과가 특히 인사 조치의 기준이나 통제의 목적으로 사용되는 경우에는 조정의 필요성이 더욱 커진다.

① **조정자**: 조정자는 평정을 실시하는 평정자와 구분되며, 평정 결과가 확정되기 전에 평정의 결과를 조정한다. 조정자의 임무는 평정 결과의 타당도를 검토하고, 집단 내의 평점의 균형을 유지하는 데 필요한 조치를 취하는 것이다.

② **조정의 범위**: 평정 결과의 과오와 불균형을 바로잡기 위한 조정에는 한계가 있다. 조정의 기준은 사전에 정해놓아야 하며, 평정자들이 이러한 기준에 맞게 평정함으로써 아예 사후 조정의 필요성을 없애는 것이 더욱 바람직하다. 조정의 범위를 지나치게 넓게 허용할 경우 평정자의 평정이 무의미해지는 불합리한 결과를 초래할 수 있다. 따라서 조정 범위를 한정하고 근거를 명시하도록 해서 평정자의 판단을 부당하게 변경할 수 없도록 함으로써 조정제도의 남용을 방지해야 할 것이다.

③ **조정의 방법**: 조정은 평정자에 의한 평정이 이뤄진 이후 평정 결과를 조정하는 것이 원칙이다. 그러나 평정의 정확성 제고를 위해서는 사전적 수단도 포함되어 논의되어야 한다. 사전 조정의 수단으로는 강제배분법을 엄격히 적용하거나, 극단적인 평점을 부여할 때는 근거가 되는 중요 사건을 병기하도록 하는

방법도 사용할 수 있으며, 또한 동료평정 등 다면평정을 제도화하는 것도 한 방법이 될 수 있다. 사후 조정의 방법으로는 문제점이 확인되는 경우, 조정자와 평정자가 합동조정회의를 통해 조정할 수 있으며, 평정 결과를 통계적으로 조정하는 방법도 있을 것이다.

4) 평정 결과의 공개 및 이의신청

(1) 평정 결과의 공개

평정 결과를 공개할 것인가 비공개로 할 것인가 하는 문제는 평정제도의 성공적 운영에 중요한 요소가 된다. 평정 결과의 공개는 평정의 공정성을 제고할 수 있으며, 피평정자가 자신의 장·단점을 자각할 수 있게 함으로써 자기 발전을 도모할 수 있게 하며, 평정 결과를 더욱 광범하게 활용할 수 있게 한다는 장점을 지닌다. 반면, 평정 결과의 공개는 관대화 또는 집중화 경향을 부추길 우려가 있으며, 평정자와 피평정자 간의 불화를 조장하고 성적이 불량한 피평정자의 사기를 떨어뜨릴 우려가 있다.

결국 평정 결과의 공개 여부는 평정의 목적과 방법, 인사절차의 특성과 공무원의 행태 등 구체적 여건에 비춰 판단해야 하나 일반적으로 공개를 주장하는 견해가 지배적인 것 같다. 왜냐하면 평정 결과의 활용이 과거의 상벌 중심의 통제적 목적에서 공무원의 능력 발전, 동기부여 등을 강조하는 임상적 목적으로 전환되고 있기 때문이다.

임상적 접근은 평정 결과 상담(피드백)을 전제로 한다. 즉, 평정자인 감독자는 평정 결과를 놓고 피평정자와 솔직하게 피평정자의 장점뿐만 아니라 단점에 관해서도 대화로 상담을 해서 피평정자의 단점을 시정하는 방법을 서로 협의하게 된다. 임상적 방법에서 감독자는 통제자라기보다는 상담자 또는 조력자로서의 코칭 및 컨설팅 기능을 수행해야 한다. 따라서 평정 결과를 임상적 목적에 활용하기 위해서는 평정 결과를 반드시 본인에게 알리는 공개 방식이 필요하다.

한국 정부에서도 평정자는 근무성적평정이 완료되면 평정 대상 공무원 본인에게 근무성적평정 결과를 알려주도록 하고 있다(공무원 성과평가 등에 관한 규정 제21조).

(2) 평정 결과에 대한 이의신청

이의신청(appeal)은 평정 결과가 부당하다고 생각하는 경우 피평정자 또는 그 감독자가 이의를 제기해 구제를 받게 하는 절차이다. 이러한 이의신청제도는 평정 결과의 공개를 전제로 한다. 이의신청제도의 의의는 피평정자가 그에 대한 평정이 부당하다고 느껴지는 경우, 이에 대해 재평정이나 평정 결과의 조정을 요구할 수 있는 권리를 줌으로써 평정자의 편견과 자의성을 배제해 평정의 공정을 기하고, 또한 피평정자의 권익을 보호하는 데 있다.

한국 정부에서는 근무성적평정 결과에 이의가 있는 경우에는 확인자에게 이의를 신청할 수 있도록 하고 있고, 이의신청 결과에 불복하는 경우 근무성적평가위원회에 근무성적평가 결과의 조정을 신청할 수 있도록 하고 있다(공무원 성과평가 등에 관한 규정 제21조).

5 근무성적평정상의 오류

근무성적평정 과정에는 평정 결과를 왜곡시키는 여러 가지 오류가 발생할 가능성이 있다. 평정상의 오류는 대부분 평정 방법과 평정자에 기인하므로 평정 방법의 개선과 평정자 훈련을 통해 오류의 가능성을 줄일 수 있다. 평정 과정에서 발생하는 오류로는 다음과 같은 것들이 있다(Leap & Crino, 1990: 331-333; Siegel & Myrtle, 1985: 307-308).

1) 연쇄 효과

연쇄 효과(halo effect)[2]는 한 평정 요소에 대한 평정자의 판단이 연쇄적으로 다른 요소의 평정에도 영향을 주는 현상을 말한다. 예컨대, 피평정자가 성실한 경우, 그에게서 받은 좋은 인상이 창의성 · 지도력 등 전혀 성격이 다른 요소의 측정에도 영향을 미쳐 좋은 점수를 부여하게 되는 현상을 말한다.

이러한 연쇄 효과는 다음과 같은 경우에 나타나기 쉽다.

첫째, 쉽게 관찰할 수 없는 평정 요소가 선정된 경우나 각 평정 요소의 의미가 서로 구별되지 못하고 중복되어 있거나 모호할 때 나타난다.

둘째, 평정자가 부하를 잘 모르는 경우에 나타난다. 즉, 평정자와 피평정자가 접촉

2) halo effect를 직역하여 후광 효과(後光效果)라고 번역하기도 하는데 많은 학생들이나 실무자들이 이 '후광'이라는 용어에 현혹되어 halo effect를 stereotyping(피평정자가 속해 있는 집단의 특성을 피평정자 개인의 특성으로 간주해버리는 오류)과 혼동하는 경향이 있다. 따라서 여기에서는 연쇄 효과라고 번역하기로 한다.

한 기간이 얼마 되지 않아 피평정자의 근무 상황을 잘 모르거나 피평정자에 대한 관찰을 태만히 하는 경우이다.

연쇄 효과를 줄이기 위한 방법은 다음과 같다.

첫째, 근무성적평정 방법 중 프로브스트식 체크 리스트 방법3)이나 강제선택법을 사용하여 평정 요소 간의 연상 효과를 가능한 한 배제한다.

둘째, 각 평정 요소별로 모든 피평정자를 순차적으로 평정한다. 즉, 한 평정 요소에 대해 피평정자 전원을 평가하고, 이어 다음 요소를 평가한다.

셋째, 평정 요소의 의미를 명확하게 하고, 유사한 요소의 배치를 멀리 떨어지게 하는 등 요소별 배열 순서에 유의한다.

2) 집중화 경향

집중화 경향(central tendency) 혹은 중심화 경향은 평정자가 모든 피평정자들에게 대부분 중간 수준의 점수를 주는 심리적 경향을 말한다. 즉, 평정자가 아주 높은 평정 또는 아주 낮은 평정을 피하는 경향성을 말한다(박연호, 1983: 502). 이러한 집중화 경향은 피평정자를 잘 모를 때, 그리고 비공식 집단적 유대 때문에 부하들의 평가에 심리적 부담을 느끼는 평정자가 책임 회피의 수단으로 모든 피평정자들에게 비슷한 점수를 줄 때 나타나는 현상이다. 집중화 경향의 오류를 피하기 위해서는 강제배분법을 적용할 수 있다.

3) 관대화 경향과 엄격화 경향

관대화 경향(tendency of leniency)이란 평정 결과의 분포가 우수한 쪽에 집중되는 경향을 말한다. 엄격화 경향(tendency of strictness)은 관대화 경향과 반대로 평정 결과의 점수 분포가 낮은 쪽에 집중되는 경향을 말한다. 이러한 관대화 경향 및 엄격화 경향의 폐단을 막기 위해서는 집중화 경향에서와 마찬가지로 강제배분법을 활용할 수 있다.

3) 1930년 미국 세인트폴 시의 인사과 직원인 프로브스트(J. B. Probst)가 고안한 체크 리스트 평정 방법으로, 피평정자에게 유리하거나 불리한, 그리고 각기 가중치가 다른 일련의 평정 항목들을 불규칙하게 배열해 놓고, 피평정자의 특성에 가까운 항목을 표시하게 하는 평정 방법을 말한다.

4) 규칙적 오류와 총계적 오류

규칙적 오류(systematic error)란 어떤 평정자가 다른 평정자들보다 언제나 후한 점수 또는 나쁜 점수를 주는 것을 말한다. 총계적 오류(total error)란 평정자의 평정 기준이 일정치 않아 관대화 및 엄격화 경향이 불규칙하게 나타나는 경우를 말한다.

5) 시간적 오류

시간적 오류에는 첫머리 효과(primacy effect)와 막바지 효과(recency effect)가 있다. 첫머리 효과는 전체 기간의 근무성적을 평가하기보다는 초기의 업적에 영향을 크게 받는 현상을 말하며, 막바지 효과는 첫머리 효과와는 정반대로 최근의 실적이나 사건을 중심으로 평가하는 경향을 일컫는다(이종수, 2006). 근무성적평정은 대개 1년 내지 6개월로 된 전체 평정 기간의 근무성적을 평가하도록 되어 있지만, 전체 기간의 근무성적을 냉정히 종합해 평정하지 못하고 최근의 근무성적에 대한 인상을 가지고 평정하는 경향을 흔히 볼 수 있다.

6) 선입견에 의한 오류

선입견(bias)에 의한 오류는 평정의 요소와 관계가 없는 성별·출신 학교·출신 지방·종교·연령 등에 대해 평정자가 갖고 있는 편견이 평정에 영향을 미치는 것을 의미한다. 근무 연한이 긴 선임자에 대해 후한 평가를 하고자 하는 근속 연한의 오류도 일종의 선입견에 의한 오류로 볼 수 있다(이종수, 2006). 선입견에 의한 오류 중 가장 대표적인 것은 피평정자의 배경이나 피평정자가 속해 있는 집단의 특성을 피평정자 개인의 특성으로 간주해버리는 '고정관념에 의한 오류(stereotyping)'이다.

6 한국의 근무성적평정[4)]

1) 근무성적평정의 대상

근무성적평정의 대상은 일반직(연구직·지도직 공무원과 전문직 공무원 포함) 공무원 전원을 대상으로 하되, 4급 이상 공무원(고위공무원단 포함)과 연구관·지도관 및 전문

4) 이하는 공무원 성과평가 등에 관한 규정(2021년 1월 5일 대통령령 제31373호)·공무원 성과평가 등에 관한 지침(2021년 4월 23일 인사혁신처 예규 제115호)에 의거한 근무성적평정제도 설명이다.

직 공무원에 대한 근무성적평정은 평가 항목에 따른 평가(성과계약 등 평가)에 의하고,[5] 5급 이하 공무원, 우정직 공무원, 연구직 및 지도직 공무원의 근무성적평정은 근무 실적 및 능력에 대한 평가(근무성적평가)에 의한다.

2) 근무성적평정의 시기

성과계약 등 평가는 12월 31일 기준으로 다음 해 초에 연 1회 실시한다. 근무성적평가는 정기평가와 수시평가로 구분해 실시하는데, 정기평가는 6월 30일과 12월 31일을 기준으로 연 2회에 걸쳐 실시되며,[6] 수시평가는 승진후보자명부의 조정 사유가 발생한 경우에 실시하되, 근무성적평가 예외 규정[7]에 따라 수시 평가한 경우 승진후보자명부 조정일 현재를 기준으로 실시한다.

3) 근무성적평정의 평가자와 확인자

성과계약 등 평가 또는 근무성적평가의 평가자는 평가 대상 공무원의 업무 수행 과정 및 성과를 관찰할 수 있는 상급 또는 상위 감독자 중에서, 확인자는 평가자의 상급 또는 상위 감독자 중에서 소속 장관이 지정한다. 다만, 소속 장관은 평가 항목의 특성에 따라 필요하다고 인정되면 일부 평가 항목에 대해 평가자 또는 확인자를 달리 정할 수 있고, 평가자의 상급 또는 상위 감독자가 없는 경우에는 확인자의 지정을 생략할 수 있다.

4) 근무성적평정의 절차

근무성정평정은 4급 이상 공무원 등의 성과계약 등 평가와 5급 이하 공무원 등의 근무성적평가로 나눠 살펴보고자 한다.

(1) 성과계약 등 평가

성과계약 등 평가는 4급 이상 공무원(연구관 · 지도관 포함)에 대해 소속 장관은 성과계약 등 평가의 평가 항목을 성과목표 달성도, 부서 단위의 운영 평가 결과, 그 밖에

---

5) 다만, 소속 장관은 5급 이하 공무원 및 우정직 공무원 중 성과계약 등 평가가 적합하다고 인정하는 공무원에 대해서도 '성과계약 등 평가'를 실시할 수 있다.

6) 다만, 소속 장관이 필요하다고 인정하는 경우에는 정기평가 기준일을 달리 정할 수도 있고, 정기평가를 연 1회를 실시할 수도 있다.

7) 공무원 성과평가 등에 관한 규정 제17조.

직무 수행과 관련된 자질이나 능력 등에 대한 평가결과 중에서 하나 또는 그 이상으로 평가 항목을 정해 평가 대상자와 평가자 간에 성과목표 및 지표에 관해 합의하고, 평가 대상 기간 중 평가 대상 공무원이 달성한 성과목표의 추진 결과 등을 평가지표 및 평가 항목의 특성에 맞게 설정한 평가 기준에 따라 평가해 그 결과를 인사관리에 반영하는 성과평가제도이며, 그 절차는 [그림 9-3]과 같다.

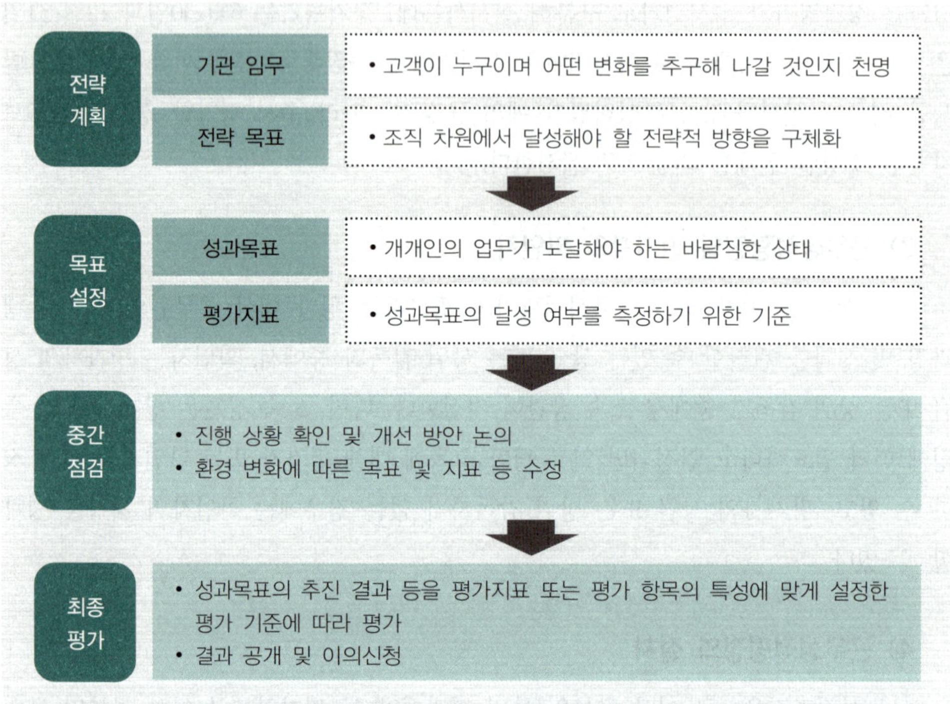

자료: 인사혁신처, 공무원 성과평가 등에 관한 지침(2017.1.20).

그림 9-3 '성과계약 등 평가'의 절차

① 전략계획 수립

전략계획은 중앙행정기관의 장이 당해 기관의 전략 목표 달성을 위해 수립하는 중·장기계획이며, 이는 개인의 업무 성과가 기관 임무 달성에 유기적으로 기여하기 위해 개인 간 성과계약 체결에 앞서 수립이 필요하다.

표 9-8 성과계약서

■ **평가 대상 기간: ○○○○년도**

<table>
<tr><th></th><th>소속</th><th>직위</th><th>성명</th><th>서명</th></tr>
<tr><td>평가 대상자</td><td></td><td></td><td></td><td></td></tr>
<tr><td>평가자</td><td></td><td></td><td></td><td></td></tr>
<tr><td colspan="5">기관의 임무와 목표를 달성하기 위해 甲과 乙은 상호 합의에 의해
다음과 같이 성과계약을 체결한다.
작성일: . . . (승계 시 사유도 추가 기재)</td></tr>
</table>

■ **개인 성과목표**

<table>
<tr><th rowspan="2">No.</th><th rowspan="2">성과목표</th><th colspan="2">평가지표</th><th rowspan="2">실행계획</th></tr>
<tr><th>평가지표명
(측정 방법 포함)</th><th>목표점</th></tr>
<tr><td rowspan="2"></td><td rowspan="2"></td><td></td><td></td><td rowspan="2"></td></tr>
<tr><td></td><td></td></tr>
<tr><td rowspan="2"></td><td rowspan="2"></td><td></td><td></td><td rowspan="2"></td></tr>
<tr><td></td><td></td></tr>
</table>

자료: 인사혁신처, 공무원 성과평가 등에 관한 지침(2017.1.20) 별지 제1호 서식.

② 목표 설정 및 성과계약 체결

성과계약은 평정 대상자와 평가자 간에 이뤄지는 성과목표 · 평가지표 및 평가 결과 활용 등에 대한 합의를 말하는 것으로 평가 대상 기간 동안의 해당 기관의 임무 등을 기초로 평가 대상 공무원과 평가자가 성과계약을 체결해야 한다. 공무원 성과평가 등에 관한 지침 [별지 제1호 서식]에 제시된 성과계약서의 내용은 〈표 9-8〉과 같다. 그러나 성과계약서는 각 부처 평가 항목의 특성에 맞게 변경이 가능하나, '공무원 인사기록 · 통계 및 인사사무 처리 규정'(제8조)에 따라 성과관리카드를 통한 성과정보관리의 필요상 주요 업무의 성과와 평가자 등은 반드시 나타나도록 설계해야 한다.

③ 중간 점검

중간 점검은 성과계약서를 토대로 평가 대상 공무원의 소관 업무 추진 상황 및 환경 변화에 대한 대응 여부 등을 확인하기 위해 연도 중 최소 1회 이상 각 부처에서 자체적으로 실시해야 한다(보통 7~8월경). 이러한 중간점검은 성과목표의 정상적인 진행과 환경 변화에 대한 적응성 확보, 조직 전체의 성과관리 등을 위해 중요하다.

④ 최종 평가

평가자는 평가 실시 이전에 평가의 방향에 대해 확인자와 협의하되, 평가는 독자적으로 실시한다. 또한 최종 평가를 하기 이전에 계약 당사자는 성과면담을 실시해 그 결과를 평가에 반영한다. 즉, 평가자는 중간 점검 결과 등을 참고해 성과면담을 진행한다.

최종 성과계약 등 평가는 평가 대상 기간 동안 평가 대상 공무원의 소관 업무의 성과계약의 성과목표 달성도 등을 감안해 평가하며, 성과계약의 성과목표 달성도 등은 평가 대상 기간 동안 평가 대상 공무원이 달성한 성과목표의 추진 결과 등을 평가지표 또는 평가 항목의 특성에 맞게 설정한 평가 기준에 따라 평가하되, 성과목표의 중요도 · 난이도 및 평가 대상 공무원의 자질 · 태도 성과관리시행계획에 대한 정책평가 결과 등에 대한 사항을 고려해 평가할 수 있다. 즉, 성과계약 등 평가의 최종 등급은 성과목표별 객관적인 평가 등급(또는 점수)과 함께 평가 대상자의 자질과 태도, 성과계획서와 자체 성과 기록, 정책평가 결과 등을 종합적으로 고려해 결정하고, 최상위 등급과 최하위 등급을 포함해 3개 이상으로 해야 하며,[8] 최상위 등급과 최하위 등급을 부여하는 경우, 그 사유를 구체적으로 기록해야 한다.

최종평가서의 구체적인 내용은 〈표 9-9〉와 같다.

표 9-9 최종평가서

■ **평가 대상 기간: ○○○○년도**

	소속	직위	성명	서명
평가 대상자				
평가자				
확인자				

8) 고위공무원단은 '고위공무원단 인사규정' 제20조에 의해 매우 우수, 우수, 보통, 미흡, 매우 미흡 등 5개 등급으로 평가하고, 평가 등급별 인원 분포 비율은 소속 장관이 정하되, 최상위 등급의 인원은 평가 대상 공무원 수의 상위 20% 이하의 비율로, 하위 2개 등급(미흡 및 매우 미흡 등급)의 인원은 평가 대상 공무원 수의 하위 10% 이상의 비율로 분포되도록 해야 한다(공무원 성과평가 등에 관한 규정 제10조 제4항).

<table>
<tr><th rowspan="2">No.</th><th rowspan="2">성과
목표</th><th colspan="3">평가지표</th><th rowspan="2">주요 실적</th></tr>
<tr><th>지표명
(측정법)</th><th>목표점</th><th>결과</th></tr>
<tr><td>1</td><td></td><td></td><td></td><td></td><td></td></tr>
<tr><td>2</td><td></td><td></td><td></td><td></td><td></td></tr>
<tr><td>3</td><td></td><td></td><td></td><td></td><td></td></tr>
<tr><td>4</td><td></td><td></td><td></td><td></td><td></td></tr>
</table>

<table>
<tr><th colspan="3">성과면담 결과 및 평가자 의견</th></tr>
<tr><td>성과면담 실시일</td><td colspan="2"></td></tr>
<tr><td rowspan="2">평가자
최종 의견
(면담 결과 포함)</td><td>성과목표 달성도</td><td>직무 수행 자질·능력</td></tr>
<tr><td></td><td></td></tr>
</table>

<table>
<tr><td>최종 등급</td><td></td></tr>
<tr><td colspan="2">작성일: . . .</td></tr>
</table>

※기타 성과목표별 실적

No.	성과목표	주요 실적
1		
2		

자료: 인사혁신처, 공무원 성과평가 등에 관한 지침(2017.1.20) 별지 제2호 서식.

⑤ 성과평가 등 평가의 예외

소속 장관은 평가 대상 공무원이 평가 대상 기간 중 휴직, 직위해제나 그 밖의 사유로 실제 근무 기간이 2개월 미만인 경우에는 성과계약 등 평가를 실시하지 아니할 수 있다. 또한 다른 기관에 파견되어 근무하는 평가 대상 공무원의 경우에는 그 공무원을 파견받은 기관의 평가 결과를 활용해 평가해야 한다(공무원 성과평가 등에 대한 규정 제11조).

(2) 근무성적평가

5급 이하 공무원(연구직·지도직 포함)의 근무성적평정은 근무성적평가에 의하며, 그 절차는 다음과 같다.

① 성과목표 선정 및 성과계획서 작성

매년 초 평가 대상 공무원은 평가 대상 기간의 해당 기관의 임무 등을 기초로 해서 평가자 및 확인자와 협의해 성과목표 등을 선정한다. 성과목표는 상급자 또는 상위자의 성과목표를 실현하기 위한 세부 과제로 선정한다. 그러나 단순·반복적인 업무를 수행해 성과목표를 설정하기 곤란한 경우에는 성과목표 대신에 단위 과제를 설정할 수 있다. 이와 같은 절차를 거쳐 평가 대상자는 평가자와 함께 성과계획서를 작성한다(〈표 9-10〉 참조). 평가 대상자가 전보된 경우, 평가 대상자는 전보된 부서의 전임자가 선정한 성과목표 또는 단위 과제를 승계해 수행한다.

② 평가 항목 및 구성 비율

근무성적평가의 평가 항목은 근무 실적과 직무 수행 능력을 기본 항목으로 하며, 평가 항목의 총점은 100점으로 한다. 다만, 소속 장관이 판단하여 직무 수행 태도의 평가 또는 부서 단위의 운영평가를 평가 항목에 추가할 수 있다. 평가 항목 간의 균형 유지를 위해 근무 실적과 직무 수행 능력의 평가 점수는 어느 하나의 비율이 70%를 초과하지 않도록 하고, 추가 항목을 지정할 경우 직무 수행 태도는 10%, 부서 단위의 운영평가는 20% 이내로 하고 있다.

표 9-10 공무원 성과계획서

■ **평가 대상 기간:**

성명	소속	직위	직급	현 직급 임용일	현 보직일

1. 담당 업무

2. 성과계획

연번	성과목표 또는 단위 과제	일정 / 계획	주요 성과 / 산출물	담당 역할
1				
2				
3				
4				
5				

년 월 일

평가자 직위(직급): 성명: 서명:

자료: 인사혁신처, 공무원 성과평가 등에 관한 지침(2017.1.20) 별지 제3호 서식.

③ 근무 실적 및 능력에 대한 평가

먼저 근무 실적에 대한 평가는 연초에 수립한 성과계획서, 해당 기간 동안의 업무 실적 등을 참고해 평가 요소별로 평가한다. 이 경우 성과목표 또는 단위 과제 이외의 연도 중간에 추가된 업무도 포함해 평가한다. 다음 직무 수행 능력에 대한 평가는 평가 요소별로 배점을 정해 평가한다(〈표 9-11〉 참조). 소속 장관은 업무의 특성을 반영해 평가 요소 및 요소별 배점을 달리 정할 수 있다.

표 9-11 공무원 근무성적평가서

■ **평가 대상 기간:**

성명	소속	직위	직급	현 직급 임용일	현 보직일

Ⅰ. 평가자 사전진단

* 평가자는 반드시 평가자 사전진단을 작성한 후 근무성적평가서를 기재해 주시기 바랍니다. 사전진단 결과는 평가에 반영되지 않으며 비공개사항으로 인사관리를 위한 자료로만 활용됩니다.

* 1~2번 문항은 4단계(매우 그렇다 – 그렇다 – 보통 – 아니다), 3~5번 문항은 예/아니오로 답하고, 6번 문항에 대해서는 자유롭게 서술

연번	측정지표	문항	답변
1	성과	나는 이 직원에게 최상위 등급의 성과급을 주고 싶다.	
2	역량	나는 직원을 당장 상위 직급으로 승진시키고 싶다.	
3	협업·대인 관계	나는 이 직원과 언제든지, 계속 함께 일하고 싶다.	
4	직무 수행 태도	나는 우리 부서의 모든 직원들이 이 직원처럼 일해야 한다고 생각한다.	
5	발전 가능성	나는 이 직원에게 앞으로 난이도·책임도가 더 높은 업무를 맡길 것이다.	
6	1~5문항 중 '아니오' 답변이 있다면, 이 직원의 (　　　　　) 향상을 위해 나는 (　　　　　　　　) 지원을 할 것이다.		

* 다음 문항에 대해서는 자유롭게 서술

– 내가 이 직원에게 칭찬할 점은

– 향후 보완, 발전을 위해 지원해야 할 점은

년　　　월　　　일

평가자　직위(직급):　　　　성명:　　　　서명:

제1편 제2편 제3편 제4편 제5편 제6편

Ⅱ. 근무성적평가서

■ 평가 대상 기간:

성명	소속	직위	직급	현 직급 임용일	현 보직일

1. 담당 업무

2. 근무 실적 평가(50점)

연번	성과목표 또는 단위 과제	업무 비중(%)	주요 실적	평가 결과(예시) 성과 산출 실적 또는 과제 해결 정도	소계 점수
1				① ② ③ ④ ⑤	
2					
3					
추가 업무					
추가 업무					
총점					

3. 직무 수행 능력 평가(50)

연번	평가 요소	요소별 배점	정의	평가 등급	소계 점수
1	기획력	9점	• 창의적인 시각을 가지고 문제를 예측하고 실행 가능한 계획을 만든다. • 효과적인 설명이 가능하도록 일목요연한 계획을 만든다.	① ② ③ ④ ⑤	
2	의사 전달력	6점	• 표현이 간결하면서도 논점이 빠지지 않도록 문서를 만든다. • 논리적이면서 설득력 있는 말로 설명한다.	① ② ③ ④ ⑤	
3	협상력	6점	• 상대방의 의도를 적절히 파악해 자신의 입장을 설득한다. • 상반되는 이해 관계에 대해 효과적으로 조정한다.	① ② ③ ④ ⑤	
4	추진력	5점	• 맡은 업무에 책임감을 가지고 목적한 바를 완수한다. • 열정을 가지고 환경적인 불리함을 극복한다.	① ② ③ ④ ⑤	

5	신속성	5점	• 계획된 일정에 따라 지연됨이 없이 일을 처리한다. • 주어진 과제에 대한 집중력을 가지고 예상되는 소요 시간보다 빨리 일을 처리한다.	① ② ③ ④ ⑤	
6	팀워크	8점	• 타인을 존중하며 팀원들과 협조적인 분위기를 만든다. • 타인의 적절한 요구와 건설적인 비판을 수용한다.	① ② ③ ④ ⑤	
7	성실성	5점	• 지각 · 조퇴 · 결근 등 조직 운영에 장애가 되는 행위를 하지 않는다. • 맡은 업무 및 조직의 발전에 헌신적인 자세를 갖는다.	① ② ③ ④ ⑤	
8	고객 · 수혜자 지향	6점	• 업무와 관련하여 국민이나 내부 수혜자(타 공무원)가 원하는 바를 이해하며, 그들의 요구를 충족하도록 배려하는 능력	① ② ③ ④ ⑤	
총점					

* 평가 요소별로 '전혀 그렇지 않다(①)–거의 그렇지 않다(②)–가끔 그렇다(③)–자주 그렇다(④)–항상 그렇다(⑤)'의 5단계로 평가함.

4. 평가자 의견 및 종합평가

성과면담 결과 및 평가자 의견			
성과면담 실시일			
평가자 최종 의견 (면담 결과 포함)		근무 실적	직무 수행 능력
	우수한 점		
	보완할 점		
평가 등급 및 점수			

평가자 직위(직급): 성명: 서명:
확인자 직위(직급): 성명: 서명:

자료: 인사혁신처, 공무원 성과평가 등에 관한 지침(2017.1.20) 별지 제4호 서식.

④ 평가자의 평가

평가자는 평가 대상 기간 중에 평가 대상자의 업무 수행 상황을 점검하고, 평가 대상 공무원과 성과면담을 실시하여 성과면담 결과를 기록한다(〈표 9-12〉 참조). 그리고 평가자는 성과면담 결과를 최종 평가 시 공무원 근무성적평가서의 '종합평가의견란'에 기재한다.

표 9-12 성과면담 결과

소속		직급		성명		평가 기간	
구분	근무 실적			직무 수행 능력			
우수한 점							
미흡한 점							
향후 조치 사항	– 추진 과정상 특기사항 및 지원 필요사항 – 영 제20조 제5항에 따른 사후 성과면담의 경우 면담 결과를 반영한 코칭·멘토링·교육 등 성과 및 역량 향상 지원 계획 기재						

년 월 일

평가자 직위(직급): 성명: 서명:

자료: 인사혁신처, 공무원 성과평가 등에 관한 지침(2017.1.20) 별지 제6호 서식.

한편 평가자는 평가 실시 이전에 평가의 방향에 대해 확인자와 협의 후 평가한다. 평가자는 협의된 방향에 따라 평가하되, 소관 평가 대상 공무원에 대한 평가는 독자적으로 한다. 즉, 평가자는 소관 평가 대상 공무원에 대한 평가 항목별로 평가한 종합 평가점수와 3개 등급 이상으로 구분해 평가한 종합평가 등급은 절대 평가하며, 이를 공무원 근무성적평가서상의 종합평가란과 평가 단위별 평가 결과란에 기재한다. 평가자는 평가 의견을 반드시 작성해 성과관리카드에 기록·관리한다.

⑤ 평가 단위에서의 평가

평가 단위는 직급별로 구성하되, 소속 장관이 직무의 유사성 및 직급별 인원 수 등을 고려해 달리 정할 수 있다. 평가 단위의 확인자는 평가자가 평가한 평가 등급 등을 확인하고, 평가자와 함께 평가 단위별로 순위 등의 평가 결과를 작성해 근무성적평가위원회에 제출한다. 평가 단위별 순위는 평가 단위에서 평가자가 2명 이상인 경우 평가자 상호간에 발생하게 되는 평가점수를 편차를 조정하기 위해 확인자는 평가자와 협의해 평정 대상 공무원의 순위를 평가 대상 공무원이 담당하는 직위의 조직 내의 비중, 평가 대상 공무원들 간의 성과의 상대적인 차이, 조직에 대한 기여도 등을 감안해 조정할 수 있다. 그러나 평가자가 평가한 동일 평정자군에 속하는 자의 순위를 바꿀 수 없다. 단, 평가 결과에 대해 피평가자의 이의신청이 받아들여져서 등급 및 평가점수가 변경된 경우는 예외로 한다.

한편 평가 단위에서 평가 등급은 평가와와 확인자가 평가 단위 내 순위를 조정하면서 부여한 등급을 기재하되, 평가 등급의 수는 3개 이상으로 하며, 최상위 등급의 인원은 평가 단위별 인원 수의 상위 20%, 최하위 등급의 인원은 하위 10%의 비율로 분포되도록 한다. 다만, 소속 장관이 필요하다고 인정하는 경우에는 최상위 또는 최하위 등급의 분포 비율을 달리 정할 수 있다(공무원 성과평가 등에 관한 규정 제16조 제2항).

⑥ 근무성적평가위원회의 평가

근무성적평가위원회는 근무성적평가 결과를 고려하여 평가 대상 공무원에 대한 근무성적 평가점수를 정하고 근무성적평가 결과의 조정·이의신청 등에 관한 사항을 처리하기 위해 승진후보자명부 작성 단위 기관별(연구관 또는 지도관의 경우는 임용 제청자 단위별)로 설치한다. 즉, 승진후보자명부 작성 단위는 5급 이하 공무원(연구사·지도사 포함)에 대해서는 승진임용 예정 직급별로 한다. 예를 들어, 5급 근무성적평가위원회, 6급 근무성적평가위원회 등이다. 이러한 근무성적평가위원회는 평가 대상 공무원의 상급 또는 상위 감독자 중에서 임용권자가 지정하는 5인 이상의 위원으로 구성하되, 상급 또는 상위 감독자가 부족한 경우에는 2인 이상으로 구성할 수 있다(공무원 성과평가 등에 관한 규정 제18조 참조).

근무성적평가위원회는 전체 평가 대상 공무원들을 평가 단위에서 제출한 평가 등급에 따라 나누고, 등급 내에서 평가 대상 공무원들을 상대평가하여 순위를 정한다. 즉, 직급별 또는 계급별로 3개 등급 이상 구분해 근무성적 평가점수를 부여하되, 근무성적 평가점수의 총점은 70점을 만점으로 한다. 근무성적 평가점수 부여 시에는 평가 단위에서 제출한 등급 내에서 공무원들을 상대평가하여 정한 순위에 따라 점수를 부여한다.

근무성적 평가점수는 최상위 등급의 인원은 직급별 또는 계급별 인원 수의 상위 20%의 비율로, 최하위 등급의 인원은 하위 10%의 비율의 분포가 되도록 한다. 다만, 소속 장관은 판단으로 최상위 또는 최하위 등급의 분포 비율을 달리 정할 수 있으나 관대화 평가를 방지하기 위해 최상위 등급의 인원 비율은 직급별 또는 계급별 인원 수의 상위 20%의 비율을 초과하지 않도록 한다. 이러한 근무성적 평가점수는 승진후보자명부 작성 시 80~95% 반영한다.

⑦ 성과계약 등 평가를 받는 5급 이하 공무원에 대한 평가

평가자는 성과계약 등 평가 결과를 고려해 근무성적을 평가해야 한다. 평가 대상 공무원은 평가자와 성과계약을 체결하게 되므로 별도의 성과계약서 작성을 생략할 수 있다. 다만, 공무원 근무성적평가서는 반드시 작성해 평가자의 평가를 받아야 한다. 성과계약 등 평가를 적용하는 공무원과 근무성적평가를 적용하는 공무원은 평가자와 확인자가 다를 수 있어 하나의 평가 단위로 평가하는 것이 곤란할 수 있다. 따라서 성과계약 등 평가를 받은 5급 이하 공무원들로만 별도의 평가 단위를 구성해 평가를 실시하고, 그 결과를 근무성적평가위원회에 제출하도록 한다.

5) 근무성적평정 결과의 공개 및 이의신청

(1) 평정 결과의 공개

평가자는 근무성적평정이 완료되면 평정 대상 공무원 본인에게 근무성적평정 결과를 알려주어야 한다. 다만, 소속 장관이 필요하다고 인정한 경우에는 달리 정할 수 있다.

(2) 이의신청

근무성적평정 대상 공무원은 평가자의 근무성적평정 결과에 이의가 있는 경우 확인자에게 이의신청을 할 수 있다. 확인자는 이의신청 내용이 타당하다고 판단되는 경우에는 평가자와 협의해 해당 공무원 근무성적평가서상의 평가 결과 및 평가 단위별 평가 결과를 조정할 수 있으며, 기각하는 경우에도 그 결과를 대상 공무원에게 알려주어야 한다. 또한 확인자의 결정 내용에 불복하는 근무성적평가 대상 공무원은 근무성적평가위원회에 근무성적평가 결과의 조정을 신청할 수 있다(5급 이하 공무원에 한함). 근무성적평가위원회는 이의신청 내용이 타당하다고 판단하는 경우에는 이의신청 공무원의 평가 결과를 조정하도록 확인자에게 통보하며, 확인자는 평가자와 협의해 해당 공무원의 성과평가서상의 평가 결과 및 평가 단위별 평가 결과를 조정해야 한다.

6) 근무성적평정 결과의 활용

성과계약 등 평가 및 근무성적평가의 결과는 평가 대상 공무원에 대한 승진임용, 교육훈련, 보직관리, 특별승급, 성과급 및 성과상여금 지급 등 각종 인사관리에 반영해야 한다(공무원 성과평가 등에 관한 규정 제22조).

7) 근무성적평정의 문제점과 개선 방향

(1) 근무성적평정의 문제점

한국 정부의 근무성적평정은 이미 살펴본 바와 같이 최근 행정개혁의 일환으로 공직사회에 경쟁의 원리를 도입해 행정의 능률성과 생산성을 제고하고, 성과와 실적 중심의 인사관리 체계를 확립하기 위해 법령 정비를 통해 많이 개선되었다. 특히 5급 이하에 적용되는 근무성적평가의 경우 근무성적평가서상에 기본 평가 항목은 근무 실적과 근무 수행 능력으로 하되 근무 수행 태도 또는 부서 단위의 운영 평가의 포함 여부와 평가 항목의 구성 비율을 소속 장관이 자율적으로 정하도록 했으며, 또한 평가 항목별 평가 요소 선정 및 요소별 배점도 소속 장관이 직급별·부서별 또는 업무 분야별 직무의 특수성을 반영해 자율적으로 정할 수 있게 했다. 그리고 과거 근무성적평가서상의 평가점수를 평가자와 확인자가 동등한 비중으로 평가하던 것을 피평가자를 더 잘 관찰할 수 있는 평가자가 100% 평가하도록 했으며, 근무성적평가 결과를 본인에게 공개해야 하고, 그 결과에 이의가 있을 경우 이의신청이 가능하도록 했다. 이리하여 성과와 실적 중심의 인사행정 체계 확립과 근무성적평가의 합리화·객관화에 상당 부분 기여했으나 아직 미비한 점이 있다고 본다. 근무성적평정이 지니고 있는 미비한 점과 운영상 문제들을 살펴보면 다음과 같다.

첫째, 어떠한 평정제도에도 그 자체에 내재하는 한계가 있을 수 있다. 앞서 살펴보았듯이 연쇄 효과와 집중화·관대화·엄격화 경향 등 평정상의 오류는 평정 결과의 타당도와 신뢰도를 떨어뜨리는 바, 이러한 오류들은 한국 공무원의 근무성적평정제도 운영 과정에서 일상적으로 부닥치는 문제이다. 그리고 정실과 주관적 요소의 개입으로 공정한 평정이 어려우며, 부서별 직무 내용과 직원 수준의 차이로 표준화가 어렵다는 점 등이 지적될 수 있다.

둘째, 평정제도가 공무원의 능력 발전이나 인사관리의 합리화를 도모함으로써 궁극적으로 정부의 생산성과 효율성 제고를 위한 적극적 목적보다는 소극적인 통제적 목적으로 주로 이용된다는 점이 지적된다. 그러나 이러한 측면은 최근에 제도 자체 개선을 통해 보완했으므로 운영자의 의지에 따라 다소 극복될 수 있다고 본다.

셋째, 평가자·근무성적평가위원회와 관련된 문제점도 찾아볼 수 있다. 우선 평가자와 관련된 문제로는 평정의 목적 및 방법에 대한 이해가 부족해 평정 결과의 타당도과 신뢰도를 떨어뜨리는 요인이 된다. 또한 5급 이하 공무원 근무성적평가는 물론이고 소관 업무에 대한 성과계약 등에 의해 평가하는 4급 이상의 근무성적평정도 평가자가 감독자만으로 운영하는 이상 감독자 중심의 평정이 될 수밖에 없다는 점도 한계로 지적된다. 한편 근무성적평가위원회 역시 피평가자의 상급자로 구성되며 자신이 소속된 실(室)·국(局)의 피평가자도 잘 모르는 상황에서 부처 전체의 근무성적평가 순위, 평가 등급 구분 및 평가점을 조정하는 역할을 한다는 것은 불합리하다.

넷째, 평정제도를 실제로 운영하는 과정에서 평정제도 자체를 무효화하는 조직 풍토와 구성원의 행태도 문제점으로 지적할 수 있다. 즉, 실적과 관계없이 연공서열이나 경력 선임 순위대로 평가점을 부여하거나 정실에 의해 순위를 먼저 정해 놓고 그 순위에 맞춰 평가점을 부여하는 역산식 평정, 또는 좋은 평가점을 돌아가면서 나눠 갖는 행태 등은 평정제도 자체를 형식화시켜 버린다.

다섯째, 직무분석이 제대로 이뤄져 있지 않은 상황에서 소관 업무에 대한 성과계약에 의한 성과목표 달성도 등으로 평가하는 방식의 근무성적평정의 효율성을 기대하기 어렵다. 즉, 성과계약 평가 방식의 근무성적평정이 이뤄지기 위해서는 무엇보다 행정사무 분장이 직무 중심으로 이뤄져야 하나, 우리나라의 경우 오랜 계급제적 전통으로 아직 직무분석이 제대로 이뤄져 있지 않아 사람 중심으로 운영되고 있어 성과계약 평가 방식의 근무성적평정을 실시하는 데는 한계가 따른다.

여섯째, 현행 근무성적평정구조는 조직이나 부서 전체의 실적 내지 성과를 충분히 반영하지 못하고 공무원 개개인의 성과만 반영한다는 단점이 있다.

(2) 근무성적평정의 개선 방향

근무성적평정을 합리적으로 개선하기 위한 방안을 살펴보면 다음과 같다.

첫째, 근무성적평정을 통제적 목적으로 이용하기보다는 공무원의 능력 발전 등 적극적 목적으로 활용해야 한다. 즉, 근무성적평정 과정에서 환류(feedback) 절차 및 교육훈련수요 판단을 의무화하고, 평가 결과를 승진뿐만 아니라 보직관리, 보수(승급·성과급 및 성과상여금·연봉제)의 결정에 의무적으로 반영하도록 해야 한다.

둘째, 평정의 타당도와 신뢰도, 그리고 공정성을 확보하기 위해서는 평가자가 평정의 목적 및 방법을 잘 이해할 수 있도록 평가자에 대한 교육훈련이 강화되어야 한다. 즉, 평가자에 대한 교육훈련을 통해 평가자에게 평정제도의 목적과 과정을 이해시킴으로써 평정 과정에서 발생할 수 있는 각종 오류를 줄여야 할 것이다.

셋째, 평가자 · 근무성적평가위원회의 재편이 필요하다. 즉, 감독자 중심으로 이뤄지고 있는 평정제도를 보완하기 위해서는 감독자 외에, 동료 · 하급자, 그리고 고객들의 견해가 일정 부분 반영될 수 있는 제도적 장치를 마련하는 것이 필요하다. 또한 근무성적평정 결과의 조정은 확인자 선에서 하도록 하고 근무성적평가위원회는 폐지되는 것이 바람직하다.

넷째, 근무성적의 평가 요소 및 평가점 부여 방식의 개선 및 용도의 구분이 필요하다. 근무성적평가는 용어가 의미하는 바 그대로 근무성적, 즉 실적에 중점을 두고 평가해 평가 결과를 실적 중심의 보상 체계 운영에 반영하고, 직무 수행 능력 요소는 환류 및 교육훈련 목적으로 평가하는 것이 바람직하다.

다섯째, 근무성적평정이 실효성 없이 형식화되지 않도록 하기 위해서는 평정에 대한 구성원들의 의식과 조직의 문화나 관행이 바뀌어야 한다.

여섯째, 성과계약 평가 방식의 근무성적평정이 이뤄지기 위해서는 무엇보다 행정사무 분장이 직무 중심으로 이뤄져야 한다. 이를 위해 사람 중심의 계급제적 전통에서 벗어나 직무 중심의 직위분류제 요소를 강화할 필요가 있다.

일곱째, 개개인에 대한 근무성적평가와 조직에 대한 평가를 통합해 운영할 필요가 있다. 조직에 대한 평가 결과를 개인의 개별적인 평가에 반영함으로써 개인 간의 지나친 경쟁을 완화시킬 수 있다. 예를 들면, 5급 이하 공무원의 경우 개인별 근무성적 평가점수에 과장의 성과계약 등 평가점수를 일정 비율로 합산해 개인의 종합적인 평가점을 산출하는 것도 가능할 것이다.

제3절 성과관리카드

1 성과관리카드[9]의 의의

성과관리카드는 공무원의 개인별 인사 기록의 한 종류로서, 공무원의 업무 성과에 대한 각종 평가 및 감사 결과 등을 종합적·누적적으로 기록·관리해 실적과 능력에 따른 인사 운영 기반을 구축하기 위한 것이다. 이러한 성과관리카드는 종전의 인사기록카드가 경력과 신상 위주로 되어 있어 실제 인사 시 활용 가치가 낮았고, 개인의 성과 및 평가정보가 체계적으로 관리되지 못하는 문제점이 있어 인사기록카드를 개편해 마련했다.

2 성과관리카드의 운영 현황

2005년 2월 '공무원 인사기록 및 인사사무 처리 규정'을 개정해 성과관리카드의 법적 근거를 마련했으며, 동년 5월에 '성과관리카드 기록·관리 지침'을 제정해 이 제도의 운영을 위한 세부적인 내용을 규정했다. 2005년 7월 1일 성과관리카드제도가 시행되면서 각 부처에서는 성과관리 기록관리 시스템을 활용해 4급 이상 공무원의 2004년 성과 및 평가정보를 입력했으며, 작성된 성과관리카드는 고위직 인사심사 및 인재 추천 등에 활용하고 있다. 또한 최근 성과계약평가 등 성과평가 시스템과 성과관리카드를 전자인사관리 시스템(e-사람) 상에서 연계해 성과관리카드 관리 및 활용의 편리성을 제고했고, 전자통합평가 시스템(e-IPSES) 및 감사원 e-감사 시스템 등 각종 정보 관리 시스템과의 연계 체계를 구축해 기존 오프라인 상에서 관리되던 각종 성과정보를 온라인으로 효율적으로 관리하고 있다.

9) 이하는 공무원 인사기록·통계 및 인사사무 처리 규정(대통령령 제28211호, 2017.7.26), 공무원 인사·성과기록 및 전자인사관리규칙(인사혁신처 예규 제33호, 2017.1.2)에 근거한 성과관리카드제도에 대한 설명이다.

3 성과관리카드의 내용

1) 적용 대상

성과관리카드 적용 대상은 행정부 소속 국가공무원에게 해당된다.

2) 기록 대상 성과정보 내용

성과관리카드 기록 대상 성과정보의 내용은 실적 및 능력 평가정보, 정책평가 정보, 기타 평가정보 및 감사 결과 정보로 구분한다.

(1) 실적 및 능력평가 정보

실적 및 능력평가 정보에는 근무성적평정 결과, 성과급 등급 등을 포함한다. 먼저 근무성적평정(성과계약 등 평가 및 근무성적평가) 시에 최종 평가서에 작성된 주요 실적, 상사평가 의견, 평가 등급 등의 결과를 기록한다. 성과급 등급은 성과연봉 등급 또는 성과상여금 지급 등급의 결과를 기록한다.

(2) 정책평가 정보

정책평가 정보에는 정부업무 평가 대상 과제 중 주요 정책과제 부문, 재정사업 부문 등에 대한 자체 평가 결과를 평가 총괄 관련 기관의 확인 · 점검 후 정부업무평가위원회가 확정해 각 부처에 공개한 과제별(또는 사업별) 평가점수, 총평 등을 기록한다.

(3) 기타 평가정보

기타 평가정보는 성과계약 평가 등 등급 부여 결과이다. 성과계약 평가 등급 부여 결과는 성과계약 등 평가 후 평가자가 평가 대상자에게 부여한 평가 등급 부여 결과(평가 등급별 인원, 평가 대상자 수, 전체 평가 등급의 수와 명칭 등)를 평가자의 성과관리카드에 기록한다.

(4) 감사 결과 정보

감사 결과 정보에는 감사원 감사 결과, 자체감사 결과, 개별 기관 감사(인사감사, 민원감사 등) 결과 부과된 처분 중 변상 판정 · 변상명령, 징계(파면, 해임, 강등, 정직, 감봉, 견책), 경고, 불문경고, 주의의 종류 및 사유와 처분일 등을 기록한다.

3) 작성 시기

성과관리카드는 당해 연도 1월 1일부터 12월 31일까지의 성과에 대한 평가 결과 및 감사 결과를 기록하되, 기록 대상 성과정보가 산출된 날로부터 1개월 이내에 작성해야 한다.

4 성과관리카드의 활용 방안

성과관리카드는 각 기관에서 승진, 보직관리, 교육훈련 등 각종 인사관리의 기초자료로 활용되고, 고위공무원단 인사심사에 실질 요건 심사 자료로도 활용된다. 또한 e-사람(전자인사관리시스템)을 통해 5급 이상 공무원의 성과관리카드를 국가 인재 데이터베이스(DB)와 연계해 고위공무원단 적격심사 자료, 정무직 및 정부산하기관장 후보 심사 자료 등으로 적극 활용되고 있으며, 개방형 직위 및 공모 직위 충원 시 요구되는 응시자의 제출 서류로서 적격성 심사 자료로 활용되고 있다. 또한 성과계약 등 평가의 결과와 성과관리카드를 e-사람과 연계해 성과관리카드관리의 편리성을 제고했다. 향후 다양한 성과정보를 추가로 기록하고 활용의 근거를 마련해 승진, 공모 직위, 교육대상자 선발 등 각종 인사 운영 시 성과관리카드의 활용을 활성화할 계획이다.

이상에서 살펴본 성과관리카드의 운영 체계도는 [그림 9-4]와 같다.

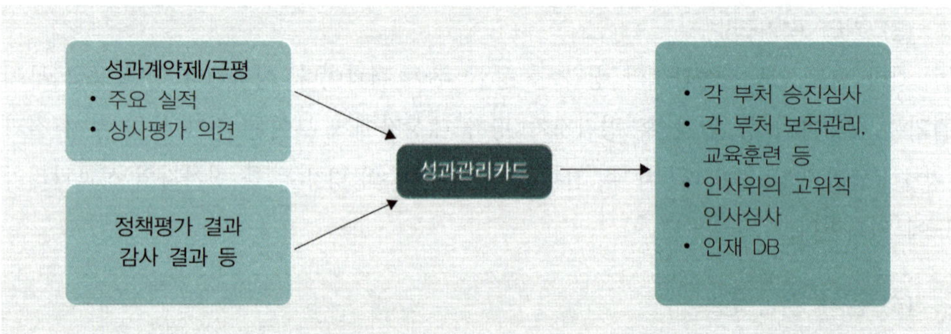

그림 9-4 성과관리카드 운영 체계도

사례 다면평가제도

한국 정부에서는 연공서열과 온정주의 인사 관행에 따른 폐해를 줄이고 공정하고 객관적인 근무성적평정을 위해, 종래의 상급자 중심의 일방향적인 평가를 보완해 동료, 부하 등 좀 더 다양한 시각에서 평가하는 다면평가제도를 도입해 운영하고 있다.

1998년 12월 한국 정부는 공무원임용령을 개정해 동료·하급자·민원인 등의 평가 결과를 승진임용 시 반영할 수 있도록 했으며, 2001년에는 승진뿐만 아니라 특별승급, 성과상여 지급, 교육훈련, 보직관리 등 각종 인사 운영에 다면평가 결과를 반영할 수 있는 근거가 마련되면서부터 다면평가제도가 점차 확산 시행되기에 이르렀다. 참여정부 출범 이후 다면평가가 거의 전 중앙행정기관으로 확산되었으며, 다면평가 결과도 성과급뿐만 아니라 승진, 보직관리, 정기 인사평정, 우수 공무원 선발, 교육훈련 대상자 선발, 직원 능력 개발 등 각종 인사 운영 목적으로 적극 활용되었으나, 이명박 정부에서 개정된 '공무원 성과평가 등에 관한 지침'에 의하면 다면평가 결과를 역량 개발, 교육훈련 등에 활용토록 하고 승진, 전보, 성과급 지급 등에는 참고 자료로 활용하도록 하고 있다(행정안전부 예규 제288호, 2010.1.1).

[문제] 다면평가제도의 장·단점을 논하고, 그 성공적 실시를 위한 전제 조건에 대해 논의하시오.

Public Personnel Administration

10 사기와 동기부여

제1절 사기의 의의

1 사기의 정의

일반적으로 이해하는 사기(morale)의 개념은 일을 하려는 동기(motivation to work), 즉 직무 수행 동기(work motivation), 근무 의욕 혹은 근무 태도라고 정리해 볼 수 있다(오석홍, 1993: 545). 일반적으로 대부분의 사람은 사기가 충천해야 생산성이 향상된다는 생각을 가지고 있다. 물론 직무 만족이 항상 높은 생산성을 가져오는 것이 아닐 수도 있고, 같은 맥락에서 어느 정도의 부담감과 스트레스가 성과를 향상시키기도 한다. 다만, 불만이나 사기 저하가 장기화되는 것은 결코 바람직하지 않다.

이 장의 목적은 사기나 동기부여에 관한 이론과 실제를 소개하려는 것이다. 따라서 다음에서는 사기와 동기부여, 사기조사를 살펴본 다음 동기부여이론을 고찰하기로 한다.

2 사기와 동기부여

사기앙양을 위한 연구를 위해서는 사기조사가 자주 사용된다. 이는 조직원의 사기가 높은 생산성의 주요 원인이 된다는 가정에 근거하고 있다. 하지만 이러한 가정에 대한 실증적 조사의 결과에서는 이 가정과 반대되는 의견을 나타내는 사람도 있다.[1)] 그러나 직무 만족을 통한 사기의 제고가 높은 생산성을 이뤄 낼 수 있는 하나의 요인이라는 가정에는 일반적으로 공감하기 때문에 조직원의 직무 만족을 위한 갖가지 방안이 공공 분야는 물론 민간 사업체에서도 활발히 논의되고 있다.

사기를 논하면서 동기부여를 논하는 것은 아주 자연스럽다. 그러한 까닭에 대부분의 관리학 관련 서적에서 사기 문제를 다룰 때 동기부여라는 독립된 장을 두고 있다. 따라서 이 장에서도 동기부여이론을 중심으로 사기에 관련된 것을 설명하고자 한다. 사기와 동기부여가 매우 관련성이 깊고 또 두 개념을 각각 구별하지 않는 경우도 있으나, 이 책에서 이를 구별해 정리하면 다음과 같다.

동기부여는 직무 수행 동기가 유지되고 활성화되는 과정이나 배경을 강조하는 표현이라면, 사기는 심리적 변화 과정이나 행동 변화의 배경보다는 나중에 드러난 만족감이나 근무 의욕 혹은 태도 등에 비중을 두는 표현이라 하겠다. 따라서 동기부여를 통해 나타난 조직원의 내재적 동기 유발(자기 스스로에 의한 것)과 외재적 동기 유발(조직에 의해 부여된 것을 통한 동기 유발)에 의해 나타난 조직원의 정신적 마음 상태를 사기라고 본다. 따라서 사기나 동기부여는 모두 직무 수행 동기나 직무 만족과 관련이 있는 어휘이면서도, 동기부여가 동기 내용이나 인식 과정을 중시하는 말이라면, 사기는 일정한 기간 동안 형성된 어떤 심리적 결과를 중시하는 표현이라고 볼 수 있다.

3 사기조사

사기에 영향을 미치는 요인들을 측정・관리하고, 직무 만족을 일정한 수준으로 유지・관리하기 위한 수단을 모색하기 위해 사기조사(morale survey)를 자주 활용한다. 특히 개인의 욕구 만족과 직결되는 사기 요인이 성과와 생산성을 결정짓는다고 가정

1) 리커트(Likert, 1961: 13-14)는 직원의 높은 사기가 반드시 높은 생산성을 가져오는 것이 아니라고 밝히고, 사기가 낮더라도 높은 생산성을 가져올 수 있다고 주장했다.

함으로써 조직은 구성원들의 욕구 만족을 중요시하게 되었다. 그러므로 사기조사란 조직행동에 공통 목적을 가진 개인 또는 단체의 심정이나 태도가 어떤 수준인지를 측정하는 것이다.

사기조사를 통해 조직구성원들의 사기를 저해하는 요인을 파악하게 되고 동시에 저해 요인을 제거하기 위한 대책을 수립할 수 있는 기초 자료를 얻을 수 있게 된다. 사기조사는 대체적으로 통계 수치를 활용한 사기조사와 구성원 인식조사로 대별해 볼 수 있다.

첫째, 통계 수치를 활용한 사기조사에는 노동 이동률(일정 기간 동안의 이직자 수와 같은 기간의 평균 재직자 수 대비)에 의한 측정, 결근율 및 지각률에 의한 측정, 그리고 퇴직률, 고충처리율, 사고빈도율 등에 의한 근무 관계 기록 측정 등이 있다(오석홍, 1993).

둘째, 직원들의 심리적 · 감정적 상태를 조사해 그들의 의견과 희망 사항을 듣고 불평 · 불만의 여러 원인과 그 소재를 파악하는 방법이다. 이는 사기의 심리적 기초, 사기 요인, 욕구 충족의 기대 등에 관한 조사 항목에 대해 각자의 의견을 조사하는 것이므로, 이를 사기에 대한 인식조사 또는 태도조사라고 하기도 한다. 태도조사의 방법으로는 일상적인 관찰과 정보 수집, 면접, 설문지를 통한 조사 방법, 그리고 소시오메트리(sociometry: 이는 집단 내의 '인간 관계'를 측정하는 기법으로 조직구성원 상호간의 선호도, 즉 좋아하는 동료와 싫어하는 동료에 대한 인간 관계를 조명해 소시오그램을 작성해 이를 분석하는 것) 등 여러 가지가 있다.

제2절 동기부여이론

영어의 모티베이션(motivation)이라는 말은 라틴어의 'to move'라는 말에서 유래한다. 그러므로 동기부여는 사람의 내면적 상태의 움직임과 관련된다. 물론 이러한 내면적 상태는 하나의 가정적 개념이다. 동기는 사람을 활성화시키고, 행동하게 하고, 움직이게 하는 내적 상태이며, 목적을 향한 행동을 연결시키는 것이다.

동기이론에는 두 가지(내용이론과 과정이론)의 서로 다른 시각이 있다. 내용이론을 먼저 설명하고, 과정(인식절차)이론은 후술한다. 또한 이러한 이론은 조직이론 등에서도 다루는 주제이므로 이 장에서는 핵심적인 사항을 정리하는 방식으로 설명한다.

1 내용이론

내용이론(content theory)이란 사람 마음속의 무엇(what)이 개인의 행동을 유지 혹은 활성화시키는가 혹은 환경 속의 무슨 요인이 사람의 행동을 움직이게 하는가라는 문제와 관련이 있다. 즉, 사람 마음속의 무슨 요인(어떤 내용)이 사람의 행동을 유발, 유지 혹은 활성화시키는 지에 그 초점을 맞추고 있다. 이는 개인적 욕구의 실질적 성질을 확인하는 것이다. 그러므로 핵심적인 질문은 "무엇이 직원을 동기 유발시키는가"에 있다.

내용이론은 조직 생활에서 무엇이 사람들을 만족스럽게 하고 어떤 보상이 조직원의 사기를 높여주는가를 이해하는 데 매우 유용하다. 물론 그렇다고 비판이 전혀 없는 것은 아니다. 이 이론은 정체적이고 기술적이라는 비판을 받기도 한다. 머슬로(Abraham H. Maslow)는 이 이론이 모든 사람들에게 적용된다고 주장한다. 동기 유발의 주요 내용이론에는 머슬로의 욕구 단계 이론, 앨더퍼(Clayton R. Alderfer)의 ERG 이론, 허즈버그(Frederick Herzberg)의 2요인이론, 그리고 맥클랜드(David C. McClelland)의 성취동기 이론 등이 있다.

1) 머슬로의 욕구 단계 이론

머슬로의 이론은 욕구 단계 이론(hierarchy of needs theory)이라고 한다(Maslow, 1943: 370-396). 이 이론은 사람은 욕구의 존재이며, 다섯 가지의 기본적 욕구를 가지고 있다고 주장했다. 지난 1943년에 발표된 그대로를 옮기면 [그림 10-1]과 같다. 안전 욕구(safety needs)는 안전과 안정 욕구(safety and security needs)로, 애정 욕구(love needs)는 사회적·소속적 욕구(social and affiliative needs)로, 존경 욕구(esteem needs)는 존경과 인정 욕구(esteem and recognition needs) 등으로 표현되기도 하며, 일부 용어는 나중에 다소 달리 표현되기도 한다.

인간의 욕구는 우성 계층(hierarchies of prepotency)의 순으로 배열되어 있다고 머슬로는 그의 논문에서 밝히고 있다. 물론 여기에는 "인간이란 영속적으로 무언가를 추구하는 동물"이라는 명제를 근본적으로 가정하고 있다. 물론 이러한 욕구 계층은 고정되어 있는 것으로 해석하기보다는 상대적인 개념으로 이해해야 한다. 다시 말해서, 한 계층의 욕구가 "전적으로 충족되어야" 그 다음 단계의 욕구가 발현된다는 의미로 보는 것은 아니라고 머슬로는 분명히 그의 논문에서 지적했다(Goldstein, 1939: 8-9). 즉, 하위 욕구가 "어느 정도 만족되면(more or less satisfied)," 차상위 계층의 욕구를 추구하게 된다는 의미이다.[2]

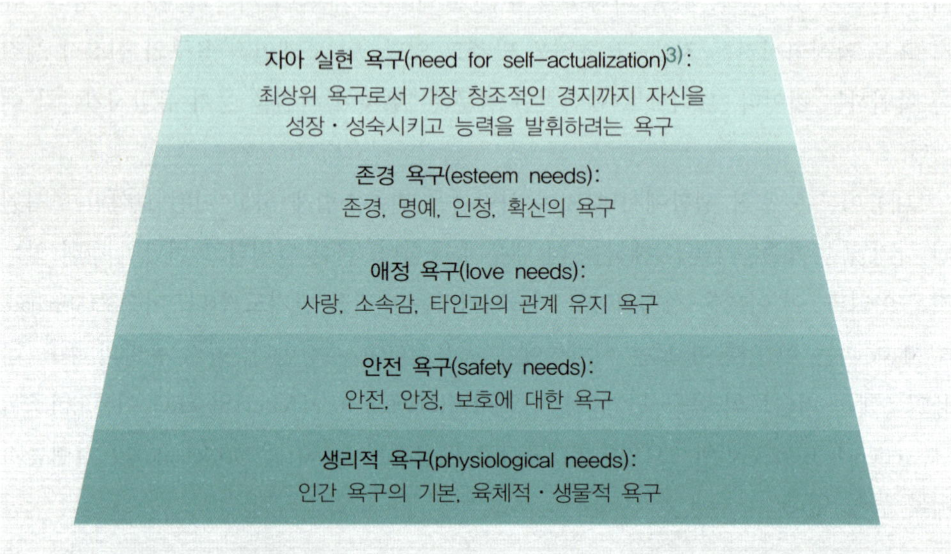

그림 10-1 머슬로의 개인의 기본 욕구 단계

2) 앨더퍼의 ERG 이론

앨더퍼는 머슬로의 욕구이론을 수정해 개인의 욕구 동기를 좀 더 현실적인 시각에서 정리했다(Alderfer, 1972). 앨더퍼는 머슬로의 다섯 단계 기본적 욕구를 세 단계로 축약했다. 그는 기업, 은행, 대학 등의 조직원 814명을 대상으로 경험적 연구를 하면서,

2) 보통 성인(成人)의 경우를 예로 들면 생리적 욕구와 안전에 대한 욕구는 70~80% 정도 충족, 애정과 존경에 대한 욕구는 40~50% 정도 충족, 그리고 자아 실현 욕구는 10% 정도 충족한 것으로 나타난다. 따라서 그 충족의 정도가 다르게 혼재되어 있을 수 있다(Lawless, 1972: 89).

3) 자아실현이라는 용어는 골드슈타인(Kurt Goldstein)이 먼저 사용했고, 머슬로는 이 말을 인용했다(Goldstein, 1939).

그 욕구의 내용을 존재 욕구, 관계 욕구, 성장 욕구로 구분했다.

첫째, 존재 욕구(existence needs)는 머슬로의 생리적 욕구와 안전 욕구의 일부를 포함한다. 허기, 갈증 등과 같은 생리적 욕구와 안식처 등의 물질적 · 물리적 안전 욕망 등을 포함해 존재 욕구라 한다.

둘째, 관계 욕구(relatedness needs)는 머슬로의 안전 욕구 중 대인 관계 차원의 비물리적 안전(원만한 인간 관계 등)과 사회적 욕구, 그리고 존경의 욕구 중 일부(즉, 타인으로부터의 존경, 타인과의 비교를 통해 나타나는 자존심) 등을 포함해 관계 욕구라고 했다.

셋째, 성장 욕구(growth needs)는 머슬로의 존경 욕구 중 일부(자기로부터의 존경, 자기 스스로의 자긍심)와 자아 실현 욕구를 성장 욕구라고 구분했다. 이를 간단히 나타내면 [그림 10-2]와 같다.

<table>
<tr><th>단계</th><th colspan="2">머슬로</th><th>앨더퍼</th><th>욕구 차원</th></tr>
<tr><td>5</td><td colspan="2">자아 실현 욕구</td><td rowspan="2">성장 욕구(G)</td><td rowspan="7">고차원 욕구
↑
↓
저차원 욕구</td></tr>
<tr><td rowspan="2">4</td><td rowspan="2">존경 욕구</td><td>자기로부터의 존중</td></tr>
<tr><td>타인으로부터의 존중</td><td rowspan="3">관계 욕구(R)</td></tr>
<tr><td>3</td><td colspan="2">애정 욕구</td></tr>
<tr><td rowspan="2">2</td><td rowspan="2">안전 욕구</td><td>대인 관계 안전</td></tr>
<tr><td>물리적 안전</td><td rowspan="2">존재 욕구(E)</td></tr>
<tr><td>1</td><td colspan="2">생리적 욕구</td></tr>
</table>

자료: Alderfer(1972: 25).

그림 10-2 머슬로와 앨더퍼의 인간의 욕구 체계 비교

머슬로와 앨더퍼 간의 차이점을 설명하면 다음과 같이 정리해 볼 수 있다.

첫째, 머슬로는 낮은 차원의 욕구가 만족되면 높은 차원으로 그 욕구가 진전되는 과정(satisfaction-progression)을 설명한 데 비해, 앨더퍼는 욕구가 좌절되어 낮은 과정으로의 회귀 과정(frustration-regression)도 함께 설명하고 있다. 즉, 하위 욕구가 만족되면 상위로 진전하는 것 외에, 상위 욕구를 충족하는 데 좌절하면 낮은 단계의 욕구로 회귀한다는 원칙도 함께 제시하고 있다. 즉, 성장 욕구가 충족되지 않아 좌절할 때, 관계

욕구의 중요성이 더 커지므로 해당 차하위 욕구(관계 욕구)에 대한 것이 중요한 동기 유발 요소(key motivator)가 된다는 것이다. [그림 10-3]의 오른쪽과 같이 하위 욕구가 충족되면(need satisfaction) 위로 계속 진전하지만, 그림 왼쪽의 경우와 같이 상위 욕구가 좌절되면(need frustration), 하부로 회귀하는 것을 살펴볼 수 있다.

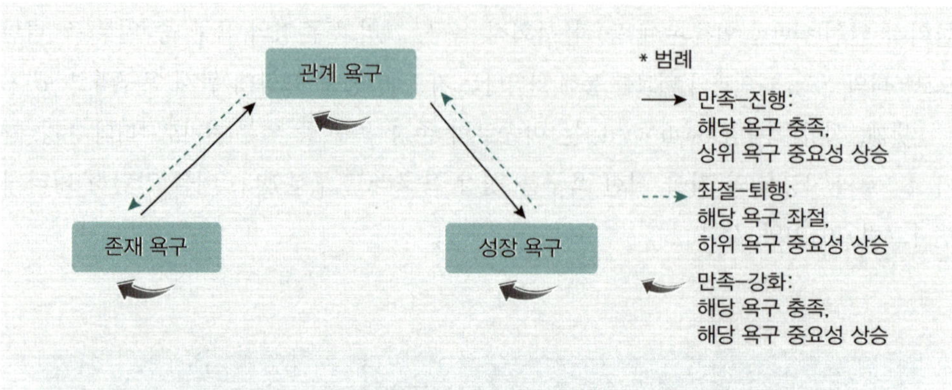

그림 10-3 ERG 이론에서의 욕구 좌절과 욕구 충족

둘째, 머슬로가 보는 욕구 계층에 대한 시각은 사람이 한순간에 하나의 욕구를 취하는 분절형의 욕구 단계로 이해했지만, 앨더퍼는 한순간에 하나 이상의 욕구를 취할 수 있다는 복합 연결형의 욕구 단계론을 주장했으므로, 앨더퍼의 이론이 인간의 욕구를 설명하는 데 더 융통성이 있는 것으로 평가되고 있다.

3) 허즈버그의 2요인이론

허즈버그와 그의 동료들은 두 가지의 이질적 욕구를 발견했다(Herzberg, 1968: 53-62). 인간은 일에 불만을 갖게 되면 자신이 일하고 있는 그 '환경'에 관심을 갖게 되고, 반대로 자신의 일에 만족감을 갖게 되면 자신의 '일 그 자체'에 높은 관심을 갖게 된다는 사실을 발견하게 되었다. 그리고 직무에 만족하지 않는다고 해서 그것이 곧 불만족이 되는 것은 아니다. 또한 불만족이 해소되었다고 해서 그것이 곧 만족의 원인이 된다고 볼 수는 없다. 다시 말하면, 만족과 불만족은 서로 다른 별개의 감정이며, 만족시키는 요인과 불만족시키는 요인이 각각 다르다는 주장이다. 다시 말하면, 불만의 반대가 곧 만족이라는 의미가 아님을 주장했다.[4] 그러므로 불만과 만족이 하나의 직선상의 양극이 아니라 두 가지의 평행선처럼 서로 다른 차원에 존재하는 개념이라고 이야기한다. 그러므로 허즈버그에 의하면 조직에서 만족을 주는 요인과 불만을 끼치는 요인이 상이하다.

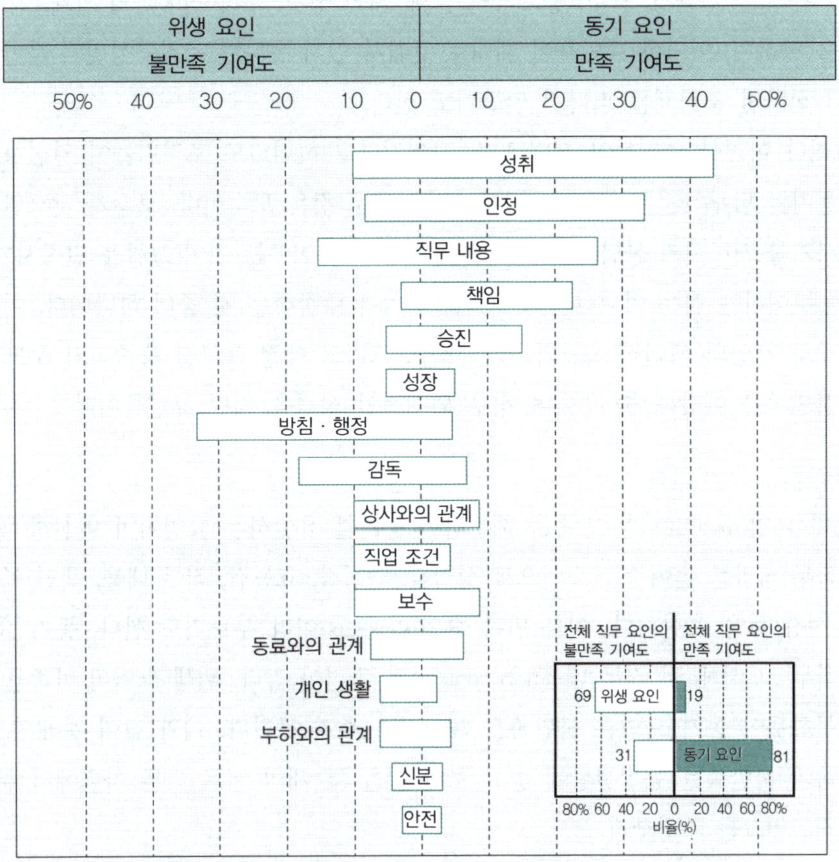

자료: Herzberg(1968: 58).

그림 10-4 허즈버그의 2요인이론의 위생 요인과 동기 요인

4) 즉, 직무 만족(job satisfaction)의 반대는 직무 불만족(job dissatisfaction)이 아니고, 비(非)직무 만족(no job satisfaction)이다. 역시 직무 불만족(job dissatisfaction)의 반대는 직무 만족(job satisfaction)이 아니고, 비(非)직무 불만족(no job dissatisfaction)이다(Herzberg, 1968: 57).

(1) 위생 요인(불만족 요인)

두 가지 요인 중 그 첫째 요인은 개인의 불만족을 줄여주는 효과를 가져오는 요인을 말한다. 이 요인을 위생 요인(hygiene factors)이라 하며,[5] 불만족 요인(dissatisfiers)이라고 부르기도 한다. 위생 요인은 주로 직무 그 자체보다는 직무를 둘러싸고 있는 직무환경과 관련된 요소라 할 수 있다. 주로 조직의 방침(정책)과 행정, 관리 감독, 상사와의 관계, 근무환경, 보수, 동료와의 관계, 개인 생활, 부하 직원과의 관계, 지위, 안전 등을 말하며, 이러한 요인들이 제대로 갖춰져 있지 못하면 조직구성원의 불만이 가중되어 심하면 조직체를 떠나게 만들기도 한다.

그러나 이러한 요인들이 제대로 잘 갖춰진다고 하더라도 조직원들이 열심히 일하도록 동기를 담보하지는 않는다. 여기서 흥미로운 것은 보수이다. 보수가 낮으면 조직원의 사기를 저하시켜 불만스럽게 하지만, 보수를 높여주는 것이 그들을 만족시키거나 동기를 부여하는 것은 아니라는 것이 허즈버그가 주장하는 것 중의 하나이다. 이들 요인은 주로 개인의 생리적 욕구와 안전 욕구, 그리고 애정 욕구를 충족시켜 주므로 개인의 불만족을 예방해 줄 뿐이며 직무 외재적인 성격을 지닌 요인들이다.

(2) 동기 요인(만족 요인)

동기 요인(motivator)은 만족을 제고하여 동기를 유발하는 요인이며 열심히 일하게 하고 직무 성과를 높여주는 요인으로 성취감, 인정감, 효능감, 직무 내용, 책임, 승진・승급, 성장 등을 포함한다. 이를 만족 요인(satisfiers)이라 부르기도 한다. 동기 요인은 주로 직무 그 자체 및 직무 내용(job content)과 관련이 깊다. 위생 요인이 만족을 제고하지 못하듯이 동기 요인은 불만족을 해소시켜 주지 못한다. 이와 같이 종래의 개념, 즉 만족과 불만족을 동일선상에 놓고 보던 것을 두 개의 서로 다른 차원에서 분석할 것을 허즈버그는 주장했다.

4) 맥클랜드의 성취동기이론

맥클랜드는 성취동기이론(achievement motive theory) 또는 학습에 의한 동기이론(learned motive theory)을 주창했는데, 그에 의하면 개인의 욕구 중에서 습득된 욕구들은 성취 욕구(need for achievement), 소속 욕구(need for affiliation), 그리고 권력 욕구

5) 의학적인 시각에서 위생을 환경적이고 예방적인 요인이라고 보면 용어에 대한 이해가 될 것이다.

(need for power)로 분류했다. 이는 개인 스스로가 자기 창조적인 인간으로서 자아 실현의 욕구를 부단히 추구한다는 전제를 바탕으로 하고 있다. 그리고 그는 성취 욕구, 기업적 활동량, 특정 문화에서의 경제 성장은 서로 관련성이 있다고 보았다.

성취 욕구는 무언가를 잘하려고 하는 갈망 혹은 이전에 한 것보다도 더 능률적으로 하려는 욕구를 말한다. 성취 욕구가 강한 사람은 목표 설정을 중요시하며, 도전적 목표 설정을 한다. 그리고 성취 욕구가 강한 사람들은 함께 근무하는 동료에 대해서도 많은 관심을 가지고 생산적인 동료를 선호하며, 특히 목표에 기여할 수 있는 성과 지향적인 동료들과 근무하기를 원한다.

높은 권력 욕구를 가지고 있는 사람들은 영향력과 통제를 행사하는 데 커다란 관심을 가지고 있다는 것이다. 다른 사람의 행동을 변화시키려 하며, 권위와 지위를 얻기 원하며, 자신의 영향력을 행사할 대상을 찾는 데 많은 시간을 보낸다.

소속 욕구가 강한 사람은 다른 사람과의 관계 유지나 사회적 교류에 높은 관심을 가지고 있으며 조직집단으로부터 소외되기를 피하고자 한다. 따라서 소속 욕구가 강한 사람들은 개인 간의 원만한 관계를 유지하려 하고 서로 지원하는 형태로 발전한다. 따라서 소속 욕구가 강한 사람은 조직구성원들과의 관계를 유지하는 데 많은 시간과 힘을 소비한다.

이상과 같이 성취동기이론은 머슬로의 욕구이론을 비롯해 학습이론과 여러 가지 조직행태론에 기반을 두고 있다. 높은 성취 욕구의 사람들로 구성된 조직이나 사회가 경제 발전이 빨랐으며, 성취 욕구가 높은 사람들은 훌륭한 관리자로서 성공했다고 맥클랜드는 주장했다(McClelland, 1953: 297-304). 또 그는 높은 성취 욕구를 가지고 있는 사람들은 낮은 성취 욕구를 가진 사람들보다 관리자가 되는 확률이 높으며, 관리자 역할을 수행하는 데 더 성공적이라고 보았다. 이와 같이 개인과 조직 및 사회의 성공을 기대하기 위해서는 조직구성원들이 높은 성취 동기를 유지할 수 있도록 해야 한다.

5) 직무특성이론

전통적인 동기이론인 내용이론과 과정이론이 사람에 초점을 두었다면, 핵맨과 올드햄(Hackman & Oldham, 1975)은 직무가 사람에게 어떤 영향을 주는지에 관한 이론의 타당성에 관심을 두면서 직무 진단(job diagnosis) 서베이 문항을 구성하기 위한 기초 이론틀로 직무특성모형(job characteristics model)을 제안하였다. 이들의 최초 아이디어

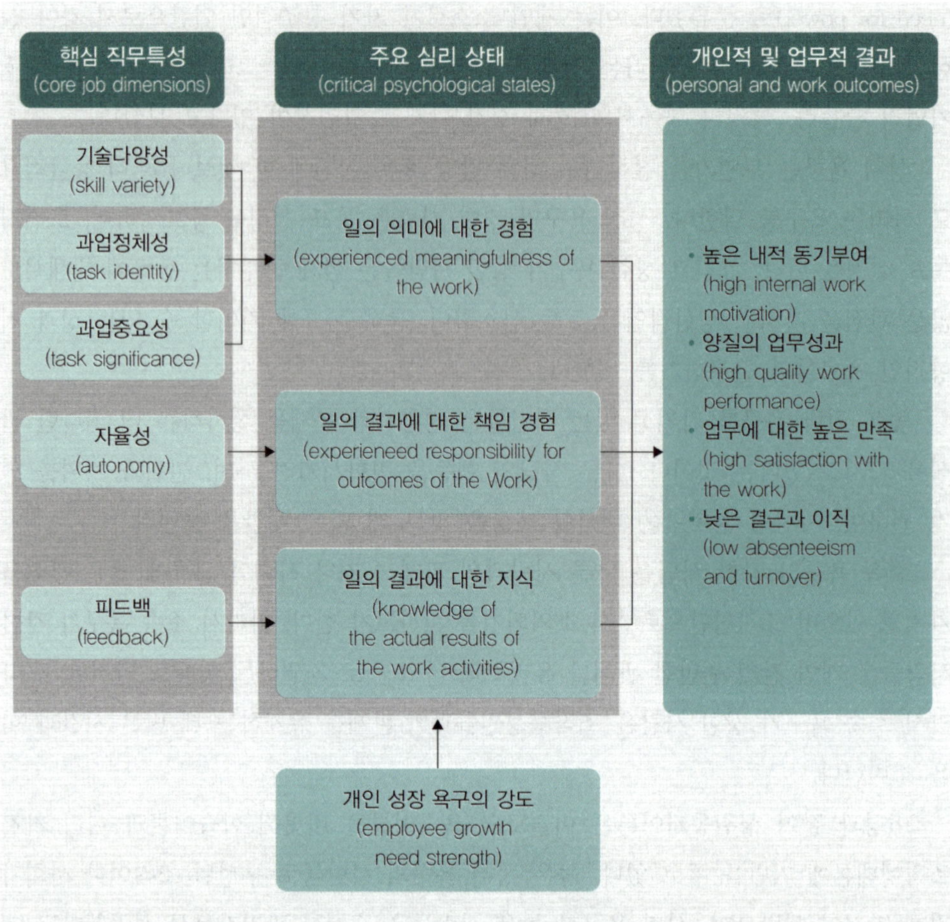

그림 10-5 Hackman & Oldham(1975: 161)의 직무특성모델

는 [그림 10-5]처럼 세 가지 심리 상태(일의 의미에 대한 경험, 일의 결과에 대한 책임 경험, 일의 결과에 대한 지식)를 통해 일과 관련된 다섯 가지 결과 변수(동기부여, 만족, 성과, 결근, 이직)에 영향을 주는 다섯 가지 핵심(core) 직무특성(기술다양성, 과업정체성, 과업중요성, 자율성, 피드백6))에 관한 모델을 제시하는 것이었다. 즉, 직무특성에 따라 개

6) 기술다양성은 직무를 수행함에 있어 서로 다른 다양한 기술들을 필요로 하는 정도를 의미하고, 과업정체성은 직무의 처음부터 끝까지 가시적인 결과를 가지고 식별 가능한 부분과 전체에 대한 완결을 요구하는 정도를 의미하며, 과업중요성은 직무가 조직 내·외로 타인의 일과 생명에 중대한 영향을 주는 정도를 의미한다. 또한 자율성은 일을 계획하고 절차를 결정함에 있어 직무가 직원에게 본질적인 자유, 독립성, 재량을 제공하는 정도를 의미하며, 피드백은 업무 수행 실적의 유효성에 대한 직접적이고 명확한

인의 동기부여 수준이나 만족 수준이 달라질 수 있다고 주장한다. 그리고 이때 개인의 성장 욕구의 강도가 변수 간 조절 변수(moderator)로 역할을 한다고 주장한다. 현실의 조직에서 직무 분화 및 전문화로 작업에 대해 싫증을 느끼는 직원에게 직무특성을 활용한 직무 확대(job enlargement)와 직무 확충(job enrichment)을 적용하여 동기를 부여하는 사례들을 관찰할 수 있다. 한편 핵맨과 올드햄(Hackman & Oldham)은 다섯 가지 직무특성을 통해 구성원의 잠재적 동기 지수(motivating potential score)를 계산할 수 있다고 하였으며, 그 공식은 다음과 같다.

잠재적 동기 지수 = {(기술다양성+과업정체성+과업중요성)/3}×자율성×피드백

이후 핵맨과 올드햄(Hackman & Oldham)은 1980년에 최종적인 직무특성모델을 제안하면서 1975년 모델에서 조절 변수를 두 개 추가하였는데, 지식과 기술(knowledge & skill), 그리고 맥락 만족도(context satisfaction)[7]가 그것이다. 또한 종속 변수에서는 낮은 결근과 이직도 제외하였다.

2 과정이론

과정이론(process theory)은 인식절차이론(cognitive process theory)이라 부르기도 한다. 내용이론이 욕구를 바탕으로 한 이론이라면, 과정이론은 정보 처리나 인식 혹은 직무환경 요인과 상황 등에 초점을 둔다. 이러한 인식 요인들이 서로 어떻게 관련되어 있는가를 분석하는 데 관심의 초점을 두고 있다. 다시 말하면, 인식 변수가 동기 유발에 어떻게(how), 그리고 왜(why) 영향을 미치는지에 많은 관심을 두며, 이러한 변수를 확인하는 것 외에 그러한 변수 간의 관계나 교류 절차에 관해 연구한다. 이 과정이론에는 브룸의 기대이론, 포터와 롤러의 기대이론, 애덤스의 공정성이론 등을 대표적인 예로 들 수 있다.

정보를 획득하는 정도를 의미한다(Hackman & Oldham 1975, 161-162).

7) 직무 관련 근무환경이나 맥락에 대한 만족도를 의미한다.

1) 브룸의 기대이론(VIE 모형)

기대이론(expectancy theory)은 1964년에 브룸(Victor H. Vroom)이 발표한 것으로 "개인이 어떤 행동을 하려 할 때, 어떤 심리적인 과정을 통해 행동하게 되는가?"에 대한 것을 설명하고자 했다. 즉, 행위와 보상이 어떻게 연결된 것인가를 살펴봄으로써 개인의 지각에 의한 동기부여의 과정을 설명하려 했다.

브룸은 동기부여를 정의할 때, "사람들이 여러 자발적인 행위들 가운데서 어떤 선택 과정을 지배하는 것"이라고 했다. 즉, 행동 형성에서 선택 행동의 중요성을 지적하고 있다. 행동 형성 과정에서 여러 가지의 행동대안(behavior alternatives)들을 평가해 자신이 가장 중요시하는 결과를 가져다줄 것이라고 생각되는 대안을 선택하는 것이다. 기대이론의 핵심적인 바탕은 사람들이 행동하고 싶어할 때, 그들이 할 수 있는 것을 행할 것이라는 점이다. 예를 들면, 승진을 하고 싶어할 때 높은 성과를 이룩하면 승진될 수 있을 것이라는 점과 열심히 일해 높은 성과를 이룩할 수 있다면 사람들은 열심을 내는 수준으로 동기 유발이 될 것이다.

브룸의 이론을 구성하고 있는 세 가지 요소는 유의성(valence), 수단성(instrumentality), 기대감(expectancy)이며, 이를 두고 VIE 모형이라 부르기도 하는데, 이 주요 개념 세 가지를 설명하면 다음과 같다.

첫째, 유의성(유인가)은 개인이 특정 결과에 대해 갖는 선호의 강도를 말한다. 일정한 행동을 통해 얻을 수 있는 목표나 결과가 갖는 매력성(attractiveness) 등을 의미한다. 이는 직무 수행에서 받을 수 있는 보상에 대해 그 개인이 느끼는 중요도 또는 선호도이며, 개인이 원하는 결과에 대한 강도이다(Vroom, 1964: 15-18). 유의성에는 개인이 특정 결과를 바라는 긍정적인 유의성(임금, 승진, 인정 등의 바람직한 결과)과 특정 결과를 바라지 않는 부정적인 유의성(동료와의 갈등, 직무 압력, 감독자의 책망 등의 바람직하지 않은 결과)이 있고, 특정 결과와 전혀 무관한 경우는 영(zero)의 유의성이 있다.

둘째, 수단성은 개인이 지각하는 1차적 결과(예: 성과나 생산성)와 2차적 결과(예: 실적 등에 기초한 승진, 승급, 인정)와의 상관 관계(어떤 특정 수준의 성과를 이룩하면 그에 대한 보상이 적절하게 주어지는가에 대한 관계)에 대한 인지도이다. 예를 들면, 높은 성과(생산성)를 이룩했을 때의 수단성은 높은 성과가 항상 승급을 가져오는 +1.0의 관계로부터 성과와 보상 간에 전혀 관계가 없는 0의 관계, 그리고 높은 성과가 도리어 임금 삭감을 가져오는 －1.0의 관계 사이에 존재한다.

셋째, 기대감(혹은 기대치)이란 개인 행동이 자기자신에게 가져올 결과에 대한 주관적 믿음이다. 다시 말하면, 일정한 노력을 기울이면 일정한 수준의 성과(1차적 결과)를 가져올 수 있으리라는 가능성에 대한 주관적인 확률에 대한 믿음이다(박내회, 1989: 165). 수치로 표현할 때 이것은 행동과 결과 간에 관계가 전혀 없는 0의 상태로부터 행동과 결과 간의 관계가 확실한 1의 사이에 존재한다.

기대이론에서 중요한 것은 보상의 내용이나 실체가 아니라 조직구성원이 보상에 대해 어떻게 지각하고 있는가, 그들이 보상에 대해 어느 정도의 매력을 가지고 있는가, 혹은 자기들에게 요구되고 있는 것을 자기들이 해낼 수 있는 가능성을 어떻게 보고 있는가 하는 것 등이다. 이러한 것들은 개인 내부 인식의 문제로써 개인의 성격과 태도 등에 따라 차이가 있을 것이다. 개인으로 하여금 일정한 행동을 유발하도록 유도하는 동기 유발의 힘은 개인이 그 같은 행동의 결과에 대해 기대하는 기대감과 행동의 결과가 그의 마음을 이끄는 매력인 유의성에 의해 결정된다.

[그림 10-6]과 같이 개인의 동기는 자기 자신이 달성할 수 있으리라고 기대하는 1차적 결과 및 그 1차적 결과가 실제로 2차적 결과를 가져오리라는 것에 관한 기대감과 그 2차적 결과인 보상에 대한 선호도의 복합적 함수에 의해 결정된다. 따라서 개인의

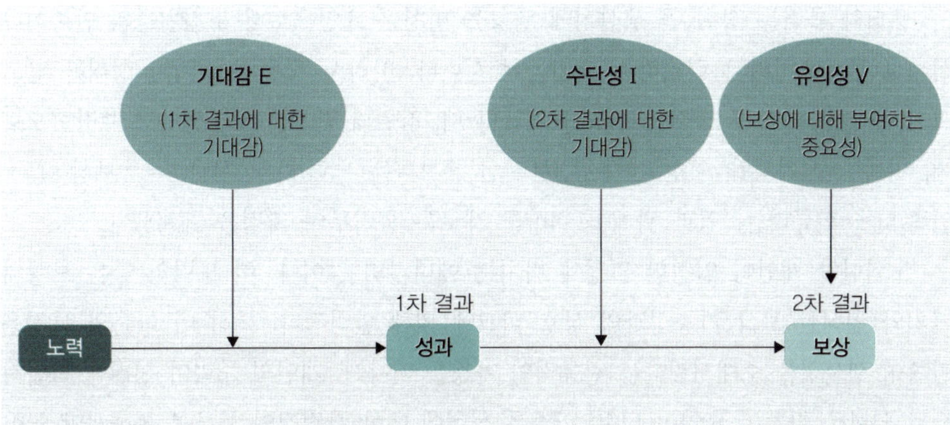

자료: Vroom(1964), Luthans(1981: 187)의 내용을 수정.

그림 10-6 브룸의 기대이론(VIE) 모형

능력이 실제 성과를 거두리라고 기대하고 실제 성과가 승진이나 보상 등 개인이 원하는 결과를 반드시 가져오리라고 기대할수록 개인의 동기는 강하게 작용하고, 그 반면에 거둘 수 있는 성과에 의심이 많고 개인의 성과와 원하는 보상 간에 아무런 상관 관계가 없다고 믿을수록 개인의 동기는 낮게 나타난다.

2) 포터와 롤러의 기대이론(EPRS 모형)

포터(Lyman W. Porter)와 롤러(Edward E. Lawler)는 브룸의 기대이론을 기초로 해서 추가 변수를 포함해 조직에서의 근무에 대한 태도와 성과와의 관계를 설명했는데(Porter & Lawler, 1968: 10-15), 개인은 과거에 습득한 바 있는 경험이나 미래에 대한 기대감에 의한 동기를 부여받는다는 사실을 시사하고 있다. 이들의 기대이론은 노력(effort), 성과(performance), 보상(reward), 만족(satisfaction)이라는 틀을 중시하므로 이를 EPRS라고 부르기도 하며, 여러 요소 중 노력의 정도를 중시하는 모형이다. 이 모형에서는 조직구성원이 어느 정도의 노력을 할 것인가 하는 것이 중요한 질문이 되며, 다른 조건이 일정하다고 할 경우, 노력을 기울이면 기울일수록 높은 수준의 성과를 거둘 수 있을 것으로 예상한다. 또한 일반적으로 높은 성과를 올릴수록 많은 보상을 받게 된다고 생각하지만, 다른 한편에서는 보상이 공정해야 한다는 점이다. 자신이 받은 보상과 다른 사람이 받은 보상이 공정하지 않으면 만족감이 달라지는 것은 자명하다.

포터와 롤러는 성취 곧 생산성에 영향을 미치는 요인으로서 조직원들의 만족이나 사기보다는 오히려 노력이라는 요인을 중시한다. 따라서 직원의 노력이 성취를 낳고 그 같은 성취에 따른 적절한 보상을 지급할 때, 직원의 만족은 보장된다고 주장함으로써, 만족 → 사기앙양 → 성과라는 전통적인 틀보다는 노력(E) → 성과(P) → 보상(R) → 만족(S) → 환류라는, 인과 관계를 뒤바꾼 새로운 동기부여 과정을 제시했다.

노력이란 개인이 일정한 과정에 바치는 에너지의 양이다. 이 노력의 양은 보상의 가치와 인식한 보상 가능성과의 상호 비교에 의해 달라진다. 특히 이 이론의 특징은 만족이 생산성을 증대시킨다는 전통적인 가정을 떠나서, 개인의 노력이 성취에 직접적으로 영향을 미치는 요인이 되고, 만족은 성취에 대한 간접적인 환류를 통해서만 영향을 미친다는 주장이다.

이에 대한 비판으로서는 인간이 그들의 의사결정 과정에서 쾌락주의적 계산을 한다는 가정을 지적하고 있다. 인간의 행동은 이 같은 쾌락주의적 가정이나 경제적 타산

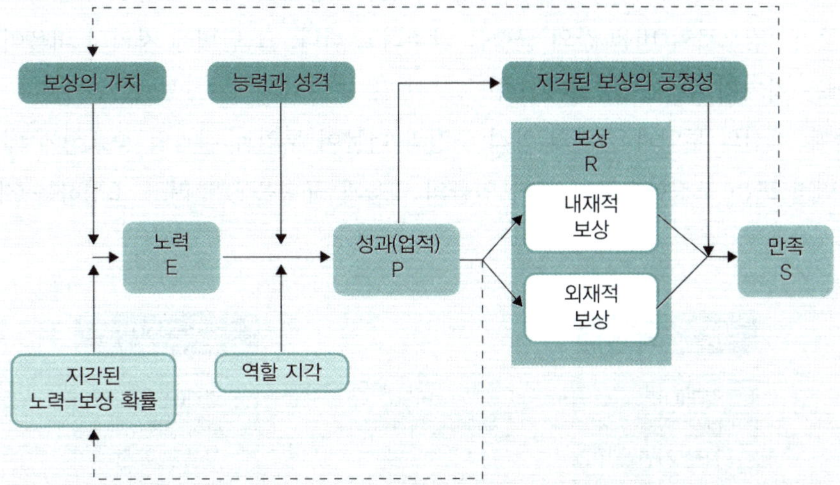

자료: Porter & Lawler(1968: 165).

그림 10-7 포터와 롤러의 EPRS 모형

에 따라서만 행동하는 것은 아니며, 기대이론에서 가정하는 것과 같이 복잡하며 계산적이고 합리적인 과정을 간단히 다룰 수가 없다는 비판 등이 있다.

3) 애덤스의 공정성이론

공정성이론(equity theory)은 애덤스(J. Stacy Adams) 등에 의해 체계화된 이론이다(Adams, 1963: 422-436; Adams & Rosenbaum, 1962: 161-164). 이 이론은 개인의 투입(예: 노력, 성과, 기술, 생산량, 제품과 서비스의 질) 대 결과(예: 보수, 승진, 인정, 칭찬, 지위)의 비율을 동일한 직무 상황 내에 있는 다른 사람들의 투입(inputs) 대 결과(outcomes)의 비율과 비교한다는 것이다. 즉, [그림 10-8]의 $(O/I)_F \leftrightarrow (O/I)_R$과 같이 비교하는 것이다.

그리하여 이 두 비율이 동일할 때 공정성이 있고, 이 두 비율 간에 어느 한쪽이 크다거나 작을 때 불공정성이 지각된다. 이로부터 '느낀 불공정성'이 동기를 유발하는 마음이 된다는 것이다. 이러한 개인의 불균형을 해소하기 위한 방법으로서는 투입의 변경, 결과의 변경, 투입이나 결과의 의식적인 왜곡, 그리고 이직 등이다(김석회, 1993: 170; 이학종, 1991: 171-172). 상황별 반응을 살펴보면 다음과 같다.

제1편 제2편 제3편 제4편 제5편 제6편

첫째, 준거 인물과의 비교 결과 자신의 비율이 상대적으로 큰 경우에는 자기의 투입을 증가시킴으로써 비율 간의 균형을 맞추려고 한다. 그 반면에 자기의 비율이 작은 경우에는 자기의 투입을 감소시킨다.

둘째, 자신의 투입과 결과의 양적 조정과 더불어 투입과 결과의 중요성에 대한 개념을 변경 또는 조정함으로써 준거 인물의 비율과 균형을 맞추려고 조정하는 것이다.

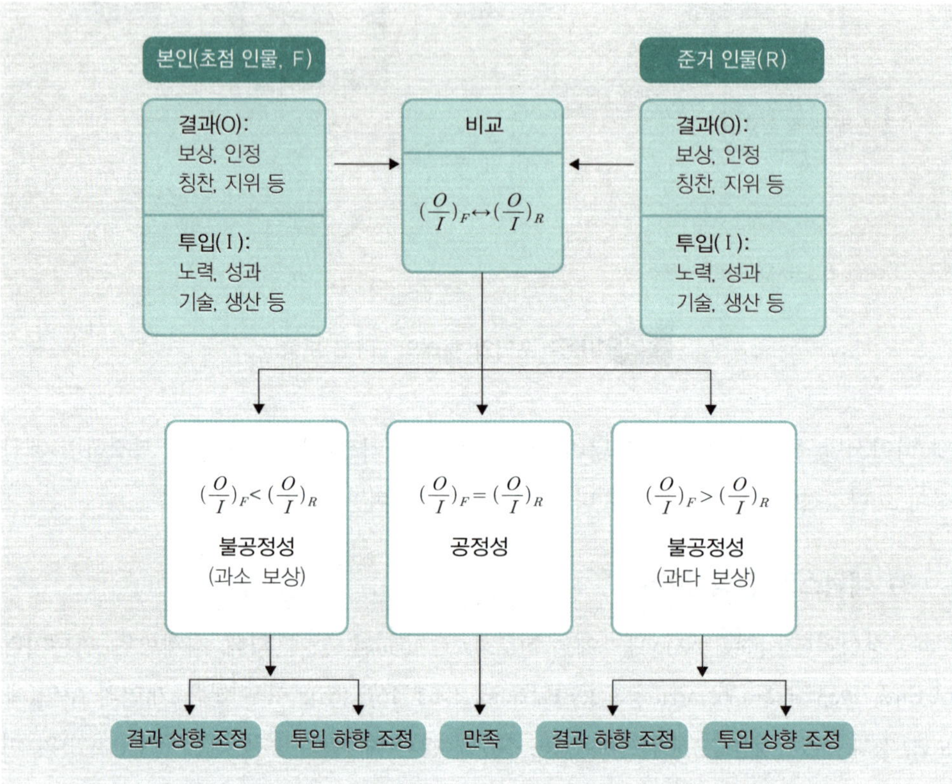

자료: Szilagyi & Wallace(1983: 118).

그림 10-8 공정성이론 모형

셋째, 자기 자신의 투입과 결과를 조정하는 대신에 준거 인물의 투입과 결과를 조정함으로써 상호 비율 간의 불균형을 줄이는 것이다. 즉, 불공정성의 경우, 개인은 자신의 투입을 상향 조정하는 대신에 준거 인물의 투입이 하향 조정되기를 바란다. 또는 불공정성이 일시적인 현상으로 곧 해결될 것이라고 합리화시키는 심리적 왜곡 행위(distortion) 등이 일어날 수 있다.

넷째, 불공정성이 극도로 심하게 느껴지고 이를 해소하기 위한 적절한 행동 모색에 실패하면 개인은 마지막 방법으로 조직체를 떠나게 되는 선택도 할 수 있다. 또한 불공정한 상황에 대응해 결근이나 도피 행동도 발생할 수 있다.

4) 자기결정이론

어떤 사람들은 적극적이고 참여적인 반면, 또 어떤 사람들은 소극적이고 소외되기도 하는데, 그것은 그들이 개발하고 역할을 하는 사회적 조건에 의해 좌우되는 경우가 많다고 한다. 데시와 라이언(Deci & Ryan, 1985)은 자기결정이론(self-determination theory)을 주창하면서 자기동기부여(self-motivation) 및 건강한 심리적 발전을 위한 자연스러운 과정을 조장하거나 억제하는 사회적 맥락적 조건(social-contextual conditions)에 초점을 둔 연구를 진행하였다. 즉, 자기결정이론은 스스로 동기부여하는 것과 그 긍정적인 과정을 강화하는 조건들에 관한 기초가 되는 개인의 내재된 성장 성향 및 타고난 심리적 욕구에 대해 연구하는 이론인데, 라이언와 데시(Ryan & Deci, 2000)는 이 과정에서 핵심적 역할을 하는 것으로 보이는 유능감(competence),[8] 관계성(relatedness), 자율성(autonomy)이라는 세 가지 욕구를 발견하였다. 이들은 학습과 창의성을 유발하는 직무는 개인의 자율성과 유능감 등을 강화시켜 그 일에서 즐거움과 만족을 받는 내재적 동기를 유발한다고 주장한다. 한편 어떤 개인들에게는 금전적 보상 같은 외재적 동기가 개인의 자율성 및 유능감, 그리고 자기 통제(self-control) 등에 손상을 주어 내재적 동기 유발을 저해하기도 한다고 주장한다.

3 공공봉사동기이론

공공부문에 특유한 동기부여이론이 필요하다는 문제 의식에서 페리와 와이즈(Perry & Wise, 1990: 368)는 공공봉사동기(public service motivation)이론을 주창하였는데, 이들은 공공봉사동기를 "공공조직이나 제도에 주로 또는 특유하게 내포되어 있는 동기부

8) 유능감은 어려운 일을 잘 해낼 것이라는 자신의 능력에 대한 자신감을 의미하며, 성공적인 임무 수행에 따른 성취감에서 충족된다고 한다.

여 요소에 반응하는 개인의 내재적 성향"[9]이라고 정의하였다. 즉, 공공부문 종사자는 공공부문이 제공하는 동기부여 요소에 대한 태생적인 끌림이 있어서 공공부문에서 근무하는 선택을 하게 된다는 주장이며, 공공부문이 제공하는 동기부여 요소로는 공익에의 몰입(commitment to the public interest), 공공정책에 대한 끌림(attraction to policy making), 연민(compassion), 자기 희생(self-sacrifice) 등을 언급하고 있다. 기존의 동기부여이론들은 자기 이익 추구적인(self-interested) 인간관을 전제로 하고 있는 것에 반해, 공공봉사동기이론은 자기 이익 추구적인 성격을 내포한 합리적인 동기(rational motives)뿐만 아니라 공익이나 이타적인 관점을 포함하는 규범적 동기(norm-based motives)와 정서적 동기(affective motives)에 기초하고 있다. 페리와 와이즈(1990)는 공공봉사동기가 높은 사람이 공공부문에서 일할 가능성이 높고, 공조직에서는 공공봉사동기가 높은 사람이 더 높은 성과를 낼 가능성이 크며, 공공봉사동기가 높은 사람들이 모일 가능성이 높은 공조직에서는 성과를 관리하기 위해 실용적 유인(utilitarian incentives)에 덜 의존하고 규범이나 정서적인 인센티브에 더 의존하게 될 것으로 예상하였다.

다만, 라이트와 그랜트(Wright & Grant, 2010) 등 후속 연구자들은 페리와 와이즈의 주장과는 달리 공공봉사동기가 개인에게 미리 내포되어 있는 정태적인(stable) 기질적 성향이라기보다는 공공부문의 직업을 선택하고 나서 공공부문의 직무에 대한 경험을 통해 공공부문에 사회화되면서 체화해 가는 동태적인(dynamic) 성격을 갖는다고 주장한다. 즉, 이들은 공공봉사동기가 직업 선택의 선행 변수가 아니라 공공봉사동기가 직업 선택의 후행 변수라고 주장한다. 최근 우리 사회에서 공직에 입직하는 사람들이 공직의 안정성 및 유연한 워라밸 제도 등과 관련된 장점에 많은 관심을 보인다는 지적이 있는데, 이런 경우 페리와 와이즈(1990)의 원래 예상과는 달리 공공봉사동기가 낮은 사람들이 공직에 입직할 가능성도 배제할 수 없으므로 채용 과정에서 공공봉사동기가 높은 사람을 선발할 수 있는 장치를 강화하는 것이 필요하고, 입직 후에도 교육훈련을 통해 공공봉사동기를 강화하려는 노력이 필요할 것이다.

---

9) an individual's predisposition to respond to motives grounded primarily or uniquely in public institutions and organizations.

제3절 사기관리의 문제점과 개선 방향

제4차 산업혁명 시대를 맞아 정부의 경쟁력 향상이 주요 과제로 등장하면서 정부 전체의 생산성 향상은 물론 공무원 개개인의 경쟁력을 향상시키는 것이 필요한 때이다. 이를 위해 정부나 자치단체는 당해 기관의 공무원들의 사기를 앙양시켜 근무 의욕을 증진시켜야 한다. 특히 최근에는 MZ세대 젊은 공무원들의 높은 이직률에서 알 수 있듯이 공무원의 사기 문제는 유능한 인재의 보유(retention)라는 측면에서 중요한 이슈가 되고 있는 상황이다. 공무원의 사기 저하는 무사안일과 책임 전가로 발전하기 쉬우며, 자신의 창의적이고 적극적인 근무보다는 상관이나 상급 기관의 눈치를 보거나 현상 유지 등에 치우치는 소극적인 행정관리에 머물기 쉬운 경향이 있으므로 공무원들로 하여금 높은 수준의 사기를 유지 혹은 활성화시키는 것이 무엇보다 필요하다.

1 사기의 저해 요인

우리의 행정 현장에서 공무원의 사기를 저해하는 요인들을 정리하면 다음과 같다.

첫째, 변화에 대한 부적응이다. 행정환경의 변화에 부응하는 적응력이 부족하면 혁신을 거부하는 경향이 나타난다. 그런 맥락에서 공직자들에게 높은 사회적 변화 감수성 및 변화 관리 역량이 요구된다.

둘째, 비민주적 조직문화와 엄격한 내부통제이다. 공무원의 자율규제 능력을 제고해야 함에도 불구하고 지나치게 규제나 내부통제에 얽매어 있으면 개인의 능력을 발휘하기가 쉽지 않다.

셋째, 적시성이 불충분한 일하는 방식이다. 디지털시대인 요즈음에도 대면 결재를 고수한다든지 과거의 의사결정 방식이나 회의 행태를 유지하게 되면 이는 사기에 부정적 영향을 준다.

넷째, 공직에 대한 사회적 신뢰 및 평판이 저하되고 있다. 정부에 대한 신뢰성이 떨어지면 공무원의 사기에도 부정적인 영향을 끼치게 된다.

다섯째, 위법부당한 지시와 통제는 사기를 저하시킨다. 상부 기관의 일방적 지시, 지나친 방침 하달, 현실과 괴리가 큰 부적절한 지시와 통제 등은 공무원을 절망시킨다.

여섯째, 갑질과 직장내 성희롱이나 괴롭힘(bullying) 등도 사기저하의 원인이 된다.

일곱째, 과중한 업무, 초과근무의 일상화, 악성민원에 의한 감정노동 등으로 인해 공무원의 근무 의욕이 저하되고 있는 것도 원인이다(오석홍, 1993: 567-570).

2 공무원의 사기앙양 방안

공무원의 사기앙양을 위해서는 첫째, 공무원 개인 차원에서 인식의 전환이 필요하다. 신분보장에 의지하는 생각을 버리고, 생산성을 높이며 조직에 기여하기 위해 변화에 대한 적응 노력과 선도적인 변화 노력 강화에 힘써야 한다.

둘째, 제도적인 차원에서 승진 및 보수 등 인사제도와 일-생활 양립지원정책 등 후생복지제도 등을 지속적으로 선진화해 가야 한다. 공직자들은 승진 및 평가제도, 보수제도, 후생복지제도 등의 개선을 바라고 있다.

셋째, 범정부적으로 일하는 방식 및 조직문화 혁신 등을 추진해서 문제가 되고 있는 부분들을 개선해야 사기를 근본적으로 앙양할 수 있다. 혁신 과정에서 일시적으로 공무원들의 사기가 저하될 수도 있지만, 지속적인 제도 개선은 행정의 선진화를 위한 필수적인 과정이다.

공무원의 사기를 앙양하는 구체적인 방법은 사기 형성의 주요 요인을 충족시켜 주는 방법이 가장 효과적일 것이다. 동기유발이론에서 지적하는 여러 가지 요인 간의 상관 관계를 중심으로 사기앙양책을 강구하는 것이 필요하다. 예를 들면, 우리가 잘 아는 머슬로(Abraham H. Maslow)의 이론을 사기앙양에 적용해 볼 필요가 있다. 즉, 앞으로는 자기 실현 욕구와 관련된 직무 내용에 중점을 두어야 하며, 조직구성원들에게 재량권을 주어 스스로 책임 의식을 가지고 성과를 제고할 수 있게 자율화하고, 이를 통해 나타난 좋은 결과에 대해서는 높이 인정해 주는 것이 사기앙양에 더 효과적이라는 의미이다.

한편 허즈버그(Frederick Herzberg)의 시각에서 본다면, 정부기관이나 산업체가 보수정책의 변화를 통해 조직원의 사기를 제고하겠다는 사기앙양책은 단기적인 대책이며, 성취, 인정, 일 그 자체, 책임, 승진·승급, 성장(자기 발전) 등이 오히려 주요한 만족요인이므로 성취감을 북돋워 주어야 할 뿐만 아니라 아울러 높은 수준의 성취를 한 사람에게는 그에 상응한 보상해 줄 수 있는 공정한 보상 체계가 정착되어야 한다. 아울러 직무를 수행할 때 재량권을 부여하면서 엄격한 책임관리제를 실시해 자신의 일에 자긍심을 갖도록 해 줄 때, 성취 동기가 좀 더 왕성하게 작용할 수 있다. 또한 허즈버그에 의하면 불만족 요인으로는 조직의 지침, 관리 감독, 상사나 동료와의 관계, 근무 조건, 보수, 지위, 안정 등을 들 수 있다. 따라서 공무원들의 불만을 해소하기 위해서는 앞에서 열거한 이러한 요인들에 대한 개선이 이뤄져야 한다. 이를 좀 더 부연하면 다음과 같다.

첫째, 근무 조건을 개선하고 일과 삶의 균형이 가능하도록 행정 혁신을 추진해야 한다. 아울러 공무원의 사무실 공간 확보는 물리적으로 가장 기본적인 요소이다. 정부세종청사 신축 시 사무실 공간이 상대적으로 비좁다는 지적이 있었는데, 영국처럼 공무원 1인당 사용 공간을 법제화하든지 해서 앞으로 새로운 건물을 짓거나 개축할 때 공무원의 사무실 공간을 현실화해 주어야 한다.

둘째, 공무원 보수를 합리화해야 한다. 제반 경제 사정에 적합한 보수 체계를 이뤄야 하나, 이것이 제대로 되지 못하고 있는데 앞으로는 공무원 보수가 민간 보수 평균값과 비슷해야 한다. 어느 하나(안정성, 사회적 인정, 보수 등)에 비교 우위가 없으면 우수한 인재가 공직에 들어오거나 공직에 남아 있지 않으려고 할 것이다.

셋째, 인사제도를 개선해 좀 더 합리적이고 공정한 승진제도를 운용할 수 있도록 해야 한다. 공직에서 승진이 가지는 의미는 실로 지대하며, 보수를 포함한 모든 부문의 상승 변화를 동반하는 승진은 동기부여 방법 중 가장 중요한 요소라고 알려져 있다. 따라서 승진에 신뢰를 확보하지 못하면 사기가 떨어진다. 그리고 무엇보다도 한국사회는 기분에 민감하다. 기분 상하게 만드는 제도와 관행은 사기를 저하시키므로 후진적인 관행 등을 개선해야 한다.

요약하면, 우선적으로 인사행정제도(임용, 배치, 승진, 전보, 교육훈련, 근무평가 등)가 합리적인 방향으로 개선되고, 또한 그 제도가 합리적으로 운영되도록 지속적인 개선 작업을 해야 한다. 그리고 권위주의적이고 정실주의적인 행정문화를 개선해 신바람나는 일터(best place to work)로 만들어야 한다. 다양성과 창의성보다 획일성만을 강조하는 공직 풍토는 지양되어야 한다. 아울러 사기관리를 단순하게 보수관리와 동일시하기보다는 보수를 포함한 총체적인 사기관리가 전략적인 인력 개발 차원에서 이루어지도록 노력해야 한다. 다시 말하면, 직원의 모집에서 퇴직 후의 연금관리까지 총체적으로, 그리고 전략적으로 관리되어야 할 것이다. 이와 동시에, 개인이 노력에 의해 좋은 성과를 실현할 경우, 조직은 그에게 각종의 보상을 부여해야 한다. 또 성과 그 자체에서도 만족을 느낄 수 있도록 해주어야 한다. 더불어 직무분석과 직무재설계를 촉진해 직무를 확충하거나 다양화 혹은 충실화하는 것도 공무원들의 업무 적정화를 위해 도움을 줄 것이다. 아울러 공직사회 내부의 사기 파악을 위해 직무만족도 조사와 같은 공무원 사기조사를 정기적으로 실시해 사기관리를 더 과학적으로 실시할 필요가 있다. 즉, 사기관리의 가장 기본적인 업무로서 공무원들의 사기 측정을 위해 주기적으로 태도조사 등을 실시해 공직 생활 등 여러 항목에 대한 만족도나 의견을 수렴해 좁게는 사기관리에, 넓게는 인사관리에 적극 반영해야 할 것이다. 그리고 직원들의 사기는 조직이나 제도가 직원을 앞서 이끌어 갈 때 더 진작될 것이므로 조직도 끊임없는 학습이 필요하다.

3 고충심사제도

여러 가지 인사상담이나 고충심사를 통해 공무원의 불안감, 좌절감을 해소시키며 불이익을 구제하거나 개선해 주어야 한다.[10] 특히 고충은 공무원이 자기 힘으로써 감당할 수 없는 근무상의 불만을 털어놓는 것이므로 불평의 정당성은 나중에 판단하더라도 이를 접수해 일단 해결책을 검토해야 할 필요가 있다. 이는 공무원이 근무 조건, 인사관리 기타 신상문제에 대해 불만이 있는 경우에 책임 있는 인사권자에게 고충심사를 청구해 심사 및 인사상담을 거쳐 고충에 대한 적절한 해결책을 강구해 주는 제도로서 심사기관이 제3자적 입장에서 고충 사안이 원만히 해결되도록 주선하고 권고하는 조정자적 역할을 수행하는 제도이다. 고충심사제도는 공무원의 근무 여건에 애로사항으로 작용하는 여러 문제점을 살피고, 이를 해소함으로써 공무원의 권익을 좀 더 확실하게 보장해 사기를 진작시키고 직무의 능률을 향상시키고자 하는 데 목적이 있다. 그러나 '변상명령' 등 다른 법령에 의하여 처리되는 사항, 소청심사 대상, 연금급여심사 대상, 감사원의 처분에 대한 재심의 사항 등은 고충심사 대상에서 제외된다. 중앙인사관장기관의 장, 임용권자 또는 임용제청권자는 고충심사 결과 필요하다고 인정되면 처분청이나 관계 기관의 장에게 그 시정을 요청할 수 있으며, 요청받은 처분청이나

10) 고충심사에 대한 법적 근거는 국가공무원법 제76조의2, 제76조의3; 경찰공무원법 제25조; 소방공무원법 제22조; 교육공무원법 제49조; 지방공무원법 제67조의2, 제67조의3 등이다.

관계 기관의 장은 특별한 사유가 없으면 이를 이행하고, 그 처리 결과를 알려야 한다.

정부는 공무원의 고충을 심사하기 위하여 중앙인사관장기관에 중앙고충심사위원회를, 임용권자 또는 임용제청권자 단위로 보통고충심사위원회를 두되 중앙고충심사위원회의 기능은 소청심사위원회에서 관장토록 하고 있다. 중앙고충심사위원회의 기능은 소청심사위원회에서 관장하며, 현재 중앙고충심사위원회는 위원장 1인을 포함한 상임위원 5인과 비상임위원 4인으로 구성되어 있다.[11] '보통고충심사위원회'는 임용권자 또는 임용제청권자 단위별로 6급 이하 공무원의 고충을 심사하기 위해 행정기관별로 설치된다. 그 밖에 경찰공무원과 소방공무원의 고충을 심사하기 위한 경찰공무원 보통고충심사위원회와 소방공무원 보통고충심사위원회가 설치되어 있다. 한편 교육공무원의 고충을 심사하기 위한 기관으로는 중앙고충심사위원회와 보통고충심사위원회가 설치되어 있는데, 교육공무원의 중앙고충심사위원회 기능은 교육부에 설치된 '교원소청심사위원회'가 담당하고 있다.

고충심사제도는 공무원의 근무 여건에 애로 사항으로 작용하는 여러 문제점들을 살피고, 이를 해소함으로써 공무원의 권익을 보다 확실하게 보장하여 사기를 진작시키고 직무의 능률을 향상시키고자 하는 데 목적이 있다. 인사혁신처는 소청심사위원회의 기능을 활성화하는 차원에서 고충심사 기능을 활성화하는 방향으로 정책을 추진하고 있다. 특히 최근에 성희롱, 성폭력 등과 같은 문제가 사회적 반향을 일으키면서 공직 내부에서도 고충심사제도를 활성화하고 있다. 또한 고충심사는 쟁송 사항이 아니기 때문에 해당 공무원이 위원회 설치 기관의 장에게 문서로 청구함으로써 신청이 가능하다. 고충심사 청구에는 청구 기간에 제한이 없으며, '재청구'는 그 결정서를 받은 날부터 30일 이내 직접, 우편, FAX, 온라인, E-mall 등으로 할 수 있다.

11) 관련 내용은 소청심사위원회의 홈페이지(sochung.mpm.go.kr) 참조.

사례 공무원 사기앙양 대책 급하다

… 한국행정연구원의 '2023년 공직생활실태조사'에 따르면 5년 미만 공무원 2명 중 1명꼴인 54.6%가 이직 의향을 가지고 있었다. 이유로는 77.4%가 '낮은 보수'를 꼽았다. 국회입법조사처는 보고서에서 "저연차 공무원의 퇴직은 단기적으로 인력 부족에 따른 업무 공백과 기존 직원의 업무 과부하를, 장기적으로는 공공조직의 대외적 위상하락과 함께 인재 확보 곤란으로 인한 공무의 부실화를 초래할 수 있다"고 지적했다.

그러면서 "보수 현실화와 연금개혁 과정에 젊은 공무원들의 의견을 반영할 필요가 있다"며 "공직사회에서 MZ세대의 비중이 높아짐에 따라 이들의 특성에 맞는 유연한 조직문화를 조성할 필요가 있다"고 강조했다.

(뉴스1, 2024.7.17)

[문제 1] 공무원들 사기 저하의 원인 중 보수 이외의 것들에 대해 논의하시오.
[문제 2] 공무원들의 사기를 앙양시킬 수 있는 방안들에 대해 논의하시오.

Public Personnel Administration

11 보수와 연금

제1편 제2편 제3편 제4편 제5편 제6편

제1절 보수

1 보수의 의의

민간 분야와 공공 분야를 막론하고 직원들의 최대 관심사 중의 하나가 보수(compensation)이다.1) 보수 그 자체가 공무원 사기와도 관련이 있다는 것은 이미 주지의 사실이다. 어떤 조직이건 직원들은 늘 보수에 커다란 관심을 두고 있다. 왜냐하면 이것은 인간의 기본적 생존의 문제와도 직결되기 때문이다. 그러므로 인사행정에서 제도 부분을 제외하면 보수, 성과관리, 인재개발 등 관리 이슈들이 중요한 과제가 되고 있다. 외국의 여러 나라에서는 개인의 경험과 여러 가지 경력에 따라 같은 직급이나 직위에 있는 사람이라 할지라도 차등적으로 보수를 결정하기 때문에 보수관리는 다원화되어 발전해 왔지만, 우리나라는 상대적으로 다원화되지 못했다.

1) 보수에 대한 일반적인 용어는 compensation로서 이는 급여와 후생을 포함한 포괄적 개념이다. 그리고 wage는 근로 시간(hourly pay 혹은 minimum wage)을 보상 단위로 하는 보상을 의미할 때 주로 사용되며, salary는 주급, 월급, 연봉 등 일정 기간의 총괄적인 노동에 대한 대가를 의미하는 용어라고 볼 수 있다. 그리고 pay는 노동의 대가로 주어지는 금전적 가치를 말한다. 하지만 항상 이와 같이 엄격하게 구별해서 사용하는 것은 아니다.

일반적으로 보상 시스템은 비금전적 보상(내재적 보상)과 금전적 보상(외재적 보상)으로 나눌 수 있으며, 보수는 금전적 보상에 해당된다. 보수와 관련된 행정은 직접관리와 간접관리로 나눠 살펴볼 수 있다. 정부부문에서의 직접관리는 임금론에 기초한 직접적 급여 형식의 봉급관리이고, 간접관리는 복지후생 차원에서 간접적 급여 형식의 각종 수당관리라고 말할 수 있다. 이를 간단히 나타내면 [그림 11-1]과 같다.

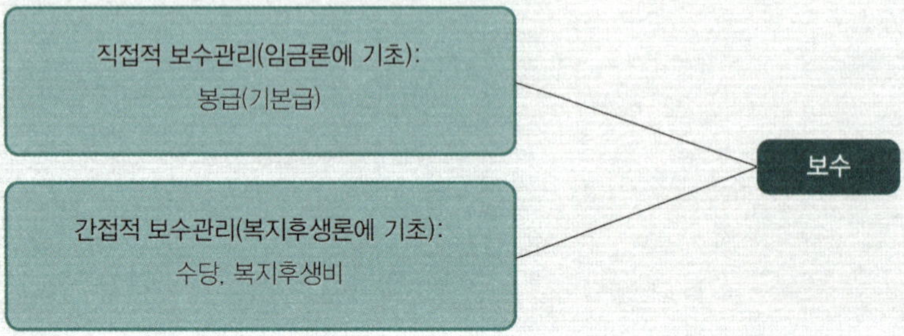

그림 11-1 정부 보수관리의 기본 모형

노동경제학적인 시각에서의 보수는 근로자의 노동력 제공의 댓가로서 지급되는 금전적 보상, 즉 임금의 개념으로 이해되며, 이는 고용자가 피고용자에게 지불하는 것이라고 표현된다(최종태, 1981: 114). 물론 이에 관한 고용자의 시각과 피고용자의 시각이 다를 수 있다. 고용자(사용자)는 적은 비용으로 양질의 인력을 유지·확보해 생산성이 향상되기를 원하면서 경제 상황과 지불 능력 등을 고려해 임금을 결정하고자 하고, 피고용자는 더 높은 임금 수준으로 소득을 높이기를 원하고 생계유지 수단으로서 노동의 적정한 대가를 주장하게 된다.[2)]

그러나 공무원의 보수는 국민경제, 사회의 제반 정책 등에 미치는 영향 등을 고려해 민간 분야의 보수관리보다 더 엄격히 관리되고 있다. 즉, 공무원의 보수는 국가 정책적인 시각에서 거시적(macro)으로 관리되고 있고, 민간 분야에서는 종업원들의 적극적인 공헌을 획득하기 위해 어떤 수준의 임금을 결정할 것인가 하는 미시적인 입장에

2) 근로기준법 제18조에 의하면, 임금(wage)을 사용자가 근로의 목적으로 근로자에게 임금, 봉급, 기타 여하한 명칭으로든지 지급하는 일체의 금품을 임금이라고 규정하고 있다.

서 관리되고 있다는 차이점을 발견할 수 있다.[3] 공무원의 보수는 특히 국민의 세금으로 충당된다는 점과 공무라는 것이 공익을 위한 봉사라는 성격 등으로 인해 공무원 보수관리는 민간 기업체 보수보다 더 많은 제약을 받고 있다.

2 공무원 보수의 특성과 보수제도 운영

1) 공무원 보수의 정의와 그 특성

국가공무원법 제46조에서 "공무원의 보수는 직무의 곤란성과 책임의 정도에 맞도록 계급별 · 직위별 또는 직무등급별로 정한다"고 명시하였고, 이에 따라 공무원의 봉급과 수당 등에 대한 세부적 내용은 대통령령인 공무원보수규정에서 규정하고 있다. 공무원보수규정 제4조에 의하면 보수는 "봉급과 그 밖의 각종 수당을 합산한 금액을 말한다"고 정의되어 있다. 여기서 봉급(base pay)은 "직무의 곤란성 및 책임의 정도에 따라 직책별로 지급되는 기본 급여 또는 직무의 곤란성 및 책임의 정도와 재직 기간 등에 따라 계급(직무 등급이나 직위 포함)별 및 호봉별로 지급되는 기본 급여"를 말한다.

현재의 봉급표는 계급별 · 호봉별로 봉급표를 함께 규정하는 단일표를 사용하고 있으며, 직종별로 여러 개(일반직과 이에 준하는 공무원, 공안직, 연구직, 지도직, 일반직 우정직군 등, 전문경력관, 경찰 · 소방직, 초중고 교원, 국립대학 교원, 군인, 헌법연구관 등) 봉급표로 구성되어 있다. 그리고 연봉제 적용을 받는 공무원은 별도의 연봉표가 있다.

수당(allowance)이라 함은 "직무 여건 및 생활 여건 등에 따라 지급되는 부가급여"를 말한다. 수당은 보수제도의 탄력성을 확보시켜 주기 위한 것이므로 기본급이 가진 한계점을 보완해 줄 수 있다.

우리나라 공무원 보수제도는 직종 · 직급 · 근무 여건 및 재직 기간에 따른 직무급, 연공급 중심의 체계라고 할 수 있다. 공무원 보수는 노동의 대가라는 측면에서는 민간 기업체의 임금과 그 성격이 동일하나, 여러 차원에서 차이가 있다.

첫째, 정부의 업무는 민간 분야처럼 이윤을 극대화할 수 있는 것이 아니다. 오히려 이윤(profit) 극대화보다는 공익(public interest)을 우선해야 한다는 제약이 있다.

둘째, 민간 분야의 시장경제 원칙이나 경쟁 원리를 공공 분야에 여과 없이 확대 적

3) 미시적인 시각은 개별 단위 중심의 경영학적인 접근 방법이라 할 수 있으며, 거시적인 접근 방법은 국민경제 중심의 정치경제학적인 차원이라 할 수 있다.

용하는 데는 한계가 있으므로 공무원의 보수는 전통적으로 그 경직성을 탈피하지 못했다. 즉, 경제적인 이유만으로 보수가 결정되지 못하고 국가정책, 경제 여건, 그리고 정치적인 고려의 대상이 되어 왔다.

셋째, 공무원이 노조 활동을 하는데 역사적으로 제약이 많았다. 따라서 민간 분야와 같은 노사협상을 하기가 쉽지 않았다. 그러나 최근에 공무원노조의 활동이 활성화되고 노사협력의 필요성에 대한 공감대가 공직 내·외적으로 형성되면서 노사협력 관계도 개선되고 있다.[4)]

2) 공무원 보수 수준의 적정성 여부

공무원 보수가 현실화되어야 한다는 지적은 오래전부터 있어 왔다. 그러한 지적은 크게 두 가지 측면에서 제기되어 왔다.

첫째, 공무원 보수가 공무원들의 기본적 생계를 보장해 주어야 하나, 상당수의 공무원들은 기본 생계유지에 애로를 경험한다고 한다. 이로 인해 파생되는 각종 부정적 요소로는 생계형 부정부패, 생산성 저하, 국민에 대한 고객봉사 정신의 결여, 소극적 행정 행위, 이직 현상 등을 들 수 있다.

둘째, 낮은 보수는 근무 의욕과 사기를 저하시키고 공무원이라는 직업에 대한 자긍심을 잃게 만들며, 궁극적으로는 유능한 인재를 유지·확보하는 데 장애가 된다. 특히 지구촌과 세계화 시대에서 국가경쟁력을 높이기 위해서는 정부부문에도 우수한 인력을 확보하는 것이 중요한 과제이다. 우수한 인재가 민간 분야로만 몰려가서는 안 될 것이다. 즉, 보수의 그레셤 법칙(Gresham's law)에 따른 부정적 효과를 방지해야 한다.[5)]

3) 공무원 보수제도 운영 현황

국가공무원법 제46조~제47조에 의하면, 공무원의 보수 중 봉급에 관해서는 법률로 정한 것을 제외하고는 대통령령인 '공무원보수규정'에서 정하도록 하고 있다. 이에 따라 공무원의 봉급·호봉 및 승급에 관한 사항과 수당의 종류, 지급 범위, 지급액, 기타 수당 지급에 필요한 사항을 따로 대통령령인 "공무원 수당 등에 관한 규정"에서 규

---

4) 지난 2017년 말에는 행정부교섭이 처음으로 체결되었다.

5) 보수의 그레셤 법칙이란 "악화(惡貨)가 양화(良貨)를 구축(驅逐)한다"는 말을 보수에 적용한 것이다. 잘못된 보수를 악화에, 그리고 유능한 인재를 양화에 비유한 것으로서, 낮은 보수나 보수의 불공정성으로 인해 유능한 인재가 이직하거나 떠나는 경우를 의미한다.

정하고 있다.

공무원 보수제도는 해방 이후 우리나라의 정부조직 및 인사제도의 변천・발전과 국가경제력의 향상에 따라 봉급 및 수당 체계의 합리적 개편과 조정을 통해 점진적으로 개선되었다. 봉급의 경우 해방 이후 계급별 호봉제에서 1970년대 중반에 근속호봉제로 바뀌었고, 이는 다시 1980년대 중반 이후에 계급별 호봉제로 개선되었다. 수당의 경우, 종래 직종 및 근무 여건에 따른 특수 업무수당 중심으로 운영되다가, 1970년대 중반 이후 기말수당 등의 도입으로 물가 상승에 미치는 영향을 줄이면서 공무원 처우를 개선해 가는 방향으로 변천되어 왔다. 그리고 1980년대 중반 이후에는 정액급식비 등 복리후생비의 신설・확충으로 공무원 처우 개선에 일조를 하게 되었다. 하지만 이런 과정에서 수당제도가 기형적으로 발전되어 보수제도의 왜곡 현상을 가져와 한국 공무원 보수제도의 큰 문제점으로 지적되고 있다.

3 기본급에 대한 이론적 분류

보수는 어떠한 체계에 의해 구성되며, 어떠한 형태로 지급되고 있는가 하는 것이 보수 체계 관리상 중요한 과제이다. 보수 체계(직무급, 성과급, 직능급, 연공급 등)와 보수 형태(월급제, 연봉제 등)는 보수 체계 관리상의 핵심적인 개념이지만, 보수 체계가 보수 형태보다는 상위 개념이라 할 수 있다. 보수 체계는 보수 종류를 체계적으로 나타내는 것으로서 일정한 보수 총액을 어떠한 틀 속에서 개개인에게 배분하는가에 초점을 두고 있으며, 그 분류 방법도 다양하다.

보수 체계는 형식적인 측면에서 볼 때 기준 내 보수(기본급)와 기준 외 보수의 부가급(수당과 상여금)으로 나눌 수 있다.[6] 개개인에게 지급되는 보수 총액은 여러 가지 형태로 지급되는데, 그와 같은 복합적 구성체를 보수 체계라고 한다.

보수는 공정해야 한다. 일반적으로 공정성(fairness)에는 공평성(혹은 형평성)과 균등성이라는 두 가지 개념이 있다. 공평성(equity)은 자신이 투입한 노력과 비교한 보수의 비율이 자기와 비교 대상이 되는 사람과 동일하면 공정하다고 보는 것이다. 즉, 이는 모든 직원에게 무조건 동일한 보수를 주는 것이 아니라, 자기 자신의 투입량과 보상을

6) 기업체에서는 기준 임금과 기준 외 임금이라는 용어를 사용하며, 기준 임금으로는 직무급, 연공급, 직능급, 자격급 등 여러 가지가 있다.

타인의 그것과 비교해 평가하는 것을 뜻한다(equity theory). 한편 균등성(equality)은 투입한 노력 여부에 관계없이 받는 보수가 비교 대상자 간에 같아야 공정하다고 보는 개념이다. 그리고 이러한 것은 고임금 계층(높은 학력과 경력)과 저임금 계층(낮은 학력과 경력) 간에 그 선호도에서 차이가 있다고 한다(황정현, 1992). 〈표 11-1〉을 보면 고임금 계층은 차별적 공평성을 선호하고, 저임금 계층은 획일적 균등성을 선호하고 있다.

보수 체계는 직무급, 성과급, 직능급, 연공급 등을 일컫는 것으로,7) 이는 분류 기준과 사회 관습 등 여러 상황 차이에 따라 다양한 유형이 있을 수 있다.

그러므로 나라마다 다르고 민간 분야와 공공 분야가 다를 수 있다. 보수 형태는 보수 체계 내에서 좀 더 구체적인 지급 형태인 고정급(월급제 등)과 비고정급(성과급 등) 등과 같은 개념을 일컫는 말이다.

표 11-1 학력 · 경력별 임금 체계 도입 원칙의 선호도

구분	임금 체계 원칙의 선호도
고학력 · 고경력 (고임금 계층)	공평성(equity) > 균등성(equality) ➡ 동기 유발 원칙 > 생활 안정 원칙
저학력 · 저경력 (저임금 계층)	공평성(equity) < 균등성(equality) ➡ 동기 유발 원칙 < 생활 안정 원칙

1) 일반적 기본급(봉급) 분류

기본급인 봉급은 글자 그대로 보수의 기본(base)이 되는 것으로서 각종 수당과 연금 및 실비 변상 등을 산정하는 기준이 된다. 기본급은 그 결정 기준을 어디에 두느냐에 따라 다양한 종류로 나눌 수 있다([그림 11-2] 참조). 보수 체계를 결정하는 원칙은 다음과 같다.

7) 민간 분야의 인사관리에서는 임금 체계와 임금 형태라는 용어를 사용하고 있다.

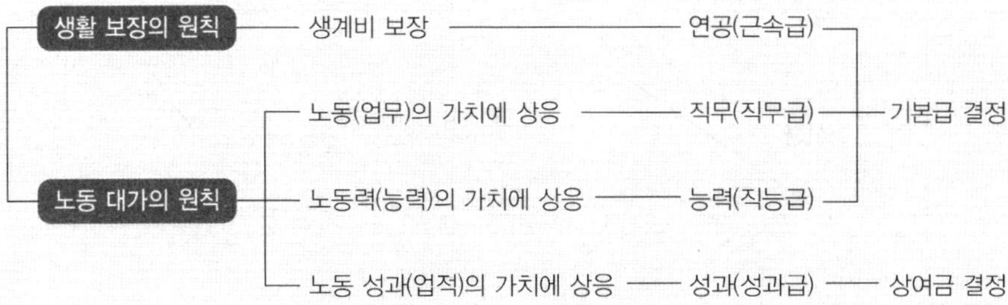

그림 11-2 개별 보수 체계의 결정 원칙

첫째, 생활 보장의 원칙을 들 수 있다. 생활 보장의 원칙을 존중할 경우 생계비(cost of living)와 연공(seniority)을 기준으로 보수 결정이 이뤄질 것이다. 이를 중시하면 근속급(연공급)이 될 것이다.

둘째, 노동 대가의 원칙을 들 수 있다. 노동 대가의 원칙을 중시할 경우에는 직무(job)와 능력(ability) 및 성과(performance)를 기준으로 보수 결정이 이뤄질 것이다. 노동 대가의 원칙을 따르면 다음과 같은 경우가 있을 수 있다. 노동(난이도별 직무)의 가치에 따른 직무급, 노동력(업무 습득도, 지식과 기술 습득 수준 및 수행 능력, 즉 직능)의 가치에 따른 능력급(직능급), 노동 성과(업적)에 따른 성과급 등으로 분류할 수 있다.

(1) 근속급(연공급)

근속급은 연공(seniority)과 같은 인적 요소 기준에 의한 임금 형태로서 속인급(屬人給) 혹은 연공급이라고도 한다. 근속 연수에 따라 임금 수준을 결정하는 임금 체계이므로 근속 연수에 따라 기본급이 높아진다. 이는 개개인의 생활을 유지 · 보전하고 폐쇄적인 노동시장에서 일정한 노동력을 확보하려는 차원에서 유용한 제도이며, 동양적인 가치관과도 유관하다. 근속급의 기준 설정에는 직선형(정액 승급), 오목형(체증 승급, 근속 연수가 많으면 인상폭이 커짐), 볼록형(체감 승급, 근속 연수가 많을수록 인상액이 점차 감소하는 것으로 육체적 능력이 요구되는 현장 위주의 직무 등에서 활용), 혼합 포물선형(S자형 승급, 오목형과 볼록형의 혼합) 등이 있다(최종태, 1981: 142). 실제로 혼합 포물선(S자)형이 가장 많이 활용된다. 이는 연령에 따른 인간의 능력 변화를 반영하고 있고 중간계층의 근로 의욕을 증대시켜 주는 효과가 있다.

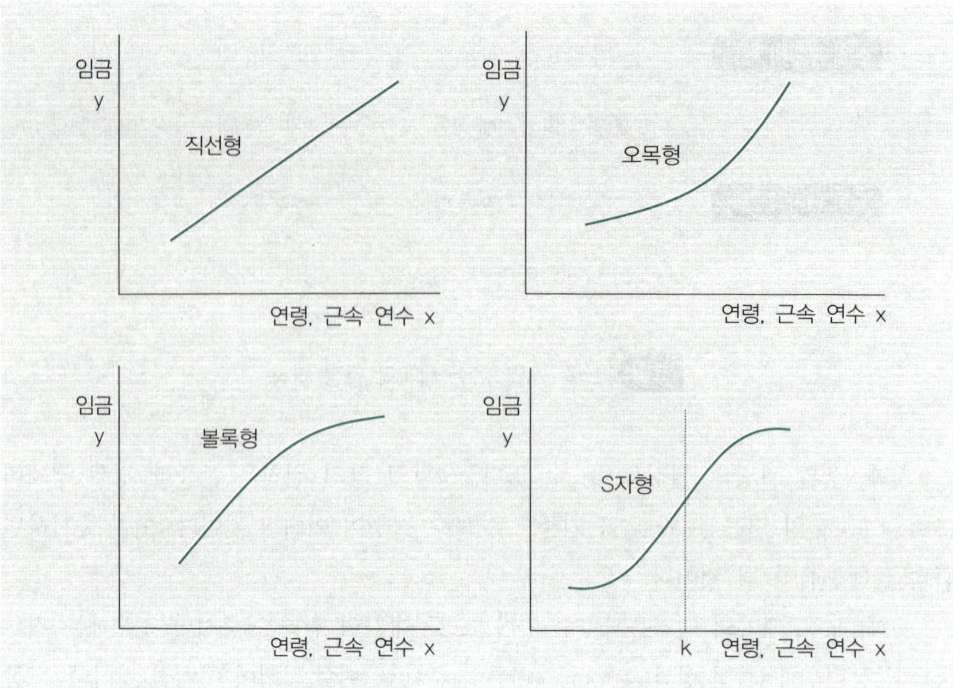

그림 11-3 연공급(근속급)의 형태

(2) 직무급

개개인이 맡고 있는 직무(job)가 지니는 상대적 가치를 평가해 임금을 결정하는 방식(job-based pay)으로서 선진국에서 많이 채택하고 있는 제도이다. 다시 말해서, 직무의 곤란도(괴로움과 어려운 정도), 책임도 등의 '직무 가치'를 상대적으로 분석 · 평가해 그 결과에 따라 보수를 결정하는 것이다. 이는 '근속 연수, 학력, 연령 등에 상관없이' '동일 직무에 대한 동일 보수(equal pay for equal work)' 원칙에 근거한 속직급(屬職給) 형태라고 볼 수 있다. 우리나라에서도 직무수당을 기본급에 포함하는 조치를 취해 이를 부분적으로 수용하고 있지만, 아직 미진하다. 직무급제도가 정착되기 위해서는 직무가 표준화되고 객관화되어야 하므로 직무분석과 직무평가가 이뤄져야 한다.

직무급의 형태는 여러 가지가 있으나 대개 세 가지 유형이 있다.

첫째, 개별 직무급(individual job rate)은 평점제 직무급이라고 하며, 직무평가의 결과에 따라 산출되는 평점에 1점당 단가를 곱해 보수를 산출하는 형태로서, 직급 구분

없이 하나의 직무에 하나의 보수가 적용되는 경우로 주로 시간제 근로자에게 자주 적용된다.

둘째, 단일 직무급(single rate)은 기관 내의 각 직무가 가진 상대적 가치를 비교해 평가한 직무평가의 평점을 일정한 간격을 기준으로 해서 여러 직급으로 분류하고 각 직급마다 동일한 보수를 책정하는 형태이다.

셋째, 범위 직무급(range rate)은 동일 직급 내의 직무에 대해서도 각 개인의 호봉 수에 따라서 보수에 차이를 두는 형태이다. 범위 직무급에는 중복형(한 직무의 폭이 다른 직무의 폭과 일부 중복되는 형태), 접합형(어떤 직급의 최고 직무급과 차상위 직급의 최저 직무급이 상접하는 형태 등으로서, 계단이 상접한 형태), 간격형(어떤 직급의 최고 직무급과 차상위 직급의 최저 직무급과의 사이에 간격이 벌어져 있는 비약 단계 형태)이 있다.

(3) 직능급(능력급)

직능급은 직무 수행 능력(지식과 능력의 숙련도)을 기준으로 한 것으로 직원이 직무를 수행하는 데 요구되는 능력을 기준으로 한 것(ability-based pay)이다. 이는 연공급의 단점을 개선하기 위해 일본 등지에서 발전된 대안이다. 즉, 연공급의 속인적 요소(사람에 대한 임금)와 직무급의 속직적 요소(일에 대한 임금)를 결합한 혼합 형태라고 보아야 하기 때문에 직무를 전제로 한 보수 형태라고 할 수 있다. 근무성적 평정 등을 활용해 직무 수행 능력을 평가하고 이에 따라 보수가 결정되므로 능력급이라고도 한다.[8] 이때의 능력이란 의미는 직무 수행 능력(현재 능력 및 잠재 능력 포함한 직능)에 초점을 둔 것인데, 최근에는 역량급(competency-based pay)으로 발전하고 있다. 직능의 범위는 현 직무가 요구하는 능력과 초과 능력으로 구분할 수 있는데, 직무급은 현 직무의 직무 가치를 중심으로 보수를 결정하지만, 직능급은 초과 능력까지 포함시켜 임금액을 결정하는 것을 말한다. 하지만 직능에 대한 분류와 평가가 제대로 이뤄지지 않으면 연공급처럼 변질될 수 있는 단점이 있으며, 직능급을 도입하기 위해서는 직능자격제도 구축 등이 필요하다.

직능급의 형태는 기본급 전액을 직능급으로 하느냐(순수형 직능급), 그것의 일부를 직능급으로 하느냐(혼합형 직능급) 또는 직급마다 임금률을 정해 직능급을 실시하느냐

8) 여기에는 연공서열형 제도, 능력직 자격제도, 직무 등급제도, 직무자격제도 등을 기초로 한 다양한 직능급 종류가 있을 수 있다.

(직능 등급별 직능급)에 따라 여러 가지로 대별할 수 있다.

(4) 한국의 기본급

한국의 기본급은 여러 가지 기준을 복합적으로 배합한 형태라고 할 수 있다. 물론 국가공무원법 제46조의 보수 결정 원칙에는 직무 기준을 기본으로 하고 생계비도 고려한다고 되어 있으나, 실제로는 다양한 기준이 복합적으로 적용되는 종합 결정급 제도를 활용하고 있다고 보아야 한다. 이는 어느 하나의 기준에만 의존하는 것이 아니라, 연령 · 자격 · 근무 연한 · 능력 · 직무 등의 여러 가지 요소를 종합적으로 고려해 결정하는 보수제도이다. 우리나라 일반직의 경우를 예로 들면, 연공급에 해당하는 구성 요소로 기본급, 정근수당, 장기근속 수당, 대우공무원 수당 등을 포함할 수 있다. 직무급의 구성 요소로는 관리 업무 수당과 직급 보조비를 들 수 있고, 생활급의 구성

표 11-2 근속급, 직무급과 직능급의 비교

	장점	단점
근속급	1. 생활 안정감으로 조직 귀속 의식의 확대 2. 연공 존중의 동양적 유교 풍토에서 질서확립 용이 3. 폐쇄적 노동시장에서 인력관리 용이 4. 인사관리의 융통성(배치전환 등이 용이) 5. 주된 업무가 불분명하거나 성과평가가 어려운 조직에 적용하기 용이 6. 근속 기준이 분명하므로 실시 용이	1. 동일 직무에 대한 동일 보수 적용이 곤란함 2. 전문 기술 인력의 확보가 곤란함 3. 능력 있고 패기 있는 직원의 사기 저하 4. 능력과 업무와의 연계성 미약 5. 인건비 부담의 가중 6. 소극적이고 종속적인 근무 태도 야기
직무급	1. 동일 직무에 대한 동일 보수 적용 2. 직무를 중시하므로 개인별 임금차의 불만 해소 3. 인건비의 효율성 증대 4. 노동시장 적응 용이 5. 능력 위주의 인사 풍토 조성 6. 하위 및 평가 용이한 직무에 적용 가능	1. 직무분석과 직무평가의 절차가 복잡함 2. 배치전환, 노동의 자유 이동 등의 인사관리상 융통성 결여 3. 학력 · 연공 중심 풍토에서 오는 저항이 강함 4. 종신고용(신분보장) 풍토와의 마찰 5. 노조의 반대 유발 가능성 6. 직무평가 기준이 고정화될 우려
직능급	1. 능력주의 임금관리 실현 용이 2. 유능한 인재의 지속적 보유 용이 3. 직원의 성장 욕구 충족 기회 제공 4. 승진 정체 완화 용이	1. 초과 능력이 초과 성과를 담보하지 않으므로 임금 부담 가중 2. 직능평가의 어려움 3. 직능이 늘어날 수 있는 직종에 적용 가능하지만, 적용 가능한 직종이 제한적임 4. 직무가 표준화되거나 직능자격제도가 구축되어야 적용 가능

요소는 가족수당, 정액급식비, 명절휴가비 등을 들 수 있다.[9] 이 제도는 보수를 결정할 때 융통성이 많은 장점이 있으나, 기준이 복잡하고 불명확해 자의적 결정이라는 비판을 받아 왔다(오석홍, 1993: 496-497). 여러 수당을 기본급에 점진적으로 포함시키는 방향으로 개선하고 있다.

2) 보수 형태에 따른 분류

(1) 고정급

안정 지향적이냐 성장 지향적이냐에 따라 보수 형태를 고정급과 변동 가능한 성과급 등으로 나눌 수 있다. 고정급은 개개인의 작업량이나 실적보다는 업무에 종사한 시간을 단위로 하여 정액으로 보수를 지급하는 제도로서 일종의 시간급이다. 고정급에는 일급, 주급, 월급, 연봉제 등이 있으나 우리나라에서는 월급제가 일반적인 보수 형태라 할 수 있다. 한편 미국 등지에서는 연봉제가 일반적이지만, 실제 보수 지급은 월(monthly) 단위보다 2주(biweekly)마다 하는 곳이 대부분이다.

그리고 연봉제에서도 고정급적 연봉제가 있다. 우리나라 공무원 연봉제는 고정급적 연봉제(정무직 공무원에 적용)와 성과급적 연봉제(계약직 공무원 등에 적용), 직무성과급적 연봉제(고위공무원단 소속 공무원에 적용) 등으로 나뉘는데, 고정급적 연봉제는 차관급 이상 정무직 공무원 등을 대상으로 한다. 정무직 공무원은 일반직 공무원과 달리 성과측정이 극히 어렵기 때문에 개별 직위마다 고정된 연봉을 책정하고 있다(공무원보수규정 [별표 31] 참조).

(2) 성과급

성과급은 변동 가능한 보수(variable pay)로 개인이나 집단이 수행한 작업성과나 능률 등에 대한 평가를 실시해 보수를 차등 지급하는 형태로서 생산성을 높이려는 데 그 주된 목적이 있으므로, 이를 업적급이나 능률급이라 부르기도 한다. 성과급은 크게 개인 성과급, 집단 성과급, 그리고 개인과 집단의 혼합형 등으로 나뉜다. 개인성과급 안에도 직선형의 단순 계산식, 단계형의 복률식, 그리고 할증형(premium plan) 등이 있고, 집단 성과급에는 스캔론 계획(Scanlon plan: 직원 참여와 상여금 지급을 통해 생산성 향상과

9) 생활급은 생계비를 기준으로 하는 보수로서 공무원과 부양 가족의 생활을 보장하기 위한 것이다. 그러므로 이러한 생활급을 결정하는 데는 개개인의 연령, 가족 상황 등이 고려되며, 개개인의 연령에 대한 임금이므로 연령급이라고도 한다.

심리적 보상을 동시에 추구함),[10] 러커계획(Rucker plan: 총인건비에서 차지하는 부가가치의 비율을 기준으로 보너스 지급),[11] 이윤분배계획(profit sharing plan: 노사 양측의 협력에 의해 얻은 수익을 배분하는 제도) 등에 따른 다양한 형태가 있다(최종태, 1981: 152-172; 오석홍, 1993: 504).

우리나라는 김영삼 대통령 재임 시인 1994년에 정부기관에 특별상여수당제도를 신설해 성과급 개념을 공무원 보수 체계에 부분적으로 적용해 연 1회 지급했으나 제대로 운영되지 못했다. 그러다가 IMF 이후 김대중 대통령 재임 시인 1998년에 성과급 논의가 재개되어 1999년부터 성과급적 연봉제 등을 도입했다. 현재 정부에서 활용되고 있는 성과급은 5급 이상 중상위직을 대상으로 하는 성과연봉과 6급 이하 하위직을 대상으로 하는 성과상여금 등 두 가지 종류가 있다.

표 11-3 공무원 연봉제 종류별 적용 대상

구분	적용 대상	비고
고정급적 연봉제	정무직 공무원	직위별로 고정액 지급
직무성과급적 연봉제	고위공무원단에 속하는 공무원(연구직 공무원과 지도직 공무원 등 호봉제가 적용되는 공무원 제외)	경력, 직무값, 성과 등에 따라 연봉 설정
성과급적 연봉제	1급(상당)~5급(상당) 공무원, 치안정감부터 경정까지에 해당하는 경찰공무원, 소방정감부터 소방령까지에 해당하는 소방공무원, 국립대학의 교원(국립대학의 장 제외), 임기제 공무원(한시임기제 공무원 제외)	경력 등에 따라 최초 연봉을 설정하고, 성과에 따라 연봉 조정

자료: 공무원보수규정 [별표 31](연봉제 구분과 적용 대상 공무원) 참조.

고정급적 연봉제는 정무직 공무원을 대상으로 하고 있다.

직무성과급적 연봉제(기본급과 성과급 외에 등급별 직무급이 포함)의 대상은 고위공무원단에 속하는 공무원이다. 그리고 성과급적 연봉제의 적용 대상은 기본적으로 고위공무원단에 포함되지 않는 1급~2급 공무원을 포함하여 1급(상당)~5급(상당) 공무원(이에

10) 분배 자원을 조직체(회사)와 종업원이 일정한 비율로 분배하는 제도이다.
분배 자원=(월간 매출액)×(표준 노무비)−(월간 지급 임금) 등으로 계산할 수 있다.

11) 노동비용에 대비한 부가가치를 기준으로 상여금을 산정하는 제도이다. 여기서 부가가치란 순판매고와 생산비용의 차이를 말한다.

준하는 공무원 포함) 등이다.

성과급적 연봉제의 적용을 받는 공무원에 대한 급여는 기본연봉과 성과연봉 등으로 구성된다. 기본연봉은 해당 직책과 계급 및 개인의 누적 성과를 반영해 지급되는 기본급여의 연액을 말하며, 성과연봉은 전년도 업무 실적의 평가 결과를 반영해 지급되는 급여의 연액을 말한다. 성과급적 연봉제의 적용 대상자에 대한 평가 등급은 현재 네 등급(S, A, B, C)으로 구분하고 있다. 이에 대한 좀 더 자세한 내용은 인사혁신처의 홈페이지의 성과보수제도에서 확인할 수 있다.

성과급의 주된 목적은 성과가 좋은 직원에게 금전적 보상을 함으로써 사기를 높이는 데 있다. 그러나 현실적으로 성과급제도가 본래의 목적대로 잘 운영되지 못하는 경우가 있다. 실제로 성과급에 대한 국제적 우수 사례는 생각보다 많지 않다. 왜냐하면 이상과 현실 간에는 항상 괴리가 있게 마련이기 때문이다. 소수의 챔피언에게 성과급을 주고, 보통 수준의 직원에게는 성과급을 지급하지 않는 것이 원칙이라 볼 수 있겠지만, 현실은 크게 다르다.

성과급제도 도입 초기에는 제일 낮은 등급(C)의 비율이 50%여서 해당 공무원의 절반은 성과급을 지급받지 못했다. 그러다가 그 비율이 30%로 낮아지고, 현재는 10%가 되었다(일부 기초자치단체의 경우에는 5% 정도까지 내려갔다). 이러한 사실은 평가 등급에 따라 지급받는 액수는 차이가 있을지라도 대부분의 공무원이 성과급이나 성과상여금을 받고 있다는 것을 반증한다. 이렇게 된 배경에는 성과급제도에 대한 저항을 줄이려는 의도가 반영된 것이라 하겠다.

그리고 6급 이하 하위직 공무원에게는 성과상여금이 지급된다. 성과상여금제도는 공무원이 1년 간 추진한 업무 실적을 객관적으로 평가해 능력 있고 실적이 우수한 공무원에게 인센티브를 부여함으로써, 공직사회의 경쟁력과 생산성을 제고하고 열심히 일하는 분위기 조성을 위해 도입되었다. 성과상여금의 지급 방법은 개인별로 차등, 부서별로 차등, 개인별 차등 지급 방법과 부서별 차등 지급 방법을 병용, 부서별로 차등 지급한 후 부서 내에서 다시 개인별로 차등 지급하는 방법 등을 자율적으로 선택할 수 있도록 하고 있다. 현재 우리나라에는 개인별 차등 지급 방법과 부서별 차등 지급 방법 등을 활용하고 있다. 그리고 혼용 방법으로는 개인별 차등 지급과 부서별 차등 지급 방법을 병행하는 방법, 부서별 차등 지급 후 개인별로 균등 지급하는 방법, 부서별 차등 지급 후 개인별로 차등 지급하는 방법, 그리고 인사혁신처장과 협의해 별도로 지급하는 방법 등이 있다.

개인별 지급 등급은 '공무원 성과평가 등에 관한 규정' 제4조에 의한 '성과계약 등 평가'와 '근무성적평가' 결과에 의해 결정한다. 성과상여금은 평가 등급(S, A, B, C)에 따라 달리 지급하는데, 지급 비율 등 자세한 내용은 인사혁신처의 홈페이지 등에서 확인할 수 있다.

4 보수 수준 관리

1) 보수 수준 결정

일반적으로 임금 수준을 결정하는 데에 영향을 주는 요인들로는 인건비 지불 능력(ability to pay)과 생산성(productivity), 생계비(cost of living), 그리고 노동시장 요인 혹은 사회적 균형(노동조합의 단체교섭력, 관련 분야의 임금 수준과 인력 수급 상황, 직무의 난이도, 정부 역할 등)이라고 요약해 볼 수 있다. 따라서 기업체나 정부의 임금은 기업체나 정부의 지불 능력 범위 내에서 상한선이 결정된다. 지불 능력은 생산성과 수익성에 의해 결정되며, 이는 대체로 인건비가 매출 총액이나 예산 총액에서 차지하는 비율을 중심으로 살펴볼 수 있다.

보수 수준의 하한선은 생계비 수준에 의해 결정되는데, 이는 아직도 보수 수준이 생계비 수준을 밑돌고 있는 경우를 가정한 것이다. 공무원의 보수는 국가공무원법 제46조에서 일반의 '표준생계비', 물가 수준, 그 밖의 사정을 고려해 정하되, 민간부문의 임금 수준과 적절한 균형을 유지하도록 노력해야 한다고 규정되어 있다.

표준생계비(표준생활비)는 어느 때와 장소에서 표준적 생활 수준을 유지하는 데에 필요한 생활비로서, 임금의 통제, 과세, 공적 부조의 기준으로 행정 관청이나 노조 등이 산출하는 생계비를 말한다.[12] 생계비는 실태 생계비(실생활에서 생활비가 얼마만큼 차지하는가를 계산)와 이론 생계비(실생활과는 달리 이론상으로 바람직한 생활비를 계산)라

12) 표준생계비는 최저생계비+알파(최저생계비에서 주거, 교육, 건강, 여가생활 등 삶의 질과 관련 있는 영역에서 최소한의 지출을 추가) 정도로 이해할 수 있지만, 실제 표준생계비는 표준생계비 모형(전물량 방식의 이론생계비 모형이 일반적이지만, 정부와 노동조합 등 산정 기관에 따라 다를 수 있음)에 의거해 물가조사를 거쳐, 주거비, 식료품비, 광열수도비, 가구가사용품비, 피복신발비, 보건위생비, 교육비, 교통통신비, 교양오락잡비, 조세공과금 등을 고려해 산정하지만, 표준생계비 수준에 대해서는 노사 간의 입장 차이가 크다. 그리고 참고로 '최저생계비'는 보건복지부가 국민기초생활 보장법에 따라 매년 공포하는 것을 말한다.

는 두 가지 방법으로 측정해 볼 수 있는데, 임금 요구의 기준으로 노동조합이 산출할 경우에는 '이론 생계비'라고 이른다.

그리고 상한선과 하한선 그 좌우에는 사회적 균형(social balance) 기제라 할 수 있는 정부나 관련 업계 혹은 노조 등의 역할이 영향을 미치게 된다. 따라서 보수 수준의 허용 범위는 지불 능력(상한선)과 생계비(하한선) 사이라고 할 수 있다. 이를 간단히 나타내면 [그림 11-4]와 같다.

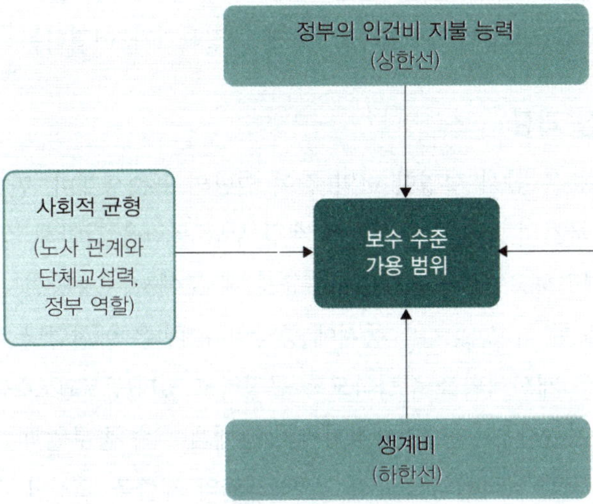

그림 11-4 보수 수준의 결정 요인

공무원 보수의 합리적인 책정을 위해 민간의 임금, 표준생계비 및 물가의 변동 등에 대한 보수 자료조사를 해서 보수를 결정한다. 보수는 공무원이 받는 재정적 보상의 가장 중요한 한 부분이므로 일반적으로 말해서 공무원의 보수 수준은 대외적으로 민간기업 등과 비교해 균형을 유지해야 하며, 대내적으로도 직무와 능력 요건이 비슷한 사람들 간에 형평을 견지하도록 하고 있다. 이를 위해 공무원보수규정 제3조에 따라 중앙인사기관은 '보수 자료조사'를 취할 수 있다. 최근에 와서 정부 주도의 보수 자료조사는 물론, 학계에서도 민·관 간의 보수 격차에 대한 연구가 현실화되고 있다(진재구, 1995; 김판석 외, 1999; 2001). 일본이나 싱가포르 등 많은 나라에서 민·관 간의 보수 비교를 통해 보수 수준을 합리적으로 조정해 가고 있으며, 중국도 이러한 사례를 참고해 민·관 간의 보수 비교를 제도화해 놓고 있다.

국가공무원법 제46조에 나타나 있는 보수 결정의 원칙에 의하면, 공무원의 보수는 일반의 "표준생계비·민간의 임금 기타 사정을 고려해 직무의 곤란성 및 책임의 정도에 상응하도록 계급별·직위별로 정한다"라고 되어 있다. 이 내용 중 '직위별'로 정하는 것이 1998년에 추가되었는데, 이것은 고급공무원들에게 연봉제를 적용하기 위한 제도적 장치의 일환으로 추가된 것이다. 공무원의 보수 결정은 민간 분야에서의 보수 결정과 차이가 있다. 그 이유는 첫째, 정부기관은 비영리기관이라는 점이다. 둘째, 정부의 생산성과 업무의 성과를 민간 분야만큼 명확하게 측정하기가 어렵다는 점이다.

2) 공무원 보수의 결정 과정

전체 공무원의 보수 수준은 앞서 설명한 바와 같이 일반의 표준생계비, 민간의 임금, 기타 사항을 고려하고 국가의 경제력과 정부의 재정 부담 능력을 감안해 정부재정운영계획 등과 연계시켜 결정하고 있다. 공무원보수규정 제3조에서는 중앙인사기관이 보수 자료조사를 할 수 있도록 하고 있으며, 동시에 중앙인사기관은 예산담당 부처 장관 등과 협의해 공무원 처우 개선계획을 수립하도록 규정하고 있다(공무원보수규정 제3조 제2항). 아울러 중앙인사기관장은 각 중앙행정기관의 장에게 소속 공무원과 그 기관의 감독을 받는 공공기관 등의 임직원의 보수에 관한 자료의 제출을 요청할 수 있다(공무원보수규정 제3조 제2항).

공무원 보수 결정의 절차를 좀 더 부연하면 중앙인사기관(인사혁신처)이 보수 인상 등 처우개선안을 만든 후에 관련 자문위원회(공무원보수 민관심의위원회)의 심의와 조정을 거치게 된다.[13] 이때 예산담당 부처 장관 등과 관련 부처 협의를 거치게 된다.

그리고 개선안이 정리되면 차관회의를 거쳐 국무회의에서 심의·의결하게 된다. 이러한 과정에서 당정협의는 물론 대통령실, 총리실 등 관련 기관과도 정치·행정적 의견 조율을 하게 된다. 그 후에 대통령의 재가를 얻어 정부안이 확정되면 이것이 국회에 제출된다. 국회의 심의·의결을 거쳐 인건비 예산이 확정되면 공무원보수규정 및 공무원 수당 등에 관한 규정에 반영시켜 시행된다.

---

13) 위원회는 학계, 경영자단체, 공무원노조, 언론인, 정부측 위원 등으로 구성된다.

5 한국 공무원의 보수제도

1) 보수 체계

간단히 말해서 보수란 봉급(기본급)과 수당(부가급여)을 합한 인건비를 말한다. 이러한 인건비는 전체 보수 예산의 대부분을 차지하며 이 밖에도 실비 변상 등이 있는데, 여기에는 정액급식비, 직급보조비, 명절휴가비, 연가보상비 등이 포함되어 있다. 우리나라의 보수 체계를 살펴보면 [그림 11-5]와 같다.

그 밖에도 맞춤형 복지제도가 2005년에 도입되었는데, 이는 공무원 개인 단위로 근속 기간, 부양 가족 수 등에 따라 일정한 복지예산을 배정하고, 배정된 복지예산 범위 내에서 개인의 욕구와 필요에 따라 복지 서비스를 스스로 선택할 수 있게 하는 제도로서, 현재 일부 부처에서 적용되는 공무원 맞춤형 복지모델은 연간 복지예산으로 개인별로 배정하고, 복지 선택 항목(메뉴)으로 생명/상해보험, 의료비보장보험, 건강검진, 자기개발, 여가 활용 및 보육시설을 비롯한 가정친화형 복지 등 여러 종류의 복지 서비스를 제공하고 있다. 복지 점수는 크게 기본점수, 근속점수, 가족점수로 나눠 부여되지만, 부처별로 조직의 성과 향상에 효과적인 방향으로 복지 점수 부여 기준을 다르게 정할 수 있으며, 맞춤형 복지 항목은 기본 항목과 자율 항목으로 구성되고, 자율 항목은 공무원의 능력 발전 및 삶의 질 향상에 기여할 수 있도록 운영기관별로 설계해 제공하는 것이 가능하다.[14] 공무원 맞춤형 복지제도는 후생복지의 효과성이나 제도의 운영에 관한 유연성이 높아져 행정의 생산성 향상은 물론 우수 인재 유치에 도움이 되는 복지 프로그램이다.

우리나라 공무원 보수 체계의 특징은 다음과 같다.

첫째, 공무원 보수 체계는 수당을 계속적으로 신설함으로써 기본급보다는 수당 조정에 치중하게 되었다. 다시 말하면, 기본급 중심의 보수 체계가 아니라 수당 중심의 보수 체계가 되었다는 말이다. 이에 따라 보수를 평가할 때 기본급이 가지고 있는 임금의 대표성이 현격히 약화되었다.

둘째, 직종별 특성을 고려해 도입한 각종 수당은 결과적으로 볼 때 전체적인 합리성이 결여된 채 모순된 구조를 초래했다.

14) 자세한 내용은 '맞춤형 복지' 웹사이트(www.gwp.or.kr)에서 확인할 수 있다.

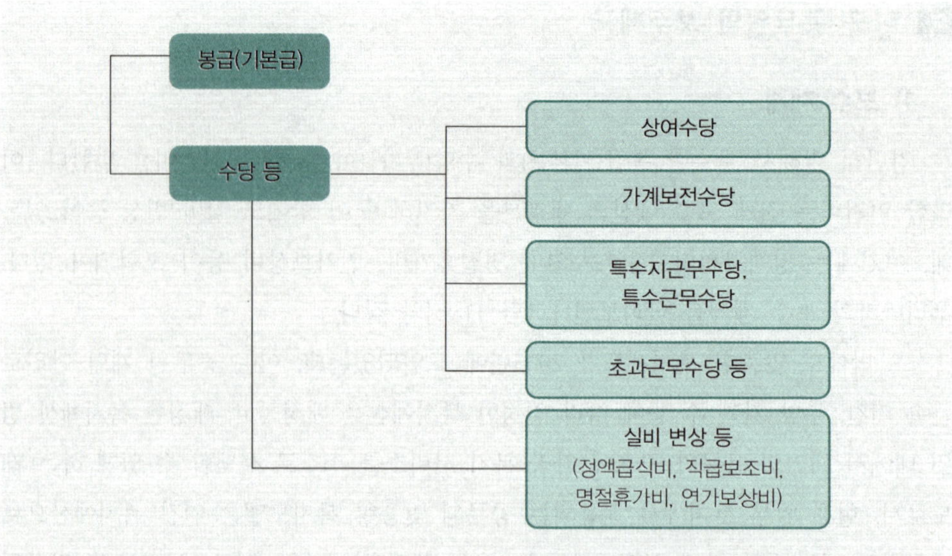

그림 11-5 공무원 보수 체계(호봉급 봉급표 적용 대상자)

셋째, 직무의 전문성이나 난이도를 고려하지 않은 보수 체계로 인해 우수 전문인력을 유치하는 데 어려움이 있다.

넷째, 공무원 보수가 직종, 직급과 호봉 등에 따라 거의 일률적으로 지급되고 있으므로, 개인의 생산성이나 능률 향상을 저해하고 있다는 비판을 받아 왔다.

2) 봉급(기본급)의 변천

공무원 봉급(base pay)의 변천 과정을 살펴보면 다음과 같다. 공무원 보수에 대한 최초의 규정은 1949년 6월 20일 임시공무원보수규정이 제정되어 그 당시 별정직 공무원(현행 정무직 공무원) 및 일반직 공무원(현행 일반직 공무원과 법관 및 검사 포함)의 봉급이 이 규정의 봉급표에 따라 월정액으로 지급 시행되다가, 1949년 11월 21일 현행 공무원보수규정이 제정되었다. 이 규정이 제정된 이후로 인사 및 호봉제도의 변화, 규정 조항에 대한 개선, 직종별 보수규정의 신설 및 통합, 공무원 봉급의 인상 등 열악한 공무원의 처우를 개선하기 위해 거의 매년 규정 개정을 거듭했다.

현행 공무원 봉급표는 직종별 봉급표로 구성되어 있고, 봉급 체계의 유형은 크게 고정급제, 계급별 호봉제, 단일호봉제 등으로 분류된다. 고정급제는 각 직위별로 단일 봉급액이 지정되어 호봉이라는 개념이 없다. 적용 대상은 대통령, 국무총리, 장관, 차관 등의 정무직 공무원이다. 계급별 호봉제는 공무원의 봉급액이 계급별·호봉별로 상이한 제도를 말하며, 적용 대상자는 계급이 있는 일반직, 경찰, 기능직 등 계급제 공무원들이 해당된다. 그리고 단일호봉제는 공무원의 봉급액이 호봉별로만 차등을 두는 제도로서 계급 개념이 없는 교원 등 비계급제 공무원이 이에 해당된다.

현재 활용되고 있는 계급별 호봉제는 과거의 근속호봉제와 여러 가지 차이가 있다. 본래의 계급별 호봉제는 1949년부터 1975년까지 활용되다가, 1976년부터 근속호봉제로 바뀌어 1985년까지 지속되다가, 1986년에는 다시 계급별 호봉제가 채택되어 오늘에 이른다. 계급별 호봉제는 호봉 승급액이 계급별·호봉별로 상이하고, 승진 시 일정 호봉 수를 감하여 계급별 경력 가치에 차등을 두는 제도이다. 이에 반해 근속호봉제는 호봉 승급액이 호봉별로만 상이하고, 전 계급의 호봉 승급액이 동일하고, 호봉의 획정 방법도 근속 연수와 일치한다.

공무원 보수 체계를 기본급 위주로 단순화하기 위한 시도의 하나로 2001년에 기말수당 중 200%를 기본급에 통합했다. 연봉제 적용 대상 공무원의 경우 호봉제 적용 공무원과 동일한 처우 개선 효과가 나타날 수 있도록 연봉과 연봉 한계액을 인상·조정했다. 또한 보수에 대한 각 부처의 자율성을 제고하기 위해 종전에 중앙인사기관과 협의해 결정하던 성과급적 연봉제 적용 대상 공무원(계약직 공무원 제외)으로 신규채용된 자의 연봉을 일정한 범위 안에서 소속 장관이 책정할 수 있도록 했다(공무원보수규정, 2001).

3) 수당의 변천

공무원에게 지급하는 수당(allowance)은 대한민국 정부 수립 이후 4개의 수당 관련 법령의 신설 및 폐지와 2회의 전문 개정과 100여 회의 부분 개정을 통해 행정환경 변화에 부응·발전해 왔다. 처음에는 별도의 독립된 수당 규정이 없이 임시공무원보수규정(1949년 6월 20일, 대통령령 제133호)에서 수당의 종류를 명시하고, 구체적인 지급 방법에 대해서는 개별 법령에 위임했으며, 기타 수당에 관해 필요한 사항은 총리령에 위임했다.

그 후 신설된 공무원보수규정(1949년 11월 21일, 대통령령 제214호)에서 별정직 공무원과 일반직 공무원에 대해 기술수당 등 일부 수당을 규정하고, 기타 수당에 대해서는 개별 법령에 위임했으며, 이 규정은 1962년 3월 1일에 개정되어 전시급여규정, 검찰청 직원근무수당급여규정, 검사직무수당급여규정 등을 통·폐합 정리했다.

그 후 제2공화국 정부에서 처음으로 독립된 수당 규정인 공무원 제수당 지급 규정(1962년 3월 10일, 각령 제537호)을 제정해 일반 공무원에게 적용시키게 된 바, 종래의 개별 법령인 원자력 소속 공무원 연구수당 및 위험급여 규정, 해양경찰대원 특수 근무수당, 등대 근무수당 급여규정, 특수지 근무수당의 등별 지역과 지급 범위에 관한 건을 이 규정에 통·폐합시켰으며, 이 규정은 1963년에 전문이 다시 개정되어 적용 대상 범위를 국가공무원으로 확대했다.

1970년 4월 6일에 공무원수당규정(대통령령 제4850호)이 신설되어 종래 20여 회 개정·시행되었던 공무원 제수당 지급규정을 재편·대체하게 되었다. 이 규정은 1982년 12월 20일 전문 개정(대통령령 제10957호)해 종래의 경찰공무원 수당규정, 소방공무원 수당규정, 교육공무원 수당규정, 국립대학교 부속병원 진료수당 지급규정, 중앙정보부 직원 특수근무수당 지급규정 등 13개 수당 관련 개별 법령을 통·폐합했다.

그리고 1980년대 중반 이후 직급보조비(1981년 신설), 가계보조비(1987년 신설한 후 IMF 후에 가계지원비로 명칭 변경), 정액급식비(1985년 신설), 체력단련비(1989년 신설했으나 IMF 후에 폐지), 연가보상비(1990년 신설), 명절휴가비(1988년에 효도휴가비로 신설되었다가 나중에 명칭 변경), 교통보조비 등 복리후생비의 신설·확충으로 공무원 처우 개선 효과를 제고해 왔다(공무원 보수업무 등 처리지침 참조).

지난 2001년에 '공무원수당규정'의 명칭을 '공무원 수당 등에 관한 규정'으로 개정해 수당 외에 명절휴가비, 가계지원비 등의 복리후생비에 대한 법령상의 지급 근거를 '공무원 수당 등에 관한 규정'에 신설했다. 보수 중 기본급의 비중을 높이기 위한 차원에서 기말수당 400% 중에서 200%를 기본급으로 통합하고, 공통 수당 중 장기근속수당을 정근수당으로 통합했으며, 33종이나 되는 특수업무수당을 다수 감축 조정했다(공무원 수당 등에 관한 규정, 2001). 앞으로도 수당 종류는 점차 통·폐합되거나 기본급으로 흡수될 전망이다.

4) 호봉 획정 및 승급

(1) 호봉 획정

호봉(step) 획정 및 승급은 공무원보수규정(제7조) 등 법령의 규정에 의한 임용권자 또는 임용 제청권자가 이를 시행한다. 다만, 군인의 경우에는 각 군 참모총장이 이를 시행하되, 필요한 경우에는 그 권한의 전부 또는 일부를 소속 부대의 장에게 위임할 수 있다. 공무원을 신규채용하는 경우에는 공무원 초임 호봉표에 의해 당해인의 초임 호봉을 획정하며 경력이 중복되는 경우에는 그 중 유리한 경력 하나에 대해서만 획정한다(공무원보수규정 제8조).

(2) 승급과 승급 기준

승급(pay increase within grade)이란 동일한 직급 내에서 호봉이 상승하는 것으로서 이에 따라 봉급도 상승한다. 공무원보수규정 제4조의 정의에 의하면, 승급이란 "일정한 재직 기간의 경과 기타 법령의 규정에 의해 현재의 호봉보다 높은 호봉을 부여하는 것"을 말한다. 일반적으로 승급 자체를 임용 방법으로 보지 않는다. 왜냐하면 승급은 근속 연수에 따라 또는 직무 수행 성과에 따라 보수를 증액시켜 주는 것이며, 등급이나 직책의 변동을 전제로 하는 것이 아니기 때문이다. 승급 기준으로는 근무 연한(seniority)과 실적(merit) 두 가지가 있다.

근무 연한을 승급 기준으로 할 때 다음과 같은 장점이 있다고 볼 수 있다. 첫째, 승급제도의 공평성과 객관성을 확보할 수 있다. 둘째, 근무 연한이 길어지면서 그 근속 연장(seniority increase)에 대한 보상의 의미가 있다. 셋째, 공무원의 생계비 증가에 대한 보상(cost of living adjustments: COLA)의 의미도 있다. 넷째, 이를 통해 선임 순위 등을 존중하고 조직 내의 인화를 도모할 수 있는 장점이 있다. 그러나 이 제도는 실적주의 원칙과 충돌하는 문제점을 안고 있다.

그리고 실적을 기준으로 승급시켜 주는 승급제도의 장점은 첫째, 실적주의 원칙에 부합한다는 점이다. 둘째, 능률적인 직무 수행을 유도할 수 있는 유인 체계를 마련할 수 있다. 셋째, 근무 능률이 높은 공무원들의 사기를 높일 수 있다. 그러나 여기에는 객관적 평정의 어려움과 정실 개입 소지가 있다는 흠이 있다.

우리나라에서는 원칙적으로 근무 연한을 승급 기준으로 하며, 제안제도에 의한 제안의 채택 시행에 따른 인사상의 특전 형식으로 부분적으로나마 실적을 기준으로 하는 승급도 특별승급 형식으로 일부 활용하고 있다.

(3) 승급의 종류

우리나라 정부가 현재 활용하고 있는 승급에는 정기적인 보통 승급과 부정기적인 특별 승급 두 가지 종류가 있다.

① 보통 승급(정기 승급)

공무원 일반을 대상으로 정기적으로 행하는 승급을 정기 승급이라 하며, 일반적으로 공무원 호봉 간의 승급에 필요한 승급 기간은 1년이다. 정기 승급은 해당 공무원의 입직 시기에 따라 매년 1월 1일, 4월 1일, 7월 1일, 10월 1일자로 승급한다(과거에는 1년에 두 차례의 시점을 두고 시행해 불합리한 면이 많았으나, 2001년부터 네 차례의 시점으로 확대했다). 일반적으로 승급 기간이 너무 길거나 짧으면 공무원들의 근무 의욕을 제고한다는 본래의 취지나 목적을 달성할 수 없기 때문에 1년으로 하고 있다. 그리고 징계처분이나 직위해제 또는 휴직 중인 자나 근무성적 평정점이 최하위 등급에 해당되는 자 등의 승급은 제한된다.[15] 현재 승급 제한을 받고 있는 공무원은 승급 제한 기간이 만료된 날의 다음 달에 승급한다.

② 특별 승급(부정기 승급)

법령의 규정에 의한 제안제도를 통한 제안(suggestion)의 채택·시행에 따른 인사상의 특전(이 책의 사기와 동기부여에서 설명)으로서 승급시키고자 하는 때에는, 그 제안이 채택되어 시행된 날이 속하는 달의 다음 달 1일자로 1호봉을 특별 승급시킨다. 특별 승급일이 그의 정기 승급일일 경우에는 2호봉을 승급시킨다. 다만, 제안의 채택 시행으로 특별승진된 자는 제외하며, 특별 승급된 후 특별승진되는 자는 특별 승진되기 전의 계급의 호봉에서 1호봉을 감한 후 특별승진되는 계급에서의 호봉을 획정한다.

6 현행 공무원 보수의 문제점과 개선 방향

1) 문제점

보수 인상과 보수제도 개선에 대한 요구가 높다. 왜냐하면 그동안 보수에 대한 문제점이 많았기 때문이다. 그 이유로는 첫째, 빠른 경제 발전과 통신기술의 발달 및 활발한 국제 교류는 국민의 경제적 욕구를 자극했다. 둘째, 재정적 보상이 직업 선택의 중요한 요인이 되어가고 있다. 셋째, 공직도 하나의 직업이고 공무원도 보통 사람이라는 인식이 확산되면서 업무 가치에 대한 정당한 보상을 요구하는 것은 당연하다는 인

15) 공무상 질병으로 인한 휴직은 승급 제한을 받지 아니한다(공무원보수규정 제14조).

식이 늘어나고 있다. 넷째, 대기업의 임원은 비교적 높은 보수를 받지만, 비슷한 학력과 경력을 가진 고위공직자는 상대적인 박탈감을 가지게 되는 것도 문제이다. 다섯째, 퇴직 후의 생활 안정에 대한 불안감 때문에 재직 중에 어떻게 하든지 재산을 축적해야 한다는 초조감을 갖고 있기 때문에 보수에 깊은 관심을 가질 수밖에 없다.

그러나 공무원 보수 수준의 인상에는 여러 가지 제약이 많다.

첫째, 정부의 기능과 역할이 분화되고 다양화되어 가면서 공무원 수가 증가되었다. 따라서 공무원의 숫자 증가에 따른 재정적 부담이 늘어난 상황에서 보수 인상이 용이하지 못했다.

둘째, 무거운 국방비 지출의 부담과 날로 증가되는 사회복지 비용 때문에 보수 예산의 증액이 정책상의 우선순위를 확보하기 어려웠다.

셋째, 공무원 보수 인상이 산업체 전반의 임금 인상과 인플레이션을 유도할 수 있다는 우려 때문에 공무원 보수의 대폭적인 인상계획은 구체화되기 어려웠다.

넷째, 전통적으로 청백리(淸白吏)사상이 강조되어 공무원의 박봉은 마치 자연스럽고 도덕성이 있는 것인 양 사회적으로 치부된 일면이 있었다.

다섯째, 사회에 만연해 있는 지나친 평등 의식으로 인해 공무원의 보수를 인상하는 것에 대해 사회적인 동의를 얻어내기가 용이하지 않았다.

그리고 보수관리 차원에서 살펴보면 문제는 더 많았다.

첫째, 합리적인 보수관리를 추진하지 못했다. 이를테면, 국가공무원법에 명시된 보수 결정 원칙의 타당성 여부에 대한 근본적인 검토가 부족했고, 또한 그러한 원칙보다는 예산 형편, 민간 분야에 대한 파급 효과 등을 고려해 정치적으로 결정했다. 그리고 직무급적인 기준(즉, 직무의 곤란성 및 책임의 정도에 적응하도록 해야 한다)을 중시해야 하나 줄곧 근속급적 및 자격급적인 기준을 적용해 왔다고 볼 수 있다(진재구, 1995: 9).

둘째, 특정 직종의 보수표의 작성 시에 그 직종이 수행하는 고유한 일의 성격과 곤란도, 책임도 등을 고려해 결정하기보다는 일반직 공무원 등의 보수 체계를 원용하거나 단순 비교해 보수표를 작성함으로써 직종 간에 존재하는 일의 곤란도나 특성을 적절히 반영하지 못하고 차별화하지 못했다. 즉, 일반직 공무원과는 다른 특정직 공무원들의 보수표를 작성할 때, 그 부분의 특수성을 고려하기보다는 비교 대상인 일반직 공무원 등의 무슨 급에 해당하는가를 단순 비교해 원용함으로써 현실과 맞지 않는 보수 체계가 되어 왔다.

셋째, 근속 연한에 따라 보상하는 연공급 위주의 임금 체계이므로 직무의 난이도, 개인의 능력과 실적 차이에 따른 보수 지급 차등화가 어려우며, 이는 우수 인력 확보 및 개발에 커다란 장애 요인으로 작용하고 있다. 여기에는 그동안 공직에 대한 직무분석이 제대로 이뤄지지 못한 탓도 있었다. 아울러 개인의 능력보다는 조직 내의 계급적 질서와 인화를 존중하는 행정조직 문화의 영향을 받은 일면도 있다. 그러나 성과를 중시하는 성과주의·실적주의를 확대해 이 두 가지 원칙의 균형을 이루는 것이 중요한 과제이다. 특히 개방형 임용과 민간 경력채용 등을 통해 외부로부터 전문가들이 더 많이 임용되면 성과와 실적에 근거한 보수제도 확립이 필수적이다.

넷째, 역사적으로 볼 때 공무원 보수는 기본급 인상보다는 각종 수당을 신설함으로써 기본급 본래의 의미와 기능을 상실한 면이 있었다. 즉, 기본급이 왜곡되고 부가급인 수당이 지나치게 비대화되었다. 공무원 보수에서 수당이 차지하는 비율이 여전히 높은 편이다. 현행 공무원 보수는 직종에 따른 봉급(기본급) 체계 외에 여러 종류의 수당과 실비변상과 복리후생비를 근속 연수별, 직급별, 개인별 여건 등에 따라 차등 지급하는 구조로 되어 있다.

2) 개선 방향

첫째, 동일 직무에 대한 동일 임금 지급이라는 원칙을 실현하기 위한 근본적인 대책이 필요하다. 지난 1996년 1월에 직무분석기획단이 조직되어 직무분석을 실시했으나, 그 결과의 반영 상태가 완전히 가시화되지는 못했다. 아울러 시대 흐름에 부합하도록 직위분류제를 참조하며 직무급을 활용할 필요가 있다. 그런 맥락에서 2016년에 중요직무급(직무의 중요도 및 난이도를 선정 기준으로 하여 부처의 핵심 사업 추진에 필요한 업무를 담당하는 공무원을 우대하는 제도)을 도입했다. 그리고 2017년에 전문직무급(특정한 전문 분야에서 장기 재직하는 데 필요한 인센티브를 부여하기 위한 제도)을 신설하여 전문직공무원제도를 시범운영하였고, 2018년부터 확대해나가고 있다.

둘째, 우리나라는 OECD 회원국이고, 소득 수준이 높은 단계에 진입했으므로 공무원 보수의 일반적 수준을 이제는 현실화해서 표준생계비 수준 이하의 보수를 받는 공무원이 없도록 해야 한다. 국가공무원법 제46조 제1항에 의하면 공무원의 보수는 일반의 표준생계비를 고려하도록 하고 있다. 이는 보수 수준의 상향 조정을 의미한다.

셋째, 보수 수준을 개선할 때, 어떠한 원리를 적용하느냐에 대한 재검토가 필요하다. 한동안 '하후상박(下厚上薄)'의 원리가 적용되어서 공무원의 초임직과 하위직보다는 중간직 이상의 보수가 상대적으로 열악하다고 평가받았다(진재구, 1995; 김판석 외, 2001). 하지만 최근 들어 하위직의 급여 현실화가 더 시급하다는 지적이 제기되고 있다. 2010년부터 2019년까지 대략 10년 동안의 9급 봉급 인상률이 1급 봉급 인상률보다 높았던 경향이 사라진 것으로 나타났다.[16] 최근 공무원의 낮은 보수 수준으로 인하여 저연차 공무원들의 이탈이 가속화되면서 2023년에는 공무원 보수를 2.5% 인상하고, 특히 청년 세대 저연차 공무원에 대한 처우는 추가로 개선하여 9급 공무원 초임 수준을 높이고 있다.[17] 이와 함께 고위직이나 정무직의 보수 역시 상향 조정될 필요성은 여전하다. 정부의 정책결정자들이 우수해야 성공적인 정책 개발과 추진을 기대할 수 있기 때문이다.

넷째, 공무원에 대한 보수의 일반적 수준이 정부부문 이외의 임금 수준과 대외적으로 적정한 형평을 유지하도록 해야 한다. 지금까지 정권마다 공무원 보수 현실화 계획을 발표했지만, 아직도 그것이 현실화되지 못하고 있다. 이제 더 이상 보수 문제를 공무원들의 애국심에 호소해 희생을 강요할 수만은 없다. 기본급인 봉급이 기본적인 부분으로서의 위상을 회복해야 하며 각종 수당도 그 실질적인 성격에 따라 재분류되고 기본급과 같은 성격을 가진 수당들은 기본급에 합산되어야 한다(오석홍, 1993; 김판석 외, 1999). 그리고 이미 지적했듯이 보수 결정의 제반 원칙을 재확립하는 실천전략이 수반되어야 한다. 보수제도의 개선은 직무분석, 직무평가, 직무 분류, 비교분석조사, 보수구조 재조정 등을 통해 앞으로 합리적으로 개선해 나가야 할 것이다.

다섯째, 연봉제와 성과상여금 등에 관한 제도 개선도 필요하다. 공직사회에서 연봉제나 성과급의 도입 문제는 1997년 11월에 발생한 외환과 금융위기로 인해 IMF로부터 구제금융을 받기 시작하면서 정부 경쟁력 강화 차원에서 활성화되기 시작했다. 계급과 경력에 기초한 연공급 급여 체계를 능력과 업무 실적을 반영하는 능력주의 보수 체계로 전환하기 위해 도입하게 되었다. 그러나 성과평가제도의 공정성과 투명성 제고를 위해서는 보완하고 개선해야 할 사항이 많다. 연봉제나 성과급제도는 평가 결과의 객

16) 연합뉴스. '과거와 다르네'…3년 간 1급・9급 공무원 보수인상률 '동일'. 2022년 10월 3일자 보도, https://www.yna.co.kr/view/AKR20221002033200001?input=1195m

17) 인사혁신처 성과급여과 보도자료(2024년 1월 2일자), https://korea.kr/briefing/pressReleaseView.do?newsId=156608878

표 11-4 보수제도의 개선 영역과 발전 방향

전체	- 실적주의 확립 - 보수 결정 원칙의 확립과 준수 - 보수 현실화를 위한 소요 재원 확충 - 보수 심의기구 운영 활성화 - 직위분류제를 위한 과학적 직무분석 확대 - 성과관리제의 과학화 및 다양화 - 직종별 보수액 재조정(직무의 특성을 반영) - 과학적 보수 조사 및 국내·외 비교 연구 현실화 - 총액인건비제도의 활성화 - 협력적 노사 관계 구축 - 공무원 보수 수준 공개 등
기본급	- 직급 체계 개선 - 호봉제 개선 - 관련 재정(연금 지급 등)과의 연계 조정 - 보수 산식 개선 - 직종별 보수 차별화 - 인건비 중 기본급 비율 상향 조정(수당의 기본급 흡수 확대 등) - 연공급적 요소 완화 및 직무급적 요소 증대 등
제수당	- 수당을 기본급 체계로 흡수 확대 - 수당 체계 단순화 및 통·폐합 - 시간외 수당 현실화 및 직무평가 - 실비 변상적 복리후생비 개선 - 수당 신설 억제 및 정치적 이용 지양 등
성과급	- 근무성적평정, 직무성과계약 등 성과관리제도 개선 - 성과측정 지표 개발 - 성과평가 문화 진작 - 성과연봉제의 지속적 개선 - 성과상여금제의 지속적 개선 - 실적과 성과에 따른 보수체제에 대한 공감대 확산 - 성과급에 대한 노조의 이해 도모 등

관성과 공정성 확보가 매우 중요하다. 또한 직원 상호간 경쟁심을 유발해 조직 내부에 위화감을 유발할 수 있는 단점도 지니고 있다. 따라서 이러한 문제점을 보완해 개선해 나갈 필요가 있다.

여섯째, 최근에 일과 삶의 균형(워라밸: work-life balance)을 위한 근무 시간 단축 논의가 확산되고 있으므로 초과근무 시간을 줄여나가는 추세이다. 초과근무 시간이 줄어들게 되면 자연히 초과근무 수당도 줄어들게 되고, 일상적으로 초과근무 시간이 많았던 일부 현업직 공무원들에게는 보수삭감 요인이 될 수도 있으므로 이에 대한 대책도 필요할 것이다.

일곱째, 공무원의 보수가 현실화되지 못하다 보니 공무원들의 복리후생(benefits)에 대한 제도도 그간 크게 발전하지 못했다. 카페테리아(cafeteria)식 복리후생제도를 더 발전시켜 직원들이 원하는 제도를 더 자율적으로 선택할 수 있도록 하고 복리후생 제도를 좀 더 다원화하여 발전시킬 필요성이 있다.

제2절 연금

1 연금의 의미와 목적

공무원연금제도(government employees pension program)는 국가의 책임 하에 공무원들을 위해 운영하는 사회보장제도로서, 사회보험의 원리에 의해 운영되는 장기 소득보장 시스템이다. 공무원연금은 가입의 강제성, 세대 간 부양 체제라는 특성을 가진다는 점에서 국민연금[18]과 마찬가지로 넓은 의미의 공적 연금(公的 年金)으로 분류되지만, 공무원의 퇴직 이후의 생활을 보장하기 위한 퇴직연금의 성격을 동시에 가진다는 점에서 군인연금[19]이나 사립학교교직원연금[20]과 마찬가지로 특수직역연금(特殊職域年金)

18) 국민연금은 국민연금법(1988년)에 의한 것으로 18세 이상 60세 미만의 일반 국민이 가입 대상이며, 과세소득기준 보험료율은 사용자 4.5%, 그리고 가입자 4.5%이다. 주무부처는 보건복지부이며, 국민연금공단에서 관리하는 공적연금제도이다.

19) 군인은 당초 공무원연금법의 적용을 받아오다가 군인 직무의 특수성을 고려해서 1963년 군인연금법을 별도로 제정함으로써 직업군인을 대상으로 하는 군인연금제도가 실시되었다. 군인연금제도는 공무원연금과 마찬가지로 특수직역연금이지만, 국가보상제도로서의 특성이 강한 것이 공무원연금과 다르다. 군인연금은 재원조달이나 연금급여 등에 있어서 공무원연금과 거의 동일한 체계를 지니고 있지만 부분적으로 약간의 차이가 있다. 공무원연금제도와의 차이점은 첫째, 가입 기간 계산에서 군 복무의 특수성을 인정하고 있다. 군인연금제도의 기본재직 기간은 공무원연금제도의 기본재직 기간과 같이 환산하지만, 전투에 종사한 기간은 기본재직 기간에다 2배를 가산하여 총 3배로 계산하도록 규정하고 있다. 이는 전투종사에 대한 국가보상적인 성격을 반영한 것이다. 둘째, 군인연금제도에서는 퇴역연금 지급에 있어 연금 지급 개시연령을 두지 않고 연금 수급을 위한 최소가입 기간 요건만 충족하면 퇴역 후 바로 연금을 지급한다.

20) 사립학교 교직원연금제도(이하 사학연금)는 공무원연금 대상자인 국공립학교 교원과의 형평성을 위해서 사립 초·중·고등학교 교원, 전문대학 및 대학의 교수를 대상으로 1975년에 발족되었다. 1978년부터는 학교기관의 사무직을 포함하여 오늘에 이르고 있다. 사학연금은 공무원연금에 비해 15년 늦게 출발한

으로 분류된다.

공무원연금제도는 본래 직업공무원제도를 확립하는 등 인사정책적 목적을 달성하기 위해서 설립되었다. 젊고 유능한 인재가 공직에 일찍 들어와서 오랫동안 종사하면 그에 따른 연금보장이 필요하다는 취지이다. 공무원의 퇴직 또는 사망과 공무로 인한 부상・질병・장애에 대하여 적절한 급여를 실시함으로써, 공무원 및 그 유족의 생활 안정과 복리 향상에 기여함을 목적으로 한다는 공무원연금법 제1조의 규정은 이러한 취지를 반영한 것이다. 아울러 공무원은 영리 행위 금지 및 겸직금지 의무와 같은 기본권 제한 사항이 있기 때문에 민간근로자와는 달리 소득활동에 제한을 받는다. 따라서 일반 국민과는 다른 연금제도를 가질 필요성이 대두되는 것이다.

지난 1949년에 제정된 국가공무원법에 연금제도에 관한 규정을 두고 있었으나, 1960년에 와서야 비로소 공무원연금법을 제정・공포하게 되었다. 공무원의 경우 연금제도는 퇴직급여(retirement benefits)에서 출발했는데, 우리나라는 퇴직연금(각종 퇴직급여 등)과 복리후생적 연금(재해/장해급여 및 공제제도)을 포함한다. 공무원연금의 형태는 다양하지만, 거의 모든 나라에서 퇴직연금이 차지하는 비율이 가장 높다.

미국 연방정부에 퇴직연금이 제도화된 것은 1920년이고, 주와 지방정부에까지 확산된 것은 1936년 사회보장법(Social Security Act)이 채택된 이후이며, 유럽의 영국이나 프랑스, 독일 등지에서는 이보다 훨씬 빠른 1800년대 이후부터 퇴직연금제가 법제화되었다.[21)]

일반적으로 퇴직연금에 대한 학설로는 대개 다음과 같은 것이 있다.

첫째, 공로보상설(gratuity theory)로서 직원의 장기간 근무에 대해 사용자(고용주)가

것 이외에는 연금 급여와 재정운영 등 제도내용에 별 차이가 없다. 그러나 비용부담에서는 약간 차이가 있다. 총 부담금 14%와 개인부담금 7%는 공무원연금과 같지만 사용자의 부담금 7%를 학교법인이 4.117%를 부담하고, 나머지 2.883%는 국가가 부담하는 것이 다르다. 국가부담금은 사교육이 공교육을 대체하는 기능이 있어 이를 고려한 것으로 보인다. 다만, 사무직원에 대해서는 법인부담금 7% 전액을 학교법인이 부담한다. 사학연금은 공무원연금법을 준용하므로 공무원연금법이 개정되면 같은 내용이 반영된다.

21) 미국의 연방공무원은 일반 국민을 대상으로 하는 사회보장연금제도(OASDI)의 가입 대상이면서 동시에 연방공무원연금제도(FERS)의 적용을 받는 이중구조로 되어 있다. 공무원과 정부의 법정 부담률은 모두 월급여의 7%이다. 공무원의 연금 부담 중 6.2%는 사회보장연금에 들어가고, 나머지 0.8%만 공무원연금에 부어지는 형태이다. 일본은 모든 공무원이 후생연금(우리의 국민연금과 유사)에 가입하고 동시에 공무원을 위한 공제연금에도 가입되는 이중구조이다. 비용은 공무원과 국가가 각각 월 급여의 9.195%를 부담하고 있다. 프랑스는 공무원 부담률이 7.85%로 나머지는 국가가 부담하고 있다. 독일과 대만은 공무원연금의 전액을 정부가 부담한다. 대부분 국가에서 연금 지급 개시 연령제를 실시하고 있으며, 일본・독일・스웨덴은 65세, 미국은 62세, 프랑스는 60세부터 연금을 지급한다(중앙일보, 2000.10.10: 5).

위로하고 감사하기 위해 지급하는 연금이라는 것이며, 이는 사용자(고용주)의 입장에서 해석한 시각이다.

둘째, 사회(생활)보장설(social security theory)로 직원이 재직 기간 동안 받는 보수로는 퇴직 이후의 생계를 대비한 저축을 하기가 현실적으로 어려우므로, 고용주는 직원의 퇴직 이후의 생활을 보장해야 할 의무가 있다는 설로서 이는 퇴직금의 효과를 설명한 해석이다.

셋째, 보수후불설(deferred wage theory) 혹은 거치보수설로서 이는 일정 기간 동안 보수의 일부가 지급되지 않고 적립되었다가 퇴직 이후에 지급되는 것(deferred nature of pension benefit claims)이라는 해석으로 이는 근로자들이 선호하는 해석이다.

넷째, 위자료설로 조직 운영자 측의 사정으로 퇴직 또는 직업상의 사망에 대해 위자료의 의미로 지급되는 것이 퇴직연금이라는 시각 등이다.

이처럼 퇴직연금에 대한 견해는 다양해서, 어느 한 가지만으로 단정하기는 어려우며 복합적인 성격을 갖고 있다. 그럼에도 불구하고 근로자들이 선호하는 견해를 든다면 보수후불설(거치보수설, 임금후불설)이다. 공무원의 퇴직연금이란 공무원의 재직 시 보수의 일부를 정부가 적립해 관리하지만, 퇴직 이후에는 당해인에게 지급하는 것이며, 이는 정부에서 베푸는 은전(恩典, charity)이 아니라 공무원의 당연한 권리라는 견해로서 민간기업의 직원이나 노조의 입장과 비슷한 맥락이다(Stahl, 1983: 357; 오석홍, 1993: 525; 박연호, 1984: 553). 대법원 판례에서도 보수후불설에 입각해 퇴직금을 산정하는 입장을 취하고 있다. 이러한 견해는 공무원이 퇴직 이후의 생활을 걱정하지 않고 직무에 충실할 수 있고, 직업공무원제도를 정착할 수 있다는 취지와도 부합된다.

우리나라 공무원연금법의 적용 대상은 국가공무원법 및 지방공무원법, 기타 법률에 따른 공무원으로서 상시 공무에 종사하는 공무원[22]을 의미한다(장 · 차관 포함). 그러나 선거에 의해 취임하는 공무원(국회의원과 지방의회 의원 등)은 제외된다. 그 밖에 대통령령으로 정하는 국가 또는 지방자치단체의 정규공무원 이외의 직원으로서 수행업무의 계속성과 매월 정액의 보수지급 여부 등을 참작하여 인사혁신처장이 인정하는 사람도 적용 대상이 된다.

22) 공무원연금법이 2018년에 개정되면서 시간선택제 공무원도 공무원연금 적용 대상이 되었다. 그러나 넓은 의미의 공무원에 속하는 군인은 공무원연금법의 적용을 받지 않고 별도로 군인연금법의 적용을 받는다.

공무원연금제도의 재정 방식은 적립 방식의 기초에 의해 설계되었다. 즉, 급여 지출 비용의 예상액과 기여금·부담금 및 그 예정 운용 수익금의 합계액이 장래에 재정적 균형이 유지되도록 하기 위해, 제도 초기부터 공무원연금기금을 조성해 공무원과 사용자인 국가 또는 지방자치단체가 공동으로 비용을 부담하고 있다.[23] 공무원들이 부담하는 기여금과 국가 및 지방자치단체에서 부담하는 연금부담금으로 당해 연도의 급여 비용을 충당할 수 없는 경우에는 그 부족한 금액을 국가 및 지방자치단체의 보전금으로 충당하도록 하고 있다.

2 한국 공무원연금제도의 연혁과 주요 연금개혁 내용

지난 1949년 8월에 국가공무원법을 제정하면서 이 법에서 공무원의 퇴직금과 재해보상에 관한 독립된 법률을 정해 적절한 급여를 실시할 것을 규정했으나, 건국 초기 모든 분야에서의 제도적 준비가 마무리되기 전에 6·25 전쟁을 맞게 되었고, 전후 정리를 거치는 동안 사회보장제도는 정부 시책의 우선순위에서 밀려났다. 그러다가 제1공화국 말기인 1959년에 들어와서 당시의 중앙인사행정기관인 국무원 사무국에서 공무원연금법을 제정, 1960년 1월 1일에 공포·시행하게 됨으로써 국가 책임 하에 운영하는 공적 연금제도인 공무원연금제도를 실시하게 되었으며, 이 법의 제정 이후 많은 개정을 거쳤다.

그간의 변화 중에서 주요한 몇 가지를 간추려 살펴보면 다음과 같다. 출발 초기에는 적용 범위를 국가공무원 및 지방공무원에 군인을 포함했으나, 1962년에 군인연금법을 제정하기에 앞서 군인을 적용 대상에서 제외했다(군인연금법은 1963년 1월에 제정). 지난 1967년에는 공무원 및 군인 경력에 대한 재직 기간 합산제도를 실시했다. 또한 1975년에는 퇴직·장해연금 수급자가 정부투자기관 등에 근무하게 되는 경우 연금 지급 정지제도를 신설했다(종래에는 공무원으로 재임용된 경우에만 지급 정지).[24] 1982년에는 공무원연금공단을 설립해 공무원에 대한 후생복지사업과 기금증식사업을 담당하게 했으며, 이듬해에는 총무처 장관이 관장하던 연금 관계 집행 업무를 공무원연금공단으

23) 다만, 사용자 책임 급여인 재해보상 급여와 퇴직수당에 소요되는 비용 및 재해부조금과 사망조위금에 소요되는 비용은 국가나 지방자치단체가 전액을 부과 방식에 의해 매년 부담하고 있다.

24) 연금을 받으면서 또한 공직에서 계속 일하는 경우를 외국에서는 'double-dipping'이라 부른다.

로 이관했다. 그리고 1986년과 1987년에는 급여 산정의 기초가 되는 보수월액에 정근수당과 장기근속수당도 포함하도록 했고, 1989년에는 직무수당도 포함해 산정하도록 했다.

현재 공무원연금제도는 중앙인사기관(인사혁신처)이 관장하고, 그 집행은 공무원연금공단에서 실시하고 있다. 공무원연금공단은 공무원이 퇴직, 사망 또는 공무로 인한 부상, 질병, 장애에 대하여 적절한 급여를 실시함으로써 공무원 및 그 유족의 생활 안정과 복리 향상에 기여하기 위해 설립되었다. 공무원연금공단은 다음과 같은 업무를 하고 있다. 첫째는 연금관리 업무이며, 둘째는 기금사업이다. 자세한 내용은 공무원연금공단의 홈페이지(www.geps.or.kr)를 방문하면 찾아볼 수 있다.

지난 2009년에 개정한 연금법에서는 연금 비용과 급여를 산정하는 기초보수를 종래의 '보수월액(총소득의 평균 65% 수준)'에서 과세 대상 총소득에 해당하는 '기준소득월액'으로 변경했다. 이는 연봉제 등 공무원 보수제도의 변화로 종전의 기본급과 정근수당만을 기초로 하는 보수월액 체계를 유지하기 어려웠고, 보수월액이 총소득을 반영하지 못하는 문제점도 있었기 때문에 이를 개정한 것이다.

표 11 5 한국의 공무원연금제도 개요

구분	공무원연금
근거법/성격	공무원연금법(1960년 1월 1일 시행)/공적연금인 동시에 특수직역연금
대상	국가 및 지방자치단체 공무원(국공립학교 교원 등 포함) 등
보험료율	* 매월 기준소득월액 공무원 기여금(9.0%), 국가 부담금(9.0%)[25]
관장기관	인사혁신처(www.mpm.go.kr)
집행기관	공무원연금공단(www.geps.or.kr)

현재 공무원연금의 비용 부담은 기여제 방식을 채택해 연금 수혜자인 공무원연금제도 발족 당시 설정했던 2.3%의 징수료율을 1969년에 3.5%, 1970년에는 5.5%, 1996년에는 6.5%, 1999년에는 7.5%, 2010년에는 6.3%, 2011년에는 6.7%, 2012년부터 7.0%, 그리고 2015년 연금개혁을 통해 9.0%까지 연차적으로 상향 조정했다: 2016년(8%), 2017년

25) 연도별 비용부담률은 다음과 같다: 2016년(8%), 2017년(8.25%), 2018년(8.5%), 2019년(8.75%), 2020년(9.0%)과 같이 점진적으로 인상되며, 2020년 이후에는 9.0%를 유지한다.

(8.25%), 2018년(8.5%), 2019년(8.75%), 2020년(9.0%).[26]

지속적인 연금제도개혁에도 불구하고 보전금 증가에 따른 국민세 부담의 증가, 국민연금과의 형평성 논란 등으로 국민과 공직사회가 공감하는 추가적인 연금개혁이 불가피하였다. 이에 따라 2014년 초부터 다시 개혁 논의가 시작되어 1년 이상의 논의를 거친 후 2015년 5월에 공무원연금을 다시 개혁하였다. 지난 2015년 연금개혁은 국회 내에 '국민대타협기구'와 '공무원연금 개혁특위' 등 관련 위원회를 설치하여 사회적 합의를 통해 이루어진 연금개혁이라는 특징을 지니고 있다.[27]

2015년 연금개혁의 주요 내용을 보면, 먼저 재직자와 관련하여 기여율 인상(7% → 2020년까지 단계적으로 9%까지 인상), 지급률 인하(1.9% → 1.7%) 등 '더 내고, 덜 받고, 늦게 받는' 조치가 있었다.[28] 다음으로 선거직 공무원 재임용 시나 정부・지방자치단체 전액 출자・출연기관 채용 시 연금 전액 정지 등 연금액을 감소하거나 제한하는 조치가 이루어졌다. 그 밖에 공무원연금 급여산정 시 소득재분배 기능 도입, 이혼 배우자에 대한 분할연금제도 도입, 비공무상 재해보상제도 도입 등 사회보장성을 강화하는 조치가 포함되었다.[29] 연금제도에서 주요 관심사의 하나인 퇴직연금 수급 요건은 20년 이상 재직하고 퇴직한 경우에서 10년 이상 재직하고 퇴직한 경우로 완화했다. 반면, 고령사회 진입에 따라 연금 지급 개시 연령은 최대 5년을 연장하여 65세로 단계적으로 연장하였다.[30] 그리고 적정 노후소득 보장이라는 연금제도의 취지에 맞지 않는 고액 연금의 수급 방지를 위해 공무원 전체의 기준소득월액 평균액의 1.6배를 기준소득월액 상한으로 설정하였다(〈표 11-6〉 참조).

그리고 2018년에는 공무원연금법에 포함된 재해보상부분을 분리하여 '공무원재해보상법'을 제정하였다. 이는 기존에 공무원연금의 일부로 취급되어 오던 재해보상제도를 별도로 분리하여 공무수행 중 발생한 재해에 대한 보다 강화된 보상을 통해 공무원들이 직무에 전념할 수 있는 여건을 조성하고 그 유족의 복지를 향상하기 위한 것이 그 취지이다.

---

26) 2012년에 변경된 기준소득월액의 7.0%는 종전 보수월액 기준 10.8%에 해당된다.
27) 2015년 박근혜 정부의 연금개혁의 특징과 문제점에 대해서는 진재구(2015)를 참조.
28) 연금인 급여는 통계청장이 매년 고시하는 전전년도와 대비한 전년도 전국소비자물가변동률에 해당하는 금액을 매년 증액하거나 감액한다(그러나 2016~2020년까지 연금액은 이러한 변동이 적용되지 않는다).
29) 보다 자세한 내용은 공무원연금공단 홈페이지(www.geps.or.kr)에서 확인할 수 있다.
30) 퇴직연도별 연금 개시 연령은 공무원연금공단의 홈페이지에서 연금 수급에 관한 자료 참조.

표 11-6 2015년 공무원연금 개혁의 주요 내용

구분	종전	개정
기여율(공무원) 및 부담률(국가) 인상	기준소득월액의 7%	기준소득월액의 9% (단계적 인상)
연금지급률 인하	재직 기간 1년당 1.9%	재직 기간 1년당 1.7% (단계적 인하)
기준소득월액 상한의 하향 조정	1.8배(전체 공무원 평균기준소득월액 대비)	1.6배로 하향 조정
퇴직연금 수급 요건 조정	20년	10년
연금 지급 개시 연령 연장	2009년 이전 임용자 60세 2010년 이후 임용자 65세	모든 공무원 65세로 단계적 연장
유족연금지급률 하향 조정	2009년 이전 임용자 70% 2010년 이후 임용자 60%	전·현직공무원 모두 60% 적용
연금액 한시 동결	물가인상률 연동	5년 간 동결(2016~2020년)

주요 내용으로는 첫째, 현장공무원의 의견을 반영하여 위험직무순직의 요건을 확대·재정비하고 순직에 대한 심사를 보다 전문화, 체계화하도록 하였다. 둘째, 순직보상의 수준이 민간 산재보상 대비 53~73% 수준에 불과하여 국민을 위해 헌신, 희생한 공무원들에 대한 처우가 열악하다는 비판을 수용하여 유족에 대한 합당한 생활보장과 국가책임을 강화하였다. 셋째, 재해에 대한 '예방-보상-직무복귀(재활)'의 선순환 체계를 구축하고 중증장해에 대한 간병급여를 신설하여, 종합적인 재해보상 서비스 실시기반을 마련하였다. 넷째, 재해보상의 전 과정에 대한 국가의 책임성을 높이고, 심사의 전문성과 대표성을 강화하여 심사 결과에 대한 수용도를 제고하고자 하였다. 이러한 공무원 재해보상법 제정을 통해 국민을 위해 헌신, 봉사하는 경찰·소방·우정 등 현장공무원들이 안심하고 직무에 전념할 수 있는 공직 여건을 조성하고, 공직사회의 실질적인 복지를 향상시키는 데 기여할 것으로 기대된다.

3 연금 적용 대상자

공무원연금법의 적용 대상자로서 국가공무원법 및 지방공무원법에 의한 공무원(정규 공무원)은 당연히 포함한다. 그리고 기타 다른 법률에 따라 국가 또는 지방자치단체

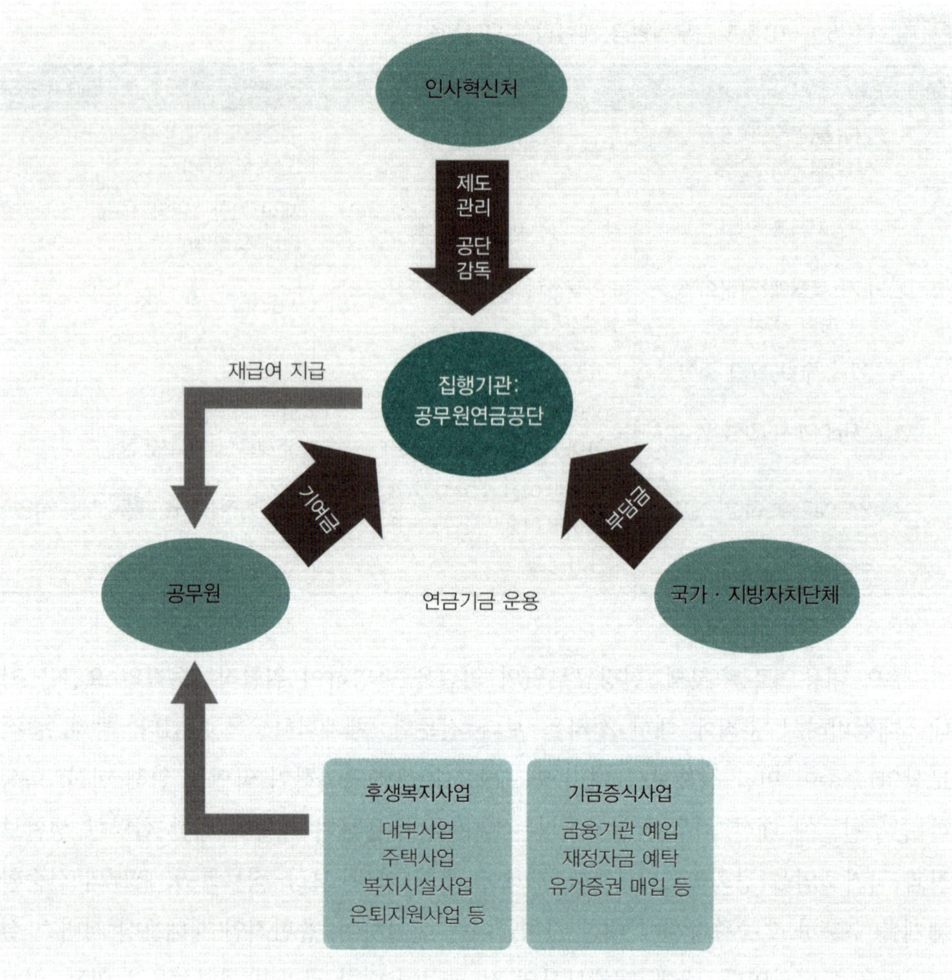

그림 11-6 공무원연금 관리 체계

에 근무하는 직원(정규 공무원 외의 직원)도 포함한다.31) 이를테면 청원경찰, 청원산림보호직원, 위원회 등의 상임위원과 전임 직원으로서 매월 정액의 보수 또는 이에 준하는 급여를 받는 자(한시적 또는 법령에 의하지 아니한 위원회 제외), 기타 정규 공무원 이외의 직원으로서 수행 업무의 계속성과 매월 정액의 보수 지급 여부 등을 참작해 중앙

31) 군인과 선거에 의해 취임하는 공무원(대통령, 국회의원 등)은 공무원연금법의 적용 대상에서 제외된다(공무원연금법 시행령 제2조). 대통령은 '전직대통령 예우에 관한 법률'에 의해 별도의 연금 혜택을 받으며, 국회의원은 일반 시민처럼 '국민연금'을 통하거나 개인적으로 연금 대책을 마련해야 한다.

인사기관장(현 인사혁신처장)이 인정하는 자를 포함한다. 공무원연금 적용 대상 공무원은 1960년대의 23만여 명에서 1980년에는 68만여 명으로, 그리고 이제는 100만여 명 이상에 이르며, 집행은 공무원연금공단에서 하고 있다. 그리고 2009년 말 연금법 개정에서 연금 산정 기준 보수를 '퇴직 전 3년 평균 보수'에서 '전체 재직 기간 동안의 평균소득'으로 개정했다.

4 연금재정의 확보와 관리

한국 정부의 공무원연금제도는 기금제(pre-funding system, funded plan, actuarial reserve plan, accumulation of fund)를 채택하고 있다. 기금제는 글자 그대로 기금을 미리 장기적으로 마련하는 적립 방식으로서, 이 기금의 운용과 투자를 통해 나오는 이자와 사업수익을 통해 연금을 지급한다. 미국이나 우리나라는 기금제를 활용하고 있으며, 이 기금제는 보험적립제라고도 한다.

이에 반해 비기금제(terminally funded plan, cash disbursement plan, pay-as-you-go financing, unfunded system)는 계획을 세워 미리 기금을 적립하지 않고 상황에 따라 필요한 재원을 부과해 조성하는 일종의 부과 방식으로서, 국가의 일반 세입금 중에서 연금 지출에 소요되는 금액을 세출예산에 계상해 지출하므로 현금 지출제라고도 한다. 영국과 프랑스 등이 비기금제를 운영하고 있다. 비기금제는 그 출발 비용(start-up costs)과 운용・관리 비용이 적게 든다는 장점이 있으나, 시간이 지날수록 비용이 많이 들며, 연금관리기관의 경제 사정이나 재정 형편이 어려울 때 연금 수혜자에게 연금을 지급하지 못할 경우도 발생할 수 있다.

기금제를 채택하는 경우 그 소요 재원을 어떻게 확보하느냐가 대단히 중요한 문제인데, 이때 기여제(contributory system)와 비기여제(non-contributory system)라는 두 가지 방법이 있을 수 있다. 첫째, 기여제란 기금 조성의 비용을 정부와 공무원이 공동으로 부담하는 제도를 말한다. 둘째, 비기여제란 기금 조성의 비용을 정부에서 단독 부담하는 제도를 말한다. 연금제도는 정부와 공무원에게 다 같이 이익을 제공하므로 호혜의 원칙(principle of the mutuality of interest)에 따라 기여제를 채택하는 것이 바람직하다는 의견이 많다(오석홍, 1993: 528). 그러나 실제 기여제를 택하느냐 비기여제를 택하느냐의 질문은 경제적이라기보다 심리적인 문제라는 지적이 많다(Stahl, 1983: 362; 오석홍,

1993: 529; 박연호, 1984: 555). 왜냐하면 비기여제에 의하더라도 공무원이 기여했어야 할 금액만큼을 정부가 공무원의 보수를 줄여서 충당하면 기여제와 비슷한 결과가 나오기 때문이다.

공무원연금제도의 회계는 연금회계와 기금회계로 구분되어 있다. 연금회계는 공무원이 부담하는 기여금과 국가나 지방자치단체가 부담하는 부담금 등을 수입으로 하고, 연금급여 등 제급여를 지출로 하는 회계를 말한다. 그리고 기금회계는 연금회계로부터 적립된 기금을 관리 운용하는 회계를 말한다. 연금회계와 기금회계 간의 상호 관계를 보면, 연금회계에서 수지 흑자가 발생하면 그 흑자분이 기금회계에 전입 처리되고, 적자가 발생하면 그 부족분을 기금회계로부터 이입 충당하게 된다. 이 경우 연금회계에서 기금회계로 전입되는 전입금은 적립금과 결산상 잉여금으로 구성되는데, 적립금은 미리 예산에 계상된 금액으로서 당해 연도 내에 기금의 수입이 되고, 결산상 잉여금은

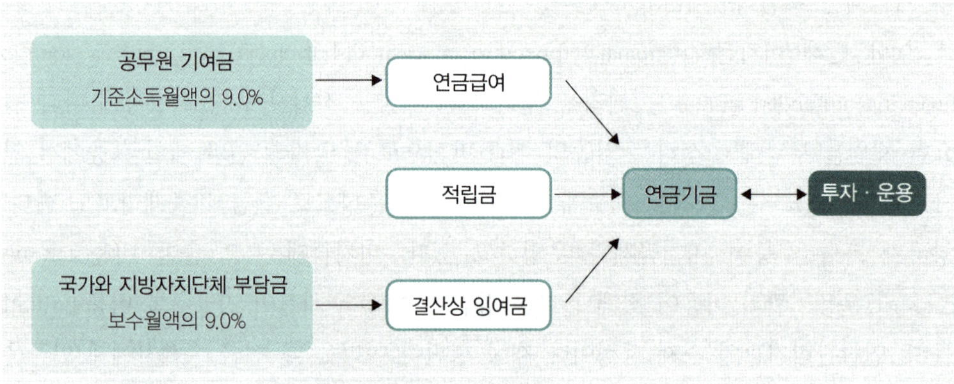

그림 11-7 연금재정의 조성과 운용

당해 회계연도의 결산 후 남는 금액으로서 당해 연도에 기금의 수입이 된다. 연금재정의 조성과 운용 체계는 [그림 11-7]과 같다. 현재 우리나라의 연금 재원 조달은 정부와 공무원이 과세소득 기준을 적용해 국가가 매월 기준소득월액의 9.0%를 부담하고, 공무원도 기준소득월액의 9.0%를 부담한다(2024년 기준).[32]

공무원연금재정의 적자 발생 원인들은 다음과 같다.

첫째, 1960년에 제도를 도입한 후 연금급여 수준이 지속적으로 향상되어 왔고, 각

32) 공무원연금공단 홈페이지(www.geps.or.kr)의 재정 방식 참조.

종 수당(정근수당, 장기근속 수당, 직무수당 등)이 연금 보수월액에 포함되어 연금액이 상승되었다.

둘째, 장기 근속자 및 연금 수급자가 증가했고, 고령시대에 접어들어 국민 평균수명 연장으로 연금 수급 기간이 장기화되었다.[33]

셋째, 지속적인 지출 요인 증가에도 불구하고 수입원인 공무원과 국가의 비용부담률은 크게 늘지 않았다.

넷째, 연금기금 총액 증가율이 급격히 둔화되고 있다.

다섯째, 정부와 공무원연금공단의 비효율적인 기금관리나 낮은 이자율도 연금재정 적자의 한 원인이 되고 있다.

5 연금급여의 종류

한국 공무원연금급여는 총 19종에 달하며, 단기급여와 장기급여로 나뉜다. 공무원연금법 제25조와 제34조에 의하면 단기급여는 공무원의 공무로 인한 질병·부상·재해와 관련해 지급하는 것으로서 세 가지의 급여(공무상 요양비, 재해부조금, 사망조위금)를 포함한다. 그리고 공무원연금법 제25조와 제42조에 의하면 장기급여는 공무원의 퇴직·장애·사망에 대해 지급하는 것으로서, 네 가지 범주(퇴직급여, 장해급여, 유족급여, 퇴직수당)로 분류된 16종의 급여를 포함한다(〈표 11-7〉 참조).

표 11-7 연금급여의 종류와 요건

구분	종류	요건
단기급여	① 공무상 요양비	공무원이 공무로 인한 질병 또는 부상으로 요양을 받은 경우
	② 재해부조금	공무원이 수해·화재·기타 재해로 인해 공무원 또는 그 배우자 소유의 주택(공동주택의 지분 포함)이나 공무원이 항시 거주하는 주택으로서, 공무원 또는 배우자의 직계 존·비속 소유의 주택이 피해를 입은 경우
	③ 사망조위금	공무원 본인·배우자·직계 존속(부양하고 있는 배우자의 직계존속 포함) 사망 시

33) 한국은 2000년에 고령화사회(65세 이상의 노인인구가 전체 인구의 7% 이상 차지)를 맞이했고, 2017년에 고령사회(65세 이상의 노인인구가 전체 인구의 14% 이상 차지)에 진입했다. 머지않아 초고령사회(65세 이상의 노인인구가 전체 인구의 20% 이상 차지)를 맞이할 예정이다.

구분		종류	지급 사유
장기급여	퇴직급여 4종	① 퇴직연금	공무원이 10년 이상 재직하고 연금 지급 조건이 되어 퇴직한 때
		② 퇴직연금 일시금	10년 이상 재직 후 퇴직한 공무원이 퇴직연금에 갈음하여 일시금으로 지급받고자 할 때
		③ 퇴직연금 공제일시금	10년 이상 재직 후 퇴직한 공무원이 10년을 초과하는 재직기간 중 일부기간을 일시금으로 지급받고자 할 때
		④ 퇴직일시금	공무원이 10년 미만 재직하고 퇴직한 때
	퇴직수당		공무원이 1년 이상 재직하고 퇴직 또는 사망한 때
	장해급여 2종	① 장해연금	공무상 질병·부상으로 발병 상태가 되어 퇴직한 때
		② 장해보상금	장해연금에 갈음해 일시불로 지급받고자 할 때
	유족급여 9종	① 유족연금	10년 이상 재직한 공무원이 재직 중 사망한 때 퇴직연금 또는 조기퇴직연금 수급자가 사망한 때 장해연금 수급자가 사망한 때
		② 유족연금 부가금	10년 이상 재직한 공무원이 재직 중 사망하여 유족연금을 청구한 때
		③ 유족연금 특별부가금	퇴직연금 수급권자가 퇴직 후 3년 이내에 사망한 때
		④ 유족연금 일시금	10년 이상 재직한 공무원이 재직 중 사망하여 유족연금에 갈음하여 일시금으로 지급받고자 할 때
		⑤ 유족일시금	10년 미만 재직하고 사망한 때
		⑥ 순직유족연금	공무상 질병·부상으로 사망 시
		⑦ 순직유족 보상금	
		⑧ 위험직무순직 유족연금	위험직무 수행 중 사망 시
		⑨ 위험직무순직 유족보상금	

자료: 공무원연금공단(www.geps.or.kr).

6 연금의 문제점과 개선 방향

1) 제도 차원의 문제점과 개선 방향

공무원연금에 대한 개선은 '제도'와 '관리'라는 두 가지 측면에서 살펴볼 수 있다. 우선 연금제도 그 자체를 개선할 필요가 있다. 실제로 우리의 연금재정은 날로 악화되고 있다. 공무원연금은 1993년부터 수입보다 지출이 많아지게 되면서 2001년부터 기금이 고갈되고 정부가 일반조세를 통해서 급여 지출의 일부를 지원하여 왔다. 실제로

2001년 기금고갈이 되면서 정부보전금을 사용하게 되었다.[34] 공무원연금 지출의 부족분을 채우기 위해 정부가 보전한 금액이 늘고 있고, 정부보전금 비율도 지속적으로 높아지고 있어 재정부담이 계속 커질 것으로 우려된다.

한국은 1960년에 연금제도를 도입한 후 1968년에 연금회계에 적자가 발생해 연금기금에서 충당했다. 이에 따라 1969년부터 비용 징수율을 단계적으로 상향 조정하게 되었다. 그러나 1993년에 연금회계상에 398억 원, 1994년에는 1,831억 원의 적자가 발생했으며, 이러한 재정 악화 현상은 지금도 계속되고 있다. 1960년에 도입된 공무원연금은 지난 1997년 기금 규모가 6조 2천억 원이었던 것이 2000년 말에는 연금급여 지출의 증가와 기금 운용의 부실로 인해 기금 규모가 1조 2천여 억 원으로 줄어들었으며, 2005년에는 6천 96억 원의 적자가 발생했고, 앞으로도 연금 적자 규모가 수조 원 이상이 될 것으로 예측된다. 그리고 일시금 선호 현상 등으로 적자폭은 앞으로도 계속 늘어날 것으로 전망된다.

이와 같이 연금재정이 날로 악화되는 상황에서는 수혜 범위나 조건을 축소할 수밖에 없는 것이 오늘의 현실이므로 연금제도에서도 다음 몇 가지를 검토해 보아야 한다.

첫째, 보수와 관련된 문제로서 현행 공무원 보수는 봉급보다는 수당이 비대화되어 있어서 연금법에서의 보수월액 산출에 따른 연금급여액이 실제의 공무원 보수보다 낮게 계산되므로, 차제에 보수 개혁과 연금 개혁을 연계해 추진할 필요성이 있다.

둘째, 연금회계의 적자 현상을 해소하기 위해 공무원과 정부의 부담률을 최근 들어 계속 인상하고 있다. 일정 기간(예: 5~10년 주기 등)마다 재조정하면 몰라도 계속 인상하는 것은 곤란하다. 아울러 연금재정에 대한 불안 요인 방지를 위해 유사시 정부재정에서 지원이 가능하도록 그 지원 근거나 평가 장치 등을 강화하는 것도 필요하다.

셋째, 인구가 고령화되고 생애 주기에 변화가 오면서 연금 수급자의 수급 기간 장기화로 인해 연금 재정이 악화되고 있으므로, 퇴직 이후의 연금 지급 개시 연령이나 연금 지급 조건 등을 합리적으로 조정할 필요가 있다.

넷째, 기여액 대비 급여액이 높다. 즉, 사회보험료 대 급여의 등가 원칙이 적용되지 않고, 연금 수입에 비해 연금 지급(연금급여)이 높도록 제도화되어 왔다. 그런 맥락에서 2015년 연금개혁에서 '더 내고, 덜 받고, 늦게 받는' 조치가 부분적으로 이뤄진

34) 공무원연금법에 공무원연금기금으로부터의 전입금을 보전금에 충당할 수 있다고 규정하고 있으며, 공무원연금 적자 규모가 커지면서 기금운영수익금의 일부를 연금적자 보전금에 충당하고 있다.

것이다. 경제 개발기의 낮은 보수 세대에 대한 저부담·고급여 정책은 적정 부담·적정 급여정책으로 전환되어야 한다.

다섯째, 공적 연금이 '충분한' 노후 생활을 보장해야 한다는 것은 잘못된 연금 상식이다. 서구 복지국가의 경우에도 공적 연금은 최저 생활 수준 정도의 보장에 그치고 있다. 충분한 노후 생활을 보장받기 위해서는 개인연금 등의 사적 연금이나 개인 저축 등의 다른 소득 원천이 필요하다. 즉, 공무원연금제도는 현재와 같은 단층구조가 아니라, 개인의 선택에 따라 추가선택이 가능한 '다층구조'로 전환할 필요가 있다. 그런 맥락에서 연금제도는 앞으로도 계속 연구·발전되어야 한다. 아울러 공무원이 다양한 형태의 연금을 선택할 수 있는 방안도 마련되어야 할 것이다.

2) 관리 차원(기금 운용과 복지사업)의 문제점과 개선 방향

연금 위기는 연금제도 자체의 문제도 있지만, 관리(기금 운용과 복지사업관리)의 문제도 크다. 연금기금 운용과 후생복지사업의 문제점과 개선 방향을 정리하면 다음과 같다.

(1) 연금기금의 운용 전략

공무원연금공단은 기금 재원을 금융상품 등에 운용해 그에 파생된 투자 수익을 퇴직자에 대한 급여 지급 및 각종 후생복지사업 추진에 사용하고 있다. 이러한 사유로 공단의 기금 운용사업은 전문화되어야 하나, 그간 부실한 점이 많았다. 특히 1997년 말 국가 경제를 부도 직전까지 몰고 간 IMF 외환위기는 정부의 구조 조정에 따른 대규모 인력 감축으로 연금재정 적자라는 예기치 못한 위기 상황을 초래함으로써 기금 규모는 퇴직급여의 충당을 위해 대폭 축소된 상태이다. 공무원연금제도는 현재의 기금 규모 및 급여 지출 규모로 볼 때 기금 운용 수익으로 연금회계의 적자를 계속 보전해 나가기는 어려울 것으로 보인다.

공무원연금의 연금 적자 규모는 계속 불어날 것으로 추계되고 있다. 따라서 실효성 있는 대책이 필요하다. 연금 급여자금을 확보하기 위해 연금기금이 보유하고 있는 유가증권의 매각, 연금회관과 임대주택 등 복지시설용 부동산의 처분, 공공자금의 회수 등 자구책을 강구하는 것이 필요하다. 우리나라의 연금기금은 일시금제도, 재정 예탁, 후생복지사업 등으로 인해 충분한 적립과 증식이 어려운 실정이다. 그러므로 공무원연금공단 운영 쇄신을 통해 연금기금의 수익성을 제고해야 한다. 연금재정 안정화를 위한 기금의 역할이 강화되어야 하며, 기금사업의 목표 중 복지성과 수익성의 조화를 수익 증대에 역점을 두는 방향으로 나아가야 한다.

(2) 연금기금의 재정예탁 개선

연금기금은 대규모의 공적 자금으로서 국가의 경제정책과 조화가 필요하다. 우리나라의 경우 민간 자본시장의 규모가 적어 연금기금의 정부 예탁이 불가피한 면도 있다. 또한 공무원연금은 국가가 그 지급을 최종적으로 책임지는 제도이므로 기금의 재정예탁이 어느 정도 이해되기도 한다.

그런데 연금기금의 재정예탁은 지금까지 연금재정 악화의 주된 원인으로 비판을 받아 왔다. 예탁 수익률이 다른 부문에 비해 낮았기 때문이다. 과거의 재정예탁 수익률은 은행 정기예금 금리를 적용하다가 정기예금 금리에 1%를 가산해 한동안 적용해 왔다. 그러다 공공자금관리기금법이 제정되고 각종 기금의 정부예탁이 강화되면서 예탁 수익률이 국・공채 발행 금리 수준, 1종 국민주택 채권 유통 수익률 수준으로 개선되고 있다고 하나, 아직도 여전히 낮다.

연금기금의 재정예탁은 수익률만 좀 더 개선된다면 앞으로 안전성 있는 투자 수단이 될 수 있을 것이다. 따라서 급여 지급 후의 여유자금은 시장 금리 수준의 수익을 보장받는 조건으로 정부에 예탁하는 것이 바람직하다.

(3) 후생복지사업의 운영 개선

공무원연금제도에서는 1966년부터 연금기금을 이용해 제도 가입자에 대한 후생복지사업을 실시해 오고 있다. 과거 재정자금 운용법에 의해 전액 정부에 투자되었던 연금기금을 이 법의 적용을 배제하고 공무원의 복지를 위한 재산 매입, 공무원 또는 공무원연금 수급권자에 대한 대부 등의 방법으로 운용할 수 있게 됨에 따라 복지사업이 시작된 것이다.

소득 보장을 중심으로 하는 공무원연금제도에서 제도 가입자인 공무원의 후생복지까지 맡게 된 것은 다음과 같은 이유가 있다고 본다. 우선 후생복지사업은 공무원의 복지 증진을 목적으로 하는 연금제도의 취지에 부합된다.[35] 그러나 회관이나 시설 중

35) 우리나라는 경제개발기에 공무원의 보수 수준이 낮았기 때문에 보수 이외의 수단으로 이를 보완해 줄 필요성이 있었는데, 국가의 재정이 어려워 연금기금이 대신해 공무원에 대한 복지를 맡게 된 것이다. 특

심의 후생복지사업은 앞으로 개선의 여지가 많다. 지금까지 실시해 오고 있는 후생복지사업은 연금재정 문제의 대두와 복지사업 환경의 변화 때문에 제도적 전환기를 맞게 되었다. 따라서 복지사업 모형도 수혜자인 공무원과 연금 수급자들이 필요로 하는 방향으로 재정립되어야 한다.

다시 말하면, 후생복지사업의 수익을 극대화해야 한다. 특히 기업경영 방식을 도입해 책임경영 체제를 이룩해야 한다. 수익성이 저조하면 사업체를 정리하고 민간위탁 등 운영 방식을 개선해야 한다. 아울러 현재 운용 중이거나 건립 중인 복지시설 이외의 유휴 부동산을 매각해 기금 증식을 위한 재원을 마련해야 한다.

7 지속적인 제도 개선과 관리혁신

공무원 복지사업은 정부의 구조조정 계획에 따라 쇄신적인 관리혁신과 제도 개선이 요청되고 있다. 정부의 구조조정안에 따르면 일부 공무원에 대한 복리후생적 기능이 있다고 하더라도 수익률 저하로 전체 공무원의 희생을 초래하는 사업체는 매각 또는 민간 위탁으로 전환해야 한다. 이러한 정부의 구조조정 계획이 반드시 미래를 보장할 수는 없겠지만, 복지사업의 채산성을 높이기 위한 노력은 분명히 있어야 하고 채산성이 없는 수익사업은 정리해야 할 것이다.

요약하면, 장래를 내다보는 연금제도의 개혁이 필요하다. 연금제도의 확실한 장래를 위해 우선적으로 조치해야 할 사항은 제도 합리화이다. 제도 합리화는 연금 원칙에 관한 문제로서 원칙적으로 접근해야 한다. 기득권 보호에 묶여 제도를 바로잡지 못하면 안 된다. 연금은 임용 당시의 고용 계약 사항은 아니므로 불변적인 것이 아니라 여건에 따라 조정이 가능한 것이다. 제도 합리화가 이뤄진 후에는 비용 징수율을 조정해야 한다. 단기적 재정수지 개선을 위한 부정기적 징수율 조정은 제도 가입자들의 불신을 초래하기 때문에 장기적 연금 수지에 기초해 징수율을 조정하는 것이 바람직하다. 연금 개혁에 관한 문제는 사회보장 선진국의 공통 문제이므로 앞으로도 꾸준한 비교연구와 혁신적인 정책 개발이 필요하다.

히 연금복지사업 중에는 연금회관이나 임대주택 등 시설 중심의 사업이 있는데, 이는 연금기금의 실물투자이기 때문에 인플레이션을 방어해 기금의 실질 가치를 유지시켜 주는 기능을 했다.

사례 1 공무원 vs 민간기업 직원 보수 결정의 영향 요인 간의 차이는?

① 공무원 보수 결정의 영향 요인

정부의 인건비 지불 능력, 노동시장의 인력 수급과 고용 상태, 정부의 관련 법규, 노조교섭력, 민간부문의 임금 수준, 경제적 사정(GNP와 재정 규모), 사회윤리적 사정(생계비), 정책 목적(성과 향상), 물가 수준, 선거(특히, 대통령선거), 통치 형태, 기타 부가적 요인 등을 들 수 있다. 최근의 한 연구(김상헌 · 배병돌, 2000)에 의하면, 우리나라의 공무원 보수는 대통령선거가 있는 해 혹은 그 직전의 해에 보수가 늘어났으며, 이것이 통계적으로 유의한 수준이었다고 한다. 공무원 보수 결정에 필요한 기타 관련 참고 자료는 민간의 임금, 표준생계비 및 물가의 변동 등에 대한 조사, 주요 공기업 등의 임직원의 보수에 관한 자료, 세무행정 자료, 재외 공관 소재지의 물가지수, 외환 시세의 변동 상황 등에 대한 자료, 노사협력 및 공무원노동조합의 요구사항 등이다.

② 민간기업 직원 보수 결정의 영향 요인

노동시장의 동종 직무(경쟁조직) 임금과 우세 임금률, 노동시장의 고용 조건, 고용주의 임금관, 경제 사정, 물가 수준, 회사의 인건비 지불 능력, 노조의 조직 규모와 교섭력, 노사 관계, 생산성, 생계비, 최저 임금 등 관련 법규 및 정부의 규제, 근로자 숙련도 혹은 능력(경쟁력), 기업 관행과 회사 정책, 직무의 상대적 가치, 회사 규모, 기타 부가적 요인 등이다.

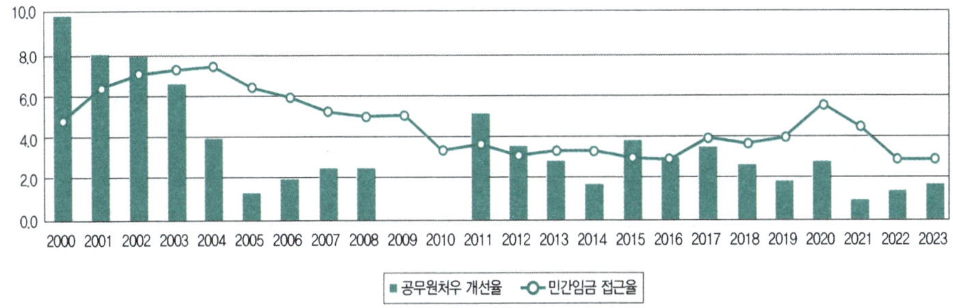

자료: 인사혁신처『민 · 관 보수수준 실태조사』결과.

공무원 보수의 민간임금 접근율

우리나라 민 · 관의 보수 격차는 위 그림에서 확인할 수 있다. 위 그림은 매년 6월 보수를 기준으로 하여 민간임금률을 100으로 보았을 때 공무원 보수가 어느 정도 수준이 되는지를 산출한 것이다. 비교 대상인 민간임금은 상용 근로자 100인 이상 사업체의 사무관리직의 보수이며, 공무원 임금의 경우에는 초과근로 시간에 연동된 변동적 초과급여를 제외한 임금 총액이며, 공무원의 경우에는 고정 초과급여를 임금 총액에 포함시킨 것이다.

[문제 1] 현행 공무원 보수 수준의 현황과 문제점에 대해 설명하시오.

[문제 2] 공무원 보수 수준에 대한 일반 국민의 시각을 논하시오.
[문제 3] 공무원 보수 수준에 대한 공무원의 입장을 설명해보시오.
[문제 4] 공무원과 민간기업 비교 대상과의 보수 수준을 비교하여 설명하시오.

사례 2 공무원연금 충당금(충당부채)에 대한 논란

회계장부의 공무원연금 충당금은 나랏빚이 아니다

정부는 매년 3, 4월 직전 회계연도의 결산 결과를 발표한다. 나라살림에 대해 높은 관심을 가진 신문, 방송은 이와 관련한 보도를 한다. 그런데 보통 결산서에 나타난 나라살림의 전반적인 내용에 대해 분석하고 비판하기보다는 특정한 이슈에 집중한다. 언론이 집중하는 주요 이슈 중 하나는 '국가채무의 증가'에 대한 것이고, 또 다른 하나는 채무 증가의 주요 원인 중 하나로 공무원연금과 군인연금의 충당금(충당부채)을 꼽는 것이다.

나랏빚과 연금충당금에 대한 공표는 정부가 재정을 운용할 때 경각심을 가질 수 있다는 점에서 의의가 있다. 하지만 일반 국민에게는 미래에 대한 막연한 불안감을 증폭시킬 수 있어 유의해야 한다. 이와 관련된 개념과 자료에 대한 정확한 이해를 할 수 있도록 노력해야 한다. 특히 현 시점에서 반드시 명확하게 짚어야 할 것은 많은 국민이 나랏빚(국가채무)과 국가부채를 동일한 개념으로 사용한다는 점이다. 이 때문에 연금충당금을 일반적인 채무와 같다고 잘못 인식하고 있기도 하다.

정부가 2011년부터 발생주의 회계원칙을 도입한 국가회계기준에서는 자산, 부채, 순자산 등이 담긴 재정상태표를 작성할 때 부채 항목에 장기충당부채를 넣었다. 장기충당부채에는 공무원과 군인에게 지급될 연금의 추계액 등을 반영한다. 문제는 고용주인 정부가 피고용자인 공무원을 고용할 때 발생하는 연금충당금을 계산해서 반영하는 것은 다른 유동부채 및 장기차입부채 등과는 성격이 다르다는 것이다.

그럼에도 불구하고 '연금충당부채'라는 용어를 사용해 다른 부채와 같은 성격으로 인식하도록 만들었다. 이를 좀 더 쉽게 설명하면 한 가정의 가장이 자식들을 키우기 위해 은행에서 돈을 빌리면 이것은 명백하게 채무로 볼 수 있다. 하지만 미래에 부담해야 할 양육비 등을 추계해서 가정의 재무상태표에 충당금의 형태로 잡았다면 이 금액은 사실상 채무로 볼 수 없는 것이다. 양육비 등은 가장의 미래 수입에 따라 충분히 감당할 수 있기 때문이다.

공무원연금과 군인연금이 국민의 세금을 낭비하는 주된 요인이라고 생각하는 배경에는 이런 연금충당금의 개념에 대한 오해가 자리 잡고 있다. 이뿐만 아니라 공무원연금과 군인연금의 성격에 대해 잘못된 인식이 자리 잡고 있기도 하다. 공무원연금과 군인연금은 원래 일반기업의 퇴직금이나 퇴직연금처럼 인사상 목적을 달성하려고 도입한 것이다. 하지만 많은 국민은 공무원연금과 군인연금을 국민연금처럼 사회보장적 성격의 연금제도라고 인식하고 있다.

사실 공무원연금과 군인연금은 고용주인 정부가 민간 기업처럼 전액 부담해서 법정퇴직금을 지급해야 한다. 하지만 현재 공무원의 퇴직수당은 민간 기업 법정퇴직금의 최대 39% 수준에 불과하다. 대부분의 국민은 이런 사실을 잘 모르기 때문에 공무원연금과 군인연금의 재정에 대한 정부의 보전금을 고용주인 정부의 의무라고 생각하기보다는 공무원연금과 군인연금에 대한 과도한 특혜라고 인식한다. 이런 오해에 더해서 연금충당금을 국가채무로 간주하는 것은 공무원연금과 군인연금 제도에 대한 신뢰를 무너뜨리는 요인이 될 수 있다. 정부는 연금충당금의 성격에 대해 오해가 없도록 정확한 정보를 지속적으로 제공할 필요가 있다.

(진재구, 동아일보 기고문, 2018.3.27)

[문제 1] 공무원연금 충당금(충당부채)의 의미가 무엇인지를 논하시오.
[문제 2] 공무원연금 충당금(충당부채)을 왜 우려하는지 논의하시오.
[문제 3] 공무원연금 충당부채를 국가채무로 오해하는 맥락을 설명하시오.

P·A·R·T

05

PUBLIC PERSONNEL ADMINISTRATION

공무원의 행동규범

학습 목표

1. 공무원들의 바람직한 행동규범은 어떻게 구성되어야 하며, 가치 간의 갈등이 있을 경우 어떻게 해결해야 할 것인가?
2. 공무원의 정치적 중립은 왜 필요하고, 어떻게 확보되어야 하는가?
3. 공무원노동조합의 노동3권은 어느 수준에서 보장되어야 할 것이며, 공무원노조의 정치활동은 어떻게 보아야 할 것인가?

요약

제12장에서는 행정윤리의 의의와 규범적 기준, 그리고 행정윤리의 제고 방안을 고찰하고 아울러 공무원의 부정부패에 대해 그 유형과 대책을 다룬다.

제13장의 공무원 근무규율에서는 공무원의 충성에 대해 그 개념과 충성심사의 문제를 살펴보고, 공무원의 정치활동과 정치적 중립의 필요성, 한계 등을 고찰한다.

제14장에서는 공무원노동조합의 특성과 활동 등의 문제를 다룬다.

12 행정윤리와 부패

제1절 행정윤리

1 행정윤리의 의의

1) 행정윤리의 개념

행정윤리란 정부에 종사하는 공무원이 지켜야 할 행동규범(code of conduct)을 의미한다. 즉, 행정윤리란 공무원이 그가 담당하고 있는 행정 업무를 수행할 때 국민 전체에 대한 봉사자로서 행정이 추구하고자 하는 공공 목적을 달성하는 데 이바지할 수 있도록 그의 전문적 능력을 최대한 발휘하여 준수하여야 할 행동규범을 의미한다. 행정을 통하여 추구하고자 하는 바람직한 가치는 결국 공무원들의 구체적인 행정 행위에 의하여 이루어진다. 즉, 행정 공무원들은 행정 가치 구현의 주체자인 셈이다.

행정윤리는 공무원 개인 차원의 윤리가 아닌 일종의 공공윤리이다. 왈도(Dwight Waldo)는 공공윤리를 자신, 가족, 붕당, 또는 부족보다 '광범한 주민(more inclusive populations)'의 이익에 봉사하는 것으로 정의한다(Waldo, 1974: 269-270). 그에 의하면, 공공 비윤리(public immorality)는 '많은 주민보다 적은 수의 주민'의 이익에 봉사함으로써 더 많은 수의 주민을 위하여 행동하여야 한다는 원칙을 위배하는 것이다.

공무원들에게는 일반 시민이나 회사원의 경우보다 더 높은 윤리 기준이 요구된다. 행정윤리는 조직의 구성원들에게 요구되는 일종의 직업윤리이나 공공 업무를 수행하는 공무원들에게는 특별히 요구되는 행동규범이 있다. 공무원들에게는 일반 조직의 구성원들에게 요구되는 보편적인 의무로서의 성실 의무, 복종 의무, 직장 이탈 금지 의무 외에 수행 업무의 특성상 고객에게 공정하고 친절하여야 하고, 영리 업무에 종사해서는 아니 되며, 청렴하고 품위를 유지하여야 하는 등의 추가적인 윤리 기준이 요구된다.

행정윤리의 개념은 부패의 방지라는 소극적인 면으로 이해되기도 한다. 그러나 적극적 의미로 파악할 경우에는 공익성과 봉사정신이 강조되어야 한다. 행정윤리의 개념 속에는 또한 공무원이 입안하여 집행하는 정책의 내용이 윤리적이어야 한다는 의미와 함께 업무 수행과 관련된 전문지식의 함양을 통해 의사결정의 질을 높여야 한다는 요청까지 내포되어 있다고 할 수 있다. 따라서 공무원이 행정윤리를 제대로 구현하기 위해서는 법령 등 법적 의무의 준수뿐만 아니라, 업무 수행과 관련된 전문지식의 확보라는 기능적 의무도 동시에 준수하여야 한다.

2) 행정윤리의 중요성

오늘날 행정국가 하에서 행정 기능이 양적으로 확대되고 질적으로 전문화됨에 따라 공무원들의 자유재량의 범위가 크게 확대되어 그들의 결정이 사회구성원 개개인 및 집단의 사회·경제적 지위에 지대한 영향을 미치고 있다. 따라서 행정의 양적 증대와 재량권의 확대에 상응하여 행정윤리의 중요성이 증대된다고 할 수 있다.

공직사회에 부패가 만연하고 근대적인 행정윤리가 확립되지 않을 경우, 행정의 능률성과 형평성을 기대할 수 없을 것이다. 부패의 만연은 또한 정부행정에 대한 불신을 초래할 뿐만 아니라, 사회 전반에 걸쳐 신뢰성의 위기를 초래하게 됨으로써 일체의 확립된 제도와 질서를 송두리째 허물어 버릴 우려가 있다. 공직사회의 부패는 나아가 건전한 사회규범을 와해하고 사회 전반의 생산 의욕을 떨어뜨림으로써 국가사회의 정체와 퇴보를 초래한다.

2 행정윤리의 내용

1) 민주사회에서의 행정윤리의 규범적 기준

행정윤리의 규범적 기준은 사회적 · 문화적 환경에 따라 상이하며, 그 종류도 다양하다. 민주사회에서의 공직윤리는 정치적 민주주의의 이념에 기반하여야 한다. 민주사회에서 공직자의 일체의 권한은 피치자인 국민의 동의로부터 파생된다. 따라서 행정은 민주사회의 가치와 절차를 강화하는 방식으로 국민에 '봉사'하여야 한다.

민주사회에서의 행정윤리의 규범적 기준은 다음과 같은 세 가지 함의를 갖는다(Stahl, 1976: 271-274). 즉, ① 전체 국민에 대한 공평한 봉사, ② 국민 의사의 존중, ③ 민주적 가치의 존중과 조직 내 민주주의의 확립이다.

첫째, 공무원은 모든 국민에게 공평하게 봉사하여야 한다. 행정윤리와 관련해서는 흔히 부패의 문제가 주된 관심을 끌게 되나, 공직윤리의 가장 중요한 문제는 어떻게 하면 국민 다수의 이익에 성실하게 봉사할 수 있는 방법을 찾느냐 하는 문제로 귀결된다. 행정은 국민 전체의 이익, 즉 공익에 봉사해야 한다.

둘째, 공무원은 민주주의 정치 체제 아래서 국민의 의사를 존중하여야 한다. 이는 국민의 의사를 대표하는 대의제도에 의존하고, 대의제도를 존중하여야 한다는 것을 의미한다. 민주제도 아래서 국민의 의사는 대의제도를 통해 표출된다. 국민과 법률, 그리고 정치적 리더십에 대한 공무원들의 책임은 국민의 동의라는 공동 약정(common bond)에 묶여 있다.

셋째, 행정조직 내의 관리는 인격을 존중하고, 개인의 가치와 존엄성을 존중하는 민주주의의 신념과 일관성을 유지하여야 한다. 일반적으로 조직의 효과성은 일에 대한 구성원들의 자긍심과 조직 목표에 대한 일체감, 그리고 참여 기회 등의 요소와 직접적인 관련을 갖는다.

2) 행정윤리의 내용

공무원에게 요구되는 행정윤리의 구체적 내용은 그 사회가 처한 시대적 · 사회적 상황에 따라 달라진다. 앞에 언급하였듯이, 행정윤리는 부패를 방지하고 직권 남용과 무사안일을 타파하자는 소극적 측면에서 접근할 수도 있고, 공익성과 봉사성을 강조하는 적극적 측면에서 접근할 수도 있다.

한국의 공무원에게 요구되는 행정윤리의 내용은 국가공무원법, 공직자윤리법, 국가공무원 복무규정 및 공무원 윤리헌장과 취임선서 등에서 찾아볼 수 있다. 국가공무원법과 공직자윤리법은 부정과 비리를 방지하기 위한 소극적 윤리를 강조하고 있으며, 공무원 윤리헌장과 취임선서 등에서는 봉사와 충성, 그리고 창의와 책임을 강조하는 적극적 윤리가 천명되고 있다.

1963년 제정 공포된 국가공무원법(제56조~제66조)에서는 공무원이 지켜야 할 행동규범을 다음과 같이 규정하고 있다.

① 성실 의무: 모든 공무원은 법령을 준수하며 성실히 직무를 수행해야 한다.

② 복종의 의무: 공무원은 직무를 수행함에 있어서 소속 상관의 직무상의 명령에 복종하여야 한다.

③ 직장 이탈 금지: 공무원은 소속 상관의 허가 또는 정당한 이유 없이 직장을 이탈하지 못한다. 현행범이 아닌 공무원을 수사기관이 구속하고자 할 때에는 사전에 그 소속 기관의 장에게 통보하여야 한다.

④ 친절·공정의 의무: 공무원은 국민 전체의 봉사자로서 친절 공정하게 직무를 수행해야 한다.

⑤ 종교 중립의 의무: 공무원은 종교에 따른 차별 없이 직무를 수행하여야 한다 [2009.2.6 신설(제59조의2)].

⑥ 비밀 엄수의 의무: 공무원은 재직 중은 물론 퇴직 후에도 직무상 지득한 비밀을 엄수하여야 한다.

⑦ 청렴의 의무: 공무원은 직무와 관련하여 직접 또는 간접을 불문하고 사례·증여 또는 향응을 접수할 수 없으며, 직무상의 관계 여하를 불문하고 그 소속 상관에 증여하거나 소속 공무원으로부터 증여를 받아서는 아니 된다.

⑧ 외국 정부의 영예 등의 수령 규제: 공무원이 외국 정부로부터 영예 또는 증여를 받을 경우에는 대통령의 허가를 얻어야 한다.

⑨ 품위 유지의 의무: 공무원은 직무의 내외를 불문하고 그 품위를 손상하는 행위를 해서는 아니 된다.

⑩ 영리 업무 및 겸직 금지: 공무원은 영리를 목적으로 하는 업무에 종사하지 못하며, 소속 기관의 장의 허가 없이 다른 직무를 겸할 수 없다.

⑪ 정치운동의 금지: 공무원은 정당 기타 정치단체의 결성에 관여하거나 이에 가

입할 수 없다. 또한 공무원은 선거에서 특정 정당 또는 특정인의 지지나 반대를 하기 위한 권유운동 등을 하여서는 아니 된다.

⑫ 집단 행위의 금지: 공무원은 노동운동이나 그 밖에 공무 외의 일을 위한 집단 행위를 하여서는 아니 된다. 다만, 사실상 노무에 종사하는 공무원은 예외로 한다.

그리고 1981년 제정된 공직자윤리법에서는 부패를 방지하기 위하여 공무원이 지켜야 할 행동규범을 다음과 같이 규정하고 있다.

① 재산등록 및 공개: 재산등록 대상 공무원은 기본적으로 일반직 4급 이상 공무원이다. 즉, 4급 이상의 공무원과 법관, 검사, 대령 이상의 장교 등은 등록 의무자가 된 날부터 1개월 이내에 재산을 등록하여야 한다(공직자윤리법 제3조). 그리고 부패 상황에 노출되기 쉬운 특정 분야의 공무원은 7급 이상 공무원이 재산등록 의무자가 된다.

그리고 재산공개 대상 공무원은 기본적으로 1급 이상의 일반직 및 별정직 공무원이다. 재산공개 대상 공무원 속에는 대통령과 국무위원 등 정무직 공무원과 그 밖에 지방자치단체의 장, 지방의회의원 등 지방자치단체의 정무직 공무원, 치안감 이상의 경찰공무원 및 특별시·광역시·도·특별자치도의 지방경찰청장, 지방 국세청장 및 3급 공무원 또는 고위공무원단에 속하는 공무원인 세관장 등이 포함된다. 공직자윤리위원회는 등록 기간 또는 신고 기간 만료 후 1개월 이내에 공직자 본인과 배우자 및 본인의 직계존속·직계비속의 재산 사항을 관보 또는 공보에 게재하여 이를 공개하여야 한다(공직자윤리법 제10조의2).

② 선물 신고: 공무원 또는 공직 유관 단체의 임직원 및 가족이 외국 또는 그 직무와 관련하여 외국인으로부터 선물을 받은 때에는 지체 없이 소속 기관·단체의 장에게 신고하고 당해 선물을 인도하여야 한다(공직자윤리법 제15조). 신고 대상 선물은 당해 국가의 시가로 미화 100달러 이상이거나 국내 시가로 10만 원 이상인 선물이며, 이때 신고된 선물은 신고 즉시 국고에 귀속된다.

③ 퇴직 공직자의 취업 제한: 공직자윤리법상의 재산 등록 의무자인 4급 이상의 공무원 및 공직 유관 단체의 임원 등은 퇴직일로부터 3년 간 퇴직 전 5년 동안 소속하였던 부서 또는 기관의 업무와 밀접한 관련성이 있는 일정 규모 이상의 영리를 목적으로 하는 영리사기업체(취업제한기관)에 취업할 수 없다. 다만, 관할

공직자윤리위원회의 승인을 받은 때에는 취업이 가능하다(공직자윤리법 제17조).

또한 2005년에 개정된 공직자윤리법은 "국가 또는 지방자치단체는 공직자가 수행하는 직무가 공직자의 재산상 이해와 관련되어 공정한 직무 수행이 어려운 상황이 야기되지 아니하도록 이해 충돌 방지(conflict of interest)에 노력하여야 한다"는 '이해 충돌 방지 의무'(제2조의2)를 규정하고, 주식백지신탁 제도(blind trust)[1]를 새롭게 도입하였다.

국가공무원법의 공무원 취임선서에서는 또한 법령 준수와 명령 복종, 정직과 성실, 창의적인 노력과 능동적 자세, 업무상의 기밀 엄수, 부정의 발본에 앞장설 것 등을 강조하고 있다. 한편 1980년 12월 제정된 공무원 윤리헌장은 충성과 봉사, 그리고 창의를 강조하는 행동규범을 천명하고 있으며, 공무원의 신조로서 다음과 같은 다섯 가지 행동지침을 제시하고 있다: ① 국가에는 헌신과 충성을, ② 국민에게는 정직과 봉사를, ③ 직무에는 창의와 책임을, ④ 직장에서는 경애와 신의를, ⑤ 생활에는 청렴과 질서를.

이와 같이 다양하게 규정되어 있는 여러 수준의 행동규범 가운데는 현실적인 제재력이 뒷받침되는 공식적·실질적 규범이 있는가 하면, 단지 선언적 의미만을 지니는 형식적 규범도 있다. 그리고 상위 가치와 하위 가치의 우선순위에 관한 언급이 없이 망라적으로 열거된 이러한 행동 규범들은 구체적인 행동 상황에서 상호 갈등을 빚기도 할 것이다. 이러한 규범들 간의 역할 갈등을 해소하고 공무원들의 행동을 실질적으로 이끌 수 있는 가치 기준이 되기 위해서는 이러한 규범 간의 상대적인 우선순위를 어느 정도 구분할 수 있어야 할 것이다.

우리나라에서는 또한 2016년 공직자들의 공정한 직무 수행을 보장하고 공공기관에 대한 국민의 신뢰를 확보하기 위해, '부정청탁 및 금품 등 수수의 금지에 관한 법률(약칭 청탁금지법 또는 김영란법)'을 제정하였다. 이 법의 적용을 받는 공직자 등에는 '국가공무원법' 또는 '지방공무원법'에 따른 공무원 등과 공직유관단체 및 기관의 장과 그

---

1) 주식백지신탁 대상자들은 '재산공개 대상자'와 기획재정부 금융 관련 부서 및 금융위원회 소속의 4급 이상 공무원이 된다. 이들 '재산공개 대상자' 등은 본인 및 그 이해 관계자 모두가 보유한 주식의 총가액이 1천만 원 이상 5천만 원 이하의 범위에서 대통령령으로 정하는 금액을 초과할 때에는(공직자윤리법 시행령 제27조의3) 초과하게 된 날부터 1월 이내에 당해 주식을 매각하거나, 신탁 또는 투자신탁('주식백지신탁')에 관한 계약을 체결하고 그 행위를 한 사실을 등록기관에 신고하여야 한다. 다만, 주식백지신탁심사위원회로부터 직무 관련성이 없다는 결정을 통지받은 때에는 그렇게 하지 않아도 된다(공직자윤리법 제14조의4).

임직원, 각급 학교의 장과 교직원 및 학교법인의 임직원, 그리고 언론사의 대표자와 그 임직원 등이 포함된다. 이 법에 의해 누구든지 인가 또는 허가의 취소, 조세, 부담금, 과태료, 과징금, 이행강제금, 범칙금, 징계 등 각종 행정 처분 또는 형벌 부과에 관하여 법령을 위반하여 감경·면제하도록 하는 행위 및 법령을 위반하여 행정지도·단속·감사·조사 대상에서 특정 개인·단체·법인이 선정·배제되도록 하거나 행정지도·단속·감사·조사의 결과를 조작하거나, 또는 그 위법 사항을 묵인하게 하는 행위 등 부정청탁을 해서는 아니 되도록 규정하고 있다.

그리고 부정청탁을 받은 공직자 등은 부정청탁을 한 자에게 부정청탁임을 알리고, 이를 거절하는 의사를 명확히 표시하여야 한다. 공직자 등은 또한 직무 관련 여부 및 기부·후원·증여 등 그 명목에 관계없이 동일인으로부터 1회에 100만 원 또는 매 회계연도에 300만 원을 초과하는 금품 등을 받거나 요구 또는 약속해서는 아니 된다.

앞서 밝혔듯이 민주사회에서의 공직윤리는 정치적 민주주의의 이념에 기반하여, 국민의 의사를 존중하고 전체 국민에 대한 공평한 봉사를 목표로 하여야 한다. 또한 사적 차원의 윤리 기준보다는 공적인 사회적 윤리 기준이 우선시되어야 할 것이다. 그리고 미국의 공직자윤리법에서 규정하고 있듯이, 가장 고귀한 도덕적 원칙에 충실하고 개인이나 정당보다는 국가에 대한 충성이 우선시되어야 할 것이다. 이는 바로 동양 전래의 멸사봉공의 정신과 같은 의미를 지닌다고 할 수 있다.

3 행정윤리의 제고 방안

행정윤리를 제고하기 위해서는 행정윤리의 저해 요인을 제거해야 하며, 또한 제도적 차원에서 공무원의 일탈적 행위를 억제하기 위한 수단들이 강구되어야 하고, 나아가 환경적 여건을 개선하기 위한 노력도 병행되어야 할 것이다. 행정윤리의 제고 방안을 인적 요인, 제도적 요인, 그리고 환경적 요인의 세 가지로 나눠 살펴볼 수 있다.

1) 인적 요인의 개선

행정윤리를 제고하기 위해서는 우선 행정의 주체가 되는 공무원들의 행정 행태가 바뀌고 가치관이 전환되어야 한다. 공무원 개인의 윤리 수준을 향상시키기 위해서는 흔히 외적 통제를 강화하는 제도 개선의 방법이 모색되나, 그 밖에도 자율규제(self-regulation)를 강조하는 수단도 필요하다.

자율규제의 수준을 향상시키기 위해서는 우선 공무원의 채용 과정에서 공공봉사동기(Public Service Motivation) 또는 윤리의식이 높은 후보자를 선발해야 할 것이다. 공무원의 공공봉사동기, 책임감, 그리고 윤리 의식과 같은 특성은 주로 당사자의 이전 경험의 산물일 가능성이 크므로 공무원의 신규채용은 이러한 요인들을 식별할 수 있도록 신중하게 이루어져야 한다. 물론 공무원들은 정부조직 안에서 2차적인 사회화 과정을 겪으면서 이런 특성들을 길러 가기도 한다. 따라서 공무원에게 요구되는 여러 행동규범을 수용하도록 각종 윤리교육을 통하여 적극적으로 교화해야 할 것이다.

이와 같은 교화 활동과 아울러 외적 · 내적 통제를 강화하는 제도 개선이 동시에 추진될 때, 공무원들의 행동과 가치관이 효과적으로 교정될 수 있을 것이다. 다른 한편으로는 공무원들의 비능률과 무사안일도 행동규범을 벗어난 것으로 볼 수 있는 바, 이러한 비능률을 제거하고 창의성과 적극성을 발휘할 수 있도록 하기 위해서는 적절한 보상을 제공하고 용기를 북돋워 주는 리더십의 발휘가 긴요하다. 또한 의도하지 않았던 부작용을 예방할 수 있도록 전문지식의 향상을 위한 교육훈련도 병행해야 할 것이다.

2) 제도적 요인의 개선

공무원들의 비윤리적 행위를 억제하기 위해서는 제도적 장치를 개선하는 것이 가장 효과적이다.

(1) 부정부패 방지를 위한 엄격한 규제 장치의 마련

횡령, 수뢰와 같은 명백한 부정 행위의 통제는 처벌 수단의 강화를 통하여 어느 정도 가능하다. 어느 나라에서나 수뢰와 독직은 범죄로 규정하고 있으며, 미국의 연방법은 공무원에게 뇌물을 주는 것은 물론 뇌물을 줄 것을 제안하거나 약속하는 것도 범죄로 규정하고 있다. 이러한 범죄 행위는 처벌 수단의 강화를 통하여 해결할 수밖에 없다.

우리나라에서는 공무원의 행정윤리 확보를 위하여 공무원이 지켜야 할 의무를 국가공무원법, 공직자윤리법, 청탁금지법 등에서 규정하고 있다. 그러나 이러한 법규정에도 불구하고 윤리규범이 잘 지켜지지 않는 것은 이러한 규정들이 선언적 의미 이상의 현실적 제재력을 갖고 있지 못하기 때문이다. 따라서 구조화된 부패를 일소하기 위해서는 더욱 엄격한 법적 규제 장치가 마련되어야 할 것이다. 관료들의 비리를 근절하기 위해서는 사소한 부패 행위라도 부패의 대가로 치르게 되는 비용이 부패 행위를 통하여 얻게 되는 편익을 초과하는 강력한 처벌 수단이 마련되어야 한다. 부패의 유혹에 대한 심리적 억제 효과를 위해서는 경제적 처벌을 강화하여야 할 것이다.

우리나라 정부는 1995년 1월 공직사회의 부정부패 요인을 근원적으로 제거하고 깨끗한 공직 풍토를 조성하기 위해서 공무원이 특정한 범죄 행위를 통하여 취득한 불법 수익 등을 철저히 추적·환수하는 제도적 장치로서 '공무원 범죄에 관한 몰수 특례법'(법률 제4934호)을 제정하였다. 그리고 2001년 6월에는 내부고발자 보호 조항 등을 규정한 부패방지법(현재의 법률명은 부패방지 및 국민권익위원회의 설치와 운영에 관한 법률임)이 제정되었다. 그러나 이러한 법제도가 효과를 가져오기 위해서는 엄격하고도 철저한 법집행이 전제되어야 할 것이다.

(2) 행정정보의 공개를 통한 행정 과정의 투명성 확보

행정정보의 공개를 통하여 정치·행정 과정의 투명성이 확보되면 정부행정에 대한 불신이 해소되고 부패가 자리 잡을 여지가 좁아진다. 행정 과정의 불투명성을 없애는 행정정보의 공개는 그 자체가 하나의 통제 수단이 된다.

(3) 행정규제의 완화와 규제 법령의 이중성 배제

정부 주도 하의 경제 발전을 추구하면서 강화된 각종 행정규제를 완화하고, 현실과 괴리된 법령의 이중적인 규제 기준을 현실에 맞게 재조정하여 부정의 소지를 원천적으로 봉쇄하여야 공직윤리가 제대로 확보될 수 있을 것이다. 아울러 식민지 시대의 전통을 이어받은 통제 중심의 행정 관행도 민간 주도의 민주사회에 걸맞게 지원 중심의 봉사행정으로 바뀌어야 할 것이다.

(4) 공직자의 근무 여건 개선

행정윤리를 확립하기 위해서는 공직자가 경제적 유혹에 심리적 갈등을 느끼지 않도록 근무 여건을 개선해 주어야 한다. 즉, 공무원들의 보수가 현실화되고 노후 생활이 보장되어야 물질적 유혹에서 벗어나 국가사회에 대한 헌신적 봉사가 가능할 것이다. 그리고 직업공무원제의 정착으로 신분이 안정되고 합리적인 인사가 이루어질 경우, 공무원들은 부패를 통한 물질적 욕구 충족에 집착하지 않고 본래의 직무 수행에 충실해질 수 있을 것이다.

3) 환경적 요인의 개선

행정 공무원의 윤리 수준은 그 환경을 이루는 일반 사회의 윤리 수준의 영향을 받는다. 행정윤리의 수준이 제고되기 위해서는 일반 국민의 의식 및 가치관이 변화되어야 한다. 국민의 의식 수준이 제고되면, 국민에 의한 민주 통제가 효과성을 발휘하게 된다. 즉, 각종 시민단체와 이익단체의 활동, 여론의 형성 및 주민 참여 등을 통한 민주 통제는 입법 통제 및 사법 통제와 같은 공식적 행정 통제의 한계를 보완함으로써 행정권의 남용을 억제하고 공무원들의 일탈 행위를 감시하는 효과적인 수단이 된다.

행정의 환경적 요인을 개선하기 위해서는 정부와 민간부문의 협력이 긴요하다. 공무원의 부패를 감시하기 위한 시민단체의 활동을 강화할 수 있으며, 정부의 부패 척결 운동에 민간인이 동참하거나 민·관 합동으로 도덕성 회복을 위한 국민운동을 전개할 수도 있을 것이다.

제2절 부패

1 부패의 의의

1) 부패의 정의

공무원 부패(corruption)는 특정한 사회의 정치사회적 제도와 규범 등을 반영하여 규정되므로, 부패의 개념에 대한 연구자들의 정의는 다양하다.

하이덴하이머(Arnold J. Heidenheimer)는 부패를 정의하는 관점들을 세 종류로 범주화한다(Heidenheimer, 1970). 첫째는 공직 중심 정의인데, 부패를 관료들이 사적 이익의 추구를 위하여 공적 규범을 일탈하는 행위로 규정하는 경우가 이 범주에 속한다. 둘째는 시장 중심 정의인데, 관료제를 집권화된 배분 장치(centralized allocation mechanism)로 보고, 부패를 관료들이 정부 업무의 수급 상황에 따라 사적인 금전적 이득을 극대화하는 특수한 형태의 장사 밑천(stock-in-trade)으로 규정하는 경우가 이 범주에 속한다. 셋째는 공익 중심 정의인데, 부패를 공동체 이익에 반하는 특수 이익을 선호함으로써 공익을 해치는 행위로 규정한다.

여기서는 공직 중심의 정의 방식을 택하여 관료 부패를 "공무원들이 그 직무와 관련하여 부당한 이익을 취하기 위하여 공식적 규범을 위반하는 행위"로 규정하고자 한다. 부패 행위 속에는 횡령, 뇌물 수수와 같은 명백한 불법 행위는 물론, 직권의 남용 및 오용(abuses), 그리고 부정(misconduct)과 같이 비록 직접적인 물질적 혜택은 없다고 하더라도 민주적 절차를 벗어나거나 공정성을 잃은 행정처분 등 공식적 규범을 벗어난 일체의 행위가 포함된다.

2) 부패의 영향

부패는 사회 전반에 걸쳐 부정적 영향을 미친다. 일반적으로 부패는 경제성장에 해를 끼친다고 주장된다(Keefer & Knack, 1997; Rivera-Baitiz, 2000; Woo, 2004). 즉, 관료 부패는 행정 서비스 공급 체계를 왜곡시키고 행정 권력에 대한 불신과 도전을 유발함으로써 사회의 기본적 규범과 기강을 무너뜨리고 사회의 총체적 부패와 불신 풍조를 유도, 무규범(anomie) 현상을 확산시키는 심각한 역기능을 초래한다고 할 수 있다. 그러나 학자들 가운데는 부패가 배분적 효율성을 증가시킴으로써 경제에 긍정적 효과를 가져올 수 있다는 주장을 펴는 학자도 있다(Nye, 1979: 411-433; Leff, 1964; Kaufmann, 1997).

워너(Simcha B. Werner)는 부패가 확산 효과(spillover effect)를 통해 민주 체제의 기반 자체를 위협한다고 주장한다(Werner, 1983: 146-153). 즉, 그는 리더의 부패가 부하의 신뢰와 충성심, 그리고 인격에 영향을 미치는 '리더-추종자 확산'과, 특정 조직의 부패가 이웃 조직과 제도로 확산되고 부패한 정치인과 관료, 기업인, 그리고 노동조합 지도자들이 결탁하는 '제도적 확산(institutional spillover)' 메커니즘 등을 통해 민주 체제의 기반 자체가 위협받게 된다고 주장한다.

한편 굴드(David J. Gould)는 부패가 발전도상국에서 특히 행정의 생산성과 효과성 및 능률성을 떨어뜨리고 배분 및 규제 메커니즘을 파괴하게 된다고 지적한다. 그는 또한 부패가 분노와 좌절을 불러일으키고 행정에 대한 불신을 초래하며, 능력 있고 정직한 공무원들을 좌절시키는 악영향을 끼치게 된다고 지적한다(Gould, 1983: 33).

2 부패의 유형

부패의 유형은 기준에 따라 다양하게 제시될 수 있다.

첫째, 부패가 얼마나 구조화되고 제도화되어 있느냐를 기준으로 하여 우발적 부패(accidental corruption)와 제도적 부패(systemic corruption)로 나눠 볼 수 있다. 우발적 부패는 사건 자체의 연속성이 없으며, 구조화되지 않은 부패를 말한다.

케이든(G. E. Caiden)이 말하는 이른바 제도적 부패는 행정 체제 내에서 부패가 실질적인 규범의 위치를 차지함으로써 조직의 본래적 임무 수행을 위한 공식적 행동규범이 예외적인 것으로 전락한 상황을 가리킨다(Caiden, 1977: 306-308). 제도적 부패는 정부에 대한 불신은 물론 사회 전반의 불신 풍조를 조장하고, 공공 자원의 오용과 행정의 비능률을 초래함으로써 국가사회의 생존과 발전을 심각하게 위협하게 된다.

또한 부패의 유형은 부패에 대한 사회구성원의 관용도에 따라 백색부패(white corruption)와 회색부패(gray corruption), 그리고 흑색부패(black corruption)로 나눠 볼 수 있다(Heidenheimer et al., 1990: 145). 백색부패는 이론상 일탈 행위로 규정될 수 있으나 구성원의 다수가 어느 정도 용인하는 관례화된 부패를 말한다. 우리 사회에서 과거에 흔히 '떡값'이라는 이름으로 관용되는 적은 액수의 뇌물 수수 관행이 이러한 유형의 부패에 속한다고 할 수 있을 것이다. 회색부패는 사회 체제에 파괴적 영향을 미칠 수 있는 잠재성을 지닌 부패로서 사회구성원 가운데 일부 집단은 처벌을 원하지만 다른 일부 집단은 처벌을 원하지 않는 경우의 부패를 말한다. 그리고 흑색부패는 사회 체제에 명백하고 심각한 해를 끼치는 부패로 구성원 모두가 인정하고, 처벌을 원하는 부패를 말한다.

3 부패의 원인과 대책

1) 부패의 원인

관료 부패는 다양한 요인에 의하여 발생한다. 관료 부패는 관료 개인의 가치관이나 행태뿐만 아니라 조직 풍토와 행정문화, 그리고 사회문화적 환경의 영향을 받는다는 점에서 구조적인 성격을 지닌다. 부패를 조장하는 기회는 궁극적으로 정부의 독점과 행정 과정에 내재하는 병목(bottleneck) 효과에 있다. 일반적으로 정부의 분배정책과 규제정책은 특혜를 베푸는 효과를 가져오며, 이러한 정부활동은 항상 수요가 공급을 초과하는 병목 현상을 나타낸다. 이와 같이 특혜 수단의 정부 독점과 수급 불균형 상태가 부패를 조장하는 근본적 요인이 된다.

부패 현상을 연구하는 학자들은 분석 수준에 따라 다양한 설명 방식을 채택한다. 일부 행정학자들은 부패의 원인을 개인의 비윤리성에서 찾는가 하면, 빈곤과 저임금에서 원인을 찾기도 하고, 조직의 차원에서 접근하는 다른 학자들은 부패의 원인으로 번거로운 관청 절차(red tape)를 비롯한 행정 법규와 절차상의 미비, 독점적 의사결정 과정, 중앙집권 체제, 인사행정상의 결함과 관료제의 형식주의 등을 지적한다.

부패의 원인들을 체계적으로 살펴보기 위해서는 부패에 관한 이론적 접근 방법들을 고찰할 필요가 있는데, 학자들은 도덕적 접근 방법, 제도적 접근 방법, 시장·교환 접근 방법, 권력 관계 접근 방법, 사회문화적 접근 방법, 체제적 접근 방법 등을 제시하고 있다.

첫째, 도덕적 접근 방법은 부패의 원인을 부패를 저지르는 관료 개인의 윤리 의식과 자질의 탓으로 돌린다. 둘째, 제도적 접근 방법은 법과 제도상의 결함이나 운영의 미숙 등이 부정부패의 원인으로 작용한다고 본다. 즉, 현실과 괴리된 법령의 이중적인 규제 기준과 공무원의 자의적 해석을 허용하는 모호한 법규정, 적절한 행정통제 장치의 미비 등이 부패의 원인이 된다는 것이다. 셋째, 시장·교환 접근 방법은 부패 행위를 경제적 자원을 획득하는 하나의 수단으로 본다. 경제학자들은 정부 규제가 구성원의 기본권과 재산권을 재배분함으로써 경제적 지대(economic rent)를 창출, 부정부패의 원인을 제공한다고 분석한다. 넷째, 권력 관계 접근 방법은 사회 내의 권력 관계가 부패의 원인이라고 분석한다. 다섯째, 사회문화적 접근 방법은 관료 부패를 사회문화적 환경의 종속 변수로 본다. 이 관점은 특히 공식적인 법규나 규범보다는 사회문화적인 관습을 우선시하는 발전도상국 등의 부패 현상을 설명하는 데 유용하다. 여섯째, 체제론적 접근 방법은 관료 부패 현상을 관료 개인의 속성과 제도, 사회문화적 환경 등의 여러 요인이 복합적으로 상호작용한 결과로 이해한다. 즉, 복잡한 관료 부패 현상을 단일 변수에 의하여 설명하기보다는 여러 관련 변수들 간의 구조적 메커니즘에 의해 설명하는 관점이다.

이러한 여러 접근 방법에서 제시하는 부패의 원인들을 우리 사회의 실정에 맞추어 망라적으로 열거해 보면 다음과 같다: ① 공무원의 직업윤리 저하, ② 내부 통제장치의 미흡, ③ 행정처리 절차의 불완전한 제도화, ④ 현실과 괴리된 이중적인 규제 기준,

⑤ 규제 중심의 행정, ⑥ 부적절한 보수와 불합리한 인사제도, ⑦ 외부통제의 미흡 등.

2) 부패의 방지 대책

공무원의 부정부패를 방지하기 위해서는 앞서 살펴본 다양한 부패의 원인을 제거하여야 할 것이다. 부패를 근본적으로 억제하기 위해서는 처벌 위주의 사후적인 조치보다는 원인 제거를 위한 사전적인 예방 노력이 더 중요하다. 그리고 특정 분야만의 개혁 조치보다는 관련되는 여러 요인을 다 함께 제거하기 위한 종합적인 대책의 수립이 필요할 것이다.

부패의 방지 대책으로는 우선 공무원 개인의 윤리 의식을 제고하기 위한 노력이 경주되어야 할 것이다. 공무원들의 가치관을 국민에 대한 봉사를 강조하는 것으로 바꾸고, 건전한 전문 직업 윤리(professionalism)를 확립할 수 있도록 각종 윤리교육을 적극적으로 강화하여야 할 것이다.

그리고 공무원 부패를 억제하기 위해서는 여러 제도적 장치를 개선하여야 한다. 무엇보다도 먼저 부패 방지를 위한 엄격한 규제 장치를 마련하고 내부통제를 강화해야 할 것이다. 사소한 부패라도 부패의 대가로 치르게 되는 비용이 편익을 초과하는 강력한 처벌 수단이 마련되어야 특히 경제적 이득을 노리고 행하여지는 부패가 근절될 수 있을 것이다.

또한 행정처리 절차의 제도화 수준을 제고함으로써 재량권의 여지를 축소하고 행정정보 공개 제도를 도입하여 행정 과정의 투명성을 확보해야 할 것이다. 그리고 현실과 괴리된 법령의 이중적인 규제 기준을 현실에 맞게 재조정해야 할 것이며, 정부 주도 하의 경제 발전을 추구하면서 강화된 정경유착의 고리를 끊고, 각종 행정규제를 과감하게 완화해야 할 것이다. 또한 공직자가 경제적 유혹에 갈등을 느끼지 않도록 근무여건을 개선하고 인사행정을 합리화해야 할 것이다.

마지막으로 행정의 환경을 이루는 일반 시민의 가치관이 변화되고 의식 수준이 제고되어 행정에 대한 외적 통제가 강화되어야 할 것이다.

사례 1 공직자의 부정부패

지위를 이용해 민간 업체에 권한을 넘어선 강요를 하거나, 업무 연관성이 있는 기업에 지인 자녀의 취업 청탁을 시도했다는 의혹을 받아온 공무원이 검찰로 넘겨졌다.

A경찰청 반부패수사대는 B시 소속 고위 공무원인 C국장을 직권남용 및 업무방해, 뇌물요구 등의 혐의로 송치했다고 16일 밝혔다.

C씨는 한 건설업체에 사업과 상관없는 공공시설물 공사를 강요하고 B시에서 공장 증축을 추진하는 기업에 D지방청 간부 자녀를 채용할 것을 청탁한 혐의 등을 받는다.

경찰은 자녀 취업 청탁 의혹을 받는 D지방청 간부 공무원과 민간업체 관계자 2명에게도 뇌물 공여 등의 혐의를 적용해 함께 송치했다.

(서울신문, 2024.7.16)

[문제] 위 사례에 나타난 공무원들의 부패 현상을 관련 이론을 활용하여 설명하고, 부패 방지 대책에 대해 논하시오.

사례 2 공무원 승진 비리

… 지난해 검찰이 A모 전 치안감의 승진 청탁 정황을 수사하면서 심사승진에 대한 경찰 내부 불만이 폭발했다. A모 전 치안감은 B지방경찰청장에 재직 중이던 2021년 1월 경찰 공무원 5명으로부터 1억 500만 원을 받기로 약속하고 그 중 9,000만 원을 실제 수수했다는 혐의를 받고 있었다. A모 전 치안감에게 돈을 건넨 의혹을 받는 경찰 공무원 5명은 돈이 건너간 지 일주일 만인 2021년 1월 말 인사를 통해 경감에서 경정으로 진급했다. 원래부터 부정적 여론이 큰 제도였던 것에 더해 실제 비리 사건까지 터지자 경찰 내부에서는 심사승진 비율 상향안을 원점 재검토해야 한다는 목소리가 나온다. 서울청 소속인 한 경위는 "내부에서는 (심사승진 비율 상향에 대한) 불만이 거세고 외부에서는 언론이 경찰을 주시하고 있어 경찰 수뇌부가 부담이 클 것"이라며 "원래 하던 대로 심사 승진 비율을 50%로 유지해야 한다는 여론이 강했다"라고 말했다. …

(조선비즈, 2024.2.8)

[문제] 사례에 나타난 공무원 승진을 둘러싼 비리의 원인을 살펴보고, 그것을 방지하기 위한 제도적 개선책을 논하시오.

Public Personnel Administration

13 근무규율과 신분보장

제1절 근무규율 개관

우리나라 공무원의 근무규율은 국가공무원법, 국가공무원 복무규정, 공무원윤리헌장 등 다양한 법규에 규정되어 있다. 국가공무원법 제55조에서 제66조까지에는 "모든 공무원은 법령을 준수하며 성실히 직무를 수행하여야 한다"는 성실 의무에서부터 복종의 의무, 직장 이탈 금지 의무, 친절·공정 의무, 종교 중립의 의무, 비밀 엄수의 의무, 청렴의 의무, 품위 유지의 의무, 영리 업무 및 겸직 금지의 의무, 정치운동 금지의 의무, 집단 행위의 금지 의무 등이 규정되어 있다.

그리고 국가공무원 복무규정에는 "국민 전체의 봉사자로서 직무를 민주적이고 능률적으로 수행하기 위하여 창의와 성실로써 맡은 바 책임을 완수하여야 한다"는 '책임 완수' 의무와 아울러 "공무원은 공사(公私)를 분별하고 인권을 존중하며 친절하고 신속·정확하게 업무를 처리하여야 하며, 공무를 수행할 때 종교 등에 따른 차별 없이 공정하게 업무를 처리하여야 한다"는 '친절·공정한 업무 처리' 의무 및 "공무원이거나 공무원이었던 사람은 직무상 알게 된 비밀을 타인에게 누설하거나 부당한 목적을 위하여 사용해서는 아니 된다"는 '비밀 엄수의 의무'를 규정하고 있다(국가공무원 복무

규정 제4조의2).

또한 공무원윤리헌장의 '공무원의 신조'에서는 '국가에는 헌신과 충성을', '국민에겐 정직과 봉사를', '직무에는 창의와 책임을', '직장에선 경애와 선의를', '생활에는 청렴과 질서를' 기본으로 한다고 공무원의 복무 자세를 명확하게 규정하고 있다.

다음에서는 공무원의 정치적 중립 및 정책적 중립의 의미를 살펴보고, 공무원의 신분보장 및 징계와 관련된 문제를 살펴보기로 한다.

제2절 공무원의 정치적 중립과 정책적 중립

1 정치적 중립과 정책적 중립의 의의

공무원의 정치적 중립(political neutrality) 규범은 19세기 말 실적제 인사행정이 대두되면서 중요성을 띠게 된 가치 규범이다. 정치적 중립성은 일반적으로 당파적 중립성을 의미한다. 다시 말하면, 공무원이 정쟁에 개입하거나 공공봉사자에게 요구되는 공익을 구현하기 위한 합리성과 능률성, 그리고 공정성의 가치를 저버리고 부당하게 당파적 특수 이익과 결탁해서는 아니 된다는 규범적 요구를 말한다. 전자는 '정치적 중립성'이라는 의미로, 그리고 후자는 '정책적 중립성'이라는 의미로 범주화할 수 있을 것이다. 물론 정책적 중립성의 개념도 넓은 의미에서의 정치적 중립성에 포괄된다고 하겠다.

공무원이 당파적 정치 활동에 개입해서는 아니 된다는 정치적 중립 규범은 실적제 인사행정의 도입 이래 정치・행정 관계 설정의 기본틀로 기능해 왔다. 1883년 제정된 미국의 펜들턴법(Pendleton Act)과 1939년 및 1940년의 해치법(Hatch Act)은 공무원의 정치 활동을 명시적으로 금지하고 있다. 그리고 미국의 연방대법원은 1946년 공무원의 정치 활동을 금지시킨 일련의 법률들이 합헌임을 확인하였으며, 미국 의회에 여러 차례 제출된 공무원의 정치 활동 금지 완화 관련 법안은 대통령의 거부권 행사 등으로 입법이 좌절되었다. 이러한 일련의 상황 전개는 공무원의 정치적 중립 규범이 미국 사회에서 중요한 규범으로 작용해 왔음을 나타낸 것이라 할 것이다. 오늘날 우리나라를 비롯한 여러 국가에서는 명시적 법규정을 통해 공무원의 '당파적 정치 활동'을 금지시키고 있다.

그러나 1970년대 이후 미국에서는 정치적 여건이 바뀜에 따라 정치 활동 금지 완화론이 강력하게 대두되고 있으며, 특히 1976년 등 여러 차례에 걸쳐 공무원의 정치 활동 금지를 완화하는 법안이 미국 의회에 제출된 바 있다. 결국 1980년대에는 해치법을 사실상 위헌적으로 판단하는 판례가 출현하기 시작했다. 이에 따라 1993년 해치법을 전면 개정하는 새로운 개정 해치법(Hatch Act Reform Amendment)을 만들어 공무원의 정치적 중립 의무보다는 정치적 기본권을 보장하는 형태로 변경한 바 있다.

민주화 이후 우리 사회에서는 공무원의 당파적 정치 활동은 거의 사라지게 되었다. 그러나 '정책적 중립성'의 필요성은 더욱 커지게 되었다. 직업공무원에게 요구되는 '중립적 역량(neutral competence)'은 정책과정에서의 공익 구현을 위한 전문적 판단과 중립적 관점의 투입을 기대하는 '정책적 중립'의 의미로 해석되어야 할 것이다.

물론 이와 관련된 논의들은 넓은 의미의 '정치적 중립' 규범 속에 포함된다고 할 수 있을 것이나, '당파 정치(partisan politics)'와 '정책 정치(policy politics)'를 구분할 수 있다는 차원에서 '정책적 중립'의 개념에서 접근할 수 있을 것이다(이종수, 2009a).

2 정치적 중립의 필요성

공무원들에게 정치적 중립이 요구되는 근거는 다음과 같다(오석홍, 1993: 672-673).

첫째, 민주국가에서의 공무원은 국민 전체에 대한 봉사자로서 공익을 수호하고 증진하는 임무를 수행하므로 불편부당하여야 한다.

둘째, 정치적 개입에 의한 부패와 낭비를 방지하기 위하여 공무원의 정치적 중립은 필요하다.

셋째, 정권 교체에도 불구하고 행정 업무의 계속성과 전문성을 확보하기 위해 공무원의 정치적 중립은 필요하다.

넷째, 공무원 집단이 안정된 중립적 세력으로 기능함으로써 정치 체제 내의 세력 균형을 도모하기 위해 공무원의 정치적 중립은 필요하다.

다섯째, 신분보장을 통해 직무 수행의 능률성을 확보하기 위해 공무원의 정치적 중립은 필요하다.

3 정치적 중립의 내용

공무원의 정치적 중립을 보장하기 위해서는 공무원을 외부의 정치적 간섭으로부터 보호하는 한편, 공무원 자신의 능동적인 정치 활동을 제한해야 한다. 공무원을 외부의 정치적 간섭으로부터 보호한다는 것은 실적제 확립을 통한 공무원의 신분보장을 의미한다. 현대 민주국가는 어느 나라나 공무원의 정치적 중립을 기본 원칙으로 채택하고 있으나, 공무원에게 허용되는 정치 활동의 범위는 나라마다 다르다.

역사적으로 엽관주의의 폐해가 컸었던 국가는 공무원의 정치적 중립을 엄격하게 요구하고 있으나, 그렇지 않은 국가는 비교적 관대하다(박동서, 1994: 399). 대체로 유럽의 국가들이 공무원의 정치 활동에 대하여 관대한 반면, 한국과 미국의 경우에는 공무원에 대해 엄격하게 정치적 중립을 요구하고 있다. 영국에서는 전체 공무원을 3계층으로 구분하여 정책결정과 관련이 깊은 고급공무원에 대해서는 정치적 중립을 강하게 요구하나, 하위직으로 내려갈수록 완화하여 최하위 계층에 대해서는 어떠한 제약도 두지 않고 있다. 가장 엄격하게 공무원의 정치 활동을 규제하고 있는 국가 가운데 하나인 우리나라는 대학교수 등 일부 특수 부문의 공무원을 제외하고는 공무원의 정당 가입 자체를 금지하고 있다. 국회의원 선거와 관련하여 한국·미국·일본 등은 공무원의 입후보 자체를 금지하고 있으며, 당선 후 공직을 사임하여야 하는 나라로는 독일·벨기에 등이 있고, 북유럽 여러 나라는 공무원의 국회의원 겸직을 허용하고 있다(김명기, 1994: 306).

우리나라의 국가공무원법은 공무원의 정치 활동을 광범하게 제한[1)]하고 있다. 일부 정무직 공무원을 제외한 나머지 공직자들은 선거에 의하여 취임하는 직위에 겸임될

---

1) 한국의 국가공무원법(제65조)에서 금지하고 있는 공무원의 정치 활동은 다음과 같다.
   ① 공무원은 정당 기타 정치단체의 결성에 관여하거나 이에 가입할 수 없다.
   ② 공무원은 선거에서 특정 정당 또는 특정인의 지지나 반대를 하기 위하여 다음의 행위를 하여서는 아니 된다.
      ㉮ 투표를 하거나 하지 않도록 권유운동을 하는 것
      ㉯ 서명운동을 기도·주재하거나 권유하는 것
      ㉰ 문서 또는 도서를 공공시설 등에 게시하거나 게시하게 하는 것
      ㉱ 기부금을 모집하게 하거나 공공자금을 이용 또는 이용하게 하는 것
      ㉲ 타인으로 하여금 정당 기타 정치 단체에 가입하게 하거나 또는 가입하지 아니하도록 권유운동을 하는 것
   ③ 공무원은 다른 공무원에게 제1항과 제2항에 위배되는 행위를 하도록 요구하거나, 또는 정치적 행위의 보상 또는 보복으로서 이익 또는 불이익을 약속해서는 아니 된다.

수 없으며, 선거에 입후보하려면 사전에 공직을 사임하여야 한다.

4 정치적 중립에 대한 비판과 한계

엽관제의 폐해를 극복하고 행정의 능률성과 계속성, 전문성, 공평성을 유지하기 위해서는 정치적 중립을 공무원들의 행동규범으로 삼는 것은 당연하다. 그러나 공무원들의 정치 활동 제한은 다른 한편에서는 민주주의 정치 체제에서 특정 집단의 정치적 자유만을 제한하는 것은 불공평하다는 비판을 불러일으키고 있다.

정치적 중립에 관한 비판의 주요 논점은 다음과 같다(박동서, 1990: 406; 오석홍, 1993: 676-677).

첫째, 공무원들에 대해 헌법적 기본권 가운데 하나인 참정권을 제한한다는 것은 불공평할 뿐만 아니라 민주정치의 원리에도 모순된다.

둘째, 공무원의 정치 참여 제한은 공무원 집단의 이익이 경시되는 결과를 초래할 수 있다.

셋째, 정당정치의 발전과 정당인의 자질 향상을 위해서는 공무원의 정당 가입이 바람직하다.

넷째, 공무원의 정치 참여 제한은 참여적 관료제(participatory bureaucracy)의 발전을 저해한다(Shafritz et al., 1978: 173). 참여적 관료제는 중하급 공무원들의 정책형성 참여 기회 및 대내·외적 의사 표현 기회를 넓혀 주는 정부관료제를 말한다.

다섯째, 공무원에 대한 정치적 중립의 엄격한 요구는 또한 공무원들의 이념적 무관심을 초래하고, 정부관료제를 국민의 요구에 민감하게 대응하지 못하는 폐쇄집단으로 만들 우려가 있다(Levitan, 1942: 318).

공무원에 대한 정치적 중립의 요구는 정치·행정이원론에 이론적 근거를 두고 있다. 정치적 중립의 엄격한 요구는 정치·행정일원론이 지배적인 오늘날의 관점과는 잘 부합되지 않으며, 엽관주의의 폐해를 극복하기 위하여 정치적 중립을 엄격히 요구하게 된 과거의 상황과는 현저히 다르기 때문에 오늘날 공무원의 정치 활동을 엄격하게 규제할 필요가 없다는 것이다.

미국의 1, 2차 해치법(Hatch Acts, 1939년 및 1940년), 즉 정치활동금지법은 공무원들의 정치 활동을 엄격하게 제한하고 있으며, 1946년의 연방대법원 판결도 공무원의 정치 활동을 금지시킨 일련의 법률들이 합헌임을 확인하고 있다. 이러한 입법의 정당화 논거는 정치활동금지법이 없을 경우, 공무원들은 그들의 상관과 권력을 장악한 행정부에 의하여 각종 정치 활동에 강제로 동원될 수밖에 없을 것이라는 점이다. 그러나 1993년의 개정 해치법(Hatch Act Reform Amendment)은 공무원의 정치적 중립 의무보다는 정치적 기본권을 강조하는 방향으로 바뀌었다.

공무원의 정치적 중립 문제는 결국 그 사회의 정치 발전 정도와 함께 공무원 및 국민들의 정치 의식 수준에 의해 좌우된다고 할 수 있다.

5 정치적 중립의 확립 요건

공무원의 정치적 중립을 확보한다는 것은 공무원을 외부의 정치적 간섭으로부터 보호하는 한편, 공무원 자신의 능동적인 정치 활동을 제한하는 것을 의미한다. 공무원 인사에 대한 부당한 정치적 간섭을 방지하기 위해서는 엄격한 실적제를 확립함으로써 공무원의 신분보장을 강화해야 할 것이다. 그리고 공무원의 정치 활동을 규제하기 위해서는 관련 법규를 마련하고 위반 행위를 통제하는 절차를 마련해야 할 것이다. 공무원은 정치적 신념의 상이와 같은 자의적 기준에 의해 신분상의 불이익을 받거나 정치적 상관의 강압에 의해 당파적 정치 활동에 관여해서는 아니 된다.

공무원의 정치적 중립을 확보하기 위해 필요한 기본적 요건은 다음과 같다(김명기, 1994: 307).

첫째, 정치 발전과 평화적 정권 교체의 전통이 정착되어야 한다. 민주적 정치 과정이 정상적으로 작동될 수 있도록 정치 발전이 이루어지고 평화적 정권 교체의 여건이 마련되지 않으면 공무원의 정치적 중립은 아무런 의미를 지닐 수 없다.

둘째, 공무원을 외부의 정치적 간섭으로부터 보호하기 위해 공무원의 신분보장이 강화되어야 한다. 공무원의 신분보장이 강화되지 않을 경우, 공무원은 정치적 상관의 당파적 정치 활동 압력으로부터 벗어날 수 없다.

셋째, 정치인들의 민주적 정치윤리가 확립되어야 한다.

넷째, 정치적 중립에 대한 공무원들의 행동규범이 확고하게 정립되어야 한다.

다섯째, 국민의 정치의식이 제고되어 시민적 권리가 올바로 행사되어야 한다.

제3절 신분보장

1 신분보장의 의의와 필요성

공무원은 법에 정하는 사유에 의하지 않고는 자의적으로 퇴직당하거나 신분상의 불이익을 받지 않는다. 즉, 공무원은 법령에 의하지 않고는 면직·휴직·직위 해제와 같은 신분상의 불이익을 당하지 않도록 제도적 뒷받침을 받고 있는데, 공무원의 신분을 이와 같이 법률로 규정하여 보장하는 이유는 신분의 안정을 통하여 행정의 일관성과 능률성을 향상시키고 국민에 대한 봉사의 질을 높이는 데 있다.

공무원의 신분보장은 실적제 인사행정의 확립과 더불어 그 중요성이 인정되기 시작하였으며, 실적제를 근간으로 하는 오늘날의 인사행정은 공무원의 신분보장을 특징으로 하고 있다. 공무원의 신분을 법적으로 보장하게 된 당초의 취지는 정권교체 같은 정치적인 환경의 변화가 공무원의 신분에 영향을 미치는 것을 방지하는 데 있었다.

공무원의 신분을 보장하는 이유는 다음과 같다.

첫째, 공무원을 정치적 압력으로부터 보호함으로써 주어진 책무를 수행할 수 있도록 한다.

둘째, 행정의 일관성과 능률성을 확보한다.

셋째, 공무원의 사기를 앙양하여 국민에 대한 봉사의 질을 높인다(오석홍, 1993: 761-762).

2 신분보장의 한계

실적제 인사행정은 공무원의 신분보장이 그 바탕을 이루고 있다. 그러나 공무원의 신분보장은 그 정도가 지나치면 행정에 대한 민주적 통제를 어렵게 하여 무사안일을 조장하고 부패를 발생시키는 요인이 될 수 있어 어느 정도의 제한은 불가피하다. 공무원의 신분을 보장하는 취지는 행정의 능률성을 확보하고 국민에 대한 봉사의 질을 높이는 데 있는 것이고, 무능한 공무원의 신분을 보장하고 무사안일을 조장하거나 공무원 개인이나 집단의 사익을 보호하는 데 있지 않다. 따라서 공무원의 신분보장은 일정한 한계 내에서 이루어질 수밖에 없으며, 신분보장의 범위와 한계는 사회·문화적 배경에 따라 다르다.

오늘날 실적제와 직업공무원제도가 정착되면서 배타적 신분보장의 특혜를 누리는 공무원 집단은 행정에 대한 전문기술과 정보의 독점자로서 그들의 정치적 상관인 정무관들의 통제에 대하여 저항적 역통제(counter control)로 대응하거나 관료제의 제도화된 자기 이익을 유지·옹호하기 위하여 재량권을 편파적으로 행사하거나 사보타주(sabotage)하기도 한다. 이러한 상황에서는 행정의 능률성을 확보하기 위하여 오히려 공무원들의 배타적 신분보장의 틀을 깨뜨리고 경쟁의 원리를 폭넓게 도입하고 인사제도를 폐쇄 체제에서 개방 체제로 바꾸는 것이 바람직할 것이다.

그러나 정치적 상관들이 공무원의 신분보장을 지나치게 흔들 경우 행정의 능률성과 안정성, 그리고 합리성을 크게 훼손할 수 있다는 점에서 공무원의 신분보장은 중요한 의의를 지닌다고 할 수 있다.

3 한국 공무원의 신분보장제도와 개선 방안

우리나라의 국가공무원법과 지방공무원법은 모두 공무원의 신분보장을 명시하고 있다. 국가공무원법 제68조는 "공무원은 형의 선고, 징계 처분 또는 이 법에 정하는 사유에 의하지 아니하고는 그 의사에 반하여 휴직, 강임 또는 면직을 당하지 아니한다. 다만, 1급 공무원은 그러하지 아니하다"고 규정, 공무원의 신분보장을 명시하고 있다.

우리나라 국가공무원법에 규정된 신분보장의 내용은 다음과 같다. 첫째, 공무원은 형의 선고, 징계 처분 등의 사유에 의하지 아니하고는 그 의사에 반하여 휴직, 강임, 또는 면직을 당하지 않는다. 둘째, 징계 사유에 해당하지 않는 한 징계 처분을 받지 않는다. 셋째, 인사상의 부당한 불이익 처분에 대해서는 불복 신청을 하여 구제받을 수 있다.

우리나라의 현실은 법제상으로는 공무원의 신분이 보장되고 있으나, 실질적으로는 공무원의 신분을 위협하는 수단들이 많이 이용되고 있다. 특히 새로운 정권의 출범 초기에 정권의 정당성을 강화하기 위해 실시되는 대규모 물갈이 인사, 정식 징계 절차를 거치지 않는 직위해제, 그리고 직권면직과 달리 국가공무원법상의 제도가 아니면서 사실상의 강제퇴직의 효과를 갖는 권고사직 등의 비공식적 징계 수단들은 공무원의 신분보장을 크게 위협하고 있다. 또한 정실 인사의 수단으로 활용되거나 구성원을 좌천 및 해임시키는 수단으로 악용되는 전보도 공무원의 신분을 위협한다.

우리나라 공무원의 신분보장제도를 개선하기 위해서는 공무원의 신분보장을 근본적으로 위협하는 직위해제, 권고사직 등 비공식 징계 수단의 사용을 억제하여야 할 것이며, 문책 위주의 징계제도를 개선하고, 소청심사제도를 활성화하는 한편, 인사이동의 기준을 객관화 · 표준화하여 인사권자가 자의적으로 전보권을 행사하는 것을 방지하여야 할 것이다.

제4절 징계

1 징계의 의의

징계는 공무원의 의무 위반에 대한 제재를 의미한다. 즉, 징계는 법령, 규칙, 명령 위반자에 대한 처벌을 뜻한다. 징계는 공무원이 맡은 바 직무를 좀 더 성실하게 수행하고 행동규범을 준수하게 하기 위한 통제 활동으로 의무 위반자에 대한 제재를 통해 공무원들의 잘못된 행태를 교정하려는 데 주목적이 있다. 징계는 교정의 목적도 있지만 예방의 목적도 아울러 지니고 있다. 즉, 징계를 적극적인 측면에서 보면 단순한 처벌이 아닌 교육훈련의 의미도 지닌다. 징계는 범법 행위나 직무 태만을 처벌하는 수단인 동시에 그러한 사유의 발생을 억제하려는 예방적 목적도 가지고 있다.

징계는 그 사유가 발생하면 당사자뿐만 아니라, 조직에도 피해를 입힌다. 당사자는 심한 경우 조직에서 도태될 수도 있으며, 보수나 인사상의 직접적인 손실을 입게 된다. 또한 조직은 징계 사유의 발생에 따른 직접적인 손실은 물론 징계 절차를 진행하는 데 소요되는 비용과 새로운 직원을 재배치하는 데 따르는 손실을 감수해야 한다. 따라서 징계는 그 사유가 발생하기 전에 예방하는 것이 바람직하다.

2 징계의 사유

공무원의 징계 사유는 징계 처분의 대상이 되는 행동의 유형을 말한다. 우리나라의 징계 사유는 국가공무원법 제78조에 규정되어 있는데, 그 사유는 직무상의 의무에 위반하거나 직무에 태만하였을 때 및 직무의 내·외를 불문하고 그 체면 또는 위신을 손상하는 행위를 한 때 등으로 규정되어 있다. 징계 사유는 이와 같이 추상적·포괄적으로 규정되어 있다.

추상적으로 규정된 징계 사유는 사유의 발생 여부를 판단하기 힘들게 하며, 실제로 징계 사유가 발생하여도 극소수만 징계받게 되는 현상을 초래하게 된다. 그리고 징계 사유가 발견되어도 조직이 자발적으로 징계 절차를 밟기보다는 감사에서 적발되어 외부에 노출될 경우나 상부의 지적이 있을 경우에만 징계를 하는 것이 일반적인 예이다. 실질적으로 우리나라 공무원의 징계 처분 건수는 많지 않은데, 그 원인은 징계 사유가 이와 같이 추상적·포괄적으로 규정되어 있는 데서 찾을 수 있을 것이다.

3 징계 처분의 종류

한국의 국가공무원법에서 규정하고 있는 징계 처분이 종류는 ① 파면, ② 해임, ③ 강등, ④ 정직, ⑤ 감봉, ⑥ 견책의 여섯 가지이다. 이 중 파면·해임·강등·정직은 중징계에 해당하며, 감봉·견책은 경징계로 분류된다.

징계 처분의 수단으로 사용될 수 있는 인사행정의 수단은 여러 가지가 있다. 공무원의 신분을 박탈하는 파면·해임·직권면직·권고사직에서부터 공무원의 신분은 유지시키되 직무 수행을 일시적으로 정지시키는 정직·직위해제, 그리고 감봉·견책·경고·전보·근무성적평정에서의 감점 등 다양한 처벌의 수단이 강구될 수 있다. 그러나 위의 여섯 가지를 제외하고는 국가공무원법에 규정된 법적 징계의 유형이 아니다.

파면과 해임은 공무원을 강제로 퇴직시키는 중징계 처분의 하나이다. 파면된 사람은 5년 동안 공무원으로 임용될 수 없고 해임의 경우에는 3년 동안 공무원으로 임용될 수 없다. 또한 파면의 경우에는 퇴직 급여액의 1/2이 삭감(5년 미만 근무자에게는 퇴직 급여액의 1/4이 삭감)되는 불이익을 받는다. 그러나 해임의 경우에는 연금법상의 불이익이 없다(단, 금품·향응·공금횡령 등으로 인한 해임 시에는 퇴직 급여액의 1/4 삭감).

강등은 1계급 아래로 직급을 내리고(고위공무원단에 속하는 공무원은 3급으로 임용하고, 연구관 및 지도관은 연구사 및 지도사로 함), 공무원 신분은 보유하나 3개월 간 직무에 종사하지 못하며 그 기간 중 보수는 전액을 감한다. 정직 처분을 받은 공무원은 공무원의 신분을 보유하지만 직무에 종사하지 못한다. 정직의 기간은 1개월 이상 3개월 이하이며, 정직 기간 중에는 보수의 전액을 감한다(국가공무원법 제80조).

감봉은 1월 이상 3월 이하의 기간 동안 보수의 1/3을 감하는 처분이다. 견책은 잘못된 행동에 대해 훈계하고 회개하게 하는 처분이나 공식적인 징계 절차를 거치며, 그 처분 결과는 인사 기록에 기재된다. 〈표 13-1〉은 2023년 국가공무원의 징계 현황을 나타낸 것이다.

표 13-1 2023년 국가공무원 징계 현황(2023.1.1~2023.12.31)

구분	합계	징계 양형					
		파면	해임	강등	정직	감봉	견책
인원(명)	2,221	81	185	141	609	495	710
비율(%)	100.00	3.65	8.33	6.35	27.42	22.29	31.97

구분	합계	징계 사유									
		성실 의무 위반	복무 위반	직장 이탈 금지 위반	비밀 엄수 위반	청렴 의무 위반	품위 유지 의무 위반	영리 겸직 금지 위반	정치 운동 금지 위반	집단 행위 금지 위반	기타
인원(명)	2,221	557	16	31	29	46	1,499	15	7	0	21
비율(%)	100.00	25.08	0.72	1.40	1.31	2.07	67.49	0.68	0.32	0.00	0.95

자료: 인사혁신처(2024: 69).

4 징계기관 및 절차

징계 사유가 발생하면 징계권자는 단계적인 절차를 밟아 징계 처분을 결정하여 집행한다. 징계 의결을 요구하고 징계 결정을 집행하는 일은 각급 행정기관의 장이 행한다. 징계 처분을 하는 데는 징계위원회의 구성과 심의 절차가 중요하다. 공무원의 징계 처분을 결정하기 위해서는 징계위원회가 구성되어야 하며, 징계위원회의 종류 · 구성 · 권한 · 심의 절차 및 징계 대상자의 진술권 등에 관한 사항은 국회규칙 · 대법원규칙 · 대통령령으로 정하게 되어 있다.

우리나라 중앙정부의 행정부 소속 공무원의 징계를 다루는 징계위원회는 국무총리 소속의 중앙징계위원회와 보통징계위원회 두 종류로 나뉜다. 중앙징계위원회는 5급 이상 공무원 등의 징계 사건을 다루고 보통징계위원회는 6급 이하 공무원·연구사·지도사 및 기능직 공무원의 징계 사건을 심의·의결한다.

징계 사유가 발생하면 해당 기관의 장이 관할 징계위원회에 징계 의결을 요구함으로써 징계 절차는 시작된다. 징계 의결 요구서가 접수되면 중앙징계위원회는 60일 이내에, 보통징계위원회는 30일 이내에 징계에 관한 의결을 하여야 한다. 징계 사건을 심의할 때에는 징계 혐의자도 징계위원회에 출석하여 진술하고 증인의 심문을 신청할 수 있다.

징계처분권자는 징계의결서를 받은 날로부터 15일 이내에 이를 집행하여야 한다. 공무원의 징계는 징계위원회가 설치된 기관의 장이 행하며, 중앙징계위원회에서 행한 징계 의결에 대해서는 중앙행정기관의 장이 행하게 된다. 다만, 파면과 해임은 징계위원회의 의결을 거쳐 각 임용권자 또는 임용권을 위임한 상급 감독기관의 장이 이를 행한다.

징계 의결에 불복하는 징계 요구 기관의 장은 징계 의결을 통보받은 날로부터 15일 이내에 관할 징계위원회에 심사 또는 재심사를 청구할 수 있다(공무원 징계령 제24조). 또한 징계 의결에 불복하는 징계 혐의자는 그 처분이 있은 것을 안 날부터 각각 30일 이내에 소청심사위원회에 이에 대한 심사를 청구할 수 있다(국가공무원법 제76조). 〈표 13-2〉는 공무원 징계위원회 구성을 나타낸 것이다.

표 13-2 공무원 징계위원회 구성

구분	국가공무원	
관할	중앙징계위원회	보통징계위원회
대상	5급 이상	6급 이하
설치기관	국무총리실	각 부처
위원 구성	위원장 1명을 포함, 17명 이상 33명 이하의 공무원위원과 민간위원으로 구성 이 경우 민간위원의 수는 위원장을 제외한 위원 수의 2분의 1 이상이어야 함. – 인사혁신처장이 위원장이 됨.	위원장 1명을 포함, 9명 이상 15명 이하의 공무원위원과 민간위원으로 구성 이 경우 민간위원의 수는 위원장을 제외한 위원 수의 2분의 1 이상이어야 함.

자료: 공무원 징계령 제4조 및 제5조를 근거로 하여 재구성.

5 징계제도 운영상의 유의점

징계 사유는 개인의 지식 부족이나 직위의 부적합, 욕망 추구 및 정서적인 요인 등이 일차적인 원인이 되겠지만, 감독자의 감독 소홀과 조직의 부당한 정책도 징계 사유의 발생을 조장할 수 있다. 따라서 징계의 예방적 기능을 달성하기 위하여서는 정부 차원에서 징계 사유의 발생 가능성이 있는 부분을 미리 점검하고 대처하여야 하며, 조직을 참여 지향 체제로 운영하고 구성원 개개인의 특성을 고려해서 직무를 부여하여야 할 것이다.

공무원의 그릇된 행동을 예방하고 교정하기 위하여 징계제도는 올바르게 운영되어야 한다. 징계가 꼭 필요한 경우에 이를 방임하거나, 징계권을 함부로 남용하는 권위주의로는 징계제도 본래의 효과를 거둘 수 없다. 근무규율을 확립하고 행정의 능률성을 확보하기 위해서는 어떠한 조직이든 징계제도를 필요로 한다. 그러나 과거 행동의 처벌을 위한 징계보다는 미래 행동의 교정이 강조되어야 할 것이며, 일탈행동의 교정을 위한 여러 노력이 선행적으로 이루어진 뒤 징계는 마지막 수단으로 강구되어야 할 것이다.

징계는 근무성적 향상을 위한 위협의 수단으로 이용되어서는 안 되며, 징계의 결정은 일관성과 형평성을 유지하여야 실효성을 거둘 수 있다. 그리고 꼭 필요한 경우에는 징계를 반드시 하여야 하나, 너무 잦은 징계는 효과를 반감시킬 수 있다. 징계 사유가 발생하였음에도 불구하고 동료 직원의 잘못을 눈감아 주는 온정적 조직 풍토나 개인적 충성을 확보하기 위하여 징계를 유보하는 상급자의 행태는 조직의 규칙과 규범을 근본적으로 무너뜨릴 수 있다.

우리나라 공무원 징계제도의 가장 큰 문제점은 온정주의적 처벌 관행으로 공무원 부패 행위가 되풀이되고 있다는 점이다. 즉, 징계 기준에 제시된 징계 양정보다 낮은 수위의 처벌,[2] 봐주기식 의원면직 처리,[3] 형사 미고발 등의 사례가 빈발할 뿐 아니라 또한 징계소청(재심)제를 통해서도 상당 부분 징계 감경 처분이 되고 있어 솜방망이

---

2) 특히 공무원 징계양정 규칙상 배제징계(파면, 해임) 대상인 부패 행위에 대해 신분 유지를 위해 정직, 감봉 등으로 낮게 처분하는 사례가 만연되고 있다.

3) 비리를 저지른 공무원에 대해 봐주기식 의원면직 처리를 방지하기 위해, '비위공직자 의원면직처리 제한에 관한 규정'(대통령훈령)은 비위 관련 형사사건으로 기소, 징계위에서 중징계의결 요구, 수사기관 등에서 비위 관련 수사 중인 경우 등은 의원면직을 제한하도록 규정하고 있다.

처벌이라는 비판이 제기되고 있다. 이러한 문제점을 해결하기 위해서는 부패 행위에 대한 징계·소청제도를 엄정하게 운영할 필요가 있다(국민권익위원회, 2010).

제5절 소청심사제도

1 소청심사제도의 의의

소청심사제도는 공무원이 징계 처분, 그 밖에 그 의사에 반하는 불리한 처분이나 부작위에 대하여 이의를 제기하는 경우 이를 심사·결정하는 특별행정심판제도이다. 이 제도는 '위법·부당한 인사상 불이익 처분에 대한 구제'라는 사법보완적 기능을 통해 직접적으로는 공무원의 신분을 보장함으로써 직업공무원제도의 확립에 기여하고, 간접적으로는 행정의 자기통제 효과를 도모하는 데 그 목적이 있다.

국가공무원법 제16조 제2항은 소청심사위원회의 심사·결정을 거치지 아니하면 행정소송을 제기할 수 없다는 규정을 두고 있으므로, 소청심사는 행정소송을 제기하기 전에 반드시 거쳐야 하는 필요적 전심절차이다.

제도 도입 초기에는 '위법 사항'과 '부당 사항'을 구분하여 '위법 사항'만을 소청심사의 대상으로 하였으나, 최근 들어 사법부에서 처분의 개념을 확대하는 추세에 비추어 소청심사의 대상이 되는 처분의 범위 역시 공무원의 권익구제 및 행정의 자기통제라는 소청심사제도의 취지를 살릴 수 있도록 보다 넓게 해석하여 '위법·부당한 인사상 불이익 처분'을 모두 소청심사 대상에 포함시키고 있다.

소청심사제도는 공무원의 신분을 보장하는 하나의 제도적 장치이다. 소청심사위원회의 결정은 처분 행정청을 기속한다(국가공무원법 제15조). 우리나라는 인사혁신처에 독립성과 합의성을 지닌 소청심사위원회를 설치하여 운영하고 있다.

소청심사의 대상에는 ① 징계 처분, ② 기타 의사에 반하는 불리한 처분, ③ 부작위 등이 있다. 소청심사의 대상이 되는 징계 처분에는 파면, 해임, 강등, 정직, 감봉, 견책(징계부가금[4] 포함) 등이 포함되며, 기타 의사에 반하는 불리한 처분에는 강임, 휴

4) 징계부가금제도는 공무원이 금품·향응을 받으면 징계와 별도로 해당 금액의 5배까지 물도록 하여 징

직, 직위해제, 면직, 전보, (기각)계고, (불문)경고 등이 포함된다. 그리고 또한 소청심사의 대상이 되는 '부작위'(당사자의 신청에 대하여 행정청이 상당한 기간 내 일정한 처분을 하여야 할 법률적 의무가 있음에도 처분을 하지 않은 경우)에는 '복직 청구' 등이 포함된다. 〈표 13-3〉은 소청사건의 연도별 접수 및 처리 현황을 나타낸 것이다.

표 13-3 연도별 소청처리 현황

(단위: 건, %)

연도	접수 건수	처리(이탈건수 포함)						인용률 (%)
		처리건수 계	취소	변경 (무효 포함)	기각	각하	취하 및 기타	
2017	872	869	46	251	462	23	87	34.2
2018	712	830	44	181	467	37	101	27.1
2019	763	797	49	173	462	48	65	27.9
2020	790	765	41	178	459	27	60	28.6
2021	955	846	53	163	520	50	60	25.5
2022	850	821	40	149	503	42	87	23.0

자료: 인사혁신처(2023: 70).

2 소청심사기관

우리나라 행정기관 소속 공무원의 징계 처분 등에 관한 소청심사를 담당하는 기관으로는 인사혁신처에 중앙소청심사위원회가 구성되어 있으며, 서울특별시·광역시 및 도에 지방공무원 소청심사위원회가 설치되어 있다. 그리고 교원의 징계와 기타 불리한 처분에 대한 소청 및 고충에 대한 심사를 담당하는 기관으로 교원소청심사위원회가 별도로 설치되어 운영되고 있다. 그 밖에 군인과 군무원, 국회 공무원, 법원 소속 공무원의 소청을 심사하기 위한 별도의 소청심사 기관이 있다.

인사혁신처에 두는 중앙소청심사위원회는 위원장 1인을 포함하여 5인 이상 7인 이내의 상임위원으로 구성된다. 위원장은 정무직으로 보하고, 필요하면 약간의 비상임위원을 둘 수 있다. 위원의 자격은 5년 이상 근무한 법관·검사·변호사, 대학에서 행정학·정치학·법률학을 담당한 부교수 이상의 직에 5년 이상 근무한 자 및 3급 이상 해당 공무원 또는 고위공무원단에 속하는 공무원으로 3년 이상 근무한 자 등이다(국가

계의 실효성을 높이고자 하는 제도이다.

공무원법 제10조).

위원들의 공정하고 중립적인 심사를 보장하기 위하여 금고 이상의 형벌 또는 장기의 심신 쇠약으로 직무를 수행할 수 없게 된 때를 제외하고는 그의 의사에 반하여 면직할 수 없도록 하는 등 위원들의 신분보장을 위한 법적 장치를 강구하고 있다. 위원의 임기는 3년이며, 1차에 한하여 연임할 수 있고, 상임위원은 다른 직무를 겸할 수 없다.

3 소청심사 절차

소청심사의 절차는 소청심사의 청구, 심사 및 결정의 3단계로 나뉜다.

징계 처분이나 기타 그의 의사에 반하는 불이익 처분을 받은 공무원은 징계처분권자로부터 처분 사유가 기재된 설명서를 교부받은 뒤 불복할 경우 소정의 기일 내에 소청심사위원회에 심사를 청구할 수 있다. 징계 처분이나 강임·휴직·직위해제 또는 면직 처분에 대해 불복할 경우에는 그 설명서를 받은 날부터 그 밖에 그 의사에 반한 불리한 처분을 받았을 때에는 그 처분이 있은 것을 안 날부터 각각 30일 이내에 소청심사위원회에 심사를 청구할 수 있다. 이 경우 변호사를 대리인으로 선임할 수 있다(국가공무원법 제76조).

위원회는 소청을 접수하면 처분청 등 피소청인에게 통보하고, 지체 없이 심사하여야 한다. 위원회는 필요한 경우 검증 또는 감정을 의뢰하고 당사자 또는 증인을 환문하거나 관계 서류의 제출을 요구할 수 있다. 소청심사위원회가 소청을 심사할 때에는 소청 당사자 또는 대리인에게 진술의 기회를 부여하여야 한다.

소청심사위원회는 가결정[5]의 경우를 제외하고는 심사청구를 받은 날로부터 60일 이내에 결정을 하여야 하며, 불가피한 경우 위원회의 의결로 30일을 연장할 수 있다. 소청사건의 결정은 재적 위원 2/3 이상의 출석과 재적 위원 과반수의 합의에 의한다. 의견 분립으로 과반수 합의가 안 될 경우에는 재적 위원 과반수에 달하기까지 소청인에게 가장 불리한 의견에 순차적으로 유리한 의견을 더하여 그 중 가장 유리한 의견을 합의된 것으로 본다.

5) 가결정이란 파면, 해임, 직권면직 처분의 취소, 변경을 청구하는 소청을 접수한 때에 소청 대상인 처분이 취소 또는 변경될 가능성이 크고, 후임자 보충을 유예시킬 필요가 있다고 판단해서 해당 사건의 결정이 있을 때까지 후임자 보충을 유예하도록 하는 결정을 말한다.

징계 처분에 대한 소청심사에서는 원래의 징계 처분보다 무거운 징계를 결정하지는 못하며, 위원회의 결정은 처분행정청을 기속한다.

4 소청심사제도 운영의 문제점

우리나라 소청심사제도 운영의 문제점으로는 비위 공무원에 대한 징계 수위가 소청심사를 거치면서 감경되는 비율이 증가하고 있다는 점이다. 공직사회의 이러한 온정주의적 풍토는 공무원의 부패 행위를 조장하는 부정적 영향을 끼친다(〈표 13-3〉 참조).

소청심사제도 운영의 또 다른 문제점으로는 특히 시 · 도 소청심사위원회의 경우 위원 구성의 불공정성 문제를 지적하지 않을 수 없다. 시 · 도 소청심사위원회 위원으로 소속 국장급 공무원 3명이 포함되어 있는 관계로 원징계 처분보다 낮은 수위의 온정주의적 결정이 계속적으로 발생하고 있다. 외부 위촉위원의 경우에도 공개 모집이 아닌 내부 추천으로 단체장이 결정하고 있어 직 · 간접적으로 소청결정에 영향을 미칠 수 있는 구조라고 할 수 있다.

그리고 중앙소청심사위원회와 달리 시 · 도 소청심사위원회의 경우에는 위원 명단 및 심사 결과 등이 공개되지 않는다는 점도 위원들의 책임감 부족으로 인한 온정주의적 결정의 원인이 될 수 있다고 하겠다.

소청심사제도의 공정하고 실효성 있는 운영을 위해서는 위원 구성의 합리화와 같은 제도 개선과 아울러 온정주의적 공직 풍토를 타파하기 위한 노력이 선행되어야 할 것이다.

사례 1 공무원에 대한 직권면직과 신분보장

직권면직과 신분보장

K광역자치단체의 신임 단체장은 1998년 9월 '직무 수행 능력이 부족하다'는 이유로 김○○ 과장을 직위해제 처분, 3개월 간의 대기명령 기간이 종료된 뒤, '근무성적 향상을 기대하기 어렵다'는 명분으로 직권면직하였다. 직권면직 처분이 부당하다고 생각한 김○○ 과장은 소청을 제기하였다.

지난 6월 4일 지방선거에서 김○○ 과장은 자신의 출신 고교 동창회 조직을 이용, 당시 단체장의 당선을 위하여 큰 활약을 하였다는 소문이 청 내에 파다하게 퍼졌었다. 그러나 선거 결과 당시의 현역 단체장은 낙선하였다.

[문제 1] 사례에 나타난 직위해제 및 직권면직과 같은 임용권자의 자의적인 인사권 남용을 방지하고 공무원의 신분을 보장하기 위하여 어떠한 제도적 장치가 필요한지를 논하시오.

[문제 2] 우리나라 소청심사제도의 의의, 특징 및 개선 방안을 논하시오.

사례 2 공무원의 정치적 중립과 표현의 자유

공무원의 '정치적 중립' 대(對) '표현의 자유' 공방

통합공무원노조의 민주노총 가입 결정을 둘러싸고 논란이 일고 있는 가운데 공무원의 정치적 중립에 대한 공청회가 열렸으나 정부와 노조 양측의 뚜렷한 입장차를 확인하는 데 그쳤다. ……

'공무원의 정치적 중립과 노조 활동의 바람직한 방향에 대한 공청회'에서 발제를 맡은 한○○ 연세대 법학전문대학원 교수는 "공무원의 경우 직무 특성상 정당 활동이나 선거 개입 등 정치적 기본권의 일부를 제한하는 것이 불가피하다"며 "공무원노조가 민간 상급 단체에 가입하는 것을 금지하는 법 개정이 필요하다"고 주장했다. 그는 "공무원노조의 민노총 가입 자체를 위법으로 보기는 어렵지만, 가입 후 민간 노조 활동에 동참하게 되기 때문에 위법 행위를 사전에 예방할 수 있는 법적 장치가 필요하다"고 말했다.

김○○ 행정안전부 복무담당관은 "공무원 개개인이 정치적 견해를 표현하는 것이 아니라 노조가 집단적으로 정치적 견해를 내는 것이 문제"라며 "일반 민간 노조원과는 달리 신분과 정년을 보장받는 공무원으로 구성된 공무원노조가 민간 노조와 연대해 정부정책에 반대하는 정치 활동을 하면 국민이 용납하지 않을 것"이라고 말했다.

이에 대해 이○○ 전국통합공무원노조 공동집행위원장은 "공무원의 직무와 지위를 이용한 정치 활동은 제한하더라도 정치적 표현의 자유는 포괄적으로 허용해야 한다"고 주장했다. 그는 "한나라당을 지지하는 한국노총에 3만 5,000여 명의 공무원 노조원이 가입되어 있는데도 공무원노조의 민노총 가입만을 문제 삼는 것은 이중 잣대"라고 말했다.

노○○ 한국노동사회연구소 부소장은 "미국 · 영국 · 프랑스 등 선진국에서도 공무원의 정치 활동을 폭넓게 인정하고 있다"며 "공무원노조의 상급 단체 가입 권한을 제한하는 법을 만든다면 국제사회의 웃음거리가 될 것"이라고 말했다.

한편 정부는 공무원들이 시국 선언을 하거나 특정 정당 이념을 옹호하는 행위, 특정 정당과 연대해 반정부 시위와 집회를 하는 행위를 금지하는 등의 규정을 국가공무원법과 지방공무원법 등에 구체적으로 명시할 계획이다. 공무원노조의 양대 노총 가입을 금지하는 방안과 선거관리위원회 직원들을 노조 활동이 금지되는 특정직 공무원으로 분류하는 방안도 신중히 추진하기로 했다.

(조선일보, 2009.10.16)

[문제] 위 사례를 읽고 공무원의 정치 활동에 대한 찬반 주장을 논하시오.

Public Personnel Administration

14 공무원노동조합

제1절 공무원노동조합의 의의와 효용

1 공무원노동조합의 의의

공무원노동조합(union)은 '공무원들이 자주적으로 단결하여 근로 조건의 유지 개선과 복지 증진, 기타 경제적 · 사회적 지위의 향상을 목적으로 조직되는 공무원 집단의 단체'로 정의될 수 있다.

공무원은 사기업체의 근로자와는 신분이 다르나 공무원 집단의 집단적 이익을 표출하여 복지 증진을 도모하기 위하여 노동조합을 조직한다. 공무원은 주권자의 공복으로 공적 업무를 수행한다는 특수성을 갖는다. 따라서 헌법에 보장된 국민 기본권으로서의 단결권, 단체교섭권 및 단체행동권은 공무원들의 경우에 일정한 제약을 받는다. 공무원노동조합은 노동조합을 현대 사회의 민주화 과정에서 필수적인 제도로 인식하는 산업 민주주의의 산물로서 오늘날 여러 나라에 보급되어 있으나, 공무원노동조합에 대한 정책은 나라마다 다르다. 일부 국가는 공무원노동조합의 구성과 활동을 폭넓게 허용하는가 하면, 공무원노동조합의 조직 자체를 금지하는 나라도 있다.

표 14-1 한국과 외국의 공무원노조와 노동3권 비교

국가	분류	단결권	단체교섭권	단체행동권
미국	연방 공무원	인정	인정(단, 임금 등 법정근로조건 사항에 대해서는 제한)	불인정
	주정부 공무원	인정	인정 여부 주마다 다름	허용여부 및 그 범위가 주마다 다름
영국	일반 공무원	인정	인정	인정
	경찰 공무원	단일 단체에만 가입 가능	인정	형사벌 대상
일본	일반 공무원 (국가, 지방)	직원단체	협의, 건의권	불인정
	현업 공무원	인정	인정(예산 제약)	불인정
독일	직업 공무원	인정	불인정	불인정
	공공부문 근로자	인정	인정	인정
프랑스	일반직 공무원	인정	인정	인정(법률의 규정에 따라 최소한 제한)
한국	일반 공무원	인정	인정	불인정
	현업 공무원	인정	인정	인정

자료: 김상겸 · 최경애(2019: 241-277.)

우리나라에서는 그동안 사실상 노무에 종사하는 공무원에 대해서만 노동권이 제한적으로 허용되어 왔으나, 1999년의 '교원의 노동조합 설립 및 운영 등에 관한 법' 및 '공무원직장협의회의 설립 · 운영에 관한 법률'과 2006년 1월 시행된 '공무원의 노동조합 설립 및 운영 등에 관한 법률'에 의하여 교원 및 6급 이하 일반직 공무원도 '노동조합'과 '공무원직장협의회'를 결성할 수 있게 되었다.

2 공무원노동조합의 효용과 한계

공무원노동조합은 공무원의 복지 증진과 사기 제고, 행정 능률의 향상 및 행정 발전에 기여할 수 있는 현대 인사행정에서 중시되고 있는 관리 도구의 하나이다. 공무원노동조합 결성의 주된 목적은 근로 조건의 향상에 있으나, 공무원노동조합은 실적제 확립과 공무원 사회의 민주화 및 행정 발전에 기여할 수 있다는 점에서 중요성이 강조되고 있다. 다음에서는 공무원노동조합의 필요성에 대한 찬반 논의를 살펴보자.

먼저 공무원노동조합의 찬성론자들이 주장하는 공무원노동조합의 효용을 살펴보자(오석홍, 1993: 682; 박동서, 1994: 381-382).

첫째, 공무원노동조합은 공무원의 집단적 의사표시의 수단이 된다. 공무원은 집단으로서의 자신의 이익을 표출함으로써 근로 조건을 향상시킬 수 있을 뿐만 아니라 인사행정 문제에 관한 집합적 의견을 전달함으로써 정부의 정책결정에 영향을 미칠 수 있다. 문제는 공공 서비스 업무를 담당하는 공무원노동조합의 단체 활동 내용과 범위에 대하여 어느 정도의 제약을 가하는 것이 합리적이냐 하는 점이다.

둘째, 공무원노동조합의 활동은 참여 의식, 가치 인정, 귀속감 등의 충족을 통하여 동기부여 효과와 아울러 사기 증진 효과를 기대할 수 있게 한다. 즉, 공무원노동조합은 공무원들의 복지 증진, 정책결정 과정에의 참여, 집합적인 의사표시 및 친목 활동 등을 통하여 성취감, 연대 의식 등의 사회적 욕구를 충족시키는 기능을 수행한다.

셋째, 공무원노동조합은 행정의 민주화와 행정 발전에 기여할 수 있다. 공무원노동조합은 하급 공무원과 관리층 간에 쌍방적인 의사전달 통로를 제공함으로써 상호 이해의 증진을 도모할 수 있다. 이는 특히 우리의 행정문화 중 가장 고질적인 권위주의적 풍토를 개선하고 조직 내 행정의 민주화를 이룩하는 데 도움이 될 것이다.

넷째, 공무원노동조합은 공무원들의 올바른 직업윤리 확립과 부패 방지에 기여할 수 있다. 공무원노동조합의 기본 역할은 구성원의 집단이익을 옹호하는 데 있다. 그러나 공무원노동조합은 다른 한편으로는 공무원들이 직업적인 행동규범으로부터 이탈되는 것을 막는 사회적 견제 작용을 함으로써 건전한 직업윤리의 확립과 자질 향상을 위한 학습 및 교육 활동을 수행한다. 공무원노동조합은 나아가 전문직업화를 통한 자율규제 효과를 통해 부패 방지에 기여할 수 있다.

다음에서는 공무원노동조합에 반대하는 사람들의 논거를 고찰해 보자. 공무원노동조합에 반대하는 사람들은 일반적으로 공무원노동조합이 사기업체의 노동조합과 본질적으로 다르다는 점을 강조한다. 또한 공무원노동조합에 반대하는 사람들은 결국 공무원노동조합이 장기적으로 공익을 해치게 된다는 논거에서 반대한다.

첫째, 주권자의 공복으로서 공적 업무를 수행하는 특수성 때문에 공무원들의 단체 활동이 허용되어서는 안 된다는 것이다. 공적 업무를 수행하는 공무원들의 단체 활동은 국민 다수의 이익에 크게 영향을 미칠 수 있다.

둘째, 공무원노동조합은 전체 국민의 이익보다는 공무원 집단의 부분적 이익을 추구하므로 공익을 해치게 된다는 것이다. 공무원노동조합이 협상을 통하여 얻게 되는 부가적 이득은 다른 집단 또는 일반 납세자들의 부담을 전제로 한 것이다.

셋째, 공무원노동조합의 활동은 실적제 인사 원칙을 저해할 수 있다. 공무원노동조합은 공무원의 신분보장을 지나치게 강조하고, 선임 위주의 인사 원칙을 내세움으로써 실적제 인사 원칙을 저해할 수 있다.

넷째, 공무원노동조합은 행정의 능률성을 저해할 수 있다. 공무원노동조합은 민간기업의 노동조합 행태에서 나타나는 바와 같이 ① 노력, 창의성 등에 기반하는 생산성과 관계없이 유사한 업무에 종사하는 사람에게 동일한 보수를 지급할 것을 고집하는 경향이 있으며, ② 선임 위주의 인사 원칙이 보편화되도록 끊임없이 압력을 가하고, ③ 관리층의 재량과 신축성을 제약함으로써 행정 능률의 향상을 저해하는 경향이 있다(Stahl, 1976: 333).

제2절 공무원노동조합의 특성

다음에서는 사기업체의 노동조합과 구분되는 공무원노동조합의 본질적 특성을 고찰하여 보자. 공무원노동조합에 반대하는 사람들은 일반적으로 공무원노동조합이 사기업체의 노동조합과 본질적으로 다르다는 점을 강조한다.

공무원노동조합의 특성을 규정하는 정부의 특성으로 스탈(Stahl, 1976: 333-337)은 다음의 세 가지를 들고 있다. ① 전체 국민의 대표 기관으로서의 정부, ② 법령에 의한 근로 조건의 규정, ③ 권한의 분산이 그것이다.

첫째, 정부는 전체 국민을 대표한다는 점에서 사기업체와 다르다. 정부는 또 다른 하나의 기업이 아니라 기업과 판이하게 다른 환경 속에서 작동된다. 정부는 단순히 법 앞의 두 당사자 가운데 하나가 아니며, 전체 국민에게 관심을 갖는 민주주의의 도구로서의 역할을 수행한다. 공무원 집단의 이익은 사회 속의 많은 경쟁적 이익 가운데 하나로 그것은 공무원노동조합과 특정한 정부기관 또는 관리자 간의 논쟁과 협상에 의하여 결정되는 것이 아니라 궁극적으로 정치의 영역에서 해결되어야 할 성질의 것이다. 단체교섭을 통해 공무원 집단이 얻게 되는 부가적 이익은 일반 납세자나 다른 집단의 희생을 전제로 한 것이다. 공공의 영역에 있는 모든 것은 본질적으로 정치적 문제이며, 민간 영역에서 빌려온 어떠한 특별한 절차나 철학도 이러한 현실을 변경시킬 수 없다.

둘째, 보수를 포함한 공무원의 근무 조건은 법령에 의해 결정된다는 점이 사기업과 다르다. 따라서 법령이 바뀔 때까지 정부의 집행부서는 공무원노동조합과 그것을 폐지하거나 수정하는 쌍무적 합의를 할 수 없다. 바로 이 점이 사기업체 노동조합과 공무원노동조합의 노사 관계를 구분 짓는 주요 차이점이다. 이러한 이유로 공무원노동조합은 행정부 관리자보다는 의회 쪽에 더 많은 관심을 갖게 된다.

공무원노동조합 관련 법규정들은 정부관리들에게 공무원노동조합을 인정하고, 그들과 처방된 방식대로 교섭하여 제한된 범위 내에서 합의를 할 수 있는 권한을 부여할 수 있다. 중요한 점은 공공부문에서의 노사 관계는 한 당사자가 일방적으로 규칙을 정한다는 점이다. 즉, 공공부문의 두 당사자는 민간부문에서와 같이 '대등한' 상대가 아니다. 이러한 여건에서 공무원노동조합이 관리층과 협상을 통하여 해결할 수 있는 영역은 사기업 부문과는 달리 아주 제한되어 있다.

셋째, 정부에서의 의사결정 권한은 사기업에서보다 훨씬 광범하게 분산되어 있어 공무원노동조합은 교섭 상대를 확인하기가 쉽지 않다. 앞서 밝혔듯이, 공무원의 보수는 법률로 정해져 있어 기관장은 이러한 영역에서 어떤 조치를 직접 취할 수 있는 것이 아니라 단지 건의를 할 수 있을 따름이다.

제3절 공무원노동조합의 활동 내용

공무원노동조합의 활동 내용은 일반 노동조합에서와 마찬가지로, 단체구성, 단체교섭, 단체행동으로 구분된다. 단체구성권은 공무원이 법률이 정하는 바에 따라 공무원노동조합을 결성할 수 있는 권리를 말하고, 단체교섭권은 공무원의 이해 관계에 직결되어 있는 보수, 근무 조건의 개선, 기타 인사상의 문제 등에 대하여 공무원노동조합이 관리층과 단체적으로 협의하여 문제를 해결할 수 있는 권리를 말하며, 단체행동권은 단체교섭이 여의치 않을 경우 태업이나 파업 등의 실력 행사를 할 수 있는 권한을 말한다.

〈표 14-1〉에서 보듯이, 오늘날 대부분의 국가에서는 공직의 특수성에 비춰 공무원노동조합의 구성과 활동은 원칙적으로 인정하되, 대체적으로 단체행동을 금지하는 경향이 있다.

1 공무원노동조합의 단체구성권(단결권)

공무원은 헌법과 법률이 정하는 바에 따라 공무원노동조합을 구성할 수 있다. 세계 각국은 대체로 공무원노동조합의 구성을 허용하고 있으나, 단체 구성이 허용되는 공무원의 범위는 각국의 사정에 따라 다르다.

우리나라의 경우 시대 변화에 따라 노동권의 보장 내용도 많은 변화를 겪었다. 제헌 헌법(제18조)은 노동자의 단결, 단체교섭과 단체행동권의 자유를 법률의 범위 내에서 보장하도록 규정하였으며, 공무원도 이러한 노동관계법의 적용을 받았다. 1953년 제정된 노동조합법 제66조는 현역 군인, 군속, 경찰관리, 형무 관리와 소방관리 외의 노동자는 자유로이 노동조합을 조직하거나 또는 이에 가입할 수 있도록 규정하였다.

그러나 제5차 헌법 개정(1962년 12월)에서 공무원의 경우 법률로 인정된 자를 제외하고는 단체구성권(단결권), 단체교섭권, 단체행동권을 가질 수 없도록 금지하였다. 제6공화국 헌법 제33조는 근로자의 노동3권을 인정하나, 공무원인 근로자의 노동3권은 법률에 위임하고 있다. 국가공무원법 제66조에 의해 이전부터 공무원노조를 결성할 수 있었던 '사실상 노무에 종사하는 공무원'으로는 현재 과학기술정보통신부 소속 현업기관의 작업 현장에서 노무에 종사하는 우정직 공무원이 있다. 그러나 이 범주에서 다음의 공무원은 제외된다: ① 서무 · 인사 및 기밀 업무에 종사하는 공무원, ② 경리 및 물품 출납 사무에 종사하는 공무원, ③ 노무자 감독 사무에 종사하는 공무원, ④ 국가보안시설의 경비 업무에 종사하는 공무원, ⑤ 승용자동차 및 구급차의 운전에 종사하는 공무원(국가공무원 복무규정 제28조) 등.

우리나라 공무원단체의 단결권 및 단체교섭권은 1990년대에 들어와 크게 확대되었다. 1991년 '교원 지위 향상을 위한 특별법'이 제정됨으로써 한국교원단체총연합회에 단체교섭권이 부여되었다. 그리고 1999년 1월에는 '공무원직장협의회의 설립 · 운영에 관한 법률'이 시행됨에 따라 6급 이하의 일반직 공무원 등이 직장협의회를 구성할 수 있게 되었으며, 동년 7월에는 '교원의 노동조합 설립 및 운영 등에 관한 법'이 시행됨에 따라 국 · 공 · 사립학교 교원들이 노동조합을 설립할 수 있도록 허용되었다. 또한 2006년 1월에는 '공무원의 노동조합 설립 및 운영 등에 관한 법률'이 시행됨에 따라 6급 이하의 일반직 공무원 등이 공무원노동조합을 결성할 수 있는 제도적 장치가 마련되었다. 그러나 6급 이하 공무원이라 하더라도 다른 공무원에 대하여 지휘 · 감독권을 행사하는 공무원, 노동조합과의 관계에서 행정기관의 입장에 서서 업무를 수행하는 공무원, 교정 · 수사 등의 업무에 종사하는 공무원 등은 노동조합에 가입할 수 없다(공무원의 노동조합 설립 및 운영 등에 관한 법률 시행령 제3조).

'공무원의 노동조합 설립 및 운영 등에 관한 법률(약칭 공무원노조법)'에 규정된 공무원 속에는 '사실상 노무에 종사하는 공무원' 및 '교원의 노동조합 설립 및 운영 등에 관한 법률'의 적용을 받는 교육공무원은 포함되지 않는다(공무원노조법 제2조). 그리고 "이 법은 공무원이 공무원직장협의회의 설립 · 운영에 관한 법률에 의하여 직장협의회를 설립 · 운영하는 것을 방해하지 아니한다"(공무원노조법 제17조)고 규정함으로써 공무원노동조합과 공무원직장협의회가 병존할 수 있는 길을 열어두었다.

2 공무원노동조합의 단체교섭권

공무원노동조합의 구성을 허용하는 많은 나라에서는 단체교섭권을 인정하고 있다. 단체교섭은 공무원노동조합들이 보수와 근무 조건, 그리고 중요한 인사행정상의 문제를 관리층과 단체적으로 협의하는 것을 말한다.

우리나라에서는 전통적으로 국가공무원법 제66조에 의하여 사실상 노무에 종사하는 공무원에 대해서만 예외적으로 단결권과 단체교섭권을 인정해 왔다. 그러나 1991년 제정된 '교원 지위 향상을 위한 특별법'에 의하여 한국교원단체총연합회가 단체교섭권을 부여받았으며, 1999년의 '교원의 노동조합 설립 및 운영 등에 관한 법', '공무원직장협의회의 설립 · 운영에 관한 법률' 및 2006년 1월 시행된 '공무원의 노동조합 설립 및 운영 등에 관한 법률' 등에 의하여 교원 및 6급 이하 공무원으로 구성된 공무원노동조합이 단결권과 단체교섭권을 갖게 되었다.

'공무원의 노동조합 설립 및 운영 등에 관한 법률'은 공무원노동조합의 대표자가 노동조합에 관한 사항 또는 공무원의 보수 · 복지 그 밖의 근무 조건에 관한 사항에 대하여 정부 측 대표와 교섭하고 단체협약을 체결할 권한을 가지도록 하고 있다(제8조). 그러나 정책결정에 관한 사항이나 임용권의 행사 등 그 기관의 관리·운영에 관한 사항으로 근무 조건과 직접 관련이 없는 사항은 교섭 대상이 될 수 없음을 명시하고 있다. 또한 단체협약의 내용 중 법령·조례 또는 예산에 의하여 규정되는 내용은 단체협약으로서의 효력을 인정하지 아니한다. 그러나 이 경우에도 정부 측 교섭 대표에 대하여 단체협약의 이행을 위하여 성실히 노력할 의무를 부과하고 있다(제10조). 이러한 노력에는 법령·조례의 개정 노력도 포함된다.

3 공무원노동조합의 단체행동권

단체행동은 단체교섭을 통한 합의가 이루어지지 않을 경우, 분쟁을 해결하기 위해서 노동자 및 노동조합이 그 노동력의 제공을 집단적으로 통제하여 벌이는 파업 또는 태업을 말한다. 공무원노동조합의 단체행동권은 극소수의 국가를 제외하고는 대부분의 국가에서 부인되고 있다. 그 이유는 공공 업무를 수행하는 특수성을 지닌 공무원들의 파업은 공익을 크게 침해할 수 있다는 우려 때문이다.

공공 업무 종사자의 단체행동권 제한에 대해서는 찬반의 양론이 활발하게 전개되고 있다. 일반적으로 국민 생활에 큰 영향을 미치는 공무원과 국영기업체·공익사업체 및 기타 국민 경제에 중대한 영향을 미치는 사업체에 종사하는 근로자의 단체행동권은 법률에 의하여 제한하거나 인정하지 않는 경우가 많다. 근로자에게 단체행동권을 인정한 역사가 오래되지 않듯이 공무원노동조합의 단체행동권은 아직 많은 제한을 받고 있다.

우리나라의 경우 그동안 노동쟁의조정법(1996년 12월 31일 폐지됨) 제12조 제2항의 "국가·지방자치단체 및 방위산업에 관한 특별조치법에 의하여 규정된 근로자는 쟁의행위를 할 수 없다"는 규정을 근거로 공무원의 쟁의 행위를 규제해 왔다. 그러나 1993년 3월 헌법재판소는 공무원의 노동쟁의 행위를 전면적으로 금지하고 있는 당시의 노동쟁의조정법 제12조는 일부 공무원의 단체행동권을 인정한 헌법 제33조 제2항에 합치되지 않으므로 개정하여야 한다는 헌법 불합치 결정을 내려, 공무원노동조합의 단체행동권 제한에 대한 기본 시각이 변화되는 조짐을 나타냈다. 그동안 공무원노조의 단체행동권을 제약해 온 법적 근거로 이용되어 온 노동쟁의조정법은 결국 1996년 12월

3일 폐지되었으며, 후속법 성격의 '노동조합 및 노동관계조정법' 제41조 제2항은 "방위사업법에 의하여 지정된 주요 방위산업체에 종사하는 근로자 중 전력, 용수 및 주로 방산물자를 생산하는 업무에 종사하는 자는 쟁의 행위를 할 수 없다"고 규정함으로써 기존의 '노동쟁의조정법'에 규정되었던 쟁의 행위를 할 수 없는 근로자의 범주에서 '국가·지방자치단체에 종사하는 근로자'가 제외되게 된 셈이다. 이로써 국가공무원법 제66조에 규정된 사실상 노무에 종사하는 공무원은 쟁의 행위가 가능하다는 점이 관련 법규정의 개정을 통해 확인된 것으로 볼 수 있다.

그러나 1999년 7월 시행된 '교원의 노동조합 설립 및 운영 등에 관한 법'과 2006년 1월 시행된 '공무원의 노동조합 설립 및 운영 등에 관한 법률'에서는 공무원노동조합과 그 조합원은 파업·태업 그 밖에 업무의 정상적인 운영을 저해하는 일체의 행위를 하여서는 아니 된다고 규정(교원노조법 제8조 및 공무원노조법 제11조), 공무원노조의 단체행동권을 부정하고 있다. 그리고 이 법들에서는 교원 및 공무원노동조합의 정치 활동을 금지하는 규정도 담고 있다.

제4절 한국의 공무원노동조합 활동의 문제점과 발전 방안

1980년대 후반 이후 혹독한 노사분규를 겪은 우리나라는 1991년 국제노동기구(ILO)에 가입한 이후 대부분의 공무원에게 적어도 단결권을 보장하도록 요구하는 국제적 압력을 받아 왔다. 그리고 세계무역기구(WTO) 체제의 출범과 함께 국제사회에서는 노동 조건과 무역 규제를 연계시키기 위한 블루 라운드(Blue Round)에 관한 논의가 진행되는 등 노동 문제 개선을 위한 움직임이 세계적 차원에서 가시화되고 있다.

이러한 국내·외 상황 속에서 우리나라는 1991년 '교원 지위 향상을 위한 특별법'을 제정, 한국교원단체총연합회에 단체교섭권을 부여하게 되었으며, 1999년 1월에는 '공무원직장협의회의 설립·운영에 관한 법률'이 시행됨에 따라 6급 이하의 일반직 공무원 등이 근무환경 개선·업무 능률 향상 및 고충처리 등을 위하여 직장협의회를 설립할 수 있도록 허용되었고, 동년 7월에는 '교원의 노동조합 설립 및 운영 등에 관한 법'이 시행됨에 따라 국·공·사립학교 교원들이 노동조합을 설립할 수 있도록 허용되었다. 그리고 2006년 1월에는 '공무원의 노동조합 설립 및 운영 등에 관한 법률'이 시행됨에 따라 6급 이하의 일반직 공무원 등이 공무원노동조합을 결성할 수 있는 제도적 장치가 마련되었다.

그러나 법 시행 이전인 2002년 출범한 전국공무원노동조합(전공노)은 단체행동권이 확보되지 않았다는 등의 이유로 출범 후 5년 간 법외단체로 머물면서 파업을 벌이는 등 적지 않은 사회적 파장을 불러일으켰다.[1] 그러나 2007년 7월 전공노가 출범 5년 만에 합법노조로의 전환을 선언한데 이어, 동년 12월 14일 정부와 공무원노조가 '정부교섭 단체협약서'를 체결함에 따라 공무원노조 활동의 범위를 둘러싼 갈등은 일단락된 셈이다.

우리나라 공무원노동조합의 문제점으로는 공무원노동조합 관련 법규가 많고, 그러한 법규정에 따라 상이하게 구성된 공무원노동조합의 종류가 너무 많다는 점을 우선 들 수 있다. 국가공무원법에 규정된 '사실상 노무에 종사하는 공무원'에 적용되는 전국우정노동조합과 '교원의 노동조합 설립 및 운영 등에 관한 법'에 의해 교원노동조합(한국교직원노동조합 및 전국교직원노동조합)이 별도로 구성되어 있으며, 6급 이하 일반직 공무원 등이 가입할 수 있는 공무원단체도 직장협의회와 공무원노동조합(한국공무원노동조합 및 전국공무원노동조합)으로 나뉘어 있다.

우리나라 공무원노동조합 활동과 관련된 그 밖의 문제점으로는 또한 법규정상의 모호성과 상충성을 들 수 있다. '공무원의 노동조합 설립 및 운영 등에 관한 법률' 제3조는 ①항에서 공무원의 노동조합 활동을 허용하는 규정을 담고 있으면서, ②항에서는 "공무원은 노동조합의 활동을 함에 있어서 다른 법령이 규정하는 공무원의 의무에 반하는 행위를 하여서는 아니 된다"고 규정하고 있는 바, 공무원의 노조 활동이 '다른 법령이 규정하는 공무원의 의무'라는 모호한 규정과 서로 부딪칠 소지를 남겨 두었다고 하겠다.

그러나 1997년 제정된 '노동조합 및 노동관계조정법'(1997년 3월 제정) 제41조 제2항이 쟁의 행위를 할 수 없는 자의 범위를 주요 방위산업체에 종사하는 근로자로 한정

1) '공무원의 노동조합 설립 및 운영 등에 관한 법률'(2006년 1월 시행)이 시행되기 이전인 2002년 '전국직장협의회연합'을 주축으로 결성된 전공노는 2004년 11월 노동3권 보장 등을 주장하며 전국적인 총파업을 벌여, 그 결과 406명의 공무원이 파면 · 해임되고, 1,500여 명이 정직 · 감봉 등의 징계 처분을 받았다(행정안전부 내부 자료).

하여 공무원 관련 문구를 삭제한 것은 법규정의 일치를 지향한 진일보 조치라 할 수 있다.

사례 공무원노동조합의 정치 활동

'시국선언' 전공노 · 전교조 "공무원도 기본권 주체"

전국공무원노동조합(전공노)은 29일 시국선언 등에 참여해 공무원법 위반 혐의 등으로 기소된 이들의 재판과 관련 "공무원도 국민이며 기본권의 주체임이 판명될 것을 기대한다"고 밝혔다.

전공노는 이날 오후 민주사회를 위한 변호사모임 사무실에서 기자회견을 갖고 "공무원의 정당 활동, 선거운동은 제약이 불가피할지라도, 일반적인 의미에서의 '정치적 표현의 자유'는 최대한 보장되어야 한다"며 이같이 주장했다.

이들은 "시국선언은 민주주의의 후퇴를 막겠다는 충정에서 비롯된 것"이라며 "시국선언을 통해 진정한 국민의 봉사자로 거듭나겠다는 취지였으므로, 국가 및 지방공무원법상 집단행동 금지에 저촉되지 않는다"고 강조했다. 이어 "국민의 한 사람인 공무원들이 최소한의 기본권을 행사할 수 있는 길을 열어주어야 한다"며, "지금이라도 정부는 시국선언을 빌미로 한 탄압을 중단하라"고 촉구하고 사법부에 '현명한 판단'을 내려줄 것을 호소했다.

한편 이날 오후 서울중앙지법 417호 법정에서는 전국교직원노동조합(전교조) 정○○ 위원장 등 9명과 전공노 정○○ 위원장(민주공무원노조 위원장) 등 10명에 대한 첫 공판이 형사합의36부(부장판사 정○○) 심리로 열렸다. 서울중앙지법은 당초 이 두 사건을 형사단독 판사에게 배당했으나, 각급 법원마다 '공무원의 표현의 자유'에 대한 판단이 엇갈리면서 편향 판결 논란이 일자 합의부에 배당했다. 주심은 형사3단독 손○○ 판사가 맡았다.

시국선언 사건은 이제껏 4곳 법원에서 1심 판결이 났는데 유 · 무죄가 2대 2로 엇갈려 혼란을 초래했다. 전주지법과 대전지법 단독판사들은 무죄를, 인천지법과 대전지법 홍성지원 단독판사들은 무죄를 각각 선고했다. 이와는 별도로 검찰은 전교조와 전공노 조합원의 정당 가입, 당비 납부 등 '불법 정치 활동' 의혹에 대한 수사를 진행 중이다. 경차로부터 사건을 송치받은 서울중앙지검 공안2부(부장검사 유○○)는 이날 본격 재수사에 착수했다.

(조선일보, 2010.3.29)

[문제] 위 사례에 나타난 공무원노동조합의 정치 활동의 효용과 문제점에 대해 논하시오.

P·A·R·T

06

PUBLIC PERSONNEL ADMINISTRATION

한국 인사행정의 최근 경향

학습 목표

1. 최근 한국 정부의 인사행정을 보는 관점이나 접근법의 변화는 어떤 방향으로 이뤄지고 있는가?
2. 그동안 한국 정부 인사행정의 근간을 이루고 있던 계급기반 인적자원관리나 직무기반 인적자원관리와는 달리 역량기반 인적자원관리는 어떤 특징을 가지고 있는가?

요약

제15장에서는 최근 한국 인사행정에서 논의되고 있는 주제들에 대해 살펴본다.

Public Personnel Administration

15 한국 인사행정의 최근 경향

제1절 한국의 인사혁신

1 인사혁신 개관

인사혁신(또는 인사개혁)은 정부의 인사행정시스템이 정부 인력의 효율적 관리라는 본래의 목적에 맞게 효과적으로 작동하고 있는지를 진단하여 미흡한 측면을 개선해 나가는 일련의 과정이라고 할 수 있다(중앙인사위원회, 2005: 25). 새로 집권하는 정부는 예외없이 모두 과거 정부 혹은 이전 정부와는 다른 차별화된 새로운 변화와 혁신을 추구하고 있다는 것을 국민에게 보이고 싶어하고, 정부 내에서의 대표적인 작업으로 정부조직개편이나 공무원 인사제도 개편 등을 추진하여 왔다. 우리나라에서도 역대 정부들이 인사혁신을 추진하여 왔고, 그 중에서 특히 국민의 정부와 참여정부는 인사개혁을 위해 적지 않은 노력을 기울였다고 평가받는다(박천오, 2011: 2). 이러한 혁신은 전통적인 계급제적 공무원시스템을 21세기의 행정환경과 수요에 부응하는 새로운 인사관리시스템으로 변화시키려는 목적 하에 추진되었으며, 기본적으로 신공공관리론의 시각에서 개혁적 시스템을 구축하려는 특성을 내포하고 있었다. 즉, 폐쇄적이고도 보수적인 제도와 관행으로 구축된 기존의 인사행정 패러다임을, 개방과 경쟁, 성과와 책임, 전문성 위주의 새로운 인사행정 패러다임으로 전환시키려는 방향성을 지니고 있었다. 구체적으로 기존의 폐쇄적 · 소극적 채용 모집 방법을 개방적 · 적극적인 방향으로, 기존의 사람 · 계급 중심의 공직 분류 기준을 직무 · 책임 중심의 방향으로, 기존의 연공서열 중심의 보상 · 승진 · 배치활용을 성과와 역량 기준의 방향으로, 기존의 일반행정가(generalist) 중심의 인적 자본 육성을 전문가(specialist) 육성의 방향으로, 기존의 중앙집권적 인사권을 자율과 분권의 방향으로 바꾸고자 하였다(박천오, 2011: 2). 이러한 방향성을 담고 있는 대표적인 공무원 인사혁신 제도로는 성과급제도 도입(1999년), 개방형 직위제도 도입(2000년), 직위공모제도(공모직위제도) 도입(2000년), 직무성과계약제도 도입(2005년), 고위공무원단제도의 도입(2006년), 역량평가제도 도입(2006년), 3급 이하 공무원 임용권 부처 위임(2008년), 국가공무원 민간경력자 일괄채용시험 도입(5급 2011년, 7급 2015년), 정부헤드헌팅 제도 도입(2015년), 전문직 공무원제도 도입(2017년) 등을 들 수 있다.

이상과 같은 역대 정부의 인사행정 혁신 내용에 추가하여 최근 나타나고 있는 인사행정 혁신의 대표 사례는 적극행정, 그리고 일과 삶의 균형이라고 할 것이다. 공무원의 소극적이고 보신주의적인 책임회피 행태를 극복하고 국민을 위해 보다 적극적인 행정을 수행하도록 유도하는 적극행정이 최근 강조되고 있으며, 공무원의 삶과 일 사이의 균형에 초점을 둔 소위 워라밸과 관련된 가족친화적인 정책들도 최근 많은 관심을 받고 있는 상황이다. 이하에서는 이 두 가지 비교적 최근에 나타난 인사혁신 대표 사례에 대해 소개하고자 한다.

1) 적극행정

우리 공직사회는 국민 눈높이에 맞는 공직사회 구현을 위한 인사혁신의 하나로 적극행정을 착근시키기 위해 노력하고 있다. 이를 위해 정부는 적극행정을 일상적인 공직문화의 하나로 정착시키려고 애쓰고 있으며, 법령이 불명확한 경우 등 적극적 의사결정이 어려운 경우를 지원하고 면책을 보장하기 위해 적극행정위원회, 감사기구의 사전컨설팅, 법령 자문 의견 제시, 공무원 책임보험 제도 등을 도입하여 운영하고 있다. 또한 적극행정 우수공무원에게는 파격적인 인센티브와 특별 승진 등의 포상도 실시하고 있다.

우리나라에서 적극행정이라는 개념이 최초로 나타난 것은 2009년 이명박 정부에서 제정한 감사원훈령인 '적극행정 면책제도 운영규정'(제2조 제1호)에서 처음 정의하면서부터인데, 적극행정 과정에서 발생한 잘못에 대하여 감사원이 징계 등 불이익처분을 요구하지 않는다는 취지를 가진 것으로 알려져 있다. 하지만 보다 현실적인 시각에서 보면, 이 적극행정 면책제도는 우리나라의 대통령 5년 단임제와 직업공무원제의 발전이 그 도입 배경이 되었다고 할 수 있다(박정훈, 2020). 즉, 1998년부터 10년 간 두 차례의 진보정부 집권 이후에 2008년 보수적인 이명박 정부가 들어서면서 그 이전 정부에서 승진이나 보임된 관료들이 대거 교체됨에 따라 직업공무원 사회의 전체적인 분위기가 가라앉고 새 정부에 대해 비우호적 행태 혹은 소위 '복지부동' 행태를 보일 가능성에 대한 분위기 쇄신 목적 및 소극행정에 대한 일종의 경고 메시지 의미 등을 담고 있었다고 할 것이다(박정훈, 2020).

이후 다시 집권한 진보적인 문재인 정부에서는 적극행정 면책에서 벗어나 근본적으로 적극행정을 장려하고 소극행정을 근절한다는 차원으로까지 확대되었다. 2019년 대통령령으로 제정된 '적극행정 운영규정'(제2조)에는 적극행정이 '불합리한 규제를 개선하는 등 공공의 이익을 위해 창의성과 전문성을 바탕으로 적극적으로 업무를 처리하는 행위', 그리고 소극행정은 '공무원이 부작위 또는 직무태만 등 소극적 업무행태로 국민의 권익을 침해하거나 국가 재정상 손실을 발생하게 하는 행위'로 정의되어 있다. 이런 맥락에서 본다면, 적극행정은 행정학 분야에서 지속적으로 연구되어 온 관료제의 병리현상 중 하나인 공무원의 무사안일 혹은 복지부동을 극복하기 위한 노력으로 이해할 수 있을 것이다(김병섭, 1994; 정병걸, 2018). 그리고 지금까지 이루어진 다수의 행정혁신은 조직(구조) 개편이나 일하는 방식 혁신 같은 제도 개혁에 초점이 있었던 반면, 적극행정은 상대적으로 미진하였던 행태 혁신의 성격을 가지고 있는 것으로 보인다. 그리고 적극행정의 이념적 기초는 공무원의 성실의무로부터 시작하는데, 헌법 제7조 제1항 '공무원은 국민 전체에 대한 봉사자'라는 규정과 국가공무원법 제56조 및 지방공무원법 제48조 "모든 공무원은 법령을 준수하며 성실히 직무를 수행하여야 한다"는 규정이 여기에 해당된다고 한다(박정훈, 2020).

2) 삶과 일 양립 지원정책

최근 우리 공직사회에는 구성원의 다양성(diversity)에 대한 관심이 부각되고 있는데, 베이비부머 세대의 퇴직과 더불어 소위 MZ세대(밀레니얼세대+Z세대)라고 일컬어지는 20~30대 젊은 공무원들의 비율이 커지고 있는 상황이 그 원인[1]이라고 할 것이다. 한 언론 보도[2]에 따르면, 국가공무원 중 20~30대 비중이 41.4%를 차지할 만큼 소위 MZ세대가 주요 구성원으로 자리 잡고 있다. 이 세대들은 직장에 상대적으로 많은 비중을 두었던 선배 세대와는 달리 일보다는 삶의 질이나 일과 가정의 양립(소위 워라밸)에 더 많은 의미와 가중치를 부여하는 행태적인 변화를 보이는 특성을 가지고 있다고 할 것이다.

구성원 개인의 시각에서는 자원보존이론(conservation of resources theory)을 통해 이런 행태 변화를 이해해 볼 수 있을 것이다. 이 이론에 따르면, 사람의 가용 자원(예: 체력, 정신적 에너지, 시간 등)은 제한적인 바, 일과 가정 사이에서 어느 한 쪽에 상대적으로 과도한 자원을 사용해 버리면 나머지 부문에 사용할 자원이 부족해질 수밖에 없는데, 과거와 같이 조직에만 몰입하도록 강조하는 방향성은 현재의 워라밸 중시 경향의 측면에서는 본다면 적합하지 않은 측면이 있다고 지적한다. 즉, 지나친 조직몰입의 강조는 구성원의 시대적인 마인드 변화와 맞지 않을 뿐만 아니라 에너지 보존의 관점에서도 가정생활을 희생시키도록 할 가능성이 있다고 주장한다(Lee & Lee, 2021). 따라서 외벌이 보다는 맞벌이가 더 일반화된 현대 사회에서 부부 간의 직장 노동 시간과 가사 노동시간 간의 배분이 필요해지고, 남성도 과거와는 달리 가사 노동에 더 적극적으로 참여해야 하는 상황에 처하게 되므로 구성원 개인의 삶과 일의 균형에 대한 관심은 더욱 강화되고 있다고 할 것이다.

이 현상을 조직의 시각에서 본다면, 사회적 교환이론(social exchange theory)을 적용하여 이해 가능할 것이다. 일반적으로 조직구성원은 자신이 근무하는 조직과 두 가지 형태의 관계를 맺고 있다. 하나는 경제적 교환(economic exchange) 관계이고, 다른 하나는 사회적 교환(social exchange) 관계이다. 경제적 교환 관계는 가장 흔한 근로계약 관계를 의미하는데, 직원은 조직으로부터 노동의 댓가인 보수를 지급받고, 직원은 그에 상응하는 노동을 조직에 제공하는 것을 말한다. 이에 반해 사회적 교환 관계는 구성원과 조직 간에 경제적 유인이 아닌 상호 신뢰를 주고 받는 관계를 의미하는데, 사

1) 물론 균형인사에 대한 강조로 여성, 장애인, 지역인재 등이 공직에 과거보다는 많이 입직하게 되면서 다양성이라는 이슈에 대한 관심이 증대된 측면도 공존한다.

2) 한국경제. [기고] 지금이 공직 혁신의 골든타임. 2022년 2월 9일자 보도, https://www.hankyung.com/opinion/article/2022020922631

회적 교환 관계의 가장 기본원리는 구성원에 대해 긍정적으로 배려하려는 조직의 제도들은 구성원으로 하여금 호혜적인 차원에서 조직을 위해 조금 더 애써야겠다는 의무감 같은 것을 불러일으키는 양질의 교환 관계를 만드는 토대가 된다는 것이다(Settoon, Bennett, & Liden, 1996: 219). 블라우(Blau, 1964)의 주장에 따르면, 경제적 교환 관계와 사회적 교환 관계는 다음과 같은 차이를 가진다고 한다. 우선 경제적 교환은 특정된 미래의 이익(specified future return)을 기대하는 관계인 데 반해, 사회적 교환은 불특정된 미래의 의무(unspecified future obligations)와 연관된 관계를 의미한다. 또한 경제적 교환 관계는 거래(transactions)에 기반하는데, 사회적 교환 관계는 교환의 상대방과 맺은 신뢰(trust)에 기초한다고 한다. 따라서 사회적 교환이론에서 본다면, 조직은 구성원이 삶과 일의 균형 사이에서 갈등과 충돌을 경험하면서 조직에 오롯이 전념하지 못하는 상황을 개선하기 위해 구성원의 일-가정 양립을 지원하기 위한 다양한 정책들을 제공하게 되고, 직원은 이에 대해 조직에 고마운 마음을 갖게 되어 보다 더 큰 관심과 노력을 조직에 호혜적으로 제공하는 행태를 보이게 되며, 이 경우 구성원과 조직 간에 상호 신뢰가 형성되는 선순환 메커니즘이 만들어지는 것으로 이해할 수 있을 것이다.

다음 [그림 15-1]은 20세기 중반부터 21세기에 걸쳐 나타난 삶과 일의 관계에 관한 사람들의 인식 변화를 보여주고 있다. 1950~1970년대 산업화 과정에서 일반적이었던 일과 삶의 관계에 대한 인식은 일과 삶은 분리된 영역에 있고, 그 중에서 일이 당연히 우선시되는 시대였다고 할 것이며, 그 결과 긴 노동 시간과 가정보다 직장을 우선시 하는 것이 더 자연스러웠던 것이다. 하지만 1980년대 이후 민주화 시대를 지나면서 일과 삶이 연결되어 있다는 쪽으로 양자의 관계에 대한 개념 전환이 조금씩 생겨나기 시작했고, 직장에만 전념하던 행태들이 가정에도 점차 관심을 두는 변화로 나타나게 되었다. 이 시기의 변화에는 여성들의 사회진출이 확대된 영향도 분명히 존재할 것으로 생각된다. 2000년대 이후 삶과 일의 관계에 대한 사람들의 인식은 양자가 중첩되어 있고, 서로 분리될 수 없는 존재라는 것을 분명히 하는 방향으로 자리를 잡았다고 할 것이다. 이에 우리 공무원 사회도 삶과 일의 균형을 위한 다양한 노력들을 제도화하고 있는 상황이다.

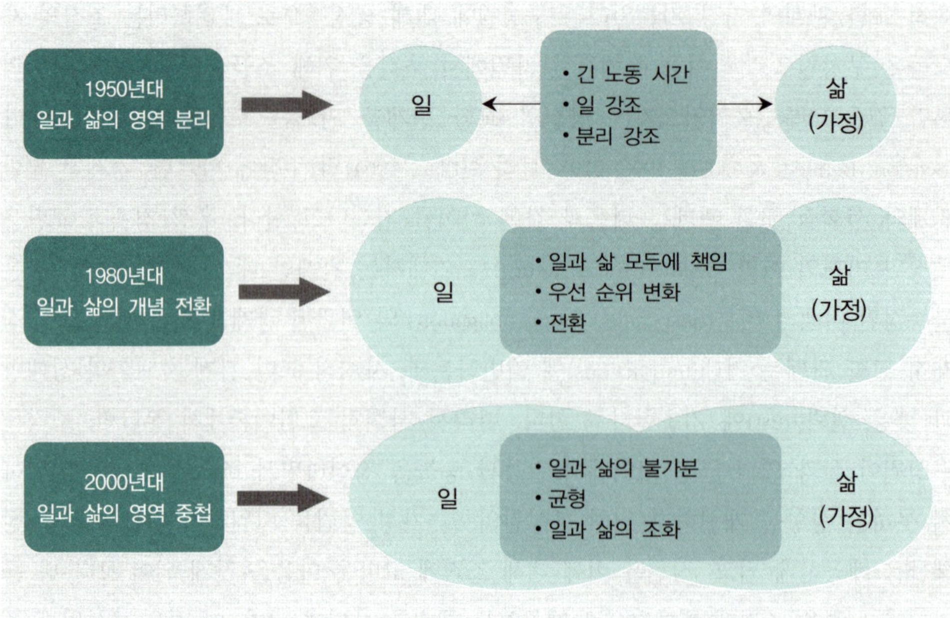

자료: West(2012)를 토대로 수정함.

그림 15-1 삶과 일의 관계 변화도

해외 선진국 정부가 제공하는 가족친화적인 정책의 유형으로는 가족/업무 양립 지원정책, 건강 및 안전 관련 지원정책, 유연근무제 지원정책 등을 들 수 있다(Berman, Bowman, West, & Van Wart, 2020). 가족/업무 양립 지원정책에는 보육 지원, 노인봉양 지원, 육아휴직과 모성 및 부성 휴가 지원, 입양 지원 등이 포함되고, 건강 및 안전 관련 지원정책으로는 스트레스 해소 지원 프로그램, 근무환경 안전 관련 프로그램, 직원 건강 지원 프로그램, 고충해소 지원 프로그램(employee assistance programs: EAPs) 등을 들 수 있으며, 유연근무 지원정책에는 재택근무, 출퇴근 시차제, 파트타임 근무제 등이 포함된다. 모범고용주(model employer)로서 한국 정부도 우리 공무원들에게 이러한 다양한 일-가정 양립을 지원하기 위한 제도들을 제공하고 있다. 가장 대표적으로는 모성보호 관련 다양한 휴가제도(예: 임신검진휴가, 출산휴가, 육아시간, 난임치료시술휴가 등)와 여성 및 남성 직원의 육아휴직 제도들을 들 수 있다. 또한 코로나19 팬데믹 이후 더 본격적으로 활성화되고 있는 다양한 유연근무제도들도 대표적인 일-가정 양립 지원정책이라고 할 것이다. 다음 〈표 15-1〉은 한국 정부가 공무원에게 제공하고 있는 다양한 유연근무제도들[3]을 정리한 것이다. 다만, 한 가지 유념해야 할 점은 다수의 일-가정 양립정책은 주로 기혼자나 유자녀 공무원에게 초점이 맞추어져 있으므로 미혼 공무원(혹은 무자녀 공무원)도 일-가정 균형 제도의 혜택에서 소외되지 않도록 신경써야 한다는 것이다.

표 15-1 유연근무제 유형과 활용 방법

유형		활용 방법
탄력근무제	(정의) 주 40시간 근무하되, 출퇴근 시각/근무 시간/근무일을 자율 조정 가능	
	시차출퇴근형	1일 8시간 근무체제 유지, 출퇴근 시간 자율 조정
	근무시간선택형	일 8시간에 구애받지 않음(일 4~12시간 근무), 주 5일 근무 준수
	집약근무형	일 8시간에 구애받지 않음(일 4~12시간 근무), 주 3.5~4일 근무
재량근무제	(정의) 근무 시간, 근무 장소 등에 구애받지 않고 구체적인 업무 성과를 토대로 근무한 것으로 간주하는 근무 형태	
	출퇴근 의무 없이 프로젝트 수행으로 주 40시간 인정. 고도의 전문지식과 기술이 필요해 업무 수행 방법이나 시간배분을 담당자의 재량에 맡겨야 할 분야	
원격근무제	(정의) 특정한 근무장소를 정하지 않고 정보통신망을 이용하여 근무	
	재택근무형	사무실이 아닌 자택에서 근무(1일 근무 시간은 8시간)
	스마트워크근무형	자택 인근 스마트워크센터 등 별도 사무실에서 근무(1일 근무 시간은 8시간)

2 인사혁신의 문제점

우리 공직사회는 위에서 논의된 것과 같은 다양한 혁신적인 제도들을 지속적으로 도입해 오고 있다. 하지만 이런 혁신적인 제도 도입의 성과에 대한 평가들은 상대적으로 긍정적이지는 않은 것으로 보인다. 예를 들면, 우리 공무원 성과급의 제도에 관한 다수의 기존 연구들은 성과급제도의 효과성에 대해 성과급이 그 역할을 제대로 하지 못하고 있다는 지적을 하고 있다(예: 이근주 · 이혜윤, 2007; 하미승 외, 2004; 한승주, 2010). 이러한 성과주의 보상제도는 실적제를 기반으로 한 것으로 계급제의 대표적 특징인 연공서열 중심 문화 등과는 상충된다고 할 것이다. 또한 이러한 성과 지향적 보상제도

3) 출처: 인사혁신처 홈페이지(https://www.mpm.go.kr/mpm/info/infoService/BizService10/).

는 직위분류제, 특히 직무분석과 직무평가가 제대로 이루어진 후 도입되었어야 하는데, 우리의 성과급제도는 직위분류제가 제대로 확립되지 않은 채 도입되었기 때문에 실질적인 효과를 발휘하기 어렵다고 할 것이다. 또한 고위공무원단제도도 유사한 평가를 받고 있는 것으로 보이는데, 최초의 5단계(가~마급) 직무등급 구분이 2008년 2단계(가, 나급) 직무등급 구분으로 축소되면서 과거 계급제 하의 실장급과 국장급 형태로 서열화 혹은 회귀하는 것은 아닌가 하는 우려를 낳게 되었다. 이와 유사한 맥락에서 개방형 직위제도도 계급제의 폐쇄적 조직문화 등으로 인해 민간 출신 인재가 적응하는 것에 어려움을 겪는다는 평가를 받기도 했으며, 정부의 예산제약으로 민간부문의 우수한 인재가 지원하지 않는다는 평가를 받기도 하였다.

이러한 평가의 원인을 정리해 보면, 우리 공직사회의 근간인 계급제 전통을 그대로 유지한 채 성과주의나 직위분류제적 요소를 도입한 관계로 전통적인 계급제의 경로의존성(path dependence)이 작동하여 계급제 전통이 새로운 제도의 정착을 구축해 버리는 결과를 가져왔기 때문이라는 해석이 가능할 것이다. 이와 더불어, 켈러우, 나이그로와 브루어(Kellough, Nigro, & Brewer, 2010: 406)는 미국의 인사행정 역사를 돌아볼 때, 인사행정 시스템의 개혁은 다음의 세 가지 주요한 동인(motivations)이 작용하여 이루어졌다고 주장한다. 그 세 가지 변화의 동인은 기술적인 관심(technical concerns), 이념적인 믿음(ideological beliefs), 그리고 정치적인 동기(political motives)이다. 기술적인 관심은 핵심 인사 기능의 성과와 성공적인 인사행정 시스템을 구축하기 위한 기술적인 지원에 관심을 갖는 것을 의미하고, 이념적인 믿음은 정부가 어떻게 운영되어야 한다는 것에 대한 믿음을 의미하며, 정치적인 동기는 관리자에 의한 정치적인 통제를 강화 및 확대하려는 의도를 말한다. 이들은 인사행정 시스템의 개혁은 이념적 혹은 정치적 동기나 선호에 기반을 둔 급진적인 변화보다는 새로운 인사 시스템의 성공적인 정착과 집행을 위한 기술적 관심 사항에 더 치중하면서 점진적으로 이루어져야 성공할 가능성이 많아진다고 주장한다(Kellough, Nigro, & Brewer, 2010: 405-406). 예를 들면, 우리나라 공무원 성과급제도는 1998년 말 외환위기를 겪으면서 국제화 및 개방화의 흐름 속에서 외환위기를 극복하고 정부부문의 경쟁력과 생산성을 높이기 위해, 그리고 그 당시 전 세계적으로 유행하던 신공공관리론(New Public Management)의 영향을 받아 민간부문에서 시행되고 있던 성과급제도를 공공부문에도 전격적으로 도입한 것으로 알려져 있다. 이렇듯 우리나라의 경우 공무원 성과급 시행에 위에서 소개한 정치적,

이념적 동기가 기술적인 관심보다는 상대적으로 크게 작용한 것으로 보인다. 거시적으로 공공부문에 성과급제도를 도입해야 한다는 정치적, 규범적, 당위적인 논리에 더 치중한 반면, 미시적으로 이 제도를 운영하면서 발생할 수 있는 기술적인 부분에 대한 관심은 상대적으로 소홀했었다고 할 것이다(배병돌, 2003: 182).

제2절 역량기반 인적자원관리

1 의의

지난 2006년 7월부터 실시된 고위공무원단 진입 예정자를 대상으로 한 역량평가는 사실상 한국 정부가 채택한 최초의 역량기반 인적자원관리 사례이다. 서유럽이나 미국에서 직무기반 인적자원관리(job-based HRM)의 대안으로서 등장한 역량기반 인적자원관리(competency-based HRM)는 과거 계급기반 인적자원관리에서 직무기반 인적자원관리로의 변신에 열중하던 우리 인사행정 실무계와 학계에 매우 신선하지만 혼란스럽기도 한 경험을 가져다주었다. 역량기반 인적자원관리의 도입 초기 정부는 민간부문 컨설팅기관과 공동으로 『정부역량사전』을 출간하는 등 역량 모델링(또는 역량 프로파일링)[4] 작업을 수행했고, 몇 개의 교육훈련 시범기관을 대상으로 역량기반 교육훈련 프로그램의 개발을 시도했으며, 고위공무원단 진입 예정자를 대상으로 역량평가를 실시하는 등 역량기반 인적자원관리 활동을 좀 더 체계적이고 폭넓게 적용하려고 시도했었다. 그러나 지금은 승진을 위한 역량평가와 채용을 위한 역량면접 등 일부 분야에서만 역량기반 인적자원관리가 자리를 잡아가고 있다.

그 이유는 무엇일까? 가장 큰 이유는 실제로 초기 역량기반 인적자원관리의 도입이 수요자로서의 정부 자체의 필요와 판단에 의한 것이었다기보다는 일부 학계나 민간 컨설팅업체 등과 같은 공급자들의 영향을 받은 것이었다는 점에서 찾을 수 있을 것이다. 물론 항상 수요가 공급을 창출하는 것은 아니어서 공급자의 매력적인 상품이 소비자의 수요를 유발할 수도 있듯이 새로운 인사제도의 도입도 공급자의 혁신적인 제

4) 역량 모델과 역량 프로파일을 구분하는 경우도 있다(Slivinski & Miles, 1996: part 4, 5).

안이 수요자인 정부의 구미를 당길 수도 있으며, 실제로 인사행정의 혁신에 기여할 수도 있다.

여기서 문제가 되는 것은 수요자로서의 정부의 필요보다는 공급자의 판단에 너무 지나치게 의존할 경우 각 역량기반 인적자원관리 활동들이 서로 연계가 없이 파편적으로 수행되고 분야별로 역량 및 역량 모델링에 대한 접근 방식이 상이하거나 심지어는 모순되는 경우도 발생한다는 것이다. 이러한 현상은 분야별로 공급자가 다를 경우 더욱 심화되는 경향이 있으며, 정부 인적자원관리 체계 전반에 균열을 초래할 수도 있다는 점에서 유의할 필요가 있다.

전통적인 인적자원관리 활동의 경우에도 분야별 활동들 사이에 연계성을 확보하지 않으면 당초에 기대하던 효과를 얻을 수 없거나 아예 특정한 분야의 활동이 작동하지 않는 사례가 많았던 점을 감안하면 역량기반 인적자원관리 활동도 분야별 활동들 사이의 밀접한 연계를 전제로 하는 시스템화가 필요하다. 그리고 이러한 시스템화를 통해 역량기반 인적자원관리 체계로의 진화가 가능하다고 할 것이다. 분야별 인적자원관리 활동을 서로 체계적으로 연동시킨다는 것은 역량을 조직의 인적자원관리 활동뿐만 아니라 조직의 전략목표와도 연계시킨다는 것을 의미하기 때문이다.5)

이러한 관점에서 볼 때, 정부부문에서 산발적으로 도입되고 있는 역량기반 인적자원관리를 종합적이고 체계적인 관점에서 설계하고 운용할 수 있도록 몇 가지 중요하고 기본적인 쟁점을 분석하고 정책적 시사점을 도출하며, 제도의 개선 방향을 제시하는 것은 매우 의미있는 일이다.

2 역량의 개념과 속성

역량(competency 또는 competence)은 사전적 의미로는 능력(ability)과 별 차이가 없

5) 캐나다 정부 Public Service Commission 소속의 Personnel Psychology Centre에서 발간한 *The Wholistic Competency Profile*에서는 역량기반 인적자원관리의 핵심을 역량을 도출하는 것이라기보다는 오히려 역량을 인적자원관리 활동(HRM activities)이나 전략적 업무계획(strategic business plan)에 연계시키는 것이라고 지적하고 있다. 이는 직위분류제를 실시하고 있는 서구 국가에는 과거부터 사용하고 있는 각 직위별 직무 요건(job requirement, job qualification)이 일부 직무 역량의 내용을 담고 있어서 역량을 도출하는 일은 그다지 새로운 일이 아니고, 역량의 적용, 즉 역량을 제반 인적자원관리 활동이나 조직의 전략목표와 연계시키는 작업이 새롭고 의미있는 일이라고 보기 때문이다(Slivinski & Miles, 1996: part 1, 1-2).

는 개념이지만, 인적자원관리나 인적자원 개발을 다루는 사회과학 분야의 학계나 실무계에서는 그 개념을 인간 행태의 중요한 특성으로 간주하고 개념의 천착과 조작화에 매달려 왔다.

역량이라는 개념을 가장 먼저 사용한 사람이 누구이고 어느 학문 분야에 속하는 사람인가에 대한 현재 연구자들의 생각은 약간의 차이는 있으나, 대체적으로 미국의 심리학자인 맥클랜드(David C. McClelland)라고 보는 것이 일반적이다. 그는 전통적인 지능검사나 적성검사가 갖는 약점, 즉 그러한 검사 결과가 직업 혹은 사회생활에서의 성공을 예측해 주지 못한다는 것을 발견하고, 그 대안으로서 역량 개념을 도입했다. 그는 역량을 "업무의 성과와 관련있는 광범위한 심리적 또는 행동적 특성"이라고 규정했다(McClelland, 1973, in Dubois & Rothwell, 2004: 17).

이후 사회과학 분야의 많은 학자와 실무자들은 자신들이 속한 학문 혹은 실무 영역의 필요에 따라서 다양한 역량의 정의를 시도했다. 젬케(Zemke, 1982: 28)는 역량의 정확한 속성을 파악하기 위해 이 분야의 전문가들과 수많은 면접을 한 결과, 무엇이 역량이고 무엇이 역량이 아닌지에 대한 완전하고 통일된 합의가 없다고 결론지었다는 사실에서도 역량에 대한 학자나 실무자들의 생각은 매우 다양함을 알 수 있다.

1) 수단으로서의 역량과 목적으로서의 역량

역량의 개념 정의와 관련된 가장 두드러진 두 가지 큰 흐름은 역량을 수단으로 보는가 목적으로 보는가에 따른 구분이다. 즉, 그 하나는 역량을 성공적인 인적자원관리의 수단으로 보는 경향이고, 다른 하나는 역량을 교육훈련(또는 인적자원 개발)의 성과를 판별하는 기준으로 보는 경향이다. 전자는 주로 정부나 민간기업의 종사자들이나 행정학계, 경영학계의 관심사이고, 후자는 정규교육기관이나 직업교육기관, 그리고 평생교육기관과 같은 전인적인 혹은 직업적인 교육을 담당하는 기관의 종사자들이나 교육학계의 관심사이다.

우선 인적자원관리 분야에 종사하는 연구자나 실무자들의 개념 정의를 보자. 인적자원관리 분야에 종사하는 컨설턴트로서 우리 학계에서 가장 많이 인용되는 스펜서와 스펜서(Spencer & Spencer, 1993: 9)의 정의를 보면, "역량이란 특정한 상황이나 직무 수행 과정에서 미리 설정된 준거 기준에 비춰볼 때, 효과적이거나 또는 우수한 성과의 원인이 되는 개인의 내재적 특성"[6]이며 그 내재적 특성에는 다섯 가지, 즉 동기

제1편 제2편 제3편 제4편 제5편 제6편

(motives), 특질(traits), 자아인식(self-concept),[7] 지식(knowledge), 실무기술(skill)[8]이 포함된다고 한다. 이러한 부류의 정의는 그 후에 많은 인적자원관리 분야의 연구자나 실무자에 의해 시도되어 왔는데, 대체적으로 역량은 '우수한' 성과를 이끌어내기 위한 '수단'으로서의 의미를 갖는다. 따라서 인적자원관리 분야의 연구자나 실무자들은 대체적으로 역량을 찾아내기 위한 방법으로서 그럭저럭 직무를 평균적으로 수행하고 있는 사람(average, effective or fully successful performer)[9]과 우수한 직무 수행자(superior or exemplary performer) 간의 역량이 어떤 차이가 있는지, 즉 평균적인 사람에게서는 발견되지 않으나 우수한 사람에게서는 발견되는 그러한 역량을 식별하는 데 초점을 맞춘다.

반면, "역량은 구체적인 과업을 수행하는 데 필요한 실무기술, 능력, 지식의 총체"라고 정의하고 있는 미국 교육부 산하의 국립교육통계센터(NCES)의 사례(2002)나 "역량은 고용주가 기대하는 기준에 부합하도록 직업별 또는 기능별 활동을 효과적으로 수행하도록 하는 지식, 실무기술, 태도"라고 정의하는 IBSTPI(the International Board of Standards for Training and Performance Instruction)의 사례(2005)를 보면(quoted in Chyung, Stepich & Cox, 2006: 307), 역량은 향후에 사회생활 혹은 직업생활을 효과적으로 하기 위해 갖춰야 할 '최소한의 것'으로서 이 역량기반 교육훈련 체계를 적용하는 교육기관의 입장에서 보면 역량은 기관의 성과를 판별하는 '기준'이자 '목적'이 된다.

2) 지식과 기술로서의 역량과 개인적 특질로서의 역량

위와 같은 분류 외에 '역량의 범위를 어디까지로 볼 것인가'에 대해서도 크게 두 부류의 경향이 있다(Dubois & Rothwell, 2004: 19). 그 하나는 역량을 지식과 실무기술로 보는 경향이고, 다른 하나는 훌륭한 성과를 만들어내는 모든 개인의 특성 — 지식과 실무기술 뿐만 아니라 모든 수준의 동기부여나 개인적인 성격적 특질을 포함한다 — 을

6) an underlying characteristic of an individual that is causally related to criterion-referenced effective and/or superior performance in a job or situation.

7) 이에는 태도, 가치관, 자기 자신에 대한 이미지 등이 포함된다. 국내 연구자들의 일부가 이 개념을 자기개념이라고 직역하고 있는데, 우리말에 자기 개념이란 단어가 존재하지 않거니와 자기 개념이 무엇을 의미하는지 알 수 없다는 점에서 부적절한 표현이다.

8) skill은 직무 수행에 필요한 전문기술을 의미하는 것으로서 우리가 흔히 쓰는 기술(technology)이라는 단어와 구분하기 위해 실무기술 혹은 실무 능력이라고 번역하는 것이 타당하다.

9) fully successful performer를 매우 성공적인 직무 수행자로 직역해 우수한 성과자로 오역하는 국내 연구자가 있으나, 여기에서는 superior/exemplary performer(아주 뛰어난 직무 수행자)에 대비되는 최소한의 직무 요건을 성공적으로 마친 사람을 의미한다.

의미한다고 보는 경향이다. 후자의 경향은 사람이 하는 '일'이 아니라 일을 하는 '사람'에 초점을 맞춰야 한다는 철학을 견지하고 있다. 바로 서구 사회에서 직무기반의 인적자원관리에서 역량기반의 인적자원관리로 변화해야 한다는 주장의 근거가 된다. 앞에서의 역량 개념의 정의에 의하면 후자의 경향, 즉 역량을 훌륭한 성과를 만들어내는 모든 개인의 특성을 의미하는 것으로 보는 경향이 지배적인 것으로 보이지만, 실무계의 현실은 그렇지 않다. 즉, 역량의 범위 확장은 바로 측정가능성의 문제와 연결되기 때문이다.

여기서 중요한 하나의 정책적 시사점이 생겨난다. 보편적인 역량의 개념 정의에 의하면 역량의 범위는 지식과 실무기술에 국한할 것이 아니라 동기, 성격적 특질까지도 포함하는 것이어야 하지만, 그것이 역량의 측정 가능성을 매우 낮춘다는 점이다.

3 역량 관련 개념들

1) 역량과 KSAs

오래전부터 직무기술서(job description)와 직급/직무명세서(job specification)를 작성하고 이를 기반으로 인적자원관리를 행하는 전통적인[10] 직무기반 인적자원관리의 틀을 갖추고 있던 미국에서는 이미 특정한 직위의 점직자가 갖춰야 할 직무 요건(job requirement)을 설정하는 과정에서 지식, 실무기술, 실무능력(knowledges, skills, abilities, KSAs)이라는 개념이 널리 사용되어 왔다. 그렇다면, 여기에서의 지식과 실무기술은 역량기반 인적자원관리에서 말하는 지식 및 실무기술과 어떤 차이가 있는가 하는 의문을 갖지 않을 수 없다.

미국 인사관리처(OPM)는 "전통적으로 연방정부는 직원의 선발과 승진에 필요한 후보자의 자격 요건(qualifications)을 설정하는 데 이 KSAs를 사용해 왔는데, 이것이 역량 모델의 토대가 되었다"(USOPM, 1999: 9)고 한다. 그러나 KSAs는 전형적으로 현재 직무 수행에 필요한 것이 무엇인가에 초점을 맞추고 있는 반면, 역량은 미래의 수요에 대비해 직원을 평가하고 훈련시키는 데 사용될 수 있다는 점에서 차이가 있으며, 역량

10) 여기서 '전통적'이라 함은 서구 국가, 특히 미국의 입장에서 볼 때 그렇다는 것이고, 우리의 입장에서 보면 직무기반 인적자원관리는 연공서열 중심의 인적자원관리를 대체하기 위한 수단으로 최근까지도 적극 도입되고 있는 상황이므로 적절하지 않을 수도 있다.

은 KSAs에 더해 개인의 특질, 동기, 행태까지도 포함한다는 점에서 좀 더 광범위한 개념임을 강조하고 있다.

2) 역량과 인재상

구체적인 업무를 수행하는 데 필요한 지식, 기술, 능력과 행태적 특성을 포괄하는 역량(McClelland, 1973; NCES, 2002)과 밀접하게 관련된 또 다른 유사 개념으로 인재상(talent profile)을 들 수 있다. 역량과 인재상 모두 현대 인적자원관리에서 중요하게 다뤄지는 개념이라는 점은 공통적이나 그 역할과 초점에 차이가 존재한다. 역량은 특정 직무의 성공적 수행을 위한 구체적이고 기능적 요구를 충족하는 데 초점을 둔다면, 인재상은 좀 더 장기적이고 총체적인 관점에서 조직의 비전과 목표에 부합하는 이상적 인재의 특성을 그린다. 특정 직무보다는 조직 전반에서 추구하는 공통의 가치를 바탕으로 장기적인 인재 전략에 초점을 둔 개념이며, 조직이 공식적으로 인재상을 설정하고 공표하였다는 것은 곧 해당 조직이 인재의 중요성을 인식하여 인재 관리와 개발에 관심을 두기 시작했다는 의미와도 일맥상통한다(김귀영 · 박수연, 2011: 11).

한국 정부도 2023년 “모든 공무원이 갖추어야 할 바람직한 사고(thinking)와 태도(attitude)”로서 공무원 인재상을 공식적으로 정립한 뒤, 이를 채용 · 평가 · 보상 등 인사관리의 기본 원칙으로 삼는 인재 중심 혁신을 추진 중이다(인사혁신처, 2023). 한국 정부의 공무원 인재상은 탁월한 직무 전문성을 바탕으로 한 ‘소통 · 공감’, ‘헌신 · 열정’, ‘창의 · 혁신’, ‘윤리 · 책임’의 네 개 요소로 구성되며([그림 15-2] 참조), 공직자가 갖추어야 할 이상적 가치와 태도를 명확히 하되, 이러한 표준형 인재상을 토대로 업무 특성 등을 고려하여 부처별 인재상을 자율 정립하도록 하고 있다. 공무원 인재상은 채용, 교육, 평가, 승진, 보상 등 인재 경영 전반에 일관된 기준으로 적용되어 공직사회에 필요한 인재를 전략적으로 확보하고 육성하는 중요 지침으로 활용된다. 공무원 면접시험 평정 요소에 인재상 요소를 반영함으로써 공무원 개개인이 직무 수행 시 공익을 구현하고 국민의 기대에 부응하도록 유도하는 것이 그 예이다.[11]

---

11) 공무원임용시험령 제5조(시험의 방법) ② 면접시험은 공무원으로서의 자세 및 태도, 해당 직무 수행에 필요한 능력 및 적격성 등을 검정하며, 다음 각 호의 모든 평정요소를 각각 상, 중, 하로 평정한다. 다만, 시험실시기관의 장이 필요하다고 인정하는 경우 평정요소를 추가하여 상, 중, 하로 평정할 수 있다.
1. 소통 · 공감: 국민 등과 소통하고 공감하는 능력
2. 헌신 · 열정: 국가에 대한 헌신과 직무에 대한 열정적인 태도

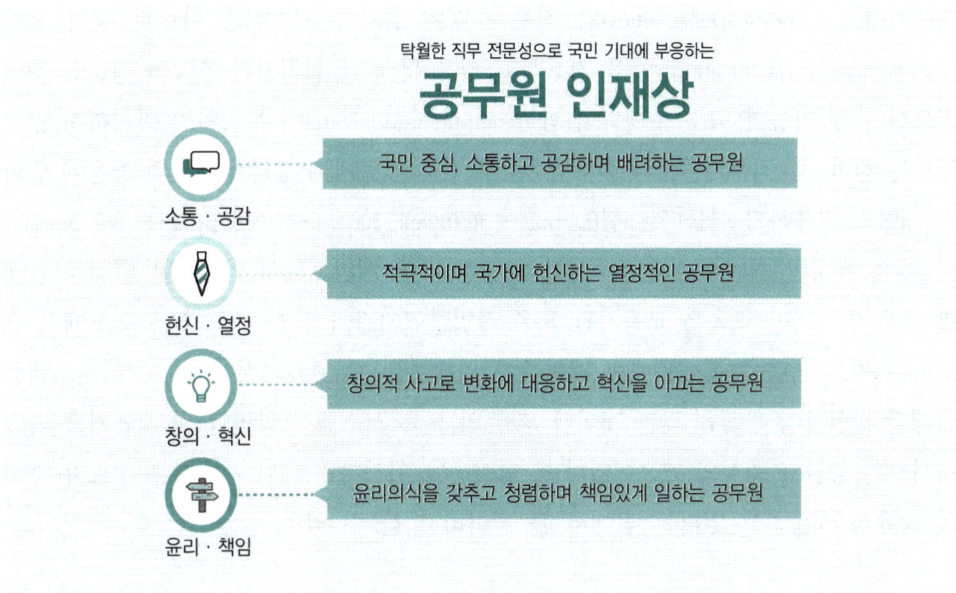

자료: 인사혁신처 홈페이지(https://www.mpm.go.kr/mpm/info/infoJobs/rightProcedures/).

그림 15-2 공무원 인재상

3) 역량기빈 인적자원관리, 역량기반 인적지원 개발

역량기반 인적자원관리는 위에서 언급한 역량을 인적자원관리의 핵심어로 등장시킨 하나의 조류이다. 즉, 기존의 직무기반 인적자원관리 방식의 약점을 극복하고자 인적자원관리의 활동 국면인 인적자원계획, 모집 및 선발, 승진, 교육훈련, 성과관리, 보상 체계 등 전반에 걸쳐서 역량과 역량 모델을 활용하는 것을 말한다. 역량기반 인적자원관리의 핵심은 평균적인 조직구성원과 구별되는 아주 뛰어난 성과를 보이는 조직구성원의 역량을 어떻게 찾아내고 그것을 인적자원관리의 측면에서 활용할 수 있도록 하는가에 있다.

역량기반 인적자원관리의 도입을 주장하는 많은 연구자가 전통적인 직무기반 인적자원관리의 문제점을 들고 있는데, 그 중 대표적인 것으로는 ① 직무분석을 통해 작성하는 직무기술서와 직무명세서에는 해당 점직자가 직무 수행 과정에서 무엇을 해야

3. 창의 · 혁신: 창의성과 혁신을 이끄는 능력
4. 윤리 · 책임: 공무원으로서의 윤리의식과 책임성

하는가(duties and responsibilities)와 직무 수행에 필요한 최소한의 학력과 경력 요건(requirement or qualification) 등을 기록하고 있을 뿐 해당 점직자가 조직의 성공을 위해 필요한 측정 가능한 직무 수행의 결과물(outputs and results)이 무엇인지 명시하지 않고 있다는 점과, ② 직무기술서와 직무명세서가 신축성 있게 수정되기 어렵기 때문에 변화에 재빨리 적응하기 힘들다는 점(Dubois & Rothwell, 2004: 6-7; 이창길, 2008: 88) 등이다.

이와 유사한 개념으로 간주되지만 상당히 다른 개념으로서 역량기반 인적자원 개발 혹은 역량기반 교육은 교육기관 혹은 직업훈련기관이 장래 사회 혹은 직장에서 요구하는 필요 역량을 학생들에게 갖춰주기 위해 어떻게 교육과정 혹은 교육 시스템을 설계할 것인가에 관심을 갖는 것이다. 기존의 교육 시스템이 막연한 지식과 기술을 습득시키는 공급자 중심의 교육이었다면, 역량기반 인적자원 개발 시스템은 수요자 중심의 교육을 지향하고 있다는 점에서 큰 변화라고 볼 수 있다.

4 역량과 관련한 중요한 쟁점들

1) 역량의 범위를 어디까지로 볼 것인가?

역량 개념의 정의와 관련해 가장 먼저 논의되어야 할 쟁점은 여기서 '역량의 범위'를 어디까지로 볼 것인가라는 가장 기본적인 물음이다. 역량의 범위는 ① 누구의 역량을 의미하는 것인가와, ② 역량의 개념 정의에 등장하는 '내재적 특성(an underlying characteristic)'의 범주를 어디까지 확장할 것인가에 관한 것이다.

누구의 역량을 의미하는가에 관한 문제는 분야별로, 연구자별로 역량의 정의가 다르다는 점 때문에 파생되는 것인데, 가장 두드러진 차이는 역량을 '뛰어난 성과를 보이는 사람의 특성'으로 볼 것인가, 아니면 '평균 이상의 성과를 보이는 사람의 특성'으로 볼 것인가라는 두 흐름에서 발견할 수 있다. 가장 일반적인 경우는 이 양자의 절충점으로서 전자의 역량을 차별화 역량, 후자의 역량을 필수 역량이라고 구분하고, 양 역량이 모두 의미있는 것으로 간주하고 활용하려는 것이다. 문제는 이러한 두 역량은 기본적으로 목적과 용도 면에서 큰 차이를 보이는데, 실제 현장에서는 혼합해 사용함으로써 혼란을 가중시키고 있다는 점이다.

실제 우리의 경우 가장 대표적인 역량기반 인적자원관리의 사례인 승진후보자 역량평가나 채용 후보자 역량면접에서도 이 문제가 명확히 해결되지 않은 상태에서 역량 모델링과 제도가 설계되어 운영되고 있다. 엄밀하게 말하면, 승진이나 채용 분야에서 식별해야 할 역량은 차별화 역량(우수성과 역량)이어야 하지만, 실제는 편의상 필수 역량(최소성과 역량)의 식별에 주안점을 두고 운영되고 있다는 것이다. 한국 정부부문의 경우에 가장 대표적인 역량기반 인적자원관리인 '고위공무원단 승진 대상자를 위한 역량평가'에서 활용하고 있는 6개의 역량[12]과 하위 요소는 일부 차별화 역량의 요소가 있기는 하지만 대부분 필수 역량으로 구성된 대표적인 경우이다. 고위공무원단 승진 대상자를 위한 역량평가제도가 이러한 방향으로 설계된 것은 역량 도출 방법으로서 역량 메뉴 방법을 활용하면서 고위공무원단에 대한 성격 규명과 고위공무원으로서의 성공이 무엇을 의미하는지에 대한 탐구가 부족하다는 점에 기인한다. 고위공무원단 역량평가제도의 설계는 대부분 외부 전문가에 의존해 설계된 관계로 현재의 고위공무원에 해당하는 실국장급 공무원들 중에서 우수한 성과를 보이는 사람을 승진 대상자의 모범으로 삼을 것인지, 아니면 주어진 목표를 그럭저럭 달성하는 사람을 승진 대상자의 모범으로 삼을 것인지에 대한 선택이 분명하지 않았으므로, 필수 역량 위주로 역량 모델이 구축되는 것이 어쩌면 당연한 것인지 모른다. 그러나 역량기반 인적자원관리가 성과와 연계된 역량을 찾아내고 활용하는 것이 주된 목표라는 점에 비춰보면, 추가적인 노력이 필요한 시점이다.

다음으로 역량의 개념 정의에 등장하는 '내재적 특성'의 범주를 어디까지 확장할 것인가에 관한 문제는 역량의 측정 가능성의 문제와 밀접한 관련이 있다. 역량이 측정 가능하다는 것과 뛰어난 성과를 이끌어내는 원인이 된다는 것은 사실 별개의 문제이지만, 경우에 따라서는 상호 교환 관계(trade-off)의 성격을 갖고 있다. 즉, 역량의 측정 가능성을 강조할수록 뛰어난 성과의 원인이 되는 역량을 찾아내기 어려울 수도 있다는 것이다.

대부분의 학자나 실무가들이 역량의 정의에서 '뛰어난 성과의 원인이 되는 개인의 내재적 특성'을 언급하고 있는데, 이 내재적 특성을 어디까지 확장할 것인가, 그리고 그 내재적 특성을 어떻게 측정할 것인가에 대해서는 언급을 회피하고 있다. 많은 학자와 실무가들이 역량기반 인적자원관리에서 역량의 핵심을 이루는 것이 이 내재적 특성이라는 점을 모르는 바가 아니지만, 그 측정 가능성과 측정 방법에 대한 논란의 여

12) 제도 도입의 초기에는 9개 역량이었으나 6개의 역량(문제 인식, 전략적 사고, 성과 지향, 변화관리, 고객만족, 조정통합)으로 통합되었다.

지가 상당히 남아 있기 때문에 깊은 논의를 회피하고 있다는 것이다. 예를 들어, 스펜서와 스펜서(Spencer & Spencer, 1993)가 내재적 특성으로 언급한 지식, 실무기술, 자아 인식, 특질, 동기의 다섯 가지 요소 중에서 지식이나 실무기술과 같이 겉으로 드러나는 것은 쉽게 측정 가능한 반면, 자아 인식, 특질, 동기 등은 겉으로 잘 드러나지 않고 따라서 측정하기 어렵다. 그러나 겉으로 드러나지 않고 측정하기 어렵다고 해서 그것이 역량이 아니라고 할 수 없다는 것이 딜레마이다.

2) 역량을 찾아낼 것인가, 아니면 개발할 것인가?

역량 개념과 관련해 제기되는 또 하나의 쟁점은 역량은 찾아내는 것인가 아니면 개발하는 것인가에 관한 것이다. 물론 현실적으로는 역량은 찾아내는 것인 동시에 개발 가능한 것이라는 모호한 절충이 난무하고 있지만, 좀 더 깊은 논의가 필요하다.

역량을 찾아내는 것으로 보는 입장은 역량은 쉽게 개발되지 않는 개인의 내재적 특성으로서 보통의 성과를 이룩해내는 직원에게 우수한 성과를 만들어내는 직원의 역량을 주입하거나 훈련시키는 것이 불가능하거나 적어도 매우 어렵다는 주장에 근거하고 있다. 반면, 역량을 개발 가능한 것으로 보는 입장에서는 우수한 성과자로부터 발견되는 역량이든, 아니면 일반적으로 최소한의 성과를 이룩해내는 사람의 역량이든 모두 개발 가능하고 우수한 사람으로부터 그렇지 않은 사람으로의 이전이 가능하다는 주장이다.

그러나 여기서 중요한 것은 어느 주장이 옳으냐의 판단이 아니라 어느 분야에서 그러한 주장들이 나오고 있는가를 탐색하고 그러한 주장이 어떠한 정책으로 이어지고 있는가에 대해 살펴보는 것이라고 생각된다. 앞에서도 자세히 언급했지만, 역량의 개발 가능성을 강조하는 입장은 실제로 인적자원 개발 분야나 교육훈련 분야에서 발견된다. 이 분야에서 그러한 주장이 발견되는 것은 역량은 높은 성과를 이끌어 내기 위한 수단인 동시에 교육훈련기관의 존립 목적이 된다는 점과 무관하지 않다. 역량을 개발하거나 가르칠 수 없다는 전제는 역량기반 교육훈련이나 인적자원 개발이라는 활동 자체를 무의미하게 만들기 때문이다. 그러나 현실은 우수한 성과자의 역량뿐만 아니라 평균 성과자의 역량도 개발과 이전이 가능하다는 주장을 입증할 만한 증거가 발견되지 않고 있다. 따라서 이 시점에서 무엇보다도 필요한 것은 역량기반 인적자원 개발이나 교육훈련 분야에서 역량의 개발과 이전을 위한 방법론의 탐구를 통해 역량의 개발과 이전을 위한 투자가 우수한 역량을 가지고 있는 사람의 발견과 선발보다 훨씬 유리하다는 입증 작업이 필요한 것으로 판단된다. 이러한 작업은 조직이 우수한 인재를 확보하기 위해 선발 비용과 교육훈련 비용에 대한 배분을 어떻게 할 것인가라는 점과도 관련이 있다. 즉, 역량을 찾아내는 것이라고 보는 입장이라면 채용을 위한 역량면접제도나 승진을 위한 역량평가제도를 강화해야 하지만, 역량이 개발과 이전이 가능한 것이라고 보는 입장이라면 역량기반 교육훈련제도를 도입하는 것이 효과적이라는 의미이다. 한국 정부의 경우 아직도 어느 입장을 취하고 있는 것인지 분명하지 않다.

3) 직무기반 인적자원관리인가, 역량기반 인적자원관리인가?

서구 국가에서 역량기반 인적자원관리가 등장하게 된 것은 직무기반 인적자원관리의 문제점을 극복하고자 하는 동기에서이다. 그러나 우리의 경우는 현재 직무기반 인적자원관리조차도 제대로 이뤄지지 않은 상태이며, 더 엄밀하게 말하면 계급기반 인적자원관리의 틀을 벗어나지 못하고 있다. 이런 이유로 최근에 많은 공사 부문 조직에서는 직무분석과 직무평가를 통한 직무기반 인적자원관리가 적극적으로 도입되고 있는 상황이다. 따라서 현재 우리의 현실에서는 직무기반 인적자원관리와 역량기반 인적자원관리가 모두 새로운 조류이고, 기존의 계급과 연공서열 중심의 인사행정을 극복할 수 있는 수단임은 틀림없으나 양자 간 차이에 대한 명확한 이해가 선행되지 못하고 있다.

실제로 많은 교육자료집이나 프로젝트 보고서에서는 외국의 학자나 컨설턴트가 행한 관념적인 구분[13]을 인용하기는 하나, 실제 프로젝트의 수행 과정에서 기존의 직무기반 인적자원관리와 역량기반 인적자원관리가 어떤 차이가 있는지 분명하게 보여주지 못하고 있다. 분야별 필요 직무 역량 파악을 위해 수행되는 직무분석 결과 얻게 되는 직무기술서나 직무명세서가 역량 요건서 등과 어떤 차이가 있는지 명확하게 보여주지 못하고 있다. 우리처럼 직무기반 인적자원관리의 경험도 일천한 경우에는 양자 간 그 구별이 더욱 어렵다. 이런 경우 문제가 되는 것은 서구에서 역량기반 인적자원관리의 도입 필요성으로 강조되는 직무기반 인적자원관리의 경직성을 극복하지 못하고 역량기반 인적자원관리라는 이름 하에 직무기반 인적자원관리가 이뤄지는 결과를

13) 대표적인 사례는 두보이스와 로스웰(Dubois & Rothwell, 2004: 11-13) 참조.

초래하게 된다.

4) 정부부문의 특성에 대한 이해와 정부조직/직무적합성의 확보

서구에서 역량기반 인적자원관리가 환영받게 된 것은 서구 관점에서 전통적인 직무기반 인적자원관리가 갖는 경직성, 현재 지향성을 극복하고 조직구성원 개인의 고유한 특성, 탤런트(talent)를 조직의 성과와 연계시키고자 함이었다.

이러한 목표를 달성하기 위해 가장 필요한 것은 보편적인 관점에서 설계된 툴킷을 용어만 바꿔서 정부조직에 형식적으로 적용하려는 공급자 중심의 행태가 지양되어야 한다. 다시 말하면, 수요자 중심에서 정부부문의 특성에 대한 이해가 선행되고 이를 바탕으로 역량 모델의 정부조직/직무적합성을 확보하는 일이 가장 중요하다.

이 과정에서 해야 할 과제로는 첫째로, 정부부문에서 말하는 성과[14]란 무엇인가에 대한 규명과 합의가 중요하다. 민간기업에서의 성과가 주로 이익이라고 규정되는 반면, 정부부문에서의 성과는 넓게 공익이라고 말하는 경우에서부터 좁게는 정부 서비스의 품질에 이르기까지 매우 다양하고 해석의 여지가 많다. 따라서 특정한 역량기반 인적자원관리의 성공적 도입을 위해 전제되어야 할 것은 해묵은 논쟁거리이지만, 특정한 조직에서 말하는 성과란 무엇인지에 대한 심도 있는 논의와 조직구성원과 고객을 포함한 이해관계자들 간의 합의이다.

다음의 과제로서 중요한 것은 정부부문에 적합한 역량과 하위 요소, 행동지표의 개발에 대한 필요성이다. 가장 일반적으로 설계된 툴킷을 정부부문, 그것도 구체적인 조직, 직종, 직무, 계층에 적용하는 과정에서 컨설턴트의 정부부문에 대한 이해가 결여된 상황을 많이 발견하게 되는데, 이러한 현상은 제도설계 과정에서부터 운영에 이르기까지 정부부문 실무자의 적극적인 관여와 컨설턴트의 노력을 통해서 해결될 수 있다. 여기서 정부부문 실무자의 적극적인 관여란 프로젝트 수행 과정에서 수요자로서 정부의 특성을 반영하려는 의지를 말하는 것이고, 컨설턴트의 노력이란 정부부문에 대한 이해도를 높이기 위한 컨설턴트의 학습 의지를 말하는 것이다.

---

14) 역량평가나 역량면접 등 역량기반 인적자원관리를 통해서 달성하고자 하는 것이 대상자의 미래 성과를 예측하고자 하는 것이므로 성과가 무엇을 의미하는지에 대한 합의가 전제되어야 한다.

5 역량기반 인적자원관리의 개선 방향

1) 인적자원관리 분야별 역량 모델의 차별화

지금까지의 분석과 논의를 통해 볼 때, 역량기반 인적자원관리에서 가장 중요한 것은 역량 모델링이라는 사실에 이의를 제기할 수는 없을 것 같다. 그러나 그 역량 모델링을 인적자원관리의 각 분야별로 혹은 특정한 인사제도에 적용하는 과정에서 구체적으로 어떻게 해야 하는가에 대한 정답은 나와 있지 않다.

그럼에도 불구하고 한 가지 분명한 것은 인적자원관리 분야별 역량 모델의 차별화가 필요하다는 사실이다. 그것은 역량 개념 자체가 우수하고 특출한 성과를 보이는 사람의 내재적 특성을 의미하는 것이라는 정의에서부터 최소한의 기준을 충족하는 정도의 성과를 달성하는 사람의 내재적 특성을 의미하는 것이라는 정의에 이르기까지 매우 폭이 넓고 어느 것을 역량으로 할 것인지는 역량기반 인적자원관리 체계나 인사제도를 도입하는 조직의 선택의 문제이기 때문이다. 많은 학자와 컨설턴트들은 역량 모델이 조직구성원의 채용과 승진, 성과평가, 교육훈련, 보상 등 다양한 분야에서 널리 사용될 수 있을 것이라고 예상해 왔다. 그러나 그러한 분야별로 역량 모델의 차별화가 필요한 것인지에 대해서는 구체적인 언급이 없다.

우리의 경우에는 사실 가장 전형적인 역량 개념이라고 볼 수 있는 우수하고 특출한 성과를 보이는 사람의 내재적 특성인 차별화 역량보다는 최소한의 기준을 충족하는 정도의 성과를 보이는 사람의 특성인 필수 역량을 더 보편적으로 사용하고 있다. 문제는 어느 제도나 프로젝트에서도 해당 과제에서 사용하는 역량 모델의 성격에 대해 명확히 언급하고 있지 않다는 점이다. 즉, 차별화 역량을 추구하는 것인지 필수 역량을 추구하는 것인지에 대한 명확한 언급이 없다는 말이다.

역량 모델의 성격에 대한 명확한 규정이 필요한 이유는 인적자원관리의 각 활동 국면별로, 그리고 특정한 역량기반 인사제도별로 각각 추구하는 목표가 다르다는 점과 밀접한 관련이 있다.

정부부문에서 공무원의 선발에 있어서 역량 모델을 활용한다고 할 경우에 차별화 역량 모델을 사용할 것인지 필수 역량 모델을 사용할 것인지에 대해 선택의 문제가 발생하게 된다. 지원자를 대상으로 역량을 탐색하는 과정을 거쳐서 선발에 활용할 경우에 차별화 역량 모델을 사용할 경우와 필수 역량 모델을 사용할 경우간 역량 면접의 방식과 절차에 차이를 두어야 한다. 즉, 역량평가를 면접의 대체 수단으로 활용하거나 혹은 보완 수단으로 사용할 경우에 차별화 역량 모델을 사용하면 우수한 사람을 선발하기 위한 중요한 수단이 되므로 개인별 점수화가 가능하지만, 필수 역량 모델을 사용하면 최소한의 기준에 미달하는 사람을 탈락시키는 수단으로 활용되어야 하므로 점수화보다는 부적격자를 가려내는 수단으로만 제한적으로 활용해야 한다. 실제로 공무원 채용시험에서 도입되고 있는 역량면접제도의 경우 부적격자를 탈락시키는 것이 아니라, 개별면접과 발표, 집단토의 등의 실행 과제를 수행시키고 결과를 점수화해 일정 비율을 탈락시키고 있다는 점을 보면 차별화 역량 모델을 적용하고 있는 것으로 보인다. 그러나 실제 실행 과제별 추구하는 역량을 보면, 역량면접이 추구하는 역량 모델이 차별화 역량 모델인지 필수 역량 모델인지 분명하지 않다.

또 한 예로서 현재 고위공무원단 진입 예정자를 대상으로 실시되고 있는 역량평가의 경우에는 명시적으로 언급하고 있지는 않으나, 고위공무원으로서 부적격자를 탈락시키는 수단으로 활용되고 있다는 점에서 필수 역량 모델을 사용하고 있는 것으로 볼 수 있다. 이는 역량평가를 고위공무원단 진입자를 선발하는 수단으로 쓰기보다는 부적격자를 탈락시키는 제한적인 용도로 활용하겠다는 의도를 나타내는 것이다. 문제는 고위공무원단 승진을 위한 역량평가 모델과 과장급 승진을 위한 역량평가 모델이 사실상 같다는 것이다. 필수 역량이 약간 다르게 선정되고 있고, 실행 과제의 비중이 약간 차이가 있으나, 고위공무원단 역량평가 모델을 과장급 역량평가 모델로 변형해 사용하고 있지만, 국장급 직무와 과장급 직무 간의 차이를 적절히 반영하고 분야별 직무 역량을 반영한 것이라고 보기 어렵다. 이 점을 시정하기 위한 별도의 역량 모델링 작업이 근본적으로 다시 시도될 필요가 있다.

채용 후보자 선정을 위한 역량 면접이든 승진후보자 선정을 위한 역량평가이든 원칙적으로 차별화 역량 모델의 적용이 바람직한데, 이 문제를 해결하기 위한 별도의 모델링 작업도 검토해 보아야 한다. 채용면접의 경우 채용 직급 간, 분야 간 직무 역량 모델링이 근본적으로 선행되어야 한다는 것이다.

2) 조직/직무적합성의 확보: 수요자 중심의 역량기반 인적자원관리

역량기반 인적자원관리의 설계에서 또 하나 중요한 것은 조직/직무적합성을 어떻게 확보할 것인가의 문제이다. 이론적으로는 행동사건면접 기법을 활용한 직무역량 평가 방법이 조직/직무적합성을 확보하기에 가장 적절한 방법이지만, 비용과 시간 문제, 전문지식의 결여 등으로 인해 많은 조직에서 역량 메뉴 방법을 활용해 역량 모델을 설계하는 것이 현실이다. 우리의 경우에는 이러한 현상이 더욱 두드러지는데, 그것은 컨설팅 업체 등과 같은 공급자 중심의 시장이 형성되어 있기 때문이라는 점을 이미 앞에서의 논의에서 언급했다.

우리의 경우 최근에 역량기반의 인적자원관리 시스템의 일환으로서 채용시험에서의 역량면접의 도입이라든가 고위공무원단 승진이나 과장급, 사무관 승진에서 역량평가제도 등의 도입이 기관별로 활발하게 이뤄지고 있지만, 정작 해당 기관에는 역량 모델링의 전문가를 양성하지 못해 외부 컨설팅 업체에게 그 설계와 운용까지도 위탁하는 사례가 더 많다. 문제는 이 과정에서 외부 컨설턴트가 미리 설계된 툴킷 속의 역량 모델을 해당 조직의 업무에 맞춰 전환하려 하지만, 해당 조직의 업무와 직무 내용에 대한 이해 부족으로 상당 부분 추상적인 역량 도출과 실행 과제 개발에 그치고 있어서 해당 조직에서 실무에 적용하기에는 어려움이 따른다는 것이다.

이 문제의 해결은 원론적으로는 컨설팅 업체와 정부조직 간 원활한 협업을 통해 해결해야 한다고 말할 수 있지만, 현실적으로는 정부조직 내 인사부서에서 역량 모델을 직접 설계 운용할 수 있을 정도의 전문가 양성이 필요하고, 이를 통해 장기적으로 수요자 중심의 역량기반 인적자원관리 시스템 구축이 가능하다고 판단된다.

제3절 인공지능(AI)과 인사행정[15)]

1 인공지능 기술의 등장과 개념

제4차 산업혁명 시대의 주요 정보기술로는 인공지능, 빅데이터(Big Data), 블록체인(Block Chain), 클라우드(Cloud) 등을 들 수 있으며, 그 중 인공지능(Artificial Intelligence: AI)은 최근 우리 일상에 스며들어 있는 듯하다. 국내・외에서 인공지능의 개발 및 활용

15) 이 절의 내용은 『AI와 미래행정』(박영사, 2021)에 들어 있는 'AI와 인사행정' 내용을 토대로 재정리한 것임을 밝힙니다.

사례는 보통 민간부문에서 먼저 활발히 이루어져 왔는데, 포스코, 삼성, 롯데 등 대기업을 중심으로 제조 공정 부문 및 쇼핑 등과 같은 고객 접점 부문에서 정형화된 많은 데이터 친화적인 업무에서 활성화되기 시작했다. 이에 반해 공공부문에서는 민간보다 인공지능 활용 수준이 아직은 상대적으로 낮은 것으로 평가되는데, 우리 중앙정부 및 지방자치단체에서 활용하고 있는 인공지능(예: 챗봇 형태의 민원 응대 자동화 시스템)은 주로 조세, 여권발급, 주정차 업무 등 정형화된 대응이 가능한 민원 업무에 집중되어 있는 것으로 나타난다(한국행정연구원, 2019: 145-147). 소위 난제(wicked problems)라고 일컬어지는 사회문제들을 해결하기 위한 방편으로 공공부문에서 일어나고 있는 인공지능 등을 활용하려는 노력은 행정 패러다임을 다양한 방향으로 변화시킬 수 있는 중요한 전환을 의미한다.

인공지능 기반의 서비스 기술은 일반적으로 머신러닝, 시각/언어/청각 지능, 상황/감정 이해, 추론/지식 표현, 행동/협업지능 및 지능형 에이전트라는 다섯 가지 기술로 유형화 가능하다(과학기술정보통신부, 2018: 5). 또한 이러한 다양한 인공지능 기반의 서비스 기술이 현실에서 적극적으로 활용되게 된 근간에는 데이터 처리기술 및 컴퓨팅 성능의 발전, 기계학습 및 심화학습 같은 새 알고리즘 기술의 개발이 자리잡고 있다(서용석, 2017: 25). 특히 인공지능의 핵심기술이라고 할 수 있는 ‘기계학습(machine learning)’과 ‘심화학습(deep learning)’이 빅데이터와 결합하면서 이전의 기술들과 차별적인 활용이 가능해졌는데, 기계학습은 주어진 데이터에 따라 조건이나 패턴 등의 규칙을 인공지능이 스스로 학습하고 이후 학습한 규칙에 따라 행동하는 것을 가능케 하는 기술이고, 심화학습은 사람이 일일이 판단 기준을 설정하지 않더라도 기계가 스스로 인지하고, 추론하고, 판단할 수 있는 기술을 의미한다.

새롭게 등장한 선진적인 정보기술들은 앞에서 논의한대로 우리 공무원 인사행정 시스템의 다양한 측면에서 변화를 가져올 것이고, 인공지능을 포함한 이러한 새로운 기술변화를 공무원 인사행정에 적용하는 것은 거스를 수 없는 대세인 것으로 이해된다. 실제로 2022년도 인사혁신처 주요 업무 추진계획에 따르면, 22년부터 전 부처 국가공무원을 대상으로 인공지능 플랫폼기반 교육 시스템을 도입하여 개인의 인사 및 직무 이력에 적합한 맞춤형 학습을 제공할 예정이다. 또한 전자인사관리 시스템에 인공지능 기술을 적용하여 미래형 인사관리 시스템을 구축할 예정이며, 국가인재DB도 인공지능 기반형 인재추천 시스템을 도입하여 그 활용도를 강화시켜 나갈 계획이다.

2 인공지능 기반 인사행정의 적용가능성

인공지능 기반 인사행정의 도입이 가져올 예상되는 변화의 내용과 그 적용가능성을 다양한 인사행정 기능별로 살펴보면 다음과 같다.

1) 채용관리

인공지능과 빅데이터 등이 본격적으로 현실에서 활용되는 제4차 산업혁명의 시대에 새롭게 요구되는 역량을 가진 공공부문이 원하는 인재를 채용하기 위해서 가장 먼저 들 수 있는 변화는 공무원 채용 과정에서 인공지능을 활용한 면접이 가능해질 것이라는 점이다. 인공지능을 활용한 면접은 자기 소개, 기본 질문, 성향 파악, 상황 대처, 보상 선호, 전략 게임, 심층 대화 단계를 일반적으로 거치게 되고, 여기에 기업 요청에 따라 기업맞춤형 질문이 추가로 나오기도 한다. 아직 우리 공무원 채용 부문에서는 인공지능의 활용이 본격적으로 고려되고 있지는 않은 것으로 보이지만, 인공지능은 지원자들의 안면 표정, 음성, 뇌 능력, 신체 반응, 응답 등에 대한 객관적인 분석을 통해 해당 조직에 가장 적합한 인물을 찾아주는 역할[16]을 수행해 줄 수 있을 것이다.

인공지능을 활용한 서류전형이나 면접이 채용 과정에서 활성화되는 이유는 공정성과 효율성 때문으로 판단된다. 서류전형이나 면접은 평가자나 면접위원의 선입견이나 주관적인 판단이 상대적으로 많이 작용하는 특성을 가지므로 기계에 의한 일괄적인 분석과 처리를 인간이 하는 평가보다 훨씬 객관적이고 공정하다는 느낌을 갖게 만든다. 기관의 입장에서는 공정성도 중요하지만, 효율성도 이에 못지않은 중요한 이슈이다. 인공지능의 활용은 기관으로 하여금 이전보다 적은 비용으로 더 짧은 기간에 서류전형이나 면접을 실시할 수는 환경을 제공해 주었다. 또한 인공지능에 의한 온라인 면접이 가능해짐으로 인해 면접 장소나 면접위원 섭외에 제한을 받지 않게 됨에 따라 더 많은 지원자가 몰리는 현상이 나타나면서 더 경쟁력 있는 인재를 채용할 가능성을 높일 수 있게 되었다.

---

16) 특히 우리 인사혁신처(2016: 327)는 제4차 산업혁명과 같은 급격한 기술발전에 대응하기 위한 전문 인력의 필요성을 강조하면서 3대 중점 테크노크라트인 빅데이터 전문가(빅데이터 가치평가와 활용 등), 프로그래머(사이버안보 등), 기술 정책 집행관(기술 규제, 기술 표준, 기술 윤리, 기술 공감 등)의 채용 확대를 주장하고 있는데, 이런 전문가 채용도 인공지능을 활용한 서류전형이나 면접이 이바지할 수 있는 부분이다.

2) 승진, 보직, 경력 관리

우리 공무원 인사행정 시스템은 계급제를 기본으로 하고 있다. 즉, 한 사람이 수행해야 하는 직무에 대한 분석이 정확하게 이루어지지 않은 시스템을 기반으로 하고 있다. 계급제와 직위분류제는 어느 것이 더 우수하다는 판정을 하기는 어려운 제도들이며, 각 국가의 문화나 전통 등을 토대로 가장 적합한 방식으로 진화되어 온 것으로 이해할 수 있다. 하지만 계급제적 전통이 가져오는 공무원의 경직성과 문제 해결 능력 부재에 대한 지적이 계속되면서 직무분석을 통해 적소에 적재를 배치하는 보직 관리에 대한 필요성이 계속 제기되고 있는 상황이다. 이런 맥락에서 인공지능을 활용해서 심층적인 직무분석이 가능해진다면 특정 직위에 전문역량, 문제 해결 능력, 유연성 등을 갖춘 최적임자를 승진시키고 보직에 임명할 수 있는 가능성, 그리고 이것을 위한 조직 내 인재관리의 가능성을 더 높일 수 있을 것이다. 특히 우리 고위공무원단의 경우, 나무보다는 숲을 보는 역량을 가진 고위 관료를 육성하여 능력에 따라 부처 경계를 넘나드는 유연한 활용을 위해 만들어진 제도이지만 실제로는 그런 취지가 전혀 구현되지 못한 상태였는데, 인공지능을 활용한 보직 및 승진관리, 그리고 경력개발제도(CDP)가 가능해진다면 제대로 된 고위공무원단제도의 구현도 기대할 수 있을 것이다.

보직이나 승진에서는 인공지능 활용이 보다 적극적으로 진행되고 있다. 우리 인사혁신처도 인공지능을 활용하여 정부부처의 각 실·국장, 과장 등에 적합한 맞춤형 인재를 과학적으로 분석·추천하는 인사정책지원 플랫폼 도입을 시도하였는데(인사혁신처, 2018.12.24. 보도자료), 이 플랫폼은 전자문서와 직위가 속한 각 부처의 기능분류 정보를 분석해 직위의 업무활동, 업무성격을 도출하고 직위 대상자의 보직경로, 역량평가, 성과 정보 등 인사정보를 활용·분석해 직무에 필요한 인사 요건이 만들어지도록 한 다음, 인공지능이 직무경험, 역량평가, 성과 등의 다양한 정보를 결합해 직무에 성과를 낼 수 있는 후보자를 추천하게 되는 시스템을 지향하였다.

이와 더불어, 인사행정 분야 인공지능의 활용은 공무원 경력개발제도(career development program: CDP)의 실질화를 가능케 할 수 있다(김동원, 2016: 12-13). CDP는 조직 내 개인이 자신의 목표와 조직의 목표를 일치시킬 수 있도록 경력을 개발하고 관리해나갈 수 있는 인재육성 프로그램을 의미하는데, 제대로 된 CDP는 방대한 데이터, 처리 능력, 예측모델 등과 같은 분석역량이 뒷받침되어야 했으므로 지금까지는 직관 등에 의존해 왔고 따라서 적절히 구현되어 왔다고 하기는 어려웠다. 하지만 머신러닝, 시각/언어/청각 지능, 상황/감정 이해, 추론/지식 표현 능력 등과 같은 기술 수준을 제공하는 인공지능은 개인 경력과 관련된 빅데이터 분석 및 피드백 제공 등을 통해 개인 맞춤형 CDP를 실질적으로 가능케 할 수 있을 것이다. 인공지능에 의한 CDP의 실질화는 공무원 개개인의 목표를 구현하는 것에도 도움을 줄 수 있고, 해당 정부부처도 내부 인재 및 역량에 관한 전체적인 그림을 그릴 수 있게 해주어 윈윈할 수 있는 상황을 연출해 줄 것이다.

3) 역량평가

우리 공무원 인사행정 시스템은 고위공무원단 후보자 및 과장급 후보자 중 역량평가(고위공무원단은 2006년부터, 과장급은 2015년부터 실시)를 통과하여 기본적인 역량을 갖추었다고 판단되는 후보자에 대해서만 고위공무원단 진입과 과장급 보직을 허락하고 있다. 역량평가는 평가위원들이 피평가자를 평가하는 관계로, 블라인드 평가라고 하더라도, 채용과 마찬가지로 평가자의 주관성이나 선입견 같은 것들이 작용할 여지가 존재한다. 이는 평가자 요인이라는 표현으로 평가의 타당성과 신뢰성을 훼손시킬 수 있는 요인으로 지적되고 있고, 이를 극복하기 위해 평가자 훈련의 중요성이 지속적으로 강조되어 왔다. 또한 역량평가 통과 여부가 당일 평가센터에서 이루어지는 평가만으로 결정되기 때문에 평소 유능함을 보인 후보자라 하더라도 당일 평가에서 실수를 하거나 당황하면 회복하기 어려운 상황에 직면할 수도 있다. 인공지능 기술들인 머신러닝, 시각/언어/청각 지능, 상황/감정 이해, 추론/지식 표현, 행동/협업지능 및 지능형 에이전트 기술들을 이용한 역량평가 시스템이 개발된다면 이러한 평가자 요인 및 1회 평가에 의한 오염 가능성이 대폭 축소될 것이다. 즉, 인공지능을 활용한 역량평가는 평가 당시의 피평가자의 표정, 음성, 심리, 뇌파, 응답 등을 입체적으로 분석하고 이에 추가하여 해당 후보자의 평소 업무 처리 및 업무 행태 데이터를 수집·분석한 결과까지 결합하여 타당성, 신뢰성, 수용성이 보다 강화된 역량평가 결과를 제공해 줄 수 있을 것이다.

4) 교육훈련

우리 공무원 교육훈련은 내용을 기준으로 보면, 기본교육(직급 단계별로 필요한 기본 역량 배양), 전문교육(국정운영방향 등 국정교육과 직무 관련 개인학습), 그리고 자기개발 및 기타 교육(직무 분야에 필요한 전문지식과 기술 습득)으로 나눠진다. 교육훈련의 방법 및 담당기관을 기준으로 보면, 나라배움터라는 이러닝 시스템, 국가공무원인재개발원, 각 부처 교육훈련기관, 민간위탁 교육훈련기관 등에서 위와 같은 교육훈련을 진행하고 있다. 하지만 이러한 현재의 우리 공무원 교육훈련 시스템에 대해서는 그 효과성에 의구심이 지속적으로 제기되고 있는데, 주로 형식적인 교육으로 귀결된다는 것이 핵심적인 지적이라고 할 것이다. 교육훈련기관에 입소해서 받는 교육은 역량을 개발하고 강화한다는 개념보다는 재충전의 시간이라는 개념으로 이해되고 있고, 이러닝 시스템의 교육은 형식적인 시간 채우기 교육으로 받아들여지고 있다고 알려져 있다. 일상의 업무로 바쁜 와중에 의무교육시간을 채워야 한다는 압박감이 자신에게 꼭 필요한 역량에 대한 고민 없이 교육훈련을 받게 만드는 현상을 유발하게 된다.

공무원 교육훈련 분야는 인공지능 기술에 의해 상당히 큰 변화를 맞이하게 될 분야 중 하나이다. 머신러닝, 시각/언어/청각 지능, 상황/감정 이해, 추론/지식 표현, 행동/협업지능 및 지능형 에이전트 같은 인공지능 기술들을 활용하게 되면 공무원 개개인에 대한 역량수준 평가 결과, 과거 교육훈련 경험, 부족 역량 등을 분석하여 개인이 선호하는 교육 내용을 제공하거나 개인에게 꼭 필요한 최적화된 추천 학습프로그램을 제공할 수 있을 것이고, 공무원이 교육을 받아야 할 시기와 공무원에게 도움이 될 교육 시기 등을 인공지능을 통해 파악할 수 있어 교육과정 편성, 교육기간, 훈련비용의 축소에도 기여할 것이다(한국행정연구원, 2019: 60). 앞으로 우리 공무원에게는 분석 능력과 전략 능력 같은 전문성, 비판적 사고, 문화적 감수성, 소통 등의 감성지능 같은 역량들이 더욱 필요해진다고 알려져 있는데, 인공지능은 데이터 및 분석력을 토대로 이런 역량들을 학습하고 강화시켜 줄 충분한 플랫폼으로 활용될 수 있을 것이며, 개개인에 대한 맞춤형은 물론이고 유연하고 민첩하게 프로그램들을 변화시켜 가면서 적시성 있는 교육훈련을 가능하게 해줄 것이다. 예를 들면, 우리 공무원 세계에서 가장 해결하기 어려운 문제 중의 하나인 부서 간/부처 간 협업을 강화하는 교육도 인공지능을 활용한 시뮬레이션 교육훈련 프로그램을 통해 실시 가능할 것이다(인사혁신처, 2016). 또한 교육훈련의 방식에도 큰 변화를 가져와 가상현실을 이용한 입체적이고 직접 체험 가능한 방식으로 교육훈련을 진행할 수도 있을 것이고, 챗봇 같은 시스템을 통해 궁금한 사항을 실시간으로 해소해 주며 코칭까지도 해줄 수 있을 것이다.

5) 성과평가, 보상 및 동기부여

2017년에 작성된 한국능률협회컨설팅의 연구보고서에 따르면, 우리 공무원 인사행정 시스템에서는 성과평가 결과가 연 단위 경제적 보상과 승진 등의 인사에 계속 반영됨에 따라 이에 대한 공무원의 관심도는 높아진 반면, 평가의 공정성, 객관성, 수용성 등은 여전히 획기적인 개선은 이루어지지 않고 있는 상황으로 지적된다. 이에 따라, 평가자 역량 강화, 성과면담 내실화, 구성원 의견조사 등을 통해 성과관리의 투명성 및 수용도 제고를 위해 많은 노력을 기울여야 할 필요성이 제기되고 있다. 인공지능의 활용이 앞서 언급한대로 채용이나 역량평가 등에서 공정성 및 객관성 등을 강화시켜 줄 것으로 기대하는 것처럼 성과평가 및 그에 따른 보상 등에서도 긍정적인 변화를 유발할 것으로 예상된다.

성과평가에서의 인공지능 활용은 가장 먼저 평가자에게 중요한 변화를 가져올 것이다. 평가자의 역량을 강화하기 위해 인공지능 기반의 온라인 교육훈련 및 시뮬레이션 평가 시스템을 구현하여 평가자 체험훈련을 실시할 수 있을 것이고, 빅데이터 처리 및 분석 능력을 동반한 성과관리 시스템을 통해 보다 체계적인 목표 설정 관리, 성과기록관리, 역량 개발에의 활용 등을 제고함으로써 성과면담 내실화를 기할 수 있을 것이다. 또한 인공지능 기반의 평가 시스템은 데이터 수집 및 분석이 실시간으로 이루어짐을 의미하므로 평가도 실시간으로 언제든지 어디서나 이루어질 수 있음을 의미한다고 할 것이다. 즉, 1년에 1~2회 정도 이루어지는 정기적인 근무실적평가 외에도 상시적으로 평가가 이루어질 수도 있고, 직속 상관 외에도 관련 이해관계자 등이 보다 용이하게 평가에 차여할 수 있는 기회가 제공될 수 있을 것이다. 예를 들면, '민원인 만족도 평가 센서' 같이 민원인의 눈빛, 표정, 뇌파 등의 반응을 자동 수집·분석하여 무의식적인 평가를 가능하게 할 수도 있을 것이다(인사혁신처, 2016: 299). 이와 더불어, 공무원 성과관리가 기존의 경쟁 중심에서 협업 중심으로 변화될 수 있는 기회를 제공할 수도 있을 것이다. 협업·네트워킹 방법에 대한 정보를 제공해 주는 복합적응 시스템(complex adaptive system), 클라우드 컴퓨팅, 빅데이터 처리 및 분석 등의 기술 플랫폼이 지원된다면 개인, 부서, 부처 등의 노력이 결합된 조직성과나 협업성과를 합리적으로 평가할 수 있는 방법이 제공될 수도 있을 것이다. 그리고 이러한 평가 결과는 피드백 되어 자기 또는 조직학습을 통해 집행 과정이나 평가 과정을 개선하는 작업에 활용될 수도 있을 것이다(인사혁신처, 2016: 297).

성과평가 결과를 토대로 한 보상 및 동기부여 측면에서도 인공지능은 공정성이나 수용성 측면에서 긍정적인 변화를 가져올 가능성이 있다. 인공지능의 빅데이터 처리 및 분석 능력을 활용한 성과평가/보상 시스템이 구현된다면 조직 내 갈등을 크게 유발하지 않고 고성과자, 평균성과자, 저성과자를 구분하여 고성과자의 동기부여를 극대화하면서도 저성과자를 좌절시키지 않는 보상 모델을 만들어 낼 수도 있을 것이다. 또한 구성원 개개인의 특수한 상황, 성과, 역량 등과 같은 다양한 정보를 토대로 개인별로 최적화된 맞춤형 보상 및 동기부여 방법을 모색해 볼 수도 있을 것이다. 앞서 논의한 대로 인공지능에 의한 직무분석이 가능해진다면 보수의 형평성(equal pay for equal work)도 보다 강화될 수 있을 것이다. 그리고 인공지능을 적용한 챗봇 등을 통해 공무원들의 고충을 개인적으로 상담해 주고 상시적으로 소통해 줄 수도 있을 것이다. 인공지능 기술들을 활용한 이런 변화의 노력들은 공무원의 직무열의(job engagement)를 강화시켜 줄 것이고, 더 나은 행정서비스 제공에 대한 동기를 부여해 줄 것이며, 이직률을 낮춰주는 결과를 가져올 것이다. 한편 지금까지는 상대적으로 소홀히 되었던 공무원의 퇴직관리 분야에서도 개인의 실적, 건강 상태, 경력, 경험, 역량 등을 인공지능을 활용하여 종합적으로 고려한 '개인별 맞춤형 정년제도', '임금피크제 모듈화', 그리고 '전직 지원 서비스' 등을 구현할 수도 있을 것이다(인사혁신처, 2016: 301).

3 인공지능 기반 인사행정의 효용과 한계

이상과 같이 인사행정에 인공지능 기술을 사용하는 경우 예상되는 인사행정 전반에 걸쳐 도움되는 효용점과 적용 시 고민이 필요한 한계점에 대해 정리해 보면 다음과 같다.

1) 인공지능 기반 인사행정의 효용

(1) 인사행정의 공정성 강화

채용, 승진, 교육훈련 등에서부터 퇴직관리까지 인사행정 전반에 걸쳐 가장 핵심적인 이슈는 공정성이라고 해도 과언이 아닐 것이다. 하지만 이런 작업의 대부분은 사람이 하는 주관적인 평가에 의해 이루어지는 관계로 평가 결과에 대한 공정성 시비가 늘 있어 왔다. 사람의 주관적인 선입견, 제한된 합리성, 완벽하지 못한 정보 처리 능력, 의도적인 개입, 부정청탁 등으로 인해 발생할 수 있는 오류나 부정의 가능성이 상존해 온 영역이었다. 이런 업무 처리에 인공지능을 도입하게 되면 사람이 처리하는 것보다는 부정이나 우연의 가능성을 줄일 수 있을 것이다(정보통신기술진흥센터, 2018). 인공지능을 통한 빅데이터 처리가 일상화되면 인사행정에서는 이전보다 훨씬 방대한 정보를 더 완벽하게 고려할 수 있게 되고, 학연이나 지연 같은 선입견보다는 피평가자의 표정, 목소리, 뇌파, 능력, 직무경험, 근무 기간, 자격증 등에 대한 총체적 정보를 토대로 더 객관적이고 투명한 인사행정을 구현할 수 있게 될 것이며, 이는 자연스럽게 인사행정 결과에 대한 공정성을 향상시킬 것이다.

(2) 행정비용 및 시간 절감

규칙 기반 시스템, 음성 인식, 기계 번역, 머신러닝, 로봇공학, 자연어 처리 등과 같은 인공지능 기술들을 채용 분야에 도입하게 되면 정보처리 능력이 월등히 향상되어 과거보다 훨씬 많은 지원자의 접수를 받을 수 있음과 동시에 전산화된 처리로 서류 부담이 줄고 면접 등에 대기 시간이 대폭 줄어들 것이다. 또한 종전에는 사람이 수작업으로 처리하던 과정들이 인공지능에 의해 이루어짐으로써 비용도 상당히 절약될 것이다. 2017년에 발간된 Deloitte 보고서에 따르면, 공무원 업무를 자동화한다면 연간 9,570만 시간에서 12억 시간의 노동 시간과 33억 원에서 411억 원의 잠재 비용이 절감될 것으로 예상되어 있다(정보통신기술진흥센터, 2018). 또한 공무원 역량평가도 지금은 한곳에 모여서 거의 하루 종일 평가를 받지만, 인공지능을 본격적으로 활용하게 되면 일하는 장소에서 지금보다 짧은 시간 안에 평가가 이루어질 수도 있을 것이다. 즉, 채용이나 평가 등에 관련된 양쪽 당사자 모두에게 시간과 비용 측면에서 이로운 상황이 만들어질 가능성이 많다고 할 것이다.

(3) 실적주의 인사행정 강화

실적주의 인사행정은 후보자의 실적, 즉 시험점수나 역량 자료 등을 근거로 채용이나 승진, 평가 등이 이루어지는 것을 핵심으로 하는 제도이다. 인사행정에서 데이터에 기반한 인공지능의 활용이 본격적으로 이루어진다면 이 실적주의 인사행정의 기조를 더욱 강화할 수 있을 것이다. 우리 사회에 존재하는 낙하산 인사 같은 정실주의적 인사 요소를 제거할 수 있을 것이며, 역량과 실력을 갖춘 최적임자를 임용함으로써 인사행정의 부정부패 개입도 방지할 수 있을 것이다. 또한 이런 실적주의 기조가 팽배해지면 공직 전반에 걸쳐 역량을 개발하고 실력을 키우기 위해 교육훈련에 더욱 자발적으로 신경쓰게 되는 선순환이 발생하게 될 것이다.

(4) 정보의 비대칭성 감소

만약 인사행정의 전 과정에서 채용이나 평가를 담당하는 사람들이 후보자나 피평가자에 대해 본인들보다 정보가 부족한 정보의 비대칭성을 경험하는 것이 문제였다면 인공지능의 본격적 활용은 이 정보 격차 문제를 해소시켜 무자격자나 무능력자를 선택하게 되는 역선택 문제를 완화시켜 줄 수 있을 것이고, 정보의 비대칭성이나 제한된 합리성을 핑계로 이루어졌던 평가나 채용의 도덕적 해이도 완화시켜 줄 가능성이 상당히 크다고 할 것이다.

2) 인공지능 기반 인사행정의 한계

(1) 가치 및 윤리 문제

인공지능을 활용한 인사행정을 한 마디로 요약하면 사람 대신에 인공지능이 인사행정과 관련된 의사결정을 한다는 의미라고 할 것인데, 여기에는 아주 중요한 가정이 하나 추가되어야 한다. 인간의 의사결정이 이성, 직관, 감정, 의식, 윤리, 양심 등을 토대로 이루어지는 복합적인 윤리 판단 혹은 가치 판단인 것처럼 인공지능의 의사결정도 이런 식의 윤리 판단 혹은 가치 판단이어야 한다는 것이다. 즉, 인공지능과 인간의 의사결정 사이에 윤리적/가치적인 일관성을 확보하기 위해서는 인공지능이 인간과 같은 윤리적 원칙을 가지고 있어야만 한다는 것인데, 인공지능을 위해 인간이 가진 윤리적 원칙을 정의하고 이를 계산이 가능하도록 하는 것은 생각보다 쉽지 않은 작업이라는 것이 문제이다(정소윤, 2019: 202). 당연히 이 문제는 인사행정에 활용할 인공지능을 최초 개발할 때 개발자나 이후 사용자가 어떤 윤리적 가치관을 가지고 개발 혹은 사용하느냐와 직결되어 있는 문제라고 할 것이므로 블랙박스로 알려져 있는 알고리즘에 대한 인간 관리자의 예측가능성 및 통제가능성을 확보하려는 노력이 요구된다고 할 것이다(Writz & Muller, 2019).

(2) 데이터의 편향성 문제

인사행정 과정에서 인공지능을 활용하기 위해서는 해당 과정과 관련된 다양한 데이터를 처리하는 것이 필요하다. 예를 들면, 채용 과정에서 지원자가 제출한 지원서에 포함된 다양한 정보와 기관이 보유하고 있던 정보와의 매칭을 통해 채용되었을 경우 가장 훌륭한 실적으로 보일 것으로 예상되는 후보자를 채용하는 결정을 하게 되는 알고리즘으로 진행될 것이다. 역량 평가나 근무실적평가도 유사한 원리로 알고리즘이 구성될 것이다. 문제는 인공지능을 활용한 공무원 인사행정의 알고리즘에서 중요한 역할을 하는 기관이 축적해 놓은 실적이나 역량 등에 대한 기존 데이터가 고시 출신 또는 남성 중심의 편향성 등을 가질 가능성이 크다는 점이다. 즉, 기존 고시 우대 문화, 남성 중심 문화 등과 같은 편향성의 경로의존성이 작용하게 된다면 아무리 인공지능 기반의 인사행정을 한다고 하더라도 원래 의도한 공정성이나 투명성 같은 목표를 달성하지 못하게 될 가능성도 있다고 할 것이다. 인공지능을 활용한 인사행정은 이용하는 데이터의 질과 양이 중요하다고 할 것인데, 부정확하거나 편향성을 가진 데이터를 기반으로 의사결정이 이루어진다면 그 의사결정 자체도 오류의 가능성을 내포하고 있다고 할 것이다(정소윤, 2019; Weyerer & Langer, 2019). 만약 이런 편향성이 의도적으로 이루어진 것이라면 이것은 인공지능 활용의 윤리 문제와도 연결되는 중요한 한계점이 될 것이다. 또한 이런 편향성은 전 세계적인 인적 구성의 다양성 강조 트렌드와 상충되는 결과를 유발할 것이다.

(3) 프라이버시 침해 문제

인사행정에서 인공지능 기술을 활용하게 되면 개개인의 성명, 소속, 얼굴, 목소리, 뇌파 등과 같은 정말 다양한 개인 정보들이 빅데이터로 수집 관리되는 상황이 연출될 것이다. 특히 사물을 인식하는 센서를 활용하는 인공지능은 실시간으로 이런 정보들을 수집하고 처리할 수 있으므로 조직이나 기관은 이 데이터에 들어 있는 구성원들 혹은 지원자들, 그들의 요구, 그리고 그들의 잘못 등을 모니터링 할 수 있게 될 것이다(Writz & Muller, 2019). 또한 이렇게 다양하게 수집된 개인 정보들이 남용, 도난, 해킹될 가능성도 존재하므로 개인정보 보호에 관한 이슈는 인공지능 활용의 걱정되는 부분이라고 할 것이다.

(4) 결과 수용성 문제

인공지능을 활용한 인사행정에서 중요한 것은 이용되는 데이터의 양과 질이다. 가능하면 많은 양의 양질의 데이터가 의사결정을 위해 이용되어야 더 나은 의사결정이 가능해 질 것이다. 하지만 데이터가 완벽한 경우라도 인간이 상식적인 선에서 수용하기 어려운 결정을 인공지능이 산출할 경우가 존재할 수 있는데, 문제는 왜 그런 결정이 도출되었는지에 대한 추적과 설명이 불가능하다는 점이다(한국행정연구원, 2019). 즉, 도출 과정의 타당성과 도출 결과의 근거에 대한 설득력 있는 설명이 이루어지지 않는다면 인공지능의 결정에 대한 인간의 수용성은 확보되기 어렵다고 할 것이다.

(5) 역량 발견 평가의 제약 문제

사람이 수행하는 면접이나 역량 및 근무성적 평가는 대상자의 현재 역량에 대해 평가할 뿐만 아니라 잠재 역량을 이끌어내기 위한 평가도 가능하다는 특징을 갖는다. 즉, 현재 방식에서는 면접관이나 평가자에게 어느 정도 재량권이 있기 때문에 지원자가 너무 긴장을 하고 있으면 긴장을 완화시키고 역량을 드러내도록 도와줄 수 있다. 또 지원자가 어떤 역량에서 부족하더라도 다른 것이 우수해 보인다면 통합적으로 고려하여 앞으로의 직무 수행 능력을 판단할 수 있다. 그러나 인공지능 면접이나 평가에서는 지원자의 정서를 살피거나 지원자의 역량이나 열정, 잠재력을 이끌어내는 평가를 하는 것이 어려울 가능성이 크다. 즉, 소위 말하는 스펙 위주의 평가가 될 가능성이 크다고 할 것이다.

참고문헌

[국내 문헌]

강신택(1988). 직업공무원제의 정치적 맥락. 서울대학교. 『행정논총』, 26(2): 1-24.

강인재 · 권해수 외(1998). 『행정사례문제』. 서울: 대영문화사.

강재호 옮김(1997). 『일본의 행정과 행정학』(西屋勝 著). 부산: 부산대학교출판부.

공무원연금관리공단(1994). 『공무원연금업무 실무요령』. 서울: 공무원연금관리공단.

______(2008). www.geps.or.kr

과학기술정보통신부(2018). Part 1. 이슈분석: AI 기술의 공공서비스 활용과 전망.

국민권익위원회(2010). 공무원 징계 · 소청심사 실효성 제고. 제도개선총괄 2010-1-8.

권영주 · 권경득(2010). 한국 고위공무원단제도의 도입과정에 관한 연구. 『한국인사행정학회보』, 9(2): 1-30.

권용수(2001). 『공무원 직무수행역량 평가모델』. 서울: 한국행정연구원.

______(2006). 공무원 역량기반 교육훈련에 관한 고찰. 『한국인사행정학회보』, 5(1): 129-148.

김귀영 · 박수연(2011). 서울시 인재상 및 역량체계 재설계 방안. 서울연구원 정책과제연구보고서, 1-214.

김동원(2016). 인공지능 관료제와 제4차 인사행정혁명. 『한국행정학회 학술발표논문집』.

김렬(2014). 『인사행정론』. 서울: 박영사.

김명기(1992, 1994). 『인사행정론』(초판 및 재판). 서울: 한국방송통신대학교출판부.

김병섭(1994). 공무원의 복지부동과 직무몰입도: 동기이론 및 스트레스이론을 중심으로. 『한국행정학보』, 28(4): 1279-1299.

김병섭 · 하태권(1997). 세대간 의식구조 차이와 조직관리 방안: 경찰공무원을 중심으로. 『행정논총』, 35(1): 129-158.

김상헌 · 배병돌(2000). 한국 공무원 보수 증가율에 영향을 미치는 요인분석. 『한국행정학보』, 34(2): 253-267.

김석회(1993). 『조직행위론강의』. 서울: 법경사.

김성열(1999). 『영국공무원제도』. 서울: 중앙인사위원회.
김연수 · 김근세(2007). 고위공무원단 제도 비교분석: Huddleston모형을 중심으로. 『한국거버넌스학회보』, 14(1): 31-63.
김영모(1977). 『조선 지배층 연구』. 서울: 일조각.
김영종(1995). 『신인사행정 및 정책론』. 서울: 형설출판사.
김운태(1981). 『조선왕조행정사』. 서울: 박영사.
김운태 외(1989). 『한국정치론』. 서울: 박영사.
______(1995). 『조선왕조 정치 · 행정사(근세편)』. 서울: 박영사.
김일재(2003, 2005). 『미국 인사행정론』. 서울: 집문당.
김종재 · 박성수(1995). 『인적자원관리』. 서울: 법문사.
김중양(1989). 『한국인사행정론』. 서울: 계명사.
______(1994). 『신고한국인사행정론』. 서울: 법문사.
______(2005). 『참여정부의 인사개혁의 현황과 과제』. 서울: 나남출판.
김중양 · 김명식(1993). 『국가공무원법』. 서울: 고시계.
김지혜 · 이수영(2017). 인적 다양성과 조직성과의 선형 및 비선형 관계에 대한 연구: 공기업을 중심으로. 『한국행정학보』, 51(4): 121-147.
김태희(2021). 조직의 다양성과 성과의 관계: 포용적 리더십의 조절효과. 『한국조직학회보』, 18(3): 1-34.
김판석(1999). 정부인력 선발 방식 개선. 서울대. 『행정논총』, 37(2): 147-184.
김판석 · 권경득(1999). 지방자치단체의 인사제도 개혁. 『한국행정학보』, 33(1): 1-18.
김판석 · 김난도(1997). 정부인력관리 혁신을 위한 중앙인사기관의 개편 방안 모색. 『한국행정학보』, 31(3): 37-55.
김판석 · 김태일 · 김민용(2001). 공 · 사부문 보수 격차 비교분석. 『한국행정학보』, 34(4): 115-138.
김판석 · 오성호 · 이선우(2001). 업적평가 체계로서의 다면평가제도 도입과 추진 방법에 관한 사례연구. 『한국행정학보』, 34(4): 343-364.
김판석 · 윤주희(2000). 고려와 조선왕조의 관리 등용제도: 과거제도의 재해석. 『한국사회와 행정연구』, 11(2): 139-164.
김판석 · 이선우(1999). 고위공무원단제도 도입과 활용 방안 모색. 『한국행정연구』, 7(4): 130-154.
______(1998). 고위공무원단제도 도입과 활용방안: 중앙정부 관리자들의 고위공무원단제도에 대한 의식조사를 중심으로. 『한국행정연구』, 7(2). 서울: 행정연구원.
김판석 · 이선우 · 전진석(1999). 개방형 임용제도의 실태 및 발전에 관한 연구. 『한국행정학보』, 33(4): 57-76.
김판석 · 이종훈 · 이선우(1999). 21세기를 대비한 공무원 보수제도 혁신. 『한국행정논집』, 11(4): 795-811.

김현구(1992). 행정고등고시 과목의 개편 방안: 정책이슈의 분석. 『한국행정학보』, 26(2): 731-757.
김현주(2003). 역량기반 인적자원관리(CBHRM)의 도입과 발전: 한국 기업을 위한 상황론적 접근법. 『POSRI 경영연구』, 3(1).
김홍기(1991). 『신고인사행정론』(개정판). 서울: 대왕사.
김흥주(2016). 『행정에 관한 공무원 인식조사』. 서울: 한국행정연구원.
동아출판사 편집국(1994). 『새국어사전』. 서울: 동아출판사.
민 진(1992). 『행정학개설』. 서울: 고시연구사.
박경효(1993). 한국 관료제의 지역대표성 제고를 위한 정책 방향. 『한국행정학보』, 27(3): 705-720.
______(1995). 김영삼 정부의 장 · 차관(급) 충원정책: 국정지도력, 전문성, 그리고 대표성. 『한국행정학보』, 29(2): 487-501.
박경효 · 하태권(1996). 지방공무원 교육훈련제도의 정책적 과제 및 방안. 서울시립대학교 수도권개발연구소. 『연구논총』, 22: 37-49.
박내회(1989). 『조직행동론』. 서울: 박영사.
박동서(1961). 『한국 관료제도의 역사적 전개』. 서울: 한국연구원.
______(1984, 1994). 『인사행정론』. 서울: 법문사.
______(1988). 『한국행정론』. 서울: 법문사.
박동서 · 이한빈 · 박문옥 · 유훈(1969). 『한국 행정의 역사적 분석(1948~1967)』. 서울: 한국행정문제연구소.
박동서 · 조석준 · 유훈 · 김운태(1987). 『한국 행정의 역사적 분석(1968~1984)』. 서울: 서울대학교출판부.
박문옥(1975). 『신한국정부론』. 서울: 신천사.
박연호(1983, 1990). 『인사행정신론』(개정판). 서울: 법문사.
______(1996). 『인사행정신론』. 서울: 경문사.
박영범(1994). 한국 공공부문 노사관계의 현황과 정책과제. 박영범 · 카멜로 노리엘 편, 이원희 옮김. 『공공부문 노사관계의 국제적 추세와 한국의 과제』. 서울: 한국노동연구원.
박재희(1997). 『영국의 중앙정부조직』. 서울: 한국행정연구원.
박정훈(2020). 한국의 '적극행정'과 「행정기본법」 제정의 의의. 한국행정연구원 제7차 적극행정포럼 발제문.
박천오(2011). 인사개혁의 변화(2005년과 2011년의 비교 연구). 중앙부처 공무원들의 인식을 중심으로. 『한국인사행정학회보』, 10(3).
박천오 · 강제상 · 권경득 · 조경호 · 조성한(2000). 『인사행정의 이해』. 서울: 법문사.
박천오 · 김상묵(2004). 정부산하단체 임원의 공통 직무수행역량 설정에 관한 연구. 『한국사회와 행정연구』, 15(1): 1-25.
박천오 외(2007). 『현대인사행정론』. 서울: 법문사.

______(2017). 『인사행정론』. 파주: 법문사.
박천오 · 조경호(2013). 고위공무원단제도의 기대와 성과. 『한국인사행정학회보』, 12(1): 147-168.
박흥식(1991). 내부고발: 이론, 실제, 그리고 함축적 의미. 『한국행정학보』, 25(3): 769-782.
배무기(1987). 『노동경제학』. 서울: 법문사.
배병돌(2003). 공공부문 성과급의 성공적 운영방안: 한국과 미국의 경찰공무원 인식비교를 중심으로. 『한국정책과학학회보』, 7(1): 181-202.
백완기(1989). 한국 행정과정. 김운태 외. 『한국정치론』. 서울: 박영사.
백종섭(1992). 공무원단체 활동의 영향 요인에 관한 연구. 『한국행정학보』, 26(2): 389-406.
백종섭 · 고승희(2007). 충청남도 다면평가제에 관한 연구. 『지방정부의 인사정책: 진단과 처방』(한국인사행정학회 2007년 춘계학술대회 발표논문집): 53-74.
변상우(2005). 『최신 인적자원관리론』. 무역경영사.
서용석(2017). 행정에서의 인공지능의 역할. 『행정포커스』, 127.
서울특별시인재개발원(2008). 『5급 승진대상자 역량평가과정 실행계획』.
서원석(1991). 한국 공무원의 단체활동에 관한 인식분석. 『한국행정학보』, 25(2): 497-514.
______(1994). 『ILO 회원국의 공무원 단체활동 비교연구』. KIPA 연구보고 94-03.
서원석 · 황성원(2009). 한국과 일본의 중앙인사행정조직의 비교연구. 한국행정학회 『추계학술대회발표논문집』: 1-27.
서필언(2005). 『영국행정개혁론』. 서울: 대영문화사.
손태원 · 전상길(1997). 『정부 생산성 제고를 위한 공무원 보수제도의 개선 방안: 직능급 및 실적급 도입 방안을 중심으로』. 한국개발연구원 연구보고서.
송하중(1993). 『중장기 정부인력 규모 예측』. 한국행정연구원. 연구보고서 92-05.
신유근(1989). 『인사관리』. 서울: 경문사.
안병만(1985). 『한국정부론』. 서울: 다산출판사.
안선민 · 오민지 · 이수영(2017). 다양성, 연봉제, 그리고 이직의 관계에 대한 연구. 『한국행정학보』, 51(3): 193-224.
안선민 · 이수영(2018). 성별 다양성과 자발적 이직: 다양성의 새로운 추정에 관한 논의. 『한국행정학보』, 52(4): 269-297.
안영훈(1998). 『프랑스의 정부조직』. 서울: 한국행정연구원.
안전행정부(2013). 『안전통계연보』. 서울: 안전행정부.
안형기 · 민진 · 권경득 · 임동욱(2004). 국회사무처 핵심역량의 실태 및 역량 강화 방안. 『한국사회와 행정연구』, 15(1): 71-94.
안희수(1976). 공무원제도의 사적 발전. 윤근식 외. 『현대정치와 관료제』. 서울: 대왕사.
양병무(1998). 『연봉제의 이론과 사례』. 서울: 한국경영자총협회 노동경제연구원.
양병무 · 안희탁(1993). 『직능급의 이론과 실제』. 서울: 한국경영자총협회 노동경제연구원.
양성철(1994). 『한국정부론: 역대 정권 고위직 행정엘리트 연구(1948~1993)』. 서울: 박영사.

양형일 · 이태영(1993). 사회적 형평과 국가 통합을 향한 대표관료제의 접근. 『한국행정학보』, 27(2): 348-358.
예산처(1998a). 『공무원 교육훈련기관 현황 자료(Ⅰ)』. 1998.4.
_____(1998b). 『공무원 교육훈련기관 운영 개선 방안』. 내부자료(1998.5).
_____(1998c). 『공무원 교육훈련기관 운영 개선 방안』. 내부자료(1998.6).
오병수(1983). 『현대인사관리』. 서울: 박영사.
오석홍(1980). 분류제도론: 한국 정부조직의 직업구조 형성에 관한 고찰. 서울대학교. 『행정논총』, 18(2): 153-183.
_____(1984, 1993). 『인사행정론』(전정판). 서울: 박영사.
_____(2016). 『인사행정론』. 서울: 박영사.
오성호(1997). 공무원의 능력 발전 진흥 방안: 행정개혁을 전제로 한 근무평정과 교육훈련제도의 개선. 『한국행정학보』, 31(4): 37-56.
_____(2000). 인사개혁의 목표와 대안. 『관료제의 반성과 대안』. 한국행정학회 2000년 추계학술대회 발표 논문집: 219-236.
오화선 · 민경률 · 박성민(2015). 다양성관리가 구성원들의 관계갈등과 창의성에 미치는 영향에 관한 연구. 『한국인사행정학회보』, 14(2): 69-98.
유민봉(1997). 『인사행정론』. 서울: 문영사.
유민봉 · 박성민(2013). 『한국인사행정론』. 서울: 박영사.
유민봉 · 임도빈(2003, 2007, 2012, 2016). 『인사행정론』. 서울: 박영사.
유종해 외 편저(1984). 『행정학사전』. 서울: 고시원.
유　훈(1986). 『행정학개론』. 서울: 법문사.
윤재풍(1981). 한국의 행정고시 제도의 변천과정. 윤근식 외. 『현대정치와 관료제』. 서울: 대왕사.
윤태범(1992). 한국 관료부패의 유형과 구조의 변화에 관한 연구: 제3공화국에서 제6공화국까지. 서울대학교 박사학위 논문.
이계수(2005). 공무원의 정치운동금지 의무에 대한 비판적 고찰. 『민주법학』, 29: 311-336.
이근주 · 이수영(2012). 다양성의 유형화를 위한 시론적 연구. 『한국인사행정학회보』, 11(1): 175-197.
이근주 · 이혜윤(2007). 보상유형에 대한 차별적 기대가 공무원의 성과에 미치는 영향에 관한 연구. 『한국행정학보』, 41(2): 117-140.
이상규(1982). 『신행정법론』(상). 서울: 법문사.
이상윤(1994). 『인사행정론』. 서울: 대왕사.
_____(2000). 『공무원 인사제도론』. 서울: 대왕사.
이선우(1997). 공무원 실적평가제도 개선 방향. 『한국행정연구』, 6(3): 95-118. 서울: 한국행정연구원.
이성덕(1976). 영국의 관료제. 윤근식 외. 『현대정치와 관료제』. 서울: 대왕사.

이종수(2006). 근무성적평정 편차 시정에 관한 사례 연구. 한국지방정부학회. 『지방정부연구』, 10(1)(2006년 봄).
______(2009a). 한국의 정치-행정 맥락의 분석. 서울행정학회. 『한국사회와 행정연구』, 20(3): 17-39.
______(2009b). 『행정학사전』. 서울: 대영문화사.
______(2010a). 『새 미래의 행정』. 서울: 대영문화사.
______(2010b). 민·관의 협력적 거버넌스를 통한 반부패 청렴문화 확립 방안. 국민권익위원회: 「청렴한 세상」 만들기 반부패 심포지엄 발표 논문.
이종수·윤영진(1993, 1997, 2008). 『새 행정학』. 서울: 대영문화사.
이종수 외(2018). 『행정윤리론』. 서울: 대영문화사.
이지훈(1989). 『한국 정치문화와 정치참여』. 서울: 형설출판사.
이창길(2008). 중앙부처 계층 상호간의 직무역량 기대격차에 관한 연구: 재정경제부의 중간관리층을 중심으로. 『한국인사행정학회보』, 7(2): 87-115.
이창원(2000). 지식정부조직의 국내외 실증사례연구. 한국행정학회 『2000년 동계학술대회 논문집』.
이학종(1991). 『조직행동론』. 서울: 세경사.
이학종·양혁승(2007). 『전략적 인적자원관리』. 서울: 박영사.
이헌수(1998). 『행정에 관한 공무원의 인식과 태도』. 서울: 한국행정연구원.
인사혁신처(2016). 『인사비전 2045』.
______(2017). 『공무원 인사실무』.
______(2018.12.24. 보도자료). "AI가 자리에 맞는 적합한 인재 찾아낸다."
______(2023.2.21. 보도자료). "새로운 인재상 맞춰 공무원 면접시험 개편한다."
장동희(1988). 『한국행정사』. 서울: 법문사.
장지호(1992). 『신인사행정론』. 서울: 대왕사.
전영평(1995). 장애인 고용 촉진을 위한 행정전략의 평가. 『한국행정학보』, 29(1): 279-300.
전주상(2017). 행정이념으로서의 민주성과 효율성. 국가공무원인재개발원. 『국내외 공직가치 사례 연구』.
정병걸(2018). 공직행동으로서 복지부동: 담론의 재생, 확장과 역설. 『한국행정학보』, 52(4): 441-465.
정보통신기술진흥센터(2018). 『국내외 AI 활용 현황과 공공 적용』.
정부혁신지방분권위원회(2003). 『정부혁신지방분권 로드맵』. 서울: 정부혁신지방분권위원회.
______(2004). 『2004년 인사개혁 정책자료집』. 미간행 보고서.
______(2005). 『참여정부의 인사개혁』. 서울: 정부혁신지방분권위원회.
정성호(1978). 미국 공무원제도의 특징. 『경기행정논집』, 2: 91-105.
______(1993). 한국 인사행정의 정치이론적 방향 모색: 기술적 절충주의로부터 계급제로의 재정비. 『한국행정연구』, 2(4): 140-160.

정소윤(2019). 인공지능 기술의 행정 활용에 관한 연구동향 및 쟁점 분석. 『한국지역정보학회지』, 22(4).
정시채(1986). 『한국행정제도사』. 서울: 박영사.
정종교(2003). 공무원노조에 관한 연구. 『한국인간관계학보』, 8(1).
조경호(2007). 공무원 직업만족도 변화와 인사관리 개선 방안. 『한국거버넌스학회보』, 14(1): 241-259.
조경호 · 진종순 · 이석환(2008). 고위공무원단제도의 운영성과 평가모형과 발전방안. 『한국인사행정학회보』, 7(2): 1-32.
조석준(1986). 『한국행정학』. 서울: 박영사.
조성한 외(1996). 『일본의 정부조직』. 서울: 한국행정연구원.
조용만(2006). 프랑스 공무원 노사갈등과 한국적 함의. 『서울행정학회 동계학술대회논문집』.
중앙공무원교육원(1995). 『중앙공무원교육원 연보』. 서울: 중앙공무원교육원.
중앙인사위원회(2000a). 『14개 OECD 회원국의 고위공무원제도: CSC정책자료집 2000-2』. 서울: 중앙인사위원회.
______(2000b). 『인사실무』.
______(2004). 『공무원인사개혁백서』.
______(2005). 『역량평가제 추진현황과 쟁점사항』. 중앙인사위원회 직무역량과 작성 자문회의 자료.
______(2006a). 『공무원인사개혁백서』.
______(2006b). 『공무원의 경력개발제도(CDP) 매뉴얼』.
______(2006c). 『고위공무원단 후보자에 대한 역량평가』. 고위공무원단 후보자 역량평가위원 교육과정 교재.
______(2006d). 『역량평가위원 안내자료』.
______(2007). 『참여정부 공무원인사개혁백서』.
중앙인사위원회 · 삼일회계법인 · Hewitt Associates Korea(연도 미상). 『역량모델 교육자료집』. 중앙인사위원회 내부 발간자료.
진재구(1992). 『직업공무원제 확립을 위한 인사행정기관 및 공직 분류체계 개편 방안』. 한국행정연구원(KIPA) 연구보고서 92-03.
______(1993). 『행정의 전문성 제고를 위한 공무원 임용체계 개선』. 한국행정연구원 연구보고 93-05.
______(1995a). 행정의 전문성과 공무원 교육훈련제도. 『한세정책』, 15: 25-37. 서울: 한세정책연구원.
______(1995b). 『공무원 보수 결정 원칙 및 기준의 설계』. 서울: 한국행정연구원.
______(2009). 정부부문 역량기반 인적자원관리체계 수립의 전제: 쟁점과 시사점. 『한국정책과학학회보』, 13(1): 1-23.
______(2013). 정부부문 역량기반 인사제도 개선방안. 2013년 인사담당관 연찬회 발표자료.

______(2015). 박근혜정부의 공무원연금제도 개혁: 문제점과 개선방안. 『한국사회과학연구』, 36(2): 197-236.

차문중 편(2005). 『기업환경 개선을 위한 규제개혁 연구: 규제의 영향과 개혁정책 분석』. 한국개발연구원 연구보고서 2005-08.

최무현 · 조창현(2007). 정부부문에 역량기반 교육훈련제도(CBC)의 도입: 과학기술부 사례를 중심으로. 『한국인사행정학회보』, 6(2): 263-291.

최성주 · 이근주 · 최유진(2018). 다양성과 다양성 관리: 한국형 다양성 연구의 방향 모색. 『한국인사행정학회보』, 17(4): 1-28.

총무처(1986). 『공무원 인사제도』. 서울: 총무처.

______(1994a). 『공무원 인사실무』. 서울: 총무처.

______(1994b). 『미국 연방공무원제도(임용편)』. 서울: 총무처.

______(1995a). 『인사업무처리요령』. 서울: 총무처.

______(1995b). 『공무원 교육훈련지침(1996년도)』. 서울: 총무처.

______(1995c). 『공무원 통계연보』. 서울: 총무처.

______(1995d). 『총무처연보』. 서울: 총무처.

총무처 직무분석기획단(1997). 『신정부혁신론: OECD국가를 중심으로』. 서울: 동명사.

최재식(1998). 『공무원연금의 현안문제와 개선 방향』. 서울: 공무원연금관리공단.

최종태(1981, 1986). 『현대인사관리론』. 서울: 박영사.

______(1992, 2000). 『현대임금관리론』. 서울: 박영사.

하미승 · 강인호 · 최준호 · 권용수 · 황성원(2004). 공무원 상여금제도의 효과성 및 발전방안 연구. 『한국사회와 행정연구』, 15(2): 1-22.

하상묵(1996). 『공무원의 성과급(특별상여수당) 제도의 합리적 운영 방안』. 서울: 한국행정연구원.

______(1998). 『공무원 근무성적 평정제도의 합리적 운영 방안』. 서울: 한국행정연구원.

하태권(1983). 한국 직업공무원제도의 발전 방향. 『충북대학교 논문집』, 25: 387-403.

______(1990). 한국 인사행정의 변천: 가치갈등적 관점에서의 고찰. 『한국행정학보』, 24(1): 89-116.

______(1992). 민원행정에서의 관료부패. 『한국행정연구』, 1(4): 108-128.

______(1995a). 광역지방자치단체장의 인사권 확대에 관한 연구. 『한국행정학보』, 29(3): 1061-1075.

______(1995b). 행정학의 실증연구 Ⅱ: 인사행정 분야. 한국행정학회. 『우리나라 행정학연구의 연속과 변화: 실증적 연구와 현안적 접근』: 131-161.

______(1995c). 고급공무원 임용 및 경력 발전 체계 개선 방안. 『고급공무원 임용 및 육성의 세계화 방안』. 세계화추진위원회 정책토론회 발표 논문집.

______(1996a). 한국 인사행정의 실증적 연구에 대한 고찰: 연구 경향과 연구 결과를 중심으로. 『한국행정학보』, 29(4): 1463-1483.

______(1996b). 지방공무원의 임용 실태와 개선 방안. 『한국행정연구』, 4(4): 5-29.
______(1998a). 행정학강의, 어떻게 할 것인가?: 인사행정 교육의 효율화를 위한 몇 가지 제안. 『1998 서울행정학회 하계학술대회 발표 논문집』.
______(1998b). 21세기를 대비한 공무원 교육훈련 경쟁력 제고 방안. 『'98 교육훈련발전세미나』. 중앙공무원교육원: 21-69.
______(1998c). 공공부문 종사자의 생산성 제고 방안: 공직임용 체계의 개선을 중심으로. 임주영 편, 『공공부문 혁신을 위한 연구(Ⅰ)』. 한국조세연구원: 231-365.
______(1999). 『공무원 직종간 보수 비교 연구』. 한국행정학회.
______외(1999). 『공직 분류체계 개선 방안: CSC 정책연구보고서 99-8』. 서울: 한국행정학회 인사행정연구회.
______(2007). 『고위공무원단제도 운영 성과 및 개선 방안 연구』. 정부혁신지방분권위원회.
한견우(1992). 『행정법이론』(제1권). 서울: 박영사.
한국능률협회(2004). 『Competency Based HRM 전략실무』 서울: 한국능률협회 발간자료 2004-F06-C011.
한국능률협회컨설팅(2017). 『인사혁신 전략 및 과제 연구』.
한국행정연구원(1992a). 『공무원 교육훈련 체제의 발전 방향』. 서울: 한국행정연구원.
______(1992b). 『공무원의 의식과 행태에 관한 연구』. 서울: 한국행정연구원.
______(1992c). 『공무원 보수체계 합리화 방안에 관한 연구』. 서울: 한국행정연구원.
______(2019). 『인공지능기술의 행정분야 활용에 관한 탐색적 연구』.
한국행정학회(2006). 『기상청 역량기반교육체계 구축 컨설팅 용역보고서』.
한국행정학회 인사행정연구회(1999). 『공직분류체계 개선방안』.
한승주(2010). 성과급 제도에 대한 공무원의 대응: 근거이론의 적용. 『한국행정학보』, 44(4): 29-58.
행정쇄신위원회(1995). 『행정쇄신백서(1994.5~1995.4)』. 서울: 행정쇄신위원회.
행정자치부(1998a). 『1998 행정자치부 통계연보』. 서울: 행정자치부.
______(1998b). 『1999년도 공무원교육훈련 세부지침』.
______(2000). 『행정자치부 통계연보』, 제3호.
______(2000). 『2001년도 공무원 교육훈련지침』.
______(2001). 『2001년 목표관리제 운영지침』.
______(2006). 『행정자치부 통계연보』.
홍준현 · 윤태범(1998). 『공무원 근무실적 평가를 위한 점수제 인사평정제도 도입 방안』. 서울: 한국행정연구원.
황대석(1996). 『신인사 Trend 35』. 서울: 한국경영자총협회.
______(1986). 『인사관리』. 서울: 박영사.
황정현(1992). 『사장의 임금철학』. 서울: 삼성출판사.

[국외 문헌]

Aberbach, J. D., R. D. Putnam, & B. A. Rockman(1981). *Bureaucrats & politicians in western democracies*. Cambridge, MA: Harvard University Press.

Adams, Stacy J.(1963). Toward an Understanding of Inequality. *Journal of Abnormal and Social Psychology*, 67: 422-436.

______& W. B. Rosenbaum(1962). The Relationship of Worker Productivity to Cognitive Dissonance about Wage Inequities. *Journal of Applied Psychology*, 46: 161-164.

Alderfer, Clayton P.(1972). *Existence, Relatedness and Growth: Human Needs in Organizational Settings*. New York: Free Press.

Allison, Jr., J. T.(1979). Public and private management: are they fundamentally alike in all unimportant respects?, in J. L. Perry & K. L. Kraemer(eds.)(1983). *Public management: Public and private perspectives*. Palo Alto, CA.: Mayfield Publishing Co.

An, S., & Lee, S.(2022). The Impact of Gender Diversity and Disparity on Organizational Performance:Evidence from Korean Local Government-Owned Enterprises. *Review of Public Personnel Administration*, 42(3).

Aronson, S. H.(1964). *Status and kinship in the higher civil service*. Cambridge, MA: Harvard University Press.

Arrow, K. J.(1973). Higher education as a filter. *Journal of Human Resources*, 8: 436-455.

Ashforth, B. E., & Mael, F.(1989). Social identity theory and the organization. *Academy of Management Review*, 14(1): 20-39.

Ban, Carolyn(2005). The Changing Role of the Human Resource Office, in Stephen E. Condrey(2nd ed.)(2005). *Handbook of Human Resource Management in Government*. San Francisco, CA: John Wiley & Sons Inc.

Bark, D. S.(1967). Korean higher civil servants: Their social background and morale, in Byung Chul Koh(ed.). *Aspects of administrative development in South Korea*. Michigan: The Korea Research and Publication Inc.

Beach, Dale S.(1980). *Personnel: The Management of People at Work*. New York: Macmillan Publishing Co., Inc.

Becker, G. S.(1962). Investment in human capital: A theoretical analysis. *Journal of Political Economy*, 70, Supplement: 9-49.

Bellows, R. M.(1955). *Psychology of Personnel in Business and Industry*. New York: Prentice-Hall.

Bendix, R.(1974). *Higher civil servants in American society: A study of the social origins, the careers, and the power-position of higher Federal administrator*. Westport, Conn.:

Greenwood Press.

Berman, E. M., Bowman, J. S., West, J. P., & Van Wart, M. R.(2020). *Human Resource Management in Public Service: Paradoxes, Processes, and Problems*. Sage Publications.

Berscheid, E., & Walster, H.(1978). *Interpersonal attraction*. Adison-wesley, Reading, MA.

Bhargava, Vinay K. & Emil P. Bolongaita, Jr.(2004). *Challenging Corruption in Asia: Case Studies and a Framework for Action*. Washington, D.C.: The World Bank.

Blinder, A. A.(1973). Wage discrimination: Reduced form and structural estimates. *Journal of Human Resources*, 8: 436-455.

Blau, P. M.(1964). *Exchange and Power in Social Life*. New York: Wiley.

Boling, T. Edwin & John Dempsey(1981). Ethical Dilemmas in Government: Designing an Organizational Response. *Public Personnel Management*, 10(1).

Borjas, G. J.(1983). The measurement of race and gender wage differentials: Evidence from the Federal sector. *Industrial and Labor Relations Review*, 37: 79-91.

Bowey, Angela(1974). *A Guide to Manpower Planning*. London: McMillan.

Box, B. E. & F. Whellan(1982). The Evolution of Staff Development System. *Management Review*(October): 54-60.

Byars, Lloyd L. & Leslie W. Rue(1984). *Human Resource and Personnel Management*. Homewood, Ill.: Richard D. Irwin, Inc.

Byrne, D.(1971). *The Attraction Paradigm*. Academic Press.

Byrne, D., Griffitt, W., & Stefaniak, D.(1967). Attraction and similarity of personality characteristics. *Journal of Personality and social Psychology*, 5(1): 82.

Caiden, G. E.(1977). Administrative Corruption. *PAR*, 37(2).

Caplow, T.(1954). *The Sociology of Work*. New York: McGraw-Hill.

Carpenter, W. S.(1952). *The unfinished business of civil service reform*. Princeton, New Jersey: Princeton University Press.

Cayer, N. Joseph(2004). *Public Personnel Administration*. Belmont, CA.: Wadsworth/Thomson Learning.

Chalker, James R. & Wiley D. Sutton(1970). Developing an Objective Performance Appraisal Scale. Applied Research In Public Personnel Administration. Public Personnel Association, *Personnel Report*, No.702.

Chauhan, D. S.(1976). India's underprivileged classes and the higher public service: Towards developing a representative bureaucracy. *International Review of Administrative Science*, 42: 39-55.

Chyung, S. Y., D. Stepich, & D. Cox(2006). Building a Competency-based Curriculum Architecture to Educate 21st-Century Business Practitioners. *Journal of Educational for Business*, 81(4): 307-314.

Clark, Harry L. & Dona R. Thurston(1977). *Planning Your Staffing Needs: A Handbook for Personnel Workers*. U.S. Government Printing Office.

Clark, K.(1965). *Dark Ghetto*. New York: Harper and Row.

Condrey, Stephen(2005). *Handbook of Human Resource Management in Government*. San Francisco, C.A.: John Wiley & Sons. Inc.

Corazzini, A. J.(1972). *Internal Labor Markets and Manpower Analysis*. Lexington, MA: Heath.

Cummin, C.(1967). TAT Correlates of Executive Performance. *Journal of Applied Psychology*, 51: 78-81.

Davis, Ralph C.(1951). *The Fundamentals of Top Management*. New York: Harper & Row.

Dimock, Marshall E., Gladys O. Dimock, & Louis W. Koening(1961). *Public Administration*. New York: Holt, Rinehart and Winston.

Downs, Anthony(1967). *Inside Bureaucracy*. Boston: Little Brown.

Dresang, D. L.(1974). Ethnic politics, representative bureaucracy and development administration: The Zambian case. *American Political Science Review*, 68: 1605-1617.

______(1991). *Public Personal Management and Public Policy*(2nd ed.). New York: Longman.

Drewry, Gavin & Tony Butcher(1988). *The Civil Service Today*. Oxford: Basil Blackwell.

Dubois, D. & W. Rothwell(2004). *Competency-based Human Resource Management*. Mountain View, CA: Davies-Black Publishing.

Duncan, B.(1967). Education and social background. *American Journal of Sociology*, 72: 363-372.

Eccles, M. E.(1976). *Race, sex and government jobs: A study of affirmative action programs in the Federal agencies*. Ph.D. Dissertation. Harvard University.

Elliott, R. H.(1985). *Public Personnel Administration: A values perspective*. Reston, VA: Reston Publishing Co.

Ference, Thomas P., J. A. F. Stoner, & E. Kirby Warren(1977). Managing the Career Plateau. *Management Review*(October): 607-608.

Flippo, Edwin. B.(1971). *Principles of Personnel Management*(3rd ed.). New York: McGraw-Hill.

______(1980, 1984). *Personnel Management*(5th and 6th ed.). New York: McGraw-Hill.

Freeman, Frank S.(1962). *Theory and Practice of Psychological Testing*(3rd ed.). New York: Holt, Rinehart and Winston.

Gabriel, R. A.(1979). Acquiring new values in military bureaucracies: A preliminary model. *Journal of Political and Military Sociology*, 7: 89-102.

Goldstein, Kurt(1939). *The Organism*. New York: American Book Company.

Goodsell, C. T.(1983). *The Case for Bureaucracy: A Public Administration Polemic*. Chatham, New Jersey: Chatham House Publishers.

Gould, David J.(1983). The Effects of Corruption on Administration Performance: Illustration from Developing Countries, in *World Bank Staff Working Papers*(No.580). Washington, D.C.: The World Bank: 1-41.

Grandjean, B. D.(1981). History and career in a bureaucratic labor market. *American Journal of Sociology*, 96: 1057-1092.

Green, Paul C.(1999). *Building Robust Competencies: Linking Human Resources Systems to Organizational Strategies*. San Francisco: Jossey-Bass.

Harmon, M. M.(1974). Social equity and organizational man: Motivation and organizational democracy. *Public Administration Review*, 34: 11-18.

Harrison, D. A., Price, K. H., & Bell, M. P.(1998). Beyond relational demography: time and the effects of surface-and deep-level diversity in work group cohesion. *Academy of Management Journal*, 41: 96-107.

Ha, T. K.(1988a). Theories of representative bureaucracy. *Journal of Social Sciences*, 5(1): 125-145. College of Social Sciences. Chungbuk National University.

______(1988b). *Test of three selection models: The case of the Korean senior civil service*. D.P.A. dissertation. University of Georgia.

______(1991). Three selection models of civil service. Graduate School of Public Administration. Seoul National University. *The Korean Journal of Policy Studies*, 6: 137-153.

Hays, Steve W. & T. Zane Reeves(1989). *Personnel Management in the Public Sector*. Dubuque, Iowa: Brown Publishers.

______(1991). *Personnel Management in the Public Sector*. Boston, MA: Allyn and Bacon, Inc.

Heady, F.(1984). *Public administration: A comparative perspective*. New York: Marcel Dekker, Inc.

Heidenheimer, Arnold J.(ed).(1970). *Political Corruption: Readings in Comparative Analysis*. New York: Holt, Rinehart and Winston.

Heidenheimer, M. Johnston, & Victor T. LeVine(eds).(1990). *Political Corruption*. New Brunswick: Transaction.

Henderson, Richard(1989). *Campensation Management: Rewarding Performance*(5th ed.). Prentice-Hall.

Hersey, P., & K. H. Blanchard(1982). *Management of organizational behavior: Utilizing human resources*. Englewood Cliffs, New Jersey: Prentice-Hall.

Herzberg, B. Mausner & B. B. Synderman(1959). *The Motivation to Work*. New York: John Wiley.

Herzberg, Frederick(1968). One More Time: How Do You Motivate Employees. *Harvard Business Review*, 46(1): 53-62.

Huczynski, Andrzej & David Buchanan(1991). *Organizational Behavior*(2nd ed.). New York: Prentice-Hall.

Huntington, Samuel P.(1976). Political Development and Political Decay, in C. E. Welch Jr. (ed.). *Political Modernization*. California: Wadsworth Publishing Co., Inc.

Jackson, S. E., May, K. E., & K. Whitney(1995). Under the Dynamics of Diversity in Decision Making Teams, in R. A. Guzzo & E. Salas(eds.). *Team Effectiveness and Decision Making in Organizations*. SF: Jossey-Bass.

Jha, S. N.(1979). *Representative Bureaucracy*: An Indicator of Political Development. *Indian Journal of Public Administration*, 25: 324-335.

Jucius, Michael J.(1971). *Personnel Management*(7th ed.). Homewood, Illinois: Richard D. Irwin.

Kaufman, H.(1956). Emerging conflicts in the doctrines of public administration. *American Political Science Review*, 50: 1057-1073.

Kaufmann, Daniel(1997). Corruption: The Facts. *Foreign Policy*: 114-131.

Keefer, P. & S. Knack(1997). Why Don't Poor Countries Catch up?: A Cross National Test of an Institutional Explanation. *Economic Inquiry*, 35(3): 590-602.

Kellough, J. E., L. G. Nigro, & G. A. Brewer(2010). Civil Service Reform Under George W. Bush: Ideology, Politics, and Public Personnel Administration. *Review of Public Personnel Administration*, 30(4): 404-422.

Kessler, Robin(2008). *Competency-based Performance Review*. Franklin Lakes, New Jersey: Career Press.

Kim, K. D.(1984). *Men and society in Korea's economic growth: Sociological studies*. Seoul, Korea: Seoul National University Press.

Kim, Pan S.(1992). Who Serves the People: Educational Backgrounds of South Korean and Japanese Bureaucrats. *American Review of Public Administration*, 22(December): 307-326.

______(1993a). Public Bureaucracy and Regionalism in South Korea. *Administration and Society*, 25(August): 227-242.

______(1993b). Toward Gender Equality in the Korean Civil Service. *Public Personnel Management*, 22(Fall): 403-420.

______(1993c). Racial Integration in the American Federal Government: With special reference to Asian Americans. *Review of Public Personnel Administration*, 13(Winter): 52-66.

______(1994a). A Theoretical Overview of Representative Bureaucracy: Synthesis. *Inter-*

national Review of Administrative Sciences, 60(September): 385-397.
______(1994b). Myths and Realities of the Model Minority. *The Public Manager* [formerly *The Bureaucrat*], 23(Fall): 31-35.
______ & B. Mengistu(1994). Women and Minorities in the Work Force of Law Enforcement Agencies. *American Review of Public Administration*, 24(June): 161-179.
______ & Gregory B. Lewis(1994). Asian Americans in the Public Service: Success, Diversity, and Discrimination. *Public Administration Review*, 54(May/June): 285-290.
______ & J. Ofori-Dankwa(1995). Utilizing Cultural Theory as a Basis for Cross-Cultural Training: An Alternative Approach. *Public Administration Quarterly*, 18(Winter): 478-500.
______(1996). Disability Policy: An Analysis of the Employment of People with Disabilities in the American Federal Government. *Public Personnel Management*, 25(Spring): 73-88.
Kingsley, J. D.(1944). *Representative bureaucracy: An interpretation of the British civil service*. Yellow Springs: The Antioch Press.
Klaveren, Jacob Van(1989). The Concept of Corruption, in Arnold J. Heidenheimer(ed.). *Political Corruption*. New Brunswick: Transaction.
Klemp, George O., Jr.(1980). *The Assessment of Occupational Competence*. Report to the National Institute of Education. Washington, D.C.: NIE.
Klingner, Donald E.(1980). *Public Personnel Management: Contexts and Strategies*. Englewood Cliffs, New Jersey: Prentice-Hall.
______(1990). Variables Affecting the Design of State and Local Personnel Systems, in Steven W. Hays & Richard C. Kearney(ed.). *Public Personnel Administration: Problems and Prospects*. Englewood Cliffs, New Jersey: Prentice-Hall.
______& John Nalbandian(1993). *Public Personnel Management-Context and Strategies*(3rd ed.). Englewood Cliffs, New Jersey: Prentice Hall.
Koh, B. C., & J. Kim(1982). Paths to advancement in Japanese bureaucracy. *Comparative Political Studies*, 15: 289-313.
Kranz, H.(1974). Are merit and equity compatible? *Public Administration Review*, 34: 434-439.
______(1976). *The Participatory bureaucracy: Women and minorities in a more representative public service*. Lexington, MA: Lexington Books.
Krislov, S.(1967). *The Negro in Federal Employment: The Quest for Equal Opportunity*. Minneapolis: University of Minnesota Press.
______(1974). *Representative Bureaucracy*. Englewood Cliffs, New Jersey: Prentice-Hall.
______ & D. H. Rosenbloom(1981). *Representative bureaucracy and the American political*

System. New York: Praeger.

Kubota, A.(1969). *Higher civil service in postwar Japan*. Princeton, New Jersey: Princeton University Press.

Lawless, David(1972). *Effective Management: Social Psychological Approach*. Englewood Cliffs, New Jersey: Prentice-Hall.

Leap, Terry L. & Michael D. Crino(1989). *Personnel/Human Resource Management*. Macmillan.

Lee, H. B.(1968). *Korea: Time, change, and administration*. Honolulu: East-West Center Press.

Lee, H. & Lee, S.(2021). Is More Commitment Always Better? A Study on the Side Effects of Excessive Organizational Commitment on Work-Family Conflict. *Review of Public Personnel Administration*, 2021: 25-56.

______(2022). No more one-size-fits-all approach to organizational commitment: Evidence from a quantile regression. *Review of Public Personnel Administration*, 42(4): 709-737.

Lee, Jr., Robert D.(1993). *Public Personnel System*(3rd ed.). Gaithersburg: Aspen Publishers, Inc.

Lee, Sun-Woo(1996). *Human Resource Management and High Performance Management*. Ph.D. dissertation. Syracuse University.

Leff, Nathaniel H.(1964). Economic Development Through Bureaucratic Corruption. *American Behavioral Scientist*, 8(3): 8-14.

Levine, R. A.(1973). *Culture, Behavior, and Personality*. Chicago: Aldine.

Levitan, David S.(1942). The Neutrality of Public Service. *PAR*, Vol.2.

Lewis, G. B.(1984). *Men and women in Federal employment: Placement, promotions, and occupations*. Ph.D. dissertation. Syracuse University.

Likert, Rensis(1961). *New Patterns of Management*. New York: McGraw-Hill.

Lipset, S. M.(1952). Bureaucracy and social change, in R. K. Merton, et al.(eds.). *Reader in Bureaucracy*. New York: The Free Press.

Long, N. E.(1949). Power and Administration. *Public Administration Review*, 9: 257-264.

______(1952). Bureaucracy and constitutionalism. *American Political Science Review*, 46: 808-818.

Loucks, Edward A.(1981). Bureaucratic Ethics from Washington to Carter: An Historical Perspective. *Public Personnel Management*, 10(1).

Lucia, Antoinette D. & Richard Lepsinger(1999). *The Art and Science of Competency Model: Pinpointing critical success factors in Organizations*. San Francisco, CA: Jossey-Bass.

Luthans, Fred(1981). *Organizatianal Behavbior*(3rd ed.). New York: McGraw-Hill.

Mahler, W. R.(1947). Some Common Errors in Employee Merit Rating Practice. *Personnel Journal*, 20(2).

Mandt, E.(1979). A Basic Model of Manager Development. *Personnel Journal*(June): 392-411.

Maslow, Abraham H.(1943). A Theory of Human Motivation. *Psychological Review*, 50(3): 370-396.

McClelland, David C.(1953). *The Achievement Motive*. New York: Appleton-Century-Crofts.

______(1970). The Two Faces of Power. *Journal of International Affairs*, 24(1): 29-47.

______(1973). Testing for competence rather than for intelligence. *American Psychologist*, 28(1): 1-14.

______ & David H. Burnham(1976). Power is the Great Motivator. *Harvard Business Review* (March/April).

Megginson, L. C.(1974). Manpower Planning and Forecasting, in W. Clay Hamner, & Frank L. Schmidt eds., *Contemporary Problems in Personnel*. St. Clair Press.

Meier, K. J.(1975). Representative bureaucracy: An empirical analysis. *American Political Science Review*, 69: 526-542.

______ & L. G. Nigro(1976). Representative bureaucracy and policy preferences: A study of the attitudes of Federal executive. *Public Administration Review*, 36: 458-469.

______ & R. E. England(1984). Black representation and educational policy: Are they related? *American Political Science Review*, 78: 392-403.

Mincer, J.(1973). *Schooling, Age, and Earning*. New York: Columbia University Press.

Moe, Terry M(1985). The Politicized Presidency, in John E. Chubb, Paul E. Peterson(eds.). *The New Direction in American Politics*. Washington: Brookings Institution.

Mondy, R. Wayne & Robert M. Noe III.(1990). *Human Resource Management*(4th ed.). Boston: Allyn and Bacon.

Mosher, F. C.(1982). *Democracy and the Public Service*(2nd ed.). New York: Oxford University Press.

Murray, M. A.(1975). Comparing public and private management: An exploratory essay. *Public Administration Review*, 35: 467-472.

Neumann, R. G.(1955). *European and Comparative Government*. New York: McGraw-Hill.

Nigro, Felix A.(1959). *Public Personnel Administration*. New York: Henry Holt.

______(1965a). *Public Personnel Adminstration*. New York: Haper & Row.

______(1965b). *Modern Public Administration*. New York: Harper & Row.

______ & Lloyd G. Nigro(1986). *The New Public Personnel Administration*(3rd ed.). Illinois: P. E. Peacock.

Nigro, Lloyd G. & John J. Demarco(1979). Training in Local Governments: Attitude and

Practice. *Southern Review of Public Administration*, 2.

______ & J. E. Kellough(2014). *The New Public Personnel Administration*(7th ed.). Boston: Wadsworth.

Nye, J. S.(1979). Corruption and Political Development: A Cost-Benefit Analysis, in *Bureaucratic Corruption in Sub-Saharan Africa*, edited by Monday V. Expo. Washington: University Press of America, Inc.

Odiorne, George S.(1971). *Personnel Management by Objectives*. Homewood, Illinois: Richard D. Irwin.

O'Toole, Barry J.(2006). *The Ideal of Public Service: Reflections on the Higher Civil Service in Britain*. New York: Routledge.

Paine, Frank T. & William M. Bassin(1965). Sensitivity Training: Theory and Practice. *Public Personnel Review*, 36(2).

Palais, J. B.(1975). *Politics and Policy in Traditional Korea*. Cambridge, MA: Harvard University Press.

Parnes, H. S.(1968). Manpower Analysis in Educational Planning, in M. Blaug(ed.). *Economics of Education I*. Baltimore: Penguin.

Patten, Jr., Thomas H.(1970). Precepts for Personnel Development. *Public Personnel Review*, 31(1).

Perlmutter, A.(1980). The comparative analysis of military regimes. *World Politics*, 33: 96-120.

Peters, B. Guy(1984). *The Politics of Bureaucracy: A Comparative Perspective*. New York: Longman.

Pfiffner, James P.(1987). Political Appointees & Career Executives: The Democracy-Bureaucracy Nexus in the Third Century. *Public Administration Review*, 47(1): 57-65.

Pitkin, H. F.(1967). *The Concept of Representation*. Berkley, CA: University of California Press.

Porter, Lyman W. & Edward E. Lawler(1968). *Managerial Attitude and Performance*. Homewood, Ill.: Richard D. Irwin.

Powell, Norman J.(1956). *Personnel Administration in Government*. Englewood Cliffs, New Jersey: Prentice-Hall.

Public Service Commission of Canada(2003). *Profile of Public Service Leadership Competencies*.

Pynes, Joan E.(2004). *Human Resources Management for Public and Nonprofit Organization*(2nd ed.). San Francisco: John Wiley & Sons Inc.

Prahalad, C. K., & Hamel, G.(1990). The Core Competence of the Corporation. *Harvard Business Review*, 81(3).

Rabin, Jack, et al.(1983). *Handbook on Public Personnel Administration and Labor Relations*.

New York: Marcel Dekker, Inc.

Rabin, Jack, Thomas Vocino, W. Bartley Hildreth, & Gerald J. Miller(eds.)(1995). *Handbook of Public Personnel Administration*. New York: Marcel Dekker, Inc.

Rainey, H. G., R. W. Backoff, & C. H. Levine(1976). Comparing public and private organizations. *Public Administration Review*, 36: 233-244.

Random House(1992). *Random House Webster's College Dictionary*. New York: Random House.

Reed, R. H. & H. P. Miller(1970). Some determinants of the variation in earnings for college men. *Journal of Human Resources*, 5: 177-190.

Reeves, E. J.(1970). Making equality for employment opportunity as reality in the Federal service. *Public Administration Review*, 30: 43-49.

______(1972). Equal employment and the concept of the bureaucracy as a representative institution. *Midwest Review of Public Administration*, 6: 3-13.

Riley, Dennis D.(1993). *Public Personnel Administration*. New York: Harper Collins College Publishers.

Rivera-Baitiz, F. L.(2000). Democracy, Governance and Economic Growth. *Review of Development Economics*, 6(2): 225-247.

Rosenbloom, D. H.(1973). Public personnel administration and politics: Toward a new public personnel administration. *Midwest Review of Public Administration*, 7: 98-110.

______(1974). Forms of bureaucratic representation in the Federal service. *Midwest Review of Public Administration*, 8(3): 159-177.

______(1993). *Public administration: Understanding management, politics, and law in the public sector*. New York: McGraw-Hill.

Rourke, F. E.(1984). *Bureaucracy, Politics, and Public Policy*. Boston: Little, Brown and Company.

Sabatier, P. & D. Mazmanian(1980). The Implementation of public policy: A framework of analysis. *Policy Studies Journal*, 8: 575-596.

Sayre, W.(1948). The triumph of techniques over purpose. *Public Administration Review*, 8: 134-137.

Schein, E. H.(1970). *Organizational psychology*(2nd ed.). Englewood Cliffs, New Jersey: Prentice-Hall.

Schuler, R. S.(1984). *Personnel and Human Resource Management*(2nd ed.). St. Paul, MN: West Publishing Co.

Settoon, R. P., Bennett, N. & Liden, R. C.(1996). Social Exchange in Organizations: Perceived Organizational Support, Leader-Member Exchange, and Employee Reciprocity. *Journal of Applied Psychology* 81(3): 219-227.

Shafritz, Jay M., Albert C. Hyde, & David H. Rosenbloom(1981, 1986). *Personnel Management in Government: Politics and Process*(2nd and 3rd ed.). New York: Marcel Dekker, Inc.

______, Walter L. Balk, Albert C. Hyde, & David H. Rosenbloom(1978). *Personnel Management in Government: Politics and Process*. New York: Marcel Dekker, Inc.

Siegel, Gilbert B. & Robert C. Myrtle(1985). *Public Personnel Administration: Concepts and Practices*. Boston: Houghton Mifflin.

Slivinski, Len W. & Jennifer Miles(1996). *The Wholistic Competency Profile: A Model*. Personnel Psychology Center, Public Service Commission of Canada.

Smith, P. & C. Cranny(1968). Psychology of Man at Work. *Annual Review of Psychology*, 19: 469-477.

Sorauf, F. J.(1960). The silent revolution in patronage. *Public Administration Review*, 20: 28-34.

Spencer, Lyle M., & Signe M. Spencer(1993). *Competence at Work: Models for Superior Performance*. New York: Wiley & Sons.

Srivastava, P. K.(1964). *Projecting Manpower Demand*. India Ministry of Home Affairs.

Stahl, O. Glenn(1976, 1983). *Public Personnel Administration*(7th and 8th ed.). New York: Harper & Row.

Suleiman, E. N.(1974). *Politics, Power and Bureaucracy in France*. New Jersey: Princeton University Press.

Szilagyi. Andrew D. & Marc J. Wallace(1987). *Organizational Behavior and Performance*. Glenview, IL: Scott Foresman.

Tajfel, H., & Turner, J. C.(1986). The Social Identity Theory of Intergroup Behavior. *Psychology of Intergroup Relations*. Chicago: Nelson-Hall.

Thayer, F. C.(1978). The president's management "reforms": Theory X triumphant. *Public Administration Review*, 38: 309-314.

Thompson, F. J.(1976). Minority groups in public bureaucracies: Are passive and active representation linked? *Administration and Society*, 8: 201-226.

______(1978). Types of representative bureaucracy and their linkage: The case of ethnicity, in R. T. Golembiewski & F. J. Gibson(eds.). *Readings in Public Administration*(4th ed.). Boston: Houghton Mifflin Co.

______(1983). The politics of public personnel administration, in Hays & Kearney(eds.). *Public Personnel Administration: Problems and Prospects*. Englewood Cliffs, New Jersey: Prentice-Hall.

Tickner, F. J.(1950). *Modern Staff Training*. London: University of London Press.

Tiffin, Joseph(1952). *Industrial Psychology*. Englewood Cliffs. New Jersey: Prentice-Hall.

Tolman, Edward C.(1932). *Purposive Behaviors in Animals and Men.* New York: Appleton Century Crofts.

Tompkins, Jonathan(1995). *Human resource management in government.* New York: Harper Collins College Publishers.

Torpey, William G.(1953). *Public Personnel Management.* Princeton, New Jersey: Princeton University Press.

Tsui, A. S., Egan, T. D., & O'Reilly III, C. A.(1992). Being different: Relational demography and organizational attachment. *Administrative Science Quarterly*: 549-579.

Tziner, A., & Eden, D.(1985). Effects of crew composition on crew performance: Does the whole equal the sum of its parts? *Journal of Applied Psychology*, 70.

Ulrich, D., W. Brockbank, D. Johnson, K. Sandholtz, & J. Younger(2008). *HR Competencies: Mastery at the Intersection of People and Business.* VA: SHRM.

United States Office of Personnel Management(USOM)(1999). Looking to the Future: Human Resources Competencies. *An Occupation in Transition: A Comprehensive Study of the Federal Human Resources Community*, Part 2.

U. S. Civil Service Commission(1978). *Introducing Civil Service Reform Act.* U. S. Government Printing Office.

Van Riper, P. P.(1958). *History of the United States civil service.* New York: Harper and Row.

Vetter, Eric W.(1976). *Manpower Planning for High Talent Personnel.* Ann Arbor, Michigan: The University of Michigan Press, Bureau of Industrial Relations.

Vroom, Victor H.(1964). *Work and Motivation.* New York: John Wiley.

Waldo, Dwight(1974). Reflections on Public Morality. *Administration and Society*, 6(3).

Weede, E.(1983). Military participation ratios, human capital formation, and economic growth: A cross-national analysis. *Journal of Political and Military Sociology*: 11-19.

Werner, Simcha B.(1983). New Direction in the Study of Administrative Corruption. *PAR*, 43(2): 146-154.

West, J. P.(2012). Employee-friendly policies and development benefits for millennials, in W. I. Sauser, Jr. & R. R. Sims(eds.). *Managing human resources for the millennial generation.* Charlotte, NC: Information Age.

Weyerer, J. C. & Langer, P. F.(2019). Garbage In, Garbage Out: The Vicious Cycle of AI-Based Discrimination in the Public Sector. Working paper presented at 20th Annual International Conference on Digital Government Research.

White, Leonard D.(1954). *Introduction to the Study of Public Administration.* New York: Macmillan.

______(2003). Strikes in the Public Service, in Frank J. Thompson(ed.). *Classics of Public*

Personnel Policy(3rd ed.). Belmont, CA: Wadsworth/ Thomson Learning.

Wise, Lois R.(1994). Human Resources Management, in Randall Baker(ed.). *Comparative Public Management: Putting U.S. Public Policy and Implementation in Context.* Westport: Praeger.

Wolf, James(1979). The Student Responsibility Model of Public Service Internships. *Southern Review of Public Administration,* 3(2).

Wolf, Patrick J.(1999). Neutral and Responsive Competence: The Bureau of the Budget, 1939-1948, Revisited. *Administration & Society,* 31(1): 142-167.

Woo, J.(2004). Growth, Government Policies and Institutions in the Globalized World Economy. mimeo. DePaul University.

Writz, B. W. & Muller, W. M.(2019). An integrated artificial intelligence framework for public management. *Public Management Review,* 21(7).

Yoder, Dale(1956). *Personnel Management and Industrial Relations.* Englewood Cliffs, New Jersey: Prentice-Hall.

______ & Others(1958). *Handbook of Personnel Management and Labor Relations.* New York: McGraw-Hill.

Young, C.(1976). *The Politics of Cultural Pluralism.* Madison, Wisconsin: The University of Wisconsin Press.

Zemke, Ron(1982). Job Competencies: Can they help you design better training? *Training,* 19(5): 28-31.

http//www.mspb.gov/abouts/title5cfr/5cfr2000.html

http//www.osc.gov/intro.html

http//www.flra.gov/10.html

http//www.cabinet-office.gov.uk

http//www.jinji.admix.go.jp

http//csc.go.kr

http//www.geps.or.kr

http//www.mogaha.go.kr

http//www.mpm.go.kr

http//www.mois.go.kr

찾아보기

ㄱ

ㄴ

ㄷ

ㅁ

ㅇ

ㅊ

ㅋ

ㅌ

ㅍ

ㅎ

기타

저자 소개

강성철(姜成哲)

부산대학교 행정학과(행정학사)
부산대학교 대학원 행정학과(행정학석사 · 박사)
미국 인디애나대학교 Fulbright Scholar 역임
창원대학교 행정학과 조교수 역임
한국인사행정학회 회장 역임
한국지방정부학회 회장 역임
부산대학교 행정대학원장 역임
부산발전연구원장 역임
현 부산대학교 공공정책학부 명예교수

『창조적 발상과 지역경쟁력』(공저, 한울, 2008)
『지방정부간 갈등과 협력: 이론과 실제』(공저, 한국행정DB센터, 2006)
『지방정부간 갈등과 협력: 연구사례』(공저, 한국행정DB센터, 2006)
『참여정부 인사개혁의 현황과 전략』(김중양 편, 나남출판사, 2005)
『지식기반경제와 지역발전전략』(공저, 부산대학교출판부, 2004)
『행정학의 주요이론』(오석홍 편, 법문사, 2000)
『신행정학 원론』(공저, 도서출판 금정, 2000)
『환경정의 이론과 실제』(공역, 대왕사, 1995)
『개발과 환경의 정치학』(공역, 대왕사, 1993)

이종수(李鍾受)

서울대학교 문리과대학 졸업(문학사)
서울대학교 대학원 졸업(행정학석사 · 박사)
미국 캘리포니아대학교(버클리), Research Associate
일본 中央大學 초빙교수
한국행정학회 회장 역임
한국행정사연구회 회장 역임

서울행정학회 회장 역임
행정고시, 외무고시, 사법고시, 지방행정고시, 출제 및 채점위원 역임
현 한성대학교 행정학과 명예교수

『행정윤리론』(대영문화사, 2025)
『새행정학 3.0』(공저, 대영문화사, 2022)
『새 행정개혁론』(대영문화사, 2022)
『새 미래의 행정』(대영문화사, 2019)
『한국행정의 이해』(대영문화사, 2018)
『행정학 입문』(대영문화사, 2014)
『행정학사전』(대영문화사, 2009)
『정부혁신의 미래 비전』(한국행정연구원, 2006)
『정부혁신의 메커니즘과 전략』(대영문화사, 2005)
『새행정이론』(공저, 대영문화사, 2002)
『일본의 행정개혁』(역서, 도서출판 한울, 2002)

진재구(陳在九)

서울대학교 인문대학 불어불문학과(문학사)
서울대학교 행정대학원 행정학과(행정학석사 · 박사)
한국행정연구원 수석연구원, 연구기획부장, 제도연구부장 역임
한국인사행정학회 회장 역임
총무처 · 중앙인사위원회 · 행정자치부 · 행정안전부 인사정책자문위원 역임
교육과학기술부, 외교통상부, 국방부 정책평가위원 역임
정부혁신지방분권위원회 인사분과 전문위원 역임
기획예산처, 기획재정부 재정성과평가위원 역임
행정고등고시 등 각종 공무원 채용 및 승진시험 출제위원, 면접위원
인사혁신처 고위공무원단 및 과장급 승진 역량평가위원 역임
인사혁신처 정책자문위원 역임
개방형임용 중앙선발심사위원회 위원 역임
국무총리자문 공직인사혁신위원회 위원 역임
공무원보수민관심의위원회 위원 역임
공무원 재해보상 연금위원회 위원 역임
전 청주대학교 행정학과 교수

최근열(崔根烈)

영남대학교 법정대학 행정학과(행정학사)
영남대학교 대학원(행정학석사 · 박사)
한국지방자치학회 회장 역임
한국정부학회 회장 역임
대한지방자치학회 회장 역임
한국인사행정학회 부회장 역임
대통령소속 지방자치발전위원회 위원 역임
지방고등고시 등 각종 공무원 채용시험 출제위원 및 면접위원 역임
현 대통령소속 자치분권위원회 위원
현 행정안전부 지방재정위기관리위원회 위원
현 기획재정부 준정부기관 경영평가단 위원
현 전국시도의회의장협의회 정책자문위원회 위원
현 경상북도 및 대구광역시 달서구 인사위원회 위원
현 경일대학교 경찰행정학부 행정학전공 교수

『지방재정론』(공저, 대영문화사, 2011)
『지방의회의 이해』(공저, 박영사, 2008)
『지방의회론』(공저, 학현사, 2000)

이수영(李洙榮)

서울대학교 인류학과(문학사)
서울대학교 행정대학원(행정학석사)
Univ. of Southern California 행정학과(행정학석사)
Univ. of Georgia 행정학과(행정학박사)
한국외국어대학교 행정학과 전임강사 역임
한국인사행정학회 회장 역임
International Review of Public Administration 편집위원장 역임
현 서울대학교 행정대학원 교수

강혜진(姜惠珍)

서울대학교 사회과학대학 정치학과(정치학사)
서울대학교 행정대학원(행정학석사 · 박사)
서울대학교 행정대학원 국가리더십 연구센터 연구원 역임
경남대학교 행정학과 조교수 역임
현 동아대학교 행정학과 조교수

Political Patronage in Asian Bureaucracies(공저, Cambridge University Press, 2023)
『X세대 리더가 되다』(공저, 진앤진, 2020)
『정책수단론』(공저, 법문사, 2013)

이하영(李河瑛)

성균관대학교 법학과(법학사)
서울대학교 행정대학원(행정학석사 · 박사)
서울대학교 행정대학원 정보지식정책연구소 선임연구원 역임
현 영남대학교 행정학과 조교수

역대 저자

하태권(河泰權)(제1판~제6판)

서울대학교 정치학과 졸업(정치학사)
서울대학교 행정대학원 졸업(행정학석사)
미국 조지아대학교 대학원 졸업(행정학박사)
행정고시, 지방고시, 외무고시, 입법고시, 5급 승진시험 출제 및 채점위원
한국인사행정학회 초대 회장
한국행정학회 회장
행정자치부, 중앙인사위원회, 노동부 정책자문위원
국가전문행정연수원 자치행정연수부 지도교수
한국행정연구원, 한국지방행정연구원 연구자문위원
서울산업대학교 행정학과 교수 재직중 2008년 작고

『현대 한국정부론』(공저, 법문사, 1998)
『비교행정론』(공저, 법문사, 1996)
『조직학의 주요 이론』(제2판)(공편저, 법문사, 2000)
『행정사례연구』(공저, 한국방송통신대학교출판부, 2003)

김판석(金判錫)(제1판~제9판)

중앙대학교 법과대학 행정학과(행정학사)
미국 플로리다 주립 FIU 대학원(행정학석사)
미국 아메리칸대학교 대학원(행정학박사)
미국 테네시주립 오스틴피대학교 행정학과 조교수 역임
미국 버지니아주립 올드도미니언대학교 행정학과 조교수 역임
미국 조지타운대학교 풀브라이트 객원교수, 아메리칸대학교 객원교수 역임
미국행정학회 이사, 한국정책학회 편집위원장, 한국행정학회 영문편집위원장 역임
대통령비서실 인사제도비서관(1급 상당) 역임
한국인사행정학회 회장, 아시아행정학회(AAPA)회장
세계행정학회(IIAS)회장 역임
인사혁신처 처장 역임

현 연세대학교 정경대학 글로벌행정학과 명예교수

Democratic Governance, Public Administration and Poverty Alleviation(편저, Bruylant, 2015)

Value and Virtue in Public Administration(편저, Palgrave Macmillan, 2011)

Public Sector Reform in ASEAN Member Countries and Korea(편저, 대영문화사, 2011)

Civil Service System and Civil Service Reform in ASEAN Member Countries and Korea(편저, 대영문화사, 2010)

Public Administration and Public Governance in ASEAN Member Countries and Korea(편저, 대영문화사, 2009)

Korean Public Administration(공저, Hollym, 1997, 1999)

[제10판]

새 인사행정론

펴낸날 제1판 제1쇄 발행 1996년 5월 10일
제2판 제1쇄 발행 1999년 3월 10일
제3판 제1쇄 발행 2001년 8월 30일
제4판 제1쇄 발행 2005년 1월 30일
제5판 제1쇄 발행 2007년 8월 25일
제6판 제1쇄 발행 2008년 8월 25일
전정7판 제1쇄 발행 2011년 2월 25일
제8판 제1쇄 발행 2014년 2월 15일
제9판 제1쇄 발행 2018년 8월 31일
제10판 제1쇄 발행 2025년 1월 24일

지은이 강성철 · 이종수 · 진재구 · 최근열 · 이수영 · 강혜진 · 이하영
펴낸이 임춘환
펴낸곳 도서출판 **대영문화사**
주소 (본사) 사무실: 경기도 고양시 일산서구 주화로 70
우신프라자 307호 (㉾ 10387)
(본사) 물류센터: 경기도 고양시 일산서구 덕산로
107번길 68-50 (㉾ 10205)
등록 1975년 12월 26일 제3-16호
전화 (031) 913-3062, (031) 914-3884~5
팩스 (031) 913-3839
홈페이지 http://www.dymbook.co.kr

ISBN 978-89-7644-971-9
값 34,000원